Johannes Paul II.

Die menschliche Liebe im göttlichen Heilsplan

Eine Theologie des Leibes

fe

D-88353 Kisslegg
www.fe-medien.de
6. Auflage 2022
Umschlaggestaltung: Hildegard Corina Hug, Vallendar
nach einem Bild von Marc Chagall, Life 1989
1. Auflage in zwei Bänden 1985 Patris-Verlag, Vallendar-Schönstatt
Druck: mcpdruk (Polen)
ISBN: 978-3-939684-44-2

Johannes Paul II.

Die menschliche Liebe im göttlichen Heilsplan

Eine Theologie des Leibes

Mittwochskatechesen von 1979 – 1984

Geleitworte von
Joachim Kardinal Meisner
Edourd Kardinal Gagnon

Herausgegeben und eingeleitet von
Norbert und Renate Martin

Inhaltsverzeichnis

GELEITWORT

zur Neuauflage

Als Jesus »die vielen Menschen sah, hatte er Mitleid mit ihnen; denn sie waren wie Schafe, die keinen Hirten haben. Und er lehrte sie lange« (Markusevangelium 6,34). Diese Reaktion legt Christus gegenüber den Leuten an den Tag, die ihm in die Einöde gefolgt sind. Einen heutigen Leser mag sie überraschen oder sogar befremden. Es gilt doch, die Menge unterzubringen und zu verpflegen! Wären demnach hier nicht logistische Überlegungen und Maßnahmen vordringlich? Gewiss, an die zitierte Einleitung schließt sich die wunderbare Brotvermehrung an. Aber selbst bei den Brotvermehrungen handelt es sich ja nicht um planvolle Versorgungsmaßnahmen oder systematische Armenspeisungen. Der Herr setzt mit solchen Machttaten vielmehr punktuelle Zeichen des Königtums Gottes, das in seiner Person unwiderruflich angebrochen ist.

Tatsächlich übt Jesus auch dann sein Hirtenamt aus, das ihm vom Vater übertragen wurde, wenn er die Menschen lehrt. In der gegenwärtigen Informationsgesellschaft denken wir gerne an »Briefings« oder an Datensätze, die ausgetauscht und weitergeleitet werden. Aber wahre Information, echte Bildung ist viel mehr. Schon der Begriff »Bildung« entsteht in der deutschen Mystik des 14. Jahrhunderts, wo er die Ausprägung des Gottesbildes im Menschen bezeichnet. Christi Lehre ist kein informativer Akt, sondern ein performativer: Sie prägt und durchformt den Menschen, damit er sich aus den Verkrümmungen der Sünde lösen und wieder gerade auf Gott ausrichten kann. Auch in der eingangs genannten Szene macht der Herr ja lediglich Ernst mit der

Erkenntnis: »Der Mensch lebt nicht nur von Brot, sondern von jedem Wort, das aus Gottes Mund kommt« (Matthäusevangelium 4,4; vgl. Deuteronomium 8,3).

Es ist nur konsequent, dass viele Päpste als Stellvertreter Christi auf Erden ihr Lehramt ebenfalls sehr intensiv und akzentuiert ausgeübt haben. Wenn wir das Stichwort »päpstliche Lehre« hören, denken wir schnell an die großen Enzykliken oder gar die beiden unfehlbar vorgetragenen Mariendogmen von 1854 und 1950. Die Erfahrung zeigt allerdings, dass solche definierten Glaubensinhalte selten direkt ihren Weg aus den feierlichen Lehrdokumenten hinein in das gläubige Volk finden. Zumeist werden sie erst katechetisch aufbereitet und dann auf anderen Wegen vermittelt, beispielsweise durch Religionsbücher oder auch durch Predigten und Katechesen. Klassisches Beispiel dafür ist der Catechismus Romanus, den das Trienter Konzil in Auftrag gab, damit sein Reformwerk in der Kirche Fuß fassen und sich verbreiten konnte. Daneben ist aber auch der aktuelle Katechismus der Katholischen Kirche zu nennen, der eine vergleichbare Rolle im Blick auf die kirchliche Lehre unter besonderer Berücksichtigung des Zweiten Vatikanischen Konzils spielt.

Zu den bedeutenden Vermittlungsinstanzen muss man ohne jeden Zweifel die päpstlichen Katechesen rechnen, die für gewöhnlich mittwochs bei den Generalaudienzen gehalten werden. Schon Papst Paul VI. hielt Mittwochskatechesen, aber unter Johannes Paul II. erreichte dieses Verkündigungsinstrument einen nur schwer zu übertreffenden Höhepunkt: Immerhin hat Papst Johannes Paul II. in den mehr als 25 Jahren seines Pontifikats bei insgesamt 1112 Generalaudienzen mehr als 17 Millionen Pilger empfangen. Dabei kamen ganz verschiedene kirchliche Themen zur Sprache, beispielsweise der Ablass, der heilige Josef, Himmel, Hölle und Fegefeuer oder auch die menschliche Leiblichkeit, Liebe, Ehe und Sexualität. Unser Heiliger Vater Benedikt setzt diese Tradition der Mittwochskatechesen mit großem Erfolg fort

– nicht ohne bei diesen Gelegenheiten immer wieder an seinen Vorgänger zu erinnern.

Die Kirchenkonstitution des Zweiten Vatikanischen Konzils hat über den Glaubenssinn des Gottesvolkes gelehrt: »Die Gesamtheit der Gläubigen, welche die Salbung von dem Heiligen haben (vgl. 1 Joh 2,20.27), kann im Glauben nicht irren. Und diese ihre besondere Eigenschaft macht sie durch den übernatürlichen Glaubenssinn des ganzen Volkes dann kund, wenn sie ›von den Bischöfen bis zu den letzten gläubigen Laien‹ ihre allgemeine Übereinstimmung in Sachen des Glaubens und der Sitten äußert. Durch jenen Glaubenssinn nämlich, der vom Geist der Wahrheit geweckt und genährt wird, hält das Gottesvolk unter der Leitung des heiligen Lehramtes, in dessen treuer Gefolgschaft es nicht mehr das Wort von Menschen, sondern wirklich das Wort Gottes empfängt (vgl. 1 Thess 2,13), den einmal den Heiligen übergebenen Glauben (vgl. Jud 3) unverlierbar fest. Durch ihn dringt es mit rechtem Urteil immer tiefer in den Glauben ein und wendet ihn im Leben voller an« (n. 12). Dieses organische Zusammenwirken von Klerikern und Laien, von Hirten und Herde erfordert die Kenntnis und Annahme der kirchlichen Lehre. Die Mittwochskatechesen fördern diese Aufnahme erheblich.

In einem Internet-Diskussionsforum, das sich mit dem nachsynodalen Apostolischen Schreiben Sacramentum caritatis von 2007 befasst, heißt es abschließend: »Vielleicht ist das Dokument für viele Laien tatsächlich zu lang. Da scheinen die Mittwochskatechesen des Papstes als die wahrscheinlich kürzesten Vorlesungen der Welt effektiver zu sein.« Obwohl hier schon von Benedikt XVI. die Rede ist, darf dieser Satz uneingeschränkt auch auf den großen Johannes Paul angewendet werden. Entsprechend dankbar bin ich Herrn Professor Martin und seiner Gattin, dass sie diese kostbaren Texte der Mittwochskatechesen über die Theologie und Spiritualität des Leibes von Papst Johannes Paul II.

einem breiten Publikum zugänglich machen. Ich wünsche dem Werk Gottes reichen Segen und eine angemessen große Verbreitung.

Köln, den 4. September 2008
+ Joachim Kardinal Meisner
Erzbischof von Köln

Geleitwort

zur Auflage von 1985

Am 20. November des letzten Jahres hat der Hl. Vater die Reihe von Katechesen beendet, die er mehr als vier Jahre zuvor begonnen hatte und der er selbst den Titel gab: »Die menschliche Liebe im göttlichen Heilsplan« oder genauer »Die Erlösung des Leibes und die Sakramentalität der Ehe«.

Schon aus mehreren Ländern der Erde wurde die Bitte an uns herangetragen, die »Mittwochsansprachen« in möglichst vielen Sprachen herauszugeben, damit sie so für Studien und für das ganze Volk Gottes zur Verfügung stehen. Daher ist es zu begrüßen, dass die Ansprachen nunmehr auch allen deutschen Lesern zugänglich gemacht werden.

Die päpstliche Lehre ist in der Tat eine Antwort auf ein allgemeines Bedürfnis. Bei der schwierigen Aufgabe, jede Woche über ein so wichtiges, aber auch so delikates Thema zu sprechen, wie es die »Theologie des Leibes« ist, traf Johannes Paul II. auf einige konkrete Dringlichkeiten:

– die weitverbreitete lehrmäßige Konfusion im Bereich der Ehemoral und Ehespiritualität zurückzudämmen;
– den einzigen vernünftigen Ausweg für die aufzuzeigen, die sich in der Sackgasse immer neuer Krisen des Menschen und der Gesellschaft fühlen;
– mit einer soliden und geeigneten Lehre die oft heroischen Anstrengungen so vieler Menschen zu unterstützen, die für die Verteidigung der Ehe und des Lebens kämpfen.

Die anthropologischen und biblischen Voraussetzungen, die der Papst in den voraufgegangenen Jahren ausgefaltet hatte, haben im Jahr 1984 ihren logischen Abschluss erhalten in den Ansprachen, die die Lehre von »Humanae vitae« aufgreifen und ihre Gültigkeit auch für heute bekräftigen. Zugleich weisen sie denen, die »Humanae vitae« besser verstehen und den Reichtum dieser Enzyklika erfassen wollen, Wege zum Weiterdenken.

Das war nötig geworden. Jeder weiß, wie laut sich seit der Veröffentlichung von »Humanae vitae« die widersprechenden Stimmen erhoben. Freilich, es ist sehr schwer, in einer Welt, in der alles zu einer ungezügelten Suche nach Vergnügen und nach Wohlleben drängt, einer Lehre zuzustimmen, die zu Selbstbeherrschung, Askese und Verantwortung einlädt. Kürzlich sagte der Papst bei einem Kongress über Verantwortliche Elternschaft zu Priestern: »Ihr wisst sehr wohl, dass oft die Treue der Priester – sagen wir ruhig der ganzen Kirche – zu den Normen, die ›Humanae vitae‹ und ›Familiaris consortio‹ lehren, mit einem hohen Preis bezahlt werden muss. Man wird oft ausgelacht, des Unverständnisses, der Härte und schlimmerer Dinge beschuldigt.«

Leider haben die Wortführer von Theorien, die dem entgegengesetzt sind, was die Heilige Schrift und die Tradition lehren, ihre Stimme mit wachsender Kühnheit hören lassen, während die treuen Theologen zu still geblieben sind oder nicht die Mittel und Wege gefunden haben, um die Wahrheit zu verteidigen und die trügerischen Begründungen zu widerlegen. Oft hat man auch sagen hören, die widersprechenden Stimmen könnten doch wohl nicht so ganz falsch sein, da sie sich so offen äußern dürften.

Schon als Bischof von Krakau hat Johannes Paul II. daraufhingewiesen, wie falsch diese Auffassung ist. Im Vorwort zur polnischen Übersetzung von »Humanae vitae« schrieb er: »Die Lehre über die Ethik der Ehe ist vom Lehramt der Kirche in ›Humanae vitae‹ genau verkündet und definiert worden. Deshalb ist es schwierig, nach der Veröffentlichung dieses Dokumentes hinsichtlich der Katholiken von nicht schuldhafter Unwissenheit oder von Irrtum in gutem Glauben zu sprechen.«

Er selbst hat sich dauernd bemüht, dahingehend zu wirken, dass die Lehre der Enzyklika nicht stillschweigend übergangen wird. So passte er – einem Appell Pauls VI. folgend – seine Verkündigung der Fassungskraft der Gläubigen an mit einer klugen Pädagogik und mit pastoralen Initiativen, die dartun sollten, dass diese Lehre auch gelebt werden kann.

Heute – nach der Synode über die Familie, nach dem Päpstlichen Lehrschreiben »Familiaris consortio« und vor allem nach den lichtvollen Katechesen des Papstes – kann man keinen Zweifel mehr darüber haben, dass die Kirche diese Lehre zu Recht verkündet und dass der Dissens unannehmbar ist.

Johannes Paul II. hat sich nicht darauf beschränkt, mit seiner Autorität die Lehre der Kirche über die Liebe und über das Leben zu bekräftigen. Er hat diese Lehre in einer Form dargestellt, die einem der dringendsten Anliegen des Konzils entspricht: aufzuzeigen, wie der Glaube es dem Menschen ermöglicht, sich selbst besser zu verstehen, und wie er der Gesellschaft Prinzipien anbietet, mit deren Hilfe sie ihre Probleme in den Griff bekommen kann. Der Glaube lässt uns ja nicht in Isolation leben, außerhalb der konkreten Wirklichkeit. Er lässt uns vielmehr die Krisen, die die Person bedrohen, in ihren wirklichen Ausmaßen und in ihrer ganzen Wucht sehen und spüren. Denn die Person wird in ihrer physischen Einheit und in ihren tiefsten Gefühlen angegriffen. Die Krise bedroht die Institution der Familie einerseits durch die Versuchung des Egoismus, andererseits durch das Zurückschrecken vor der Heiligkeit der Liebe, ja vor jeder Form endgültiger Bindung oder auch der Berufung, Leben weiterzuschenken. Der Glaube lässt uns erkennen, welchen Gefahren sich eine Gesellschaft aussetzt, die den heiligen Charakter des Lebens nicht mehr achtet, die kein Vertrauen mehr in die Familie hat und ihr nicht mehr den notwendigen Halt garantiert, dass sie ihre Sendung der Humanisierung und Erziehung erfüllen kann.

Entsprechend seiner positiven und dynamischen Einstellung im Blick auf die Wirklichkeit lädt uns der Papst durch seine Katechesen dazu ein, die Fragen um Liebe und Ehe in der einzigen Perspektive zu betrachten, die ganz und gar angemessen ist: derjenigen des Planes Gottes, des Schöpfers und Erlösers.

Auf der einen Seite stehen wir selbst – mit unseren Wünschen, unserem Bedürfnis zu lieben und geliebt zu werden, unseren Unsicherheiten und Grenzen, mit unserem Wissensdurst und Mitteilungsdrang, mit unserer Sehnsucht, unsere gegenwärtige Existenz zu überleben. Auf der einen Seite stehen wir mit unserem Körper, der unser unzertrennlicher Begleiter ist bei allem, was wir erstreben und tun, der das gottgewollte Instrument dafür ist, dass wir unsere Liebe ausdrücken, das Leben weiterschenken und damit die Menschheit zu erhalten.

Aber nahe bei uns steht Gott, unser Vater, der uns so erschaffen hat, wie wir sind, der nie aufgehört hat, zu uns zu sprechen durch die Stimme unseres Gewissens und durch die Stimmen der Heiligen Schrift und der Kirche, um uns erkennen zu lassen, wie wir die Fähigkeiten und Kräfte, die er uns geschenkt hat, verwenden sollen. Bei uns steht unablässig Gott als Erlöser, Christus, den der Vater gesandt hat, um uns von unseren früheren Sünden zu befreien, um unsere Schwachheiten zu heilen und uns die Fähigkeit zu geben, über uns selbst hinauszuwachsen und das auszuführen, was unserer Natur zunächst widerstrebt. Es ist Christus, unser Erlöser, der dauernd bereit ist, denen, die sein Wort annehmen, den Heiligen Geist zu senden; Christus, der mit seinen Sakramenten unseren Bedürfnissen entgegenkommt; Christus, der im Alltagsleben der Eheleute durch das Ehesakrament gegenwärtig ist, damit sie gemeinsam ihre Herzen und ihre Körper in den Dienst des Planes Gottes zu stellen vermögen.

Das ist die Lehre, die in den Katechesen entfaltet wird, indem einige biblische Texte zugrundegelegt werden, die von der Schöpfung sprechen, von der Wiederherstellung der Ehe im Blick auf ihre Sendung im »Anfang«, von den Kämpfen, die die Begierde in uns entfesselt, indem sie uns zu etwas treibt, was dem Wunsch des Heiligen Geistes entgegengesetzt ist. Es sind alles Texte, die eine Synthese des spirituellen und moralischen Lebens darstellen und die das Fundament aller kirchlichen Lehre bilden. Der Hl. Vater nimmt deren Substanz mit einer Sprache auf, die der personalistischen Philosophie und der heutigen Anthropologie vertraut ist.

Die Katechesen des Papstes enthalten Gedanken von großer Tiefe, die in ihrem Reichtum nicht ohne ernsthaftes Nachdenken und nicht ohne demütiges Eingehen auf die Erleuchtung des Heiligen Geistes nachvollzogen werden können. Aber die schwierigen Situationen, in denen sich die Jünger Christi heute zu verteidigen und den Sieg zu erringen haben, verdienen diese bereitwillige Anstrengung.

Die Ersten, die die Notwendigkeit einer klaren und sicheren Lehre verstehen und sie auch durch ihre unersetzliche Arbeit unterstützen werden, sind diejenigen Katholiken, die sich in den Bewegungen zur Verteidigung des Lebens und der Familienrechte einsetzen. Die Katechesen werden sie in ihrem Wissen bestärken, dass der Hl. Vater und mit ihm die ganze treue Kirche ihnen jederzeit zur Seite stehen.

Die Angriffe gegen die Unantastbarkeit des Lebens werden immer erbarmungsloser. Manchmal denkt man, nur noch ein Wunder des Himmels könne gegen die Ausbreitung von Abtreibung, Scheidung,

Euthanasie und so vielen anderen Übeln einen Damm errichten. Gott liebt sein Volk. Er ist bereit, dieses Wunder zu wirken, und er wird es auch tun, wenn genügend seiner Freunde es sich zur Aufgabe machen, die Flamme, die in den Gewissen noch nicht ganz erloschen ist, wieder auflodern zu lassen; wenn sie ihr Heimatland genug lieben, um sich politischen Entscheidungen entgegenzustellen, die diese Flamme ganz zu ersticken drohen.

Das Wort des Papstes möge denen wieder Mut machen, die versucht sind, den Kampf aufzugeben. Es möge neue Apostel für den Dienst am Leben und an der Familie berufen. Die Sache, für die sie kämpfen, steht unter dem Schutz eines göttlichen Planes, den keine Macht der Welt je zunichte machen kann.

Edouard Kardinal Gagnon, Rom
Präsident des »Päpstlichen Rates für die Familie«

VORWORT

zur Neuauflage

Die kirchliche Lage am Beginn des Pontifikates Papst Johannes Pauls II.

Es ist ein einzigartiger und einmaliger Vorgang in der Kirchengeschichte, dass ein Papst fünf Jahre lang ein bestimmtes Thema behandelt. Papst Johannes Paul II. tat dies in insgesamt 133 Katechesen bei seinen wöchentlichen Audienzen zwischen 1979 und 1984 und legte damit den Entwurf einer biblisch begründeten Anthropologie vor. Das Staunen über diesen Sachverhalt wächst, wenn man erfährt, dass dabei eine »Theologie des Leibes« und Ehe und Familie ins Zentrum dieser christlichen Anthropologie rücken. Zwar wurde der lange Bogen der wochentlichen Ansprachen gelegentlich unterbrochen durch Auslandsreisen, durch das Attentat vom 13. Mai 1981 und die sich daran anschließende lange Rekonvaleszenz sowie durch das »außerordentliche Jahr der Erlösung« 1983/84. Aber immer wieder griff Papst Johannes Paul II. den Faden auf und trieb die Reflexion weiter, bis er im November 1984 nach seinen eigenen Worten an ein – relatives – Ende gekommen war.

Zuweilen konnte man von einem Rombesucher, der eine solche Mittwochsansprache auf dem Petersplatz oder in der Audienzaula »zufällig« mitbekam, hören, was der Papst da sage, sei kaum zu verstehen.

Manche Passagen (so z. B. die über die »Begehrlichkeit«) erregten auch in der weltlichen Presse Italiens (weniger in anderen Ländern) Erstaunen oder gar ärgerliche Erregung. Das lag zu einem großen Teil daran, dass man nur einen Teil aus einem kunstvoll verwobenen Ganzen hörte und deshalb die entsprechende Stelle nicht verstand, oder aber – wie im Falle der Presse-Erregung – Aussagen aus dem Zusammenhang riss bzw. grundsätzliche Schwierigkeiten hatte, den – im Einzelfall gewiss nicht immer leichten und eine behutsame Bereitschaft zum Mitdenken erfordernden – Gang der theologischen Exegese mitzugehen. Selbst wer diese Bereitschaft mitbrachte, wurde durch den immer wieder durch Tagesereignisse unterbrochenen langen Bogen der Gedankengänge auf eine harte Probe gestellt. Die schriftliche Herausgabe der Katechesen, die auf Deutsch erstmals 1985 erfolgte[1], änderte dies und erlaubte es nun, die Aussagen im Zusammenhang aufzunehmen und zu erwägen. Es zeigt sich dann eine überraschend stringente päpstliche Lehre, eingebettet in eine umfassende, wenn auch nicht schon abgeschlossene Sicht des christlichen Menschenbildes, deren Bedeutung und Stellenwert man nur ganz erfassen kann, wenn man das kirchengeschichtliche Ambiente der Nach-Konzilszeit bis in die 80er-Jahre (besonders in den westeuropäischen Industrienationen und den USA) mit in den Blick nimmt.

Auf dem Gebiet der Ehe- und Familienethik im engeren Sinne brachte die schnelle Verbreitung neuer Methoden der künstlichen Empfängnisverhütung (die »Pille«) und von neu entwickelten Fruchtbarkeitstechniken eine geradezu revolutionäre Verhaltensänderung mit sich, weil die jetzt mögliche Entkoppelung von Sexualität und Lebensweitergabe Folgen zeitigte, die weit über Fragen der Geschlechtsmoral im engeren Sinne hinausgingen. Die Auseinandersetzungen um »Humanae vitae«

[1] Johannes Paul II.: Die menschliche Liebe im göttlichen Heilsplan, hrsg. von Norbert und Renate Martin, Vallendar-Schönstatt 1985 und Ders.: Die Erlösung des Leibes und die Sakramentalität der Ehe, hrsg. von Norbert und Renate Martin, Vallendar 1985.

(ab 1968) können als Rebellion in der Kirche bezeichnet werden. Viele fragen besorgt, wie die sich verbreiternde Kluft zwischen kirchlicher Lehre einerseits und der Praxis vieler Ehepaare, Ärzte und Forscher andererseits auf dem Gebiet der Sexualethik je wieder überwunden werden kann. Und man kennt die z.T. widersprüchlichen Erklärungen mancher Bischofskonferenzen und die ablehnende Haltung und abweichende Lehre vieler (Moral-)Theologen dazu[2]. Parallel zu dieser Entwicklung verbreitete sich wie ein Flächenbrand die Seuche der Abtreibung, die durch die in vielen Ländern erfolgte Legalisierung keineswegs eingedämmt wurde, sondern durch die zugestandene Straffreiheit eine neue Legitimation im Sinne eines individuellen Rechtsanspruches gewann. Gleichsam die andere Seite der Medaille war ein – in manchen Ländern rasanter – Geburtenrückgang, z.T. weit unter die Marke einer Bestandserhaltung im Sinne einer stationären Bevölkerung. Das Pendant der ebenfalls rückläufigen Eheschließungszahlen war das Ansteigen freier und homosexueller Lebensgemeinschaften. Nimmt man auf diesem Hintergrund die Daten der empirischen Religionssoziologie hinzu, die insgesamt gesehen eine zunehmende Entkirchlichung anzeigen, so wird deutlich, wie gefährdet Theorie und Praxis einer christlichen Anthropologie am Anfang des dritten Jahrtausends christlicher Geschichte sich darstellen.

Das war in groben Zügen auch schon die Situation, in der Kardinal Karol Wojtyla im Herbst 1978 zum Papst gewählt wurde. Als Professor für Ethik in Lublin waren ihm die Fragen der theologischen Anthropologie in der Theorie ebenso vertraut wie die Praxis, die er als bischöflicher

[2] Zur Situation damals vgl. Norbert Martin: Das ethische Problem der Empfängnisregelung. Zur Lage in der Bundesrepublik Deutschland, in: Ernst Wenisch (Hrsg.): Elternschaft und Menschenwürde. Zur Problematik der Empfängnisregelung, Vallendar-Schönstatt 1984, S. 320–348. Neuestens das umfassend informierende Werk von Christian Schulz: Die Enzyklika »Humanae Vitae« im Lichte von »Veritatis Splendor« – Verantwortete Elternschaft als Anwendungsfall der Grundlagen der Katholischen Morallehre, St. Ottilien 2008.

Hirte in Krakau durch eine moderne und vorausschauende Pastoral zu verwirklichen suchte. Schon früh war ihm dabei klar geworden, dass ein – vielleicht sogar das entscheidende – Feld der Auseinandersetzung um dieses christliche Menschenbild der Raum von Ehe und Familie darstellt. Seine Mitarbeit beim Konzil (z.B. an »Gaudium et spes«) war von diesem Interesse an einer christlichen Anthropologie getragen. Ihretwegen gründete er lange vor der Enzyklika »Humanae vitae« (deren Zentralanliegen ja die Verwirklichung des christlichen Menschenbildes in der Berufung zur Ehe liegt und deren Verkürzung und Diskriminierung zur »Pillen-Enzyklika« sich gerade heute, genau 40 Jahre nach ihrer Veröffentlichung, mehr und mehr als eine diffamierende Verengung entlarvt) ein Familieninstitut mit dem Ziel, das christliche Menschenbild in Theorie und Praxis Theologen, Medizinern, Eheleuten und allen in der Pastoral helfenden Berufen näherzubringen.

Als Papst ging er unverzüglich daran, diese pastoralen Grundlinien nun auch im großen Rahmen der Gesamtkirche als Linien seines Pontifikats auszuziehen. Er sah darin ein wichtiges Teilziel der Verwirklichung des Zweiten Vatikanischen Konzils. Im Grunde genommen spielt das Anliegen einer christlichen Anthropologie in allen Enzykliken und Apostolischen Schreiben Johannes Pauls II. eine zentrale Rolle. In seiner ersten Enzyklika »Redemptor hominis« (1979) ist es Christus selbst, der – »Mitte des Kosmos und der Geschichte« (Nr. 1) – als Erlöser »dem Menschen den Menschen selbst voll kundmacht « (Nr. 10) und damit das unüberbietbare und maßgebende christliche Menschenbild enthüllt. »Dives in misericordia« (1980) zeigt den Menschen, der – obwohl gefallen und immer wieder fallend – letztlich doch in die Barmherzigkeit des Vaters aufgenommen und so geheilt ist. In »Laborem exercens« (1981) wird der Mensch zu seiner Selbstverwirklichung in die Schöpfung hineingestellt, die er durch seine Arbeit verändert, beherrscht. Aber diese Arbeit als »Merkmal der Person« vermag nur dann in der rechten Weise zur Entfaltung des göttlichen Bildes vom Menschen beizutragen, wenn der Mensch die in die Schöpfung gelegte Ordnung des Schöpfers beachtet.

So könnte man alle Verlautbarungen von Papst Johannes Paul II. durchgehen und würde überall auf das Anliegen einer christlichen Anthropologie stoßen. Der Bereich von Ehe und Familie spielte für ihn in diesen Fragen offensichtlich eine zentrale Rolle. Das zeigt sich sehr deutlich an mehreren Initiativen des Papstes.

Zunächst holte er eine Reihe von Eheleuten aus allen Kulturen als redeberechtigte Laienauditoren[3] zur Welt-Bischofssynode 1980 »Über die Aufgaben der Familie in der heutigen Welt« nach Rom – eine Neuerung, die er gegen Widerstände in der Kurie durchsetzte. Im zusammenfassenden Dokument dieser Synode, dem Apostolischen Schreiben »Familiaris consortio«[4], legte dann Johannes Paul II. 1981 eine Lehre über Ehe und Familie vor, die man als eine »Summa« bezeichnet hat.

In das gleiche Jahr fallen zwei inzwischen bewährte Neugründungen des Heiligen Vaters: zum einen die Gründung des »Päpstlichen Rates für die Familie«, einer Kurienbehörde, der – ein Novum in der Geschichte der Kurie – als Mitglieder ausschließlich Eheleute angehören und die in ihrer Arbeit »die Bedeutung sichtbar machen soll«, die der Heilige Vater »dem pastoralen Dienst an den Familien in der Welt bei-

[3] Vgl. dazu Renate und Norbert Martin: Brenn-Punkt Ehe und Familie. Berichte und Reflexionen eines Auditoren-Ehepaares im Anschluss an die Römische Bischofssynode 1980, Vallendar-Schönstatt 1981.

[4] Apostolisches Schreiben Familiaris consortio von Papst Johannes Paul II. über die Aufgaben der christlichen Familie in der Welt von heute, 22.11.1981, hrsg. vom Sekretariat der Deutschen Bischofkonferenz, Bonn, Verlautbarungen des Apostolischen Stuhls Nr. 33. Vgl. auch Norbert und Renate Martin (Hrsg.): Familie, werde, was du bist. Kommentare zu Familiaris consortio, Vallendar-Schönstatt 1983.

messe, und zugleich ein wirksames Instrument zu ihrer Förderung auf jeder Ebene sein soll«.

Das Zweite ist die Errichtung des internationalen wissenschaftlichen »Instituts Johannes Paul II. für Studien über Ehe und Familie« an der Päpstlichen Lateran-Universität. Dieses Institut mit inzwischen vielen Filialinstituten in mehreren Kontinenten »soll der gesamten Kirche jenen Beitrag an theologischer und pastoraler Reflexion bieten, ohne den der Evangelisierungsauftrag der Kirche einer ganz wesentlichen Hilfe entbehrte. Dieses Institut soll der Ort sein, wo die Erkenntnis der Wahrheit über Ehe und Familie im Lichte des Glaubens und mit Hilfe der verschiedenen Humanwissenschaften vertieft wird.« – So stand es im vorgesehenen Redemanuskript für die Generalaudienz am 13. Mai 1981, in der der Heilige Vater die Gründung dieser beiden Institutionen bekannt geben wollte. Die Kugeln des Attentäters verhinderten dies zunächst.

Die Katechesen des Heiligen Vaters zur Theologie des Leibes sind zwar für Braut- und Eheleute von besonderem Interesse, aber nicht nur: Sie sind von erheblicher Bedeutung auch für alle im pastoralen Dienst stehenden und im jungfräulichen Stand lebenden Christen und für die theologische Wissenschaft. Exegese, Moraltheologie, christliche Soziallehre, Ethik, Pastoraltheologie usw. können künftig kaum mehr an ihnen vorbeigehen. Als Herausgeber teilen wir die Meinung des wohl fundiertesten Papstbiographen George Weigel, der die überragende Bedeutung der Katechesen folgendermaßen beschreibt: »Kirche und Welt werden sich weit im 21. Jahrhundert befinden, bevor die katholische Theologie den Inhalt dieser 130 Generalaudienz-Ansprachen vollständig assimiliert hat … Johannes Pauls Theologie des Leibes hat indirekte Folgen für die gesamte Theologie. Sie fordert uns auf, die Sexualität als eine Möglichkeit zu sehen, das Wesentliche des Menschlichen zu erfassen – und dadurch etwas über das Göttliche zu erkennen … Diese 130 katechetischen Ansprachen stellen zusammen eine Art theologischer Zeitbombe dar, die mit dramatischen Konsequenzen irgendwann im dritten Millennium der Kirche hochgehen wird. Wenn das geschieht, vielleicht im 21. Jahrhundert, könnte die Theologie des Leibes durchaus als entscheidender Augenblick nicht nur in der katholischen Theologie, sondern auch in der Geschichte des modernen Denkens angesehen werden.«[5]

Es steht auch zu hoffen, dass durch diese Ansprachen Priestern bei der Verkündigung in den Gemeinden wieder Mut zufließt, die lange Jahre fast verstummte oder nur zaghaft zu vernehmende Katechese über das christliche Menschenbild, vor allem im Bereich der Ehe und Familie, der Ehevorbereitung und der Jugendkatechese wieder verstärkt aufzunehmen.

Zum vorliegenden Text

Nachdem die erste Herausgabe der Katechesen auf Deutsch von 1985 in zwei Bänden seit Längerem vergriffen ist, konnte die Drucklegung dieser nunmehr einbändigen, überarbeiteten und ergänzten Neuauflage erfolgen, weil einige Bischöfe aus dem deutschsprachigen Raum (Deutschland, Österreich und Schweiz) und der Verband der Deutschen Diözesen sie durch großzügige Druckkostenzuschüsse unterstützt haben. Ihnen sei an dieser Stelle besonders herzlich gedankt.

Der Text der Katechesen – bis auf die Katechesen 108 bis 117 – hat die seinerzeit im »Osservatore Romano deutsch« veröffentlichten Übersetzungen zur Grundlage, die zeitnah zu ihrer Verlesung in den Audienzen angefertigt wurden. Deren Basis ist der italienische Text der Katechesen, der wiederum ausgehend von einem Buchmanuskript

[5] George Weigel: Zeuge der Hoffnung. Johannes Paul II. Eine Biographie, Paderborn 2002, S. 357f.

erstellt wurde, das der Papst schon vor seiner Wahl auf Polnisch verfasst hatte.

Die großzügige Mithilfe von Prof. Dr. Michael Waldstein bei dieser Neuauflage hat es ermöglicht, den deutschen Text – ausgehend vom italienischen und polnischen Text – wesentlich zu überarbeiten und zu verbessern. Ihm sei dafür ein herzlicher Dank gesagt. Dies gilt insbesondere für seine Übersetzung der in der Auflage von 1985 noch nicht vorliegenden Katechesen über das Hohelied und Tobit – der Papst trug damals nur eine verkürzte Fassung vor.

Es bleibt nicht aus, dass – wie immer bei Übersetzungen – auch persönliche Auffassungsnuancen mitschwingen: Erhebliche Überlegungen erforderte z. B. jeweils die Verdeutschung von Begriffen wie etwa italienisch corpo und conscienza (um nur zwei zu nennen), für die es im Deutschen jeweils zwei Übersetzungen gibt: Körper und Leib, Gewissen und Bewusstsein. Insgesamt ergab sich ein Jonglieren zwischen drei bis vier Sprachen – Polnisch, Italienisch, Deutsch – bisweilen Englisch. Eine absolut kritische deutsche Ausgabe dieser Texte Karol Wojtylas herzustellen wäre wohl das beachtliche Werk eines Philosophen, der gleich perfekt Polnisch und Deutsch und dazu noch Italienisch und Englisch beherrschen sollte. Die deutsche Neuauflage erhebt nicht den Anspruch einer wissenschaftlich-kritischen Ausgabe. Ziel ist vielmehr, einen gut lesbaren und den polnischen Originaltext wiedergebenden Text zur Verfügung zu stellen, der in erster Linie bei den (jungen) Eheleuten Begeisterung wecken kann, ihr Leben nach diesen hohen Zielen auszurichten, dann aber auch als Grundlage all denen dient, die mit diesen Texten pädagogisch oder theologisch arbeiten.

Textgliederung und Überschriften in dieser Neuauflage sind – im Unterschied zu denen der Auflage von 1985, die ursprünglich von den Übersetzern des Osservatore Romano in Rom stammen – durch diejenigen des Autors Karol Wojtyla im polnischen Manuskript ersetzt, weil sie den Gedankengang des Autors und den Fortgang der Überlegungen besser verdeutlichen. (Sie standen zum Zeitpunkt der Auflage von 1985 auf Deutsch noch nicht zur Verfügung.)

Gleichzeitig wird durch die Angabe des Datums und eine fortlaufende Nummerierung der Katechesen deren Abfolge kenntlich gemacht. Wünschenswert erscheint dies vor allem auch wegen der – z. B. für Wissenschaftler bisweilen notwendigen – Vergleichbarkeit mit den Ausgaben auf Italienisch und Englisch[6]. Allerdings ergibt sich hier eine gewisse Schwierigkeit, denn außer den gehaltenen Katechesen gibt es einige, die nicht oder nicht wie geplant gehalten wurden. Man kann dadurch zu von einander abweichenden Nummerierungen kommen. Da aber inzwischen der italienische und der englische Text gleich nummeriert sind, haben wir uns entschlossen, dieser Nummerierung zu folgen. Wie sie zustande kommt, möge der Leser, für den zu wissen dies wichtig ist, im englischen Text nachlesen[7].

Hinzuweisen ist in diesem Zusammenhang allerdings auf folgenden Umstand: Zwischen dem 23. Mai und dem 27. Juni 1984 hat der Papst Kürzungen des Textes vorgenommen, sodass aus (schriftlich vorliegenden) vorgesehenen zehn Katechesen vier gehaltene Katechesen wurden. Im vorliegenden Text werden erstmals die vollständigen Katechesen in Deutsch abgedruckt. Die gekürzten Katechesen sind in einem Anhang angefügt, sodass man die schriftliche mit der gehaltenen Fassung vergleichen kann.

Die Nummerierungen 95 b und 117 b kommen durch die Zählweise

---

[6] Uomo e Donna lo creo: Catechesi sull'amore umano, hrsg.vom Institut Johannes Paul II., Rom 1985, 5. A. 2001, und: Man and Woman He Created Them. A Theology of the Body, hrsg. von Michael Waldstein, Boston 2006.

[7] Waldstein, a.a.O., S. 731ff.

in der italienischen Ausgabe zustande. Die Begründung dafür findet man am angegebenen Ort des englischen Buches (s. Waldstein, ebd.). Obwohl etwas störend wurde diese Nummerierung beibehalten, um nicht zu einer anderen, noch verwirrenderen Zählung zu kommen.

Im Text der Katechesen stehen oben auf jeder Seite die Nr. der Katechese sowie die Nr. des auf dieser zu findenden letzten Abschnitts (z.B. 33:5 bedeutet: 33. Katechese, Abschnitt 5). Auf der linken Seite ist dazu die generelle Kapitelüberschrift und auf der rechten Seite das jeweilige Unterkapitel angegeben.

Wir danken dem Fe-Verlag und seinem Leiter, Herrn Bernhard Müller, für die erfreuliche Zusammenarbeit bei der Herausgabe dieses Buches und für seinen Mut, einer auf schnellen Gewinn und Erfolg ausgerichteten Zeit dieses zeitlose Werk vorzulegen.

Wir haben das Geleitwort der deutschen Erstausgabe von Edouard Kardinal Gagnon, dem damaligen Präsidenten des Päpstlichen Rates für die Familie, wegen seiner prophetischen Kraft auch in diese Neuausgabe aufgenommen. Wir freuen uns über das Geleitwort von Joachim Kardinal Meisner, dem Erzbischof von Köln, das er dankenswerterweise für diese Neuausgabe geschrieben hat.

Prof. Dr. Norbert und Renate Martin
Mitglieder des Päpstlichen Rates für die Familie
Vallendar-Schönstatt, den 16. November 2008

Einleitung

A. Allgemeiner Überblick

(Die Ziffern nach Zitaten geben die Nummern der Katechesen an, aus denen sie entnommen sind)

Zunächst soll in einem kurzen Überblick die Gesamtstruktur der zusammengehörenden Mittwochskatechesen Papst Johannes Pauls II. von 1979 bis 1984 dargestellt werden. Daran schließt sich dann eine mehr ins Einzelne gehende Einleitung an.

Am 5. September 1979 begann der Papst mit seinen den Entwurf einer theologischen Anthropologie (christliches Menschenbild) anzielenden Katechesen, die er schon vor seiner Papstwahl als Buchmanuskript ausgearbeitet hatte und die er nunmehr über mehr als fünf Jahre in einem langen Bogen als Mittwochsansprachen vortrug.

Sie bestehen aus zwei Teilen: 1. Teil: »Die Worte Christi«, 2. Teil: »Das Sakrament« – oder auch, wie er in der letzten Ansprache der Katechesen rückschauend sagte, 1. Teil: »Die menschliche Liebe im göttlichen Heilsplan«, 2. Teil: »Die Erlösung des Leibes und die Sakramentalität der Ehe«.

Das Attentat vom 13. Mai 1981 und die anschließende lange Rekonvaleszenz erzwangen eine Unterbrechung der Katechesen. Im November nahm der Papst den Faden wieder auf und führte den 1. Teil mit der Ansprache vom 21. Juli 1982 zu Ende. Am 28. Juli 1982 begann er dann den 2. Teil, dessen letzte Katechese er am 28. November 1984 hielt.

Im ersten Teil scheint es zwar auf den ersten Blick so, als sei hier nur die Rede vom Menschen, insofern er als Mann und Frau auf Ehe und Familie hingeordnet ist. Dementsprechend stehen im Mittelpunkt der exegetischen Betrachtungen des Heiligen Vaters

1. Christi Gespräch mit den Pharisäern über die Einheit und Unauflöslichkeit der Ehe, in dem er auf den »Anfang« Bezug nimmt (Mt 19,8; Mk 10,6–9),
2. die Worte, die Christus in der Bergpredigt über die Begehrlichkeit als »im Herzen begangenen Ehebruch« gesprochen hat (Mt 5,28) und darauf aufbauend
3. die bräutliche Bedeutung des Leibes, vor allem im Blick auf die Auferstehung und Vollendung des Menschen.

Bei näherem Zusehen jedoch erweist sich die Analyse und Exegese des Papstes in ihren Rückgriffen auf Genesis 1–3, auf Aussagen des Alten und Neuen Testaments, die Synoptiker, Johannes und dann im 2. Teil auf verschiedene Paulusbriefe usw. als Entwurf einer umfassenden christlichen Anthropologie. Das kann auch gar nicht anders sein, weil es keine zwei unterschiedlichen christlichen Menschenbilder gibt – eins für ehelich lebende und eins für unverheiratet lebende Christen. Der einheitsstiftende Basis-Satz der hier vorgelegten Anthropologie ist die Aussage, dass der Mensch sich nur durch die Hingabe, das Schenken seiner selbst an ein anderes personales Du verwirklicht, d.h. sich findet.

Im zweiten Teil folgt die paulinische Ausdeutung der menschlichen Leiblichkeit. Auf ihrem Hintergrund wird deutlich, dass der Körper des Menschen nicht »etwas« ist, was er »hat«, sondern dass er zu seinem »Sein« gehört, also etwas ist, was er »ist«. In dieser Dimension wird die bräutliche Bedeutung des Leibes auch grundlegend für die Ehelosigkeit um des Himmelreiches willen, die integrierender Bestandteil einer christlichen Anthropologie ist. Ehe und Ehelosigkeit (das ist das völlig Neue gegenüber der Tradition des Alten Testaments) erklären und ergänzen sich also gegenseitig. Von da ausgehend erhalten die Aussagen des hl. Paulus zu Ehe und Ehelosigkeit neue Aspekte. Auf der Basis dieses für alle (Verheiratete und Ehelose) geltenden Entwurfs einer christlichen Anthropologie wird nun auch die besondere Berufung zur christlichen Ehe deutlich.

Paulus entfaltet sie in der Theologie des Leibes, die im Brief an die Epheser enthalten ist. Hier entschleiert sich »das große Geheimnis« im Heilsplan Gottes als »ursprünglichstes Sakrament der Schöpfung« (als Genesis-Exegese im ersten Teil schon dargestellt) und als »Schauplatz der Heilsgeschichte« (Erlösung).

Die anschließenden Überlegungen des Papstes zur Ehe als Sakrament im engeren Sinne werden unter Berücksichtigung der beiden für dieses (wie für jedes andere) Sakrament wesentlichen Dimensionen (der des Bundes und der Gnade sowie der des Zeichens) angestellt.

Auf dem Hintergrund der gesamten exegetischen Ergebnisse der Interpretation des Alten und Neuen Testaments ist nun als Schlusspunkt und gewissermaßen als Frucht am Ende auch eine Vertiefung zentraler Aspekte von »Humanae vitae« möglich.

Für Johannes Paul II. scheinen sämtliche Überlegungen, die von der Erlösung des Leibes und der Sakramentalität der Ehe sprechen, gewissermaßen einen umfassenden Kommentar zu der in der Enzyklika »Humanae vitae« enthaltenen Lehre darzustellen. In diesem Sinn fasst er seinen ganzen Zyklus über diese fünf Jahre von 1979 bis 1984 auf als eine Antwort auf die Aufforderung Pauls VI. an die Theologen (vgl. »Humanae vitae Nr. 24), die Darlegungen der christlichen Wahrheit in diesem Bereich zu vertiefen. Johannes Paul II. hatte diesen Aufruf an die Theologen in seinem eigenen Apostolischen Lehrschreiben »Familiaris consortio« aufgegriffen und intensiviert mit der Bitte, die biblischen und personalistischen Gesichtspunkte der in »Humanae vitae« enthaltenen Lehre vollständiger herauszuarbeiten (vgl. F. C., Nr. 31). Es ist nun an den Theologen, die Lehre des Heiligen Vaters aufzugreifen und weiter zu vertiefen – so ist es jedenfalls sein Wunsch.

B. Spezielle Einleitung in den ersten Teil »Die Worte Christi«

Der Papst beginnt seine Betrachtungen, in denen er im ersten Teil die Uroffenbarung aus der Situation von heute befragt, mit dem Hinweis, dass sie hingeordnet sind auf die Bischofssynode 1980. Es ist das Anliegen des Heiligen Vaters, mit seinen Exegesen Sinn, Bedeutung, Funktion und Ziel der Leibhaftigkeit des Menschen in Zeit/Raum und Ewigkeit zu erhellen. Der Gang seiner Überlegungen beginnt bei der Betrachtung des Menschen im Zustand der Ur-Unschuld nach der Erschaffung, als er – zunächst allein – die übrige Schöpfung betrachtet und sein »Alleinsein« erfährt, das durch die Erschaffung des zweiten Menschen aufgehoben wird. In der communio personarum des ersten Menschenpaares ist ihre Personengemeinschaft noch ganz integriert, durchwaltet und durchlichtet vom gemeinsamen Aufgehobensein in der Gegenwart Gottes des Schöpfers. Sie wandeln gemeinsam und »leibhaftig« im Paradies des Gartens Eden.

Communio personarum

An dieser Stelle sei etwas zum Begriff »communio personarum« gesagt, weil dieser Begriff einer der wichtigsten Schlüssel zum Verständnis der

Texte des Heiligen Vaters ist. Der Begriff taucht an vielen Stellen auf, ohne dass er jedesmal näher erklärt werden kann. Die nun folgenden zusammenfassenden Bemerkungen mögen dem Leser helfen, die mitschwingenden Bedeutungsebenen zu erfassen und im Zusammenhang zu verstehen.

Dennoch ist hier natürlich nicht der Ort für eine ausführliche, alle philosophischen und theologischen Aspekte der communio personarum berührende Erörterung des Begriffs[8].

Zunächst einmal wird der Begriff bewusst in seiner lateinischen Fassung verwendet, weil alle Übersetzungen – in welcher Sprache auch immer – nicht die Bedeutungsfülle wiedergeben und zugleich die Präzision erreichen, die der lateinischen Sprache eigen ist.

Wollte man diese z.B. im Deutschen auch nur annähernd andeuten, so müsste man mehrere Begriffe verwenden, etwa »Personengemeinschaft«, »interpersonale Gemeinschaft«, »Personen-Kommunion«, »innige Vereinigung von Personen«, »Kommunion-Beziehung von Personen«, »personales Liebesbündnis«, »bündnishafte Gemeinschaft von Personen«, »gemeinschaftliches Personsein in der Wahrheit des Anfangs, der Erlösung und der Vollendung«, »personale Liebesvereinigung«, »liebende Verschmelzung von Personen« u. a. m. In diesem Sinne ist der lateinische Begriff »gewissermaßen unübersetzbar«[9]. Er umfasst sowohl eine ontische Beschaffenheit der Person in ihrem »Sein« als Individuum

[8] Vgl. dazu Karol Wojtyla (Johannes Paul II.): Person und Tat, Freiburg 1981 (zuerst 1969), bes. S. 302–347. Ders.: Erziehung zur Liebe, Stuttgart 1979 (zuerst 1957), bes. S. 43-61. Ders.: Liebe und Verantwortung, München 1979 (zuerst 1962; neu herausgegeben von Josef Spindelböck, St. Pölten 2007), bes. S. 63–122. Ders.: Quellen der Erneuerung, Studie zur Verwirklichung des Zweiten Vatikanischen Konzils, Freiburg 1981 (zuerst 1972), bes. S. 45–175. Vor allem aber Ders.: Von der Königswürde des Menschen, Stuttgart 1979, S. 93–109: »Familie als Communio personarum« (1974), und S. 111–128: »Elternschaft und die Communio Personarum« (1974).

[9] »Königswürde«, S. 100.

und Gemeinschaftswesen als auch eine dynamische Komponente des »Sollens«, in der die Fähigkeit, eine Gemeinschaft mit anderen Personen eingehen zu können (und zu müssen), realisiert wird. »Denn die Kategorie der ›communio‹ kann auf der Grundlage der Analogie für verschiedene interpersonale Relationen und soziale Beziehungen angewendet werden, das heißt, sowohl für Beziehungen zwischen Gott und dem Menschen als auch zwischen den Menschen selbst[10].« Dabei spielt die Wechselseitigkeit von Schenken und Empfangen, von Gabe und Geschenk, von Sich-Schenken und Angenommenwerden eine zentrale Rolle, weil »der Mensch, den Gott als einziges Geschöpf auf Erden um seiner selbst willen gewollt hat, nicht anders zu sich selbst finden kann als nur durch die aufrichtige Hingabe seiner selbst« (Gaudium et spes Nr. 24).

In diesem »Kommunion-Charakter« des menschlichen Seins und der Person dokumentiert sich die communio personarum als eine ethische Realität, für die die »Gabe der Person«, »das Geschenk der Person« wesentlich ist, die man allerdings nicht begreifen kann, ohne zuvor das Sein und den Wert zu erfassen, den jede Person darstellt.

Die Kategorie der Gabe, des Geschenks ist von Anbeginn in die menschliche Existenz von Mann und Frau eingeschrieben. Der menschliche Leib gehört wesentlich mit in diese Beziehung hinein, er ist Ausdruck dieser Kategorie der Gabe, und zwar in seiner ganzheitlichen personalen Eigenart, die das Geschlechtliche mit umfasst. Darin offenbart sich ontologisch die *grundsätzliche* »bräutliche Bedeutung des Leibes«, die sich *geschichtlich* in der communio personarum der ehelichen Vereinigung von Mann und Frau realisiert als jenem reinen personalen Akt, in dem sich die Eheleute einander gegenseitig schenkend annehmen: das »Sich-gegenseitig-mit-dem-Menschsein-Beschenken«[11].

[10] Ebd.

[11] Ebd., S. 109.

So verlangt also die gemeinsame Wirklichkeit des menschlichen Status in der Schöpfungsordnung des Paradieses, des Sündenfalls und schließlich der Erlösung »durch, mit und in Christus« (status naturae creatae, lapsae et redemptae) nach einer besonderen theologischen Synthese in einer »Theologie des Leibes«, »um richtig und angemessen die grundlegende Tatsache, die die eheliche Gemeinschaft darstellt, zu interpretieren, diese besondere ›communio personarum‹, der das Sakrament der Ehe endgültig Gestalt verleiht«[12].

Im Zustand der Ur-Unschuld bestand die communio personarum in der ungebrochenen Gemeinschaft (deshalb das Fehlen der Scham) des ersten Paares untereinander und zugleich mit Gott. Es war ein vollkommener Liebesbund zwischen Mann und Frau aufgrund der Ebenbildlichkeit mit Gott. Die Spannung zwischen Identität und Differenz wurde noch nicht als Des-Integration, als »Zwiespalt im Leib« empfunden, vielmehr lebten sie in voller objektiver und subjektiver Harmonie, die der Schöpfer dem Leib geschenkt hatte und der die Harmonie der Herzen entsprach. »Diese Harmonie oder, genauer, die ›Reinheit des Herzen‹ ließ Mann und Frau im Zustand der Ur-Unschuld einfach (und auf eine Weise, die ursprünglich beide glücklich machte) die einigende Kraft ihrer Körper erleben, die sozusagen die ›unverdächtige‹ Grundlage ihrer personalen Vereinigung oder ›communio personarum‹ war« (55).

Diese ursprüngliche Einheit von Mann und Frau wohnt als ursprünglichstes Sakrament geheimnisvoll in der Schöpfung auch nach dem Sündenfall, in dem die Harmonie des gemeinsamen Wandels miteinander und mit Gott im Garten Eden zerbrach. Der Riss des Abfalls, der mitten durch das Herz des Menschen geht, wird durch die Erlösung Christi grundsätzlich wieder geheilt, aber die communio personarum

[12] Ebd., S. 107f. In der Elternschaft gehört das Kind dann wesentlich zur communio personarum dazu, vgl. S. 111–128.

ist zukünftig eine mühevolle Aufgabe, der der Mensch sich in dieser Zeit unterziehen muss. Die Orientierungsnormen für die Verwirklichung dieser Aufgabe kann der Mensch aus Schöpfung und Erlösung herauslesen: die weiterhin geltende »bräutliche Bedeutung des Leibes«; die Selbstfindung durch die Hingabe seiner selbst in der Freiheit der Wahrheit der Person (Person als »Gabe« und »Geschenk«); die Beherrschung der »Begehrlichkeit«, durch die die »Reinheit des Herzens« erreicht werden kann; die sakramentale Einheit von Mann und Frau in der christlichen Ehe als Dreibund mit Christus; die Ehelosigkeit »um des Himmelreiches willen« als vorweggenommene Darstellung der eschatologischen Vollendung.

Auf diese Weise vermag der Begriff der communio personarum auch etwas von der endzeitlichen Gemeinschaft der zukünftigen communio sanctorum (der Gemeinschaft der Heiligen) aufleuchten zu lassen, in der »Gott alles in allem« ist und die in der endgültigen Einheit von Leib und Seele unter der Herrschaft des Geistes auch die Vollendung des vom ewigen Leben durchstrahlten Leibes bringen wird. An dieser Stelle wird deutlich, wie Papst Johannes Paul II. mit dem Begriff der communio personarum eine »Integration« der drei Dimensionen von paradiesischem Schöpfungszustand, von Erlösungswirklichkeit in der Geschichte des Bundes und der Gnade und von eschatologischer Vollendung gelingt: Der Sinn des »Anfangs« und der »Vollendung« ist die communio personarum der Menschen untereinander und mit Gott, die in der »Leibhaftigkeit« des »Heute« der Geschichte mühsam erobert werden muss. Mit anderen Worten: Im voll verwirklichten Ethos der communio personarum fallen die drei Dimensionen der Vergangenheit, der Gegenwart und der Zukunft zusammen. Der Begriff der communio personarum besitzt von daher nicht nur einen theologischen, philosophischen und anthropologischen Charakter, sondern vor allem auch eine Bedeutung für die Konzeption einer christlichen Sozial- und Gesellschaftslehre.

Die Realisierung der Ehe »am Anfang« im Sinn eines Schöpfungsplanes ist *das* Paradigma für die Gemeinschafts- und zugleich Gottbezogenheit des Menschen als Person. Dadurch, dass die Person einerseits auf Gott (Schöpfung) bzw. Christus (Erlösung) und andererseits auf das Du (Ehe) hingeordnet ist, gelingt im Begriff der communio personarum eine Austarierung von Individualität und Gemeinschaftsbezug, die gleichermaßen die Gefahr des Individualismus (»Person« ohne »communio«) wie des Kollektivismus (»communio« ohne »Person«) vermeidet in der integrierenden *Gleichzeitigkeit* von »Personalisierung« und »Communionisierung«. Alle den Menschen bestimmenden Folgeverhältnisse (wie Stamm, Volk, Kultur, Gruppe, Kirche, Verbände, Institutionen usw.) müssen von dieser Grundbefindlichkeit des Menschen her bemessen werden. Im Paradigma der communio personarum nimmt der Heilige Vater den Menschen aus all den heute gängigen Erklärungen und Deutungen (etwa der »Rollentheorie« der Sozialwissenschaften) heraus und stellt ihn in die Dimensionen der Wahrheit seines Seins: Er *ist* nicht einfachhin etwas in der Geschichte, er soll etwas, er hat eine Aufgabe, eine Sendung, einen Auftrag. Er ist nicht »angeklagt«, sondern »angerufen«.

All das schwingt mit, wenn der Ausdruck communio personarum in den folgenden Ausführungen gebraucht wird, und deshalb muss man es auch »mithören«, um zu verstehen.

Christus beruft sich auf den Anfang

Die »Leibhaftigkeit« der Einheit von Geist-Seele-Körper wird zwar nicht zerstört, aber zerrüttet, korrumpiert durch den Sündenfall, der das Paar aus der unmittelbaren Gemeinschaft mit Gott herauswirft (sie werden »vertrieben«). Dabei wird aber nicht nur die Beziehung zum Schöpfer getroffen, sondern auch die Integrität der gegenseitigen Beziehungen: Das bisher heile und unverdorbene Konzept der communio personarum wird künftig durch den Riss der Begehrlichkeit entstellt, die den Menschen auf sich selbst zurückwirft.

Die nun folgende (Heils-)Geschichte der Menschheit ist die dramatische Bühne, auf der sich der mühevolle Prozess des immer neuen Anlaufs zur Heilung dieses Risses in der menschlichen Natur abspielt. Höhepunkt und Wende der Geschichte ist die Inkarnation, die Fleisch- und Leibwerdung der zweiten Person in der Trinität: Christus erlöst den Menschen durch sein Leiden und Kreuz. Durch seinen Tod und seine Auferstehung wird das unverfälschte Konzept des Menschen im unbedingten Gehorsam gegen Gottes Plan wiederhergestellt: einerseits im Ideal der Ehelosigkeit »um des Himmelreiches willen« (das den endgültigen Stand in der Vollendung der Schöpfung am Ende der Zeiten vorwegnimmt), andererseits im Ideal der christlichen Ehe (indem die Ehe von Christus zu einem Sakrament erhoben wird und dadurch sich die Erlösung in der ehelichen Gemeinschaft vollziehen kann).

Die Bedeutung der Körperlichkeit des Menschen, seiner Existenz »im Fleisch«, wird so einerseits durch die Jungfräulichkeit »um des Himmelreiches willen« erlösungsgeschichtlich weiter geklärt und findet andererseits ihren großartigen Ausdruck in einer Theologie der Ehe, die sich zu einer Ethik, Spiritualität und Pädagogik der christlichen Ehe ausformen lässt. Grundlage für beide Wege in der Kirche ist eine Theologie oder auch Spiritualität des Leibes, ohne die die Lehre der Kirche über Ehelosigkeit und Ehesakrament nicht zu verstehen ist.

Den Beweisgang für diese kurze Gedankenskizze setzt der Papst bei der Frage der Pharisäer nach der Unauflöslichkeit der Ehe an. Christus lässt sich mit ihnen nicht auf eine juristisch-kasuistische Diskussion ein, sondern verweist sie auf den »Anfang«, d.h. auf die ersten Kapitel der Genesis, den Schöpfungsbericht. Aus ihm deutet der Papst die ursprüngliche Einheit von Mann und Frau, die dem Geheimnis der Schöpfung innewohnt. Er verknüpft in einer kunstvollen Exegese die verschiedensten Stellen der Genesis des Alten Testaments und der Evangelien des Neuen Testaments miteinander, wobei er nicht nur an den Intellekt appeliert, sondern auch an die Überzeugung anknüpft, dass der Mensch zwar einerseits durch Christi Wort in den Evangelien (Bergpredigt usw.) von außen »angerufen« ist, aber zugleich in seinem Inneren den Widerhall jenes »Anfangs« zu vernehmen vermag, der in seinem Herzen unauslöschlich eingeschrieben ist und der ihm sagt, wer und was der Mann für die Frau und die Frau für den Mann im Schöpfungswerk und in der Erlösertat Christi ist bzw. sein soll. Es gibt so etwas wie eine intuitive, aus dem innersten Wesen des Menschen kommende Zustimmung im Sinne des sicheren Wissens: »Ja, das ist die Wahrheit.«

Ähnliches mag man empfinden beim Lesen der Gedanken des Papstes. Der Heilige Vater bietet eine äußerst klare und harte Widerlegung des Manichäismus, indem er den Leib und die Körperlichkeit des Menschen in aller Deutlichkeit als etwas Positives, als gottgewollt darstellt, als die Weise, in der der Mensch sich mitteilt und in dessen »aufrichtiger« Hingabe (d. h. in der Wahrheit des Schenkens) er sich selbst verwirklicht. Damit eröffnet er Mann und Frau eine Sichtweise ihrer Existenz, in der sie sich als Eheleute im Sakrament selbst verwirklichen können und einen Weg des Heils und der Heiligung finden.

Der erste und zweite Schöpfungsbericht der Genesis liefern eine solide Basis für die anthropologische und ethische Begründung einer Theologie des Leibes. Im gedanklichen Rückgriff von heute auf den Urzustand wird die Barriere des Sündenfalls überwunden und damit zugleich die Möglichkeit der Erlösung des Leibes angezeigt: Der »Anfang« dokumentiert die Zielgestalt der Erlösung des Leibes in Christus. Zwar ist der Mensch als »imago Dei« nach dem Bild und Gleichnis Gottes erschaffen, aber dies bezieht sich nicht nur auf seine ontologische Beschaffenheit als individuelle Person, sondern ebenso auf seine seinsmäßige Hingeordnetheit auf andere Personen, auf ein antwortendes Du (wie ja auch Gott als Trinität »Gemeinschaft«, communio ist). Denn der

Mensch ist »nicht nur durch sein Menschsein als solches, sondern auch durch die personale Gemeinschaft, die Mann und Frau von Anfang an bilden, zum ›Abbild und Ebenbild‹ Gottes geworden« (9).

Das Erlebnis des Alleinseins des Menschen im Genesis-Bericht ist angesichts der Andersartigkeit der übrigen Geschöpfe ein »körperliches« Erlebnis, was darauf hinweist, dass die leibhaftige Erfahrung des Menschen die ihm entsprechende Erfahrungsweise gemäß dem Willen seines Schöpfers darstellt. Die Überwindung dieses Alleinseins durch die Erschaffung Evas zeigt an, dass erst in der Gemeinschaft von Mann und Frau der Mensch »ganz«, »vollständig« ist, dass Mann und Frau sowohl in der Individualität ihrer Personalität als auch in der Einheit der communio personarum Ebenbild Gottes sind, dass erst die Einheit der beiden Ausprägungen des Menschen, eben das Mannsein und das Frausein, die vollständige Verwirklichung des göttlichen Planes mit »dem« Menschen repräsentiert. Denn »der Mensch wird nicht so sehr im Augenblick seiner Alleinseins als vielmehr im Augenblick der Gemeinschaft zum Abbild Gottes«, weil er »auch und ganz wesentlich Abbild einer unergründlichen göttlichen Gemeinschaft von Personen« ist (9).

Dass das »Alleinsein um des Himmelreiches willen« im jungfräulichen Stand dem nicht widerspricht und noch viel weniger eine Unvollständigkeit oder gar »Verkümmerung« des Menschen bedeutet (ja unter eschatologischem Aspekt sogar ein »Mehr« darstellt), legt der Heilige Vater an anderer Stelle (besonders im zweiten Teil) in aller Deutlichkeit dar.

Das Eigenartige (das aus der Ebenbildlichkeit des Menschen mit Gott dem Einen und zugleich Dreifaltigen herrührt) ist, dass einerseits die *Individualität* der Person auch in der communio personarum der Ehe erhalten bleibt und andererseits die *soziale* Komponente des Menschen auch in der »individuellen« Lebensweise der Ehelosigkeit »um des Himmelreiches willen« in der communio personarum mit Christus zum Ausdruck kommt. Dass der Papst die grundsätzlich für beide Stände geltende Bedeutung der bräutlichen Dimension des Leibes vornehmlich (aber nicht nur) an der Ehe darstellt, hängt von der besonderen »phänomenologischen« Deutlichkeit ab, mit der sie (vom Schöpfer hineingelegt) am Wesen von Mann und Frau abzulesen ist. Der durch die Gabe des Du vom Alleinsein erlöste Mensch erfährt sich in der beglückenden communio personarum des Ur-Paares (des Mannes wie der Frau – also Adam und Eva) zugleich auch als in die Gemeinschaft mit Gott gestellt, d. h. er macht die Erfahrung seiner von Gott geschenkten Existenz nicht nur als »Individuum« und Einzel-Person, sondern im sozialen Bezug der communio. Sogar als der Mensch im Sündenfall diese Einheit durch seine falsche Entscheidung, durch seinen Ungehorsam, selbst »desintegriert« und dadurch in die Spannung der Erkenntnis von Gut und Böse mit dem bekannten Hang zur »bösen Begehrlichkeit« hineingerät, vermag ihm die Erfahrung der Scham als Grenzerfahrung die Sehnsucht zu vermitteln, gemäß seinem personalen Wert angenommen zu werden – mit anderen Worten: Die Möglichkeit, Geschenk, Gabe zu sein und Entsprechendes auch zu empfangen, ist ihm geblieben.

Die »bräutliche Bedeutung« des Leibes durchstrahlte in der ursprunghaften Unschuld des Ur-Zustandes in aller Klarheit die communio personarum als »ursprünglichstes Sakrament«, sodass »sie sich nicht voreinander schämten«. Das Epitheton »bräutlich« ist ein Schlüsselwort der theologischen Anthropologie Papst Johannes Pauls II., weist es doch weit über die Ordnung »dieser Zeit« (in der man es – lediglich verengt – als auf die Ordnung der Ehe hin orientiert verstehen könnte) hinaus. Deshalb stellt er den Leib und diese seine bräutliche Bedeutung später auch in den Zusammenhang der Auferstehung.

Diese ursprüngliche Fülle der Erfahrung der bräutlichen Bedeutung des Leibes, die das Paar gleichsam als »erstes Fest der Menschheit« in der Reinheit des Herzens erleben durfte (ein Fest, das »von den göttlichen Quellen der Wahrheit und der Liebe herkommend, im Geheimnis der Schöpfung seinen Ursprung hat« (19), wird zwar im Sündenfall verdunkelt, aber nicht ausgelöscht. Die »ursprüngliche Fülle« geht zwar verloren, aber im tiefsten Wesen ehelichen Zusammenlebens, dem liebenden »Erkennen«, der Zeugung und der Fruchtbarkeit, leuchtet weiterhin die »bräutliche« Gemeinschaft des schöpferischen Sich-Schenkens und -Annehmens als Geschenk des Schöpfers – der »Anfang« im »Heute« – auf.

Wir befinden uns bei diesem »Anfang« an der Schwelle der irdischen Geschichte des Menschen, die zugleich die Bedeutung des Geheimnisses der Inkarnation enthüllt: Die Tatsache, dass die Theologie den Leib einbezieht, darf niemand, der um das Geheimnis der inkarnatorischen Wirklichkeit weiß, verwundern oder überraschen, denn dadurch, dass das Wort Fleisch wurde, ist der Leib »wie durch das Hauptportal in die Theologie eingetreten« (23). Die Menschwerdung ist der letzte Grund und die entscheidende Begründung für die Möglichkeit der Ehelosigkeit »um des Himmelreiches willen« wie auch für den sakramentalen Charakter der Ehe. Die bräutliche Bedeutung des Leibes enthüllt sich in beiden Fällen: im Falle der Ehe in der communio personarum von Mann und Frau, die als sakramentaler Liebesbund ganz in die übernatürliche Wirklichkeit des Christusgeheimnisses im Sinne eines Dreibundes von »Christus – Mann und Frau« hineingenommen ist, im Falle der Ehelosigkeit »um des Himmelreiches willen« in der communio personarum von menschlicher Einzelperson mit Christus.

Noch einmal verdeutlichen sich von hier aus die fundamentalen Aussagen der Genesis für eine Theologie des Leibes: Was dort in der Schöpfungsordnung »am Anfang« als communio personarum verwirklicht und dann durch den Sündenfall partiell durchkreuzt wurde, wird in der Erlösungsordnung grundsätzlich wiederhergestellt und in den Rang eines Sakraments erhoben – »Gott, du hast den Menschen in seiner Würde wunderbar erschaffen und noch wunderbarer erneuert«.

Christus beruft sich auf das Herz

An dieser Stelle nun geht der Heilige Vater zum zweiten Kapitel des 1. Teils seiner Exegese über, in dem er – anknüpfend an die Bergpredigt – über die Frage der Begehrlichkeit im Herzen des Menschen meditiert. Denn die böse Begehrlichkeit ist durch die Inkarnation des Wortes und die Erlösung nicht automatisch aus dem Herzen des Menschen gewichen, sondern die Reinigung des Herzens von dieser Begehrlichkeit ist ihm als Aufgabe gestellt.

Mit der Bergpredigt, dem Herzstück eines neuen christlichen Ethos, das auf innere Gerechtigkeit und nicht auf das Gesetz zielt, leitet Christus bekanntlich »eine grundlegende Neuordnung der Art und Weise, das Moralgesetz des Alten Bundes zu verstehen und zu erfüllen«, ein (24): Sein Appell an das Herz des Menschen ist positiv auf die Rückgewinnung einer ganzheitlichen Sicht des Menschen gerichtet, negativ wendet er sich gegen die Begehrlichkeit des Herzens, durch die die Einheit der Ehe als communio personarum bedroht ist. Des Näheren ist diese Begehrlichkeit nach Johannes eine dreifache: die Begehrlichkeit des Fleisches, die Begehrlichkeit der Augen und der Stolz des Lebens (früherer Sprachgebrauch Augenlust, Fleischeslust und Hoffart des Lebens), die sich nicht einfachhin in der dem Menschen als Objekt gegenüberstehenden »Welt« befinden, sondern die sich in seinem Herzen eingenistet haben, sodass es selbst als Quelle und Ort der Begehrlichkeit erlebt wird.

Die radikale Entfremdung durch den Sündenfall geht wie ein Riss mitten durch das Herz des Menschen, so›dass auch die personale Einheit entstellt und die bräutliche Bedeutung des Leibes von der Begehrlichkeit verzerrt wird. Die Bergpredigt stellt nun die Begründung einer neuen Ethik dar, die durch den Rückgriff auf den »Anfang« die Gesetzesmoral des Alten Testaments übersteigt. Hatte der Heilige Vater bisher weithin auf der Basis einer theologischen Anthropologie argumentiert, so entwickelt er den folgenden Gedankengang eher im Sinne einer biblischen Ethik. »Die Begehrlichkeit macht den Leib zum ›Terrain‹ der Aneignung durch eine andere Person« (33). Das führt zu einer Bedrohung der bräutlichen Bedeutung des Leibes. Da sich die Auseinandersetzung zwischen der egoistischen Begehrlichkeit und der selbstlosen Liebe im Herzen abspielt, wird dieses zum »Kampfplatz«. Statt in der Einigung der communio personarum die verlorene Fülle des »Anfangs« wiederzugewinnen, droht durch die Begehrlichkeit die ständige Gefahr, das personale Gegenüber als Objekt der Triebbefriedigung zu missbrauchen.

Das will Christus mit der Gegenüberstellung verdeutlichen:
- »Ihr habt gehört, dass gesagt worden ist ›Du sollst nicht die Ehe brechen‹,
- ich aber sage euch: wer eine Frau auch nur anblickt, um sie zu begehren, hat in seinem Herzen schon Ehebruch mit ihr begangen« (Mt 5,27–28).

Das neue Ethos des Evangeliums ist auf dem Hintergrund der geschichtlichen Situation und Ereignisse des Alten Testaments zu sehen: Gegenüber der Klarheit des »Anfangs« war die Situation der Ehe im Alten Testament verdunkelt worden. Die »Herzenshärte« hatte zum Abfall von der Einehe geführt – mehr noch, die Geschichte Jahwes mit dem auserwählten Volk Israel stellt sich auf dem Hintergrund des von Gott immer wieder angebotenen und erneuerten Bundesschlusses und des immer wieder vonseiten Israels durch den Fall in den Götzendienst gebrochenen Bundes selbst als ein Bruch der Treue, als

»Ehebruch« dar (Hosea, Weisheitsbücher, Sirach). Wie das Verhältnis Jahwes zu Israel, so ist auch das Sein von Mann und Frau ein »Füreinander«. Der »Blick«, den man sich zuwirft, die Art und Weise, wie man sich schaut und anschaut, offenbart dabei die innere Beschaffenheit der Zuwendung, er ist die Schwelle zur inneren Wahrheit oder zur Lüge, zur personalen Fülle der communio personarum oder zur begehrlichen, isolierten Sexualität. Dem in der Bergpredigt geforderten neuen Ethos entspricht einzig der Blick der Liebe, der aus der »Reinheit des Herzens« kommt.

Hier wird deutlich, dass es Christus nicht um Einhaltung von Gesetzen und Geboten geht, sondern um die Achtung der personalen Würde. Dieses Ethos ist keine bloße »positivistische« Norm, sondern als göttliches Gesetz dem Herzen des Menschen selbst eingeschrieben, auch dem Menschen von heute – es betrifft den Menschen existentiell. Die Fülle des »Anfangs« wird zurückgewonnen durch eine innere Schau des Herzens, die sich dann in einem entsprechenden Leben und Verhalten ausdrückt. Das Geschenk der communio personarum ist dem Herzen eingeschrieben, und es ist zugleich eine geheimnisvolle Wirklichkeit der Ebenbildlichkeit und Ähnlichkeit von Mann und Frau mit Gott. »Empfindet der Mensch zusammen mit der Begehrlichkeit nicht ein tiefes Bedürfnis, die Würde der gegenseitigen Beziehungen zu bewahren, die eben aufgrund der Männlichkeit bzw. Weiblichkeit des Körpers ihren Ausdruck in eben diesem Körper finden? Fühlt er nicht das Bedürfnis, diese mit allem Edlen und Schönen zu durchdringen? Fühlt er nicht das Bedürfnis, ihnen den höchsten Wert zu verleihen, der eben die Liebe ist?« (46).

Die neue Dimension dieses Ethos ist immer mit der Enthüllung jenes tiefsten Grundes verbunden, den man das »Herz« nennt. Indem es von der Begehrlichkeit befreit wird, wird zugleich im Herzen der eigentliche Mensch voller sichtbar: Mann und Frau in der ganzen inneren Wahrheit des gegenseitigen Füreinander. »Befreit von dem Zwang und der Beschränkung des Geistes, wie sie die Begehrlichkeit des Fleisches mit sich bringt, findet sich der Mensch, Mann und Frau, in der Freiheit des gegenseitigen Geschenks, das die Voraussetzung für jedes Zusammenleben in der Wahrheit … ist« (43). Das gilt vor allem für die Unauflöslichkeit der Ehe, aber Christus hat dabei auch im Blick »jede andere Form der Koexistenz von Männern und Frauen, jenes Zusammenlebens, welches zum reinen und schlichten Ablauf des Daseins gehört« (43).

In einem optimistischen Realismus baut Johannes Paul II. auf die Wahrheit der Aussagen Christi, der weiß, »was im Menschen ist« (Joh 2,25). Das neue Ethos der Bergpredigt, die »Reinheit des Herzens«, stellt keine Anklage oder Diffamierung des Leibes (etwa als »Quelle des Bösen« wie im Manichäismus) dar, vielmehr verdeutlicht es, dass dieser menschliche Leib »von Anfang an« zur Kundgabe des Geistes berufen ist, dass sich in ihm Eros und Ethos begegnen, wobei das Ethos zur bestimmenden Gestalt werden muss. Gerade auch die Erfahrungen der liebenden Hingabe in der communio personarum, wie sie uns die Kulturgeschichte in vielen Zeugnissen der Kunst und Literatur liefert, bestätigen die Wahrheit, die der Heilige Vater hier zum Aufleuchten bringt. »Während für das manichäische Denken Körper und Geschlechtlichkeit sozusagen einen ›Gegenwert‹ darstellen, sind sie für das Christentum stets ein ›nicht hinreichend gewürdigter Wert‹« (45).

Der Papst führt in seiner Exegese die biblischen Grundlagen der christlichen Anthropologie und Theologie des Leibes weit über die drei – wie Paul Ricoeur sie bezeichnet – »Meister des Argwohns« (Freud, Nietzsche, Marx) hinaus, bei denen das Herz des Menschen »angeklagt« wird, während Johannes Paul II. es schöpfungsgeschichtlich als »angerufen in der Wahrheit« und aufgerufen zur Reinheit rehabilitiert. Den Weg zur Reinheit des Herzens weist die Spiritualität des Leibes, die aus einer Haltung der Beherrschtheit heraus den Leib achtet und ihn als Tempel des Heiligen Geistes in der wahren Freiheit der Kinder Gottes rein und heilig bewahrt. Das Leben nach dem Geist ist für den gefallenen Menschen ein dynamischer Vorgang nach dem »Gesetz der Gradualität«: Das Böse, die Begehrlichkeit, ist zu besiegen, das Gute, die Reinheit des Herzens, zu gewinnen.

Wenn der Mensch sich ganz ergreifen lässt durch die von Christus gebrachte »Erlösung des Leibes«, dann öffnet er sich dem Leben aus dem Geist und erreicht die Reinheit des Herzens. Die Forderung Christi ist also nichts Unrealistisches, denn er kennt das Herz des Menschen. Sie zeigt zugleich, dass der Schöpfer dem Menschen den Leib – und zwar in seinem Mann-Sein und Frau-Sein – als Aufgabe zur Selbstverwirklichung anvertraut hat, sowie auch besonders das Geschenk des transparenten Zeichens der interpersonalen Gemeinschaft in der Selbsthingabe.

Die großen Fortschritte der Biophysik und Biomedizin behandeln den Menschen nur aus einem bestimmten, eingeengten Blickwinkel. Die Entwicklung der modernen Wissenschaft vom Leib als Organismus besitzt vielfach den Charakter eines rein *biologischen* Wissens und trennt oft das Geistige vom Leiblichen. Eine solche einseitig funktionale Betrachtungsweise führt leicht dazu, den Leib systematisch als Objekt verschiedener Manipulationsmöglichkeiten zu behandeln. So hört der Mensch auf, sich subjektiv mit seinem Leib zu identifizieren, weil dieser seiner Würde beraubt ist, die vom tatsächlichen Personsein des Leibes herrührt. Nur die volle Wahrheit der Person aber führt als »Theologie« und »Pädagogik« des Leibes zu jener »Spiritualität des Leibes«, von der schon die Rede war und bei der der Leib dem menschlichen Geist als Gabe und Aufgabe anvertraut ist. Die Reife des Geistes wird zum Zeichen der Person und zur authentischen »Materie« der communio personarum. Erst in dieser geistigen Reife entdeckt der Mensch den Leib in seiner vollen, »wahren« Bedeutung – vor allem auch für die eheliche Verbindung von Mann und Frau.

Die Begehrlichkeit als solche – das machen die Worte der Bergpredigt deutlich – enthüllt dem Menschen diese Wahrheit noch nicht, sondern sie wird dadurch eher verschleiert und getrübt. Die rein biologische Kenntnis des Mann- und Frau-Seins hilft in diesem Zusammenhang nur dann, wenn sie mit einer entsprechenden Reife der Person einhergeht. Für die Ehe heißt das: Nicht manichäische Enthaltsamkeit ist das Ideal, sondern freie Hingabe in der Würde des menschlichen Leibes, die organisch verbunden ist mit der freien Hingabe der Person in der unversehrten Echtheit des Mann- und Frau-Seins. So gelangt die Reinheit – als Zucht und Maß verstanden – im Herzen des Menschen zur Reife und zeigt die Bedeutung des Leibes für die eheliche Verbindung der Geschlechter, ihre ganze Wahrheit im sakramentalen Liebesbund der communio personarum. Diese ganze Wahrheit muss innerlich erkannt, gewissermaßen mit dem Herzen erspürt werden, damit die gegenseitige Beziehung von Mann und Frau (ja sogar der bloße »Blick«, gereinigt von der ungeordneten Begehrlichkeit) wieder ihren wahrhaft ehelichen Bedeutungsinhalt erlangt, die als Reinheit des Herzens Hingabe bedeuten kann, also nicht manichäisch in der Abwendung besteht. Zucht ist nichts Negatives, sondern Zuwendung in Ordnung. In dieser Reinheit zeigt sich der Sieg über die Begehrlichkeit und die Wirksamkeit der Gaben des Heiligen Geistes.

Die Erfahrung des Leibes – besonders auch in den Beziehungen von Mann und Frau – erhält so ihre ganze Natürlichkeit, Klarheit und innere Freude zurück, die sie im Urzustand besaß. Auf der einen Seite steht also die unerlöste Befriedigung der Leidenschaft, auf der anderen Seite die erlöste Freude der Selbstmitteilung und des Empfangens als Geschenk im Vollbesitz seiner selbst. »Die Worte Christi in der Bergpredigt führen das menschliche Herz zu solcher Freude. Ihnen muss man sich selbst, seine Gedanken und seine Handlungen anvertrauen, um die Freude zu finden und sie den anderen zu schenken« (58).

Die »Reinheit des Herzens« führt keineswegs zur Verachtung des Leibes, sondern vielmehr zu einer besonderen Achtung vor dem Leib, die auch die Grundhaltung seiner Darstellung in der Kunst bestimmen muss. Insofern darf die künstlerische Darstellung nicht nur durch die Ästhetik bestimmt sein, sie besitzt auch eine ethische Dimension, die sich u. a. in der mit jeder Kultur verbundenen »Scham« ausdrückt, in der die frühe Gewissheit der bräutlichen Bedeutung des Leibes aufleuchtet. Das Schamgefühl ist nichts Negatives, vielmehr ist es objektiver Ausdruck, Schutz und Sicherung jenes subjektiven Wissens um die Wahrheit der Person, die in der »Reinheit des Herzens« (der eine Erziehung zur Keuschheit entsprechen muss) ihre höchste Manifestation erreicht. (Freud: Der Verlust der Scham ist eine Form kulturellen Schwachsinns.) In der »Reinheit des Herzens« wird der »neue Mensch« wiedergefunden, in ihr fallen Wahrheit, Freiheit, Reinheit, Weisheit, Schönheit und Heiligkeit zusammen, in ihr begegnen sich die ursprüngliche Konzeption des Menschen »am Anfang« und ihre endgültige Vollendung »am Ende« im geschichtlichen Heute. Deshalb ist es völlig konsequent, wenn Johannes Paul II. an dieser Stelle schon auf den Zyklus über die Auferstehung des Leibes hinweist, den er dann wegen des Attentats erst im November 1981 beginnen konnte.

Aus den Ausführungen des Papstes an dieser Stelle wird ebenfalls schon deutlich, dass Johannes Paul II. seine Ansprachen als Erklärung, Stützung und Ergänzung von Texten des Konzils (vor allem »Gaudium et spes«) und von »Humanae vitae« verstanden wissen will. Deshalb endet der Zyklus über die Genesis und die Bergpredigt mit einer Aktualisierung, *warum* diese biblischen Exegesen heute – unter Einbeziehung philosophischer, geschichtlicher, anthropologischer, sozialwissenschaftlicher und theologischer Überlegungen – so notwendig sind: zur Selbstfindung und -verwirklichung des Menschen oder des Menschenbildes, das eng mit dem zugrunde liegenden Gottesbild zusammenhängt.

Christus beruft sich auf die Auferstehung

Die nun folgenden Ausführungen des Papstes im 3. Kapitel des 1. Teils seiner Homilien setzen seine Ansprachen im ersten Teil über die Streitgespräche Christi voraus, in denen dieser auf den »Anfang« (vgl. Mt 19,3–9; Mk 10,2–12) sowie auf das Innere des Menschen (sein »Herz«) und die Begehrlichkeit (vgl. Mt 5,27–32) verweist.

Im Anschluss daran behandelt er nun die Frage der »bräutlichen Bedeutung des Leibes« als eines Schlüsselbegriffs für eine christliche Anthropologie. Zwar könnte man den Eindruck haben, dass die Frage der Sadduzäer nach der Auferstehung, die sie bekanntlich mit der Geschichte der Frau verbinden, die nacheinander sieben Männer gehabt hat, primär mit der Ehe zu tun habe. Aber der Papst macht an diesem Beispiel deutlich, dass man die Bedeutung des Leibes nicht auf den innerweltlichen Aspekt, auf diesen Äon, einschränken darf. Nur in dieser Welt heiraten die Menschen, gilt die ausschließliche Ausgrenzung zweier Personen füreinander im Sinne ehelicher Exklusivität. Aber die Bestimmung des Menschen geht weit über den durch Zeit und Raum seiner diesseitigen Geschichte abgesteckten Rahmen hinaus: Erst in der Auferstehung findet er seine Vollendung, weil dann Gott »alles in allem« ist. Die Vollendung aber betrifft Seele und Leib, in der Auferstehung wird der Leib voll durchgeistigt, sie ist gleichsam eine »Vergöttlichung« des Menschen und schenkt darum in der vollendeten Harmonie von Geist und Leib auch die vollkommene Verwirklichung des ehelichen und jungfräulichen Menschen. Diese Vollendung hat als Basis das Eintauchen der Person in die Gemeinschaft und Selbstmitteilung der Trinität.

Von daher ist jede (isolierte) Frage nach Heirat und Ehe vom Ansatz her falsch gestellt, wenn man sie nicht eingebettet sieht in die Dimensionen des »Anfangs« (des Entwurfs Gottes am Schöpfungsmorgen also), der Geschichte (die zugleich Geschichte des Heils, der Erlösung ist) und der Eschatologie (der Auferstehung und Vollendung in der Gemeinschaft der Heiligen, in der das innertrinitarische Leben und die Teilhabe daran »alles in allem« ist). Diese Einbettung aber enthüllt die Frage der Ehe und des Heiratens mit der Sonderrolle, die der »Leib« des Menschen als empirischer Ausdruck seines Person-Seins in dieser Welt spielt, als eine spezielle Sonderfrage der grundsätzlichen bräutlichen Dimension des Leibes.

Wäre also die Auferstehung nicht, so würde die christliche Anthropologie in das Gefängnis der Diesseitigkeit verbannt, dann wäre jedes *sakramentale* Reden über Ehe sinnlos – vor allem aber verlöre jede Lebensform des Nicht-Verheiratet-Seins ihren Sinn. An diesem Punkt knüpft Johannes Paul II. nun an die Ausführungen des hl. Paulus im ersten Korintherbrief an und stellt dar, wie sich in der Auferstehung Christi (der ja ehelos »um des Himmelreiches willen« war) die Erlösung des Leibes als Beginn der eschatologischen Erfüllung vollzieht.

Das revolutionär Neue gegenüber dem Menschenbild des Alten Testaments mit seiner Betonung der Fruchtbarkeit und der leiblichen Nachkommenschaft liegt in dieser »Relativierung« der Ehe. Relativierung heißt hier nicht Herabsetzung oder Verächtlichmachung, sondern genau das, was das Wort etymologisch bedeutet: etwas in seinen richtigen Dimensionen erkennen und in einen Bedeutungszusammenhang mit anderen Wirklichkeiten stellen, der die Bezüge, die Ordnung, die Bindungen und Verbindungen verdeutlicht, die das Wesen der Dinge ausmachen.

Unter diesem Aspekt ist Ehelosigkeit »um des Himmelreiches willen« zwar in der Ordnung dieser Zeit eine »besondere Ausnahme« und etwas absolut Neues gegenüber der Tradition des Alten Testaments – aber wiederum nicht etwas (als wäre es etwa eine »Höherentwicklung«), was die Ehe ablöst. Vielmehr erklären und ergänzen sich Ehe und Ehelosigkeit gegenseitig, weil sie jeweils besondere Seiten der »bräutlichen Bedeutung des Leibes« offenbaren. Will man also eine theologische Anthropologie entwerfen, ein christliches Menschenbild, so muss man über den Tod hinausgreifen und den Status des Menschen – der Person als eines Gemeinschaftswesens – im Zustand der Auferstehung betrachten. Unter diesem Aspekt enthüllt sich dann die Ehelosigkeit – sofern sie »um des Himmelreiches willen« gewählt und gelebt wurde – als die vorweggenommene Anthropologie der Auferstehung, d. h. sie vermag für das gläubige Auge etwas auszusagen über das »schon« und doch »noch nicht« voll Sichtbare der eschatologischen Vollendung des Leibes.

Um den anthropologischen Entwurf des Heiligen Vaters genau zu erfassen, ist es vor allem wichtig, sich diesen Charakter der *Ergänzung* von Ehe und Ehelosigkeit zu verdeutlichen: Weil der Mensch sich nur findet und sich selbst verwirklichen kann durch die Hingabe seiner selbst an ein personales Du (Liebe als Bereitschaft zur Ganzhingabe) – sei es in der Form der Ehe (die als Sakrament verstanden eine gemeinsame Hingabe an Gott impliziert), sei es »um des Himmelreiches willen« in der Form der Ehelosigkeit als einer spezifischen Antwort auf die bräutliche Liebe des Erlösers –, ist der Mensch (und zwar gerade auch insofern er »Leib« ist, mit dem er Hin-Gabe vollziehen, dokumentieren kann) auf die communio personarum, die Personengemeinschaft im Sinne eines Austausches, einer Kommunikation, einer »Kommunion« hingeordnet.

Die Auferstehung als völlige Durchstrahlung (Gott »alles in allem«) der Einheit von Leib-Seele-Geist unter den Bedingungen der Gemeinschaft der Heiligen im innertrinitarischen Leben offenbart so auch die volle bräutliche Liebe Christi zur Kirche in ihrer zweifachen Dimension: der Ehelosigkeit »um des Himmelreiches willen« und der Ehe, die Abbild, ja sogar reale Darstellung dieses bräutlichen Verhältnisses zwischen Christus und seiner Kirche in der Zeit sein darf. Die Einheit der menschlichen Erfahrung am »Anfang«, in den Dimensionen der Geschichte und am Ende baut in der gegenseitigen Hingabe auch jene Gemeinschaft neu, die die große Gemeinschaft der Heiligen bildet.

Unter diesem Aspekt ist nun Ehe nicht etwas, das gleichsam verschwindet, keine Rolle mehr spielte. Sie löst sich eschatologisch nicht in »Nichts« auf, sondern sie ist »aufgehoben«, weil das, was »von Anfang« an angelegt war, dort voll erfüllt sein wird, auch die irdische Personengemeinschaft der Ehe: Sie ist ein Baustein der »communio sanctorum«. Aber gerade, weil sich die bräutliche Bedeutung des Leibes in der eschatologischen Dimension erst voll enthüllt, ist es möglich, rückwärts gewendet die communio personarum der Ehe in ihrer vollen Fülle zu erfassen.

Die Ehelosigkeit »um des Himmelreiches willen« (und nur als solche ist sie Zeichen der übernatürlichen Fruchtbarkeit im Heiligen Geist) wird so zum privilegierten, charismatischen Zeichen für die Erlösung des Leibes – ein »außergewöhnlicher« Weg, nicht alltäglich und nicht für alle geltend: Jeder muss gemäß der ihm entsprechenden und an ihm ergangenen Berufung handeln, jeder hat *seine* Gnadengabe von Gott. Ehe wird dadurch nicht »minderwertig«, Zölibat nicht »überlegen«: Der bräutliche Sinn des Leibes gilt für beide. Aber für die Ordnung der Ehe gilt es dabei festzuhalten, dass der Leib »Tempel des Heiligen Geistes« ist und nicht die Welt, sondern das Reich Gottes das letzte Ziel und die ewige Bestimmung des Menschen sind. Der richtig verstandene Zölibat kann somit (neben seiner »funktionalen« Seite) einen Schlüssel zum Verständnis des sakramentalen Charakters der Ehe darstellen – wie auch umgekehrt die ehelich-sakramentale Hingabe das Brautschaftsverhältnis Christi und der Kirche abbildet und entschlüsselt und so

Ehelose an Eheleuten ablesen können, wie Hingabe aussehen kann: »Seht, wie sie einander lieben.« Die Hochschätzung der Ehelosigkeit im Evangelium gründet nicht auf einer Abwertung der Ehe, sondern auf der besonderen Zielsetzung »um des Himmelreiches willen«. Die Kirche besteht nicht gleichsam aus zwei Klassen, sondern das Maß der Vollkommenheit für beide Wege ist die Liebe, die selbstlose Hingabe seiner selbst.

Die bräutliche Bedeutung des Leibes gründet in der personalen Dimension seiner Geschichtlichkeit, durch die der Leib Mittel und Ausdruck personaler Hingabe zu werden vermag. In der freien Verfügung über sich selbst als »Geschenk« an einen anderen kann der Mensch diese Fähigkeit zur Ganzhingabe entweder in der Ehe als Gemeinschaft mit einer anderen Person oder aber »um des Himmelreiches willen« in der ausschließlichen Liebe zu Christus verwirklichen. Beide Formen entspringen letztlich derselben Wurzel, nämlich der bräutlichen Bedeutung und Verfügbarkeit des menschlichen Leibes sowie der Hingabe aus bräutlicher Liebe.

An dieser Stelle wird etwas auch für die Ehe Wesentliches sichtbar: Gabe, Geschenk, Hin-Gabe kann im konkreten Fall auch im Verzichten auf »leibliche« (im Sinne von »körperliche«) Hingabe bestehen – die »bräutliche« (als hingebende, »Gabe« bedeutende) Dimension des Leibes bleibt auch dann gewahrt und erhalten bzw. sie kann sich ggf. sogar in einer neuen Weise dokumentieren. Selbst Enthaltsamkeit erhält, wo sie nötig bzw. gefordert ist (z. B. bei Krankheit oder in Situationen der verantwortlichen Elternschaft) von daher ihren Sinn, ohne dass dadurch die Hingabe entwertet wird, weil dieses Sich-Enthalten in die bräutliche Hingabe Christi hineingenommen ist. In diesem Sinne enthüllt sich die bräutliche Liebe Christi zu seiner Kirche (die ja die Hingabe des Lebens »bis zum Tod am Kreuz« umfasst) als einziger und einzigartiger Schlüssel für das sakramentale Wesen der Ehe.

C. Spezielle Einleitung in den zweiten Teil »Das Sakrament«

Auf dem Hintergrund einer solchen alle Stände der Kirche umfassenden Anthropologie beendet der Heilige Vater seine Ausdeutung der Worte Christi und wendet sich der Exegese des Epheserbriefes zu, um die Theologie des Leibes in die kosmischen Dimensionen des Heilsmysteriums hineinzustellen und letztlich auf brennende Fragen unserer Zeit anzuwenden. Reflexionen über die Ehe als Sakrament sind Anlass und Ausgangspunkt des Gedankenganges, aber er führt wiederum tief in grundsätzliche Ausführungen zum christlichen Menschenbild. Der Text (vor allem Eph 5,21–33) ist aus dem Ritus der Trauung bekannt. Seine tiefe Bedeutung liegt im Vergleich der christlichen Ehe mit dem Bündnis, das Christus mit seiner Kirche als Braut eingeht und das der Verfasser des Briefes als das »große Geheimnis« bezeichnet. Die sich darin offenbarende Sakramentalität der Ehe ist aufs Engste verknüpft mit der Theologie des Leibes. In dieser Sicht tritt der Vertragscharakter der Ehe ganz hinter ihren Bundescharakter zurück, weil für Paulus im Verhältnis Christus-Kirche das vorherrscht, was der Papst ein »Liebesbündnis« nennt.

Das »große Geheimnis«

Gerade auch die heute so schnell Emotionen weckenden Aussagen von Über- und Unterordnung (wenn sie fälschlicherweise als soziologische Aussagen im Sinne einer Herrschaftstheorie gedeutet werden, so als wollte der Verfasser des Epheserbriefes Grundlinien einer Rechts-Kodifizierung für ein weltliches Ehe- und Familienrecht liefern) verlieren auf dem Hintergrund einer theologischen Anthropologie ihre anstößigen Kanten: In der christlichen Ehe darf es keine einseitige Über- oder Unterordnung zwischen den Eheleuten geben. Ihre personale Gemeinschaft verwirklicht sich in gegenseitiger Hingabe und Unterordnung aus ihrer gemeinsamen Ehrfurcht vor, Unterordnung unter und Hingabe an Christus. Weil die Ehe die Spiegelung der bräutlichen Beziehung (bei dem Wort »bräutlich« schwingt nun die ganze Bedeutungsfülle der bisherigen Betrachtungen mit!) zwischen Christus und der Kirche ist, ist nun Christus selbst das Richtmaß des Handelns für beide, für Mann und Frau. Das so streng klingende »Haupt«-Sein Christi besteht in der Hingabe, in der liebenden Zuwendung, im Geschenk seiner selbst bis zur Hingabe des Lebens. Eine der wesentlichsten Grundlagen ehelicher Beziehungen ist also die Ehrfurcht (»in der gemeinsamen Ehrfurcht vor Christus«, Eph 5,21).

Als Grundlage der gesamten Analogie, die der Verfasser an dieser zentralen Stelle des Epheserbriefes entfaltet, arbeitet der Papst also nicht den Begriff der »Herrschaft« heraus, sondern den der Liebe. Das große Geheimnis, das »Mysterium« im Heilsplan Gottes entschleiert sich so im Alten Testament darin, dass Jesaija zu Israel sagen kann: »Denn dein Schöpfer ist dein Gemahl« und Paulus zur Kirche-Braut: »Dein Erlöser ist dein Bräutigam.« Hier kann Johannes Paul II. wieder an das Wort vom »Anfang« anknüpfen, in dem sich die Ehe als das ursprünglichste Sakrament der Schöpfung offenbart und zugleich (im Zeichen von Sündenfall und Erlösung) als Schauplatz der Heilsgeschichte. Im Zentrum dieses Geheimnisses steht Christus bzw. der bräutliche Liebesbund zwischen Christus und seiner Kirche, die er sich rein, heilig, herrlich und makellos »erschafft«.

Gibt es einen tieferen Vergleich für die liebende Einheit zwischen Mann und Frau in der Ehe? Sicher, auch eine christliche Ehe kann nicht ständig in dieser Tiefe bewusst gelebt werden, aber – so fordert es der Heilige Vater – als letzten Maßstab und höchstes Ideal sollen doch alle gläubigen Eheleute diesen kostbaren Vergleich im Herzen tragen und ihr Verhalten daran ausrichten. Zugleich ist aber dieses Geheimnis auch jenseits des jeweiligen Bewusstseinsgrades der in ihm lebenden Eheleute als Sakrament gnadenwirksam.

Alle Reflexion über das Geheimnis der Parallelität dieser scheinbar so unterschiedlichen Beziehungen (Christus-Kirche, Mann-Frau) lüften im Lichte des Glaubens zwar ein wenig den Schleier, unter dem die christologische Struktur der Schöpfung und Erlösung sich andeutet. Aber als »großes Geheimnis« bleibt es auch zugleich unauslotbar, weil die kosmischen Dimensionen der communio personarum, die von der Erschaffung über den Sündenfall und die Erlösung (»neue Schöpfung«) bis in die Eschatologie und ewige Vollendung des Menschen im »neuen Himmel und der neuen Erde« reichen, letztlich erst in der communio sanctorum des neuen Jerusalem, der neuen Stadt, voll enthüllt werden. Insofern aber die Ehe Sakrament ist, findet dieses Geheimnis darin seinen besonderen, sichtbaren und gnadenhaften Ausdruck.

Nach der Lehre des hl. Paulus stellt die Ehe so eine besondere Berufung und ein eigenes Gnadengeschenk Gottes dar. Daraus ergibt sich die Aufforderung zu einem Leben »aus dem Geist«. So ist auch die christliche Ehe und die in ihr vollzogene Hingabe eine Verwirklichung der bräutlichen Hingabe und Bedeutung des Leibes. Aus ihr erwächst den Eheleuten die Hoffnung auf die endzeitliche Vollendung im Geheimnis der Auferstehung.

Auf diesem Hintergrund ist die Einheit von Mann und Frau gleichsam der »innerste Ort« des Menschen in seiner Subjektivität einerseits, aber diese Einheit prägt andererseits als geschichtsphilosophische Kategorie zugleich die Historie des Menschen als Gattung: In der communio personarum berührt der Mensch das Geheimnis der Schöpfung und Erlösung, in ihr offenbart sich die hochzeitliche und zugleich erlösende Dimension ehelicher Liebe. Die bräutliche Liebe Christi zur Kirche vollendet sich in der Hingabe seines Leibes am Kreuz.

Darin leuchtet ein tiefer Sinn unserer Leiblichkeit auf. Warum sind wir Leib – und zwar als Mann und Frau – und warum sind wir mit diesem

Leib in diesem Kosmos? Um uns aus Liebe zu schenken – sei es in der Ehe, sei es in der Ehelosigkeit »um des Himmelreiches willen«. Unsere Leibhaftigkeit findet ihre Sinnerfüllung in der opferbereiten, liebenden Hingabe unserer selbst. Das gilt für alles Tun und Erleiden, von der Geburt bis zu Leid, Kreuz und Tod. In allem will die erlösende Liebe des Bräutigams Christus am Werk sein, in allem geschieht die Heimholung der Welt durch ihn (die anakephalaiosis).

Die Sprache des Leibes

An dieser Stelle kann der Papst als Ergebnis der exegetischen und anthropologischen Reflexionen noch einmal in besonderer Weise das spezifische Problem der bräutlichen Bedeutung des Leibes im ehelichen Verhältnis beleuchten. Denn zweifellos benutzt die »Sprache des Leibes« im ehelichen Dialog eine eigene »Grammatik«, deren Regeln von Liebe, Wahrheit und Treue geprägt sein müssen. In diesem Zusammenhang verteidigt der Heilige Vater den Menschen (der »gefallen und erlöst zugleich, aber immer berufen« ist) vehement gegen »Verdächtigungen« bestimmter anthropologischer Konzeptionen mancher moderner Sozial- und Humanwissenschaften, in denen ein grundsätzlich pessimistisches Menschenbild verkündet wird, weil der Mensch zum Bösen neige und nicht zur Wahrheit gelangen könne.

Demgegenüber ist Johannes Paul II. davon überzeugt, dass der Mensch im ehelichen Dialog die Wahrheit der »Sprache des Leibes« erlernen kann und so zum »Propheten der Wahrheit« wird. Denn die »Sprache des Leibes« ist nicht nur ein bloßes Substrat des Menschen, sondern gleichsam das »Sein« der Personengemeinschaft in der Ehe. Wenn und insofern aber diese Sprache eine Sprache der Liebe ist, soll sie zugleich treu und wahr sein. Diese Sprache nehmen die Eheleute im Ehesakrament, bei der Trauung und danach im leiblichen Vollzug auf, indem sie an die »Sprache des Leibes« anknüpfen, wie sie »am Anfang« war. Der prophetischen Dimension und Funktion der Sprache des Leibes im ehelichen Dialog kommt es zu, dass der Leib »im Namen« der ganzen Person spricht, dass alles durch ihn »hindurchtönt«, dass er in der Hingabe ganz auf den anderen »gestimmt« ist, sodass das andere Sein »nachhallt« und so die Person vernehmbar wird (Person hängt ja mit personare – hindurchtönen zusammen). »Wenn der Mensch – als Mann und Frau – in der Ehe (und indirekt auch in allen Bereichen des Zusammenlebens) seinem Verhalten die Bedeutung gibt, die der fundamentalen Wahrheit der Sprache des Leibes entspricht, ist er auch selbst ›in der Wahrheit‹« (Johannes Paul II.) – d. h. er ist keusch und reinen Herzens.

Humanae vitae
Nirgendwo hat die Begegnung zwischen Eros und Ethos in der Neuzeit zu solchen Spannungen im Raum der Kirche geführt wie in den Auseinandersetzungen zur Enzyklika »Humanae vitae« (HV). So lag es gewiss nahe, dass der Papst nach der Unterbrechung seiner Homilien durch das »außerordentliche Jahr der Erlösung« 1983/84 den abschließenden Teil seines über fünfjährigen Zyklus über die Theologie des Leibes Überlegungen zu HV widmet. Er selbst sieht darin gewissermaßen »die Krönung dessen, was bisher ausgeführt« wurde. Für das Verständnis dieses Teils legt es sich nahe, den zweiten Teil seiner Schlussansprache vom 28. November 1984 vorab zu lesen. Es ist nicht nötig, das dort Gesagte hier in der Einleitung zu wiederholen. Der Leser sei auf diese Ansprache ausdrücklich als Anfangslektüre hingewiesen.

Jedenfalls besteht der wahre Fortschritt des Menschen unter dem Gesichtspunkt der Person nicht in der Tendenz – die sich vor allem in der modernen westlichen Zivilisation verbreitet –, diesen Fortschritt mit dem »Maß der Sachen«, d. h. der materiellen Güter zu messen. Die Theologie des Leibes hat vielmehr die Person selbst als Maß des menschlichen Fortschritts im Blick, weshalb die personalen Aspekte des Menschenleibes besonders intensiv vom Papst behandelt werden.

Denn der Leib ist mehr als eine bloße Sache, ein Ding: Im Leib drückt sich die menschliche Person aus, nur durch den Leib kann die Person unter den Bedingungen von Raum und Zeit leben und mit anderen Menschen Gemeinschaft bilden.

Die näheren Erläuterungen zu HV beginnt der Papst mit einer Analyse des Hohenliedes, das im Zusammenhang der beiden ersten Kapitel der Genesis (Ehe als »ursprünglichstes Sakrament«) und der »Sprache des Leibes« zu interpretieren ist. Das Ziel dieser kurzen Exegese ist es, zu einem besseren und erschöpfenderen Verständnis des sakramentalen Zeichens der Ehe zu gelangen, wie es die Sprache des Leibes zum Ausdruck bringt (109). Auch die kurze Erwähnung des Tobit-Textes dient dem Nachweis, wie sehr im sakramentalen Zeichen die volle Menschlichkeit der Liebe als Gefühl, zugleich aber auch die Liebe als Entschluss zu Treue und Wahrheit ihren Platz haben. Die lyrische Verdichtung der Sprache im Hohenlied kann mit ihren poetischen Bildern zu einem besseren Verständnis der »Sprache des Leibes« führen, die – in der Wahrheit gesprochen – eine einzigartige und aus dem Herzen kommende Sprache der Liebe ist. Im Hohenlied wird die menschliche Liebe zum Gleichnis für den Liebesbund, den Gott dem Menschen in Christus geschenkt hat.

Braut und Bräutigam bekunden in Worten, Bewegungen und Gesten ihre Freude, Bewunderung und Zuneigung, die sie als Mann und Frau füreinander empfinden. In vielfältigen Bildern preisen sie die leibliche Schönheit und den Zauber, der von ihr ausgeht. Die Liebe befähigt zu einer besonderen Erfahrung des Schönen, in der sich Mann und Frau zugleich körperlich und in ihrem vollen personalen Menschsein begegnen. Die Entdeckung des anderen als Geschenk ist zugleich vom Zauber seiner personalen Würde durchstrahlt. Die gegenseitige Anziehungskraft zwischen Mann und Frau führt sie zugleich über sich hinaus, weil die Person alle Maße der Aneignung übersteigt. In ihrer liebenden Begegnung spüren sie die Sehnsucht nach etwas Anderem, Größerem, das die Grenzen des Eros übersteigt: nach dem letztlich Vollkommenen, Wahren und Schönen. So drängt der menschliche Eros von sich selbst aus danach, sich zu übersteigen und in etwas Umfassenderes zu integrieren – und zwar in eine höhere Liebe, die keine Eifersucht kennt, nicht das Ihre sucht, sich an der Wahrheit freut und niemals aufhört: Das ist die Läuterung des Eros zur Vollkommenheit der Agape, in der die Liebe »stark wie der Tod« wird (Tobit). So geläutert vermag die Sprache des Leibes die Dimension der Heiligkeit zu berühren.

Da nun diese innere Sinnhaftigkeit zum Wesen der Ehe als Sakrament (sowohl im weiteren: »ursprünglichstes Sakrament«, als auch im engeren Sinne: als Sakrament der Kirche in der Erlösung) gehört, gleichsam seine »innerste Struktur« darstellt, bildet sie auch das Fundament für die Wahrheit der Normen von HV. Die Theologie des Leibes, wie sie in den vielen Ansprachen über Jahre hinweg vom Heiligen Vater entfaltet wurde, begründet so auch die Lehre von HV.

In der Anwendung der Ergebnisse seiner Exegesen auf einige Aspekte der Ehe- und Familienmoral will der Heilige Vater nicht einen Kommentar zur ganzen Enzyklika HV liefern, sondern nur zu einem zentralen Abschnitt, der mit der Ehe in der Dimension des sakramentalen Zeichens in Zusammenhang steht: der zweifachen Bedeutung des ehelichen Aktes (liebende Vereinigung und Fruchtbarkeit) und ihrer untrennbaren Verbindung. Papst Paul VI. ging es bei HV nicht um abstrakte ethische Normen, sondern vor allem um ein pastorales Anliegen der heutigen Ehemoral. Sein Anliegen war es, eine Antwort auf konkrete Fragen des heutigen Menschen zu geben.

Papst Johannes Paul II. kann nun die gesamte Frucht der bisherigen Betrachtungen einbringen in die Interpretation des bedeutungsvollen Augenblicks der ehelichen Vereinigung, in dem es in besonderer Weise darauf ankommt, dass man die Sprache des Leibes in der Wahrheit »liest«. »Dieses Lesen wird zur unerlässlichen Voraussetzung für das Handeln in der Wahrheit, d. h. für das Verhalten entsprechend dem sittlichen Wert der sittlichen Norm« (Johannes Paul II.). All das geht in die »innerste Struktur« (HV 12) der ehelichen Beziehungen ein, die Lehre von HV entspricht der »Sprache des Leibes« in der Wahrheit. Die Normen des Naturgesetzes (ontologische Dimension) entsprechen somit auch zutiefst dem personalen Aspekt der Ehe (subjektive und psychologische Dimension). Notabene: Diese »Sprache« kann – weil nur personal möglich – deshalb auch nicht »ausgelagert« werden, wie es in der apersonalen, extra-korporalen invitro-Befruchtung manipulativ geschieht!

Von dieser Basis her ist nun auch die Frage der Verantworteten Elternschaft in ihren verschiedenen Aspekten, den Motiven, Verhaltensweisen und Methoden, zu beleuchten: Verantwortete Elternschaft ist das Ergebnis eines moralischen Urteils, das die vorgegebenen biologischen, psychologischen und sozialen Voraussetzungen der jeweiligen Ehe wertet und dabei die entsprechenden Weisungen des kirchlichen Lehramtes anerkennt und beachtet. Da nun der Leib Ausdrucksmittel des ganzen Menschen ist und die Person mittels des Leibes spricht, vermag die »Sprache des Leibes« Wahrheit oder Lüge zu sein. Hier muss nun die personale und sakramentale Dimension des Problems beachtet werden. Dabei bemisst sich die Qualität der »Sprache des Leibes« nach dem Kriterium ihrer inneren Wahrheit. Künstliche Empfängnisverhütung aber beraubt den Akt der Hingabe seiner inneren Wahrheit, denn diese umfasst untrennbar Hingabe und Fruchtbarkeit.

Das eigentliche Übel der Kontrazeption liegt also im Verfehlen der Wahrheit der Person in ihrer totalen Selbstmitteilung im interpersonalen Dialog der »Sprache des Leibes«, in der Mann und Frau das ganze Ausmaß der Wahrheit ihrer Person zum Ausdruck bringen wollen und sollen. Das Übel liegt des Weiteren auch darin, dass dann weder von Beherrschung seiner selbst (ohne die man sich nicht wirklich hingeben kann, denn ohne Selbstbesitz keine Selbsthingabe) noch von gegenseitiger Hingabe und Annahme des jeweiligen Gegenüber als Geschenk gesprochen werden kann. Während also der kontrazeptive Akt in sich »unwahrhaftig« ist, kann natürliche Regelung der Empfängnis wahr sein, weil sie die Treue zum Plan des Schöpfers umfasst.

Hier zeigt sich die enge Verflochtenheit von Verantworteter Elternschaft mit einer Spiritualität der Ehe: Die Theologie des Leibes führt zu einer Theologie der Ehe und Familie, in der die eheliche Liebe Teilhabe an der Liebe Gottes im Mysterium von Schöpfung und Erlösung wird. Es gilt so eine Spiritualität der Ehe (und Familie) zu entwickeln, deren Kern eine auf der *Theologie* des Leibes aufruhende *Pädagogik* des Leibes ist, die sich nicht nur auswirkt als richtig gelebte gegenseitige Hingabe und Fruchtbarkeit, sondern auch als familienformende Kraft insgesamt, wie dies in HV als Grundanliegen formuliert ist und – in Zusammenfassung der Synode 1980 – dann besonders in »Familiaris consortio« weiter entfaltet wird.

In pädagogischer Zielsetzung unterscheidet HV zwischen solchen *Verhaltensweisen* und *Methoden* des ehelichen Umgangs, die von ihrer eigenen Natur her moralisch nicht vertretbar sind, und solchen, die von ihrem Wesen her der Menschenwürde entsprechen. Diese sind moralisch erlaubt, jene nicht. Eine *zweite* Frage ist es, ob auch die *Motive* (z. B. für eine Begrenzung der Kinderzahl) ethisch und moralisch einwandfrei sind. Ein Gewissensurteil muss *beide* Ebenen prüfen: die objektive Natur der vorliegenden Methode und die subjektiven Motive der Person.

Wir Menschen haben uns daran gewöhnt, alle Naturdinge um uns herum zu ergreifen, zu bearbeiten und zu gestalten. Alle Dinge sind zu Objekten unseres Handelns geworden, zu Mitteln für beliebige Zwecke. Der Mensch steht von daher in der Versuchung, auch seinen menschlichen Körper mit all seinen Funktionen ausschließlich als Objekt zu behandeln. Der Leib aber ist vor allem Teil der Person, der Anteil hat an unserem Sein als Subjekt, das erkennt, liebt und handelt. Die Person drückt sich durch den Leib aus, auch im ehelichen Umgang.

Wichtiger als die Frage, was man mit dem Körper alles manipulierend anstellen kann, ist also die Frage, wie die »Sprache des Leibes« geformt sein muss, damit sie der inneren Wahrheit des Menschen entspricht und ein getreues Abbild der menschlichen Person und ihrer Liebe wird. Die volle Wahrheit des Leibes in der ehelichen Begegnung umfasst aber sowohl die personale Einswerdung als auch die grundsätzliche Bereitschaft, neues Leben zu empfangen. Die Bejahung der Fruchtbarkeit wird ja schon ausdrücklich in den Worten der Trauung gelobt – sie gehört also wesentlich zum »Zeichen«. Was in Wort und Vollzug zum Zeichen gehört, kann nur wahr oder falsch vollzogen werden. Ausschluss der Fruchtbarkeit verfälscht also das Zeichen. »Hingabe« und »Fruchtbarkeit« sind gleichsam die beiden Seiten *einer* Medaille. Einen dieser Aspekte bewusst und aktiv auszuschließen, würde die »Sprache des Leibes« im ehelichen Akt verkürzen, verfälschen und zur Lüge machen. Der Mensch ist aber von Gott zur Fülle berufen, auch im Weiterschenken seiner personalen Werte in Ehe und Familie. Theologen, die diese Lehre der Kirche verneinen und den Eheleuten vorenthalten, bringen sie gerade um ihr Proprium, um das, was ihren Stand spezifisch auszeichnet. Das in der Verkündigung zu unterschlagen, wäre so ähnlich, wie wenn man das sakramentale Verständnis des Priestertums theologisch aushöhlen würde.

Verantwortete Elternschaft erfordert ein ständiges aszetisches Bemühen um Mäßigung und Selbstbeherrschung. Sie besteht nicht nur im

Beachten einer sittlich erlaubten Empfängnisregelung, sondern ist Teil einer umfassenden Ehespiritualität und damit Bestandteil der den Eheleuten spezifischen Berufung zur christlichen Vollkommenheit. Wie für alle Christen ist auch für Eheleute »die Pforte eng und der Weg schmal, der zum Leben führt« (Mt 7,14). Sie müssen ihn gehen in Besonnenheit, Gerechtigkeit und Frömmigkeit, wohl wissend, dass »die Gestalt dieser Welt vergeht«. Grundkraft der ehelichen Spiritualität ist die Liebe, die Kraft, die den Menschen immer wieder neu auf die Wahrheit, die echten Werte und wahren Freuden ausrichtet. Die Eheleute empfangen sie als besonderes Gnadengeschenk im Sakrament der Ehe.

Wahre eheliche Liebe ist immer mit der Tugend der Keuschheit verbunden, die sich in Selbstbeherrschung und – wenn nötig – auch in Enthaltsamkeit ausdrückt. Selbstbeherrschung (manchmal gebraucht Johannes Paul II. als Synonym auch das Wort Enthaltsamkeit) ist eine grundlegende sittliche Verhaltensweise, die durch allmähliche Selbsterziehung, Kontrolle des Willens, der Gefühle und Emotionen schrittweise erlernbar ist. Sie zielt auf Beherrschung der sinnlichen Begehrlichkeit und ist nicht nur repressiv (Zügelung der Begehrlichkeit), sondern befreit den Menschen zu höheren geistigen Werten in der Begegnung zwischen den Personen. Als Tugend handelt sie in Verbindung mit Klugheit, Gerechtigkeit und Liebe. Als Keuschheit bereichert sie den bräutlichen Dialog der Eheleute. Selbstbeherrschung und Mäßigung bestehen nicht nur in der Fähigkeit, sich zu enthalten, sondern auch darin, den gesamten Gefühlsreichtum im sinnlichen Bereich zu lenken, zu steuern und zu beherrschen. Deshalb kommt ihnen auch eine wichtige Rolle bei der Frage der Verantworteten Elternschaft zu. Eine besondere Gabe des Heiligen Geistes im Ehesakrament ist auch die Ehrfurcht, die die Eheleute zu einer besonderen Sensibilität für das Geheimnis von Schöpfung und Erlösung führt und sie in der Achtung vor dem Werk Gottes vor flacher, inhaltloser Gewohnheit bewahrt. So vermögen die Eheleute in der inneren Wahrheit der »Sprache des Leibes« zusammenzuleben in einer geistlichen Atmosphäre von Harmonie und Frieden, dem Widerhall der Keuschheit.

Diese Schlusskatechesen Johannes Pauls II. wollen ein Beitrag zu einer Theologie des Leibes sein und zugleich ein Kommentar zur Enzyklika »Humanae vitae« Papst Pauls VI. Deshalb führten sie, wie jede theologische Reflexion, zu den Quellen des Glaubens und der Heiligen Schrift zurück. Der Papst wollte mit seinen Katechesen im Sinne einer anthropologischen Analyse den Widerspruch und die Anlässe der Einwände gegen HV und die Lehre der Kirche ausräumen und zeigen, dass es nicht richtig ist, von Widersprüchen zu reden, sondern höchstens von Schwierigkeiten.

Aus den Befunden technischer Möglichkeiten von Biophysik und Medizin können die personalen Aspekte einer Ethik des Leibes nicht hinreichend beantwortet werden. Die Widersprüche kommen u. a. daher, dass die Kraft der Liebe in das Herz eines von der Begehrlichkeit bedrohten Menschen eingepflanzt ist und die Wahrheit der »Sprache des Leibes« nur erreicht wird durch die Beherrschung dieser Begehrlichkeit. Die dazu erforderliche eheliche Keuschheit erschließt nicht nur die Wichtigkeit und Würde des ehelichen Aktes im Hinblick auf das Ziel der Fortpflanzung (Fruchtbarkeit), sondern auch als Ausdruck des interpersonalen Einswerdens, und weist zudem auch auf alle anderen möglichen Ausdrucksformen ehelicher Zärtlichkeit und Liebesbezeugung hin.

So geht die Linie der Erkenntnis des Wesens christlicher Ehe von den Genesis-Texten über alle analysierten Schriften des Alten und Neuen Testaments bis hin zu HV als Vertiefung des Wissens um die Berufung des Menschen zur Treue gegen den Schöpfungsauftrag aus der Kraft des Heiligen Geistes. Diese Berufung mündet ein in das erlösende

Tun Christi, in dessen bräutlicher Liebe die hochzeitliche Dimension menschlicher Geschichte sich vollends eröffnet.

Das ist – als Versuch einer Rückgewinnung der ganzheitlichen Sicht des Menschen – die »herrliche Neuheit« (Familiaris consortio 51), die Johannes Paul II. dem Menschen und der Kirche im Übergang zum dritten Jahrtausend christlicher Geschichte so engagiert verkündete.

Norbert und Renate Martin

Erster Teil

Die Worte Christi

Erstes Kapitel

Christus beruft sich auf den Anfang

1. Was bedeutet »Anfang«?

1. Katechese, 5. September 1979

1. Seit einiger Zeit sind die Vorbereitungen für die nächste ordentliche Versammlung der Bischofssynode im Gang, die im Herbst kommenden Jahres in Rom zusammentreten wird. Das Thema der Synode – De muneribus familiae christianae, »Die Aufgaben der christlichen Familie« – lenkt unsere Aufmerksamkeit auf diese Gemeinschaft des menschlichen und christlichen Lebens, die von Anfang an grundlegend war. Diesen Ausdruck »von Anfang an« verwendet dann auch unser Herr Jesus in dem Gespräch über die Ehe, das uns im Evangelium der hll. Matthäus und Markus überliefert wird. Wir wollen uns fragen, was dieses Wort Anfang bedeutet. Sodann wollen wir klären, warum Christus sich gerade bei dieser Gelegenheit auf den Anfang beruft, und deshalb eine genauere Analyse des betreffenden Textes der Heiligen Schrift versuchen.

Zugang zur Genesis

2. Während des Gesprächs mit den Pharisäern, die die Frage nach der Unauflöslichkeit der Ehe gestellt hatten, beruft sich Jesus Christus zweimal auf den Anfang. Das Gespräch entwickelte sich folgendermaßen:

»... Da kamen Pharisäer zu ihm, die ihm eine Falle stellen wollten, und fragten: Darf man seine Frau aus jedem beliebigen Grund aus der Ehe entlassen? Er antwortete: Habt ihr nicht gelesen, dass der Schöpfer die Menschen am Anfang als Mann und Frau geschaffen hat und dass er gesagt hat: Darum wird der Mann Vater und Mutter verlassen und sich an seine Frau binden, und die zwei werden ein Fleisch sein. Sie sind also nicht mehr zwei, sondern eins. Was aber Gott verbunden hat, das darf der Mensch nicht trennen. Da sagten sie zu ihm: Wozu hat dann Mose das Gebot erlassen, dass man der Frau eine Scheidungsurkunde geben muss, wenn man sich trennen will? Er antwortete: Nur weil ihr so starrsinnig seid, hat Mose euch erlaubt, eure Frauen aus der Ehe zu entlassen. Ursprünglich war das nicht so« (Mt 19,3ff.; vgl. auch Mk 10,2ff.).

Christus nimmt das Gespräch nicht auf der Ebene an, auf welcher es seine Gesprächspartner zu führen versuchen; in einem gewissen Sinn missbilligt er die Dimension, die sie dem Problem zu geben versuchten. Er vermeidet es, sich in juristisch-kasuistische Streitfragen zu verstricken; stattdessen beruft er sich zweimal auf den Anfang. Damit nimmt er ganz klar auf die entsprechenden Worte im Buch Genesis Bezug, die auch seine Gesprächspartner auswendig kennen. Aus jenen Worten der Uroffenbarung zieht Christus die Schlussfolgerung, und das Gespräch ist beendet.

3. Anfang bedeutet also das, was das Buch Genesis sagt. Christus zitiert hier Genesis 1,27 zusammenfassend: »Der Schöpfer hat am Anfang die Menschen als Mann und Frau geschaffen«, während der Text im vollen Wortlaut heißt: »Gott schuf also den Menschen als sein Abbild; als Abbild Gottes schuf er ihn. Als Mann und Weib schuf er sie.« Danach

beruft sich der Herr auf Genesis 2,24: »Darum verlässt der Mann Vater und Mutter und bindet sich an seine Frau, und sie werden ein Fleisch.« Dadurch, dass Christus diese Worte sozusagen vollständig zitiert, verleiht er ihnen eine noch bestimmtere normative Bedeutung, vorausgesetzt, dass in der Genesis diese Aussagen Behauptungen über Tatsachen sind: »Er verlässt … er bindet sich … sie werden ein Fleisch.« Die normative Bedeutung wird dadurch einleuchtend, dass Christus sich nicht auf das bloße Zitat beschränkt, sondern hinzufügt: »Sie sind also nicht mehr zwei, sondern eins. Was aber Gott verbunden hat, das darf der Mensch nicht trennen.« Dieses »er darf nicht trennen« ist entscheidend. Im Lichte dieser Worte Christi verkündet Genesis 2,24 die Einheit und Unauflöslichkeit der Ehe als eigentlichen Inhalt des Wortes Gottes, wie es in der Uroffenbarung zum Ausdruck kommt.

4. Man könnte an diesem Punkt behaupten, dass das Problem erschöpft sei, dass die Worte Jesu Christi das ewige Gesetz, das Gott »von Anfang an« bei der Schöpfung des Menschen formuliert und eingesetzt hat, bestätigen. Es könnte auch scheinen, dass der Herr, wenn er dieses Urgesetz des Schöpfers bestätigt, nichts anderes tue, als ausschließlich seinen normativen Charakter festzusetzen, indem er sich auf die Autorität des ersten Gesetzgebers beruft. Doch jener bezeichnende Ausdruck »von Anfang an«, der zweimal wiederholt wird, veranlasst die Gesprächspartner ausdrücklich zum Nachdenken über die Art und Weise, in der im Geheimnis der Schöpfung der Mensch gestaltet worden ist, nämlich als »Mann und Frau«, um den normativen Sinn der Worte der Genesis genau zu erfassen. Das aber gilt ebenso für die Gesprächspartner von heute wie für jene von damals. Wir müssen uns daher bei unserer Untersuchung, wenn wir all das bedenken, in die Lage der heutigen Gesprächspartner Christi versetzen.

5. In den kommenden Mittwochsaudienzen wollen wir versuchen, wie heutige Gesprächspartner Christi bei den Worten des hl. Matthäus

(19,3ff.) zu verweilen. Um der Weisung zu entsprechen, die Christus in diese Worte eingeschlossen hat, wollen wir versuchen, zu jenem Anfang vorzudringen, auf den er in so bezeichnender Weise Bezug nimmt. So können wir von ferne der großen Arbeit folgen, die die Teilnehmer an der nächsten Bischofssynode jetzt zu diesem Thema in Angriff nehmen. Zusammen mit ihnen nehmen zahlreiche Gruppen von Seelsorgern und Laien daran teil, die sich in besonderer Weise für die Aufgaben verantwortlich wissen, die Christus der Ehe und der christlichen Familie zuweist: Aufgaben, die er ihr immer zugewiesen hat und die er ihr auch in unserer Zeit und in der heutigen Welt zuweist.

Der Zyklus der Betrachtungen, den wir heute beginnen und den wir bei den kommenden Mittwochsaudienzen fortsetzen wollen, hat unter anderem auch das Ziel, den Vorbereitungsarbeiten für die Synode sozusagen von ferne zu folgen. Wir werden nicht direkt das Thema behandeln, sondern unsere Aufmerksamkeit auf die tiefen Wurzeln lenken, aus denen dieses Thema hervorgeht.

2. Katechese, 12. September 1979

1. Am vergangenen Mittwoch haben wir eine Reihe von Betrachtungen begonnen über die Antwort, die Christus, der Herr, seinen Gesprächspartnern auf die Frage nach der Einheit und Unauflöslichkeit der Ehe erteilt hat. Die Pharisäer haben sich, wie erinnerlich, auf das Gesetz des Mose berufen; Christus hingegen berief sich auf das »am Anfang«, wobei er die Worte aus dem Buch Genesis zitierte.

»Anfang« meint in diesem Fall das, wovon eine der ersten Seiten der Genesis handelt. Wenn wir diese Tatsache analysieren wollen, müssen wir uns natürlich vor allem an den Text halten. Denn die Worte Christi in seinem Gespräch mit den Pharisäern, die uns Matthäus und Markus im 19. bzw. 10. Kapitel ihrer Evangelien überliefert haben, stellen einen Passus dar, der sich seinerseits in einen klar umrissenen Zusammenhang einfügt, ohne den diese Worte weder verstanden noch richtig interpretiert werden können. Dieser unmittelbare Zusammenhang ist durch die Worte: »Habt ihr nicht gelesen, dass der Schöpfer die Menschen am Anfang als Mann und Frau geschaffen hat ...?« (Mt 19,4) gegeben und nimmt Bezug auf den sogenannten ersten Schöpfungsbericht, in dem die Erschaffung des Menschen in einen Sieben-Tage-Zyklus eingeordnet ist (Gen 1,1–2,4). Der unmittelbare Zusammenhang, in den die übrigen aus Gen 2,24 entnommenen Worte Christi gehören, ist hingegen der sogenannte zweite Schöpfungsbericht (Gen 2,5–25). Der zweite Bericht von der Erschaffung des Menschen bildet eine begriffliche und stilistische Einheit mit der Beschreibung der ursprünglichen Unschuld, des Glücks des Menschen und auch seines ersten Falles im dritten Kapitel der Genesis. In Anbetracht dessen, was Christus mit seinen Worten aus Gen 2,24 sagt, könnte man in den Zusammenhang zumindest auch den ersten Satz des vierten Kapitels der Genesis miteinschließen, der von der Empfängnis und der Geburt des Menschen von irdischen Eltern handelt. Das wollen wir in der folgenden Analyse auch tun.

Der erste Schöpfungsbericht

2. Vom Gesichtspunkt der Bibelkritik her muss man sofort daran erinnern, dass der erste Schöpfungsbericht zeitlich später anzusetzen ist als der zweite. Der Ursprung des letzteren liegt viel weiter zurück. Diesen älteren Text bezeichnet man auch als »jahwistisch«, weil er sich zur Bezeichnung Gottes des Ausdrucks »Jahwe« bedient, noch vor der Offenbarung dieses Namens an Mose (siehe Ex 3,14–15). Es fällt schwer, nicht den Eindruck zu haben, dass das dort vorliegende Gottesbild beträchtliche anthropomorphe Züge aufweist – wir lesen dort u. a., dass »... Gott, der Herr, den Menschen aus Erde vom Ackerboden formte und in seine Nase den Lebensatem blies« (Gen 2,7). Gegenüber dieser Beschreibung ist der erste, also der zeitlich spätere Bericht viel reifer, sowohl was das Gottesbild betrifft als auch in der Formulierung der wesentlichen Wahrheiten über den Menschen. Dieser Bericht stammt aus der priesterlichen Überlieferung, in der Gott mit »Elohim« bezeichnet wird.

3. Weil in dieser Erzählung die Erschaffung des Menschen als Mann und Frau, auf die sich Jesus in seiner Antwort, Mt 19, bezieht, in den Sieben-Tage-Rhythmus der Schöpfung der Welt hineingenommen ist, könnte man ihr vor allem einen kosmologischen Charakter zuschreiben; der Mensch wird auf der Erde und zusammen mit der sichtbaren Welt erschaffen. Zur gleichen Zeit aber gebietet ihm der Schöpfer, sich die Erde untertan zu machen und sie zu »beherrschen« (vgl. Gen 1,28): Er wird also über die Welt gestellt. Obwohl der Mensch so eng mit der sichtbaren Welt verbunden ist, spricht die biblische Erzählung dennoch nicht von seiner Ähnlichkeit mit den übrigen Geschöpfen, sondern einzig und allein von seiner Ähnlichkeit mit Gott: »Gott schuf also den Menschen als sein Abbild; als Abbild Gottes schuf er ihn ...« (Gen 1,27). Im Sieben-Tage-Zyklus der Schöpfung wird eine genaue Abstufung[1] offenkundig; der Mensch jedoch wird nicht einer natürlichen Abfolge entsprechend erschaffen, sondern der Schöpfer scheint, ehe er ihn ins Leben ruft, innehalten zu wollen, um einen Entschluss zu fassen: »Lasst uns Menschen machen als unser Abbild nach unserer Gestalt« (Gen 1,26).

4. Dieser erste, wenn auch zeitlich spätere Bericht von der Erschaffung des Menschen hat vor allem theologischen Charakter. Darauf weist in

[1] Wenn er von der unbelebten Materie spricht, verwendet der biblische Schriftsteller Ausdrücke wie »schied«, »nannte«, »machte«, »setzte«. Spricht er dagegen von lebenden Wesen, benutzt er die Begriffe »schuf« und »segnete«. Gott befiehlt ihnen: »Seid fruchtbar und vermehrt euch!« Dieser Befehl richtet sich an die Tiere wie an den Menschen und zeigt damit an, dass ihnen die Körperlichkeit gemeinsam ist (vgl. Gen 1,22.28). Trotzdem unterscheidet sich die Schöpfung des Menschen in der biblischen Darstellung wesentlich von allen voraufgegangenen Werken Gottes. Ihr geht nicht nur eine feierliche Einleitung vorauf, als gehe Gott vor dieser wichtigen Schöpfungstat mit sich zu Rate; sondern vor allem wird die außergewöhnliche Würde des Menschen durch die »Ähnlichkeit« mit Gott, dessen Abbild der Mensch ist, hervorgehoben. – Bei der Schöpfung der leblosen Materie »schied« Gott; den Lebewesen befiehlt er, fruchtbar zu sein und sich zu vermehren, aber der Geschlechtsunterschied wird nur beim Menschen unterstrichen (»Als Mann und Weib schuf er sie«), wobei er zugleich ihre Fruchtbarkeit, also die Verbindung der Personen, segnet (Gen 1,27–28).

erster Linie die Definition des Menschen in seinem Verhältnis zu Gott hin (»als Abbild Gottes schuf er ihn«), die zugleich die Bestätigung der absoluten Unmöglichkeit einschließt, den Menschen auf die »Welt« zu reduzieren. Bereits im Licht der ersten Sätze der Bibel kann der Mensch in seiner ganzen Tiefe mit den aus der »Welt«, das heißt aus dem sichtbaren Bereich des Körperlichen entnommenen Kategorien weder begriffen noch ausreichend erklärt werden. Trotzdem ist auch der Mensch ein Körper. Gen 1,27 stellt fest, dass diese Grundwahrheit über den Menschen sich sowohl auf den Mann wie auf die Frau bezieht: »Gott schuf den Menschen als sein Abbild ... Als Mann und Frau schuf er sie.«[2] Man muss erkennen, dass der erste Bericht dicht ist und frei von jeder Spur von menschlichem Subjektivismus: Er enthält lediglich das objektive Faktum und definiert die objektive Wirklichkeit, sowohl wenn er von der Erschaffung des Menschen als Mann und Frau nach dem Ebenbild Gottes spricht, als auch wenn er kurz darauf die Worte der ersten Segnung hinzufügt: »Gott segnete sie und Gott sprach zu ihnen: Seid fruchtbar und vermehrt euch, bevölkert die Erde, unterwerft sie euch ...« (Gen 1,28).

5. Der erste Schöpfungsbericht des Menschen, der, wie gesagt, theologischen Charakter hat, birgt eine gewaltige metaphysische Aussagekraft in sich. Man sollte nicht vergessen, dass gerade dieser Text aus der Genesis zur Quelle der tiefsten Inspirationen für die Denker geworden ist, die »Sein« und »Dasein« zu begreifen versuchten. (Vielleicht kann nur das dritte Kapitel des Buches Exodus dem Vergleich mit diesem Text[3] standhalten.) Trotz einiger ausführlicher und plastisch-bildlicher

[2] Der Originaltext sagt: »Gott schuf den Menschen (hebr. haadam, kollektives Substantiv: die ›Menschheit‹?) als sein Abbild; als Abbild Gottes schuf er ihn. Als Mann (hebr. ›männlich‹) und Weib (hebr. ›weiblich‹) schuf er sie« (Gen 1,27).

[3] Diese hohe Wahrheit: »Ich bin der ›Ich-bin-da‹« (Ex 3,14) war Gegenstand des Nachdenkens vieler Philosophen, angefangen vom hl. Augustinus, der meinte, Platon müsse diesen Text gekannt haben, weil er dessen Vorstellungen sehr nahe zu sein schien. Die augustinische Lehre von der göttlichen Wesenheit (»essentialitas«) hat über den hl.

Formulierungen in dem Abschnitt wird der Mensch hier vor allem in den Dimensionen des Seins und des Daseins bestimmt, also auf mehr metaphysische als physische Weise. Dem Mysterium seiner Erschaffung (»als Abbild Gottes schuf er ihn«) entspricht die Perspektive der Zeugung (»seid fruchtbar und vermehrt euch, bevölkert die Erde«), jenes Werdens in Welt und Zeit, jenes »fieri«, das notwendigerweise an die metaphysische Situation der Schöpfung gebunden ist: des kontingenten (»contingens«) Seins. Eben in diesem metaphysischen Zusammenhang der Beschreibung von Gen 1 muss man das Moment des Guten, das heißt den Aspekt des Wertes, begreifen. Denn dieser Aspekt kehrt im Rhythmus eigentlich aller Schöpfungstage wieder und erreicht seinen Höhepunkt nach der Erschaffung des Menschen: »Und Gott sah, dass sie gut waren« (Gen 1,25). »Gott sah, dass alles, was er gemacht hatte, sehr gut war« (Gen 1,31). Deshalb darf man mit Sicherheit sagen, dass das erste Kapitel der Genesis einen unwiderlegbaren Bezugspunkt und die solide Basis für eine Metaphysik und auch für eine Anthropologie und eine Ethik bildet, nach welcher das Sein und das Gute austauschbar sind (»ens et bonum convertuntur«). Das alles hat natürlich auch seine Bedeutung für die Theologie und vor allem für die Theologie des Leibes.

6. Hier wollen wir unsere Betrachtungen unterbrechen. In einer Woche werden wir uns mit dem zweiten Schöpfungsbericht befassen, also jenem, der den Bibelwissenschaftlern zufolge der ältere ist. Der Aus-

Anselm einen tiefen Einfluss auf die Theologie des Richard von St. Viktor, des Alexander von Haies und des hl. Bonaventura ausgeübt. – »Um von dieser philosophischen Deutung des Exodus-Textes zu der Deutung, die der hl. Thomas vortrug, überzugehen, musste die Distanz überwunden werden, die das ›Sein des Wesens‹ vom ›Sein der Existenz‹ trennt. Die thomistischen Beweise der Existenz Gottes haben sie überschritten« (E. Gilson). – Anderer Meinung war Meister Eck, der auf der Grundlage dieses Textes Gott die »puritas essendi« (die Reinheit des Wesens) zuschrieb: »est aliquid altius ente …« (er ist etwas Höheres als das Seiende). (Vgl. E. Gilson, Le Thomisme, Paris, 1944, S. 122–127, und ders., History of Christian Philosophy in the Middle Ages, London 1955, S. 810.)

druck »Theologie des Leibes«, den ich soeben gebraucht habe, bedarf einer genaueren Erklärung, doch das verschieben wir auf ein anderes Zusammentreffen. Zuerst müssen wir jenen Abschnitt aus dem Buch Genesis zu vertiefen versuchen, auf den Christus Bezug genommen hat.

Der zweite Schöpfungsbericht

3. Katechese, 19. September 1979

1. Im Anschluss an die Worte Christi zur Ehe, in denen er sich auf den »Anfang« beruft, haben wir uns vergangene Woche mit dem ersten Schöpfungsbericht der Genesis (Kap. 1) beschäftigt. Heute wollen wir auf den zweiten Bericht eingehen, den man oft als »jahwistisch« bezeichnet, weil Gott hier oft »Jahwe« genannt wird.

Der zweite Schöpfungsbericht (der sich mit der Darstellung der ursprünglichen Unschuld und des Glücks sowie dem Sündenfall befasst) hat seiner Natur nach einen anderen Charakter. Auch wenn wir die Einzelheiten dieser Erzählung nicht vorwegnehmen wollen – auf die wir noch zurückkommen –, müssen wir feststellen, dass der ganze Text mit seiner Formulierung der Wahrheit über den Menschen uns durch seine ausgeprägte Tiefe, die sich merklich von jener des ersten Kapitels der Genesis unterscheidet, in Erstaunen setzt. Man kann von einer Tiefe vor allem subjektiver und daher in gewissem Sinne psychologischer Art sprechen. Das Kapitel 2 der Genesis stellt gewissermaßen die älteste Beschreibung und Aufzeichnung des menschlichen Bewusstseins dar und bildet zusammen mit Kapitel 3 das erste Zeugnis des menschlichen Gewissens. Bei einer vertieften Reflexion über diesen Text – mit der ganz archaischen Eigenart der Erzählung, in der sich der ursprünglich mythische Charakter kundtut[4] – entdecken wir hier »im Kern« nahezu alle Elemente

[4] Wenn in der Sprache des Rationalismus des 19. Jahrhunderts der Begriff »mythisch« das meinte, was es real nicht gibt, also ein Produkt der Vorstellung (Wundt) oder das Irrationale (Lévy-Bruhl), so hat das 20. Jahrhundert die Auffassung vom Mythos modifiziert. L. Walk sieht im Mythos eine primitive und areligiöse Naturphilosophie; für R. Otto

ist er ein Instrument religiöser Erkenntnis; für C. G. Jung aber ist der Mythos Darstellung der »Archetypen« und Ausdruck des »kollektiven Unbewussten«, Symbol innerer Vorgänge.
M. Eliade entdeckt im Mythos die Struktur der Wirklichkeit, die dem rationalen und empirischen Forschen unzugänglich bleibt: Der Mythos verwandelt das Ereignis in eine Kategorie und ermöglicht die Erfassung der transzendenten Wirklichkeit; er ist nicht allein Symbol innerer Vorgänge (wie Jung behauptet), sondern ein autonomer und schöpferischer Akt des menschlichen Geistes, durch den sich die Offenbarung verwirklicht (vgl. Traité d'histoire des religions, Paris, 1949 S. 363; Images et symboles, Paris 1952, S. 199–235).
Nach P. Tillich ist der Mythos ein aus Elementen der Wirklichkeit gebildetes Symbol, um das Absolute und die Transzendenz des Seins, zu denen der religiöse Akt hinstrebt, dazustellen.
H. Schlier hebt hervor, dass der Mythos keine historischen Fakten kennt und braucht, weil er beschreibt, was kosmische Bestimmung des Menschen ist, der immer so und nicht anders ist. Schließlich: Der Mythos trachtet zu erkennen, was unerkennbar ist.
P. Ricoeur schreibt: »Der Mythos ist keine Erklärung der Welt, der Geschichte und des Schicksals; mit dem Begriff Welt, ja Überwelt oder zweiter Welt gibt er das Verständnis wieder, das der Mensch selbst von der Grundlage und Begrenztheit seiner Existenz gewinnt … Er bringt in objektiver Sprache den Sinn zum Ausdruck, den der Mensch in seiner Abhängigkeit im Hinblick auf Grenze und Ursprung seiner Welt sieht« (Le conflit des interprétations, Paris 1969, S. 383).
»Der Mythos von Adam ist der anthropologische Mythos schlechthin; Adam heißt Mensch; aber dieser ganze Mythos vom ›Urmenschen‹ ist kein ›Adam-Mythos‹. Nur dieser ... ist wirklich anthropologisch, wofür drei Züge kennzeichnend sind:
– der ätiologische Mythos schreibt den Ursprung des Bösen einem Vorfahren der heutigen Menschheit zu, dessen Situation der unsrigen gleicht ...
– der ätiologische Mythos ist der stärkste Versuch, den Ursprung des Bösen und des Guten zu trennen. Absicht dieses Mythos ist, der Verwurzelung des Bösen im Menschen im Unterschied zum ursprünglichen Gutsein der Dinge Gestalt zu geben ... Diese Unterscheidung ist für die Anthropologie des Mythos von Adam wesentlich; sie macht den Menschen zum Ausgangspunkt des Bösen inmitten einer Schöpfung, die bereits ihren absoluten Anfang im Schöpfungsakt Gottes hat;
– der Mythos von Adam ordnet der zentralen Gestalt des ersten Menschen andere Gestalten unter, die darauf abzielen, die Erzählung aufzugliedern, ohne jedoch den Primat der Gestalt Adams aufzuheben …
Der Mythos macht, wenn er Adam, den Menschen, nennt, die konkrete Universalität des menschlichen Bösen deutlich; der Geist der Buße wird im Mythos von Adam zum Symbol dieser Universalität. Wir stoßen also wieder ... auf die verallgemeinernde Funktion des Mythos. Aber gleichzeitig finden wir die beiden anderen Funktionen, die bei-

einer Analyse des Menschen, für welche die moderne und vor allem die zeitgenössische philosophische Anthropologie aufgeschlossen ist. Man könnte sagen, Genesis 2 stellt die Erschaffung des Menschen besonders unter dem Aspekt des Subjektiven dar. Vergleicht man beide Berichte miteinander, gelangt man zu der Überzeugung, dass diese Subjektivität der objektiven Wirklichkeit des »nach dem Abbild Gottes« geschaffenen Menschen entspricht. Und auch das ist – in anderer Weise – für die Theologie des Leibes von Bedeutung, wie wir bei der folgenden Analyse sehen werden.

2. Es ist bezeichnend, dass Christus in seiner Antwort an die Pharisäer, wo er sich auf den »Anfang« beruft, vor allem auf die Erschaffung des Menschen nach Gen 1,27 verweist: »Der Schöpfer hat die Menschen am Anfang als Mann und Frau geschaffen«; erst später zitiert er Gen 2,24. Die Worte, die unmittelbar die Einheit und Unauflöslichkeit der Ehe beschreiben, finden sich direkt im Kontext des zweiten Schöpfungsberichtes, dessen charakteristischer Zug die getrennte Erschaffung der Frau ist (vgl. Gen 2,18–23), während der Bericht von der Erschaffung des ersten Menschen (des Mannes) in Gen 2,5–7 steht. Dieses erste Menschenwesen nennt die Bibel »Mensch« (adam); vom Augenblick der Erschaffung der ersten Frau an spricht die Bibel jedoch von einem »männlichen« und einem »weiblichen« Wesen (Frau – 'issah heißt sie, weil sie vom Mann – ,is genommen ist)[5]. Bezeichnend ist

de von der Bußerfahrung angeregt werden ... Der urgeschichtliche Mythos dient also nicht nur dazu, die Erfahrung Israels für die Menschheit aller Zeiten und aller Orte zu verallgemeinern, sondern auf diese vor allem die große Spannung zwischen Verdammnis und Barmherzigkeit auszudehnen, wie sie nach der Lehre der Propheten eben im Schicksal Israels zu erkennen ist. Und schließlich die letzte Funktion des Mythos, die im Glauben Israels begründet liegt: Der Mythos bereitet das spekulative Denken vor, indem er den Bruch zwischen Ontologie und Geschichte zu erklären versucht« (P. Ricoeur, Finitude et culpabilité: II. Symbolique du mal, Paris, 1960 S. 218–227).

[5] Etymologisch ist nicht auszuschließen, dass das hebräische Wort ,is auf eine Wurzel zurückgeht, die so viel bedeutet wie »Kraft« (,is oder ,ws); ,issah dagegen muss mit einer Reihe semitischer Wörter in Verbindung gebracht werden, deren Bedeutung zwischen

auch, dass Christus, wenn er auf Gen 2,24 Bezug nimmt, nicht nur den »Anfang« mit dem Geheimnis der Schöpfung verbindet, sondern uns auch in den Grenzbereich von ursprünglicher Unschuld des Menschen und Erbsünde führt. Der zweite Schöpfungsbericht ist in der Genesis in diesen Zusammenhang hineingestellt. Wir lesen dort vor allem: »Gott, der Herr, baute aus der Rippe, die er vom Menschen genommen hatte, eine Frau und führte sie dem Menschen zu. Und der Mensch sprach: Das endlich ist Gebein von meinem Gebein und Fleisch von meinem Fleisch. Frau soll sie heißen, vom Mann ist sie genommen« (Gen 2,22–23). »Darum verlässt der Mann Vater und Mutter und bindet sich an seine Frau, und sie werden ein Fleisch« (Gen 2,24).

»Beide, der Mensch und seine Frau, waren nackt, aber sie schämten sich nicht voreinander« (Gen 2,25).

3. Dann, unmittelbar nach diesen Versen, beginnt das 3. Kapitel mit der Erzählung des Sündenfalls des Mannes und der Frau, verbunden mit dem geheimnisvollen Baum, der schon vorher »Baum der Erkenntnis von Gut und Böse« genannt wurde (Gen 2,17). Damit tut sich eine völlig neue Situation auf, die sich von der vorhergehenden wesentlich unterscheidet. Der Baum der Erkenntnis von Gut und Böse ist eine Trennungslinie zwischen den beiden Ursituationen, von denen die Genesis spricht. Die erste Situation ist die der ursprünglichen Unschuld, wo sich der Mensch (Mann und Frau) gleichsam außerhalb der Erkenntnis von Gut und Böse befindet, solange er nicht das Verbot des Schöpfers übertritt und nicht die Frucht vom Baum der Erkenntnis isst. Die zweite Situation dagegen ist jene, wo der Mensch, nachdem er auf Einflüsterung des durch die Schlange symbolisierten bösen Geistes das Gebot des Schöpfers übertreten hat, gewissermaßen in der Erkenntnis von Gut und Böse steht. Diese zweite Situation bezeichnet

»Weib« und »Ehefrau« schwankt. Der biblische Text hat volksetymologischen Charakter und soll lediglich die Einheit der Herkunft von Mann und Frau unterstreichen; das scheint durch den Gleichklang der beiden Wörter bestätigt.

den Zustand menschlicher Sündhaftigkeit im Gegensatz zum Zustand ursprünglicher Unschuld.

Obwohl der jahwistische Text im Ganzen sehr knapp ist, reicht das doch aus für eine Differenzierung und klare Gegenüberstellung der beiden ursprünglichen Situationen. Wir sprechen hier von Situationen, obwohl wir einen Bericht vor Augen haben, der eigentlich eine Beschreibung von Ereignissen ist. Trotzdem wird durch diese Beschreibung mit all ihren Einzelheiten der wesentliche Unterschied zwischen dem Zustand der Sündhaftigkeit des Menschen und jenem seiner ursprünglichen Unschuld sichtbar[6]. Die systematische Theologie wird in diesen beiden gegensätzlichen Situationen zwei verschiedene Zustände der menschlichen Natur erkennen: den »status naturae integrae« (Zustand der unversehrten Natur) und den »status naturae lapsae« (Zustand der gefallenen Natur). Das alles geht aus unserem jahwistischen

[6] »Dieselbe religiöse Sprache verlangt Übersetzung von ›Bildern‹ oder vielmehr symbolischen Ausdrucksformen‹ in ›Begriffsbestimmungen‹.
Auf den ersten Blick kann diese Übersetzung als rein äußerliche Veränderung erscheinen … Die Symbolsprache scheint der westlichen Kultur ungeeignet, begrifflich verwendet zu werden. In dieser Kultur ist die religiöse Sprache stets von einer anderen, nämlich der philosophischen, bestimmt gewesen, die als Begriffssprache schlechthin bezeichnet werden muss … Wenn es stimmt, dass religiöse Sprache nur in einer Gemeinschaft verstanden wird, die sie deutet, und nach einer bestimmten Interpretationsüberlieferung, so stimmt es doch auch, dass es keine Interpretationsüberlieferung gibt, die nicht von irgendeiner philosophischen Auffassung ›vermittelt‹ würde.
So muss das Wort ›Gott‹, das in den biblischen Texten seine Bedeutung aus der Konvergenz verschiedener Darstellungsweisen (Erzählungen und Prophezeiungen, Gesetzestexte und Weisheitsliteratur, Sprüche und Hymnen) empfängt – ob diese Konvergenz nun als Schnittpunkt oder als Horizont, der sich jeder, gleich welcher Form entzieht, gesehen wird –, in den begrifflichen Raum aufgenommen und in den Begriffen des philosophischen Absoluten neu interpretiert werden: erster Beweger, erste Ursache, Seinsakt, vollkommenes Sein, usw. Unser Gottesbegriff gehört also zu einer Seinstheologie, in der sich die Gesamtkonstellation der Schlüsselwörter der theologischen Sprache herausbildet, allerdings in einem von der Metaphysik vorgeschriebenen Bedeutungsrahmen« (P. Ricoeur, Biblical Hermeneutics, Montana 1975).
Die Frage, ob die Reduktion auf die Metaphysik tatsächlich den Inhalt zum Ausdruck bringt, der sich hinter der Symbol- und Bildsprache verbirgt, ist eine andere Sache.

Text in Gen 2 und 3 hervor, der das ursprünglichste Offenbarungswort enthält und offensichtlich für die Theologie des Menschen und die Theologie des Leibes fundamentale Bedeutung hat.

Die Perspektive der »Erlösung des Leibes« (Röm 8,23)

4. Wenn Christus sich auf den »Anfang« bezieht und seine Gesprächspartner auf die Worte von Gen 2,24 verweist, gebietet er ihnen gewissermaßen, die Grenze zu überschreiten, die im jahwistischen Text der Genesis zwischen der ersten und zweiten Situation des Menschen verläuft. Er billigt nicht, was Mose ihnen »wegen ihrer Herzenshärte« zugestanden hat, und beruft sich auf die Worte der ersten göttlichen Weisung, die in diesem Text ausdrücklich mit dem Zustand der ursprünglichen Unschuld des Menschen verbunden ist. Das heißt, diese Weisung hat nichts von ihrer Gültigkeit verloren, auch wenn der Mensch seine ursprüngliche Unschuld verloren hat. Die Antwort Christi ist endgültig und unmissverständlich. Wir müssen also daraus die maßgebenden Normen ableiten, die nicht nur für die Ethik wesentliche Bedeutung haben, sondern vor allem für die Theologie des Menschen und die Theologie des Leibes, die sich, als besonderer Teil der theologischen Anthropologie, auf das Wort Gottes gründet, der sich offenbart. Bei unserem nächsten Zusammentreffen wollen wir versuchen, diese Schlussfolgerungen zu ziehen.

4. Katechese, 26. September 1979

1. In seiner Antwort auf die Frage nach der Einheit und Unauflöslichkeit der Ehe hat sich Christus auf das Buch Genesis berufen. Bei den Betrachtungen in den beiden vorangegangenen Wochen sind wir auf den sogenannten elohistischen (Gen 1) und den jahwistischen Text (Gen 2) eingegangen. Heute möchten wir einige Schlussfolgerungen ziehen.

Wenn sich Christus auf den »Anfang« beruft, verlangt er von seinen Gesprächspartnern, gewissermaßen die Grenzlinie zu überschreiten, die die Genesis zwischen dem Zustand ursprünglicher Unschuld und dem der Sündhaftigkeit zieht, die mit dem ursprünglichen Sündenfall beginnt.

Diese Schlussfolgerungen sind der wesentliche Kontext der Theologie des Leibes. Symbolisch lässt sich die Grenzlinie mit dem Baum der Erkenntnis von Gut und Böse verbinden, der im jahwistischen Text zwei diametral entgegengesetzte Situationen gegenüberstellt: die der ursprünglichen Unschuld und die der ursprünglichen Sünde. Beide Situationen haben im Menschen in seinem Innern, in seiner Erkenntnis, seinem Bewusstsein und Gewissen, seiner Wahl und Entscheidung eine eigene Dimension, und zwar in Bezug auf den Schöpfergott, der im jahwistischen Text (Gen 2 und 3) zugleich der Gott des Bundes ist, des ältesten Bundes des Schöpfers mit seinem Geschöpf, also dem Menschen. Der Baum der Erkenntnis von Gut und Böse als Ausdruck und Symbol des Bundes mit Gott, den der Mensch innerlich gebrochen hat, grenzt zwei diametral entgegengesetzte Zustände voneinander ab: den Zustand der ursprünglichen Unschuld und den der Erbsünde des Menschen. Doch die Worte Christi, die Bezug nehmen auf den »Anfang«, lassen uns im Menschen einen grundsätzlichen Zusammenhang zwischen diesen beiden verschiedenen Situationen oder Dimensionen menschlichen Seins entdecken. Der Zustand der Sünde gehört zum »geschichtlichen Menschen«, also zu dem damaligen Gesprächspartner Christi in Matthäus 19, wie auch jedem anderen möglichen oder tatsächlichen Gesprächspartner aller Zeiten der Geschichte und daher natürlich auch zum Menschen von heute. Jener Zustand – eben der »geschichtliche « Zustand – reicht jedoch in jedem Menschen, ohne Ausnahme, mit seinen Wurzeln theologisch in seine eigene »Vorgeschichte« zurück, d. h. in den Zustand der ursprünglichen Unschuld.

2. Hier handelt es sich nicht um bloße Dialektik. Die Gesetze des Erkennens entsprechen den Gesetzen des Seins. Es ist unmöglich, den Zustand »geschichtliche« Sündhaftigkeit zu begreifen, ohne sich auf den

Zustand der ursprünglichen (in gewissem Sinne »vorgeschichtlichen«) und fundamentalen Unschuld zu beziehen, wie Christus es tatsächlich getan hat. Der Einbruch der Sündhaftigkeit als Zustand und Dimension der menschlichen Existenz ist also von Anfang an verbunden mit der tatsächlichen Unschuld des Menschen als dem ursprünglichen und grundlegenden Zustand, als Dimension des »nach dem Abbild Gottes« geschaffenen Wesens.

Das gilt nicht nur von den ersten Menschen, Mann und Frau, als den handelnden Personen im jahwistischen Text des 2. und 3. Kapitels der Genesis, sondern auch für die ganze Geschichte menschlicher Existenz. Der geschichtliche Mensch ist also sozusagen in seiner offenbarten theologischen Vorgeschichte verwurzelt. Daher muss man jeden Punkt seiner geschichtlichen Sündhaftigkeit in Leib und Seele in Beziehung zur ursprünglichen Unschuld erklären. Man kann sagen, dass dieser Bezug »Miterbschaft« der Sünde, ja der Erbsünde ist. Wenn diese Sünde in jedem geschichtlichen Menschen einen Zustand der verlorenen Gnade bezeichnet, dann meint sie auch einen Bezug zur Gnade der ursprünglichen Unschuld.

3. Wenn sich Christus, im 19. Kapitel bei Matthäus auf den »Anfang« beruft, will er nicht nur auf die ursprüngliche Unschuld als den verlorenen Horizont der menschlichen Existenz in der Geschichte hinweisen. Wir dürfen den Worten seines Mundes mit Recht zugleich die ganze Beredsamkeit des Geheimnisses der Erlösung zuschreiben. Schon im Bereich des jahwistischen Textes von Gen 2 und 3 sind wir ja in der Tat Zeugen, dass die Menschen, Mann und Frau, nachdem sie den Urbund mit ihrem Schöpfer gebrochen haben, in den Worten des sogenannten Protoevangeliums in Gen 3,15[7] die erste Verheißung der

[7] Bereits die griechische Übersetzung des Alten Testaments, die um das 2. Jh. v. Chr. entstandene sogenannte Septuaginta, interpretiert Gen 3,15 im messianischen Sinn, indem sie das männliche Pronomen autos in bezug auf das im Griechischen neutrale Substantivum sperma, »Samen« (in der Vulgata semen), anwendet. Die jüdische Tra-

Erlösung empfangen und von da an in der theologischen Perspektive der Erlösung leben. Der »geschichtliche« Mensch – sei es der damalige Gesprächspartner Jesu, von dem Mt 19 spricht, sei es der Mensch unserer Zeit – hat also teil an dieser Perspektive. Er nimmt also nicht nur an der Geschichte der menschlichen Sündhaftigkeit teil, in seiner Eigenschaft als Erbe und zugleich als personales und einmaliges Subjekt dieser Geschichte, sondern auch an der Geschichte des Heils, und das ebenfalls als aktiver Mitschöpfer. Es ist ihm also wegen seiner Sündhaftigkeit nicht nur die ursprüngliche Unschuld verschlossen, sondern er ist gleichzeitig auch offen für das Mysterium der Erlösung, das sich in Christus und durch Christus erfüllt hat. Paulus, der Verfasser des Briefes an die Römer, verleiht dieser Hoffnung auf Erlösung, in welcher der »geschichtliche« Mensch lebt, folgendermaßen Ausdruck: »... obwohl wir die Erstlingsgabe des Geistes haben, seufzen auch wir in unserem Herzen und warten darauf, dass wir mit der Erlösung des Leibes als Söhne offenbar werden« (Röm 8,23). Wir dürfen diese Perspektive nicht aus dem Auge verlieren, wenn wir den Worten Christi

dition setzt diese Interpretation fort. Die christliche Exegese, die mit dem hl. Irenäus (Adversus Haereticos, III, 23,7) einsetzt, betrachtet diesen Text als »Ur-Evangelium«, das den von Jesus Christus errungenen Sieg über Satan ankündigt. Obwohl in den letzten Jahrhunderten die Bibelwissenschaftler diese Perikope sehr verschieden interpretiert haben und einige von ihnen die messianische Auslegung beanstanden, kehrt man in letzter Zeit, wenn auch unter einem etwas anderen Gesichtspunkt, doch wieder zu ihr zurück. Der Verfasser des jahwistischen Textes verbindet ja die Vorgeschichte mit der Geschichte Israels, die ihren Höhepunkt im Herrschergeschlecht Davids (aus welchem der Messias hervorgehen wird) erreicht, das zur Erfüllung der Verheißungen von Gen 3,15 führen wird (vgl. 2 Sam 7,12).

Das Neue Testament hat die Erfüllung der Verheißung in derselben messianischen Sicht dargestellt: Jesus ist der Messias, der Nachkomme Davids (Röm 1,3; 2 Tim 2,8), geboren von einer Frau (Gal 4,4), der neue Adam-David (1 Kor 15), der herrschen muss, »bis Gott ihm alle Feinde unter die Füße gelegt hat« (1 Kor 15,25). Und Offb 12,1–10 stellt schließlich die Enderfüllung der Prophezeiung von Gen 3,15 dar, die zwar keine klare und unmittelbare Ankündigung Jesu als des Messias Israels ist, doch über die Tradition vom Messias-König, die das Alte und Neue Testament verbindet, zu Ihm hinführt.

folgen, der sich in seiner Auseinandersetzung über die Unauflöslichkeit der Ehe auf den »Anfang« beruft. Würde sich jener »Anfang« lediglich auf die Erschaffung des Menschen »als Mann und Frau« beziehen und würde er – was wir bereits erwähnt haben – die Gesprächspartner nur über die Grenze des Standes menschlicher Sündhaftigkeit hinaus zu der ursprünglichen Unschuld hinführen und nicht gleichzeitig die Aussicht auf eine »Erlösung des Leibes« eröffnen, dann wäre die Antwort Christi gar nicht richtig verstanden. Denn eben diese Aussicht auf eine Erlösung des Leibes gewährleistet die Kontinuität und Einheit zwischen dem ererbten Stand der menschlichen Sündhaftigkeit und seiner ursprünglichen Unschuld, auch wenn der Mensch in der Geschichte diese Unschuld unwiderruflich verloren hat. Es ist auch einleuchtend, dass Christus mit vollem Recht auf die Frage, die ihm die Gesetzeslehrer des Alten Bundes stellten (wie wir bei Mt 19 und Mk 10 lesen), im Hinblick auf die Erlösung antwortet, auf die sich der Bund selber stützt.

4. Wenn wir in dem so im Wesentlichen umrissenen Rahmen der Theologie der leiblichen Dimension des Menschen an weitere Auslegungen der Offenbarung über den »Anfang« denken – wozu ganz wesentlich die Bezugnahme auf die ersten Kapitel der Genesis gehört –, müssen wir unsere Aufmerksamkeit sogleich einer Tatsache zuwenden, die für die theologische Auslegung von besonderer Bedeutung ist: von Bedeutung deshalb, weil sie sich auf das Verhältnis zwischen Offenbarung und Erfahrung bezieht. Bei der Auslegung der Offenbarung über den Menschen und vor allem über den Leib müssen wir uns aus verständlichen Gründen auf die Erfahrung berufen, weil der Mensch in seiner Körperlichkeit von uns vor allem auf dem Weg der Erfahrung wahrgenommen wird. Im Lichte der erwähnten Grundsatzüberlegungen haben wir das volle Recht, anzunehmen, dass diese unsere »geschichtliche« Erfahrung in einem gewissen Sinne an der Schwelle der ursprünglichen Unschuld des Menschen Halt machen

muss, weil sie dieser Unschuld inadäquat bleibt. Doch im Lichte derselben grundlegenden Erwägungen müssen wir zu der Überzeugung gelangen, dass unsere menschliche Erfahrung in diesem Fall ein irgendwie zulässiges Mittel für die theologische Auslegung und in gewissem Sinne einen unerlässlichen Bezugspunkt darstellt, auf den wir uns bei der Interpretation des »Anfangs« berufen müssen. Eine genauere Auslegung des Textes wird uns hier eine klarere Sicht gewähren.

5. Die soeben zitierten Worte aus Röm 8,23 drücken am besten das Klima oder die Atmosphäre unserer Untersuchungen über die Offenbarung jenes »Anfangs« aus, auf den sich Christus in seiner Auseinandersetzung über die Unauflöslichkeit der Ehe (Mt 19 und Mk 10) berufen hat. Alle weiteren Auslegungen, die in diesem Zusammenhang auf der Grundlage der ersten Kapitel der Genesis vorgenommen werden sollen, spiegeln notwendigerweise die Wahrheit der Pauluswort wieder: »Obwohl wir die Erstlingsgabe des Geistes haben, seufzen auch wir in unserem Herzen und warten darauf, dass wir mit der Erlösung unseres Leibes als Söhne offenbar werden.« Wenn wir uns in diese Lage versetzen – die zutiefst mit der Erfahrung übereinstimmt[8]

[8] Wenn wir hier von der Beziehung zwischen »Erfahrung« und »Offenbarung«, ja von einer überraschenden Konvergenz beider sprechen, wollen wir nur feststellen, dass der Mensch in seinem jetzigen Zustand der leiblichen Existenz die Erfahrung vielfacher Schmerzen, Leidenschaften, Schwächen, ja schließlich des Todes selbst macht, die zugleich sein leibliches Dasein zu einer anderen Dimension in Beziehung setzen. Wenn Paulus von der »Erlösung des Leibes« schreibt, spricht er die Sprache der Offenbarung. Der Erfahrung fehlt die Möglichkeit, diesen Inhalt, besser diese Wirklichkeit, zu erfassen. Gleichzeitig mit diesem Inhalt greift der Verfasser in Röm 8,23 all das wieder auf, was sowohl ihm wie gewissermaßen jedem Menschen (unabhängig von seinem Verhältnis zur Offenbarung) durch die Erfahrung des menschlichen Daseins, das eine leibliche Existenz hat, angeboten wird. Wir haben also das Recht, von der Beziehung zwischen Erfahrung und Offenbarung zu sprechen, ja wir haben das Recht, die Frage nach ihrer wechselseitigen Beziehung zu stellen, auch wenn für viele zwischen der einen und der anderen eine Demarkationslinie läuft, die eine Linie völligen Gegensatzes

–, dann muss der »Anfang« mit dem großen Reichtum an Licht zu uns sprechen, das aus der Offenbarung hervorgeht, auf die vor allem die Theologie eine Antwort zu geben versucht. Die Fortsetzung der Auslegungen wird uns Klarheit bringen, warum und in welchem Sinn diese Theologie eine Theologie des Leibes sein muss.

und radikaler Antinomie bezeichnet. Ihrer Meinung nach muss zwischen Glaube und Wissenschaft, zwischen Theologie und Philosophie eine solche Trennungslinie gezogen werden. Bei der Formulierung dieses Standpunktes werden meist abstrakte Begriffe in Betracht gezogen, die nichts mit dem lebendigen Menschen zu tun haben.

2. Die Bedeutung des ursprünglichen Alleinseins

5. Katechese, 10. Oktober 1979

1. Bei der letzten Betrachtung innerhalb unseres Zyklus sind wir zu einer vorläufigen Schlussfolgerung gelangt, die sich aus den Worten der Genesis über die Erschaffung des Menschen als Mann und Frau ergab. Auf diese Worte, das heißt auf den »Anfang«, hat sich der Herr in seinem Streitgespräch über die Unauflöslichkeit der Ehe berufen (vgl. Mt 19,3–9; Mk 10,1–12). Aber die Schlussfolgerung, zu der wir gelangt sind, beendigt unsere Analyse noch nicht. Wir müssen nämlich die Berichte des ersten und zweiten Kapitels der Genesis in einem umfassenderen Zusammenhang noch einmal lesen, der uns die Aufhellung einer Reihe von Bedeutungen des alten Textes, auf den sich Christus bezog, erlauben wird. Wir wollen daher heute über die Bedeutung des ursprünglichen Alleinseins des Menschen nachdenken.

Ein zweifacher Kontext

2. Der Anstoß zu dieser Überlegung über das ursprüngliche Alleinsein ergibt sich für uns unmittelbar aus folgenden Worten der Genesis: »Es ist nicht gut, dass der Mensch (männlich) allein bleibe. Ich will ihm eine Hilfe machen, die ihm ähnlich ist« (Gen 2,18). Es ist Gott – Jahwe –, der diese Worte spricht. Sie gehören zum zweiten Bericht über die Erschaffung des Menschen und gehören somit zur jahwistischen Überlieferung. Wie wir schon früher erwähnt haben, ist es bezeichnend, dass im jahwistischen Text die Erzählung von der Erschaffung des Menschen (des Mannes) einen eigenen Abschnitt bildet (Gen 2,7), welcher dem Bericht über die Erschaffung der ersten Frau vorausgeht (Gen 2,21–22). Es ist ferner bezeichnend, dass der erste Mensch (adam), aus »Erde vom Ackerboden« geschaffen, erst nach der Erschaffung der ersten Frau als ein »männliches« Wesen (,is) definiert wird. Wenn Gott-Jahwe daher die Worte vom Alleinsein

spricht, bezieht er sie auf das Alleinsein des »Menschen« als solchen und nicht nur auf jenes des Mannes[9].

Es ist jedoch schwierig, allein aufgrund dieses Faktums weitgehende Schlussfolgerungen zu ziehen. Dennoch vermag der Gesamtzusammenhang jenes Alleinseins, von dem Gen 2,18 spricht, uns zu überzeugen, dass es sich hier um das Alleinsein des »Menschen« (des Mannes und der Frau) und nicht allein um das Alleinsein des Mannes, hervorgerufen durch das Fehlen der Frau, handelt. Aufgrund des Zusammenhanges scheint dieses Alleinsein also zwei Bedeutungen zu haben: eine, die sich aus dem Wesen des Menschen, das heißt aus seinem Menschsein herleitet (und das ist offenkundig im Bericht von Gen 2 der Fall), und eine zweite, die von der Beziehung zwischen Mann und Frau herrührt, was gewissermaßen aufgrund der ersten Bedeutung klar wird. Eine tiefergehende Analyse scheint das zu bestätigen.

3. Das Problem des Alleinseins tritt nur im Zusammenhang des zweiten Schöpfungsberichtes auf. Der erste Bericht kennt dieses Problem nicht. Dort wird der Mensch in einem einzigen Akt »als Mann und Frau« erschaffen (»Gott schuf also den Menschen als sein Abbild … Als Mann und Frau schuf er sie«, Gen 1,27). Der zweite Bericht, der, wie wir bereits erwähnt haben, zuerst von der Erschaffung des Mannes und erst dann von der Erschaffung der Frau aus der »Rippe« des Mannes spricht, konzentriert unsere Aufmerksamkeit darauf, dass »der Mensch allein ist«, und das erweist sich als ein fundamentales

[9] Der hebräische Text nennt den ersten Menschen ständig haadam. Der Begriff ,is (männliches Wesen) taucht erst in der Gegenüberstellung mit ,issah (weibliches Wesen) auf.
Solange der Mensch einsam ist, findet sich also keine Bezugnahme auf sein Geschlecht.
Bei der Übersetzung in einige europäische Sprachen ist es allerdings schwierig, die Ausdrucksweise der Genesis deutlich zu machen, weil hier »Mensch« und »Mann« mit dem gleichen Wort bezeichnet werden: Homo, uomo, homme, hombre, man.

anthropologisches Problem, das in gewissem Sinne noch vor der Tatsache kommt, dass dieser Mensch als Mann und Frau Mensch ist. Dieses Problem ist weniger im chronologischen als vielmehr im existentiellen Sinn vorgängig: Es ist »seiner Natur nach« früher. So stellt sich auch das Problem des Alleinseins des Menschen vom Gesichtspunkt der Theologie des Leibes her, wenn uns eine vertiefte Analyse des zweiten Schöpfungsberichts (Gen 2) gelingt.

Der Mensch auf der Suche nach seinem Wesen

4. Die Feststellung des Gottes Jahwe, »es ist nicht gut, dass der Mensch allein bleibe«, erscheint nicht nur im unmittelbaren Zusammenhang mit dem Entschluss, eine Frau zu erschaffen (»ich will ihm eine Hilfe machen, die ihm ähnlich ist«), sondern auch im weiteren Zusammenhang mit Motiven und Umständen, die die Bedeutung des ursprünglichen Alleinseins des Menschen tiefer erklären. Der jahwistische Text verbindet die Erschaffung des Menschen vor allem mit dem Bedürfnis, »den Ackerboden zu bestellen« (Gen 2,5), was im ersten Bericht dem Gebot entsprechen würde, die Erde zu bevölkern und zu unterwerfen (vgl. Gen 1,28). Weiter spricht der zweite Schöpfungsbericht vom Menschen im »Garten Eden« und führt uns so in den Zustand seines ursprünglichen Glücks ein. Bis zu diesem Augenblick ist der Mensch Objekt des Schöpfungsaktes des Gottes Jahwe, der gleichzeitig als Gesetzgeber die Bedingungen des ersten Bundes mit dem Menschen festsetzt. Bereits dadurch wird die Subjektivität des Menschen unterstrichen. Sie findet einen weiteren Ausdruck, als Gott der Herr »aus dem Ackerboden alle Tiere des Feldes und alle Vögel des Himmels formte und sie dem Menschen zuführte, um zu sehen, wie er sie benenne« (Gen 2,19). So wird also die ursprüngliche Bedeutung des Alleinseins des Menschen aufgrund eines besonderen »Tests« bzw. einer Prüfung definiert, der sich der Mensch vor Gott (und gewissermaßen auch vor sich selbst) unterziehen muss. Durch diesen »Test« wird der Mensch sich seiner eigenen Überlegenheit be-

wusst, das heißt der Tatsache, dass er mit keiner anderen Art von Lebewesen auf Erden auf die gleiche Stufe gestellt werden kann.

Wie der Text sagt: »Wie der Mensch jedes lebendige Wesen benannte, so sollte es heißen« (Gen 2,19). »Der Mensch gab Namen allem Vieh, den Vögeln des Himmels und allen Tieren des Feldes.« Aber – so schließt der Verfasser – »eine Hilfe, die dem Menschen ähnlich war, fand er nicht« (Gen 2,20).

5. Dieser ganze Textabschnitt ist zweifellos als Vorbereitung auf den Bericht von der Erschaffung der Frau zu betrachten. Doch auch unabhängig davon besitzt er seine eigene tiefe Bedeutung. Der geschaffene Mensch befindet sich vom ersten Augenblick seiner Existenz an vor Gott gleichsam auf der Suche nach seinem Wesen; man könnte sagen: auf der Suche nach seiner Selbstbestimmung. Heute würde man sagen: auf der Suche nach seiner Identität. Die Feststellung, dass der Mensch in der sichtbaren Welt und besonders unter den Lebewesen »allein ist«, hat für diese Suche eine negative Bedeutung, da es ausdrückt, was der Mensch »nicht ist«. Nichtsdestoweniger hat die Feststellung, sich mit der sichtbaren Welt der übrigen Lebewesen (animalia) dem Wesen nach nicht identifizieren zu können, zugleich einen positiven Aspekt für diese ursprüngliche Suche: auch wenn diese Feststellung noch keine vollständige Definition darstellt, ist sie doch ein Element von ihr. Wenn wir die aristotelische Tradition in der Logik und in der Anthropologie übernehmen, wäre dieses Element als genus proximum, »Genus« zu definieren[10].

[10] »Eine Seins-Definition ist eine Angabe, die das Sein oder die Natur der Dinge erklärt.
Das Sein der Dinge wird durch ihr genus proximum (Gattungsbegriff) und ihre differentia specifica (spezifischer Unterschied) definiert.
Der Gattungsbegriff schließt alle wesentlichen Elemente der ihm untergeordneten Gattungen ein und somit alle Dinge, die dem zu definierenden Ding dem Sein nach verwandt oder ähnlich sind. Der spezifische Unterschied hingegen bezeichnet jenes Element, das dieses Ding von allen anderen ähnlicher Natur unterscheidet, indem er zeigt,

6. Der jahwistische Text erlaubt uns, weitere Elemente in jenem großartigen Abschnitt zu entdecken, in dem sich der Mensch allein vor Gott findet, um vor allem durch eine erste Selbstbestimmung sein eigenes Selbstbewusstsein als ursprüngliche und grundlegende Äußerung des Menschseins auszudrücken. Selbstbewusstsein geht einher mit dem Erkennen der Welt, aller sichtbaren Geschöpfe, aller Lebewesen, denen der Mensch einen Namen gegeben hat, um ihnen gegenüber sein Anderssein zu behaupten. Das Bewusstsein offenbart den Menschen als den, der im Hinblick auf die sichtbare Welt die Fähigkeit der Erkenntnis besitzt. Mit diesem Erkennen, das ihn gewissermaßen über sein eigenes Sein hinausgehen lässt, entdeckt sich der Mensch zugleich selbst in der ganzen Besonderheit seines Seins. Er ist nicht nur seinem Wesen nach und subjektiv allein. Das Alleinsein bezeichnet auch die Subjektivität des Menschen, die sich gerade durch das Selbstbewusstsein entwickelt. Der Mensch ist allein, weil er sich von der sichtbaren Welt, von der Welt der Lebewesen, »unterscheidet«. Wenn wir den Text des Buches Genesis analysieren, sind wir in gewissem Sinne Zeugen der Tatsache, dass sich der Mensch mit dem ersten Akt des Bewusstseins vor Gott von der gesamten Welt der Lebewesen (animalia) »unterscheidet« und sich daher selbst entdeckt und zugleich damit sich in

---

worin sich das Ding von anderen, mit denen es irrtümlich identifiziert werden könnte, unterscheidet. Der Mensch wird als animal rationale (vernünftiges Lebewesen) definiert. ›Lebewesen‹ ist sein Gattungsbegriff, ›vernünftig‹ sein spezifischer Unterschied. Der Gattungsbegriff ›Lebewesen‹ schließt alle wesentlichen Elemente der untergeordneten Gattungen ein, weil ein ›Lebewesen‹ eine empfindungsfähige, lebendige, stoffliche Substanz ist … Der spezifische Unterschied ›vernünftig‹ ist das unterscheidende Seinselement, das den ›Menschen‹ von jedem anderen ›Lebewesen‹ unterscheidet. Es macht ihn zu einer eigenen Gattung und unterscheidet ihn von jedem anderen Lebewesen und jeder ihrer Gattungen, einschließlich der Pflanzen, unbelebten Körper und Substanzen.
Da der spezifische Unterschied das unterscheidende Element im Sein des Menschen ist, schließt er außerdem alle charakteristischen ›Eigenschaften‹ ein, die im Sein des Menschen als Mensch angelegt sind: Sprachfähigkeit, Sittlichkeit, Herrschaft, Religion, Unsterblichkeit usw., Wirklichkeiten, die allen anderen Wesen in der physischen Welt fehlen.«
(C. N. Bittle, The Science of Correct Thinking. Logic, Milwaukee 1947[12], S. 73–74).

der sichtbaren Welt als »Person« behauptet. Dieser in Gen 2,19–20 so eindrucksvoll beschriebene Prozess, ein Prozess der Suche nach einer Selbstbestimmung, führt – wir schließen uns wieder der aristotelischen Tradition an – nicht nur zur Bezeichnung des genus proximum, das im 2. Kapitel der Genesis mit den Worten »er benannte sie« ausgedrückt ist, dem die differentia specifica entspricht, die nach Aristoteles in noûs, zôón noêtikón besteht. Dieser Prozess führt uns auch zu einer ersten Beschreibung des menschlichen Wesens als menschliche Person mit der eigenen Subjektivität, die sie kennzeichnet. Wir unterbrechen hier die Analyse der Bedeutung des Alleinseins des Menschen. In einer Woche wollen wir sie wieder aufnehmen.

Alleinsein und Subjektivität

6. Katechese, 24. Oktober 1979

1. Bei unserer Betrachtung vor zwei Wochen haben wir damit begonnen, die Bedeutung des ursprünglichen Alleinseins des Menschen zu analysieren. Den Anstoß dazu lieferte uns der jahwistische Text, im Besonderen die folgenden Worte: »Es ist nicht gut, dass der Mensch allein bleibe. Ich will ihm eine Hilfe machen, die ihm ähnlich ist« (Gen 2,18). Die Analyse der entsprechenden Abschnitte des Buches Genesis (Kap. 2) hat uns bereits zu überraschenden Schlussfolgerungen bezüglich der in diesem Buch enthaltenen Anthropologie, also der Grundwissenschaft vom Menschen, geführt. In der Tat skizziert der alte Text in relativ knappen Sätzen den Menschen als Person mit der sie charakterisierenden Subjektivität.

Als Gott-Jahwe diesem ersten so beschaffenen Menschen das Gebot erteilt, das alle Bäume, die im »Garten Eden« wachsen, betrifft, vor allem jenen der Erkenntnis von Gut und Böse, kommt zu den oben beschriebenen Grundzügen des Menschen das Moment der Entscheidung und der Selbstbestimmung, das heißt des freien Willens, hinzu. Auf diese Weise erscheint vor uns das Bild des Menschen als einer Person, die mit einer wesenseigenen Subjektivität ausgestattet ist, gleichsam in seinem ersten Entwurf vollendet.

Im Begriff des ursprünglichen Alleinseins ist sowohl das Selbstbewusstsein als auch die Selbstbestimmung eingeschlossen. Die Tatsache, dass der Mensch »allein« ist, birgt in sich diese Seinsstruktur und ist zugleich ein Hinweis für ein richtiges Verständnis. Ohne dieses sind wir nicht in der Lage, die folgenden Worte richtig zu begreifen, die die Einleitung zur Schöpfung der ersten Frau bilden: »Ich will ihm eine Hilfe machen« … Vor allem aber kann ohne jene tiefe Bedeutung seines ursprünglichen Alleinseins die ganze Situation des »nach dem Bilde Gottes« geschaffenen Menschen nicht verstanden und richtig interpretiert werden, die die Situation des ersten, ja ursprünglichen Bundes mit Gott ist.

2. Dieser Mensch, von dem der Bericht des ersten Kapitels sagt, dass er »nach dem Bilde Gottes« geschaffen worden ist, erweist sich im zweiten Bericht als Subjekt des Bundes, das heißt Subjekt, das als Person, als »Partner des Absoluten« gestaltet wurde, insofern er bewusst zwischen Gut und Böse, zwischen Leben und Tod unterscheiden und wählen muss. Die Worte des ersten Gebotes Gott-Jahwes (Gen 2,16–17), die unmittelbar von der Unterwerfung des Menschengeschöpfes und seiner Abhängigkeit vom Schöpfer sprechen, enthüllen indirekt eben dieses Maß des Menschseins als Subjekt des Bundes und »Partner des Absoluten«. Der Mensch ist »allein«. Das besagt, dass er durch sein Menschsein, durch das, was er ist, zugleich in eine einzigartige, ausschließliche und unwiederholbare Beziehung und Verbindung mit Gott selbst gebracht wird. Die in dem jahwistischen Text enthaltene anthropologische Definition kommt ihrerseits der theologischen Definition des Menschen nahe, die wir im ersten Schöpfungsbericht finden (»Lasst uns Menschen machen als unser Abbild nach unserer Gestalt«, Gen 1,26).

Alleinsein und der Sinn des Körpers

3. Der so gestaltete Mensch gehört der sichtbaren Welt an, ist ein Körper unter Körpern. Indem wir die Bedeutung des ursprünglichen

Alleinseins wieder aufnehmen und gewissermaßen wieder aufbauen, wenden wir sie auf den Menschen in seiner Ganzheit an. Der Körper, durch den der Mensch an der sichtbaren geschaffenen Welt teilhat, bringt ihm zugleich zu Bewusstsein, dass er »allein« ist. Wenn ihm sein Körper nicht geholfen hätte, das zu erfassen, indem er es ihm deutlich machte, wäre er sonst wohl nicht imstande gewesen, zu jener Überzeugung zu gelangen, zu der er, wie wir lesen, tatsächlich gelangt ist (vgl. Gen 2,20). Das Bewusstsein des Alleinseins hätte gerade aufgrund des Körpers zerstört werden können. Der Mensch, ‚adam, hätte, auf die Erfahrung des eigenen Körpers gestützt, zu dem Schluss gelangen können, den übrigen Lebewesen wesenhaft ähnlich zu sein. Und doch ist er, wie wir lesen, nicht zu diesem Schluss gekommen, er ist vielmehr zu der Überzeugung gelangt, »allein« zu sein. Der jahwistische Text spricht nirgends direkt vom Körper; selbst dort, wo er sagt, dass »der Herr den Menschen aus Erde vom Ackerboden formte«, spricht er vom Menschen und nicht vom Körper. Trotzdem bietet uns der Bericht in seiner Gesamtheit ausreichende Grundlagen, um diesen in der sichtbaren Welt geschaffenen Menschen als Körper unter Körpern wahrzunehmen.

Die Analyse des jahwistischen Textes erlaubt uns darüber hinaus, das ursprüngliche Alleinsein des Menschen mit dem Bewusstsein, Körper zu sein, in Verbindung zu bringen, durch das sich der Mensch von allen Lebewesen unterscheidet und sich von ihnen »scheidet« und durch das er Person ist. Man darf mit Sicherheit behaupten, dass der so beschaffene Mensch gleichzeitig über das Bewusstsein und über das Wissen um den Sinn des eigenen Körpers verfügt, und das aufgrund der Erfahrung des ursprünglichen Alleinseins.

4. All das kann als im zweiten Schöpfungsbericht enthalten angesehen werden, und die Analyse des Textes erlaubt uns ein weiteres Ausholen. Wenn wir am Anfang des jahwistischen Textes, noch ehe von der Erschaffung des Menschen »aus Erde vom Ackerboden« die Rede

ist, lesen: »Es gab noch keine Menschen, die den Ackerboden bestellten, aber Feuchtigkeit stieg aus der Erde auf und tränkte die ganze Fläche des Ackerbodens« (Gen 2,5–6), bringen wir mit Recht diesen Abschnitt mit jenem des ersten Berichts in Verbindung, wo das göttliche Gebot formuliert wird: »Bevölkert die Erde, unterwerft sie euch und herrscht« (Gen 1,28). Der zweite Bericht bezeichnet deutlich die Arbeit des Menschen, die Erde zu bebauen. Das erste grundlegende Mittel, um die Erde zu beherrschen, findet sich im Menschen selbst. Der Mensch kann die Erde nur beherrschen, weil er – und keines der anderen Lebewesen – fähig ist, »sie zu kultivieren« und entsprechend seinen Bedürfnissen umzugestalten (»Feuchtigkeit stieg aus der Erde auf und tränkte die ganze Fläche des Ackerbodens«). So scheint denn diese erste Skizze einer spezifisch menschlichen Tätigkeit zur Definition des Menschen zu gehören, wie sie sich aus der Analyse des jahwistischen Textes ergibt. Man kann folglich behaupten, dass diese Skizze zur Bedeutung des ursprünglichen Alleinseins und zu jener Dimension des Alleinseins gehört, durch welche der Mensch von Anfang an in der sichtbaren Welt sich als Körper unter Körpern findet und den Sinn seiner eigenen Körperlichkeit entdeckt. Auf dieses Thema werden wir bei unserer nächsten Begegnung zurückkommen.

7. Katechese, 31. Oktober 1979

1. Wir müssen heute noch einmal auf den Sinn des ursprünglichen Alleinseins des Menschen zu sprechen kommen, welche sich vor allem aus der Analyse des sogenannten jahwistischen Textes im 2. Kapitel der Genesis ergibt. Wie wir bereits bei den vorangegangenen Betrachtungen festgestellt haben, erlaubt uns der biblische Text nicht nur die Betonung des menschlichen Körperbewusstseins (der Mensch ist in der sichtbaren Welt als »Körper unter Körpern« geschaffen), sondern auch des Wissens um den Sinn dieses Körpers.

Trägt man der großen Knappheit des biblischen Textes Rechnung, darf man diese Implikation freilich nicht übertreiben. Es ist jedoch sicher, dass wir hier das zentrale Problem der Anthropologie berühren. Das Körperbewusstsein scheint in diesem Fall identisch zu sein mit der Entdeckung der Vielschichtigkeit der eigenen Struktur, die nach der philosophischen Anthropologie letztlich in der Beziehung zwischen Seele und Leib besteht. Der jahwistische Schöpfungsbericht drückt das in seiner Sprache (d. h. in seiner Terminologie) folgendermaßen aus: »Da formte Gott, der Herr, den Menschen aus Erde vom Ackerboden und blies in seine Nase den Lebensatem. So wurde der Mensch zu einem lebendigen Wesen« (Gen 2,7)[11]. Und eben dieser Mensch, dieses Lebewesen, unterscheidet sich dauernd von allen anderen Lebewesen der sichtbaren Welt. Voraussetzung für diese Eigenart des Menschen ist die Tatsache, dass er allein imstande ist, »den Ackerboden zu bestellen« (vgl. Gen 2,5) und sich »die Erde zu unterwerfen« (vgl. Gen 1,28). Man kann sagen, dass das Bewusstsein der Überlegenheit des Menschen, das zur Bestimmung des Menschseins gehört, von Anfang einer typisch menschlichen »Praxis«, einem Tun entspringt. Dieses Bewusstsein bringt ein besonderes Empfinden für die Bedeutung des eigenen Körpers mit sich, das sich aus der Tatsache ergibt, dass es dem Menschen obliegt, »den Ackerboden zu bestellen und sich zu unterwerfen«. Das alles wäre unmöglich ohne ein typisch menschliches Empfinden für die Bedeutung des eigenen Körpers.

2. Es scheint daher angebracht, eher über diesen Aspekt zu sprechen als über das Problem der anthropologischen Komplexität im metaphysischen Sinn. Wenn die ursprüngliche Beschreibung des menschlichen Bewusstseins, wie sie vom jahwistischen Text wiedergegeben wird, in den Gesamtbericht auch den Körper miteinschließt, wenn er sozusa-

[11] Die biblische Anthropologie unterscheidet im Menschen nicht so sehr »den Leib« und »die Seele« als vielmehr »Körper« und »Leben«. Der biblische Verfasser stellt hier das Schenken des Lebens durch den »Lebensatem« dar, der weiterhin Eigentum Gottes bleibt: Wenn Gott ihn wegnimmt, kehrt der Mensch zurück zum Staub der Erde, aus dem er gemacht ist (vgl. Ijob 34,14–15; Ps 104,29f.).

gen das erste Zeugnis von der Entdeckung der eigenen Körperlichkeit enthält (und sogar, wie gesagt, das Empfinden für die Bedeutung des eigenen Körpers), so enthüllt sich das alles nicht aufgrund irgendeiner vorgängigen metaphysischen Analyse, sondern aufgrund einer ziemlich klar gestalteten konkreten Subjektivität des Menschen. Der Mensch ist nicht nur durch sein Selbstbewusstsein und seine Selbstbestimmung Subjekt, sondern auch aufgrund des ihm eigenen Körpers. Der Aufbau dieses Körpers ist solcher Art, dass sie ihm ein spezifisch menschliches Handeln ermöglicht. In diesem Tun bringt der Leib die Person zum Ausdruck. Er ist also in seiner ganzen Leiblichkeit und Stofflichkeit (»Gott formte den Menschen aus Erde vom Ackerboden«) gleichsam durchlässig und transparent, sodass er in der Lage ist zu verdeutlichen, wer der Mensch dank der Struktur seines Bewusstseins und seiner Selbstbestimmung ist (und wer er sein sollte). Darauf stützt sich das grundlegende Empfinden für die Bedeutung des eigenen Körpers, das man durch die Analyse des ursprünglichen Alleinseins des Menschen entdecken muss.

Die Alternative zwischen Tod und Unsterblichkeit

3. Und mit diesem grundlegenden Erfassen der Bedeutung seines Leibes wird der Mensch als Subjekt des ursprünglichen Bundes mit dem Schöpfer nun vor das Geheimnis des Baumes der Erkenntnis gestellt. »Von allen Bäumen des Gartens darfst du essen, doch vom Baum der Erkenntnis von Gut und Böse darfst du nicht essen; denn wenn du davon isst, wirst du sterben« (Gen 2,16–17). Der ursprüngliche Sinn des Alleinseins des Menschen stützt sich auf die Erfahrung der vom Schöpfer empfangenen Existenz. Die Gestalt dieser menschlichen Existenz ist eben durch die Subjektivität gekennzeichnet, die auch für den Sinn des Körpers entscheidend ist. Aber hätte der Mensch, der in seinem ursprünglichen Bewusstsein einzig und allein die Erfahrung des Seins und somit des Lebens kennengelernt hat, überhaupt verstehen können, was das Wort »Du wirst sterben« bedeutet? Wäre

er fähig, durch die komplexe Struktur des Lebens, das ihm geschenkt worden war, als »Gott der Herr … den Lebensatem in seine Nase blies«, den Sinn dieses Wortes zu verstehen? Man muss zugeben, dass dieses völlig neue Wort am Bewusstseinshorizont des Menschen aufgetaucht ist, ohne dass er dessen Realität je erfahren hätte, und dass dieses Wort ihm zugleich als radikaler Gegensatz zu all dem erschien, mit dem er ausgestattet war.

Der Mensch hörte das Wort »Du wirst sterben« zum ersten Mal, ohne dass es ihm aus seiner bisherigen Erfahrung irgendwie vertraut gewesen wäre; anderseits konnte er die Bedeutung des Todes nicht mit jener Dimension des Lebens in Verbindung bringen, an der er bis dahin teilgenommen hatte. Die Worte, die Gott-Jahwe an den Menschen richtete, waren die Bestätigung für eine Abhängigkeit im Sein, die ihn zu einem begrenzten, seiner Natur nach zur Nichtexistenz fähigen Wesen macht.

Diese Worte drücken das Problem des Todes in Form einer Bedingung aus: »Wenn du davon isst, wirst du sterben.« Der Mensch, der diese Worte gehört hatte, muss ihrer Wahrheit aus der ganzen inneren Struktur seines Alleinseins innegeworden sein. Schließlich hing es von ihm, von seiner Selbstbestimmung und freien Wahl ab, ob er mit seinem Alleinsein in den Kreis der ihm vom Schöpfer zugleich mit dem Baum der Erkenntnis von Gut und Böse geoffenbarten Antithese eintreten und so die Erfahrung des Sterbens und des Todes machen wollte. Als der Mensch die Worte Gott-Jahwes hörte, muss er begriffen haben, dass der Baum der Erkenntnis nicht bloß »im Garten Eden«, sondern auch in seinem Menschsein Wurzel gefasst hatte. Außerdem muss er begriffen haben, dass jener geheimnisvolle Baum eine ihm bis dahin unbekannte Dimension des Alleinseins in sich barg, mit der der Schöpfer ihn inmitten der Welt der Lebewesen ausgestattet hatte, denen er, der Mensch – vor demselben Schöpfer – »Namen gegeben« hatte, um zu erkennen, dass keines dieser Lebewesen ihm ähnlich war.

4. Nachdem also der grundlegende Sinn seines eigenen Körpers durch die Unterscheidung von allen übrigen Geschöpfen bereits festgelegt und es dadurch offenkundig geworden war, dass der Mensch mehr vom »Unsichtbaren« als vom »Sichtbaren« bestimmt wird, stellte sich ihm nun die Wahl, die von Gott-Jahwe in engste und unmittelbare Verbindung mit dem Baum der Erkenntnis von Gut und Böse gebracht wird. Die Wahl zwischen Sterben und Unsterblichkeit, die sich aus Gen 2,17 ergibt, reicht über die wesentliche Bedeutung des menschlichen Leibes insofern hinaus, als sie den eschatologischen Sinn nicht nur des Leibes, sondern des Menschseins selbst aufgreift, das sich von allen Lebewesen, von den »Körpern«, unterscheidet. In ganz besonderer Weise jedoch betrifft diese Wahl den »aus der Erde vom Ackerboden« geschaffenen Leib.

Um diese Analyse nicht zu lang werden zu lassen, beschränken wir uns auf die Feststellung, dass die Wahl zwischen Sterben und Unsterblichkeit »von Anfang an« zur Definition des Menschen und zur Bedeutung seines Alleinseins vor Gott gehört. Diese ursprüngliche Bedeutung des Alleinseins, von der Entscheidung zwischen Sterben und Unsterblichkeit durchdrungen, ist auch für die gesamte Theologie des Leibes von fundamentaler Bedeutung.

Mit dieser Feststellung beschließen wir für heute unsere Betrachtungen über die Bedeutung des ursprünglichen Alleinseins des Menschen. Eine solche Feststellung, die sich klar und deutlich aus den Texten des Buches Genesis ergibt, regt auch zum Nachdenken über die Texte und den Menschen an, der sich der Wahrheit, die ihn selbst betrifft und bereits in den ersten Kapiteln der Bibel aufscheint, vielleicht allzu wenig bewusst ist.

3. Die Bedeutung der ursprünglichen Einheit

Die Einheit der zwei

8. Katechese, 7. November 1979

1. Die Worte aus der Genesis, »Es ist nicht gut, dass der Mensch allein bleibe« (2,18), sind gleichsam ein Vorspiel zu dem Bericht über die Erschaffung der Frau. Zusammen mit diesem Bericht beginnt die Bedeutung des ursprünglichen Alleinseins teilzuhaben an der Bedeutung der ursprünglichen Einheit, als deren entscheidender Punkt eben die Worte aus Genesis 2,24 erscheinen, auf die sich Christus in seinem Gespräch mit den Pharisäern beruft: »Darum wird der Mann Vater und Mutter verlassen und sich an seine Frau binden, und die zwei werden ein Fleisch sein« (Mt 19,5). Wenn Christus unter Bezugnahme auf den »Anfang« diese Worte zitiert, ist es angemessen, die Bedeutung jener ursprünglichen Einheit, die ihre Wurzeln in der Tatsache der Erschaffung des Menschen als Mann und Frau hat, näher zu erläutern.

Der Bericht des ersten Kapitels der Genesis kennt das Problem des ursprünglichen Alleinseins des Menschen nicht: Der Mensch ist von Anfang an »Mann und Frau«. Der jahwistische Text des zweiten Kapitels hingegen gestattet uns in bestimmter Weise, zunächst nur an den Menschen zu denken, insofern er durch den Körper der sichtbaren Welt angehört, über die er freilich hinausragt; erst dann lässt er uns an denselben Menschen in seiner doppelten Geschlechtlichkeit denken. Körperlichkeit und Geschlechtlichkeit sind nicht einfach identisch. Auch wenn der menschliche Körper in seiner normalen Beschaffenheit die Geschlechtsmerkmale an sich trägt und seiner Natur nach männlich oder weiblich ist, so gehört doch die Tatsache, dass der Mensch »ein Körper« ist, tiefergehend zur Struktur des Person-Subjekts als die Tatsache, dass er in seiner körperlichen Beschaffenheit auch männlich oder weiblich ist. Deshalb geht die Bedeutung des ursprünglichen Alleinseins, das schlechthin auf den »Menschen« bezogen werden kann, seinem Wesen nach der Bedeutung der ursprünglichen Einheit voraus, da sich letztere auf die Tatsache des Mannseins und des Frauseins gründet, also gleichsam auf zwei verschiedene Verleiblichungen, das heißt auf zwei Weisen des »leiblichen Seins« ein und desselben »nach dem Abbild Gottes« geschaffenen menschlichen Wesens (Gen 1,27).

2. Wenn wir dem jahwistischen Text folgen, in dem die Erschaffung der Frau eigens beschrieben wird (Gen 2,21–22), müssen wir zugleich jenes »Abbild Gottes« aus dem ersten Schöpfungsbericht vor Augen haben. Der zweite Bericht bewahrt in Sprache und Stil alle Merkmale des jahwistischen Textes. Die Erzählweise stimmt mit der Denk- und Ausdrucksweise der Zeit überein, aus welcher der Text stammt. Der modernen Religions- und Sprachphilosophie zufolge kann man sagen, es handle sich um eine mythische Sprache. Der Begriff Mythos bezeichnet in diesem Fall jedoch nicht eine Sage, sondern ist lediglich die archaische Ausdrucksform des tiefsten Gehalts. So entdecken wir ohne jede Schwierigkeit unter der Schicht der antiken Erzählung jenen tiefsten Gehalt, der, was die Qualität und die Dichte der darin enthaltenen Wahrheit anbelangt, wirklich bewunderungswürdig ist. Fügen wir hinzu, dass der zweite Schöpfungsbericht bis zu einem gewissen Grad eine Form des Dialogs zwischen dem Menschen und dem Schöpfergott bewahrt; dies wird vor allem in jenem Abschnitt offenkundig, in dem der Mensch (,adam) endgültig als Mann und Frau (,is – ,issah) geschaffen wird[12]. Die Erschaffung vollzieht sich fast gleichzeitig in zwei Dimensionen; die Haltung Gott-Jahwes, der den

[12] Das hebräische Wort ,adam drückt den Kollektivbegriff »Mensch« aus, also den Menschen als Vertreter der Menschheit; (den Einzelmenschen bezeichnet die Bibel durch Gebrauch des Ausdrucks: »Menschensohn«, ben-'adam). Die Gegenüberstellung: ,is – ,issah unterstreicht den Geschlechtsunterschied (wie im Griechischen ,aner – gyne).
Nach der Erschaffung der Frau nennt der biblische Text den ersten Menschen weiterhin ,adam (mit dem bestimmten Artikel), womit er seine korporative Persönlichkeit zum Ausdruck bringt, ist doch dieser erste Mensch zum »Vater der Menschheit«, zu ihrem Stammvater und Repräsentanten geworden, wie später Abraham als »Vater der Gläubigen« anerkannt und Jakob mit Israel, dem auserwählten Volk, gleichgesetzt wurde.

Menschen erschafft, entfaltet sich in Wechselbeziehung zur Entwicklung des menschlichen Bewusstseins.

3. So sagt denn Gott-Jahwe: »Es ist nicht gut, dass der Mensch (männlich) allein bleibe. Ich will ihm eine Hilfe machen, die ihm ähnlich ist« (Gen 2,18). Und gleichzeitig bestätigt der Mensch sein eigenes Alleinsein (Gen 2,20). Danach lesen wir: »Da ließ Gott, der Herr, eine Ohnmacht auf den Menschen fallen, sodass er einschlief, nahm eine seiner Rippen und verschloss ihre Stelle mit Fleisch. Gott, der Herr, baute aus der Rippe, die er vom Menschen genommen hatte, eine Frau und führte sie dem Menschen zu« (Gen 2,21–22). Zieht man die besondere Eigenart der Sprache in Betracht, so muss man vor allem anerkennen, dass uns jene »Ohnmacht« zu denken gibt, in die der Mensch durch Gott-Jahwe in Vorbereitung auf den neuen Schöpfungsakt versinkt. Auf dem Hintergrund des modernen Denkens, das – durch die Tiefenpsychologie – die Welt des Schlafs gewöhnlich mit sexuellen Inhalten in Verbindung bringt, mag jener Schlaf besondere Assoziationen hervorrufen[13]. Dennoch reicht der biblische Bericht tiefer als die Dimension des menschlichen Unterbewussten. Wenn man sodann eine vielsagende sprachliche Mehrdeutigkeit gelten lässt, kann man zu dem Schluss kommen, dass der Mensch (‚adam) in jenen »Schlaf« versinkt, um als »Mann« und »Frau« danach zu erwachen. Und in der Tat, in Gen 2,23

[13] Der Schlaf, in den Adam versinkt (hebr.: tardemah), ist ein tiefer Schlaf (latein.: sopor; englisch: sleep), in den der Mensch ohne Bewusstsein oder Träume versinkt (für Traum verwendet die Bibel ein anderes Wort: halom); vgl. Gen 15,12; 1 Sam 26,12. Freud hingegen hat den Inhalt der Träume (latein.: somnium; engl.: dream) untersucht, die nach ihm – da es sich um ins »Unterbewusstsein« verdrängte psychische Elemente handelt – die Deutung ihres unbewussten Inhalts erlauben, der letzten Endes immer sexueller Natur sei.
Dieser Gedanke ist dem biblischen Verfasser natürlich fremd. In der Theologie des jahwistischen Autors unterstreicht der Schlaf, in den Gott den ersten Menschen versinken lässt, die Ausschließlichkeit göttlichen Wirkens bei der Schöpfung der Frau; der Mensch nahm in keiner Weise bewusst daran teil. Gott bedient sich seiner »Rippe« nur deshalb, um die gemeinsame Natur von Mann und Frau hervorzuheben.

stoßen wir zum ersten Mal auf die Unterscheidung ,is – ,issah. Deshalb deutet das Bild vom Schlaf hier vielleicht nicht so sehr auf einen Übergang vom Bewusstsein ins Unbewusstsein als auf eine Art Rückkehr ins Nichtsein (in gewisser Weise löscht der Schlaf die bewusste Existenz des Menschen aus) bzw. in den Zustand vor der Erschaffung, aus dem durch die schöpferische Initiative Gottes Mensch – bisher allein – in seiner zweifaltigen Einheit als Mann und Frau hervorgehen soll[14].

Im Licht des Zusammenhangs von Gen 2,18–20 besteht jedenfalls kein Zweifel, dass der Mensch (männlich) in jene »Ohnmacht« mit dem Wunsch versinkt, ein ihm ähnliches Wesen zu finden. Wenn wir hier aufgrund der sachlichen Ähnlichkeit zum Schlaf auch von einem Traum sprechen können, müssen wir sagen, dass jener biblische Archetyp uns erlaubt, als Inhalt jenes Traumes wegen des ursprünglichen Alleinseins ein »zweites Ich« anzunehmen; dieses hat ebenso personalen

[14] Das hier verwendete hebr. Wort taucht in der Heiligen Schrift dann auf, wenn im Schlaf oder unmittelbar darauf sich Außergewöhnliches ereignet (vgl. Gen 15,12; 1 Sam 26,12; Jes 29,10; Ijob 4,13; 33,15). Die Septuaginta übersetzt tardemah mit ekstasis (Ekstase).

Im Pentateuch erscheint tardemah noch einmal in einem geheimnisvollen Zusammenhang; Abraham hat auf Befehl Gottes ein Tieropfer vorbereitet, von dem er die Raubvögel verscheuchte. »Bei Sonnenuntergang fiel auf Abram eine Ohnmacht, große, unheimliche Angst überfiel ihn ...« (Gen 15,12). Da beginnt Gott zu sprechen und schließt mit ihm einen Bund, der den Höhepunkt der an Abram ergangenen Offenbarung darstellt. Diese Szene gleicht in gewisser Weise jener im Garten Getsemani: Jesus »ergriff Furcht und Angst ...« (Mk 14,33), und er fand die Jünger »schlafend, denn sie waren vor Kummer erschöpft« (Lk 22,45).

Der biblische Verfasser gibt dem ersten Menschen ein gewisses Gefühl der Entbehrung und Einsamkeit (»es ist nicht gut, dass der Mensch allein sei«; »eine Hilfe, die dem Menschen entsprach, fand er nicht«), wenn nicht der Angst. Vielleicht ruft dieser Zustand »einen vom Kummer verursachten Schlaf« hervor oder, wie bei Abraham, einen Schlaf, verursacht »von einer unheimlichen Angst« vor dem Nicht-Sein; ähnlich wie an der Schwelle der Schöpfung: »Die Erde war wüst und wirr, Finsternis lag über der Urflut« (Gen 1,2).

In beiden Texten, wo der Pentateuch oder vielmehr das Buch Genesis vom Tiefschlaf (tardemah) spricht, findet jedenfalls eine besondere göttliche Handlung statt, nämlich ein »Bund«, der für die ganze Heilsgeschichte Folgen hat: Mit Adam beginnt das Menschengeschlecht, mit Abraham das auserwählte Volk.

Charakter und ist in gleicher Weise auf das ursprüngliche Alleinsein bezogen, das heißt auf den ganzen Prozess des Werdens der menschlichen Identität gegenüber allen anderen Lebewesen; es ist dies ein Prozess der »Differenzierung« des Menschen von seiner Umwelt. So erfüllt sich der Kreis des ursprünglichen menschlichen Alleinseins, weil der erste Mensch aus seinem Schlaf als Mann und Frau erwacht.

Dimensionen der Wesensgleichheit

4. Die Frau wird »aus der Rippe« geformt, die Gott-Jahwe aus dem Mann genommen hatte. Wenn wir die altertümliche und bildhafte Ausdrucksweise berücksichtigen, können wir feststellen, dass es sich hier um die volle Wesensgleichheit der beiden handelt; diese Gleichheit bezieht sich vor allem auf den Körper, auf die Struktur ihres Körpers, und wird auch von den ersten Worten des Mannes an die eben erschaffene Frau bestätigt: »Das endlich ist Gebein von meinem Gebein und Fleisch von meinem Fleisch« (Gen 2,23)[15]. Diese Worte gelten ebenso

[15] Interessant mag der Hinweis sein, dass bei den alten Sumerern das Schriftzeichen für das Wort »Rippe« mit jenem identisch war, das für »Leben« verwendet wurde. Was den jahwistischen Bericht angeht, so bedeckt Gott nach einer bestimmten Auslegung von Gen 2,21 die Rippe wieder mit Fleisch (statt ihre Stelle wieder mit Fleisch zu verschließen) und »formt« auf diese Weise die Frau, die dem »Fleisch und Gebein« des ersten Menschen (des Mannes) entspringt.

In der Sprache der Bibel ist das eine Definition der Blutsverwandtschaft bzw. der Zugehörigkeit zur selben Abstammung (vgl. z. B. Gen 29,14): Die Frau gehört zur selben Gattung Mensch, indem sie sich von den übrigen vorher geschaffenen Lebewesen unterscheidet. In der biblischen Anthropologie bringt »Gebein« eine wichtige Komponente des Körpers zum Ausdruck; da es bei den Juden keine genaue Unterscheidung zwischen »Leib« und »Seele« gab (der Leib wurde als äußeres Zeichen der Persönlichkeit angesehen), bezeichneten die »Gebeine« im Sprachgebrauch einfach das menschliche Wesen oder Sein (vgl. z.B. Ps 139,15: »Meine Glieder waren dir nicht verborgen«). Man kann daher »Gebein von meinem Gebein« in relationalem Sinn als »Sein von meinem Sein« verstehen; »Fleisch von meinem Fleisch« heißt, dass die Frau, auch wenn sie andere körperliche Merkmale hat, dieselbe Persönlichkeit besitzt wie der Mann. Im »Hochzeitsgesang« des ersten Menschen ist der Ausdruck »Gebein von meinem Gebein, Fleisch von meinem Fleisch« ein Superlativ, der zudem noch von der dreimaligen Wiederholung unterstrichen wird.

für die menschliche Natur des Mannes. Sie müssen auch im Rahmen der Aussagen gelesen werden, die vor der Erschaffung der Frau gemacht wurden und in denen sie, noch ehe die »Fleischwerdung« des Mannes abgeschlossen ist, als »Hilfe, die ihm ähnlich ist«, bezeichnet wird (vgl. Gen 2,18 und 2,20)[16]. So wird also die Frau gewissermaßen auf Grundlage der gleichen menschlichen Natur geschaffen.

Die Gleichheit des Körpers ist trotz der durch den Geschlechtsunterschied bedingten Verschiedenartigkeit so offensichtlich, dass der Mann, der aus dem schöpferischen Schlaf erwacht, diese sogleich zum Ausdruck bringt, indem er sagt: »Das endlich ist Gebein von meinem Gebein und Fleisch von meinem Fleisch! Frau soll sie heißen, denn vom Mann ist sie genommen« (Gen 2,23). So bekundet der Mann zum ersten Mal überschwängliche Freude, zu der er bisher keinen Grund hatte, weil ihm ein ihm gleiches Wesen fehlte. Die Freude über das andere menschliche Wesen, das zweite »Ich«, beherrscht die Worte, die der Mann beim Anblick der Frau ausspricht. Alles das hilft, die volle Bedeutung der ursprünglichen Einheit zu verstehen. Es sind nur wenige Worte, aber jedes hat großes Gewicht. Wir müssen also die Tatsache berücksichtigen – und wir werden es auch später tun –, dass jene erste Frau, »geformt aus der Rippe, die vom Mann genommen wurde«, sogleich als eine ihm ähnliche Hilfe angesehen wird.

Auf dieses Thema, nämlich die Bedeutung der ursprünglichen Einheit von Mann und Frau in ihrer menschlichen Natur, werden wir nächste Woche wieder zurückkommen.

---

[16] Eine genaue Übersetzung des hebräischen Ausdrucks ezer kenegdô ist schwierig; in den europäischen Sprachen wird er sehr verschieden übersetzt, z. B. auf lateinisch: »adiutorium ei conveniens sicut oportebat iuxta eum«; deutsch: »eine Hilfe …, die ihm entspricht«; französisch: »égal vis-à-vis de lui«; italienisch: »un aiuto che gli sia simile«; spanisch: »como él que le ayude«; englisch: »a helper fit for him«; polnisch: »odpowiednia alla niego pomoc.«
Während das Wort »Hilfe« den Gedanken der »Komplementarität« oder besser der »genauen Entsprechung« nahezulegen scheint, verbinden sich die Wörter »simile«, »egal« eher mit dem Wort »Ähnlichkeit«, aber in anderem Sinn als dem der Ähnlichkeit des Menschen mit Gott.

9. Katechese, 14. November 1979

1. Der Erzählung im Buch Genesis folgend, haben wir festgestellt, dass die »endgültige« Schöpfung des Menschen in der Erschaffung der Einheit zweier Wesen besteht. Ihre Einheit bezeichnet vor allem die Identität der menschlichen Natur; die Zweiheit hingegen bringt das zum Ausdruck, was auf der Basis dieser Identität die Männlichkeit bzw. Weiblichkeit des erschaffenen Menschen ausmacht. Diese ontologische Dimension der Einheit und der Zweiheit hat zugleich eine axiologische Bedeutung. Aus Genesis 2,23 und aus dem ganzen Zusammenhang geht klar hervor, dass der Mensch von Gott als besonderer Wert geschaffen wurde (»Gott sah, dass alles, was er gemacht hatte, sehr gut war«, Gen 1,31), aber auch als besonderer Wert für sich selbst: erstens, weil er Mensch ist; zweitens, weil die Frau für den Mann und, umgekehrt, der Mann für die Frau da ist. Während das erste Kapitel der Genesis diesen Wert in rein theologischer und indirekter metaphysischer Form zum Ausdruck bringt, enthüllt das zweite Kapitel sozusagen den ersten Kreis des Erlebens des menschlichen Wertes. Dieses Erleben ist bereits in die Bedeutung des ursprünglichen Alleinseins und dann in den ganzen Bericht von der Erschaffung des Menschen als Mann und Frau eingeschrieben. Der knappe Text von Gen 2,23, der die Worte des ersten Menschen angesichts der erschaffenen, »aus ihm genommenen« Frau umfasst, kann als biblischer Prototyp des Hohenliedes angesehen werden. Und wenn es möglich ist, Erlebnisse und Gefühlsregungen aus so weit zurückliegenden Worten herauszulesen, könnte man es auch wagen zu sagen, dass die Tiefe und Kraft dieser ersten, »ursprünglichen« Gemütsbewegung des Mannes als Mensch angesichts der Frau als Mensch und zugleich angesichts der Weiblichkeit dieses anderen menschlichen Wesens als etwas Einmaliges und Unwiederholbares erscheint.

»Communio personarum«

2. So kommt die Bedeutung der ursprünglichen Einheit des Menschen durch Männlichkeit und Weiblichkeit als Überwindung der Grenze

des Alleinseins zum Ausdruck und äußert sich zugleich als Bestätigung all dessen, was im Alleinsein den Menschen ausmacht. In dem biblischen Bericht ist das Alleinsein der Weg, der zu jener Einheit führt, die wir, dem Zweiten Vatikanum entsprechend, als communio personarum, als »personale Gemeinschaft«, bezeichnen können[17]. Wie wir bereits bei einer früheren Betrachtung festgestellt haben, erwirbt der Mensch in seinem ursprünglichen Alleinsein ein persönliches Bewusstsein, indem er lernt, sich von allen anderen Lebewesen zu unterscheiden, und öffnet sich zugleich in diesem Alleinsein einem ihm ähnlichen Wesen, das die Genesis (2,18.20) als »Hilfe, die ihm ähnlich ist«, bezeichnet. Dieses »Sich-Öffnen« bestimmt den Menschen als Person nicht weniger, ja wahrscheinlich noch mehr als das »Sich-Unterscheiden«. Das Alleinsein des Menschen im jahwistischen Bericht stellt sich uns nicht nur als die erste Entdeckung der für die Person charakteristischen Transzendenz, sondern auch als Entdeckung einer entsprechenden Beziehung »zur« Person dar und somit als Öffnung und als Erwartung einer »personalen Gemeinschaft«.

Man könnte hier auch den Ausdruck communitas verwenden, wenn er nicht zu allgemein wäre und nicht so viele Bedeutungen hätte. Communio besagt mit größerer Genauigkeit mehr, weil es genau auf jene »Hilfe« hinweist, die in gewissem Sinne eben aus der Tatsache der Existenz des Menschen als Person »neben« einer Person herstammt. In der biblischen Erzählung wird diese Tatsache eo ipso zur Existenz der Person »für« die Person, da sich der Mensch in seinem ursprünglichen Alleinsein gewissermaßen bereits in dieser Beziehung befand. Das wird in negativem Sinn ja gerade durch sein Alleinsein bestätigt. Zudem konnte sich die personale Gemeinschaft nur auf Grund eines »zweifaltigen Alleinseins« des Mannes und der Frau herausbilden, das heißt als Begegnung in ihrer »Verschiedenheit« von der Welt aller

[17] »Aber Gott hat den Menschen nicht allein geschaffen: denn von Anfang an hat er ihn ›als Mann und Frau geschaffen‹ (Gen 1,27); ihre Verbindung schafft die erste Form personaler Gemeinschaft« (Gaudium et spes, Nr. 12).

übrigen Lebewesen (animalia), die beiden die Möglichkeit zu einem Dasein und zu einer Existenz in besonderer Gegenseitigkeit gab. Der Begriff der »Hilfe« bringt auch eine Gegenseitigkeit in der Existenz zum Ausdruck, wie sie kein anderes Lebewesen gewährleisten könnte. Unerlässlich für diese Gegenseitigkeit war alles, was wesentlich beider Alleinsein begründete und daher auch sowohl die Selbsterkenntnis als auch die Selbstbestimmung, das heißt die Subjektivität und das Empfinden für die Bedeutung des eigenen Leibes.

3. Der Bericht von der Erschaffung des Menschen im ersten Kapitel behauptet von Anfang an und direkt, dass der Mensch als Abbild Gottes, als Mann und Frau, geschaffen wurde. Der Bericht des zweiten Kapitels hingegen spricht nicht vom »Abbild Gottes«; aber er offenbart in der ihm eigenen Weise, dass die vollständige und endgültige Erschaffung des Menschen (der zuerst der Erfahrung des ursprünglichen Alleinseins ausgesetzt war) darin zum Ausdruck kommt, dass jene »communio personarum« ins Leben gerufen wird, die Mann und Frau bilden. So steht der jahwistische Bericht mit dem Inhalt des ersten Berichtes im Einklang. Wenn wir umgekehrt auch aus der Erzählung des jahwistischen Textes den Begriff des »Abbildes Gottes« entnehmen, können wir folgern, dass der Mensch nicht nur durch sein Menschsein als solches, sondern auch durch die personale Gemeinschaft, die Mann und Frau von Anfang an bilden, zum »Abbild und Ebenbild« Gottes geworden ist. Aufgabe des Abbildes ist es, das Vorbild widerzuspiegeln, das eigene Urbild wiederzugeben. Der Mensch wird nicht so sehr im Augenblick seines Alleinseins als vielmehr im Augenblick der Gemeinschaft zum Abbild Gottes. Denn er ist »von Anfang an« ein Abbild, in dem sich nicht nur das Alleinsein einer Person, die die Welt beherrscht, widerspiegelt, sondern auch und ganz wesentlich Abbild einer unergründlichen, wesentlich göttlichen Gemeinschaft von Personen.

Auf diese Weise könnte der zweite Bericht auch auf das trinitarische Verständnis des Begriffes der »Gottebenbildlichkeit« vorbereiten, auch wenn »Ebenbild« nur im ersten Bericht aufscheint. Das ist natürlich auch für die Theologie des Leibes von Bedeutung und stellt vielleicht sogar den tiefsten theologischen Aspekt von allem dar, was sich über den Menschen sagen lässt. Im Geheimnis der Schöpfung – auf der Basis des wesenhaften »ursprünglichen Alleinseins« seines Daseins – wurde der Mensch mit einer tiefen Einheit begabt: der Einheit zwischen dem, was auf menschliche Weise und durch den Körper in ihm männlich ist, und dem, was auf gleich menschliche Weise und durch den Körper in ihm weiblich ist. Auf das alles fiel von Anfang an der Segen der Fruchtbarkeit, verbunden mit der menschlichen Zeugung (vgl. Gen 1,28).

»Fleisch von meinem Fleisch« (Gen 2,23)

4. So befinden wir uns gleichsam im innersten Kern anthropologischer Wirklichkeit, die da »Leib, menschlicher Leib« heißt. Die Worte aus Genesis 2,23 sprechen es unmittelbar und zum ersten Mal so aus: »Gebein von meinem Gebein und Fleisch von meinem Fleisch«. Der Mann spricht diese Worte, als ob er nur angesichts der geschaffenen Frau das identifizieren und beim Namen nennen könnte, was sie in sichtbarer Weise einander ähnlich macht und was zugleich das ist, worin sich das Menschsein äußerlich kundtut. Im Licht der vorangegangenen Analyse aller »Körper«, mit denen der Mensch in Berührung gekommen ist und denen er Namen (animalia) gegeben hat, gewinnt der Ausdruck »Fleisch von meinem Fleisch« folgende Bedeutung: Der Leib offenbart den Menschen. Diese knappe Formel enthält bereits alles, was die menschliche Wissenschaft je über die Struktur des Körpers als Organismus, über seine Vitalität, über seine besondere Geschlechtsphysiologie usw. sagen kann. In dieser ersten Äußerung des männlichen Menschen, »Fleisch von meinem Fleisch«, ist auch ein Bezug auf das enthalten, wodurch jener Leib wahrhaft menschlich ist; auf das, was den Menschen als Person, als Wesen bestimmt, das auch in seiner gesamten Leiblichkeit Gott »ähnlich« ist[18].

[18] In den ältesten biblischen Büchern gibt es die dualistische Gegenüberstellung »Seele – Leib« nicht. Wie bereits früher hervorgehoben (vgl. Anmerkung Nr. 1 zur General-

5. Wir befinden uns also gleichsam im Zentrum der anthropologischen Wirklichkeit, die »Leib«, menschlicher Leib, heißt. Doch ist leicht zu erkennen, dass dieser Kern nicht nur anthropologischen, sondern auch ganz wesentlich theologischen Charakter hat. Die Theologie des Leibes, die von Anfang an mit der Erschaffung des Menschen nach dem Ebenbild Gottes verbunden ist, wird damit gewissermaßen auch zur Theologie der Geschlechtlichkeit oder besser, zur Theologie der Männlichkeit und der Weiblichkeit, die hier im Buch Genesis ihren Ausgangspunkt hat. Die ursprüngliche Bedeutung der durch Genesis 2,24 bezeugten Einheit sollte in der Offenbarung Gottes eine umfassende und weitreichende Auswirkung haben. Diese Einheit im Leib (»und die beiden werden ein Fleisch sein«) hat eine vielfältige Dimension: eine ethische Dimension, wie sie von der Antwort Christi an die Pharisäer in Mt 19 (Mk 10) bestätigt wird; und auch eine sakramentale, streng theologische Dimension, wie sie von den Worten des hl. Paulus an die Epheser[19] dargelegt wird, die sich zugleich auf die prophetische Tradition beziehen (Hosea, Jesaja, Ezechiel). Und das deshalb, weil jene Einheit, die sich durch den Leib verwirklicht, von Anfang an nicht nur den Körper meint, sondern auch die »fleischgewordene« Gemeinschaft der Personen – communio personarum – und diese Gemeinschaft von Anfang an verlangt. Männlichkeit und Weiblichkeit bringen den doppelten Aspekt der leiblichen Verfassung des Menschen zum Ausdruck

audienz vom 31. Oktober), kann man vielmehr von einer ergänzenden Verbindung »Leib-Leben« sprechen. Der Leib ist Ausdruck der Persönlichkeit des Menschen, und wenn dieser Begriff nicht erschöpfend genug ist, muss man ihn in der Sprache der Bibel als pars pro toto (Teil für das Ganze) verstehen; vgl. z. B.: »denn nicht Fleisch und Blut haben dir das offenbart, sondern mein Vater im Himmel« (Mt 16,17), das heißt: nicht der Mensch hat dir das offenbart.

[19] »Keiner hat noch seinen eigenen Leib gehasst, sondern er nährt und pflegt ihn, wie auch Christus die Kirche. Denn wir sind Glieder seines Leibes. Deshalb wird der Mann Vater und Mutter verlassen und sich mit seiner Frau verbinden, und die beiden werden ein Fleisch. Dies ist ein tiefes Geheimnis. Ich sage es im Hinblick auf Christus und die Kirche« (Eph 5,29–32). Das wird Gegenstand unserer Betrachtungen im Kapitel über das Sakrament sein.

(»Das endlich ist Gebein von meinem Gebein und Fleisch von meinem Fleisch«) und verweisen nach den gleichen Worten von Genesis 2,23 außerdem auf das neue Empfinden für die Bedeutung des eigenen Leibes: Dieses Empfinden, so könnte man sagen, ist eine gegenseitige Bereicherung. Genau dieses Empfinden der Bedeutung, durch das die Menschheit sich aufs Neue als Gemeinschaft von Personen erfährt, scheint jene Ebene zu bilden, die im Bericht von der Erschaffung des Menschen (und in der darin enthaltenen Offenbarung des Leibes) tiefer reicht als die körperliche Struktur des Menschen als Mann und Frau. Jedenfalls wird diese Struktur von Anfang an mit dem tiefsten Bewusstsein vom Sinn der menschlichen Leiblichkeit und Geschlechtlichkeit dargestellt, und das ergibt eine unveränderliche Richtschnur für das Verständnis des Menschen in der Theologie.

10. Katechese, 21. November 1979

1. Erinnern wir uns, dass Christus, als man ihn über die Einheit und Unauflöslichkeit der Ehe befragte, sich auf das berief, was »am Anfang« war. Er zitierte die in den ersten Kapiteln der Genesis geschriebenen Worte. Das ist der Grund, weshalb wir versuchen, im Lauf dieser Betrachtungen den eigentlichen Sinn dieser Worte und dieser Kapitel zu ergründen.

Die Bedeutung der ursprünglichen Einheit des Menschen, den Gott als »Mann und Frau« geschaffen hat, er erschließt sich, wenn man (besonders im Licht von Gen 2,23) den Menschen in seinem ganzen Wesen erkennt, also in dem ganzen Reichtum des Geheimnisses der Schöpfung, auf das die theologische Anthropologie sich stützt. Diese Erkenntnis, das heißt die Suche nach der menschlichen Identität dessen, der am Anfang »allein« ist, muss immer durch die Zweiheit, durch »communio« hindurchgehen.

Erinnern wir uns an den Abschnitt Gen 2,23: »Und der Mensch sprach: Das endlich ist Gebein von meinem Gebein und Fleisch von meinem Fleisch. Frau soll sie heißen, vom Mann ist sie genommen.«

Im Lichte dieses Textes begreifen wir, dass die Erkenntnis des Menschen von seiner Männlichkeit und seiner Weiblichkeit bestimmt wird, die wie zwei »Inkarnationen« desselben metaphysischen Alleinseins gegenüber Gott und der Welt sind – zwei sich ergänzende Arten, »ein Leib zu sein« und gleichzeitig ein Mensch zu sein, zwei sich ergänzende Dimensionen des Selbstbewusstseins und der Selbstbestimmung und gleichzeitig zwei sich ergänzende Empfindungen für die Bedeutung des Leibes. Wie bereits Gen 2,23 beweist, findet in gewissem Sinne die Weiblichkeit sich selbst angesichts der Männlichkeit, während die Männlichkeit durch die Weiblichkeit ihre Bestätigung erfährt. Gerade die Funktion des Geschlechts, das ja in gewisser Hinsicht ein »konstitutiver Bestandteil der Person« (nicht nur ein »Attribut der Person«) ist, macht deutlich, wie tief der Mensch mit seinem ganzen geistigen Alleinsein, mit der Einmaligkeit und Unwiederholbarkeit seiner Person durch den Leib als »er« bzw. »sie« geprägt wird. Das Vorhandensein des weiblichen Elementes neben und zusammen mit dem männlichen bedeutet eine Bereicherung für den Menschen in jeder Phase seiner Geschichte, einschließlich der Heilsgeschichte. Diese ganze Wahrheit über die Einheit hat bereits in Gen 2,23 ihren ursprünglichen Ausdruck gefunden.

Die Einheit, in der sie »ein Fleisch« werden

2. Die Einheit, von der Gen 2,24 spricht (»sie werden ein Fleisch sein«), ist ohne Zweifel jene Einheit, die sich in der ehelichen Vereinigung vollzieht und in ihr Ausdruck findet. Die äußerst knappe und einfache biblische Formulierung weist das Geschlecht – weiblich und männlich – als jenes charakteristische Merkmal des Menschen – Mann und Frau – aus, das ihnen ermöglicht, wenn sie »ein Fleisch werden«, zugleich ihr ganzes Menschsein unter den Segen der Fruchtbarkeit zu stellen. Doch der Gesamtzusammenhang der lapidaren Formulierung gestattet uns nicht, an der Oberfläche der menschlichen Geschlechtlichkeit stehen zu bleiben, Körper und Geschlecht außerhalb der Gesamtdimension

des Menschen und der »Gemeinschaft der Personen« zu behandeln, sondern er verpflichtet uns, von »Anfang« an die Fülle und Tiefe dieser Einheit zu sehen, die Mann und Frau im Lichte der Offenbarung des Leibes bilden sollen.

Es ist also vor allem die Voraussage: »Der Mann wird sich an seine Frau binden«, und zwar so eng, dass »die beiden ein Fleisch sein werden«, die uns immer veranlasst, uns auf das zu beziehen, was der biblische Text unmittelbar vorher über die Einheit im Menschsein sagt, die Frau und Mann im Geheimnis der Schöpfung verbindet. Die Worte von Gen 2,23, die wir bereits analysiert haben, erläutern diesen Begriff in besonderer Weise. Mann und Frau, die sich (im ehelichen Akt) so innig miteinander verbinden, dass sie »ein Fleisch werden«, so als ob sie jedes Mal aufs Neue und in besonderer Weise das Geheimnis der Schöpfung entdecken, kehren so zu jener Einheit im Menschsein (»Gebein von meinem Gebein und Fleisch von meinem Fleisch«) zurück, die ihnen ermöglicht, sich gegenseitig zu erkennen und wie beim ersten Mal beim Namen zu nennen. Das bedeutet in gewissem Sinne, den ursprünglichen jungfräulichen Wert des Menschen wieder zu erleben, der dem Geheimnis seines Alleinseins vor Gott und inmitten der Welt entspringt. Die Tatsache, dass sie »ein Fleisch« werden, ist ein vom Schöpfer festgelegtes mächtiges Band, durch welches sie ihr eigenes Menschsein sowohl in seiner ursprünglichen Einheit wie auch in der Zweiheit einer geheimnisvollen wechselseitigen Anziehungskraft entdecken. Das Geschlecht ist jedoch mehr als die geheimnisvolle Kraft der menschlichen Körperlichkeit, die gleichsam instinktmäßig handelt. Auf der Ebene des Menschen und in der wechselseitigen Beziehung der Personen bedeutet das Geschlecht ein immer neues Überschreiten der Grenze des Alleinseins des Menschen, eines Alleinseins, das sich in der personalen Verfassung des Leibes ausdrückt und seinen ursprünglichen Sinn ausmacht. Dieses Überschreiten verlangt immer, das Alleinsein des Körpers des zweiten »Ich« als das eigene anzunehmen.

3. Sie ist daher an eine Entscheidung gebunden. Die Formulierung von Gen 2,24 selber weist nicht nur darauf hin, dass die als Mann und Frau geschaffenen Menschen für die Einheit geschaffen sind, sondern auch darauf, dass eben diese Einheit, durch welche sie »ein Fleisch« werden, von Anfang an den Charakter einer Verbindung hat, die auf einer Entscheidung gründet. So lesen wir: »Darum verlässt der Mann Vater und Mutter und bindet sich an seine Frau.« Wenn der Mensch »der Natur« nach, aufgrund der Zeugung, Vater und Mutter angehört, so »bindet er sich« durch seine Entscheidung an die Frau (bzw. die Frau an den Mann). Der Text von Gen 2,24 definiert diesen Charakter des Ehebundes in Bezug auf den ersten Mann und die erste Frau, zugleich aber auch im Hinblick auf die gesamte irdische Zukunft des Menschen. Deshalb wird Christus sich zu seiner Zeit auf jenen Text berufen, der für seine Zeit eben die gleiche Aktualität besaß. Da sie auch insofern nach dem Abbild Gottes geschaffen sind, als sie eine echte Personengemeinschaft bilden, sollen der erste Mann und die erste Frau Anfang und Beispiel einer solchen Gemeinschaft für alle Männer und Frauen darstellen, die sich – wann auch immer – so innig miteinander vereinen, dass sie »ein Fleisch« sind. Der Leib, der durch die Tatsache seiner Männlichkeit bzw. Weiblichkeit von Anfang an beiden hilft (»eine Hilfe, die ihm ähnlich ist«), einander in der Gemeinschaft der Personen zu begegnen, wird in besonderer Weise zum konstitutiven Element ihrer Verbindung, wenn sie Mann und Frau werden. Das aber erfolgt durch gegenseitige Wahl. Die Wahl begründet den ehelichen »Bund zwischen zwei Personen«[20], die nur aufgrund dieser Entscheidung »ein Fleisch« werden.

4. Dies entspricht der Struktur des Alleinseins des Menschen, konkret des »zweifaltigen Alleinseins«. Als Ausdruck der Selbstbestimmung

[20] »Die innige Gemeinschaft des Lebens und der Liebe in der Ehe, vom Schöpfer begründet und mit eigenen Gesetzen geschützt, wird durch den Ehebund, d. h. durch ein unwiderrufliches personales Einverständnis, gestiftet« (Gaudium et spes, Nr. 48).

wächst diese Wahl aus dem Boden jenes strukturellen Alleinseins, das heißt aus dem Boden des menschlichen Selbstbewusstseins. Nur aufgrund der ihm eigenen Struktur ist der Mensch ein »Leib« und durch den Leib auch Mann und Frau. Wenn beide sich so innig miteinander verbinden, dass sie »ein Fleisch« werden, setzt diese eheliche Verbindung ein reifes Bewusstsein des Leibes voraus. Ja, sie bringt ein besonderes Empfinden für die Bedeutung des je eigenen Leibes beim gegenseitigen Sich-Schenken der Personen mit sich. Auch in diesem Sinne ist Gen 2,24 ein weit vorausblickender Text. Denn er zeigt auf, dass in jeder ehelichen Vereinigung von Mann und Frau aufs Neue eben dieses ursprünglich vereinigende Empfinden für die Bedeutung des Leibes in seiner Männlichkeit und Weiblichkeit entdeckt wird. Damit zeigt der biblische Text gleichzeitig an, dass sich bei jeder solchen Vereinigung gewissermaßen das Geheimnis der Schöpfung in seiner ganzen ursprünglichen Tiefe und lebenspendenden Kraft erneuert. »Genommen vom Mann« als »Fleisch von seinem Fleisch«, entspringt die Frau dann auch später als »Ehefrau« aus ihm wegen ihrer Mutterschaft als »Mutter der Lebendigen« (Gen 3,20), denn ihre Mutterschaft hat auch im Mann ihren eigentlichen Ursprung. Die Zeugung des Lebens wurzelt in der Schöpfung und erneuert in einem bestimmten Sinn jedes Mal das Geheimnis der Schöpfung.

5. Diesem Thema soll eine eigene Betrachtung gewidmet werden: »Erkenntnis und Zeugung«. Dabei werden wir noch auf andere Elemente des biblischen Textes eingehen müssen. Die bisher durchgeführte Analyse der Bedeutung der ursprünglichen Einheit macht deutlich, wie »von Anfang an« jene Einheit von Mann und Frau, die dem Menschen im Geheimnis der Schöpfung gegeben ist, ihm auch für alle kommenden Zeiten anvertraut ist.

4. Die Bedeutung der ursprünglichen Nacktheit
Einleitende Bemerkungen zu Genesis 2,25

11. Katechese, 12. Dezember 1979

1. Man kann sagen, dass uns die Analyse der ersten Kapitel der Genesis in gewissem Sinne nötigt, die grundlegenden Elemente der ursprünglichen Erfahrung des Menschen zu rekonstruieren. In diesem Sinne stellt der jahwistische Text aufgrund seiner Besonderheit eine Quelle von eigener Art dar. Wenn wir von den ursprünglichen menschlichen Erfahrungen sprechen, denken wir nicht so sehr an die lange Zeit, die sie zurückliegen, als vielmehr an ihre grundlegende Bedeutung. Das Bedeutsame ist also nicht, dass diese Erfahrungen der Vorgeschichte des Menschen angehören (seiner »theologischen Vorgeschichte«), sondern dass sie immer an der Wurzel jeder menschlichen Erfahrung zu finden sind. Dies ist tatsächlich der Fall, auch wenn man solchen wesentlichen Erfahrungen bei der Entfaltung der gewöhnlichen menschlichen Existenz nicht viel Beachtung schenkt. Sie sind nämlich derart mit der Empfindung der Gewöhnlichkeit verflochten, dass wir das Besondere an ihnen im Allgemeinen gar nicht wahrnehmen. Aufgrund der bisher vorgenommenen Analysen konnten wir uns bereits darüber klar werden, dass das, was wir zu Beginn als »Offenbarung des Leibes« bezeichnet haben, uns irgendwie helfen kann, das Außerordentliche im Gewöhnlichen zu entdecken. Das ist deshalb möglich, weil die Offenbarung (jene ursprüngliche Offenbarung, die zunächst im jahwistischen Bericht, Gen 2–3, und dann in Gen 1 sich findet) gerade derartige Ursprungserfahrungen in Betracht zieht, in denen fast vollkommen die absolute Ursprünglichkeit dessen sichtbar wird, was das Wesen des Menschen als Mann und Frau ist: das heißt, weil er auch dem Körper gemäß Mensch ist. Die Erfahrung des Körpers, die der Mensch macht und die wir in den genannten Bibeltexten entdecken, liegt gewiss der gesamten folgenden »geschichtlichen« Erfahrung zugrunde. Sie scheint jedoch auch auf einer solchen ontologischen Tiefe zu beruhen, dass der

Mensch sie in seinem täglichen Leben nicht wahrnimmt, auch wenn er sie gleichzeitig irgendwie voraussetzt und sie im bewussten Prozess der Formung seines eigenen Bildes fordert.

2. Ohne eine solche einleitende Überlegung ließe sich die Bedeutung der ursprünglichen Nacktheit nicht genau bestimmen, und es wäre nicht möglich, eine gute Analyse von Gen 2,25 vorzunehmen, wo es heißt: »Beide, der Mensch und seine Frau, waren nackt, aber sie schämten sich nicht voreinander.« Auf den ersten Blick mag die Einführung dieser scheinbar nebensächlichen Einzelheit im jahwistischen Schöpfungsbericht als etwas unpassend und verwirrend erscheinen. Man möchte glauben, der zitierte Abschnitt vermöge nicht den Vergleich mit dem auszuhalten, wovon die vorhergehenden Verse handeln und was in gewissem Sinne den Zusammenhang übersteigt. Doch ein solches Urteil hält einer vertieften Analyse nicht stand. Tatsächlich stellt nämlich Gen 2,25 eines der Schlüsselelemente der ursprünglichen Offenbarung dar, das ebenso bedeutsam ist wie die anderen Texte der Genesis (2,20 und 2,23), die uns bereits eine genauere Bestimmung der Bedeutung des ursprünglichen Alleinseins und der ursprünglichen Einheit des Menschen ermöglicht haben. Zu ihnen tritt als drittes Element die Bedeutung der ursprünglichen Nacktheit hinzu, die in dem Textzusammenhang klar hervortritt; das aber ist in dem ersten Entwurf einer Anthropologie in der Bibel durchaus nichts Zufälliges. Im Gegenteil, es ist der Schlüssel zu seinem vollen und ganzen Verständnis.

Scham: Eine »Grenz«-erfahrung

3. Es ist einleuchtend, dass gerade dieses Element des alten Bibeltextes zur Theologie des Leibes einen besonderen Beitrag bietet, auf den wir absolut nicht verzichten können. Das werden unsere weiteren Analysen bestätigen. Aber ehe ich sie vornehme, erlaube ich mir noch die Bemerkung, dass gerade der Text von Gen 2,25 ausdrücklich eine Verbindung zwischen den Überlegungen zur Theologie des Leibes und der Dimen-

sion der persönlichen Subjektivität des Menschen fordert; das Gespür für die Bedeutung des Leibes entwickelt sich tatsächlich in diesem Zusammenhang. Gen 2,25 spricht davon auf eine viel direktere Art als andere Abschnitte desselben jahwistischen Textes, die wir bereits als eine erste Schilderung des menschlichen Bewusstseins bezeichnet haben. Der Satz, nach dem die ersten menschlichen Wesen, Mann und Frau, »nackt waren«, sich jedoch »nicht voreinander schämten«, beschreibt zweifellos ihren Bewusstseinszustand, ja ihr gegenseitiges Erleben des Körpers, das heißt seitens des Mannes das Erleben der Weiblichkeit, die sich in der Nacktheit des Körpers enthüllt, und umgekehrt vonseiten der Frau das analoge Erleben der Männlichkeit. Mit der Feststellung, dass sie »sich voreinander nicht schämten«, versucht der Verfasser dieses gegenseitige Erleben des Körpers mit der größten ihm möglichen Genauigkeit zu beschreiben. Man kann sagen, dass diese Art von Genauigkeit eine Grunderfahrung des Menschen im alltäglichen, vorwissenschaftlichen Sinn widerspiegelt, aber sie entspricht auch den Forderungen der Anthropologie und besonders der modernen (philosophischen) Anthropologie, die erneut auf sogenannte Grunderfahrungen, wie die Erfahrung des Schamgefühls, zurückgreift[21].

4. Wenn wir hier auf die größte Genauigkeit der Schilderung anspielen, die dem Verfasser des jahwistischen Textes möglich war, sehen wir uns veranlasst, die Erfahrungsstufen des tatsächlichen, mit der Erbsünde belasteten Menschen zu betrachten, die jedoch methodisch eben vom Zustand der ursprünglichen Unschuld ausgehen. Wir haben bereits früher festgestellt, dass Christus mit seiner Bezugnahme auf den »Anfang« (den wir hier unseren wiederholten Textanalysen zugrunde gelegt haben) indirekt die Regel der Kontinuität und der Verbindung

[21] Vgl. z. B.: Max Scheler, Über Scham und Schamgefühl, Halle 1914; Fr. Sawicki, Fenomenologia wstydliwosci (Phänomenologie der Scham), Krakau 1949; und auch K. Wojtyla, Milosc i odpowiedzialnosc, Krakau 1962, S. 165–185 (deutsche Ausgabe: Liebe und Verantwortung, München 1979, S. 150–167).

zwischen jenen beiden Zuständen betont, womit er uns gestattet, vor die Schwelle der tatsächlichen Sündhaftigkeit des Menschen bis zu seiner ursprünglichen Unschuld vorzustoßen. Gen 2,25 fordert geradezu eine Überschreitung jener Schwelle. Es ist leicht erkennbar, dass sich dieser Vers mit seiner Sinngebung der ursprünglichen Nacktheit in den Gesamtzusammenhang der jahwistischen Erzählung einfügt. Schreibt doch einige Verse später derselbe Verfasser: »Da gingen beiden die Augen auf, und sie erkannten, dass sie nackt waren. Sie hefteten Feigenblätter zusammen und machten sich einen Schurz« (Gen 3,7). Das Wort »da« weist auf eine neue Situation hin, die auf den Bruch des ersten Bundes folgte; es ist eine Situation, die sich daraus ergibt, dass die Prüfung vor dem Baum der Erkenntnis von Gut und Böse nicht bestanden wurde; sie war zugleich die erste Prüfung des Gehorsams, das heißt des vollen Hinhörens auf das Wort Gottes und des Eingehens auf seine Liebe als volle Erfüllung seines schöpferischen Willens. Diese neue Situation bringt auch einen neuen Inhalt und eine neue Qualität des Erlebens des Körpers mit sich, sodass man nun nicht mehr sagen kann: »Sie waren nackt, aber sie schämten sich nicht voreinander.« Die Scham ist also hier nicht nur eine Erfahrung des ursprünglichen Zustandes, sondern eine »Grenzerfahrung«.

5. Der Unterschied der Formulierungen in Gen 2,25 und 3,7 ist daher bedeutsam. Im ersten Fall »waren sie nackt, schämten sich aber nicht voreinander«; im zweiten Fall »erkannten sie, dass sie nackt waren«. Soll damit etwa gesagt werden, sie hätten zunächst »nicht erkannt, dass sie nackt waren«? Dass sie beiderseits die Nacktheit ihrer Körper nicht kannten und nicht sahen? Die bedeutsame Veränderung, die hier vom biblischen Text in Bezug auf das Schamgefühl (von der die Genesis noch an anderer Stelle, besonders 3,10–12, spricht) bezeugt wird, erfolgt auf einer Ebene, die tiefer liegt als die des bloßen Sehens. Der Vergleich zwischen Gen 2,25 und Gen 3 zwingt zu dem Schluss, dass es hier nicht um den Übergang vom »Nicht-Erkennen« zum »Erkennen«

geht, sondern um einen totalen Bedeutungswandel der ursprünglichen Nacktheit der Frau gegenüber dem Mann und des Mannes gegenüber der Frau. Dieser ergibt sich in ihrem Bewusstsein, das dem Baum der Erkenntnis von Gut und Böse entsprang: »Wer hat dir gesagt, dass du nackt bist? Hast du von dem Baum gegessen, von dem zu essen ich dir verboten habe?« (Gen 3,11). Dieser Wandel zieht unmittelbar eine neue Erfahrung des eigenen Körpers gegenüber dem Schöpfer und den anderen Geschöpfen nach sich. Das wird im Folgenden von den Worten des Mannes bestätigt: »Ich habe dich im Garten kommen hören; da bekam ich Angst, weil ich nackt bin, und ich habe mich versteckt« (Gen 3,10). Vor allem aber betrifft dieser Wandel, den der jahwistische Text so eindringlich und dramatisch beschreibt, direkt, ja vielleicht so direkt wie möglich, die Beziehung zwischen Mann und Frau, zwischen dem Weiblichen und dem Männlichen.

6. Diesen Wandel werden wir in unseren weiteren Darlegungen noch eingehender erklären müssen. Nun, da wir an der Grenze angelangt sind, wo der Bereich des »Anfangs«, auf welchen sich Christus bezieht, überschritten wird, müssten wir uns fragen, ob es irgendwie möglich wäre, die ursprüngliche Bedeutung der Nacktheit zu rekonstruieren, die im Buch Genesis den unmittelbaren Kontext der Lehre von der Einheit des menschlichen Wesens als Mann und Frau bildet. Das scheint möglich, insbesondere wenn wir als Bezugspunkt die Erfahrung des Schamgefühls nehmen, die in dem alten biblischen Text klar als »Grenzerfahrung« dargestellt wird.

Einen Versuch zu einer solchen Rekonstruktion wollen wir in unseren nächsten Betrachtungen unternehmen.

Versuch einer Rekonstruktion

12. Katechese, 19. Dezember 1979

1. Was ist die Scham und wie lässt sich ihr Fehlen im Zustand der ursprünglichen Schuldlosigkeit, in der ganzen Tiefe des Geheimnisses

von der Erschaffung des Menschen als Mann und Frau erklären? Aus den heutigen Analysen der Scham – und im besonderen des sexuellen Schamgefühls – ergibt sich, wie komplex dieses grundlegende Erleben ist, in welchem sich der Mensch gemäß der ihm eigenen Wesensstruktur als Person ausdrückt. Im Erlebnis der Scham erfährt der Mensch die Scheu gegenüber dem anderen Ich (so zum Beispiel die Frau gegenüber dem Mann), und sie ist wesentlich Furcht für das eigene Ich. Mit demselben Erlebnis bekundet der Mensch gleichsam instinktiv die Notwendigkeit der Bestätigung und Annahme dieses Ichs entsprechend seinem wahren Wert, der wesentlich ihm gehört. Das erfährt er zugleich sowohl in sich selber als auch nach außen hin gegenüber dem anderen. Man kann also sagen, dass die Scham auch in dem Sinn ein komplexes Erlebnis ist, dass sie zwar einen Menschen gewissermaßen vom anderen (die Frau vom Mann) fernhält, zugleich aber ihre persönliche Annäherung sucht und dafür eine geeignete Grundlage und Ebene schafft.

Aus demselben Grund kommt der Scham bei der Ausbildung des Ethos im menschlichen Zusammenleben, besonders im Verhältnis von Mann und Frau, eine fundamentale Bedeutung zu. Die Analyse der Scham macht deutlich, wie tief sie gerade in dieser gegenseitigen Beziehung verwurzelt ist, wie genau sie die für eine Gemeinschaft von Personen wesentlichen Normen zum Ausdruck bringt und wie tief sie zugleich in die Dimension des ursprünglichen Alleinseins des Menschen hineinreicht. Das Auftreten der Scham in der biblischen Erzählung von Gen 3 hat eine Bedeutung mit vielen Dimensionen, und wir wollen gelegentlich darauf zurückkommen. Was bedeutet jedoch ihr ursprüngliches Fehlen in Gen 2,25: »Sie waren nackt, aber sie schämten sich nicht voreinander«?

2. Vor allem ist festzustellen, dass die Scham wirklich nicht vorhanden war und nicht etwa fehlte oder sich noch nicht voll entwickelt hatte. Wir können hier in keiner Weise eine Primitivisierung von Scham an-

nehmen. Der Text von Gen 2,25 schließt also nicht nur ganz entschieden die Möglichkeit aus, an einen Mangel an Scham bzw. an Schamlosigkeit zu denken, sondern mehr noch, dass man sie in Analogie zu anderen positiven menschlichen Erfahrungen erklärt, wie z. B. denen des Kindesalters oder im Leben der sogenannten primitiven Völker. Solche Analogien sind nicht nur unzureichend, sie können geradezu irreführend sein. Die Worte von Gen 2,25, »Sie schämten sich nicht«, drücken nicht einen Mangel aus, sie weisen vielmehr auf eine besondere Fülle an Bewusstsein und Erlebnis hin, vor allem auf die Fülle des Empfindens für die Bedeutung des Leibes, das eng mit der Tatsache ihrer Nacktheit verbunden war.

Dass der angeführte Text so zu verstehen und zu interpretieren ist, beweist die Fortsetzung des jahwistischen Berichts, in dem das Auftreten der Scham und besonders des sexuellen Schamgefühls mit dem Verlust jener ursprünglichen Fülle verbunden wird. Wenn wir also die Erfahrung der Scham als Grenzerfahrung voraussetzen, müssen wir uns fragen, welcher Fülle des Bewusstseins und des Erlebens, und besonders welcher Fülle des Empfindens für die Bedeutung des Leibes, die ursprüngliche Nacktheit entspricht, von der in Gen 2,25 die Rede ist.

Teilnahme an der Sichtbarkeit der Welt

3. Zur Antwort auf diese Frage müssen wir die bisher vorgenommene Analyse bedenken, die sich auf den ganzen jahwistischen Text stützt. In diesem Zusammenhang stellt sich das ursprüngliche Alleinsein des Menschen als Nicht-Identifizierung des Menschseins mit der Welt der übrigen Lebewesen (animalia) dar.

Infolge der Erschaffung des Menschen als Mann und Frau weicht diese Nicht-Identifizierung der beglückenden Entdeckung des eigenen Menschseins »mit Hilfe« des anderen menschlichen Wesens; so erkennt und findet der Mann sein Menschsein »mit Hilfe« der Frau (Gen 2,25). Diese Entdeckung ist zugleich ein Akt der besonderen Teilnahme an der Sichtbarkeit und wird unmittelbar durch den Körper vollzogen

(»Fleisch von meinem Fleisch«). Er ist die unmittelbare und sichtbare Quelle des Erlebens, das ihre Einheit im Menschsein identifiziert. Man versteht also unschwer, dass die Nacktheit jener Fülle des Empfindens für die Bedeutung des Leibes entspricht, die gerade aus der äußeren Sichtbarkeit herrührt. Man kann an diese Fülle in den Kategorien des Seins oder der Wirklichkeit denken, und man kann sagen: Mann und Frau waren ursprünglich einander in solcher Wahrheit geschenkt aufgrund der Tatsache, dass sie »nackt« waren. Bei der Analyse der Bedeutung der ursprünglichen Nacktheit darf man diese Dimension keineswegs übersehen. Diese Teilnahme an der Sichtbarkeit der Welt, an ihrer äußeren Sichtbarkeit, unmittelbar und gleichsam spontan, noch vor jeder kritischen Komplizierung des menschlichen Erkennens und Erlebens, ist eng verbunden mit dem Empfinden für die Bedeutung des menschlichen Leibes. Schon in dieser Teilnahme könnte man die ursprüngliche Unschuld der Erkenntnis erfassen.

Die innere Dimension des Schauens

4. Man kann jedoch die Bedeutung der ursprünglichen Nacktheit nicht bestimmen, wenn man lediglich die Teilnahme des Menschen an der äußeren Sichtbarkeit der Welt ins Auge fasst; man kann sie nicht bestimmen, wenn man nicht ins Innere des Menschen vordringt. Gen 2,25 führt uns gerade in diesen Bereich ein und will, dass wir hier die ursprüngliche Unschuld des Erkennens suchen. Wir müssen in der Tat aus der menschlichen Innerlichkeit heraus jene besondere Fülle der Kommunikation zwischen Personen erklären und bemessen, dank welcher Mann und Frau »nackt waren, aber sich nicht voreinander schämten«.

Der Begriff »Kommunikation« wurde in unserem herkömmlichen Sprachgebrauch von seiner tiefsten, ursprünglichsten Wortbedeutung fast losgerissen. Das Wort wird heute vor allem mit dem Bereich der Medien verbunden, das heißt größtenteils mit den Einrichtungen, die der Verständigung, dem Austausch und der Annäherung dienen. Man darf jedoch vermuten, dass Kommunikation in ihrer ursprünglichen und tiefsten Bedeutung unmittelbar mit der Matrix von Subjekten zu tun hatte und hat, die gerade aufgrund ihrer Gemeinschaft (communio) sich einander mitteilen, oder um diese Gemeinschaft zu erreichen und auszudrücken, die ausschließlich der Welt der Personen zugehört. Auf diese Weise erhält der menschliche Körper eine völlig neue Bedeutung, die nicht mit der ganzen »äußerlichen« Sichtbarkeit der Welt vergleichbar ist. Er ist Ausdruck der Person in ihrer seinsmäßigen und existenziellen Konkretheit, die mehr ist als das Individuum und daher Ausdruck des menschlich-personalen Ichs, das gerade von innen her seine äußere Sichtbarkeit begründet.

5. Die gesamte biblische Erzählung und vor allem der jahwistische Text zeigt, dass der Körper durch seine Sichtbarkeit den Menschen offenbart und so zum Vermittler dafür wird, dass Mann und Frau von Anfang an sich einander mitteilen aufgrund jener »Gemeinschaft der Personen«, die der Schöpfer gerade für sie gewollt hat. Nur diese Dimension erlaubt uns wohl, die Bedeutung der ursprünglichen Nacktheit richtig zu verstehen. Daher ist jede naturalistische Deutung zum Scheitern verurteilt, während nur die personalistische Deutung uns eine große Hilfe sein kann. Gen 2,25 spricht ganz klar von etwas Außerordentlichem; es reicht weit über alles hinaus, was uns die menschliche Erfahrung über die Scham zu sagen weiß. Es entscheidet zugleich über die besondere Fülle der zwischenpersönlichen Kommunikation, die im Herzen jener Gemeinschaft gründet, welche sich so offenbart und entfaltet. Dann können die Worte »sie schämten sich nicht« (in einem indirekten Sinn) nur eine solche ursprüngliche Tiefe der Bejahung dessen bezeichnen, was innerlich im Weiblichen und Männlichen personal ist, damit die persönliche Intimität der gegenseitigen Mitteilung in ihrer ganzen tiefen Schlichtheit und Reinheit gestaltet wird. Dieser Fülle der »äußeren Sichtbarkeit«, die (wenn man so sagen darf) durch die körperliche Nacktheit zum Ausdruck kommt, entspricht die innere Fülle des An-

blicks des Menschen in Gott[22], nämlich nach dem Maß des »Bildes Gottes« (vgl. Gen 1,17). Nach diesem Bild ist der Mensch wirklich nackt (»sie waren nackt«, Gen 2,25), noch ehe er sich dessen bewusst wurde (vgl. Gen 3,7–10).

Wir werden die Analyse dieses so wichtigen Textes in den nächsten Betrachtungen noch weiterführen müssen.

Intimität: Der verborgene Sinn des Schauens

13. Katechese, 2. Januar 1980

1. Kommen wir nochmals zurück auf die Auslegung des Buches Genesis (2, 25), mit der wir vor einigen Wochen begonnen haben. Nach diesem Abschnitt sehen sich Mann und Frau gleichsam im Geheimnis der Schöpfung. Sie sehen sich so, noch bevor sie erkennen, dass sie nackt sind. Dieses gegenseitige Sich-Sehen ist nicht nur eine Teilnahme an der äußeren Sichtbarkeit der Welt, sondern auch eine innere Teilhabe am Schauen des Schöpfers selbst. An jenem Schauen, von dem der Bericht des ersten Kapitels mehrmals spricht: »Gott sah, dass alles, was er gemacht hatte, sehr gut war« (Gen 1,31). Die Nacktheit bezeichnet das ursprüngliche Gut der göttlichen Schau, sie bedeutet die ganze Einfachheit und Fülle jenes Blickes, durch den sich der reine Wert des Menschen als Mann und Frau kundtut, der reine Wert des Körpers und der Geschlechtlichkeit. Die in so deutlicher und zugleich einprägsamer Weise angedeutete Situation der ursprünglichen Offenbarung des Körpers, wie sie insbesondere aus Gen 2,25 hervorgeht, weist keinen inneren Bruch und keine Gegensätzlichkeit zwischen Spirituellem und Sinnlichem auf. Ebenso wenig kennt sie Bruch und Gegensätzlichkeit zwischen dem, was vom Menschen her die Person ausmacht, und dem,

[22] Nach den Worten der Heiligen Schrift durchdringt Gott das Geschöpf, das vor ihm völlig »nackt« ist: »Kein Geschöpf bleibt verborgen vor ihm, sondern alles liegt nackt und bloß vor den Augen dessen, dem wir Rechenschaft schulden« (Hebr 4,13). Dieses Kennzeichen gehört im Besonderen zur göttlichen Weisheit: »Denn die Weisheit ... durchdringt und erfüllt in ihrer Reinheit alles« (Weish 7,24).

was im Menschen vom Geschlecht her bestimmt ist: nämlich Mann und Frau zu sein.

Indem sie sich gegenseitig gleichsam im Geheimnis der Schöpfung als solchem schauen, erblicken sich Mann und Frau noch vollständiger und klarer als durch den bloßen Gesichtssinn, d. h. durch die Augen des Körpers. Tatsächlich sehen und begreifen sie sich im vollen Frieden des inneren Schauens, der gerade die Fülle der personalen Intimität ausmacht. Wenn die Scham eine bestimmte Begrenzung des Blickes mit den leiblichen Augen mit sich bringt, so vor allem deshalb, weil die personale Intimität dieses Blickes gleichsam aus dem Gleichgewicht gebracht und »bedroht« ist. Nach Genesis 2,25 schämten sich Mann und Frau nicht: Indem sie einander in voller Ruhe und Ausgeglichenheit des inneren Schauens sehen und begreifen, teilen sie sich einander in der Fülle der Menschlichkeit mit, die sich in ihnen gerade deswegen als gegenseitige Ergänzung ausdrückt, weil sie Mann und Frau sind. Zugleich teilen sie sich gegenseitig aufgrund jener »Gemeinschaft der Personen« mit, in der sie durch ihr Mann- und Frausein zum Geschenk des einen an den anderen werden. Auf diese Weise erreichen sie in der Gegenseitigkeit ein besonderes Empfinden für den Sinn des eigenen Körpers. Die ursprüngliche Bedeutung der Nacktheit entspricht jener Einfachheit und Fülle des Blickes, in der das Empfinden für den Sinn des Körpers sozusagen aus dem Herzen ihrer Gemeinschaft und Mitteilung erwächst. Wir wollen ihn »bräutlich« nennen. In Genesis 2,23–25 erscheinen Mann und Frau gerade »am Anfang« in diesem Empfinden für die Bedeutung des eigenen Leibes. Dies verdient eine eingehendere Untersuchung.

5. Der Mensch in der Dimension des Geschenks

5.1 Die bräutliche Bedeutung des Leibes

Schöpfung als Schenken

2. Wenn der Bericht über die Erschaffung des Menschen in den beiden Versionen – der des ersten Kapitels und der des Jahwisten im zweiten Kapitel – es uns erlaubt, die ursprüngliche Bedeutung des Alleinseins, der Einheit und der Nacktheit zu bestimmen, so können wir eben deswegen auch die Grundlage einer adäquaten Anthropologie erreichen, die bemüht ist, den Menschen in dem zu verstehen und zu deuten, was wesentlich menschlich ist[23].

Die biblischen Texte enthalten die wesentlichen Elemente einer solchen Anthropologie, die im theologischen Kontext des Abbildes Gottes klar werden. Dieser Begriff birgt die eigentliche Wurzel der Wahrheit über den Menschen, die durch jenen Anfang geoffenbart wurde, auf den sich Christus in seinem Gespräch mit den Pharisäern beruft (vgl. Mt 19,3–9), wenn er von der Erschaffung des Menschen als Mann und Frau spricht. Erinnern wir uns daran, dass alle Erwägungen, die wir hier anstellen, sich zumindest indirekt auf diese Worte zurückführen lassen. Der Mensch, den Gott als Mann und Frau erschaffen hat, ist das Bild Gottes, das sich von Anfang an in seinem Leib ausdrückt; Mann und Frau stellen gleichsam zwei verschiedene Arten des menschlichen Körperseins in der Einheit jenes Bildes dar.

Nun wollen wir uns von Neuem den fundamentalen Worten zuwen-

[23] Der Begriff der »angemessenen Anthropologie« ist im Text selbst als »Begreifen und Erklärung des Menschen in dem, was wesentlich menschlich ist«, erläutert worden. Dieser Begriff bestimmt den Grundsatz der Einschränkung selbst, der der Philosophie des Menschen zu eigen ist, deutet die Grenze dieses Grundsatzes an und schließt indirekt aus, dass man diese Grenze überschreitet. Die »angemessene Anthropologie« beruht auf der wesentlich »menschlichen« Erfahrung und widersetzt sich dem Reduktionismus der naturalistischen Art, der oft zugleich mit der evolutionistischen Lehre über die Ursprünge des Menschen einhergeht.

den, deren Christus sich bedient hat: »Er schuf« und »Schöpfer«. Dabei gewinnen die bisher angestellten Überlegungen eine neue Dimension, ein neues Kriterium für das Verständnis und die Auslegung, die wir eine »Hermeneutik des Geschenks« nennen wollen. Die Dimension des Geschenks ist für die wesentliche Wahrheit und Bedeutungstiefe des ursprünglichen »Alleinseins – Einheit – Nacktheit« entscheidend. Sie findet sich auch im eigentlichen Herzen des Geheimnisses der Schöpfung, das es uns ermöglicht, eine Theologie des Leibes »von Anfang an« aufzubauen; gleichzeitig fordert sie aber, dass wir sie genau auf diese Weise aufbauen.

3. Das Wort »Er schuf« enthält im Munde Christi die gleiche Wahrheit, die wir im Buch Genesis finden. Der erste Schöpfungsbericht enthält mehrmals dieses Wort, angefangen von Genesis 1,1 (»Im Anfang hat Gott Himmel und Erde geschaffen«) bis zu Genesis 1,27 (»Gott schuf den Menschen als sein Abbild«)[24]. Gott offenbart sich selber vor allem als Schöpfer. Christus beruft sich auf diese grundlegende Offenbarung, wie sie im Buch Genesis enthalten ist. Der Schöpfungsbegriff hat hier nicht nur seine ganze metaphysische, sondern auch seine volle theologische Tiefe. Schöpfer ist derjenige, der »aus dem Nichts ins Dasein ruft«, der die Welt und in ihr den Menschen erschafft, weil er die Liebe ist (1 Joh 4,8). Offen gesagt finden wir dieses Wort Liebe (»Gott ist Liebe«) im Schöpfungsbericht nicht; dennoch wiederholt dieser Bericht oft: »Gott sah, dass alles, was er gemacht hatte, sehr gut war.« Durch diese Worte wird der Weg zur Liebe offenbart als Motiv Gottes für die Schöpfung, zur Liebe als Quelle, die in Gott selbst aufspringt:

[24] Das hebräische Wort »bara« – er hat erschaffen – erscheint in dem ausschließlichen Sinne der Bestimmung des Wirkens Gottes nur in Vers 1 (Erschaffung des Himmels und der Erde), in Vers 21 (Erschaffung der Tiere) sowie in Vers 27 (Erschaffung des Menschen); hier jedoch taucht er gleich dreimal auf. Dies bedeutet Fülle und Vollkommenheit des Aktes, der die Erschaffung des Menschen als Mann und Frau ist. Diese Wiederholung besagt, dass das Werk der Schöpfung hier seinen Höhepunkt erreicht hat.

»Nur die Liebe setzt Gutes ins Werk und erfreut sich daran« (vgl. 1 Kor 13,6), wie wir im Buch Genesis lesen. Deshalb bedeutet die Schöpfung als Werk Gottes nicht nur ein Herausrufen aus dem Nichts ins Dasein, die Erschaffung der Welt und des Menschen in der Welt, sondern nach dem ersten Bericht »beresit bara« auch das Schenken; ein fundamentales und radikales Schenken, das heißt ein Schenken, bei dem das Geschenk aus dem Nichts hervorgeht.

Das Schenken und der Mensch

4. Die Lektüre der ersten Kapitel des Buches Genesis führt uns in das Geheimnis der Schöpfung ein, d. h. in den Anfang der Welt aus dem Wollen Gottes, das Allmacht und Liebe ist. Infolgedessen trägt jedes Geschöpf in sich das Zeichen des Geschenks als das ursprünglichste und fundamentalste Zeichen.

Der Begriff des Schenkens kann sich dabei aber nicht auf ein Nichts beziehen. Er bezeichnet den, der schenkt, und den, der das Geschenk empfängt, sowie die Beziehung, die zwischen beiden entsteht. Diese Beziehung ergibt sich nun aus dem Schöpfungsbericht in dem Augenblick, da der Mensch erschaffen wird. Sie zeigt sich vor allem in der Formulierung: »Gott schuf den Menschen als sein Abbild; als Abbild Gottes schuf er ihn« (Gen 1,27). Im Bericht über die Erschaffung der sichtbaren Welt hat das Schenken nur im Hinblick auf den Menschen Sinn. Innerhalb des ganzen Schöpfungswerkes kann man nur von ihm sagen, dass er mit einem Geschenk ausgestattet ist: Die sichtbare Welt ist für ihn geschaffen. Der biblische Schöpfungsbericht bietet uns genügend Gründe für ein solches Verständnis und eine solche Deutung: Die Schöpfung ist ein Schenken, weil in ihr der Mensch auftaucht, der als Bild Gottes fähig ist, den Sinn des Geschenkes zu begreifen, das im Ruf aus dem Nichts ins Dasein besteht. Er ist fähig, dieses Verstehen dem Schöpfer gegenüber auszudrücken. Wenn wir so den Schöpfungsbericht deuten, können wir daraus schließen, dass die Schöpfung das fundamentale und ursprüngliche Schenken darstellt: Der Mensch erscheint in der Schöpfung als derjenige, der die Welt zum Geschenk erhalten hat; umgekehrt kann man auch sagen, dass die Welt den Menschen zum Geschenk erhalten hat.

Hier müssen wir unsere Ausführungen unterbrechen. Was wir bisher gesagt haben, steht in engster Beziehung zur gesamten anthropologischen Problematik des »Anfangs«. Der Mensch erscheint hier als Geschöpf, d. h. als derjenige, der inmitten der Welt einen anderen Menschen zum Geschenk erhalten hat. Gerade diese Dimension des Geschenkes werden wir später eingehender erwägen müssen, um auch die Bedeutung des menschlichen Leibes in ihrem richtigen Ausmaß zu verstehen. Dies wird der Gegenstand unserer nächsten Betrachtungen sein.

14. Katechese, 9. Januar 1980

1. Wenn wir den zweiten Schöpfungsbericht, d. h. den jahwistischen Text, erneut lesen und auslegen, müssen wir uns fragen, ob der erste »Mensch« (,adam) in seinem ursprünglichen Alleinsein die Welt tatsächlich als Geschenk »erlebt« hat, in der Haltung, die der Lage eines Menschen entspricht, der beschenkt wurde und im Einklang mit der objektiven Wirklichkeit des Schenkens, wie es sich aus dem Bericht des ersten Kapitels ergibt. Der zweite Bericht zeigt uns ja den Menschen im Garten Eden (vgl. Gen 2,8), aber wir müssen feststellen, dass auch in diesem Zustand ursprünglichen Glücks der Schöpfer selbst (Gott Jahwe) und dann der Mensch, anstatt die Erfahrung der Welt als persönlich beglückendes, für den Menschen geschaffenes Geschenk (vgl. den ersten Bericht und besonders Gen 1,26–29) zu betonen, darauf hinweisen, dass der Mensch »allein« ist. Die Bedeutung des ursprünglichen Alleinseins haben wir bereits ausgelegt; jetzt müssen wir jedoch feststellen, dass erstmals klar ein gewisser Mangel an Gutem sichtbar wird: »Es ist nicht gut, dass der Mensch allein bleibe« – sagt Gott Jahwe –, »ich will ihm eine Hilfe machen …« (Gen 2,18). Dasselbe stellt der Mensch fest; nachdem er sich seines Alleinseins unter allen Lebewesen

auf Erden zutiefst bewusst geworden ist, erwartet auch er eine »Hilfe, die ihm ähnlich ist« (vgl. Gen 2,20). Denn keines dieser Lebewesen – animalia – bietet dem Menschen die Grundbedingungen, die eine Existenz in der Beziehung gegenseitigen Sich-Schenkens ermöglichen.

Schenken: Geheimnis eines beglückenden Anfangs

2. Diese beiden Ausdrücke, nämlich das Adjektiv »allein« und das Substantiv »Hilfe«, scheinen somit einfachhin der Schlüssel zum Begreifen des eigentlichen Wesens des Geschenks auf menschlicher Ebene zu sein, das den entscheidenden Inhalt der Wahrheit der Gottebenbildlichkeit ausmacht. Denn das Sich-Schenken bringt sozusagen ein besonderes Kennzeichen der personalen Existenz, ja des eigentlichen Wesens der Person zum Ausdruck. Wenn Gott Jahwe sagt, es sei »nicht gut, dass der Mensch allein bleibe« (Gen 2,18), bestätigt er, dass der Mensch »allein« dieses Wesen nicht vollständig verwirklicht. Er verwirklicht es nur, wenn er »mit irgendjemandem« lebt, und noch tiefer und vollkommener, wenn er »für irgendjemanden« da ist. Dieses Gesetz für die Existenz der Person wird im Buch Genesis als Merkmal der Schöpfung herausgestellt eben durch die Bedeutung dieser beiden Worte »allein« und »Hilfe«. Gerade sie weisen darauf hin, wie grundlegend und maßgeblich für eine Person die Beziehung und die Gemeinschaft der Personen ist. Gemeinschaft der Personen heißt, in einem gegenseitigen Füreinander, in einer Beziehung gegenseitigen Sich-Schenkens zu leben. Und diese Beziehung ist genau die Erfüllung des ursprünglichen Alleinseins des Menschen.

3. Diese Erfüllung ist ursprünglich beglückend. Sie gehört zweifellos zum ursprünglichen Alleinsein des Menschen und bildet jenes Glück, das zum Geheimnis der Schöpfung gehört, welche aus Liebe geschaffen ist, das heißt zum Wesen des schöpferischen Schenkens. In dem Augenblick, in dem der männliche Mensch, der Mann, aus dem Schlaf, von dem die Genesis spricht, erwacht und die aus ihm gebildete

Frau erblickt, sagt er: »Das endlich ist Gebein von meinem Gebein und Fleisch von meinem Fleisch« (Gen 2,23); diese Worte drücken in einem bestimmten Sinn den subjektiv beglückenden Anfang der menschlichen Existenz in der Welt aus. Dieser subjektiv beglückende Anfang bestätigt den Individuationsprozess des Menschen in der Welt und wird sozusagen aus der Tiefe seines personalen Alleinseins geboren, das er als Person gegenüber allen anderen Geschöpfen und allen Lebewesen (animalia) erlebt. Auch dieser »Anfang« gehört also zu einer angemessenen Anthropologie und lässt sich stets auf ihrer Grundlage verifizieren. Diese rein anthropologische Verifizierung führt uns gleichzeitig zum Thema »Person« und zum Thema »Körper – Geschlecht«.

Diese Gleichzeitigkeit ist wesentlich. Denn wenn wir zur Geschlechtlichkeit ohne die Person kommen würden, wäre die gesamte Angemessenheit der Anthropologie, wie wir sie im Buch Genesis vorfinden, zerstört. Und für unsere theologische Untersuchung wäre dann das entscheidende Licht der Offenbarung über den Leib verdunkelt, das durch diese ersten Feststellungen mit so großer Fülle hindurchscheint.

4. Es besteht eine enge Verbindung zwischen dem Geheimnis der Schöpfung als Schenken, das der göttlichen Liebe entspringt, und jenem beglückenden Anfang der menschlichen Existenz als Mann und Frau in der ganzen Wahrheit ihres Leibes und ihres Geschlechtes, die ganz einfach die Wahrheit der Gemeinschaft zwischen den Personen ist. Wenn der erste Mann beim Anblick der Frau ausruft: »Das ist Fleisch von meinem Fleisch und Gebein von meinem Gebein« (Gen 2,23), bekräftigt er einfach die menschliche Identität beider. Damit scheint er zu sagen: Siehe, ein Leib, der die Person ausdrückt! Einem vorhergehenden Abschnitt des jahwistischen Textes folgend kann man auch sagen: Dieser Leib macht die lebendige Seele offenbar, zu welcher der Mensch wurde, als Gott Jahwe ihm das Leben einhauchte (vgl. Gen 2,7), womit sein Alleinsein gegenüber allen anderen Geschöpfen begann. Ge-

nau aus dieser Tiefe jenes ursprünglichen Alleinseins steigt der Mensch nun auf zur Dimension des gegenseitigen Sich-Schenkens, dessen Ausdruck – und daher auch dessen Ausdruck als Person – der menschliche Leib in der ganzen ursprünglichen Wahrheit seiner Männlichkeit und Weiblichkeit ist. Der Leib, der die Weiblichkeit für die Männlichkeit und umgekehrt die Männlichkeit für die Weiblichkeit zum Ausdruck bringt, bekundet die Gegenseitigkeit und Gemeinschaft der Personen. Er bringt sie durch das Sich-Schenken als das grundlegende Merkmal der personalen Existenz zum Ausdruck. Das also ist der Leib: Zeuge des Aktes der Schöpfung als eines grundlegenden Schenkens und somit Zeuge der göttlichen Liebe als Quelle, aus welcher dieses Schenken und Geschenk entspringen. Männlichkeit und Weiblichkeit – also die Geschlechtlichkeit – sind das ursprüngliche Zeichen des schöpferischen Schenkens und gleichzeitig des Geschenks, dessen sich der Mensch als Mann und Frau bewusst wird und das er sozusagen ganz ursprünglich erlebt. Das ist die Bedeutung, mit welcher die Geschlechtlichkeit in die Theologie des Leibes eintritt.

Entdeckung des »bräutlichen« Sinnes des Leibes

5. Mit jenem beglückenden Anfang von Sein und Leben des Menschen als Mann und Frau wird der Sinn des Leibes offenbart und zugleich entdeckt, den man als »bräutlich« bezeichnen muss. Wenn wir sowohl von Offenbaren als auch von Entdecken sprechen, tun wir das unter besonderer Berücksichtigung des jahwistischen Textes, in dem der theologische rote Faden auch ein anthropologischer ist, zumal er als eine bestimmte, vom Menschen bewusst erlebte Wirklichkeit erscheint. Wir sagten bereits, dass den Worten, welche die erste Freude über das Auftreten des Menschen als Mann und Frau ausdrücken (Gen 2,23), der Vers folgt, der ihre eheliche Einheit feststellt (Gen 2,24); und dann jener, der die Nacktheit der beiden, frei von gegenseitiger Scham (Gen 2,25), bezeugt. Gerade diese bedeutsame Abfolge erlaubt uns, sowohl vom Offenbaren als auch vom Entdecken der bräutlichen Bedeutung

des Leibes mitten im Geheimnis der Schöpfung zu sprechen. Diese Bedeutung (soweit sie geoffenbart und auch vom Menschen bewusst gemacht und erlebt wird) bestätigt zutiefst, dass das schöpferische Sich-Schenken, das aus Seiner Liebe fließt, das ursprüngliche Bewusstsein des Menschen insofern erreicht hat, als es zum Erlebnis gegenseitiger Hingabe wurde, wie bereits dem älteren Text zu entnehmen ist. Das scheint wohl ganz besonders die Nacktheit der beiden Stammeltern bezeugen zu wollen, die frei ist von jeder Scham.

6. Genesis 2,24 spricht von der Hinordnung der Männlichkeit und Weiblichkeit auf ein Ziel im Leben der Eheleute bzw. Eltern. Wenn sie sich so eng miteinander verbinden, dass sie »ein Fleisch« werden, werden sie gewissermaßen ihr Menschsein unter den Segen der Fruchtbarkeit – der »Zeugung« –, stellen, wovon der erste Bericht spricht (vgl. Gen 1,28). Der Mensch tritt ein »in das Dasein« mit dem Bewusstsein, dass seine eigene Männlichkeit bzw. Weiblichkeit, das heißt seine Geschlechtlichkeit, auf ein Ziel hingeordnet ist. Gleichzeitig fügen die Worte von Genesis 2,25: »Beide waren nackt, aber sie schämten sich nicht voreinander« zu dieser grundlegenden Wahrheit von der Bedeutung des menschlichen Leibes als Mann und Frau noch eine weitere, nicht weniger wesentliche und grundlegende Wahrheit hinzu: Der Mensch, der sich der Zeugungskraft seines Körpers und des eigenen Geschlechtes bewusst ist, ist zugleich von körperlichem und sexuellem Zwang frei.

Diese ursprüngliche Nacktheit beider, die nicht von der Scham belastet war, drückt diese innere Freiheit des Menschen aus. Heißt das: Freiheit vom »Geschlechtstrieb«? Der Begriff »Trieb« besagt ja bereits einen inneren Zwang, dem Trieb vergleichbar, wie er für die Fruchtbarkeit und Zeugung in der gesamten Welt der Lebewesen (animalia) gilt. Es scheint jedoch, dass beide Genesis-Texte von der Erschaffung des Menschen den Aspekt der Fortpflanzung genügend mit dem ganzen Merkmal personaler Existenz verbinden. Demzufolge wird auch die Analogie des menschlichen Körpers und der menschlichen Sexualität in Bezug auf die Welt der anderen Lebewesen – die wir auch als »Analogie der Natur« bezeichnen können – in beiden Berichten (wenn auch unterschiedlich) auf die Ebene der »Gottebenbildlichkeit« und auf die Ebene der Person und der Gemeinschaft zwischen den Personen erhoben.

Auf dieses wichtige Problem werden wir noch zurückkommen müssen. Der Mensch – auch der moderne Mensch – muss sich bewusst sein, dass sich in jenen biblischen Texten, die vom Anfang des Menschen sprechen, die Offenbarung der »bräutlichen Bedeutung des Leibes« findet. Wichtiger noch ist festzustellen, was diese Bedeutung besagen will.

»Freiheit des Geschenks«: die Grundlage der bräutlichen Bedeutung des Leibes

15. Katechese, 16. Januar 1980

1. Wir setzen heute die Erklärung der Texte des Buches Genesis fort, die wir im Licht der Lehre Christi begonnen haben. Erinnern wir uns, dass Christus in seinem Gespräch über die Ehe auf den »Anfang« Bezug nahm.

Die Offenbarung und gleichzeitig Entdeckung der ursprünglichen »bräutlichen« Bedeutung des Leibes besteht darin, dass der Mensch, als Mann und Frau, in der ganzen Wirklichkeit und Wahrheit seines Körpers und Geschlechts (»sie waren nackt«) und zugleich im totalen Freisein von jeglichem körperlichen und sexuellen Zwang dargestellt wird. Das scheint die Nacktheit der Stammeltern zu bezeugen, die völlig frei von Scham waren. Man darf sagen, dass die beiden – aus der göttlichen Liebe erschaffen, das heißt in ihrem Sein mit Männlichkeit bzw. Weiblichkeit beschenkt – »nackt« sind, weil sie selbst frei sind in der Freiheit des Geschenks. Diese Freiheit liegt ja gerade der bräutlichen Bedeutung des Leibes zugrunde. Der menschliche Körper mit seiner Geschlechtlichkeit, seiner Männlichkeit und Weiblichkeit, ist, im Geheimnis der Schöpfung gesehen, nicht nur Quelle der Fruchtbarkeit und Fortpflanzung wie in der gesamten Naturordnung, sondern umfasst von »Anfang« an auch die Eigenschaft des »Bräutlichen«, d. h. die Fähigkeit, der Liebe Ausdruck zu geben: jener Liebe, in welcher der Mensch als Person Geschenk wird und – durch dieses Geschenk – den eigentlichen Sinn seines Seins und seiner Existenz verwirklicht. Wir erinnern hier an den Text des letzten Konzils, in dem es heißt, dass der Mensch in der sichtbaren Welt das einzige von Gott »um seiner selbst willen gewollte« Geschöpf ist und wo hinzugefügt wird, dass dieser Mensch »sich nur durch die aufrichtige Selbsthingabe wirklich finden kann«[25].

2. Die Wurzel dieser ursprünglichen, von Scham freien Nacktheit, von der Genesis 2,25 spricht, ist eben in dieser vollen Wahrheit über den Menschen zu suchen. Im Zusammenhang ihres beglückenden »Anfangs« sind Mann und Frau frei mit der Freiheit des Geschenks. Denn um in der Beziehung der »aufrichtigen Hingabe ihrer selbst« bleiben zu können und um durch ihr ganzes Menschsein, das als Weiblichkeit und Männlichkeit geschaffen wurde (auch in jener Perspektive, von

[25] »Ja, wenn der Herr Jesus zum Vater betet ..., ›dass alle eins seien ... wie auch wir eins sind‹ (Joh 17,20–22), und damit Horizonte aufreißt, die der menschlichen Vernunft unerreichbar sind, legt er eine gewisse Ähnlichkeit nahe zwischen der Einheit der göttlichen Personen und der Einheit der Kinder Gottes in der Wahrheit und der Liebe. Dieser Vergleich macht offenbar, dass der Mensch, der auf Erden die einzige von Gott um ihrer selbst willen gewollte Kreatur ist, sich selbst nur durch die aufrichtige Hingabe seiner selbst vollkommen finden kann« (Gaudium et spes, Nr. 24). Die streng theologische Analyse des Buches der Genesis, besonders von Gen 2,23–25, erlaubt uns die Bezugnahme auf diesen Text. Das stellt einen weiteren Schritt zwischen einer entsprechenden Anthropologie und der Theologie des Leibes dar, die aufs Engste mit der Entdeckung der wesentlichen Merkmale der personalen Existenz in der theologischen Vorgeschichte des Menschen verbunden ist. Wenn das auch auf Widerstand seitens des evolutionistischen Denkens (auch unter den Theologen) stoßen mag, kann man doch kaum darüber hinwegsehen, dass der betrachtete Text aus der Genesis, besonders 2,23–25, nicht nur die ursprüngliche, sondern auch die exemplarische Dimension der Existenz des Menschen, besonders des Menschen als Mann und Frau, aufzeigt.

welcher Genesis 2,24 spricht), füreinander zu einer solchen Gabe zu werden, müssen sie gerade in diesem Sinn frei sein. Wir verstehen hier die Freiheit vor allem als Herrschaft über sich selbst (Selbstbesitz). In dieser Hinsicht ist sie unerlässlich, damit der Mensch »sich selbst hingeben« kann, damit er zum Geschenk werden kann, damit er (nach den Worten des Konzils) »sich selbst wirklich finden« kann durch »die aufrichtige Hingabe seiner selbst«. Man kann und muss also die Worte »sie waren nackt, aber sie schämten sich nicht voreinander« als Offenbarung – und zugleich Entdeckung – der Freiheit verstehen, die die »bräutliche« Bedeutung des Leibes ermöglicht und kennzeichnet.

Der »bräutliche Charakter« des Leibes und die Offenbarung der Person

3. Genesis 2,25 sagt jedoch noch mehr. Dieser Vers verweist in der Tat auf die Möglichkeit und die Besonderheit eines solchen gegenseitigen »Erlebens des Leibes«. Außerdem erlaubt er uns, jene bräutliche Bedeutung des Leibes »in actu« festzustellen. Wenn wir lesen, dass »sie nackt waren, aber sich nicht voreinander schämten«, berühren wir damit gewissermaßen indirekt die Wurzeln und direkt bereits die Früchte. Völlig frei von dem Zwang des eigenen Körpers und ihres Geschlechts, frei mit der Freiheit des Geschenks, konnten Mann und Frau Freude empfinden in der ganzen Wahrheit, der ganzen menschliche Wirklichkeit, so wie Gott Jahwe sie ihnen im Geheimnis der Schöpfung offenbart hatte. Diese Wahrheit über den Menschen, die der Konzilstext mit den oben angeführten Worten erläutert, hat zwei Hauptakzente. Der erste besagt, dass der Mensch das einzige von Gott »um seiner selbst willen« gewollte Geschöpf in der Welt ist; der zweite besteht in der Aussage, dass dieser Mensch, der von »Anfang« an vom Schöpfer so gewollt wurde, sich selbst nur durch eigene uneigennützige Hingabe finden kann. Diese Wahrheit über den Menschen, die auf besondere Weise den ursprünglichen Zustand in Verbindung mit dem »Anfang« des Menschen im Geheimnis der Schöpfung zu treffen scheint, kann – aufgrund des Konzilstextes – in beiden Richtungen

neu gelesen werden. Ein solches neues Lesen hilft uns zu einem noch besseren Verständnis der bräutlichen Bedeutung des Leibes, die offenbar zu dem ursprünglichen Zustand des Mannes und der Frau (nach Genesis 2,23–25) und insbesondere zur Bedeutung ihrer ursprünglichen Nacktheit gehört.

Wenn – wie wir festgestellt haben – an der Wurzel der Nacktheit die innere Freiheit des Geschenks – der uneigennützigen Selbsthingabe – sich befindet, dann erlaubt gerade jene Hingabe beiden, Mann und Frau, sich gegenseitig zu finden, wie der Schöpfer einen jeden von ihnen »um seiner selbst willen« gewollt hat (vgl. Gaudium et spes, Nr. 24). So findet der Mann in der ersten beglückenden Begegnung die Frau, und sie findet ihn. Auf diese Weise nimmt er sie innerlich an; er nimmt sie an, wie sie vom Schöpfer »um ihrer selbst willen« gewollt wurde, wie sie im Geheimnis der Gottesebenbildlichkeit durch ihre Weiblichkeit geformt worden ist; und umgekehrt nimmt sie ihn in gleicher Weise an, wie er vom Schöpfer »um seiner selbst willen« gewollt wurde und wie er von Ihm durch seine Männlichkeit geformt worden ist. Darin besteht die Offenbarung und Entdeckung der »bräutlichen« Bedeutung des Leibes. Die jahwistische Erzählung, besonders Gen 2,25, erlaubt uns den Schluss, dass der Mensch, als Mann und Frau, eben mit diesem Empfinden für die Bedeutung des eigenen Körpers, seiner Männlichkeit und Weiblichkeit, in die Welt eintritt.

4. Der menschliche Leib, der von innen her von der »aufrichtigen Hingabe« der Person getragen wird, offenbart nicht nur seine »physische« Männlichkeit oder Weiblichkeit, sondern er offenbart auch einen solchen Wert und eine solche Schönheit, die über die rein physische Dimension der »Geschlechtlichkeit« hinausgehen[26]. Auf diese Weise wird

[26] In der biblischen Tradition findet die körperliche Vollkommenheit des ersten Menschen einen späteren Widerhall. Der Prophet Ezechiel vergleicht den König von Tyrus mit Adam im Garten Eden: »Du warst ein vollendet gestaltetes Siegel voll Weisheit und unübertrefflicher Schönheit. Im Garten der Götter, in Eden, bist du gewesen ...«

gewissermaßen das Empfinden der bräutlichen Bedeutung des Leibes abgeschlossen, der mit dem Mann- bzw. Frausein des Menschen gegeben ist. Wenn dieser Sinn einerseits auf die besondere Fähigkeit zum Ausdruck der Liebe hinweist, in welcher der Mensch zum Geschenk wird, entspricht diesem Sinn andererseits eine tiefe Fähigkeit und Bereitschaft zur »Bestätigung der Person«, das heißt die Fähigkeit zum Erleben der Tatsache, dass der andere – die Frau für den Mann und der Mann für die Frau – auch durch den Körper jemand ist, der vom Schöpfer »um seiner selbst willen« gewollt ist – also einzigartig und unwiederholbar, erwählt in ewiger Liebe.

Die »Bestätigung der Person« ist nichts anderes als die Annahme des gegenseitigen Geschenks, die darin die Personengemeinschaft herstellt; sie stellt diese Gemeinschaft aus dem Innern her, umfasst aber auch das ganze »Äußere« des Menschen, das heißt alles, was seine Nacktheit ausmacht, die reine und einfache Nacktheit des Körpers in seiner Männlichkeit und Weiblichkeit. Damals – so lesen wir in Genesis 2,25 – schämten sich der Mann und die Frau nicht voreinander. Der biblische Ausdruck »sie fühlten keine Scham voreinander« weist unmittelbar auf das Erlebnis, die subjektive Dimension hin.

Die bräutliche Bedeutung des Leibes als Frucht der Verwurzelung in der Liebe

5. Gerade in dieser subjektiven Dimension als zwei von ihrer Männlichkeit und Weiblichkeit bestimmte »Ich« erscheinen beide, Mann und Frau, im Geheimnis ihres beglückenden »Anfangs«. (Es geht hier um den Zustand der ursprünglichen Unschuld und zugleich des ursprünglichen Glücks des Menschen.) Das taucht nur kurz in einigen Versen der Genesis auf, hat aber einen überraschenden theologischen und auch anthropologischen Gehalt. Die Offenbarung und Entdeckung der bräutlichen Bedeutung des Leibes erklären das ursprüngliche Glück des Menschen und eröffnen zugleich den ganzen Ausblick auf

(Ez 28,12–13).

seine irdische Geschichte, in der er sich niemals dieser seiner eigenen Existenz untrennbar verbundenen Thematik entziehen kann.

Die folgenden Verse im 3. Kapitel der Genesis weisen im jahwistischen Text tatsächlich darauf hin, dass diese »geschichtliche« Perspektive sich nach dem Sündenfall anders gestalten wird als der glückliche »Anfang«. Umso notwendiger ist es daher, auf die geheimnisvolle theologische wie anthropologische Struktur dieses »Anfangs« gründlich einzugehen. Denn im Verlauf seiner »Geschichte« wird der Mensch nicht umhin können, dem eigenen Leib eine bräutliche Bedeutung zu geben. Auch wenn dieser Sinn vielfache Entstellungen erfährt und erfahren wird, bleibt er doch immer unter diesen Entstellungen als die tiefste Ebene und muss in seiner ganzen Einfachheit und Reinheit dargelegt und in seiner ganzen Wahrheit als Zeichen des »Abbildes Gottes« offenkundig gemacht werden. Von hier aus führt auch der Weg vom Geheimnis der Schöpfung zur »Erlösung des Leibes« (vgl. Röm 8).

An der Schwelle zur geschichtlichen Entwicklung sind wir uns aufgrund von Genesis 2,23–25 nunmehr deutlich des Zusammenhangs bewusst, der zwischen der Offenbarung und Entdeckung der bräutlichen Bedeutung des Leibes und des ursprünglichen Glücks des Menschen besteht. Eine solche bräutliche Bedeutung ist auch beglückend und offenbart als solche schließlich die ganze Wirklichkeit jenes Geschenks und Sich-Schenkens, von dem die ersten Seiten der Genesis reden. Bei ihrer Lektüre kommen wir zu folgender Überzeugung: Das Empfinden für den Sinn des Leibes, insbesondere das Empfinden der bräutlichen Bedeutung des Leibes, ist die grundlegende Komponente menschlicher Existenz in der Welt.

Diese bräutliche Bedeutung des menschlichen Leibes lässt sich nur im Zusammenhang mit der Person verstehen. Der Leib hat eine bräutliche Bedeutung, weil, wie das Konzil sagt, der Mensch als Person eine Kreatur ist, die Gott um ihrer selbst willen gewollt hat und die daher nur durch die Hingabe ihrer selbst ganz sich selbst findet.

Wenn Christus Mann und Frau über die Berufung zur Ehe hinaus eine weitere Berufung – nämlich die des Verzichts auf die Ehe um des Himmelreiches willen – offenbart hat, hat er mit dieser Berufung dieselbe Wahrheit über die menschliche Person hervorgehoben. Wenn ein Mann oder eine Frau imstande ist, sich an das Himmelreich hinzugeben, beweist das nur umso stärker, dass es im Bereich der körperlichen Existenz die Freiheit des Geschenks, der Hingabe gibt. Das heißt, dass diesem Leib eine volle bräutliche Bedeutung zukommt.

16. Katechese, 30. Januar 1980

1. Die Wirklichkeit des Geschenkes und des Aktes des Sich-Schenkens, wie sie in den ersten Kapiteln der Genesis als grundlegender Inhalt des Geheimnisses der Schöpfung umrissen wird, bestätigt, dass die Ausstrahlung der Liebe wesentlicher Bestandteil eben dieses Geheimnisses ist. Einzig die Liebe schafft das Gute, und allein die Liebe lässt sich schließlich in allen ihren Dimensionen und Profilen in den geschaffenen Dingen und vor allem im Menschen wahrnehmen. Ihre Gegenwart ist gewissermaßen das Endergebnis jener Hermeneutik des Geschenkes, die wir hier behandeln. Das ursprüngliche Glück, der beglückende »Anfang« des Menschen, den Gott als »Mann und Frau« erschaffen hat (Gen 1,27), die bräutliche Bedeutung des Leibes in seiner ursprünglichen Nacktheit: all das ist Ausdruck des Verwurzeltseins in der Liebe.

Dieses konsequente Sich-Schenken, das bis in die tiefsten Wurzeln des Unterbewusstseins, bis in die letzten Schichten der subjektiven Existenz beider, des Mannes und der Frau, hinabreicht und sich in ihrem gegenseitigen »Erleben des Leibes« widerspiegelt, ist Zeugnis für die Verwurzelung in der Liebe. Die ersten Verse der Bibel sprechen soviel davon, dass jeder Zweifel beseitigt wird. Sie sprechen nicht nur von der Erschaffung der Welt und des Menschen in der Welt, sondern auch von der Gnade, das heißt von der Mitteilung der Heiligkeit, von der Ausstrahlung des Geistes, der in jenem ursprünglichen Menschen einen ganz eigenen Zustand der Vergeistigung bewirkte. In der Sprache der Bibel, also in der Sprache der Offenbarung, bedeutet die Bezeichnung »ursprünglich« nichts anderes als »von Gott«: »Adam, Sohn Gottes« (vgl. Lk 3,38).

2. Das Glück bedeutet Verwurzelung in der Liebe. Das ursprüngliche Glück spricht vom »Anfang« des Menschen, der aus der Liebe entstanden ist und mit dem die Liebe begonnen hat. Das ist ein unwiderrufliches Ereignis, und daran ändern auch der nachfolgende Sündenfall und der Tod nichts. Zu seiner Zeit wird Christus Zeuge dieser unwiderruflichen Liebe des Schöpfers und Vaters sein, die bereits im Geheimnis der Schöpfung und in der Gnade der ursprünglichen Unschuld zum Ausdruck gekommen ist. Deshalb kennt auch der gemeinsame »Anfang« des Mannes und der Frau, also die ursprüngliche Wahrheit ihres Körpers in seinem Mann und Frausein, auf die Genesis 2,25 unsere Aufmerksamkeit lenkt, die Scham nicht. Dieser »Anfang« lässt sich auch als ursprüngliches und beglückendes Freisein von der Scham aufgrund der Liebe beschreiben.

5.2 Das Geheimnis der ursprünglichen Unschuld

Ein Geschenk an das menschliche Herz

3. Diese beglückende »Absorbierung der Scham durch die Liebe« führt uns zum Geheimnis der ursprünglichen Unschuld des Menschen. Sie ist ein Geheimnis seiner Existenz und geht der Erkenntnis des Guten und des Bösen voraus, ja, besteht gleichsam »außerhalb« ihrer. Die Tatsache, dass der Mensch vor dem Bruch des ersten Bundes mit seinem Schöpfer auf diese Weise lebt, gehört zur Fülle des Geheimnisses der Schöpfung. Wenn, wie wir bereits gesagt haben, die Schöpfung ein dem Menschen Schenken ist, dann wird ihre Fülle und tiefste Dimension im Menschen von der Gnade, das heißt von der Teilhabe am inneren Leben Gottes selbst, an seiner Heiligkeit, bestimmt. Diese Gnade ist im Menschen auch inneres Fundament und Quelle seiner ursprünglichen Unschuld. Mit diesem Begriff – noch genauer mit dem Begriff der »ursprünglichen Gerechtigkeit« – bezeichnet die Theologie den Zustand des Menschen

vor der Ursünde. In unserer gegenwärtigen Erklärung des »Anfangs«, die uns die notwendigen Wege zum Verständnis der Theologie des Leibes ebnet, müssen wir beim Geheimnis des ursprünglichen Zustands des Menschen verweilen. In der Tat, gerade jenes Bewusstsein des Körpers – ja, das Empfinden für den Sinn des Körpers –, das wir durch die Analyse des »Anfangs« an den Tag zu bringen suchen, ist es, was die Besonderheit der ursprünglichen Unschuld offenbart.

Diese Besonderheit, die sich vielleicht am meisten in Genesis 2,25 kundtut, zeigt auch direkt auf das Geheimnis dieser Unschuld, die sowohl Mann wie Frau dem Ursprung nach, jeder einzeln in sich tragen. Gewissermaßen ein »Augenzeuge« dieser Besonderheit ist ihr eigener Körper. Es ist bezeichnend, dass die in Genesis 2,25 enthaltene Aussage über ihre Nacktheit, die frei war von Scham, eine in ihrer Art einmalige Aussage in der ganzen Bibel darstellt, die später niemals mehr wiederholt worden ist. Im Gegenteil, wir können viele Texte anführen, wo Nacktheit mit Scham oder, noch schärfer, geradezu mit »Schande« in Verbindung gebracht wird[27]. Aus diesem weiten Zusammenhang heraus sind die Gründe der Tatsache umso offensichtlicher, die uns in Genesis 2,25 eine besondere Spur des Geheimnisses der ursprünglichen Unschuld und einen besonderen Punkt ihrer Ausstrahlung im einzelnen Menschen erkennen lassen. Diese ursprüngliche Unschuld ist eine Dimension der im Geheimnis der Schöpfung enthaltenen Gnade, das

[27] Die »Nacktheit« im Sinn der »Unbekleidetheit« bezeichnete im antiken Orient den Zustand der Verworfenheit der Menschen, die der Freiheit beraubt waren; also der Sklaven, Kriegsgefangenen oder Verurteilten, jener, die das Gesetz nicht schützte. Die Nacktheit der Frauen wurde als Entehrung empfunden (vgl. z. B. die Drohungen der Propheten: Hosea 1,2 und Ezechiel 23,26.29).
Der freie, auf seine Würde bedachte Mensch sollte sich prächtig kleiden: Je längere Schleppen das Gewand hatte, umso höher war die Würde (vgl. z. B. das Gewand Josephs, das den Neid seiner Brüder hervorrief; oder der Pharisäer, die die Fransen ihrer Kleider verlängerten).
Die zweite Bedeutung der Nacktheit im euphemistischen Sinn bezog sich auf den Geschlechtsakt. Das hebräische Wort cerwat bezeichnet einen leeren Raum (z. B. im Gelände), die Unbekleidetheit, das Entblößtsein, hatte aber nichts Beschämendes an sich.

heißt jenes geheimnisvollen Schenkens an das Innerste des Menschen – an das menschliche Herz, das beide, Mann und Frau, befähigt und ermächtigt, im »Anfang« in der gegenseitigen Beziehung aufrechter Selbsthingabe an den anderen zu existieren. Darin ist die Offenbarung und zugleich die Entdeckung der »bräutlichen« Bedeutung des Leibes in seinem Mann- und Frausein enthalten. Man versteht, warum wir in diesem Fall von Offenbarung und von Entdeckung zugleich sprechen. Vom Standpunkt unserer Erklärung aus ist es wesentlich, dass die Entdeckung der bräutlichen Bedeutung des Leibes, die wir in der Genesis wiederlesen, sich durch die Besonderheit der ursprünglichen Unschuld vergegenwärtigt und selbst diese Besonderheit enthüllt und offenkundig macht.

Die ursprüngliche Unschuld und das Empfinden für die bräutliche Bedeutung des Leibes

4. Die ursprüngliche Unschuld gehört zum Geheimnis vom »Anfang« des Menschen, von dem sich der »geschichtliche« Mensch dann durch die Ursünde getrennt hat. Das heißt aber nicht, dass er nicht imstande wäre, mit Hilfe der theologischen Erkenntnis sich jenem Geheimnis zu nähern. Der »geschichtliche« Mensch versucht das Geheimnis der ursprünglichen Unschuld gleichsam in einem Gegensatz zu erfassen, indem er nämlich auch auf die Erfahrung der eigenen Schuld und der eigenen Sündhaftigkeit zurückgreift[28]. Er versucht, die ursprüngliche

[28] »Wir wissen, dass das Gesetz zum Geist gehört; ich aber gehöre zum Fleisch und bin an die Sünde verkauft. Denn ich begreife mein Handeln nicht: Ich tue nicht das, was ich will, sondern das, was ich hasse … Dann aber bin nicht mehr ich es, der so handelt, sondern die in mir wohnende Sünde. Ich weiß, dass in mir, d. h. in meinem Fleisch, nichts Gutes wohnt: Das Wollen ist bei mir vorhanden, aber ich vermag das Gute nicht zu verwirklichen. Denn ich tue nicht das Gute, das ich will, sondern das Böse, das ich nicht will. Wenn ich aber das tue, was ich nicht will, dann bin nicht mehr ich es, der so handelt, sondern die in mir wohnende Sünde. Ich erkenne also das Gesetz, dass in mir das Böse vorhanden ist, obwohl ich das Gute tun will. Denn in meinem Inneren freue ich mich am Gesetz Gottes, ich sehe aber ein anderes Gesetz in meinen Gliedern, das mit dem Gesetz meiner Vernunft im Streit liegt und mich gefangen hält im Gesetz der

Unschuld als wesentliches Merkmal der Theologie des Leibes zu verstehen, wobei er von der Erfahrung des Schamgefühls ausgeht; darauf weist ihn der Bibeltext selbst hin. Die ursprüngliche Unschuld ist also das, was radikal, d. h. von Grund auf, das Schamgefühl des Körpers in der Beziehung zwischen Mann und Frau ausschließt und es im Menschen, in seinem Herzen, d. h. in seinem Gewissen, überflüssig macht. Zwar spricht die ursprüngliche Unschuld vor allem von dem Geschenk des Schöpfers, von der Gnade, die es dem Menschen ermöglichte, den Sinn des ursprünglichen Schenkens dieser Welt und besonders den Sinn des Sich-einander-Schenkens durch das Mann- und Frausein zu erleben; doch scheint sich diese Unschuld vor allem auf den inneren Zustand des menschlichen Herzens, des menschlichen Willens zu beziehen. Zumindest indirekt schließt sie die Offenbarung und Entdeckung des sittlichen Bewusstseins des Menschen ein, die Offenbarung und Entdeckung der gesamten Dimension des Gewissens – natürlich »vor der Erkenntnis von Gut und Böse«. Sie soll also gewissermaßen als ursprüngliche Gerechtigkeit verstanden werden.

5. Im Prisma unseres geschichtlichen a posteriori versuchen wir also irgendwie, diese Besonderheit der ursprünglichen Unschuld zu rekonstruieren, die als Inhalt des gegenseitigen Erlebens des Leibes, der Erfahrung seiner bräutlichen Bedeutung (nach dem Zeugnis von Genesis 2,23–25) verstanden wird. Da das Glück und die Unschuld zum Bild von der Gemeinschaft der Personen gehören, ganz wie zwei zusammenlaufende Fäden der menschlichen Existenz im Geheimnis der Schöpfung selbst, ist das beglückende Empfinden für die Bedeutung des Leibes, das heißt der Männlichkeit und Weiblichkeit, durch die ursprüngliche Unschuld bedingt. Es scheint durchaus berechtigt, dass hier diese ursprüngliche Unschuld als besondere Reinheit des Herzens

Sünde, von dem meine Glieder beherrscht werden. Ich unglücklicher Mensch! Wer wird mich aus diesem Todesleib erretten?« (Röm 7,14–15.17–24; vgl. Ovid: »Ich sehe das Bessere und stimme ihm zu, dem Schlechteren aber folge ich«; Metamorphosen VII, 20).

aufgefasst wird, die, der bräutlichen Bedeutung des Leibes entsprechend, eine innere Treue an das Geschenk bewahrt. Die so verstandene ursprüngliche Unschuld erweist sich infolgedessen als sicheres Zeugnis des Gewissens, das (in diesem Fall) jeder Erfahrung von Gut und Böse vorangeht; dennoch ist dieses ungetrübte Zeugnis des Gewissens umso beglückender. Ja, man kann sagen, das Empfinden der bräutlichen Bedeutung des Leibes in seiner Männlichkeit bzw. Weiblichkeit wird nur durch dieses Zeugnis menschlich beglückend.

Diesem Thema, nämlich dem Zusammenhang, der sich in der Analyse des »Anfangs« des Menschen zwischen seiner Unschuld (der Reinheit des Herzens) und seinem Glück abzeichnet, werden wir unsere nächste Betrachtung widmen.

Unschuld am Ursprung des gegenseitigen Schenkens

17. Katechese, 6. Februar 1980

1. Wir setzen heute unsere Überlegungen zu jenem »Anfang« fort, auf den sich Jesus in seinem Streitgespräch mit den Pharisäern über die Ehe bezogen hat. Diese Betrachtung verlangt von uns, dass wir über die Geschichte des Menschen hinaus auf den Zustand der ursprünglichen Unschuld zurückgreifen. Um die Bedeutung dieser Unschuld zu ermessen, stützen wir uns gewissermaßen auf die Erfahrung des geschichtlichen Menschen, auf das Zeugnis seines Herzens und Gewissens.

2. Der Linie des geschichtlichen »a posteriori« folgend, versuchen wir die Besonderheit der ursprünglichen Unschuld zu rekonstruieren, wie sie nach dem Zeugnis von Genesis 2,23–25 in der gegenseitigen Erfahrung der bräutlichen Bedeutung des Leibes enthalten ist. Die hier beschriebene Situation macht das beglückende Empfinden für die Bedeutung des Leibes offenbar, das im Bereich des Geheimnisses der Schöpfung der Mensch sozusagen aus dem gegenseitigen Sich-Ergänzen dessen zieht, was an ihm männlich bzw. weiblich ist. Doch an den Wurzeln dieses Empfindens muss die innere Freiheit des Geschenks vor

allem in Verbindung mit der Unschuld stehen; der menschliche Wille ist ursprünglich unschuldig, und auf diese Weise wird die Gegenseitigkeit und der Austausch der Gabe des Leibes, seinem Mann- oder Frausein entsprechend, als Sich-Schenken der Person erleichtert. Infolgedessen kann man die in Genesis 2,25 bezeugte Unschuld als Unschuld des Erlebens des Körpers, des gegenseitigen Erlebens, bestimmen. Der Satz »Beide, der Mann und seine Frau, waren nackt, aber sie schämten sich nicht voreinander« drückt eben diese Unschuld im gegenseitigen Erleben des Körpers aus, eine Unschuld, die den inneren Austausch des Geschenkes der Person beseelt, der in der gegenseitigen Beziehung ganz konkret die Empfindung der bräutlichen Bedeutung des Mann- bzw. Frauseins verwirklicht. Um also die Unschuld des gegenseitigen Erlebens des Körpers zu verstehen, müssen wir zu klären versuchen, worin die innere Unschuld im Austausch beim Sich-Schenken der Person besteht. Dieser Austausch stellt ja die eigentliche Quelle des Erlebens der Unschuld dar.

3. Wir können sagen, dass die innere Unschuld – das heißt die Reinheit der Absicht – im Austausch des Geschenkes in einer gegenseitigen Annahme des anderen besteht, sodass diese dem Wesen des Geschenkes entspricht. Auf diese Weise bewirkt die gegenseitige Hingabe die Gemeinschaft der Personen. Es geht also darum, den anderen aufzunehmen und anzunehmen, eben weil in dieser gegenseitigen Beziehung, von der Genesis 2,23–25 spricht, Mann und Frau einander zum Geschenk werden in der ganzen Wahrheit und Klarheit ihres eigenen männlichen bzw. weiblichen Körpers. Es handelt sich also um eine Annahme oder Aufnahme, die in der beiderseitigen Nacktheit die Bedeutung des Geschenks ausdrückt und unterstützt und daher die gegenseitige Würde dieses Sich-Schenkens begründet. Diese Würde entspricht zutiefst der Tatsache, dass der Schöpfer den Menschen, Mann und Frau, um seiner selbst willen gewollt hat (und noch immer will). Die Unschuld des Herzens und als Folge davon die Unschuld des Erlebens

bedeutet eine moralische Teilhabe an dem ewigen und fortdauernden Willensakt Gottes.

Das Gegenteil solcher Aufnahme oder Annahme des anderen Menschen als Geschenk wäre ein Wegnehmen des Geschenks selbst und somit eine Verfälschung und geradezu Erniedrigung des anderen zum Objekt für mich selbst (einem Objekt der Begehrlichkeit, der unrechtmäßigen Besitzergreifung usw.).

Wir wollen jetzt nicht im Einzelnen dieses vielgestaltige, mögliche Gegenteil des Sich-Schenkens behandeln. Es gilt jedoch, bereits hier im Zusammenhang von Genesis 2,23–25 festzustellen, dass eben ein solches Wegnehmen des Geschenks vom anderen Menschen (von der Frau seitens des Mannes und umgekehrt) und seine innere Verkürzung zu einem bloßen »Objekt für mich« das Entstehen der Scham bezeichnen müsste. Denn das Schamgefühl entspricht ja in der Tat einer Bedrohung des Geschenks in seiner personalen Intimität und bezeugt den Zusammenbruch der Unschuld im gegenseitigen Erleben.

Das gegenseitige Schenken: Auslegung von Genesis 2,25

4. Nach Genesis 2,25 »schämten sich Mann und Frau nicht voreinander«. Das lässt für uns den Schluss zu, dass der Austausch des Geschenks, an dem ihr ganzes Menschsein, Seele und Leib, in seiner Weiblichkeit und Männlichkeit beteiligt ist, sich dadurch verwirklicht, dass das innere Wesensmerkmal (also die Unschuld) des Sich-Schenkens und der Annahme des anderen als Geschenk gewahrt wird. Diese beiden Funktionen des gegenseitigen Austauschs sind im ganzen Vorgang des Geschenks seiner selbst aufs tiefste miteinander verbunden: Das Geben und das Annehmen des Geschenks durchdringen einander so, dass das Schenken zum Annehmen und das Annehmen zum Schenken wird.

5. Genesis 2,23–25 erlaubt uns den Schluss, dass die Frau, die der Schöpfer im Geheimnis der Schöpfung dem Mann gibt, dank der ursprünglichen Unschuld von ihm als Geschenk aufgenommen bzw.

angenommen wird. In diesem Punkt ist der biblische Text überaus klar und eindeutig. Zugleich wird die Annahme der Frau vonseiten des Mannes und die Weise ihrer Annahme gleichsam zu einem ersten Sich-Schenken. Vom ersten Augenblick, in dem sie der Schöpfer dem Mann gibt, entdeckt die Frau, indem sie sich schenkt, zugleich sich selbst dank dem Umstand, dass sie angenommen und aufgenommen, und dank der Weise, in der sie vom Mann angenommen wird. In ihrem Geschenk ihrer selbst (»durch die aufrichtige Hingabe ihrer selbst«, Gaudium et spes, Nr. 24) findet sie sich also selbst, wenn sie in ihrem Mensch- und Frausein so angenommen wird, wie es der Schöpfer gewollt hat, nämlich »um ihrer selbst willen«. Sie gelangt zur innersten Tiefe ihrer Person und zum Vollbesitz ihrer selbst, wenn in dieser Annahme die ganze Würde des Geschenks durch das Angebot und die Hingabe dessen gewahrt bleibt, was sie in der ganzen Wahrheit ihres Menschseins und in der ganzen Wirklichkeit ihres Körpers und Geschlechts, also ihres Frauseins, ist. Wir fügen hinzu, dass diese Selbstfindung in der Selbsthingabe die neue Quelle eines Gebens wird, das gewissermaßen durch das Wesensmerkmal des Austausches des Geschenks wächst, in dem Maße, in dem es derselben und sogar tieferen Aufnahme und Annahme begegnet, getragen durch ein tieferes Bewusstsein des Geschenks – also einfach in dem Maße, in dem es als Geschenk aufgenommen wird.

6. Der zweite Schöpfungsbericht hat, wie es scheint, dem Mann »von Anfang an« die Funktion dessen anvertraut, der in erster Linie das Geschenk empfängt (vgl. besonders Genesis 2,23). Die Frau wird »von Anfang an« seinen Augen, seinem Bewusstsein und seiner Sensibilität, seinem Herzen anvertraut; er hingegen muss in gewissem Sinne den Austausch des Geschenkes selbst sicherstellen, das gegenseitige Durchdringen von Geben und Empfangen im Maße des Geschenks, das eben durch ihre Gegenseitigkeit eine echte Gemeinschaft der Personen entstehen lässt.

Wenn im Geheimnis der Schöpfung die Frau diejenige ist, die dem Mann »gegeben« worden ist, so bereichert sie dieser dadurch, dass er sie als Geschenk in der ganzen Wahrheit ihrer Person und ihrer Fraulichkeit empfängt; zugleich wird auch er in dieser gegenseitigen Beziehung bereichert. Der Mann wird nicht nur durch sie, durch das Geschenk ihrer eigenen Person und Fraulichkeit, bereichert, sondern auch durch seine eigene Selbsthingabe. Das Sich-Schenken vonseiten des Mannes als Antwort auf die Hingabe der Frau ist für ihn selbst eine Bereicherung; denn in diesem Sich-Schenken äußert und bekundet sich gleichsam das spezifische Wesen seiner Männlichkeit, das durch die Wirklichkeit des Körpers und des Geschlechts die innerste Tiefe des »Besitzes seiner selbst« erreicht, dank der er sowohl zur Selbsthingabe als auch zum Empfang der Hingabe des anderen fähig ist. Der Mann nimmt also nicht nur das Geschenk an, sondern wird zugleich von der Frau als Geschenk aufgenommen, wobei das innere geistige Wesen seiner Männlichkeit zusammen mit der ganzen Wahrheit seines Körpers und Geschlechts offenbar wird. Wenn er auf diese Weise angenommen wird, wird er entsprechend umgekehrt durch diese Annahme, durch diese Aufnahme des Geschenks seiner eigenen Männlichkeit, bereichert. In der Folge wird diese Annahme, in welcher der Mann sich durch die »aufrichtige Hingabe seiner selbst« wiederfindet, in ihm zur Quelle einer neuen und noch tieferen Bereicherung der Frau durch ihn. Der Austausch ist wechselseitig, und die gegenseitigen Funktionen der »aufrichtigen Hingabe« und des »sich selbst Findens« offenbaren sich wechselseitig und wachsen in diesem Austausch auf beiden Seiten. So können wir also, indem wir den Spuren des geschichtlichen »a posteriori« – und vor allem den Spuren des menschlichen Herzens – folgen, jenen wechselseitigen Austausch persönlicher Hingabe, der in dem alten, so reichen und tiefen Text des Buches Genesis beschrieben wurde, darstellen und gleichsam rekonstruieren.

Theologie der ursprünglichen Unschuld

18. Katechese, 13. Februar 1980

1. Die heutige Betrachtung setzt all das voraus, was bei den bisherigen Analysen bereits erarbeitet wurde. Diese sind von der Antwort Jesu an seine Gesprächspartner (Mt 19,3–9 und Mk 1,1–12) ausgegangen, die ihm eine Frage über die Ehe, ihre Unauflöslichkeit und Einheit vorgelegt hatten. Der Meister hatte ihnen empfohlen, aufmerksam das zu bedenken, was »am Anfang« war. Und deshalb haben wir im Laufe unserer Überlegungen bis heute versucht, irgendwie die Tatsache der Einheit oder besser der Gemeinschaft der Personen darzustellen, wie sie Mann und Frau »am Anfang« erlebten. In der Folge versuchten wir, den Inhalt des knappen Verses Genesis 2,25 zu ergründen: »Beide, der Mensch und seine Frau, waren nackt, aber sie schämten sich nicht voreinander.«

Diese Worte beziehen sich auf das Geschenk der ursprünglichen Unschuld, dessen Wesen sie sozusagen auf synthetische Weise offenbar machen. Auf dieser Grundlage hat die Theologie das Gesamtbild von der ursprünglichen Unschuld und Gerechtigkeit des Menschen vor der Erbsünde aufgebaut, wobei sie die für die Metaphysik und metaphysische Anthropologie typische Methode der Objektivierung anwandte. In der gegenwärtigen Betrachtung versuchen wir hingegen, den Aspekt der menschlichen Subjektivität ins Auge zu fassen; diese scheint übrigens den Urtexten, besonders dem zweiten Schöpfungsbericht – also dem jahwistischen Text –, näherzustehen.

2. Unabhängig von dieser Verschiedenheit in der Auslegung scheint hinreichend klar, dass das Erleben des Leibes, das wir den archaischen Texten von Genesis 2,23 und noch deutlicher von Genesis 2,25 entnehmen können, auf einen Grad der »Vergeistigung« des Menschen hindeutet, der sich von jenem unterscheidet, von dem derselbe Text nach der Erbsünde (Gen 3) spricht und den wir aus der Erfahrung des geschichtlichen Menschen kennen. Dieser andere Grad von Vergeisti-

gung ist verbunden mit einem anderen Zusammenwirken der inneren Kräfte des Menschen, sozusagen einer anderen Leib-Seele-Beziehung, mit anderen inneren Proportionen zwischen Empfindungsvermögen, Geistigkeit und Affektivität, also einem anderen Grad innerer Empfindsamkeit für die Gaben des Heiligen Geistes. All das bedingt gleichzeitig den Zustand der ursprünglichen Unschuld des Menschen. Es ermöglicht es uns auch, den Bericht der Genesis zu verstehen, und folgt umgekehrt aus diesem Verständnis. Theologie und Lehramt der Kirche haben diesen Grundwahrheiten eine eigene Gestalt gegeben[29].

3. Wenn wir die Analyse des »Anfangs«, der Dimension der Theologie des Leibes entsprechend, aufnehmen, stützen wir uns dabei auf die Worte Christi, mit denen er selbst sich auf jenen »Anfang« bezogen hat. Als er sagte: »Habt ihr nicht gelesen, dass der Schöpfer die Menschen am Anfang als Mann und Frau geschaffen hat?« (Mt 19,4), hat er uns geboten und gebietet er uns noch immer, zur Tiefe des Geheimnisses der Schöpfung zurückzukehren. Wir tun das und sind uns dabei der Gabe der dem Menschen vor der Erbsünde eigenen ursprüngliche Unschuld voll bewusst. Obwohl uns eine unüberwindliche Schranke von dem trennt, was der Mensch als Mann und Frau einst durch die Gabe der mit dem Geheimnis der Schöpfung verbundenen Gnade war, von dem, was beide als gegenseitiges Geschenk füreinander gewesen sind, versuchen wir dennoch, den Zustand der ursprünglichen Unschuld im

[29] »Wer nicht bekennt: Nachdem Adam, der erste Mensch, das Gebot Gottes im Paradies übertreten hatte, verlor er sogleich die Heiligkeit und Gerechtigkeit, in die er eingesetzt war ..., der sei ausgeschlossen« (Conc. Trident., Sess. V, can. 1,2; D. B. 788,789).
»Die Ureltern befanden sich im Zustand der Heiligkeit und Gerechtigkeit … Der ihnen gegebene Zustand ursprünglicher Gerechtigkeit war ungeschuldet und wahrhaft übernatürlich … Die Ureltern befanden sich im Zustand der unverletzten reinen Natur, das heißt, sie waren gefeit gegen Begehrlichkeit, Unwissenheit, Schmerz und Tod … und erfreuten sich einzigartiger Glückseligkeit … Die ihnen übertragenen Gaben der Unversehrtheit waren ungeschuldet und außernatürlich« (A. Tanquerey, Synopsis Theologiae Dogmaticae, Paris 1943[24], S. 534–549).

Zusammenhang mit dem geschichtlichen Zustand des Menschen nach der Erbsünde zu begreifen: mit dem Zustand der gefallenen und zugleich erlösten Natur.

Mittels des geschichtlichen »a posteriori« versuchen wir, den ursprünglichen Sinn des Körpers zu erfassen und den Zusammenhang zu begreifen, der zwischen ihr und dem Wesen der ursprünglichen Unschuld im Erleben des Körpers besteht, das im Bericht der Genesis auf so bezeichnende Weise hervorgehoben wird. Wir gelangen zu dem Schluss, dass es wichtig und wesentlich ist, diesen Zusammenhang genau festzulegen, nicht nur der theologischen Vorgeschichte des Menschen gegenüber – wo das Zusammenleben von Mann und Frau vollständig von der Gnade der ursprünglichen Unschuld durchdrungen war –, sondern auch in Bezug auf ihre Fähigkeit, uns die bleibenden Wurzeln des menschlichen und vor allem theologischen Aspekts des Ethos des Leibes zu enthüllen.

Die Wurzel des Ethos des menschlichen Leibes

4. Der Mensch tritt in die Welt und damit gleichsam in das innerste Thema seiner Zukunft und seiner Geschichte in der Empfindung der bräutlichen Bedeutung des eigenen Leibes, seines Mann- oder Frauseins. Die ursprüngliche Unschuld besagt, dass dieser Sinn sittlich bedingt ist und außerdem die Zukunft des menschlichen Ethos darstellt. Das ist für die Theologie des Leibes höchst bedeutsam, denn aus diesem Grund müssen wir, genau der Weisung der Worte Christi folgend, diese Theologie »vom Anfang her« aufbauen.

Im Geheimnis der Schöpfung wurden Mann und Frau vom Schöpfer einander in besonderer Weise als Geschenk gegeben, und das nicht nur, soweit es jenes erste Menschenpaar und jene erste Gemeinschaft von Personen betrifft, sondern für das ganze Menschengeschlecht und die Menschheitsfamilie. Die grundlegende Tatsache dieser Existenz des Menschen in jeder Phase seiner Geschichte ist, dass Gott »sie als Mann und Frau geschaffen hat«, denn immer schafft er sie auf diese

Weise, und immer sind sie dies. Das Verständnis der im Geheimnis der Schöpfung selbst enthaltenen grundlegenden Bedeutungen wie der bräutlichen Bedeutung des Leibes (und der Grundvoraussetzungen für diese Bedeutung) ist wichtig und unerlässlich, um zu erkennen, wer der Mensch ist, wer er sein soll und wie er daher auch sein Tun gestalten müsste. Das ist wesentlich und bedeutsam für die Zukunft des menschlichen Ethos.

5. Genesis 2,24 stellt fest, dass beide, Mann und Frau, für die Ehe geschaffen wurden: »Darum verlässt der Mann Vater und Mutter und bindet sich an seine Frau, und sie werden ein Fleisch.« Damit eröffnet sich ein großartiger Aspekt des Schöpferischen: der Aspekt der Existenz des Menschen, die sich durch die Fortpflanzung (man könnte sagen durch »Reproduktion des eigenen Selbst«) ununterbrochen erneuert. Dieser Aspekt ist zutiefst im ganzen Bewusstsein der Menschheit (vgl. Gen 2,23) und in dem besonderen Empfinden der bräutlichen Bedeutung des Leibes (Gen 2,25) verwurzelt. Bevor Mann und Frau zu Eheleuten werden (darüber wird in der Folge konkret in Genesis 4,1 gesprochen), gehen sie aus dem Geheimnis der Schöpfung zunächst als Bruder und Schwester im Menschsein hervor. Das Empfinden der bräutlichen Bedeutung des Leibes in seinem Mann- bzw. Frausein enthüllt das Innerste ihrer Freiheit, die eine Freiheit des Geschenks ist.

Hier beginnt jene Gemeinschaft der Personen, in der beide sich begegnen und in der Fülle ihrer Subjektivität einander schenken. So wachsen beide als Personen, als Subjekte, und reifen einer für den anderen auch durch ihren Körper und durch jene Nacktheit, die frei von Scham ist. In dieser personalen Gemeinschaft ist die ganze Tiefe des ursprünglichen Alleinseins des Menschen (der des ersten und der aller Menschen) vollkommen gewahrt und wird zugleich auf wunderbare Weise durch das Geschenk des anderen durchdrungen und bereichert. Wenn Mann und Frau nicht mehr ein selbstloses Geschenk füreinander sind, wie sie dies im Geheimnis der Schöpfung füreinander waren, dann erkennen sie, dass sie »nackt sind« (vgl. Gen 3). Dann entsteht in ihren Herzen wegen dieser Nacktheit, die sie im Zustand ihrer ursprünglichen Unschuld nicht bemerkt hatten, das Schamgefühl.

Die ursprüngliche Unschuld ist Äußerung und zugleich Darstellung des vollkommenen Ethos des Geschenks. Wir werden noch auf dieses Thema zurückkommen.

19. Katechese, 20. Februar 1980

1. Das Buch Genesis macht offenbar, dass Mann und Frau für die Ehe geschaffen sind: »... Darum verlässt der Mann Vater und Mutter und bindet sich an seine Frau, und sie werden ein Fleisch« (Gen 2,24). Auf diese Weise öffnet sich die großartige schöpferische Perspektive des menschlichen Daseins, das sich durch Fortpflanzung selbst erneuert. Diese Perspektive ist im Bewusstsein der Menschheit und auch in dem besonderen Empfinden der bräutlichen Bedeutung des Leibes in seinem Mann- bzw. Frausein verwurzelt. Mann und Frau werden sich im Geheimnis der Schöpfung gegenseitig zum Geschenk. Die ursprüngliche Unschuld offenbart und bestimmt zugleich das vollkommene Ethos des Geschenks. Davon haben wir bei unserer vorigen Begegnung gesprochen.

Durch das Ethos des Geschenks wird zum Teil das Problem der Subjektivität des Menschen umrissen, der ein nach dem Abbild und Gleichnis Gottes geschaffenes Wesen ist. Im Schöpfungsbericht (besonders in Gen 2,23–25) ist die Frau natürlich nicht bloß ein Objekt für den Mann, auch wenn sie sich gegenüberstehen in der ganzen Fülle ihrer Geschöpflichkeit, als »Gebein von meinem Gebein, Fleisch von meinem Fleisch«, als Mann und Frau, beide nackt. Nur die Nacktheit, die den Menschen zum Objekt für den Menschen macht, die Frau zum Objekt für den Mann und umgekehrt, ist die Quelle der Scham. Die Tatsache, dass sie »sich nicht voreinander schämten«, will besagen, dass weder die Frau für den Mann noch er für sie Objekt war. Die innere Unschuld als Reinheit des Herzens machte es gewissermaßen unmöglich, dass der eine vom anderen irgendwie auf das Niveau eines bloßen

Objekts herabgesetzt wurde. Wenn sie sich voreinander nicht schämten, dann heißt das, dass das Bewusstsein der Hingabe, des Schenkens sie vereinte, dass sie das Empfinden der bräutlichen Bedeutung ihrer Leiber hatten, in dem die Freiheit des Geschenks zum Ausdruck kommt und sich der ganze innere Reichtum der Person kundtut. Diese gegenseitige Durchdringung des Ichs der menschlichen Personen, des Mannes und der Frau, scheint subjektiv jede Verengung auf ein Objekt auszuschließen. Es offenbart sich darin der subjektive Charakter jener Liebe, von der man darüber hinaus sagen kann, dass sie bis auf den Grund objektiv ist, weil sie sich aus der Gegenseitigkeit des Schenkens nährt.

2. Mann und Frau verlieren nach dem Sündenfall die Gnade der ursprünglichen Unschuld. Die Entdeckung der bräutlichen Bedeutung des Leibes ist für sie nicht länger eine einfache Offenbarungs- und Gnadenwirklichkeit. Dennoch bleibt diese Bestimmung als dem Menschen vom Ethos des Geschenks aufgetragene Verpflichtung bestehen, sie ist sozusagen als fernes Echo der ursprünglichen Unschuld in die Tiefe des Menschenherzens eingeschrieben. Von jener bräutlichen Bestimmung her entwickelt sich die menschliche Liebe in ihrer ganzen Wahrheit und echten Subjektivität. Der Mensch entdeckt hier – wenn auch durch den Schleier der Scham – fortwährend sich selbst als Hüter der Freiheit des Geschenks, um dieses Geheimnis gegen jede Verengung zum bloßen Gegenstand zu verteidigen.

Die Grundlage des ursprünglichsten Sakraments: der Leib als Zeichen

3. An dieser Stelle befinden wir uns an der Schwelle der irdischen Geschichte des Menschen. Mann und Frau haben sie noch nicht auf die Erkenntnis von Gut und Böse hin überschritten. Sie sind versunken in das Geheimnis der Schöpfung, und die Tiefe dieses in ihrem Herzen verborgenen Geheimnisses heißt Unschuld, Gnade, Liebe und Gerechtigkeit: »Gott sah, dass alles, was er gemacht hatte, sehr gut war« (Gen 1,31). Der Mensch erscheint in der sichtbaren Welt als der höchste

Ausdruck des göttlichen Schenkens, weil er die innere Dimension in sich trägt, die Dimension des Geschenks ist. In dieser Dimension bringt er seine besondere Ähnlichkeit mit Gott in die Welt, durch die er auch seine ganze »Sichtbarkeit« in der Welt, seine Körperlichkeit, sein Mann- bzw. Frausein und seine Nacktheit transzendiert und beherrscht. Diese Ähnlichkeit spiegelt sich auch in dem ursprünglichen Empfinden für die bräutliche Bedeutung des Leibes wider, die von dem Geheimnis der ursprünglichen Unschuld durchdrungen ist.

4. So stellt sich in dieser Dimension ein erstes, sozusagen ein ursprünglichstes Sakrament dar, das als Zeichen das unsichtbare, von Ewigkeit in Gott verborgene Geheimnis in wirksamer Weise in der Sichtbarkeit der Welt übermitteln will. Und dieses Geheimnis ist das Geheimnis der Wahrheit und der Liebe, das Geheimnis des göttlichen Lebens, an dem der Mensch wirklich teilnimmt. In der Geschichte des Menschen beginnt diese Teilnahme mit der ursprünglichen Unschuld, die auch Quelle des ursprünglichen Glücks ist. Das Sakrament als sichtbares Zeichen wird durch den Menschen begründet, sofern er ein Körper ist, durch sein sichtbares Mann- bzw. Frausein. Der Leib, und nur er, kann das Unsichtbare sichtbar machen: das Geistliche und Göttliche. Er wurde geschaffen, um das von Ewigkeit her in Gott verborgene Geheimnis in die sichtbare Wirklichkeit der Welt zu übertragen und so Zeichen dieses Geheimnisses zu sein.

5. In dem nach dem Bilde Gottes erschaffenen Menschen wurde also in gewissem Sinne der sakramentale Charakter der Schöpfung, der sakramentale Charakter der Welt geoffenbart. Denn durch seine Sichtbarkeit, durch sein Mann- bzw. Frausein, wird der Mensch ein sichtbares Zeichen der Ökonomie der Wahrheit und der Liebe, die ihren Ursprung in Gott selbst hat und bereits im Geheimnis der Schöpfung offenbar wurde. Vor diesem weiten Horizont begreifen wir nun ganz die das Ehesakrament einsetzenden Worte in Genesis 2,24: »Darum verlässt

der Mann Vater und Mutter und bindet sich an seine Frau, und sie werden ein Fleisch.« Vor diesem weiten Horizont verstehen wir außerdem, dass die Worte von Genesis 2,25 (»beide, der Mensch und seine Frau, waren nackt, aber sie schämten sich nicht voreinander«) durch die ganze Tiefe ihrer anthropologischen Bedeutung zum Ausdruck bringen, dass mit dem Menschen die Heiligkeit in die für ihn geschaffene sichtbare Welt gekommen ist. Das Sakrament der Welt und das Sakrament des Menschen in der Welt stammt aus der göttlichen Quelle der Heiligkeit und ist gleichzeitig für die Heiligkeit eingesetzt. Die mit dem Empfinden der bräutlichen Bedeutung des Leibes verbundene ursprüngliche Unschuld ist diese Heiligkeit, die es dem Menschen ermöglicht, sich so tief mit seinem Leib zu identifizieren, und zwar eben durch die aufrichtige Hingabe seiner selbst. Das Bewusstsein des Geschenks bedingt in diesem Fall das »Sakrament des Leibes«: Der Mensch empfindet sich in seinem Leib als Mann bzw. Frau als Subjekt der Heiligkeit.

6. Mit diesem Empfinden für den Sinn des eigenen Körpers treten Mann und Frau in die Welt als Subjekt der Wahrheit und der Liebe ein. Man kann sagen, dass Genesis 2,23–25 gleichsam das erste Fest der Menschheit in der ganzen ursprünglichen Fülle des Empfindens der bräutlichen Bedeutung des Leibes schildert, das erste Fest der Menschheit, das, von den göttlichen Quellen der Wahrheit und der Liebe herkommend, im Geheimnis der Schöpfung seinen Ursprung hat. Auch wenn sich sehr bald über dieses ursprüngliche Fest der Schatten von Sünde und Tod breitet (Gen 3), erfahren wir doch mit dem Geheimnis der Schöpfung eine erste Hoffnung: die Hoffnung nämlich, dass die Frucht der göttlichen Ökonomie der Wahrheit und der Liebe, die am Anfang des Menschen offenbart wurde, nicht der Tod, sondern das Leben sein soll, nicht die Zerstörung des Leibes des nach dem Bilde Gottes geschaffenen Menschen, sondern die »Berufung zur Herrlichkeit« (vgl. Röm 8,30).

6. »Erkenntnis« und Zeugung (Gen 4,1)

Zwischen Armut des Ausdrucks und Tiefe der Bedeutung

20. Katechese, 5. März 1980

1. Unseren Betrachtungen, die insgesamt dem biblischen Anfang gewidmet waren, möchten wir noch einen kurzen Abschnitt aus dem 4. Kapitel des Buches Genesis hinzufügen. Dazu müssen wir jedoch noch einmal auf die Worte Jesu Christi in seinem Streitgespräch mit den Pharisäern (vgl. Mt 19 und Mk 10) zurückgreifen[30], die unseren Überlegungen zugrunde liegen; sie betreffen das Gesamtbild der menschlichen Existenz, nach dem der Tod und die mit ihm einhergehende Zerstörung des Körpers (dafür steht jenes: »zum Staub musst du zurück«, Gen 3,19) zum gemeinsamen Schicksal der Menschen geworden sind. Christus nimmt Bezug auf den Anfang, auf die ursprüngliche Dimension des Geheimnisses der Schöpfung, zu einem Zeitpunkt, als diese Dimension bereits vom mysterium iniquitatis (vgl. 2 Thess 2,7), also der Sünde, und im Zusammenhang damit auch vom Tod, dem mysterium mortis, zerstört war. Sünde und Tod sind in die Geschichte des Menschen gewissermaßen durch das Herz jener Einheit eingetreten, wie sie von Anfang an Mann und Frau bildeten, die erschaffen und berufen worden waren, »ein Fleisch zu werden« (vgl. Gen 2,24). Bereits zu Beginn unserer Betrachtungen haben wir festgestellt, dass Christus, wenn er sich auf den Anfang beruft, uns in gewissem Sinne hinter die Grenze der ererbten Sündigkeit des Menschen bis zu seiner ursprünglichen Unschuld zurückführt; er ermöglicht uns so, die Kontinuität und innere Verbindung zwischen diesen beiden Situationen zu sehen, durch die das Drama des Anfangs, aber auch die Offenbarung

[30] Man muss berücksichtigen, dass Christus in seinem Streitgespräch mit den Pharisäern (Mt 19,7–9; Mk 10,4–6) zur Praxis des mosaischen Gesetzes über die sogenannte »Scheidungsurkunde« Stellung bezieht. Die Worte Christi: »Nur weil ihr so hartherzig seid ...« spiegeln nicht nur die Geschichte der Herzen wider, sondern auch das positive Gesetz des Alten Testaments insgesamt, das in diesem so heiklen Bereich stets den menschlichen Kompromiss suchte.

des Geheimnisses des Menschen an den Menschen der Geschichte in Gang kamen.

Das gestattet uns sozusagen, nach den Analysen des Zustandes der ursprünglichen Unschuld zur letzten dieser Betrachtungen überzugehen, nämlich zur Analyse von Erkennen und Zeugen. Thematisch ist sie eng mit dem Segen der Fruchtbarkeit im ersten Bericht von der Erschaffung des Menschen als Mann und Frau verbunden (vgl. Gen 1,27–28). Historisch dagegen liegt sie bereits im Horizont von Sünde und Tod, der nach Genesis 3 auf dem Empfinden für die Bedeutung des menschlichen Leibes lastete, zusammen mit dem Zerbrechen des ersten Bundes mit dem Schöpfer.

2. In Genesis 4, also noch im jahwistischen Text, lesen wir: »Adam erkannte Eva, seine Frau; sie wurde schwanger und gebar Kain. Da sagte sie: Ich habe einen Mann vom Herrn erworben. Sie gebar ein zweites Mal, nämlich Abel, seinen Bruder« (Gen 4,1–2). Wenn wir mit diesem Erkennen jene erstmalige Geburt eines Menschen auf Erden verbinden, dann tun wir es aufgrund der wörtlichen Übersetzung des Textes, nach dem die eheliche Vereinigung als Erkennen bezeichnet wird. Tatsächlich meint die angeführte Übersetzung: »Adam vereinigte sich mit Eva, seiner Frau«, während man wörtlich »er erkannte seine Frau« übersetzen müsste, was der Bedeutung des semitischen Ausdrucks jadac angemessener zu sein scheint[31]. Man darf darin ein Zeichen für die Armut der archai-

[31] »Erkennen« (jadac) bedeutet in der Sprache der Bibel nicht nur eine rein intellektuelle Erkenntnis, sondern auch eine konkrete Erfahrung, wie z. B. die Erfahrung des Leidens (vgl. Jes 53,3), der Sünde (Weish 3,13), des Krieges und des Friedens (Ri 3,1; Jes 59,8). Aus dieser Erfahrung wächst auch das moralische Urteil: »Erkenntnis von Gut und Böse« (Gen 2,9–17). Das Erkennen tritt in den Bereich der zwischenmenschlichen Beziehungen ein, wenn es die Solidarität der Familie (Dtn 33,9) und besonders die ehelichen Beziehungen berührt. Gerade in Bezug auf den ehelichen Akt unterstreicht der Begriff die Vaterschaft berühmter Personen und den Ursprung ihrer Nachkommenschaft (vgl. Gen 4,1.25; 4,17; 1 Sam 1,19) als gültige Daten für die Ahnenreihe, welcher die Überlieferung der Priester (das Priesteramt war in Israel erblich) große Bedeutung beimaß. Das »Erkennen« bezeichnete jedoch auch alle anderen

schen Sprache sehen, der es an unterschiedlichen Ausdrücken fehlte, um unterschiedliche Vorgänge zu bezeichnen. Dennoch ist bedeutsam, dass das Geschehen, in dem Mann und Frau sich so eng miteinander vereinigen, dass sie »ein Fleisch« werden, als Erkennen bezeichnet wird. Auf diese Weise scheint gerade an der Armut der Sprache eine besondere Bedeutungstiefe aufzuleuchten, wie sich auch aus allen bisherigen Analysen ergibt.

3. Das ist offensichtlich auch wichtig für die Grundform unseres Denkens über den leiblichen Menschen in seiner Männlichkeit bzw. Weiblichkeit, also im Hinblick auf sein Geschlecht. So wurde durch den Begriff »Erkennen«, wie er in Gen 4,1–2 und oft in der Bibel verwandt wird, die eheliche Beziehung von Mann und Frau, das heißt die Tatsache, dass sie durch die Zweiheit des Geschlechts »ein Fleisch« werden, in die spezifische Sphäre des Personseins erhoben und eingeführt. Genesis 4,1–2 spricht nur vom »Erkennen« der Frau durch den Mann, gewissermaßen um vor allem die Aktivität des letzteren zu unterstreichen. Man kann jedoch auch von einer Gegenseitigkeit dieses Erkennens sprechen, an dem Mann und Frau durch ihren Körper und ihr Geschlecht teilhaben. Fügen wir hinzu, dass eine Reihe nachfolgender biblischer Texte wie schon das gleiche Kapitel der Genesis (vgl. z. B. Gen 4,17; 4,25) denselben Sprachgebrauch aufweisen. Und das bis hin zu den Worten Marias von Nazaret bei der Verkündigung: »Wie soll das geschehen, da ich keinen Mann erkenne?« (Lk 1,34).

---

sexuellen Beziehungen bis hin zu jenen, die unerlaubt waren (vgl. Num 31,17; Gen 19,5; Ri 19,22).
In der Verneinungsform drückt das Wort das Fehlen sexueller Beziehungen aus, besonders wenn es sich um Jungfrauen handelt (vgl. z. B. 1 Kön 2,4; Ri 11,39). Hier verwendet das Neue Testament zwei Hebraismen, wenn es von Josef (Mt 1, 25) und von Maria (Lk 1,34) spricht.
Eine besondere Bedeutung erlangt der Aspekt der existenziellen Beziehung im Erkennen, wenn ihr Subjekt oder Objekt Gott selbst ist (z.B. Ps 139; Jer 31,34; Hos 2,22; und auch Joh 14,7–9; 17,3).

»Erkenntnis« als personaler Archetyp

4. So befinden wir uns mit jenem biblischen »er erkannte«, das zum ersten Mal in Genesis 4,1–2 erscheint, einerseits vor dem unmittelbaren Ausdruck der menschlichen Intentionalität (die ja der Erkenntnis eigen ist) und anderseits vor der ganzen Wirklichkeit des Zusammenlebens und der ehelichen Vereinigung, in welcher Mann und Frau »ein Fleisch« werden.

Wenn die Bibel hier, sei es auch wegen der Armut der Sprache, von »Erkennen« spricht, weist sie damit auf das tiefste Wesen der Wirklichkeit ehelicher Vereinigung hin. Dieses Wesen erscheint als Bestandteil und zugleich Ergebnis jener Bedeutungen, deren Spuren wir seit Beginn unserer Betrachtungen zu verfolgen versuchen; es gehört zum Empfinden für den Sinn des eigenen Körpers, des für den Menschen wesentlichen Empfindens. In Genesis 4,1 erfahren der Mann und die Frau, die »ein Fleisch« werden, in besonderer Weise die Bedeutung des eigenen Leibes. Sie werden so gleichsam zu einem einzigen Subjekt jenes Aktes und jenes Empfindens und bleiben doch gleichzeitig in dieser Einheit zwei voneinander real verschiedene Geschöpfe. Das berechtigt uns gewissermaßen zu der Behauptung, dass der Mann die Frau erkennt oder dass beide sich gegenseitig erkennen. Sie offenbaren sich einander mit jener spezifischen Tiefe des eigenen menschlichen Ichs, das gerade durch ihr Geschlecht, ihr Mann- bzw. Frausein, offenbar wird. So »ist« also in einzigartiger Weise in der Form des Erkennens die Frau dem Mann »gegeben« und er ihr.

5. Wenn wir auf der Linie der vorangegangenen Untersuchungen fortfahren sollen (besonders der letzten, die den Menschen in der Dimension des Geschenks erläuterten), gilt es zu bemerken, dass im Buch Genesis »datum (das Gegebene)« und »donum (das Geschenk)« dieselbe Bedeutung haben.

Doch hebt Genesis 4,1–2 vor allem das »datum« hervor. Im ehelichen Erkennen »ist« die Frau dem Mann und er ihr »gegeben«, da

Körper und Geschlecht direkt in die Struktur und den Inhalt dieser Erkenntnis eintreten. Somit schließt also die Tatsache der ehelichen Vereinigung, in welcher Mann und Frau »ein Fleisch werden«, in sich eine neue und in gewisser Hinsicht die endgültige Entdeckung des Sinnes des menschlichen Körpers in seiner konstitutiven Männlichkeit bzw. Weiblichkeit ein. Aber ist es richtig, angesichts dieser Entdeckung lediglich von »Geschlechtsgemeinschaft« zu sprechen? Es ist doch zu beachten, dass beide, Mann und Frau, nicht bloß ein passiver Gegenstand sind, von Körper und Geschlecht bestimmt und auf diese Weise von der Natur her festgelegt. Im Gegenteil, gerade weil sie Mann und Frau sind, »ist« jeder von ihnen dem anderen als einmaliges und unwiederholbares Menschenwesen, als Ich, als Person »gegeben«. Das Geschlecht bestimmt nicht nur die körperliche Individualität des einzelnen Menschen, sondern bestimmt gleichzeitig sowohl seine personale Konkretheit als auch seine personale Identität. In eben dieser personalen Konkretheit und Identität, als unwiederholbares männliches bzw. weibliches Ich, wird der Mensch »erkannt«, wenn sich die Worte von Genesis 2,24 erfüllen: »Der Mann … bindet sich an seine Frau, und sie werden ein Fleisch.« Das »Erkennen«, von dem Genesis 4,1–2 und alle folgenden biblischen Texte sprechen, reicht bis zu den tiefsten Wurzeln dieser Identität und Konkretheit, die Mann und Frau ihrem Geschlecht verdanken. Diese Konkretheit bedeutet aber sowohl die Einmaligkeit als auch die Unwiederholbarkeit der Person.

Es war also der Mühe wert, über die Aussagekraft des angeführten Bibeltextes und des Ausdrucks »er erkannte« nachzudenken; trotz des anscheinenden Mangels an begrifflicher Präzision erlaubt uns dieser Ausdruck, bei der Tiefe und den Dimensionen eines Begriffes zu verweilen, welche uns die moderne Sprache, auch wenn sie sehr präzise ist, nur allzu oft vorenthält.

Die Gestalten füllen sich inhaltlich mit Erfahrungsmaterial. Sie sind nicht untätig, entbehren aber des Gefühls und des Strebens (siehe vor allem: »Die psychologischen Aspekte des Mutterarchetypus«, Eranos 6, 1938, S. 405–409).
Nach dieser Auffassung kann man in der gegenseitigen Beziehung von Mann und Frau einen Archetypus antreffen, eine Beziehung, die auf der paarweisen und komplementären Verwirklichung des in zwei Geschlechtern existierenden menschlichen Wesens beruht. Der Archetypus füllt sich inhaltlich durch die persönliche und gemeinsame Erfahrung und vermag die schöpferische Phantasie der Bilder in Bewegung zu setzen. Dabei ist klarzustellen, dass der Archetypus: a) sich nicht auf die körperliche Beziehung beschränkt noch an ihr wächst, wohl aber die Beziehung des Erkennens einschließt; b) Träger von Neigungen ist: Sehnsucht, Furcht, Hingabe, Besitz; c) dass der Archetypus als Urbild Bilder hervorbringt.
Der dritte Aspekt erlaubt uns den Übergang zur Hermeneutik, nämlich jener der Texte der Schrift und der Überlieferung. Die religiöse Sprache ist primär symbolisch (vgl. W. Stählin, Symbolon, 1958; I. Macquarrie, God Talk, 1968; T. Fawcett, The symbolic Language of Religion, 1970). Sie bevorzugt einige ursprüngliche oder exemplarische Symbole, die wir als Archetypen bezeichnen können. Von diesen verwendet die Bibel das Symbol der ehelichen Beziehung als Erkennen.
Einer der frühesten poetischen Texte der Bibel, der den Archetypus der Ehe auf die Beziehungen Gottes zu seinem Volk anwendet, findet seinen Höhepunkt in dem kommentierten Wort: »Dann wirst du den Herrn erkennen« (Hos 2,22: weyadacta ,et Yhwh; abgeschwächt in: »Dann wirst du erkennen, dass ich der Herr bin« = wydct ky ,ny Yhwh: Jes 49, 23; 60, 16; Ez 16, 62, das sind die drei »Hochzeitslieder«). Von hier geht eine literarische Tradition aus, die in der paulinischen Anwendung auf Christus und seine Kirche in Eph 5 ihren Höhepunkt findet; das geht dann weiter in der Tradition der Kirchenväter und der großen Mystiker (z. B. »Llama de amor viva« des hl. Johannes vom Kreuz).
In dem Buch »Grundzüge der Literatur- und Sprachwissenschaft«, Bd. I, München 1976, 4. Ausgabe, S. 462, werden die Archetypen folgendermaßen definiert: »Archaische Bilder und Motive, die nach Jung den Inhalt des allen Menschen gemeinsamen kollektiven Unbewussten bilden; sie vertreten Symbole, die in allen Zeiten und bei allen Völkern in bildhafter Weise das verlebendigen, was an Ideen, Vorstellungen und Instinkten für die Menschheit entscheidend ist.«
Freud gebraucht bekanntlich nicht den Begriff des Archetypus. Er setzt eine entsprechende Symbolik bzw. einen Kodex für die offenkundigen Bilder und verborgenen Gedanken fest. Der Sinn der Symbole liegt fest, auch wenn er nicht einheitlich ist; sie können auf einen letzten, seinerseits unverkürzbaren Gedanken zurückgeführt werden, der gewöhnlich irgendeine Kindheitserfahrung ist. Sie sind primär und tragen sexuellen Charakter (doch er nennt sie nicht Archetypen). Siehe T. Todorov, Théories du symbol, Paris 1977, S. 317f.; J. Jacoby, Komplex, Archetyp, Symbol in der Psychologie C. G. Jungs, Zürich 1957.

21. Katechese, 12. März 1980

1. Bei unserer vorigen Betrachtung haben wir den Satz Genesis 4,1 und besonders den Ausdruck »er erkannte« analysiert, der im Urtext zur Bezeichnung der ehelichen Vereinigung gebraucht wird. Wir haben auch hervorgehoben, dass dieses biblische »Erkennen« eine Art personalen Archetyps[32] menschlicher Körperlichkeit und menschlicher Geschlechtlichkeit darstellt. Das scheint absolut grundlegend für das Verständnis des Menschen zu sein, der von Anfang an auf der Suche nach dem Sinn des eigenen Körpers ist. Dieser Sinn liegt eben der Theologie des Leibes zugrunde. Der Ausdruck »er erkannte« – »er vereinigte sich« (Gen 4,1–2) fasst die ganze Dichte des bisher analysierten biblischen Textes zusammen. Der Mann, der nach Genesis 4,1 zum ersten Mal die Frau, seine Ehefrau, im ehelichen Akt »erkennt«, ist derselbe, der dadurch, dass er alles benannte, also auch durch Erkennen, sich von der gesamten Welt der Lebewesen oder animalia unterschieden hat, wodurch er sich selbst als Person und Subjekt bestätigte. Das Erkennen, von dem Genesis 4,1 spricht, entfernt ihn nicht und kann ihn nicht entfernen von der Ebene jenes grundlegenden Selbstbewusstseins, von der Bedeutung dieser ursprünglichen Bejahung. Was also auch immer eine einseitig naturalistische Auffassung hier behauptet haben mag, es kann sich in Genesis 4,1 nicht um eine passive Hinnahme der eigenen Bestimmung durch den Körper und die Geschlechtlichkeit handeln, eben weil es sich um ein Erkennen handelt!

Dagegen ist es eine weitere Entdeckung der Bedeutung des eigenen Leibes, eine gemeinsame und gegenseitige Entdeckung, so wie die Existenz des Menschen, den »Gott als Mann und Frau geschaffen hat«, von Anfang an gemeinsam und gegenseitig ist. Die Erkenntnis, die dem ursprünglichen Alleinsein des Menschen zugrunde lag, bildet nun die Grundlage für diese Einheit von Mann und Frau, deren klare Perspektive vom Schöpfer in das Geheimnis der Schöp-

[32] Die Archetypen definiert C. G. Jung als »a priori«-Gestalten der verschiedenen Funktionen der Seele: Wahrnehmung von Beziehungen, schöpferische Phantasie.

fung selbst eingeschlossen worden ist (Gen 1,27; 2,23). In diesem Erkennen bestätigt der Mann die Bedeutung des Namens Eva, den er seiner Frau gab, »weil sie die Mutter aller Lebendigen war« (Gen 3,20).

Vaterschaft und Mutterschaft als der menschliche Sinn der »Erkenntnis«

2. Nach Genesis 4, 1 ist der, der erkennt, der Mann, und die, die erkannt wird, die Frau und Gattin, so als würde die spezifische Bestimmung der Frau durch ihren Körper und ihr Geschlecht das verbergen, was die eigentliche Tiefe ihrer Weiblichkeit darstellt. Dagegen ist der Mann derjenige, der – nach dem Sündenfall – als erster Scham über seine Nacktheit empfunden und als Erster gesagt hat: »Ich bekam Angst, weil ich nackt bin, und habe mich versteckt« (Gen 3,10). Es wird nötig sein, noch einmal eigens auf die Geistesverfassung der beiden nach dem Verlust der ursprünglichen Unschuld einzugehen. Schon jetzt aber muss man festhalten, dass in dem Erkennen, von dem Genesis 4,1 spricht, das Geheimnis der Weiblichkeit sich durch die Mutterschaft bis auf den Grund enthüllt und offenbart, wie es im Text heißt: »Sie wurde schwanger und gebar.« Die Frau steht dann als Mutter vor dem Mann, als Trägerin des neuen Menschenlebens, das in ihr empfangen wird und sich entwickelt und von ihr zur Welt gebracht wird. So offenbart sich auch bis auf den Grund das Geheimnis der Männlichkeit des Mannes, das heißt die prokreative und elterliche Bedeutung seines Körpers[33].

[33] Die Vaterschaft ist eine der wichtigsten Aspekte des Menschseins in der Heiligen Schrift.
Der Text Gen 5,3: »Adam … zeugte einen Sohn in seiner Gestalt, wie sein Abbild« steht ausdrücklich mit der Erzählung von der Erschaffung des ersten Menschen (Gen 1,27; 5,1) in Zusammenhang und scheint dem irdischen Vater die Beteiligung an dem göttlichen Werk der Weitergabe des Lebens und wohl auch an jener Freude beizumessen, die in der Feststellung zum Ausdruck kommt: »Er sah, dass alles, was er gemacht hatte, sehr gut war« (Gen 1,31).

3. Die im Buch Genesis enthaltene Theologie des Leibes ist knapp und wortkarg. Zugleich finden hier Grundinhalte ihren Ausdruck, die gewissermaßen an erster Stelle und endgültig sind. Sie alle finden sich auf ihre Weise in jenem biblischen Erkennen. Die Konstitution der Frau unterscheidet sich von jener des Mannes; ja wir wissen heute, dass diese Verschiedenheit bis hin zu den tiefgreifendsten biophysiologischen Determinanten reicht. Äußerlich zeigt sie sich nur in begrenzter Weise im Bau und in der Gestalt ihres Körpers. Die Mutterschaft macht diese Konstitution von innen her offenbar als besondere Fähigkeit des weiblichen Organismus, der mit seiner schöpferischen Eigenart unter Mitwirkung des Mannes der Empfängnis und Geburt des Menschenwesens dient. Das Erkennen bedingt Geburt.

Die Zeugung ist eine Ausrichtung, die Mann und Frau in ihr gegenseitiges Erkennen einschließen. Sie überschreitet daher die Subjekt-Objekt-Grenzen, welche Mann und Frau füreinander zu bilden scheinen, da das Erkennen einerseits auf den hinweist, der erkennt, und anderseits auf die, die erkannt wird (oder umgekehrt). Dieses Erkennen umfasst auch den Vollzug der Ehe, das spezifische consummatum, womit es die Grenze der Objektivität des Körpers erreicht, die in den leiblichen Fähigkeiten des Menschen, der dieser Körper ist, verborgen ist. Durch den Leib ist die menschliche Person Gatte und Gattin, in diesem besonderen Akt des Erkennens, wenn sie auch zugleich durch ihre personale Männlichkeit und Weiblichkeit die Entdeckung der reinen Subjektivität des Geschenks, die gegenseitige Selbsterfüllung in diesem Geschenk, immer noch zu erwarten scheint.

4. Die Fortpflanzung bewirkt, dass Mann und Frau (seine Ehefrau) sich in dem Dritten, das von ihnen beiden stammt, gegenseitig erkennen. Dieses Erkennen wird deshalb zu einer Entdeckung, in gewissem Sinne zu einer Offenbarung des neuen Menschen in der sichtbaren Welt, in dem beide, Mann und Frau, noch einmal sich selbst, ihr Menschsein, ihr lebendiges Abbild erkennen. Allem, was von den beiden durch ih-

ren Körper und ihr Geschlecht bestimmt wird, gibt das Erkennen einen lebendigen, realen Inhalt. Das Erkennen im biblischen Sinne bedeutet somit, dass die biologische Bestimmung des Menschen durch seinen Körper und sein Geschlecht nicht mehr nur etwas Passives ist, sondern eine Ebene und einen Gehalt erreicht, die den sich ihrer selbst bewussten und sich selbst bestimmenden Personen zu eigen sind; sie schließt also ein besonderes Bewusstsein die Bedeutung des menschlichen Leibes ein, das an die Vater- bzw. Mutterschaft gebunden ist.

5. Die ganze äußere Konstitution des Leibes der Frau, seine spezifische Gestalt, die Eigenschaften, die mit ihrer immerwährenden Anziehungskraft am Beginn des Erkennens stehen, von welcher Genesis 4,1–2 spricht (»Der Mensch erkannte Eva, seine Frau«), sind mit der Mutterschaft verbunden. Die Bibel (und in der Folge die Liturgie) lobt und preist mit der ihr eigenen Schlichtheit seit Jahrhunderten den »Leib, der dich getragen, und die Brust, die dich genährt hat« (Lk 11,27). Diese Worte sind ein Lob auf die Mutterschaft, auf die Weiblichkeit, auf den Leib der Frau in seinem typischen Ausdruck der schöpferischen Liebe. Sie beziehen sich im Evangelium auf die Mutter Christi, Maria, die zweite Eva. Die erste Frau aber sagte in dem Augenblick, als sich ihr zum ersten Mal die mütterliche Reife ihres Leibes enthüllte, als sie empfing und gebar: »Ich habe einen Mann vom Herrn erworben« (Gen 4,1).

6. Diese Worte drücken die ganze theologische Tiefe der Funktion der Fortpflanzung und Zeugung aus. Der Leib der Frau wird zum Ort der Empfängnis des neuen Menschen[34]. In ihrem Schoß nimmt

[34] Nach dem Text von Gen 1,26 ist die »Berufung« zur Existenz zugleich Weitergabe des göttlichen Bildes und Gleichnisses. Der Mensch muss dieses Abbild immer weitergeben, womit er das Werk Gottes fortsetzt. Die Erzählung von der Zeugung des Set unterstreicht diesen Aspekt: »Adam war hundertdreißig Jahre alt, da zeugte er einen Sohn in seiner Gestalt, wie sein Abbild, und nannte ihn Set« (Gen 5,3).
Da Adam und Eva Abbilder Gottes waren, erbte Set von den Eltern diese Ähnlichkeit, um sie an die anderen weiterzugeben.
In der Heiligen Schrift ist jedoch jede Berufung an eine Sendung gebunden; somit ist die Berufung zum Dasein bereits Vorherbestimmung zum Werk Gottes:

der empfangene Mensch sein spezifisches menschliches Aussehen an, noch ehe er zur Welt gebracht wird. Die gleiche Abstammung des Körpers von Mann und Frau, die in den Worten: »Das endlich ist Gebein von meinem Gebein und Fleisch von meinem Fleisch« (Gen 2,23) zum ersten Mal ihren Ausdruck gefunden hat, wird nun von der ersten Frau und Mutter bestätigt: »Ich habe einen Mann vom Herrn erworben!« Die erste Frau, die gebiert, hat das volle Bewusstsein des Geheimnisses der Schöpfung, das sich in der menschlichen Fortpflanzung erneuert. Sie hat auch das volle Bewusstsein der schöpferischen Anteilnahme Gottes an der menschlichen Fortpflanzung, die ihr und ihres Gatten Werk ist, denn sie sagt: »Ich habe einen Mann vom Herrn erworben.«

Es darf hier keine Verwirrung zwischen den Wirkungsbereichen der Ursachen entstehen. Die Ureltern geben auch nach dem Sündenfall gemeinsam mit der Frucht des Baumes der Erkenntnis von Gut und Böse und damit gleichsam an der Schwelle aller geschichtlichen Erfahrungen an alle Eltern die fundamentale Wahrheit von der Geburt des Menschen als Abbild Gottes nach den Naturgesetzen weiter. Jeder neue Mensch, von der Frau durch die Zeugungskraft des Mannes geboren, wiederholt dasselbe Abbild Gottes, jenes Gottes, der die Menschheit des ersten Menschen geschaffen hat: »Gott schuf den Menschen als sein Abbild … Als Mann und Frau schuf er sie« (Gen 1,27).

»Noch ehe ich dich im Mutterleib formte, habe ich dich ausersehen, noch ehe du aus dem Mutterschoß hervorkamst, habe ich dich geheiligt«, Jer 1,5; vgl. auch Jes 44,1; 49,1.5). Gott beruft nicht nur zum Dasein, er trägt und entwickelt auch vom ersten Augenblick der Empfängnis an das Leben: »Du bist es, der mich aus dem Schoß meiner Mutter zog, mich barg an der Brust der Mutter. Von Geburt an bin ich geworfen auf dich, vom Mutterleib an bist du mein Gott« (Ps 22,10.1; vgl. Ps 139,13–15). Die Aufmerksamkeit des biblischen Autors konzentriert sich gerade auf die Tatsache, dass das Leben Geschenk ist. Das Interesse für die Art, in der das geschieht, ist eher zweitrangig und taucht erst in den späteren Büchern auf (vgl. Ijob 10,8.11; 2 Makk 7,22–23; Weish 7,1–3).

Erkenntnis und Besitz

7. Obgleich es tiefgreifende Unterschiede zwischen dem Zustand der ursprünglichen Unschuld und dem Zustand der erblichen Sündhaftigkeit des Menschen gibt, ist jenes Abbild Gottes eine Grundlage der Kontinuität und Einheit. Das Erkennen, von dem Genesis 4,1 spricht, ist der Akt, in dem das Sein seinen Ursprung hat, das heißt, der in Gemeinschaft mit dem Schöpfer einem neuen Menschen seine Existenz gibt. Der erste Mensch in seinem transzendentalen Alleinsein hat von der für ihn geschaffenen sichtbaren Welt Besitz ergriffen, indem er alle Lebewesen (animalia) erkannte und ihnen Namen gab. Derselbe Mensch als Mann und Frau begründet die Menschheit durch das gegenseitige Sich-Erkennen in dieser spezifischen Gemeinschaft und Verbundenheit von Personen, in welcher Mann und Frau sich so eng miteinander verbinden, dass sie »ein Fleisch« werden, das heißt, er bestätigt und erneuert die Existenz des Menschen als Abbild Gottes. Jedes Mal übernehmen beide, Mann und Frau, sozusagen dieses Abbild aus dem Geheimnis der Schöpfung und geben es mit Hilfe von Gott-Jahwe weiter.

Die Worte des Buches Genesis, die ein Zeugnis für die erste Geburt des Menschen auf Erden sind, enthalten gleichzeitig alles, was man von der Würde der menschlichen Fortpflanzung sagen kann und muss.

22. Katechese, 26. März 1980

1. Die Reihe der Betrachtungen, mit denen wir den Anruf Christi bei Matthäus (19,3–9) und Markus (10,1–2) aufzugreifen versuchten, geht zu Ende: »Habt ihr nicht gelesen, dass der Schöpfer die Menschen am Anfang als Mann und Frau geschaffen hat und dass er gesagt hat: Darum wird der Mann Vater und Mutter verlassen und sich an seine Frau binden, und die zwei werden ein Fleisch sein?« (Mt 19,4–5). Die eheliche Vereinigung wird im Buch Genesis als »Erkennen« bezeichnet: »Der Mensch erkannte Eva, seine Frau; sie wurde schwanger und

gebar Kain. Da sagte sie: Ich habe einen Mann vom Herrn erworben« (Gen 4,1). Schon bei unseren vorangegangenen Überlegungen haben wir versucht, den Gehalt dieses biblischen Erkennens zu deuten. Mit diesem Erkennen gibt der Mensch als Mann und Frau nicht nur den Namen »Mensch«, wie er anderen Lebewesen, animalia, ihren Namen gegeben und sie damit in Besitz genommen hat; er erkennt vielmehr im Sinne von Genesis 4,1 (und anderer Bibelstellen), das heißt, der Mensch, Mann und Frau, verwirklicht das, was der Name »Mensch« ausdrückt: Er verwirklicht im neu gezeugten Menschen das Menschsein. Er verwirklicht also in gewissem Sinne sich selbst, das heißt den Menschen als Person.

2. So schließt sich der biblische Kreislauf von Erkennen und Zeugung. Dieser Kreislauf des Erkennens ist grundgelegt in der Einheit der personalen Liebe, durch die sie sich so innig miteinander vereinigen können, dass sie ein Fleisch werden. Das Buch Genesis offenbart uns die volle Wahrheit über diesen Zyklus. Der Mensch, Mann und Frau, der durch den Akt des Erkennens, von dem die Bibel spricht, ein neues Wesen zeugt und hervorbringt, das ihm gleicht und dem er den Namen »Mensch« geben kann (»ich habe einen Mann erworben«), ergreift sozusagen Besitz von demselben Menschsein, oder besser, er macht es sich erneut zu eigen. Doch dieses In-Besitznehmen geschieht anders als das Besitzergreifen aller anderen Lebewesen (animalia), denen er Namen gegeben hatte. Denn damals war er ihr Herr geworden, er hatte begonnen, den Inhalt des Schöpferauftrages zu verwirklichen: »Unterwerft euch die Erde und herrscht über sie« (vgl. Gen 1,28).

3. Jedoch der erste Teil dieses Auftrags: »Seid fruchtbar und vermehrt euch, bevölkert die Erde!« (Gen 1,28) verbirgt einen weiteren Inhalt und weist eine neue Komponente auf. Mann und Frau werden in dieser Erkenntnis, durch die sie ein menschliches Wesen hervorbringen, das ihnen gleicht und von dem sie sagen können, dass es »Fleisch von

meinem Fleisch und Gebein von meinem Gebein« (Gen 2,23) ist, sozusagen beide gemeinsam von dem Menschsein ergriffen, dem sie in ihrer Vereinigung und im gegenseitigen Erkennen aufs Neue Ausdruck geben und von dem sie erneut Besitz ergreifen, indem sie es aus sich selbst, aus ihrem eigenen Menschsein, aus ihrer wunderbaren körperlichen Reife als Mann und Frau heraus und schließlich – durch die ganze Kette menschlicher Zeugung und Fortpflanzung seit Anbeginn – aus dem Geheimnis der Schöpfung selbst gewinnen.

4. In diesem Sinne lässt sich das biblische Erkennen auch im Sinn von Besitz verstehen. Kann man in ihr eine biblische Entsprechung zum Eros sehen? Es handelt sich hier um zwei Begriffsbereiche, um zwei Ausdrucksweisen: die biblische und die platonische; nur mit großer Vorsicht kann man die eine im Licht der anderen deuten[35]. Es scheint

[35] Nach Plato ist der Eros die nach dem überirdischen Schönen begehrende Liebe und drückt die nach ihrem ewigen Ziel strebende Unersättlichkeit aus; er richtet also stets das, was menschlich ist, auf das Göttliche, das allein die Sehnsucht der in der Materie gefangenen Seele zu stillen vermag; er ist eine Liebe, die auch vor der größten Anstrengung nicht zurückweicht, um zur Ekstase der Vereinigung zu gelangen; es handelt sich also um eine egozentrische, ichbezogene Liebe, um ein begehrliches Verlangen, auch wenn es auf höchste Werte ausgerichtet ist (vgl. A. Nygren, Eros et Agape, Paris 1951, Bd. II, S. 9–10). Im Laufe der Jahrhunderte wurde durch viele Veränderungen die Bedeutung des Eros auf die rein sexuellen Merkmale verkürzt. Typisch ist da der Text von P. Chauchard, der dem Eros sogar die Merkmale der menschlichen Liebe abzusprechen scheint: »Die intellektuelle Bewältigung der Sexualität besteht nicht in den unangenehmen technischen Kunstgriffen, sondern in der vollen Erkenntnis ihrer Spiritualität, weil der Eros nur dann menschlich ist, wenn er von der Agape beseelt ist, und weil die Agape im Eros Fleisch werden will« (P. Chauchard, Vices des vertus, vertus des vices, Paris 1963, S. 147). Der Vergleich des biblischen Erkennens mit dem platonischen Eros offenbart die Unvereinbarkeit dieser beiden Vorstellungen deutlich. Die platonische Vorstellung beruht auf der Sehnsucht nach dem überirdischen Schönen und auf der Flucht aus der Materie; die biblische Vorstellung hingegen ist auf die konkrete Wirklichkeit ausgerichtet, und der Dualismus von Geist und Materie ist ihr ebenso fremd wie jede spezifische Feindseligkeit gegenüber der Materie (»Gott sah, dass … es gut war«, Gen 1,10.12.18.21.25).
Während der platonische Begriff des Eros die biblische Bedeutung des menschlichen Erkennens übersteigt, erscheint sein heutiger Begriff allzu eng gefasst. Das biblische

jedoch, dass in der ursprünglichen Offenbarung der Gedanke der Inbesitznahme der Frau durch den Mann oder umgekehrt als Objekt nicht vorhanden ist. Andererseits weiß man freilich, dass Mann und Frau aufgrund der Sündhaftigkeit, die nach dem Sündenfall ihr Schicksal wurde, jeweils mühsam den Sinn des selbstlosen gegenseitigen Geschenks zurückgewinnen müssen. Das wird der Inhalt unserer weiteren Analysen sein.

Erkenntnis stärker als der Tod

5. Die Offenbarung des Leibes, die im Buch Genesis, besonders im 3. Kapitel, sich findet, zeigt mit eindrucksvoller Klarheit, dass der Kreislauf von Erkennen und Zeugung, der so tief im Vermögen des menschlichen Körpers verwurzelt ist, nach dem Sündenfall dem Gesetz von Leiden und Tod unterworfen wurde. Gott-Jahwe sagt zur Frau: »Viel Mühsal bereite ich dir, sooft du schwanger wirst, unter Schmerzen gebierst du Kinder« (Gen 3,16). Zugleich mit der Offenbarung des elterlichen Sinnes des Körpers eröffnet sich vor dem Menschen im Akt des gegenseitigen Erkennens der Eheleute der Horizont des Todes. Und eben deshalb nennt der erste Mensch (Mann) seine Frau Eva, »denn sie wurde die Mutter aller Lebendigen« (Gen 3,20), nachdem er bereits das Urteil vernommen hatte, das den ganzen Ausblick menschlichen Daseins innerhalb der Erkenntnis von Gut und Böse festlegte. Dieser Ausblick findet seinen Ausdruck in den Worten: »... bis du zurückkehrst zum Ackerboden. Von ihm bist du ja genommen. Denn Staub bist du, zum Staub musst du zurück« (Gen 3,19).

Der radikale Charakter dieses Urteils wird eindeutig durch die Erfahrungen der gesamten irdischen Geschichte des Menschen bestätigt. Der Horizont des Todes erstreckt sich auf den Gesamtausblick

---

Erkennen beschränkt sich nicht auf die Befriedigung des Instinkts oder auf die Lust, sondern ist ein im Vollsinn menschlicher Akt, bewusst auf die Zeugung ausgerichtet; sie ist auch der Ausdruck der interpersonalen Liebe (vgl. Gen 29,20; 1 Sam 1,8; 2 Sam 12,24).

des menschlichen Erdenlebens, jenes Lebens, das in den ursprünglichen biblischen Kreislauf von Erkennen und Zeugung eingefügt wurde. Der Mensch, der den Bund mit seinem Schöpfer gebrochen hat, indem er die Frucht vom Baum der Erkenntnis von Gut und Böse pflückte, wird von Gott-Jahwe vom Baum des Lebens getrennt: »Dass er jetzt nicht die Hand ausstreckt, auch vom Baum des Lebens nimmt, davon isst und ewig lebt!« (Gen 3,22). Dadurch wurde dem Menschen das Leben, das ihm im Geheimnis der Schöpfung geschenkt worden war, nicht genommen, sondern nur auf die Grenzen von Zeugung, Geburt und Tod begrenzt und zudem belastet mit der Erbsünde, und doch wird es ihm gewissermaßen im immer wiederkehrenden Kreislauf als Aufgabe und Auftrag stets neu anvertraut. Der Satz: »Der Mensch erkannte Eva, seine Frau; sie wurde schwanger und gebar« (Gen 4,1) gleicht einem Siegel, das der ursprünglichen Offenbarung des Leibes am Anfang der Geschichte des Menschen auf Erden aufgeprägt wurde. Diese Geschichte wurde in ihrer grundlegendsten Dimension gleichsam von Anfang an immer wieder neu durch eben dieses Erkennen und diese Zeugung, von der das Buch Genesis spricht, gestaltet.

6. Und so trägt jeder Mensch das Geheimnis seines Anfangs in sich, das eng mit dem Empfinden der elterlichen Bedeutung des Leibes verbunden ist. Genesis 4,1–2 scheint über die Frage der Verknüpfung zu schweigen, die zwischen der elterlichen Bedeutung und der bräutlichen Bedeutung des Leibes besteht. Vielleicht ist hier weder die Zeit noch der Ort für die Aufhellung dieser Verknüpfung, selbst wenn das bei der weiteren Erklärung unerlässlich erscheint. Man wird dann erneut die Fragen nach dem Zusammenhang mit dem Auftreten der Scham beim Menschen aufwerfen müssen, des Schamgefühls über sein Mann- bzw. Frausein, ein Gefühl, das er zunächst nicht gekannt hatte. Für den Augenblick ist das jedoch eine zweitrangige Frage. An erster Stelle steht hingegen die Tatsache, dass Adam sich mit Eva, sei-

ner Frau, vereinigte (»sie erkannte«), dass sie empfing und gebar. Das ist eben die Schwelle der Geschichte des Menschen. Es ist sein Anfang auf Erden. An dieser Schwelle steht der Mensch, als Mann und Frau, mit dem Empfinden für die elterliche Bedeutung des Leibes: Die Männlichkeit ist ausgerichtet auf Vaterschaft, die Weiblichkeit auf Mutterschaft. Um dieses Sinnes willen wird Christus eines Tages auf die Frage der Pharisäer die kategorische Antwort geben (Mt 19; Mk 10). Wir hingegen versuchen, in den einfachen Inhalt dieser Antwort einzudringen und gleichzeitig den ganzen Kontext jenes Anfangs zu klären, auf den Christus sich bezieht. In ihm hat die Theologie des Leibes ihre Wurzeln.

7. Das Empfinden für die Bedeutung des Leibes und das Empfinden für seine elterliche Bedeutung begegnet im Menschen dem Bewusstsein des Todes, dessen unvermeidlichen Horizont sie sozusagen in sich tragen. Dennoch kehrt in der Geschichte des Menschen immer der Kreislauf Erkennen – Zeugung wieder, in dem das Leben immer aufs Neue mit dem unerbittlichen Ausblick auf den Tod kämpft, aber stets über seine Perspektive hinauswächst. Es ist, als ob der Grund für diese Unüberwindlichkeit des Lebens, die sich in der Zeugung offenbart, immer wieder dasselbe Erkennen ist, in dem der Mensch das Alleinsein seiner eigenen Existenz überschreitet und aufs Neue beschließt, diese Existenz in einem anderen Menschenwesen zu bejahen. Und beide, Mann und Frau, bejahen sie in dem neu gezeugten Menschen. In dieser Bejahung scheint das biblische Erkennen eine noch größere Dimension zu erhalten. Das heißt, es scheint sich in jenes Sehen Gottes selbst einzufügen, mit dem der erste Bericht über die Erschaffung des Menschen als Mann und Frau »nach dem Abbild Gottes« endet: »Gott sah, dass alles, was er gemacht hatte, sehr gut war« (Gen 1,31). Durch alle Erfahrungen seines Lebens hindurch, durch die Leiden, die Enttäuschungen über sich selbst, durch seine Sündhaftigkeit und schließlich durch den unvermeidlichen Ausblick auf den Tod hindurch stellt der Mensch doch

immer wieder das Erkennen an den Anfang der Zeugung. Es scheint, dass der Mensch so an jenem ersten Sehen Gottes teilnimmt: Gott, der Schöpfer, »sah … und alles war sehr gut«. Die Wahrheit dieser Worte bekräftigt er immer aufs Neue.

7. Eine ganzheitliche Sicht

23. Katechese, 2. April 1980

1. Das Matthäus- und das Markusevangelium berichten uns die Antwort Christi an die Pharisäer, als diese ihn über die Unauflöslichkeit der Ehe befragten. Sie beriefen sich dabei auf das Gesetz des Mose, das in bestimmten Fällen die Ausstellung einer sogenannten Scheidungsurkunde zuließ. Im Anschluss an die ersten Kapitel des Buches Genesis antwortete Christus: »Habt ihr nicht gelesen, dass der Schöpfer die Menschen am Anfang als Mann und Frau geschaffen hat und dass er gesagt hat: Darum wird der Mann Vater und Mutter verlassen und sich an seine Frau binden, und die zwei werden ein Fleisch sein? Sie sind also nicht mehr zwei, sondern eins. Was aber Gott verbunden hat, das darf der Mensch nicht trennen.« Ihre Frage zum Gesetz des Mose aufgreifend, fügte Christus noch hinzu: »Nur weil ihr so hartherzig seid, hat Mose euch erlaubt, eure Frauen aus der Ehe zu entlassen. Am Anfang war das nicht so« (Mt 19,3ff.; Mk 12,2ff.). In seiner Antwort nahm Christus zweimal Bezug auf den »Anfang«, und deshalb haben auch wir im Laufe unserer Überlegungen versucht, in möglichst tiefreichender Weise die Bedeutung dieses »Anfangs« zu klären. Er ist ja das erste Erbe jedes Menschen, Mann und Frau, in dieser Welt, zugleich die erste Quelle der menschlichen Identität im Wort der Offenbarung, der Urgrund für die Gewissheit seiner Berufung als Person, die nach dem Abbild Gottes selbst geschaffen ist.

2. Die Antwort Christi hat historische, aber nicht nur historische Bedeutung. Menschen aller Zeiten stellen die gleiche Frage, unsere Zeitgenossen, die sich freilich bei ihrem Fragen nicht auf das Gesetz des Mose, das den Scheidungsbrief zuließ, sondern auf andere Verhältnisse und andere Gesetze berufen. Mit ihren Fragen sind viele Probleme verbunden, die den damaligen Gesprächspartnern Christi unbekannt waren. Wir wissen, welche Fragen zu Ehe und Familie dem letzten Konzil,

aber auch Papst Paul VI. vorgelegt wurden. In der nachkonziliaren Zeit werden sie weiter Tag für Tag unter den verschiedensten Umständen formuliert. Sie werden gestellt von Einzelpersonen, Eheleuten, Verlobten, Jugendlichen, aber auch von Schriftstellern, Publizisten, Politikern, Wirtschaftsfachleuten, Demografen, kurz von der heutigen Kultur und Zivilisation.

Ich glaube, dass sich unter den Antworten, die Christus den Menschen unserer Zeit auf ihre oft recht ungeduldigen Fragen geben würde, immer noch jene wesentlich wäre, die er den Pharisäern gab. Christus würde sich vor allem auf den »Anfang« berufen. Er würde das wohl umso entschiedener und nachdrücklicher tun, als sich die innere und zugleich die kulturelle Situation des heutigen Menschen von jenem »Anfang« zu entfernen und Formen wie Dimensionen anzunehmen scheint, die sich von dem biblischen Bild des »Anfangs« offensichtlich immer mehr entfernen.

Christus wäre jedoch von keiner dieser Situationen »überrascht«, und ich vermute, dass er weiter vor allem auf den »Anfang« hinweisen würde.

3. Deshalb erforderte die Antwort Christi eine besonders gründliche Untersuchung. Denn in dieser Antwort sind elementare Grundwahrheiten über den Menschen als Mann und Frau angesprochen. Sie gibt uns Einblick in die Struktur der Identität des Menschen innerhalb des Geheimnisses der Schöpfung und zugleich innerhalb der Perspektive des Geheimnisses der Erlösung. Ohne diese kann man keine theologische Anthropologie und in ihrem Kontext eine Theologie des Leibes entwickeln, von der sich auch die echt christliche Sicht der Ehe und Familie ergibt. Das hat auch Paul VI. klargestellt, als er in seiner Enzyklika über die Probleme der im menschlichen und christlichen Sinn verantworteten Ehe und Fortpflanzung sich auf die »ganzheitliche Sicht vom Menschen« berief (Humanae vitae, Nr. 7). Man darf sagen, dass Christus in seiner Antwort an die Pharisäer seinen Gesprächspartnern

ebenfalls diese ganzheitliche Sicht vom Menschen dargelegt hat, ohne die es überhaupt keine entsprechende Antwort auf die Fragen um Ehe und Fortpflanzung geben kann. Gerade diese ganzheitliche Sicht vom Menschen muss aber vom »Anfang« her entwickelt werden.

Das gilt für die heutige Denkweise ebenso, wenn auch in anderer Form, wie für die Gesprächspartner Christi. Wir sind Kinder einer Zeit, wo angesichts der Entwicklung verschiedener Wissenszweige diese ganzheitliche Sicht vom Menschen leicht zurückgedrängt und durch alle möglichen Teilsichten und -auffassungen ersetzt werden kann. Diese greifen den einen oder den anderen Teilaspekt des compositum humanum heraus, ohne das integrum des Menschen zu erreichen, oder sie klammern es überhaupt aus ihrem Blickwinkel aus. Dazu kommen dann verschiedene kulturelle Strömungen, die aufgrund dieser Teilwahrheiten ihre Vorschläge und praktischen Hinweise über das menschliche Verhalten und noch häufiger über den Umgang mit dem Menschen formulieren. Der Mensch wird dann mehr zum Objekt bestimmter Technologien als zum Subjekt, das für sein persönliches Handeln verantwortlich ist. Die Antwort Christi an die Pharisäer will auch klarmachen, dass der Mensch als Mann und Frau in diesem Sinne Subjekt ist, das heißt ein Subjekt, das über sich selbst im Licht der ganzen Wahrheit über sich selbst entscheidet, der Wahrheit, die die ursprüngliche und grundlegende Struktur aller wahrhaft menschlichen Erfahrungen ist. Dies ist die Wahrheit, nach der Christus uns im »Anfang« suchen lässt. Damit stehen wir dann bei den ersten Kapiteln des Buches Genesis.

4. Das Studium dieser Kapitel macht uns wohl mehr als andere Teile der Schrift die Wichtigkeit und Notwendigkeit einer Theologie des Leibes klar. Der »Anfang« sagt uns verhältnismäßig wenig über den Körper des Menschen im heutigen naturwissenschaftlichen Verständnis des Wortes. Von diesem Gesichtspunkt aus bewegen wir uns bei der gegenwärtigen Untersuchung auf einer ganz und gar vorwissenschaft-

lichen Ebene. Wir erfahren nahezu nichts über die inneren Strukturen und Gesetzmäßigkeiten, die im menschlichen Organismus herrschen. Doch gleichzeitig kommt vielleicht, gerade wegen der Urspünglichkeit unseres Textes, die für eine ganzheitliche Sicht des Menschen bedeutsame Wahrheit einfacher und voller zum Ausdruck. Diese Wahrheit betrifft die Bedeutung des menschlichen Leibes in der Struktur des personalen Subjekts. Dann ermöglicht uns das Nachdenken über jene ursprünglichen Texte, diese Bedeutung auf den Gesamtbereich der menschlichen Intersubjektivität, besonders auf das immer gültige Verhältnis von Mann und Frau, auszuweiten. Dadurch gewinnen wir für dieses Verhältnis eine Sichtweise, die wir notwendig der ganzen modernen Wissenschaft über die menschliche Geschlechtlichkeit im biologisch-physiologischen Sinn zugrunde legen müssen. Das bedeutet nicht, wir müssten auf diese Wissenschaft bzw. auf ihre Ergebnisse verzichten. Im Gegenteil: Wenn diese Ergebnisse uns etwas über die Formung des Menschen in seinem Mann- und Frausein sowie über Ehe und Elternschaft sagen sollen, gilt es, mit Hilfe aller Einzelelemente der modernen Wissenschaft immer das herauszustellen, was beim einzelnen Menschen, also bei Mann und Frau, sowie in ihrem gegenseitigen Verhältnis grundlegend und wesentlich personal ist.

Gerade hier erweist sich die Reflexion über den alten Text der Genesis als unersetzlich. Er stellt wirklich den »Anfang« der Theologie des Leibes dar. Die Tatsache, dass die Theologie auch den Leib miteinbezieht, darf niemand, der um das Geheimnis und die Wirklichkeit der Inkarnation weiß, verwundern oder überraschen. Dadurch, dass das Wort Gottes Fleisch wurde, ist der Leib, ich möchte sagen, wie durch das Hauptportal in die Theologie eingetreten, also in die Wissenschaft von den göttlichen Dingen. Die Menschwerdung – und die daraus folgende Erlösung – ist auch zur entscheidenden Quelle für den sakramentalen Charakter der Ehe geworden, worüber wir bei Gelegenheit noch ausführlicher sprechen wollen.

5. Die Fragen des heutigen Menschen sind auch die Fragen der Christen: derjenigen, die sich auf die Ehe vorbereiten, derjenigen, die bereits in der Ehe leben, die das Sakrament der Kirche ist. Es geht dabei nicht nur um Fragen der Wissenschaften, sondern noch viel mehr um Fragen des menschlichen Lebens. Viele Menschen und viele Christen suchen in der Ehe die Erfüllung ihrer christlichen Berufung. Viele wollen in ihr den Weg zum Heil und zur Heiligkeit finden.

Für sie ist die Antwort Christi an die Pharisäer, die Eiferer im Alten Testament, von besonderer Bedeutung. Alle, die in der Ehe die Erfüllung ihrer eigenen menschlichen und christlichen Berufung anstreben, sind vor allem dazu aufgerufen, diese Theologie des Leibes, deren Anfang wir in den ersten Kapiteln des Buches Genesis finden, zum Inhalt ihres Lebens und ihres Verhaltens zu machen. In der Tat, wie unerlässlich ist auf dem Weg dieser Berufung das vertiefte Empfinden für den Sinn des Körpers in seiner Männlichkeit bzw. Weiblichkeit! Wie notwendig ist ein klares Bewusstsein der bräutlichen Bedeutung des Leibes, der elterlichen Bedeutung des Leibes, soll doch alles, was den Inhalt des Lebens der Ehepartner ausmacht, in ihrem Zusammenleben, in ihrem Verhalten und Empfinden unaufhörlich sein volles personales Gewicht finden, erst recht vor dem Hintergrund einer Zivilisation, die unter dem Druck eines materialistischen und utilitaristischen Denkens und Wertens steht. Die moderne Biologie und Physiologie mögen viele genaue Informationen über die Geschlechtlichkeit des Menschen anbieten. Doch das Wissen um die personale Würde des menschlichen Leibes und seiner Geschlechtlichkeit ist auch noch aus anderen Quellen zu schöpfen. Eine ganz besondere Quelle ist das Wort Gottes selbst, das jene auf den »Anfang« zurückführende Offenbarung des Leibes enthält.

Wie bezeichnend ist es doch, dass Christus in der Antwort auf alle diese Fragen dem Menschen gebietet, gewissermaßen an die Schwelle seiner theologischen Geschichte zurückzukehren! Er gebietet ihm, sich auf die Scheitellinie zwischen dem glückhaften Zustand der ursprünglichen Unschuld und dem Erbe des Sündenfalls zu versetzen. Will er ihm damit nicht vielleicht sagen, dass der Weg, auf dem er den Menschen, als Mann und Frau, im Sakrament der Ehe führt, also der Weg der »Erlösung des Leibes«, in der Rückgewinnung jener Würde bestehen muss, in welcher sich zugleich der wahre Sinn des menschlichen Leibes, sein personaler und »gemeinschaftlicher« Sinn erfüllt?

6. Schließen wir damit den ersten Teil unserer Betrachtungen über dieses so wichtige Thema ab. Wenn wir auf unsere bisweilen bangen Fragen zur Ehe oder genauer: zum Empfinden für den Sinn des Leibes erschöpfender antworten wollen, dürfen wir natürlich nicht bei dem stehen bleiben, was Christus den Pharisäern zur Antwort gab, indem er sich auf den »Anfang« bezog (vgl. Mt 19,3ff.; Mk 10,2ff.). Wir müssen auch alle seine weiteren Aussagen heranziehen, unter denen besonders zwei sich ergänzende hervorragen: einmal seine Aussage in der Bergpredigt über die Möglichkeiten des menschlichen Herzens im Bereich der Begehrlichkeit des Fleisches (vgl. Mt 5,8), dann die Stelle, wo Jesus sich auf die künftige Auferstehung beruft (vgl. Mt 22,24–30; Mk 12,18–27; Lk 20,27–36).

Über diese beiden Aussagen wollen wir bei unseren weiteren Betrachtungen nachdenken.

Zweites Kapitel

Christus beruft sich auf das Herz

1. Im Licht der Bergpredigt

Matthäus 5,27–28: »Wer eine Frau ansieht, um sie zu begehren«

24. Katechese, 16. April 1980

1. Bei unseren Mittwochsbegegnungen möchte ich als Thema der Betrachtungen in nächster Zeit das folgende Wort Christi aus der Bergpredigt behandeln: »Ihr habt gehört, dass gesagt worden ist: Du sollst nicht die Ehe brechen. Ich aber sage euch: Wer eine Frau ansieht, um sie zu begehren, hat in seinem Herzen schon Ehebruch mit ihr begangen« (Mt 5,27–28). Es scheint, dass dieser Abschnitt für die Theologie des Leibes eine Schlüsselbedeutung hat, ähnlich jenem anderen, in dem sich Christus auf den Anfang berief und den wir unseren vorausgehenden Erwägungen zugrunde gelegt haben. Wir konnten uns darüber klar werden, wie umfassend ein einziger Satz, ja ein einziges Wort Christi sein kann. Es ging dabei nicht nur um den unmittelbaren Zusammenhang, der sich aus dem Verlauf des Gesprächs mit den

Pharisäern ergibt, sondern um den gesamten Zusammenhang, den wir nicht ergründen können, ohne auf die ersten Kapitel des Buches Genesis zurückzugreifen (wobei das, was sich dort auf die anderen Bücher des Alten Testamentes bezieht, unberücksichtigt bleibt). Die bisherigen Erwägungen haben gezeigt, wie umfassend der Inhalt des Wortes »Anfang« ist, auf den sich Christus bezieht.

Die Aussage, auf die wir jetzt eingehen, d. h. Mt 5,27–28, wird uns mit Sicherheit – über ihren unmittelbaren Zusammenhang hinaus – den weiteren Zusammenhang erschließen, so dass uns schrittweise die Schlüsselbedeutung der Theologie des Leibes klar wird. Diese Aussage gehört zur Bergpredigt, in der Jesus eine grundlegende Neuordnung der Art und Weise, das Moralgesetz des Alten Bundes zu verstehen und zu erfüllen, einleitet. Es geht der Reihe nach um folgende der Zehn Gebote: um das fünfte: »Du sollst nicht töten!« (vgl. Mt 5,21–26), um das sechste: »Du sollst nicht die Ehe brechen!« (vgl. Mt 5,27–32) – bezeichnenderweise taucht am Ende dieses Abschnittes auch die Frage der »Scheidungsurkunde« auf (vgl. Mt 5,31–32), von der schon im vor-ausgehenden Abschnitt die Rede war – und um das achte Gebot nach dem Text des Buches Exodus (vgl. Ex 20,7): »Du sollst keinen Meineid schwören, sondern du sollst halten, was du dem Herrn geschworen hast!« (vgl. Mt 5,33–37).

Bezeichnend sind vor allem die Worte, welche diesen Abschnitten in der Bergpredigt vorausgehen und folgen, Worte, mit denen Jesus erklärt: »Denkt nicht, ich sei gekommen, um das Gesetz und die Propheten aufzuheben. Ich bin nicht gekommen, um aufzuheben, sondern um zu erfüllen« (Mt 5,17). In den Worten, die folgen, erklärt Jesus den Sinn einer solchen Gegenüberstellung und die Notwendigkeit der Erfüllung des Gesetzes, um so das Reich Gottes zu verwirklichen: »Wer … (diese Gebote) hält und halten lehrt, der wird groß sein im Himmelreich« (Mt 5,19). »Himmelreich« bedeutet hier das Reich Gottes in seiner eschatologischen Dimension. Die Erfüllung des Gesetzes ist grundlegende Bedingung für dieses Reich in der zeitlichen Form der menschlichen Existenz. Es geht allerdings um eine Erfüllung, die voll und ganz dem Sinn des Gesetzes, der Zehn Gebote und jedes einzelnen davon entspricht. Nur eine solche Erfüllung baut die Gerechtigkeit auf, die Gott als Gesetzgeber gewollt hat. Christus warnt als Meister davor, dem ganzen Gesetz und den einzelnen Geboten, die es enthält, eine solche menschliche Auslegung zu geben, dass sie die von Gott, dem Gesetzgeber, gewollte Gerechtigkeit nicht aufbaut: »Wenn eure Gerechtigkeit nicht weit größer ist als die der Schriftgelehrten und der Pharisäer, werdet ihr nicht in das Himmelreich kommen« (Mt 5,20).

Matthäus 5,27–28: ethische Bedeutung

2. In diesem Zusammenhang steht auch die Aussage Christi nach Mt 5,27–28, die wir unseren jetzigen Erwägungen zugrunde legen wollen. Wir betrachten sie zusammen mit der anderen Aussage von Mt 19,3–9 (und Mk 10) als Schlüssel für die Theologie des Leibes. Diese Aussage hat ebenso wie die andere unmittelbar normativen Charakter. Sie bekräftigt den Grundsatz der menschlichen Moral, wie er im Gebot »Du sollst nicht die Ehe brechen!« enthalten ist, und bietet zugleich eine geeignete und volle Erklärung dieses Grundsatzes; also eine Erklärung der Grundlage und zugleich der Voraussetzung für ihre angemessene Erfüllung. Dies wird gerade im Licht der Worte von Mt 5,17–20 verdeutlicht, die vorausgehen und auf die wir schon hingewiesen haben. Es geht hier einerseits um die volle Bejahung der Bedeutung, die Gott als Gesetzgeber dem Gebot »Du sollst nicht die Ehe brechen!« gegeben hat, und anderseits um die Erfüllung jener Gerechtigkeit durch den Menschen, die in ihm selber »überfließen«, das heißt in ihm zur eigentlichen Fülle gelangen soll. Dies sind sozusagen die beiden Aspekte der Erfüllung im Sinn des Evangeliums.

3. Wir befinden uns damit im Herzen des Ethos, das man als die innere Gestalt, gleichsam als die Seele der menschlichen Moral definieren kann. Zeitgenössische Denker, wie z. B. Scheler, sehen in der Bergpredigt eine

große Wende gerade auf dem Gebiet des Ethos[36]. Eine im existenziellen Sinn lebendige Moral kommt nicht nur durch die Normen in Form von Geboten, Vorschriften und Verboten zustande wie im Fall des »Du sollst nicht die Ehe brechen!« Eine Moral, in der sich der eigentliche Sinn des Menschseins verwirklicht – und die zugleich Erfüllung des Gesetzes durch das »Überfließen« der Gerechtigkeit im subjektiven Lebensvollzug ist –, bildet sich im inneren Erfassen der Werte, woraus die Pflicht als Ausdruck des Gewissens entspringt, als Antwort des eigenen, persönlichen Ich. Ethos bedeutet gleichzeitig das Eindringen des Ich in die Tiefe der Norm selbst und das Herabsteigen der Norm in das Innerste des Menschen, dem Subjekt der Moral. Der moralische Wert ist verbunden mit dem dynamischen Prozess der menschlichen Innerlichkeit. Um ihn zu erreichen, darf man nicht an der »Oberfläche« des menschlichen Tuns stehen bleiben; es gilt, gerade bis ins Innere vorzustoßen.

4. Über das Gebot »Du sollst nicht die Ehe brechen!« hinaus sagt der Dekalog auch »Du sollst nicht die Frau eines anderen begehren!«[37] In der Bergpredigt verbindet Christus in einem bestimmten Sinn beide Gebote miteinander: »Wer eine Frau ansieht, um sie zu begehren, hat in seinem Herzen schon Ehebruch mit ihr begangen.« Es geht aber nicht so sehr darum, die Tragweite dieser beiden Gebote des Dekalogs abzuwägen, als vielmehr darum, die Dimension des inneren Akts aufzuzeigen, auf den sich auch die Worte beziehen: »Du sollst nicht die Ehe brechen!« Dieser Akt findet seinen sichtbaren Ausdruck in einem körperlichen Akt, den Mann und Frau gegen das Gesetz, das ihn ausschließlich der Ehe vorbehält, vollziehen. Die Kasuistik der Bücher des Alten Testamentes, die zunächst festlegte, was nach äußeren

[36] »Ich kenne kein grandioseres Zeugnis für eine solche Neuerschließung eines ganzen Wertbereiches, die das ältere Ethos relativiert, als die Bergpredigt, die auch in ihrer Form als Zeugnis solcher Neuerschließung und Relativierung der älteren ›Gesetzes‹-werte sich überall kundgibt: ›Ich aber sage euch‹« (Max Scheler, Der Formalismus in der Ethik und die materiale Wertethik, Verlag M. Niemeyer, Halle a. d. Saale 1921, S. 316, Nr. 1).
[37] Vgl. Ex 20,17; Dtn 5,21.

Kriterien diesen körperlichen Akt kennzeichnete, und zugleich den Ehebruch unterbinden wollte, sah den außerehelichen Akt eines verheirateten Mannes mit einer unverheirateten Frau oder einer verheirateten Sklavin nicht als Teil dieser Akte[38]. Dadurch wurde aber aufgrund der vielen Kompromisse, »weil ihr so hartherzig seid« (Mt 19,8), der vom Gesetzgeber gewollte Sinn des Gebotes entstellt. Man gab sich mit einer legalistischen Befolgung der Formel zufrieden, die aber nicht »überfloss« in der inneren Gerechtigkeit der Herzen. Christus verlegt den Kern des Problems in einen anderen Bereich, wenn er sagt: »Wer eine Frau ansieht, um sie zu begehren, hat in seinem Herzen schon Ehebruch mit ihr begangen.« (Ältere Übersetzungen sagen: »der hat sie in seinem Herzen schon zur Ehebrecherin gemacht«, und diese Übersetzung scheint exakter zu sein.)[39]

Matthäus 5,27–28: anthropologische Bedeutung

Christus beruft sich auf den inneren Menschen. Er tut es wiederholt und bei verschiedenen Gelegenheiten. In unserem Fall wirkt das besonders deutlich und eindrucksvoll nicht nur für die Gestalt eines Ethos des Evangeliums, sondern auch für die Weise, den Menschen anzusehen. Daher legen uns nicht nur ethische, sondern auch anthropologische Gründe nahe, länger beim Text Mt 5,27–28 zu verweilen, der die Worte Christi in der Bergpredigt wiedergibt.

25. Katechese, 23. März 1980

1. Erinnern wir uns an die Worte der Bergpredigt, auf die wir im jetzigen Zyklus unserer Mittwochsbetrachtungen eingehen wollen: »Ihr habt ge-

[38] Vgl. dazu die Fortsetzung dieser Betrachtungen.

[39] Der Vulgatatext bietet eine getreue Übersetzung des Originals: »Iam moechatus est eam in corde suo.« Das griechische Wort »moicheúo« hat nämlich transitive Bedeutung. In den modernen europäischen Sprachen hingegen hat »einen Ehebruch begehen« intransitive Bedeutung; daher die Übersetzung: »... hat in seinem Herzen schon Ehebruch mit ihr begangen« (Einheitsübersetzung der Heiligen Schrift im Auftrag der Bischöfe des deutschen Sprachbereiches, 1979).

hört – so der Herr –, dass gesagt worden ist: Du sollst nicht die Ehe brechen. Ich aber sage euch: Wer eine Frau ansieht, um sie zu begehren, hat in seinem Herzen schon Ehebruch mit ihr begangen« (Mt 5,27–28).

Der Mensch, auf den sich Jesus hier bezieht, ist der geschichtliche Mensch, dessen Anfang und theologische Vorgeschichte wir in der vorangegangenen Reihe von Analysen aufgezeigt haben. Es ist unmittelbar der Mensch, der mit eigenen Ohren die Bergpredigt hört. Zugleich aber ist auch jeder andere Mensch gemeint, der im schier endlosen Zeitraum der Vergangenheit oder im ebenfalls unabsehbaren Zeitraum der Zukunft mit diesem Augenblick der Geschichte sich auseinandersetzen muss. Zu dieser Zukunft, die vor der Bergpredigt liegt, gehört auch unsere Gegenwart, die heutige Zeit. Dieser Mensch ist gewissermaßen jeder Mensch, ein jeder von uns. Der Mensch der Vergangenheit kann ebenso wie der Mensch der Zukunft das positive Gebot »Du sollst nicht die Ehe brechen« als »Inhalt des Gesetzes« (vgl. Röm 2,22–23) kennen, es kann aber auch jener Mensch sein, dem, wie es im Römerbrief heißt, dieses Gebot nur »ins Herz geschrieben ist« (Röm 2,15)[40]. Im Licht unserer bisherigen Überlegungen handelt es sich um den Menschen, der von Anfang an, noch ehe er die Schwelle seiner geschichtlichen Erfahrungen überschritten hat, bereits vom Geheimnis der Schöpfung her ein klares Empfinden für den Sinn des Körpers erworben hat, wurde er doch aus diesem Ge-

[40] Auf diese Weise würde sich der Inhalt unserer Betrachtungen gewissermaßen auf das Gebiet des Naturrechts verschieben. Die angeführten Worte aus dem Römerbrief (2,15) wurden in der Offenbarung immer als Bestätigung des Naturrechts betrachtet. So erhält der Begriff des Naturrechts auch theologische Bedeutung. Vgl. u. a. D. Composta, Theologia del diritto naturale, Status quaestionis, Brescia 1972, Ed. Civiltà, S. 7–22, 41–53; J. Fuchs SJ, Lex naturae. Zur Theologie des Naturrechts, Düsseldorf 1955, S. 22–30; E. Hammel SJ, Loi naturelle et loi du Christ, Bruges-Paris 1964, Desclée de Brouwer, S. 18; A. Sacchi, »La legge naturale nella Bibbia«, in: La legge naturale. Le relazioni del Convegno dei teologi moralisti dell'Italia settentrionale (11.–13. September 1969), Bologna 1970, Ed. Dehoniane, S. 53; F. Böckle, »La legge naturale e la legge cristiana«, ebd., S. 214–215; A. Feuillet, »Le fondement de la morale ancienne et chrétienne d'après l'Epître aux Romains«, in: Revue Thomiste 78, 1970, S. 357–386; Th. Herr, Naturrecht aus der kritischen Sicht des Neuen Testaments, Schöningh, München 1976, S. 155–164.

heimnis heraus »als Mann und Frau« geschaffen (vgl. Gen 1,27). Es ist der geschichtliche Mensch, der sich im Anfang seines Erdenschicksals im Innern der Erkenntnis von Gut und Böse vorfand, dadurch, dass er den ursprünglichen Bund mit seinem Schöpfer brach. Es ist der Mann, der »seine Frau erkannte«, sie mehrmals »erkannte«, sodass sie »schwanger wurde und gebar« (vgl. Gen 4,1–2), wie es dem Plan des Schöpfers entsprach, der bis in den Zustand der ursprünglichen Unschuld hinein zurückreichte (vgl. Gen 1,28; 2,24).

2. An diesen Menschen wendet sich Christus in der Bergpredigt besonders mit den Worten von Mt 5,27–28. Er wendet sich an den Menschen eines bestimmten geschichtlichen Augenblicks und zugleich an alle Menschen, die zur selben Menschheitsgeschichte gehören. Er wendet sich, wie wir bereits festgestellt haben, an den inneren Menschen. Die Worte Christi haben einen klaren anthropologischen Inhalt; sie berühren jene ewiggültigen Bedeutungen, die Bestandteil einer adäquaten Anthropologie sind. Durch ihren ethischen Inhalt begründen diese Worte gleichzeitig eine solche Anthropologie und fordern sozusagen, dass der Mensch in sein volles Bild eintritt. Der Mensch, der Fleisch ist und als Mann durch seinen Körper und sein Geschlecht mit der Frau verbunden bleibt (darauf weist ja der Ausdruck »Du sollst nicht die Ehe brechen« hin), soll sich im Lichte dieser Worte Christi in seinem Innern, in seinem Herzen selbst finden[41].

[41] »Der typisch hebräische Sprachgebrauch im Neuen Testament schließt ein Verständnis vom Menschen als einer Einheit von Denken, Wollen und Fühlen ein (...) Es stellt den Menschen als ein von seiner Absicht her gesehenes Ganzes dar; das Herz als Mitte des Menschen wird für die Quelle des Willens, des Gemüts, der Gedanken und Gefühle gehalten. Diese traditionelle jüdische Auffassung wird von Paulus mit den hel-lenistischen Begriffen, wie ›Verstand‹, ›Haltung‹, ›Gedanken‹ und ›Wünschen‹, in Beziehung gebracht. Diese Koordinierung der jüdischen und hellenistischen Begriffe findet sich in Phil 1,7; 4,7; Röm 1,21.24, wo das Herz als der Mittelpunkt gedacht wird, dem alles entströmt« (R. Jewett, Paul's Anthropological Terms. A Study of their Use in Conflict Settings, Leiden 1971, Brill, S. 448). »Das Herz ... ist die verborgene, inwendige Mitte und Wurzel des Menschen und damit seiner Welt ..., der unergründ-

Das Herz ist jene Dimension des Menschseins, mit der das Empfinden für den Sinn des menschlichen Körpers und die Ordnung dieses Empfindens direkt verbunden sind. Es handelt sich hier sowohl um jenen Sinn, den wir in den vorausgegangenen Betrachtungen »bräutlich« genannt haben, als auch um jenen, die wir als »elterlichen Sinn« bezeichnet haben. Um welche Ordnung geht es?

Matthäus 5,27–28: eine zusätzliche Dimension

3. Auf diese Frage soll dieser Abschnitt unserer Überlegungen Antwort geben – eine Antwort, die nicht nur die ethischen Gründe, sondern auch jene anthropologischer Art einholt. Sie stehen ja in Wechselbeziehung zueinander. Einleitend gilt es, zunächst die Bedeutung des Textes Mt 5,27–28 festzustellen, die Bedeutung der verwendeten Ausdrücke und ihr gegenseitiges Verhältnis. Der Ehebruch, auf den sich das angeführte Gebot direkt bezieht, bedeutet das Zerbrechen der Einheit, durch welche Mann und Frau nur als Ehegatten sich so eng miteinander verbinden können, dass sie »ein Fleisch werden« (Gen 2,24). Ehebruch ist, was ein Mann begeht, wenn er sich auf diese Weise mit einer Frau vereinigt, die nicht seine Ehegattin ist. Und Ehebruch ist, was eine Frau begeht, wenn sie sich so mit einem Mann vereinigt, der nicht ihr Ehegatte ist. Man muss daraus schließen, dass der »Ehebruch im Herzen«, der vom Mann begangen wird, wenn er »eine Frau ansieht, um sie zu begehren«, einen klar umschriebenen inneren Akt bedeutet. Es handelt sich um ein Begehren des Mannes, das sich in diesem Fall vom Mann auf eine Frau richtet, die nicht seine Ehefrau ist, um sich mit ihr zu vereinigen, als wäre sie seine Gattin, das heißt – um nochmals die Worte von Gen 2,24 zu gebrauchen – so, dass »die beiden ein Fleisch werden«. Dieses Begehren als innerer Akt findet seinen Ausdruck im

liche Grund und die lebendige Kraft aller Daseinserfahrung und -entscheidung« (H. Schlier, »Das Menschenherz nach dem Apostel Paulus«, in: Lebendiges Zeugnis, 1965, S. 123). Vgl. auch F. Baumgärtel/J. Behm, »Kardia«, in: Theologisches Wörterbuch zum Neuen Testament, II, Kohlhammer, Stuttgart 1933, S. 609–616.

Sehen, das heißt im begehrlichen Blick, wie im Fall von David und Batseba, um ein Beispiel aus der Bibel anzuführen (vgl. 2 Sam 11,2)[42]. Die Verbindung zwischen heimlichem Begehren und Sehen wird in den Worten Christi besonders klar.

4. Diese Worte sagen nicht klar, ob die Frau, die so angesehen wird, die Ehefrau eines anderen Mannes ist oder einfach nicht die Frau des Mannes, der sie so ansieht; sie kann also die Frau eines anderen oder aber auch unverheiratet sein. Wir müssen vielmehr begreifen, indem wir uns vor allem auf das Wort stützen, dass Ehebruch eben etwas ist, was der Mann »in seinem Herzen« mit dem begehrlichen Blick begangen hat. Daraus lässt sich folgerichtig schließen, dass ein solcher Blick des Begehrens auf die eigene Frau keinen Ehebruch »im Herzen« darstellt, eben weil der entsprechende innere Akt des Mannes der eigenen Frau gilt, der gegenüber er nicht Ehebruch begehen kann. Wenn der eheliche Akt als äußerer Akt, in dem »die beiden sich verbinden, sodass sie ein Fleisch werden«, in der Beziehung des Mannes zur eigenen Frau volle ethische Berechtigung hat, dann hat in derselben Beziehung auch der innere Akt eine analoge Berechtigung.

5. Jedoch: Jenes Begehren, das mit dem Satz »Jeder, der eine Frau ansieht, um sie zu begehren« umschrieben wird, hat eine eigene biblische und theologische Dimension, die wir hier klarstellen können. Auch wenn diese Dimension in diesem einen konkreten Ausdruck von Mt 5,27–28 allein genommen nicht unmittelbar aufscheint, ist sie doch tief in dem Gesamtzusammenhang verwurzelt, der sich auf die Offenbarung des Leibes bezieht. Auf diesen Zusammenhang müssen wir zurückgehen, damit die Berufung Christi auf das Herz, auf den inneren Menschen, in der ganzen Fülle ihrer Wahrheit ertönen kann. Der angeführte Satz der Bergpredigt (Mt 5,27–28) hat im Grunde

[42] Das ist wohl das bekannteste Beispiel, doch lassen sich in der Bibel noch weitere aufzeigen (vgl. Gen 34,2; Ri 14,1; 16,1).

indikativen Charakter. Dass Christus sich direkt an den Mann als den wendet, der »eine Frau ansieht, um sie zu begehren«, soll nicht heißen, dass seine Worte in ihrer ethischen Bedeutung nicht ebenso der Frau gelten. Christus drückt sich so aus, um mit einem konkreten Beispiel zu erklären, wie die »Erfüllung des Gesetzes«, das Gott gegeben hat, zu verstehen ist und darüber hinaus, wie das »überreiche Maß der Gerechtigkeit« im Menschen gemeint ist, der das sechste Gebot erfüllt. Christus bezweckt mit seiner Redeweise, dass wir nicht bei dem Beispiel als solchem stehen bleiben, sondern auch in den vollen ethischen und anthropologischen Sinn des Gesagten eindringen. Wenn der Satz indikativen Charakter hat, so heißt das, dass wir auf seinen Spuren zur Erfassung der allgemeinen Wahrheit über den geschichtlichen Menschen gelangen können, die auch für die Theologie des Leibes Gültigkeit besitzt. Ziel unserer weiteren Überlegungen wird es sein, dieser Wahrheit näherzukommen.

2. Der Mensch der Begehrlichkeit

26. Katechese, 30. April 1980

1. Bei unserer letzten Betrachtung haben wir gesagt, dass die Worte Christi in der Bergpredigt in direktem Bezug zu dem »Begehren« stehen, das sich unmittelbar im Menschenherzen regt; indirekt führen uns diese Worte jedoch zum Verständnis einer Wahrheit über den Menschen, die von universaler Bedeutung ist.

Diese Wahrheit über den geschichtlichen Menschen, die von universaler Bedeutung ist und auf die uns die Worte Christi in Mt 5,27–28 hinweisen, scheint in der biblischen Lehre über die dreifache Begehrlichkeit ausgedrückt zu sein. Wir beziehen uns hier auf die prägnante Aussage des ersten Briefes des hl. Johannes, 2,16–17: »Denn alles, was in der Welt ist, die Begehrlichkeit des Fleisches, die Begehrlichkeit der Augen und der Stolz des Lebens, ist nicht vom Vater, sondern von der Welt. Die Welt und ihre Begehrlichkeit vergeht; wer aber den Willen Gottes tut, bleibt in Ewigkeit.« Um diese Worte zu verstehen, muss man natürlich gewissenhaft auf den Zusammenhang achten, in dem sie stehen, das heißt auf den Zusammenhang der ganzen »Johanneischen Theologie«, über die so viel geschrieben worden ist[43]. Doch gleichzeitig stehen diese Worte im Zusammenhang der ganzen Bibel: Sie gehören zur gesamten Wahrheit, die über den

[43] Vgl. z. B.: J. Bonsirven, Epitres de Saint Jean, Paris 1954², Beauchesne, S. 113–119; E. Brooke, Critical and Exegetical Commentary on the Johannine Epistles (International Critical Commentary), Edingburgh 1912 (Clark), S. 47–49; P. De Ambroggi, Le Epistole Cattoliche, Turin, 1947 (Marietti), S. 216–217; C. H. Dodd, The Johannine Epistles (Moffatt New Testament Commentary), London 1946, S. 41–42; J. Houlden, A Commentary on the Johannine Epistles, London 1973 (Black), S. 73–74; B. Prete, Lettere di Giovanni, Roma 1970 (Ed. Paoline), S. 61; R. Schnackenburg, Die Johannesbriefe, Freiburg 1953 (Herders Theologischer Kommentar zum Neuen Testament), S. 112–115; J. R. W. Scott, Epistles of John (Tyndale New Testament Commentaries), London 1969³, S. 99–101.
Zum Thema der Theologie des Johannes vgl. besonders A. Feuillet, Le mystère de l'amour divin dans la théologie johannique, Paris 1972 (Gabalda).

Menschen geoffenbart wurde, und sind bedeutsam für die Theologie des Leibes. Sie erläutern nicht die Begehrlichkeit selbst in ihrer dreifachen Form, da sie vorauszusetzen scheinen, dass »die Begehrlichkeit des Fleisches, die Begehrlichkeit der Augen und der Stolz des Lebens« als Erfahrungstatsachen gewissermaßen klare und bekannte Begriffe sind. Sie erläutern hingegen das Entstehen der dreifachen Begehrlichkeit und weisen darauf hin, dass diese nicht »vom Vater«, sondern »von der Welt« herkommt.

2. Die Begehrlichkeit des Fleisches und zugleich die Begehrlichkeit der Augen und der Stolz des Lebens sind »in der Welt« und kommen gleichzeitig »von der Welt«, aber nicht als Frucht des Geheimnisses der Schöpfung, sondern als Frucht des Baumes der Erkenntnis von Gut und Böse (vgl. Gen 2,17) im Herzen des Menschen, die Erkenntnis von Gut und Böse vom Standpunkt der Erfahrung und des Erlebens des Bösen, also eines schuldhaften Verlustes des Guten. Was in der dreifachen Begehrlichkeit sich auswirkt, ist nicht die »Welt«, wie Gott sie für den Menschen geschaffen hat und von deren grundsätzlichem »Gutsein« wir in Gen 1 des Öfteren lesen können: »Gott sah, dass alles, was er gemacht hatte, sehr gut war.« In der dreifachen Begehrlichkeit hingegen wirkt sich der Bruch des ersten Bundes mit dem Schöpfer, mit Gott Elohim, mit Gott Jahwe aus. Dieser Bund wurde im Herzen des Menschen gebrochen. Hier müsste man eine genaue Analyse der in Gen 3,1–6 beschriebenen Dinge vornehmen. Wir gehen jedoch nur im Allgemeinen auf das Geheimnis der Sünde und auf die Anfänge der Menschheitsgeschichte ein. Denn nur infolge der Sünde, weil der Bund mit Gott im Menschenherzen gebrochen wurde – im Inneren des Menschen – ist die »Welt« des Buches Genesis zur »Welt« geworden, wie sie uns in den Worten des Johannes (1 Joh 2,15–16) entgegentritt: Ort und Quelle der Begehrlichkeit.

So scheint uns also die Aussage, nach der die Begehrlichkeit »nicht vom Vater kommt, sondern von der Welt«, ein weiteres Mal auf den biblischen »Anfang« zu verweisen. Der Ursprung der dreifachen Begehrlichkeit, wie sie von Johannes beschrieben wird, findet in diesem Anfang ihre erste, grundlegende Erklärung, eine Erklärung, die für die Theologie des Leibes wesentlich ist. Will man die Worte Christi in der Bergpredigt (Mt 5,27–28) und die darin enthaltene Wahrheit über den geschichtlichen Menschen, die von universaler Bedeutung ist, verstehen, so muss man noch einmal auf das Buch Genesis zurückgreifen, noch einmal »an der Schwelle« der Offenbarung über den geschichtlichen Menschen verweilen. Das ist umso notwendiger, als sich diese Schwelle der Heilsgeschichte zugleich als Schwelle echter menschlicher Erfahrung erweist, wie wir in späteren Betrachtungen noch feststellen werden. Dort werden dieselben grundlegenden Bedeutungen aufscheinen, die wir in den vorangegangenen Betrachtungen als bestimmende Elemente einer adäquaten Anthropologie und tiefen Grundlegung der Theologie des Leibes aufgezeigt haben.

3. Es könnte hier jemand fragen, ob man die typischen Inhalte der »Johanneischen Theologie«, des ganzen ersten Briefes (besonders 2,15–16), auf die Ebene der Bergpredigt nach Matthäus, d. h. auf den Satz Christi bei Mt 5,27–28 (»Ihr habt gehört, dass gesagt worden ist: Du sollst nicht die Ehe brechen. Ich aber sage euch: Wer eine Frau ansieht, um sie zu begehren, hat in seinem Herzen schon Ehebruch mit ihr begangen«) übertragen darf. Wir werden auf dieses Thema noch öfter zu sprechen kommen: Dennoch berufen wir uns jetzt auf den allgemeinen biblischen Zusammenhang, auf die Gesamtheit der Wahrheit über den Menschen, wie sie dort geoffenbart und dargelegt worden ist. Gerade im Namen dieser Wahrheit versuchen wir, den Menschen, auf den Christus im Text von Mt 5,27–28 hinweist, bis in seiner Tiefe zu verstehen; also den Mann, der die Frau »ansieht, um sie zu begehren«. Lässt sich ein solcher Blick letzten Endes nicht etwa mit der Tatsache erklären, dass es sich bei jenem Mann eben um einen »Mann der Begehrlichkeit« im Sinne des 1. Johannesbriefes handelt, ja dass beide, der Mann, der die Frau ansieht, um sie zu begehren, und die Frau als Blickobjekt sich in der Dimension

der dreifachen Begehrlichkeit vorfinden, die »nicht vom Vater kommt, sondern von der Welt«? Man muss also erfassen, was jene Begehrlichkeit oder vielmehr wer jener biblische »Mensch der Begehrlichkeit« eigentlich ist, um die Tiefe der Worte Christi nach Mt 5,27–28 zu verstehen und zu erklären, was ihre für die Theologie des Leibes so wichtige Berufung auf das »Herz« des Menschen bedeutet.

2.1 Die Bedeutung der ursprünglichen Scham

Das Geschenk in Zweifel ziehen

4. Kommen wir neuerlich auf den jahwistischen Schöpfungsbericht zurück, in dem derselbe Mensch, als Mann und Frau, anfangs als der Mensch der ursprünglichen Unschuld – also vor dem Sündenfall – und dann als der erscheint, der durch den Bruch des ursprünglichen Bundes mit seinem Schöpfer diese Unschuld verloren hat. Wir wollen hier keine vollständige Analyse über Versuchung und Sünde nach dem Text von Gen 3,1–5 und der diesbezüglichen Lehre der Kirche und Theologie vornehmen. Es muss nur beachtet werden, dass die biblische Beschreibung den entscheidenden Augenblick besonders zu betonen scheint, in dem im Herzen des Menschen das Geschenk Gottes an den Menschen in Zweifel gezogen wird. Der Mensch, der die Frucht vom »Baum der Erkenntnis von Gut und Böse« pflückt, trifft damit zugleich eine grundsätzliche Entscheidung und führt sie gegen den Willen des Schöpfers, Gott-Jahwe, aus, indem er auf die ihm vom Versucher zugeflüsterte Begründung eingeht: »Nein, ihr werdet nicht sterben! Gott weiß vielmehr: Sobald ihr davon esst, gehen euch die Augen auf; ihr werdet wie Gott und erkennt Gut und Böse«; nach alten Übersetzungen: »ihr werdet sein wie die Götter, die um Gut und Böse wissen«[44].

[44] Der hebräische Text kann beide Bedeutungen haben, denn er lautet: »Elohim weiß, dass an dem Tag, an dem ihr davon (von der Frucht des Baumes der Erkenntnis von Gut und Böse) esst, euch die Augen aufgehen werden und dass ihr wie Elohim Gut und Böse erkennen werdet.« Der Begriff elohim ist der Plural von eloah (Pluralis excellenti-

In dieser Begründung ist mit aller Deutlichkeit der Zweifel an dem Geschenk der Liebe enthalten, in dem die Schöpfung als schenkende Hingabe Gottes ihren Ursprung hat. Der Mensch erhält als Geschenk die Welt und zugleich die Ebenbildlichkeit Gottes, also das Menschsein selbst in der ganzen ursprünglichen Wahrheit der männlich-weiblichen Zweieinheit dieses Bildes. Es genügt, den Abschnitt Gen 3,1–5 genau zu lesen, um das Geheimnis des Menschen zu entdecken, der dem Vater den Rücken zukehrt (auch wenn wir in dem Bericht diesen Namen Gottes nicht finden). Indem er in seinem Herzen den tiefsten Sinn des Sich-Schenkens, also der Liebe als eigentlichen Grund der Schöpfung und des ursprünglichen Bundes (vgl. besonders Gen 3,5), in Zweifel zieht, kehrt der Mensch Gott, der die Liebe ist, dem Vater, den Rücken zu. Er verweist ihn gewissermaßen aus seinem Herzen. Gleichzeitig löst er und trennt gleichsam sein Herz los von dem, was »vom Vater kommt«: So bleibt in ihm das, was »von der Welt kommt«.

5. »Da gingen beiden die Augen auf, und sie erkannten, dass sie nackt waren. Sie hefteten Feigenblätter zusammen und machten sich einen Schurz« (Gen 3,7). Das ist der erste Satz des jahwistischen Schöpfungsberichtes, der sich auf die Situation des Menschen nach dem Sündenfall bezieht und den neuen Zustand der Menschennatur herausstellt. Deutet dieser Satz nicht vielleicht auch den Anfang der Begehrlichkeit im Herzen des Menschen an? Um auf diese Frage eine tiefe und erschöpfende Antwort zu geben, dürfen wir uns nicht bei diesem ersten

ae). In Bezug auf Jahwe hat er die Bedeutung eines Singulars; er kann jedoch auch die Vielzahl anderer himmlischer Wesen oder heidnischer Gottheiten bezeichnen (z. B. Ps 8,6; Ex 12,12; Ri 10, 16; Hos 31,1 und andere). Einige Formulierungen in anderen Sprachen, z. B. auf italienisch: »diverreste come Dio, conoscendo il bene e il male« – »wie Gott« – (Pont. Istit. Biblico, 1961); französisch: »… vous serez comme des dieux, qui connaissant le bien et le mal« – »wie die Götter« – (Bible de Jerusalem, 1973); englisch: »you will be like God, knowing good and evil« – »wie Gott« – (Revised Standard Version, 1966); spanisch: »seréis como dioses, conocedores del bien y del mal« – »wie Götter« – (S. Ausejo, Barcelona 1964); »seréis como Dios en el conocimiento del bien y del mal« – »wie Gott« – (A. Alonso-Schökel, Madrid 1970).

Satz aufhalten, sondern müssen den ganzen Text noch einmal lesen. Es lohnt sich aber, an das zu erinnern, was in unseren ersten Betrachtungen über das Thema der Scham als Grenzerfahrung gesagt wurde[45]. Das Buch Genesis bezieht sich auf diese Erfahrung, um die Grenze aufzuzeigen, die zwischen dem Zustand der ursprünglichen Unschuld (vgl. besonders den Vers 25 in Gen 2, mit dem wir uns in den früheren Betrachtungen eingehend befasst haben) und dem der Sündhaftigkeit des Menschen am Anfang verläuft. Während Gen 2,25 betont, dass sie »nackt waren, aber sich nicht voreinander schämten«, spricht Gen 3,6 ausdrücklich vom Aufkommen der Scham im Zusammenhang mit der Sünde. Diese Scham ist gleichsam das erste Anzeichen, an dem im Menschen – im Mann und in der Frau – etwas offenbar wird, was »nicht vom Vater kommt, sondern von der Welt«.

Der von der ursprünglichen Liebe entfremdete Mensch

27. Katechese, 14. Mai 1980

1. Wir haben bereits über die Scham gesprochen, die im Herzen des ersten Menschen, des Mannes und der Frau, im Zusammenhang mit der Sünde entstand. Der erste Satz hierzu im biblischen Bericht lautet: »Da gingen beiden die Augen auf, und sie erkannten, dass sie nackt waren. Sie hefteten Feigenblätter zusammen und machten sich einen Schurz« (Gen 3,7). Dieser Abschnitt, der von der gegenseitigen Scham des Mannes und der Frau als Kennzeichen der gefallenen Natur – »Status naturae lapsae« – spricht, muss in seinem Zusammenhang betrachtet werden. Die Scham berührt in diesem Augenblick die tiefste Ebene, sie scheint die Grundfesten ihrer Existenz zu erschüttern. »Als sie Gott den Herrn im Garten gegen den Westwind einherschreiten hörten, versteckten sich der Mensch und seine Frau vor Gott dem Herrn unter den Bäumen des Gartens« (Gen 3,8). Der innere Zwang, sich zu verstecken, weist darauf hin, dass in der Tiefe der voreinander empfundenen Scham als unmittelbarer Frucht des Baumes der Erkenntnis von Gut

[45] Vgl. Generalaudienz vom 12. Dezember 1979.

und Böse ein Gefühl der Furcht vor Gott entstanden ist: eine bis dahin unbekannte Furcht. »Gott der Herr rief nach dem Menschen und sprach: Wo bist du? Er antwortete: Ich habe dich im Garten kommen hören; da bekam ich Angst, weil ich nackt bin, und habe mich versteckt« (Gen 3,9–10). Eine gewisse Angst gehört immer zum Wesen der Scham: Die Ur-Scham macht ihren Charakter dennoch in besonderer Weise offenbar: »Ich bekam Angst, weil ich nackt bin.« Es wird uns klar, dass hier etwas Tieferes im Spiele ist als das bloße körperliche Schamgefühl im Zusammenhang mit dem plötzlichen Bewusstwerden der eigenen Nacktheit. Der Mensch sucht mit der Scham vor seiner eigenen Nacktheit den eigentlichen Ursprung der Angst zu verdecken, indem er, statt ihre Ursache beim Namen zu nennen, vielmehr die Wirkung aufzeigt. Gott-Jahwe ist es, der an seiner statt die Ursache nennt: »Wer hat dir gesagt, dass du nackt bist? Hast du von dem Baum gegessen, von dem zu essen ich dir verboten habe?« (Gen 3,11).

2. Erschütternd ist die Präzision dieses Gespräches, erschütternd die Präzision des ganzen Berichtes. Er zeigt die äußeren Gefühlsregungen des Menschen beim Erleben des Geschehens auf und lässt zugleich die Tiefe offenbar werden. In all dem hat die Nacktheit keineswegs nur buchstäbliche Bedeutung. Sie bezieht sich nicht nur auf den Körper, sie ist nicht Ursprung eines nur auf den Körper bezogenen Schamgefühls. In Wirklichkeit zeigt sich durch die Nacktheit der Mensch, welcher der Teilnahme am göttlichen Geschenk beraubt ist, der Mensch, der sich jener Liebe entfremdet hat, die Quelle des ursprünglichen Schenkens, Quelle der Fülle des dem Geschöpf bestimmten Guten gewesen war. Dieser Mensch war, nach den Formulierungen der theologischen Lehre der Kirche[46], der übernatürlichen und außernatürlichen Gaben

[46] Das kirchliche Lehramt hat sich mit diesen Problemen in drei Epochen, wie es eben die Zeitumstände erforderten, näher beschäftigt.
Die Lehräußerungen in der Zeit der Auseinandersetzungen mit den Pelagianern (im 5. und 6. Jh.) sagen, dass der erste Mensch kraft der göttlichen Gnade naturalem possi-

bilitatem et innocentiam, »eine natürliche Fähigkeit und Unschuld« (DS 239), besaß, die auch »Freiheit« genannt wurde (libertas, libertas arbitrii, DS 371, 242, 383, 622). Er befand sich in einem Zustand, den die Synode von Orange (529) als integritas, »Unversehrtheit«, bezeichnete.

Natura humana, etiamsi in illa integritate, in qua condita est, permaneret, nullo modo se ipsam, Creatore suo non adiuvante, servaret ... (DS 389). »Auch wenn die menschliche Natur in jener Unversehrtheit geblieben wäre, in der sie erschaffen wurde, hätte sie diese niemals ohne Hilfe ihres Schöpfers bewahren können.« Die Begriffe integritas, »Unversehrtheit«, und besonders libertas, »Freiheit«, setzen das Freisein von der Begehrlichkeit voraus, auch wenn die kirchlichen Dokumente dieser Zeit das nicht ausdrücklich erwähnen.

Der erste Mensch war zudem frei von der Notwendigkeit, sterben zu müssen (DS 222, 372, 1511). Das Konzil von Trient bezeichnet den Zustand des ersten Menschen vor dem Sündenfall als »Heiligkeit und Gerechtigkeit« (sanctitas et iustitia – DS 1511, 1512) oder als »Unschuld« (innocentia – DS 1521).

Weitere Erklärungen zu diesem Gegenstand verteidigen gegen die Behauptungen der Jansenisten, dass die Urgnade in keiner Weise geschuldet war. Die integritas primae creationis, die »Unversehrtheit der ersten Schöpfung«, war eine ungeschuldete Erhöhung der menschlichen Natur (indebita humanae naturae exaltatio) und nicht der »Zustand, der ihr von Natur aus geschuldet war« (naturalis eius conditio – DS 1926). Gott hätte also den Menschen ohne diese Gnadengabe erschaffen können (DS 1955); das hätte die menschliche Natur nicht in ihrem Wesen verletzt und sie nicht ihrer grundlegenden Privilegien beraubt (DS 1903–1907, 1909, 1921, 1923, 1924, 1926, 1955, 2434, 2437, 2616, 2617).

Ähnlich wie die antipelagianischen Synoden behandelte das Konzil von Trient vor allem das Dogma von der Erbsünde und nimmt in seine Lehre die früheren Aussagen zu diesem Gegenstand auf. Hier wurde freilich eine genaue Präzisierung vorgenommen, die den Inhalt des Begriffs liberum arbitrium (»freie Entscheidung«) teilweise veränderte. In den antipelagianischen Dokumenten bezeichnete die »Freiheit« oder »Willensfreiheit« nicht die mit der menschlichen Natur verbundene, also bleibende Möglichkeit der Entscheidung, sondern bezieht sich lediglich auf die Möglichkeit, verdienstvolle Handlungen auszuführen, also die Freiheit, die aus der Gnade fließt und die der Mensch verlieren kann.

Durch die Sünde hat Adam also verloren, was nicht zur menschlichen Natur im strengen Sinne des Wortes gehörte, das heißt die integritas, sanctitas, innocentia, iustitia: die »Unversehrtheit«, die »Heiligkeit«, die »Unschuld«, die »Gerechtigkeit«. Die Willensfreiheit (liberum arbitrium) wurde nicht aufgehoben, wohl aber geschwächt: ... liberum arbitrium minime exstinctum ... viribus licet attenuatum et inclinatum ... (»... die Willensfreiheit wurde keineswegs ausgelöscht ..., freilich wurden ihre Kräfte schwächer und ließen nach ...« – DS 1521 – Trid. Sess. VI, Decr. de Justificatione, C. 1).

beraubt, die vor der Sünde zu seiner »Ausstattung« gehört hatten; darüber hinaus nahm er auch an dem, was zu seiner Natur selbst gehörte, an seinem Menschsein, an der ursprünglichen Fülle der Gottebenbild-lichkeit Schaden. Die dreifache Begehrlichkeit entspricht nicht der Fülle jenes Ebenbildes, sondern eben den Schädigungen, den Unzulänglichkeiten, den Grenzen, die mit der Sünde hervortreten. Die Begehrlichkeit erklärt sich als Mangel: als Mangel, der jedoch in der ursprünglichen Tiefe des menschlichen Geistes seine Wurzeln hat. Wenn wir dieses Phänomen in seinen Anfangsgründen, also an der Schwelle der Erfahrungen des geschichtlichen Menschen, studieren wollen, müssen wir sämtliche Worte bedenken, die Gott-Jahwe an die Frau (Gen 3,16) und an den Mann (Gen 3,17–19) richtete. Außerdem müssen wir den Gewissenszustand der beiden untersuchen; der jahwistische Text erleichtert uns das ausdrücklich. Wir haben bereits früher auf den spezifischen literarischen Charakter dieses Textes in diesem Zusammenhang hingewiesen.

Zugleich mit der Sünde tritt die Begehrlichkeit und die Unvermeidlichkeit des Todes auf den Plan:
... primum hominem ... cum mandatum Dei... fuisset transgressus statim sanctitatem et iustitiarn, in qua costitutus fuerat, amisisse incurrisseque per offensam praevaricationis huiusmodi iram et indignationem Dei atque ideo mortem ... et cum morte captivitatem sub eius potestate, qui »mortis« deinde »habuit imperium« ... totumque Adam per illam praevaricationis offensam secundum corpus et animam in deterius commutatum fuisse ... (DS 1511, Trid. Sess. V, Decr. de pecc. Orig. 1): » ... dass der erste Mensch ..., nachdem er Gottes Gebot übertreten hatte, sogleich die Heiligkeit und Gerechtigkeit, mit der er ausgestattet gewesen war, verloren und sich durch die Beleidigung des Ungehorsams den Zorn und Unwillen Gottes und somit den Tod zugezogen habe ... und mit dem Tod die Gefangenschaft unter dessen Macht, der fortan ›die Macht über den Tod hatte‹ ..., und dass der ganze Adam durch die Beleidigung des Ungehorsams in seinem Leib und seiner Seele eine Veränderung zum Schlechteren erfahren habe ...«
(Vgl. Mysterium Salutis, II, Einsiedeln–Zürich–Köln 1967, S. 827–828: W. Seibel, »Der Mensch als Gottes übernatürliches Ebenbild und der Urstand des Menschen«.)

Verwandlung der Bedeutung der ursprünglichen Nacktheit

3. Welcher Bewusstseinszustand tut sich in den Worten kund: »Ich bekam Angst, weil ich nackt bin, und habe mich versteckt«? Welcher inneren Wahrheit entsprechen sie? Von welchem Empfinden für den Sinn des Körpers zeugen sie? Dieser neue Zustand unterscheidet sich zweifellos von dem ursprünglichen Zustand. Die Worte in Gen 3,10 beweisen unmittelbar eine radikale Veränderung in der Bedeutung der ursprünglichen Nacktheit. Im Zustand der ursprünglichen Unschuld war, wie wir früher festgestellt haben, die Nacktheit kein Ausdruck des Mangels, sondern die volle Bejahung des Körpers in seiner ganzen menschlichen und damit personalen Wirklichkeit. Der Körper als Ausdruck der Person war das erste Zeichen für die Anwesenheit des Menschen in der sichtbaren Welt. In dieser Welt war der Mensch von Anfang an in der Lage, sich selbst von den anderen Lebewesen zu unterscheiden, d. h. sich als Person zu bestätigen, auch durch seinen Körper. Denn dieser Körper war sozusagen das sichtbare Merkmal der Transzendenz, durch die der Mensch als Person über die sichtbare Welt der Lebewesen (animalia) hinausragt. In diesem Sinne war der Körper des Menschen von Anfang an ein treuer Zeuge und eine sichtbare Bestätigung des ursprünglichen Alleinseins des Menschen in der Welt; gleichzeitig war er durch seine Männlichkeit und Weiblichkeit eine durchsichtige Dimension der gegenseitigen Hingabe der Personen. So trug der menschliche Körper im Geheimnis der Schöpfung ein unzweifelhaftes Zeichen der Ebenbildlichkeit Gottes an sich und bildete auch die eigentliche Quelle für die Gewissheit der Ebenbildlichkeit, die im ganzen Wesen des Menschen zum Ausdruck kommt. Die ursprüngliche Bejahung des Körpers bildete gewissermaßen die Grundlage für die Bejahung der ganzen sichtbaren Welt in ihrem Gipfel. Und sie gab dem Menschen die Garantie für seine Herrschaft über die Welt, über die Erde, die er sich untertan machen sollte (vgl. Gen 1,28).

4. Die Worte »Ich bekam Angst, weil ich nackt bin, und habe mich versteckt« (Gen 3,10) beweisen eine radikale Änderung dieser Beziehung. Der Mensch verliert sozusagen die ursprüngliche Gewissheit von seiner Gottebenbildlichkeit, die in seinem Körper zum Ausdruck kommt. Er verliert gewissermaßen auch das Bewusstsein, dass er das Recht hat, an der Sichtbarkeit der Welt teilzunehmen, an der er sich im Geheimnis der Schöpfung erfreut hatte. Die Grundlage dieses Rechts lag im Innern des Menschen, darin, dass er an der göttlichen Schau der Welt und seines Menschseins teilnahm; das gab ihm tiefen Frieden und Freude am Erleben der Wirklichkeit und des Wertes seines Körpers in ganzer, ihm vom Schöpfer verliehener Unbefangenheit: »Gott sah, dass alles, was er gemacht hatte, sehr gut war« (Gen 1,31). Die Worte in Gen 3,10: »Ich bekam Angst, weil ich nackt bin, und habe mich versteckt« bestätigen den Zusammenbruch der ursprünglichen Bejahung des Körpers, als Zeichen der Person in der sichtbaren Welt. Zusammen mit diesem Zusammenbruch scheint auch die Bejahung der materiellen Welt in ihrer Beziehung zum Menschen ins Schwanken zu geraten. Die Worte Gott-Jahwes künden gewissermaßen die Feindseligkeit der Welt an, den Widerstand der Natur gegen den Menschen und seine Aufgaben, sie künden die Mühsal an, die der Körper des Menschen fortan im Umgang mit der von ihm unterworfenen Erde erfahren würde: »Verflucht ist der Ackerboden deinetwegen. Unter Mühsal wirst du von ihm essen alle Tage deines Lebens. Dornen und Disteln lässt er dir wachsen, und die Pflanzen des Feldes musst du essen. Mit Schweiß im Gesicht wirst du dein Brot essen, bis du zurückkehrst zum Ackerboden. Von ihm bist du ja genommen. Denn Staub bist du, zum Staub musst du zurück« (Gen 3,17–19). Am Ende dieser Mühsal, dieses Kampfes des Menschen mit der Erde, steht der Tod: »Staub bist du, zum Staub musst du zurück« (Gen 3,19).

In diesem Zusammenhang, oder besser: in dieser Perspektive scheinen die Worte Adams in Gen 3,10: »Ich bekam Angst, weil ich nackt bin, und habe mich versteckt« das Empfinden der Schutzlosigkeit sowie der Unsicherheit seiner somatischen Struktur gegenüber den Naturvorgängen zum Ausdruck zu bringen, die mit einem unvermeidbaren Determinismus wirksam sind. In dieser erschütternden Aussage ist eine Art »kosmischer Scham« enthalten, in der sich das nach dem Ebenbild Gottes geschaffene und zur Unterwerfung und Beherrschung der Erde berufene Wesen (vgl. Gen 1,28) kundgibt: dieses Wesen, das nun zu Beginn seiner geschichtlichen Erfahrungen in solch eindeutiger Weise der Erde unterworfen wird, besonders in dem Teil seiner transzendenten Befindlichkeit, die eben im Körper ihren Ausdruck findet.

Wir müssen hier unsere Betrachtungen über die Bedeutung der ursprünglichen Scham im Buch Genesis unterbrechen. Wir werden sie kommende Woche wieder aufnehmen.

»Immanente« Scham

28. Katechese, 28. Mai 1980

1. Wir sind dabei, die ersten Kapitel des Buches Genesis wiederzulesen, um zu verstehen, wie – mit der Erbsünde – der »Mensch der Begehrlichkeit« an die Stelle des »Menschen der ursprünglichen Unschuld« getreten ist. Die Worte von Genesis 3,10: »Ich bekam Angst, weil ich nackt bin, und habe mich versteckt«, die wir vor zwei Wochen betrachtet haben, zeigen die erste Empfindung der Scham des Menschen gegenüber seinem Schöpfer: eine Scham, die man auch als »kosmisch« bezeichnen könnte.

Doch diese »kosmische Scham« – wenn es möglich ist, ihre Züge innerhalb der Gesamtsituation des Menschen nach dem Sündenfall zu erkennen – macht im biblischen Text einer anderen Form der Scham Platz. Es ist die Scham, die im Menschsein selber gegeben ist, die also von der inneren Verwirrung dessen verursacht wurde, wodurch der Mensch im Geheimnis der Schöpfung (sowohl in seinem personalen Ich als auch in der interpersonalen Beziehung durch die ursprüngliche Personengemeinschaft, die zwischen Mann und Frau bestand) »Abbild

Gottes« war. Diese Scham, deren Ursache sich im Menschsein selbst vorfindet, ist immanent und relativ zugleich: Sie äußert sich in der Dimension der menschlichen Innerlichkeit und bezieht sich gleichzeitig auf den »anderen«. Es ist die Scham der Frau dem Mann und die des Mannes der Frau gegenüber: eine gegenseitige Scham, die sie nötigt, die eigene Nacktheit zu bedecken und den Körper zu verhüllen, dem Blick des Mannes zu entziehen, was das sichtbare Zeichen der Fraulichkeit ausmacht, und dem Blick der Frau das zu entziehen, was das sichtbare Zeichen der Männlichkeit ist. In diese Richtung hat sich die Scham beider nach dem Sündenfall ausgeprägt, als sie erkannten, »dass sie nackt waren«, wie es in Genesis 3,7 heißt. Der jahwistische Text scheint ausdrücklich auf den sexuellen Charakter dieser Scham hinzuweisen: »Sie hefteten Feigenblätter zusammen und machten sich einen Schurz.« Doch können wir uns fragen, ob der sexuelle Aspekt nur einen relativen Charakter besitzt, mit anderen Worten: ob es sich um eine Scham vor der eigenen Geschlechtlichkeit nur gegenüber der Person des anderen Geschlechtes handelt.

2. Obgleich im Lichte des entscheidenden Satzes von Genesis 3,7 die Antwort auf die Frage vor allem den Bezugscharakter der Ur-Scham zu stützen scheint, erlaubt uns dennoch das Nachdenken über den unmittelbaren Gesamtzusammenhang, ihren mehr immanenten Hintergrund aufzudecken. Jene Scham, die sich zweifellos im sexuellen Bereich äußert, enthüllt eine spezifische Schwierigkeit, die menschliche Wesentlichkeit des eigenen Körpers zu empfinden: eine Schwierigkeit, die der Mensch im Zustand der ursprünglichen Unschuld nicht hatte. So lassen sich in der Tat die Worte verstehen: »Ich bekam Angst, weil ich nackt bin«, die die Folgen der Frucht vom Baum der Erkenntnis von Gut und Böse im Innern des Menschen sichtbar machen. Durch diese Worte wird ein gewisser grundlegender Bruch im Inneren der menschlichen Person aufgedeckt, sozusagen ein Riss in der ursprünglichen geistig-körperlichen Einheit des Menschen. Dieser wird sich zum

ersten Mal bewusst, dass sein Körper aufgehört hat, aus der Kraft des Geistes zu schöpfen, der ihn auf die Ebene der Gottebenbildlichkeit erhob. Seine Ur-Scham trägt die Zeichen einer spezifischen Demütigung durch den Körper an sich. Es verbirgt sich in ihr der Keim jenes Widerspruchs, der den geschichtlichen Menschen auf seinem gesamten Erdenweg begleiten wird, wie der hl. Paulus schreibt: »Denn in meinem Innern freue ich mich am Gesetz Gottes, ich sehe aber ein anderes Gesetz in meinen Gliedern, das mit dem Gesetz meiner Vernunft im Streit liegt« (Röm 7,22–23). »Denn das Begehren des Fleisches richtet sich gegen den Geist, das Begehren des Geistes aber gegen das Fleisch« (Gal 5,17).

3. So gesehen ist diese Scham also immanent. Sie enthält eine derartige Erkenntnisschärfe, dass sie bis in die Existenztiefe des Menschen Unruhe erzeugt, nicht nur angesichts des Todes, sondern auch im Hinblick auf das, wovon Wert und Würde der Person in ihrer ethischen Bedeutung abhängen. In diesem Sinne ist die ursprüngliche Scham des Körpers (»ich bin nackt«) bereits Angst (»ich bekam Angst«) und kündigt die Unruhe des Gewissens an, die mit der bösen Begehrlichkeit zusammenhängt. Der Körper, der nicht mehr wie im Zustand der Ur-Unschuld dem Geist unterworfen ist, nährt in sich einen ständigen Herd des Widerstandes gegen den Geist und bedroht gewissermaßen die Einheit des Menschen als Person, das heißt die Einheit sittlicher Natur, die im eigentlichen Gefüge der Person fest verwurzelt ist. Die Begehrlichkeit und im Besonderen die Begehrlichkeit des Fleisches stellt eine spezifische Bedrohung für die Struktur des Selbstbesitzes und der Selbstbestimmung dar, durch die sich die Person des Menschen formt. Sie stellt zugleich eine spezifische Herausforderung für die Person dar. In jedem Fall beherrscht der Mensch der Begehrlichkeit seinen Körper nicht in demselben Maße und mit der gleichen Einfachheit und Natürlichkeit, wie das der Mensch der ursprünglichen Unschuld vermochte. Die Struktur der für die menschliche Person wesentlichen

Selbstbestimmung wird in ihm gewissermaßen in den Grundfesten erschüttert; er identifiziert sich erneut mit ihr, insofern er ständig bereit ist, sie zurückzugewinnen.

Geschlechtliche Scham

4. Mit diesem inneren Ungleichgewicht ist die immanente Scham verbunden. Sie hat sexuellen Charakter, weil gerade der Bereich der menschlichen Geschlechtlichkeit jene Störung des Gleichgewichts besonders deutlich sichtbar macht, die der Begehrlichkeit und besonders der Begehrlichkeit des Fleisches entspringt. So gesehen ist jener erste Anstoß, von dem Genesis 3,7 spricht (»da erkannten sie, dass sie nackt waren; sie hefteten Feigenblätter zusammen und machten sich einen Schurz«), äußerst beredsam; es ist, als erlebte der Mensch der Begehrlichkeit (Mann und Frau »im Akt der Erkenntnis von Gut und Böse«), dass er einfach aufgehört hat, auch seinem Körper und seinem Geschlecht nach über der Welt der anderen Lebewesen oder animalia zu stehen. Es ist, als ob er einen spezifischen Bruch der personalen Integrität seines Körpers erlebte, besonders in dem, was seine Geschlechtlichkeit ausmacht und was in direktem Zusammenhang mit dem Ruf zu jener Einheit steht, in der Mann und Frau »ein Fleisch sein werden« (Gen 2,24). Deshalb hat jene immanente und zugleich geschlechtliche Scham zumindest indirekt immer einen relativen Charakter in Bezug auf den anderen. Es ist die Scham vor der eigenen Geschlechtlichkeit gegenüber dem anderen Menschen. So zeigt sich die Scham im Bericht von Genesis 3, durch den wir gewissermaßen Zeugen der Geburt des Menschen der Begehrlichkeit werden. Damit ist auch die Begründung hinreichend klar, dass wir von den Worten Christi über den Mann, der »eine Frau ansieht, um sie zu begehren« (Mt 5,27f.), zu jenem ersten Augenblick zurückgehen müssen, wo Scham sich durch Begehrlichkeit erklärt und Begehrlichkeit durch Scham. So verstehen wir besser, weshalb – und in welchem Sinn – Christus das begehrliche Begehren »Ehebruch« nennt, der im Herzen begangen wird, weshalb er sich an das Herz wendet.

5. Das menschliche Herz birgt in sich gleichzeitig Begehrlichkeit und Scham. Das Entstehen der Scham verweist uns auf jenen Augenblick, in dem der innere Mensch, das Herz, sich dem verschließt, was vom Vater kommt, und sich dem öffnet, was von der Welt kommt. Das Entstehen der Scham im Herzen des Menschen geht Hand in Hand mit dem Aufbrechen der Begehrlichkeit – der dreifachen Begehrlichkeit in der johanneischen Theologie (vgl. 1 Joh 2,16), besonders der Begehrlichkeit des Fleisches. Aufgrund der Begehrlichkeit schämt sich der Mensch seines Körpers. Ja, er schämt sich nicht so sehr des Körpers als vielmehr der Begehrlichkeit: Er schämt sich des Körpers wegen seiner Begehrlichkeit. Er schämt sich des Körpers wegen jenes Zustandes seines Geistes, den Theologie und Psychologie mit dem gleichen Begriff bezeichnen: Begehren oder Begehrlichkeit, auch wenn die Bedeutung nicht ganz die Gleiche ist. Die biblische und theologische Bedeutung der Begehrlichkeit unterscheidet sich von der in der Psychologie gebrauchten. Für letztere rührt das Begehren von dem Mangel oder der Notwendigkeit her, die der begehrte Wert stillen soll. Die biblische Begehrlichkeit dagegen bezeichnet, wie wir aus 1 Joh 2,16 ableiten können, den Zustand des menschlichen Geistes, der sich von der ursprünglichen Einfachheit und Fülle der Werte entfernt hat, die Mensch und Welt in den Dimensionen Gottes besitzen. Gerade diese Einfachheit und Fülle des Wertes des menschlichen Körpers in der ursprünglichen Erfahrung seiner Männlichkeit bzw. Weiblichkeit, von welcher Genesis 2,23–25 spricht, hat in der Folge in den Dimensionen der Welt eine radikale Umwandlung erfahren. Nun entstand zugleich mit der Begehrlichkeit des Fleisches die Scham.

6. Die Scham hat eine zweifache Bedeutung: Sie verweist auf die Bedrohung des Wertes, und zugleich bewahrt sie diesen Wert innerlich[47]. Die Tatsache, dass im menschlichen Herzen von dem Augenblick an,

[47] Karol Wojtyla, Liebe und Verantwortung: »Metaphysik der Scham«, Kösel Verlag, München 1979, S. 150–167.

da die Begehrlichkeit des Fleisches wach wurde, auch die Scham entstand, weist darauf hin, dass man an dieses Herz appellieren kann und muss, wenn es jene Werte sicherzustellen gilt, denen die Begehrlichkeit ihre ursprüngliche und volle Dimension nimmt. Wenn wir das beachten, können wir besser erfassen, warum Christus, wenn er von der Begehrlichkeit spricht, sich auf das menschliche Herz beruft.

2.2 Die Unzulänglichkeit der Vereinigung

Die Verzerrung des Bewusstseins vom vereinigenden Sinn des Körpers

29. Katechese, 4. Juni 1980

1. Bei unseren Betrachtungen über das Entstehen der Begehrlichkeit im Menschen anhand der Genesis haben wir die ursprüngliche Bedeutung der Scham analysiert, die mit dem Sündenfall sichtbar wurde. Die Analyse der Scham im Lichte des biblischen Berichtes erlaubt uns, noch tiefer zu erfassen, welche Bedeutung sie für alle zwischenmenschlichen Beziehungen von Mann und Frau hat. Das dritte Kapitel der Genesis zeigt ohne jeden Zweifel, dass jene Scham im Verhältnis von Mann und Frau zueinander auftrat und dass eben wegen der Scham dieses Verhältnis sich radikal wandelte. Und da die Scham in ihren Herzen zugleich mit der Begehrlichkeit entstand, erlaubt uns die Analyse der ursprünglichen Scham gleichzeitig zu prüfen, in welchem Verhältnis diese Begehrlichkeit zur Gemeinschaft zweier Personen steht, die dem Mann und der Frau von Anfang an anvertraut und als Aufgabe übertragen wurde, weil sie als »Abbild Gottes« erschaffen wurden. Daher ist der nächste Schritt bei der Untersuchung der Begehrlichkeit, die nach Genesis 3 »am Anfang« in der Scham des Mannes und der Frau sichtbar wurde, die Analyse der Unzulänglichkeit der Vereinigung, d. h. der Gemeinschaft der Personen, die entsprechend ihrer je besonderen Ausprägung als Mann oder Frau auch von ihrem Körper zum Ausdruck gebracht werden sollte.

2. Vor allem also diese Scham, die nach der biblischen Erzählung Mann und Frau veranlasst, ihre Körper und im Besonderen das, was sie geschlechtlich unterscheidet, voreinander zu verbergen, beweist, dass die ursprüngliche Fähigkeit, sich einander mitzuteilen, von der Genesis 2,25 spricht, zerstört wurde. Die radikale Änderung der Bedeutung der ursprünglichen Nacktheit lässt uns negative Veränderungen im gesamten interpersonalen Verhältnis zwischen Mann und Frau vermuten. Diese gegenseitige Mitteilung des Menschen selbst durch den Körper und durch seine Männlichkeit und Weiblichkeit, welche im vorangehenden Abschnitt der jahwistischen Erzählung (vgl. Gen 2,23–25) ein so starkes Echo hatte, wird in diesem Augenblick erschüttert: Es ist, als ob der Körper in seiner Männlichkeit und Weiblichkeit nicht mehr länger frei von Argwohn sei als die Grundlage der Gemeinschaft der Personen, als ob seine ursprüngliche Funktion im Bewusstsein des Mannes und der Frau angezweifelt würde. Die Schlichtheit und Reinheit ihres ursprünglichen Erlebens, die eine einzigartige Fülle der Selbstmitteilung aneinander ermöglichen, gehen verloren. Natürlich teilten sich die Stammeltern auch weiterhin durch ihren Körper, seine Bewegungen, Gesten und Ausdrucksweise einander mit; aber ihre einfache und unmittelbare Selbstmitteilung, die aus dem ursprünglichen Erleben der gegenseitigen Nacktheit kam, ging verloren. Fast unerwartet erhob sich in ihrem Bewusstsein eine unüberwindliche Schwelle, die die ursprüngliche Selbsthingabe an den anderen begrenzt, die im vollen Vertrauen auf alles, was die eigene Identität und zugleich Verschiedenheit als Mann und als Frau ausmacht, geschah. Der Unterschied zwischen männlichem und weiblichem Geschlecht wurde jäh empfunden und als Element des Gegensatzes der Personen verstanden. Das bezeugen die knappe Formulierung in Genesis 3,7: »Sie erkannten, dass sie nackt waren«, und der unmittelbare Kontext. Das alles gehört auch zur Analyse des ersten Auftretens der Scham. Die Genesis beschreibt nicht nur den Ursprung der Scham im Wesen des Menschen, sie lässt uns auch ihre Schichten im Mann und in der Frau erkennen.

3. Den Verlust der Fähigkeit zu voller gegenseitiger Selbstmitteilung, der sich in der sexuellen Scham äußert, lässt uns besser den ursprünglichen Wert des Empfindens für den einigenden Sinn des Körpers begreifen. Man kann den Verlust dieser Fähigkeit, d. h. die Scham, nur von der Bedeutung her verstehen, die der Körper in seiner Weiblichkeit und Männlichkeit zuvor für den Menschen im Zustand der ursprünglichen Unschuld hatte. Diese einigende Bedeutung gilt nicht für die Einheit, die Mann und Frau als Eheleute darstellen, indem sie durch den ehelichen Akt »ein Fleisch« werden (Gen 2,24), sondern gilt auch für die Gemeinschaft der Personen selbst, die im Geheimnis der Schöpfung die eigentliche Dimension der Existenz des Mannes und der Frau war. Der Körper in seiner Männlichkeit und Weiblichkeit bildete die spezifische Grundlage dieser personalen Gemeinschaft. Die sexuelle Scham, von der Genesis 3,7 spricht, bezeugt den Verlust der ursprünglichen Gewissheit, dass der menschliche Körper durch seine Männlichkeit und Weiblichkeit, genau die Grundlage der Gemeinschaft der Personen ist, eine Grundlage, die diese Gemeinschaft unmittelbar zum Ausdruck bringt und dazu dient, sie zu verwirklichen (und damit das »Ebenbildes Gottes« in der sichtbaren Welt zu vollenden). Das Bewusstsein der beiden hat im weiteren Kontext von Genesis 3, mit dem wir uns noch beschäftigen werden, starke Wirkungen. Wenn der Mensch nach dem Sündenfall sozusagen das Empfinden für seine Gottebenbildlichkeit verloren hatte, so äußerte sich das im körperlichen Schamgefühl (vgl. besonders Gen 3,10–11). Die Scham, die das gesamte Verhältnis zwischen Mann und Frau erfasste, zeigte sich im Verlust des Gleichgewichtes des ursprünglichen Empfindens des einigenden Sinnes des Körpers, das heißt des Körpers als spezifische Grundlage der Gemeinschaft der Personen. Es ist, als wäre die personale Ausprägung der Männlichkeit und der Weiblichkeit, die vorher die Bedeutung des Körpers für eine volle Gemeinschaft der Personen unterstrich, dem bloßen sexuellen Empfinden gegenüber dem anderen Menschen gewichen; als würde die Geschlechtlichkeit zum Hindernis

in der personalen Beziehung des Mannes zur Frau. Während sie nach Genesis 3,7 ihre Geschlechtlichkeit voreinander verbergen, bringen sie sie gleichsam instinktmäßig zum Ausdruck.

Eine tiefere Dimension der Scham

4. Diese Entdeckung ist zugleich eine Art zweiter Entdeckung des Geschlechts, die sich im biblischen Bericht grundlegend von der ersten unterscheidet. Der ganze Zusammenhang des Berichts bezeugt, dass diese neue Entdeckung den geschichtlichen Menschen der Begehrlich-keit (und zwar der dreifachen Begehrlichkeit) vom Menschen der ursprünglichen Unschuld unterscheidet. In welcher Beziehung steht die Begehrlichkeit, besonders die Begehrlichkeit des Fleisches, zu der vom Körper, von seiner Männlichkeit und Weiblichkeit vermittelten Gemeinschaft der Personen, das heißt zu der Gemeinschaft, die dem Menschen im Anfang vom Schöpfer anvertraut wurde? Das ist die Frage, die man sich gerade in Bezug auf die Worte »am Anfang« über die Erfahrung der Scham stellen muss, von der der biblische Bericht spricht. Wie wir bereits festgestellt haben, ist die Scham in der Erzählung von Genesis 3 das Symptom für die Trennung des Menschen von der Liebe, an der er im Geheimnis der Schöpfung Anteil hatte, wie es bei Johannes heißt: der Liebe, die »vom Vater kommt«. »Das, was von der Welt ist«, also die Begehrlichkeit, trägt in sich eine fast konstitutive Schwierigkeit in der Identifizierung des eigenen Ichs mit dem eigenen Körper; und das nicht nur für den Bereich der eigenen Subjektivität, sondern noch mehr für den Bereich der Subjektivität des anderen Menschen: der Frau gegenüber dem Mann, des Mannes gegenüber der Frau.

5. Daher stammt das Bedürfnis, vor dem anderen das zu verbergen, was körperlich die Weiblichkeit oder Männlichkeit ausmacht. Dieses Bedürfnis beweist das wesentliche Fehlen des Vertrauens, das schon allein die Erschütterung der ursprünglichen Gemeinschaft anzeigt. Gerade

die Beziehung zur Subjektivität des anderen und zugleich zur eigenen Subjektivität hat in dieser neuen Situation, nämlich im Zusammenhang mit der Begehrlichkeit, das Bedürfnis, sich zu verbergen, entstehen lassen, von dem Genesis 3,7 spricht.

Und genau hier, so scheint uns, berühren wir die tiefere Bedeutung der sexuellen Scham und auch die volle Bedeutung des Phänomens, auf das der biblische Text hinweist, um die Grenze zwischen dem Menschen der ursprünglichen Unschuld und dem geschichtlichen Menschen der Begehrlichkeit zu offenbaren. Der vollständige Text des 3. Kapitels der Genesis liefert uns Elemente, um die Tiefendimension der Scham zu bestimmen; doch das erfordert eine eigene Analyse. Mit ihr wollen wir bei unserer nächsten Untersuchung beginnen.

30. Katechese, 18. Juni 1980

1. Im 3. Kapitel der Genesis wird mit überraschender Präzision das Phänomen der Scham beschrieben, die beim ersten Menschen zugleich mit der Erbsünde auftrat. Eine aufmerksame Betrachtung dieses Textes erlaubt uns, den Schluss zu ziehen, dass die Scham, die an die Stelle des absoluten Vertrauens getreten ist, das mit dem anfänglichen Zustand der Unschuld bei der Beziehung zwischen Mann und Frau verbunden war, eine tiefere Dimension hat. Dazu muss man das dritte Kapitel der Genesis bis zu Ende lesen und darf sich nicht auf Vers 7 und die Verse 10–11 beschränken, die das Zeugnis über die ursprüngliche Erfahrung der Scham enthalten. Denn nach diesem Bericht bricht der Dialog Gott-Jahwes mit dem Mann und der Frau ab; es beginnt ein Monolog. Jahwe wendet sich an die Frau und spricht zunächst von den Geburtswehen, die sie von nun an begleiten werden: »Viel Mühsal bereite ich dir, sooft du schwanger wirst, unter Schmerzen gebierst du Kinder …« (Gen 3,16).

Dem fügt er den Satz hinzu, der künftig das gegenseitige Verhältnis von Mann und Frau kennzeichnet: »Du hast Verlangen nach deinem Mann; er aber wird über dich herrschen« (Gen 3,16).

2. Diese Worte besitzen, ähnlich denen von Genesis 2,24, zukunftweisenden Charakter. Die einschneidende Formulierung von 3,16 scheint die Gesamtheit der Tatsachen zu betreffen, die irgendwie schon bei der ersten Erfahrung der Scham ans Licht kamen und die sich dann in der ganzen inneren Erfahrung des geschichtlichen Menschen äußern sollten. Die Geschichte des menschlichen Gewissens und Herzens wird die Worte von Genesis 3,16 immer wieder bestätigen. Die anfangs zitierten Worte scheinen auf eine besondere Behinderung der Frau im Vergleich zum Mann Bezug zu nehmen. Aber das ist kein Grund, sie als eine soziale Unterordnung oder Ungleichheit zu verstehen. Vielmehr weist der unmittelbar anschließende Satz: »Du hast Verlangen nach deinem Mann; er aber wird über dich herrschen« auf eine andere Form der Ungleichheit hin, welche die Frau als Fehlen der vollen Einheit im weiteren Zusammenhang der Einheit mit dem Mann empfinden wird, zu der beide nach Genesis 2,24 berufen sind.

3. Die Worte Gott-Jahwes: »Du hast Verlangen nach deinem Mann; er aber wird über dich herrschen« (Gen 3,16) betreffen nicht ausschließlich den Augenblick der Vereinigung von Mann und Frau, wenn beide sich so aneinander binden, dass sie ein Fleisch werden (vgl. Gen 2,24), aber sie beziehen sich doch auf den ganzen Zusammenhang auch der indirekten Beziehung der ehelichen Vereinigung der beiden. Zum ersten Mal wird der Mann hier als Ehemann bezeichnet. Im Kontext des jahwistischen Berichtes sind diese Worte vor allem als Übertretung, als grundlegender Verlust der ursprünglichen Gemeinschaft und Verbundenheit der Personen zu verstehen. Diese war dazu gedacht, Mann und Frau gegenseitig glücklich zu machen durch die Entdeckung einer einfachen und reinen Verbindung im Menschsein, durch die gegenseitige Selbsthingabe, das heißt das Erleben der Hingabe der Person, die mit Seele und Leib, mit Männlichkeit und Weiblichkeit (»Fleisch von meinem Fleisch«, Gen 2,23) zum Ausdruck kommt, und schließ-

lich durch die Unterordnung dieser Vereinigung unter den Segen einer Fruchtbarkeit durch »Nachkommenschaft«.

4. Es hat also den Anschein, dass in den Worten Gott-Jahwes an die Frau eine tiefere Resonanz der Scham zu finden ist, die beide nach dem Bruch des ursprünglichen Bundes mit Gott zu erfahren begannen. Außerdem finden wir hier eine vollständigere Begründung der Scham. Sehr diskret und dennoch gut entschlüsselbar und ausdrucksstark bezeugt Genesis 3,16, dass die ursprünglich beglückende personale eheliche Vereinigung im Herzen des Menschen der Begehrlichkeit entstellt wird. Diese Worte sind direkt an die Frau gerichtet, sie beziehen sich aber auch auf den Mann oder vielmehr auf beide gemeinsam.

»Unzulänglichkeit der Vereinigung«

5. Schon die Analyse von Genesis 3,7, die wir bei einer früheren Audienz angestellt haben, hat gezeigt, dass Mann und Frau in der neuen Lage, nach dem Bruch des anfänglichen Bundes mit Gott, statt durch ihre Männlichkeit bzw. Weiblichkeit miteinander vereint voneinander getrennt oder geradezu gegeneinander gestellt wurden. Der biblische Bericht, der den instinktiven Impuls beider, ihren Körper zu bedecken, hervorhebt, beschreibt zugleich die Situation, in welcher sich der Mensch als Mann oder Frau – vorher war er eher Mann und Frau – dem Körper als Quelle ursprünglicher Verbundenheit im Menschsein (»Fleisch von meinem Fleisch«) in hohem Maße entfremdet fühlt und dem anderen gerade aufgrund von Körper und Geschlecht stärker entgegengesetzt. Dieser Gegensatz zerstört keineswegs die vom Schöpfer gewollte eheliche Verbindung (vgl. Gen 2,24) noch ihre Auswirkungen auf Zeugung und Fortpflanzung; doch gibt er der Verwirklichung dieser Verbindung eine andere Richtung, wie sie eben dem Menschen der Begehrlichkeit eigen sein wird. Davon spricht Genesis 3,16.

Die Frau, die »Verlangen nach dem Mann hat« (vgl. Gen 3,16), und der Mann, dessen Antwort auf dieses Verlangen, wie wir lesen, darin besteht, »über sie zu herrschen«, bilden zweifellos dasselbe menschliche Ehepaar, von dem in Genesis 2,24 die Rede ist, ja dieselbe Gemeinschaft der Personen – und doch sind sie nun irgendwie verschieden. Sie sind nicht nur zur Verbundenheit und Einheit gerufen, sondern werden von der Unzulänglichkeit dieser Vereinigung und Einheit bedroht, die nicht aufhört, Mann und Frau gegenseitig anzuziehen, eben weil sie Personen sind, die von Ewigkeit her zur Existenz in Gemeinschaft berufen sind. Im Lichte des biblischen Schöpfungsberichtes hat die geschlechtliche Scham ihre tiefe Bedeutung, die eben in Zusammenhang steht mit der Unzulänglichkeit der Erfüllung der gegenseitigen Gemeinschaft der Personen in der ehelichen Vereinigung von Personen (vgl. Gen 2,24).

6. Das alles scheint unter verschiedenen Aspekten zu bestätigen, dass der Scham, die der Mensch in seiner Geschichte erfuhr, die dreifache Begehrlichkeit zugrunde liegt, von der im ersten Johannesbrief die Rede ist: nicht nur die Begehrlichkeit des Fleisches, sondern auch »die Begehrlichkeit der Augen und der Stolz des Lebens« (1 Joh 2,16). Weist etwa die Äußerung über Herrschaft (»er wird über dich herrschen«), von welcher wir in Genesis 3,16 hören, nicht auf diese letzte Form der Begehrlichkeit hin? Verändert nicht die Herrschaft über den anderen – des Mannes über die Frau – wesenhaft die Gemeinschaftsstruktur in der zwischenmenschlichen Beziehung? Überträgt sie nicht in die Dimension dieser Struktur etwas, was das menschliche Wesen in gewisser Hinsicht zu einem Gegenstand macht, gleichsam zu einem Ding, hinter dem die Begehrlichkeit des Auges zu stehen scheint?

Das sind die Fragen, die sich aus der Überlegung zu den Worten Jahwes nach Genesis 3,16 ergeben. Jene Worte, die an der Schwelle der Menschheitsgeschichte nach dem Sündenfall ausgesprochen wurden, enthüllen uns nicht nur die äußere Lage des Mannes und der Frau; sie erlauben uns auch, in die tiefen Geheimnisse ihres Herzens vorzudringen.

Woher kommt die Unzulänglichkeit der Vereinigung?

31. Katechese, 25. Juni 1980

1. Die Analyse, die wir bei unserer vorigen Betrachtung angestellt haben, galt den Worten aus Gen 3,16, die Gott-Jahwe nach dem Sündenfall an die erste Frau richtete: »Du hast Verlangen nach deinem Mann; er aber wird über dich herrschen« (Gen 3,16). Wir sind zu dem Schluss gekommen, dass diese Worte eine adäquate Klärung und eine tiefe Deutung der ursprünglichen Scham enthalten (vgl. Gen 3,7), die zusammen mit der Begehrlichkeit zum Mann und zur Frau gehören. Die Erklärung für diese Scham ist nicht im Körper selbst zu suchen, in der körperlichen Sexualität; sie geht vielmehr zurück auf die tiefgreifenderen Wandlungen, die der menschliche Geist erfahren hat. Dieser Geist ist sich in besonderer Weise der Unzulänglichkeit der Vereinigung von Mann und Frau bewusst. Dieses Bewusstsein aber macht sozusagen den Körper dafür verantwortlich, es nimmt ihm die Schlichtheit und Reinheit des mit der anfänglichen Unschuld des menschlichen Seins verbundenen Sinnes. In Bezug auf dieses Bewusstsein ist die Scham nur ein abgeleitetes Erlebnis: Wenn sie einerseits das Moment der Begehrlichkeit enthüllt, so kann sie zugleich vor den Folgen der dreifachen Begehrlichkeit schützen. Man kann sogar sagen, durch die Scham bleiben der Mann und die Frau gleichsam im Stand der anfänglichen Unschuld. Denn sie machen sich ständig die brautliche Bedeutung des Körpers bewusst und möchten ihn sozusagen vor der Begehrlichkeit schützen, so wie sie versuchen, den gemeinschaftlichen Sinn der Verbundenheit ihrer Personen im »ein Fleisch Sein« aufrechtzuerhalten.

2. Gen 2,24 spricht diskret, aber auch ganz klar vom »ein Fleisch werden« im Sinne einer echten Vereinigung von Personen: »Der Mann ... bindet sich an seine Frau, und sie werden ein Fleisch.« Aus dem Zusammenhang ergibt sich, dass diese Verbindung von einer Entscheidung her stammt, weil der Mann Vater und Mutter verlässt, um sich

an seine Frau zu binden. Eine solche Verbindung der Personen führt dahin, dass sie »ein Fleisch werden«. Von diesem »sakramentalen« Ausdruck ausgehend, der der Gemeinschaft der Personen – des Mannes und der Frau – in ihrer ursprünglichen Berufung zur ehelichen Verbindung entspricht, können wir die eigentliche Botschaft von Gen 3,16 besser verstehen; das heißt, wir können feststellen und gleichsam rekonstruieren, worin näherhin das mangelnde Gleichgewicht, ja die besondere Verzerrung der ursprünglichen interpersonalen Beziehung der Gemeinschaft besteht, auf welche die »sakramentalen« Worte von Gen 2,24 anspielen.

3. Man kann also – bei vertiefter Betrachtung von Gen 3,16 – sagen: Während einerseits der Körper, der in der Einheit des personalen Subjekts konstituiert ist, nicht aufhört, das Verlangen nach personaler Vereinigung zu erregen eben aufgrund seiner Männlichkeit und Weiblichkeit (»Du hast Verlangen nach deinem Mann«), so lenkt anderseits und gleichzeitig die Begehrlichkeit dieses Verlangen in ihre eigene Richtung; das wird von dem Satz »er aber wird über dich herrschen« bestätigt. Die Begehrlichkeit des Fleisches lenkt dieses Verlangen auf die Befriedigung des Fleisches, oft auf Kosten einer echten und vollen Gemeinschaft der Personen. Hier müsste man auf die besondere Weise achten, wie in den Versen von Gen 3 die semantischen Akzente verteilt sind; denn wenn sie sich auch an verschiedenen Stellen finden, gehören sie doch innerlich zusammen. Der Mann scheint die Scham vor dem eigenen Körper besonders intensiv zu erfahren: »Da bekam ich Angst, weil ich nackt bin, und habe mich versteckt« (Gen 3,10); diese Worte betonen den wahrhaft metaphysischen Charakter dieser Scham. Zugleich wird für den Mann die Scham, verbunden mit der Begehrlichkeit, zum Antrieb, über die Frau »zu herrschen« (»er aber wird über dich herrschen«). In der Folge zeigt sich die Erfahrung dieser Beherrschung bei der Frau unmittelbar als das unersättliche Verlangen nach einer Verbindung anderer Art. Von dem Augenblick an, da der

Mann über sie »herrscht«, wandelt sich die aus voller geistiger Einheit der beiden sich einander schenkenden Wesen entstandene communio personarum in eine gegenseitige Beziehung anderer Art, nämlich einer Beziehung des Besitzes des anderen als Objekt des eigenen Begehrens. Wenn beim Mann dieser Impuls vorherrscht, kann das Verlangen, das die Frau ihm entgegenbringt, nach Gen 3,6 eine analoge Form annehmen, und tut es auch. Und manchmal kommen sie vielleicht dem »Begehren« des Mannes zuvor, suchen es zu wecken oder zu steigern.

4. Der Text von Gen 3,16 scheint vor allem den Mann als jenen zu bezeichnen, der begehrt, ähnlich wie im Text von Mt 5,27–28, der den Ausgangspunkt unserer derzeitigen Betrachtungen bildet; in jedem Fall sind Mann und Frau zum Menschen der Begehrlichkeit geworden. Deshalb überfällt beide die Resonanz der Scham, die sich im Innersten der Persönlichkeit des Mannes und der Frau, wenn auch in verschiedener Weise, auswirkt. Aus Gen 3 allein können wir kaum diese Duplizität nachzeichnen, aber schon die Andeutungen sind recht vielsagend. Wir fügen hinzu, dass dieser doch so alte Text so überraschend ausdrucksstark und scharfsinnig ist.

2.3 Die Verzerrung der bräutlichen Bedeutung des Leibes

»Maß des Herzens«

5. Eine adäquate Analyse von Gen 3 führt also zu dem Schluss, dass die dreifache Begehrlichkeit, eingeschlossen jene des Fleisches, eine Einschränkung der bräutlichen Bedeutung des Leibes mit sich bringt, an dem Mann und Frau im Zustand der anfänglichen Unschuld teilhatten. Wenn wir von der Bedeutung des Leibes sprechen, meinen wir vor allem das volle Bewusstsein des Menschen. Wir schließen aber auch jedes tatsächliche Erleben des Körpers in seiner Männlichkeit und Weiblichkeit ein, jedenfalls die ständige Empfänglichkeit für diese Erfahrung.

Die Bedeutung des Leibes ist nicht nur etwas Begriffliches. Darauf haben wir bei den vorangegangenen Betrachtungen schon ausführlich hingewiesen. Der Sinn des Körpers bestimmt zugleich die Haltung: Er ist die Weise, wie man den Körper erlebt. Er ist das Maß, das der innere Mensch, also das »Herz«, auf das sich Christus in der Bergpredigt beruft, auf den menschlichen Körper in seiner Männlichkeit und Weiblichkeit (also in seiner Geschlechtlichkeit) anwendet.

Dieser Sinn verändert nicht die Wirklichkeit in sich, also das, was der menschliche Körper in seiner Geschlechtlichkeit, unabhängig von unserem Bewusstsein und unseren Erlebnissen, ist und bleibt. Doch dieser rein objektive Sinn von Körper und Geschlecht, abgesehen von der Gesamtheit der tatsächlichen, konkreten zwischenmenschlichen Beziehungen von Mann und Frau, ist gewissermaßen ungeschichtlich. Wir hingegen tragen in unserer jetzigen Analyse – in Übereinstimmung mit den biblischen Quellen – stets der Geschichtlichkeit des Menschen Rechnung (auch deshalb, weil wir von seiner theologischen Vorgeschichte ausgehen). Es geht hier offensichtlich um eine innere Dimension, die sich den äußeren Kriterien der Geschichtlichkeit entzieht, die wir aber dennoch als geschichtlich bezeichnen dürfen. Sie liegt sogar allem zugrunde, was die Geschichte des Menschen – auch die Geschichte der Sünde und des Heils – ausmacht und damit die Tiefe und eigentliche Wurzel seiner Geschichtlichkeit enthüllt.

6. Wenn wir in diesem großen Zusammenhang von der Begehrlichkeit als Einschränkung, Verletzung oder sogar Verzerrung der bräutlichen Bedeutung des Leibes sprechen, beziehen wir uns vor allem auf unsere früheren Analysen über den Stand der anfänglichen Unschuld, also die theologische Vorgeschichte des Menschen. Zugleich erwägen wir das Maß, das der geschichtliche Mensch mit seinem »Herzen« auf den eigenen Körper und seine Geschlechtlichkeit anwendet. Dieses Maß ist nicht nur etwas Begriffliches: Es bestimmt die Haltung und entscheidet grundsätzlich über die Art und Weise, den Körper zu erleben.

Darauf bezieht sich Christus zweifellos in der Bergpredigt. Wir versuchen hier, die Worte von Mt 5,27–28 näher an den Beginn der theologischen Geschichte des Menschen heranzurücken, indem wir sie schon im Zusammenhang von Gen 3 betrachten. Die Begehrlichkeit als Einschränkung, Verletzung oder gar Verzerrung der bräutlichen Bedeutung des Leibes lässt sich (trotz der Knappheit des biblischen Berichts) besonders klar an den beiden Stammeltern Adam und Eva erkennen; an ihnen vermochten wir die bräutliche Bedeutung des Leibes zu entdecken bzw. wiederzufinden, worin er als Maß für das menschliche »Herz« besteht, nämlich die anfängliche Gestalt zwischenmenschlicher Gemeinschaft. Wenn in der persönlichen Erfahrung der Menschen (was sich aus dem biblischen Text folgern lässt) jene ursprüngliche Gestalt verwirrt und verzerrt wurde – wie wir anhand der Untersuchung der Scham zu zeigen versuchten –, musste auch die bräutliche Bedeutung des Leibes, die im Zustand der ursprünglichen Unschuld das Maß für die Herzen beider, des Mannes und der Frau, bildete, verzerrt werden. Wenn es uns gelingt herauszuarbeiten, worin diese Verzerrung besteht, gewinnen wir zugleich eine Antwort auf unsere Fragen, worin die Begehrlichkeit des Fleisches besteht und was ihre theologische und zugleich anthropologische Besonderheit ausmacht. Es scheint, dass eine theologisch und anthropologisch adäquate Antwort, die wichtig ist für den Sinn der Worte Christi in der Bergpredigt (Mt 5,27–28), sich bereits aus dem Zusammenhang von Gen 3 und dem gesamten jahwistischen Schöpfungsbericht erheben lässt, der uns schon früher die Klärung der bräutlichen Bedeutung des menschlichen Leibes ermöglicht hat.

Bedrohung des Ausdrucks des Geistes im Körper

32. Katechese, 23. Juli 1980

1. Wie wir aus unseren Überlegungen zu Genesis 2,23–25 wissen, ist der menschliche Körper in seiner ursprünglichen Männlichkeit und Weiblichkeit im Geheimnis der Schöpfung nicht nur Quelle der Fruchtbar-

keit, das heißt der Zeugung, sondern hat »von Anbeginn« bräutlichen Charakter: Er (der Körper) hat die Fähigkeit, die Liebe auszudrücken, durch die der Mensch als Person zum Geschenk wird und so den tiefen Sinn des eigenen Seins und der eigenen Existenz erfüllt. In dieser seiner Besonderheit ist der Körper Ausdruck des Geistes und dazu aufgerufen, gerade im Geheimnis der Schöpfung in der Gemeinschaft der Personen »das Ebenbild Gottes« zu sein. Nun beschränkt und beeinträchtigt die Begehrlichkeit, »die von der Welt ausgeht« – hier handelt es sich direkt um die Begehrlichkeit des Fleisches –, diese objektive Art und Weise des Körpers zu existieren, an der der Mensch teilhat. Das Herz des Menschen erfährt das Maß dieser Beschränkung und Beeinträchtigung, dies gilt besonders im Bereich der Beziehungen zwischen Mann und Frau. Eben in der Erfahrung des Herzens scheinen die Weiblichkeit und die Männlichkeit in ihren gegenseitigen Beziehungen nicht mehr Ausdruck des Geistes zu sein, der zu personaler Gemeinschaft ruft, sondern bleiben nur Objekt der Anziehung, wie dies in gewisser Weise in der Welt der Lebewesen geschieht, die wie der Mensch die Segnung der Fruchtbarkeit erhalten haben (vgl. Gen 1).

2. Diese Ähnlichkeit ist sicherlich im Werk der Schöpfung enthalten; das bestätigt auch Genesis 2, besonders Vers 24. Die natürliche Grundlage – die körperliche und sexuelle – dieser Anziehung drückte schon im Geheimnis der Schöpfung voll die Aufforderung von Mann und Frau zu personaler Gemeinschaft aus; stattdessen hat sich nach dem Sündenfall – in der neuen Situation wie in Genesis 3 beschrieben – dieser Ausdruck abgeschwächt und getrübt: als ob die gegenseitigen Beziehungen sich schwächer abzeichnen oder auf eine andere Ebene verschoben würden. Die natürliche und körperliche Grundlage der menschlichen Sexualität offenbarte sich in einer sozusagen aus sich selbst entspringenden Kraft, die von einem gewissen körperlichen Zwang gezeichnet war; diese Kraft wirkte nach eigenen Gesetzen und beschränkt den Ausdruck des Geistes und das Erlebnis, das Geschenk

der Person und den Austausch des Geschenks anzunehmen. Die Worte aus Genesis 3,16, die an die erste Frau gerichtet sind, scheinen dies recht klar auszudrücken (»Du hast Verlangen nach deinem Mann; er aber wird über dich herrschen«).

3. Der menschliche Körper in seiner Männlichkeit und Weiblichkeit hat fast die Fähigkeit verloren, diese Liebe auszudrücken, in der der Mensch als Person zum Geschenk in Übereinstimmung mit der tiefgreifendsten Struktur und Zielgerichtetheit seiner persönlichen Existenz wird, wie wir dies schon in unseren vorhergehenden Betrachtungen festgestellt haben. Wenn wir hier unser Urteil nicht ganz klar und eindeutig formulieren, sondern das Adverb »fast« einfügen, so geschieht dies, weil die Dimension des Geschenks – nämlich die Fähigkeit, die Liebe auszudrücken, mit der der Mensch durch seine Männlichkeit oder Weiblichkeit zum Geschenk für den anderen wird – in gewisser Weise noch immer die Liebe im menschlichen Herzen durchdringt und gestaltet. Die bräutliche Bedeutung des Leibes ist diesem Herzen nicht ganz fremd geworden: Sie ist dort noch nicht ganz von der Begehrlichkeit erstickt worden, sondern ist nur in der Regel bedroht. Das Herz ist zum Kampfplatz geworden zwischen Liebe und Begehrlichkeit. Je mehr die Begehrlichkeit das Herz beherrscht, desto weniger erfährt dieses die bräutliche Bedeutung des Leibes und desto weniger ist sein Empfinden offen, das Geschenk der Person in den gegenseitigen Beziehungen zwischen Mann und Frau anzunehmen. Gewiss erscheint jenes Begehren, von dem Christus in Matthäus 5,27–28 spricht, im menschlichen Leib in vielfältiger Form: Es ist nicht immer klar und offensichtlich, manchmal ist es versteckt und nennt sich Liebe, obwohl es seine wahre Gestalt verändert und die durchsichtige Klarheit der Hingabe in den Beziehungen der Menschen untereinander trübt. Soll das vielleicht heißen, dass wir die Pflicht haben, dem menschlichen Herzen zu misstrauen? Nein! Das soll nur heißen, dass wir es prüfen müssen.

Verlust der Freiheit des Geschenks

4. Das Bild der Begehrlichkeit des Fleisches, das sich aus unserer Untersuchung ergibt, hat einen klaren Bezug zum Bild der Person, auf das wir unsere früheren Betrachtungen zum Thema der bräutlichen Bedeutung des Leibes bezogen haben. Tatsächlich ist der Mensch das »einzige Geschöpf auf Erden, das Gott um seiner selbst willen gewollt hat« und zugleich kann er »sich selbst nur durch die aufrichtige Hingabe seiner selbst vollkommen finden«[48]. Die Begehrlichkeit im Allgemeinen – und die Begehrlichkeit des Fleisches im Besonderen – verletzt gerade diese aufrichtige Hingabe: Man könnte sagen, dass sie dem Menschen die Würde des Geschenks entzieht, die sich in seinem Körper durch die Weiblichkeit und die Männlichkeit ausdrückt und in gewisser Weise den Menschen entpersönlicht, indem er ihn zum Objekt für den anderen macht. Anstatt mit dem anderen als Subjekt in der Einheit, mehr noch, in der sakramentalen Einheit des Leibes zusammen zu sein, wird der Mensch für den Menschen zum Objekt: die Frau für den Mann und umgekehrt. Die Worte aus Genesis 3,16 und davor Genesis 3,7 bezeugen dies in der ganzen Klarheit der Gegenüberstellung zu Genesis 2,23–25.

5. Mit der Verletzung der Dimension des Geschenks im gegenseitigen »Für« von Mann und Frau regen sich durch die Begehrlichkeit auch Zweifel an der Tatsache, dass jeder Mensch vom Schöpfer »um seiner selbst willen« gewollt ist. In gewisser Hinsicht wird die Subjektivität des Menschen von der Objektivität des Körpers verdrängt. Aufgrund des Körpers wird der Mensch zum Objekt des Menschen – die Frau

[48] »Ja, wenn der Herr Jesus zum Vater betet, ›dass alle eins seien … wie auch wir eins sind‹ (Joh 17,20–22), und damit Horizonte aufreißt, die der menschlichen Vernunft unerreichbar sind, legt er eine gewisse Ähnlichkeit nahe zwischen der Einheit der göttlichen Personen und der Einheit der Kinder Gottes in der Wahrheit und der Liebe. Dieser Vergleich macht offenbar, dass der Mensch, der auf Erden die einzige von Gott um ihrer selbst willen gewollte Kreatur ist, sich selbst nur durch die aufrichtige Hingabe seiner selbst vollkommen finden kann« (Gaudium et spes, Nr. 24).

für den Mann und umgekehrt. Die Begehrlichkeit bedeutet sozusagen, dass die persönlichen Beziehungen zwischen Mann und Frau in einseitiger und einschränkender Weise an den Körper und an das Sexuelle gebunden sind. Das heißt, dass solche Beziehungen nahezu unfähig sind, das gegenseitige personale Geschenk anzunehmen. In dieser Art von Beziehungen ist das weibliche und das männliche Element nicht in der vollen Dimension der personalen Subjektivität enthalten und behandelt, sie drücken nicht die Erfahrung der Gemeinschaft aus, sondern sind einseitig vom Sexuellen bestimmt.

6. Durch die Begehrlichkeit verliert der Mensch die innere Freiheit des Geschenks. Die bräutliche Bedeutung des Leibes ist aber gerade an diese Freiheit gebunden. Der Mensch kann zum Geschenk werden – anders ausgedrückt, Mann und Frau können in einer Beziehung gegenseitiger Hingabe ihrer selbst existieren –, wenn jeder von ihnen sich selbst besitzt. Die Begehrlichkeit, die sich als besondere Art des körperlichen Zwangs äußert, begrenzt und beschränkt den Selbstbesitz von innen her, somit macht sie sozusagen die innere Freiheit des Geschenks unmöglich. Dadurch wird auch die Schönheit getrübt, die der menschliche Leib in seinem männlichen und weiblichen Aussehen als Ausdruck des Geistes besitzt. So bleibt der Körper Objekt der Begehrlichkeit des Fleisches und gleichzeitig Gegenstand der Besitzergreifung durch den anderen Menschen. Die Begehrlichkeit als solche ist nicht in der Lage, die Vereinigung als Gemeinschaft der Personen zu fördern. Begehrlichkeit allein vereint nicht, sondern ergreift Besitz. Die Beziehung der Hingabe wird zu einer Beziehung der Besitzergreifung.

An diesem Punkt wollen wir unsere heutigen Überlegungen unterbrechen. Das zuletzt untersuchte Problem ist im Hinblick auf den Unterschied zwischen echter Liebe (also der Gemeinschaft der Personen) und Begehrlichkeit so wichtig und außerdem so subtil, dass wir bei unserer nächsten Begegnung darauf zurückkommen sollten.

33. Katechese, 30. Juli 1980

1. Die Gedanken, die wir im laufenden Zyklus entwickeln, hängen mit den Worten Christi in der Bergpredigt über die Begehrlichkeit des Mannes in Bezug auf die Frau zusammen. Beim Versuch einer gründlichen Prüfung dessen, was den Menschen der Begehrlichkeit charakterisiert, sind wir wieder beim Buch Genesis angekommen. Hier ist die Situation, die sich bei der Schöpfung für das gegenseitige Verhältnis von Mann und Frau ergibt, mit feinen Linien gezeichnet. Die Aussagen von Gen 3 sind sehr beredsam. Die Worte, die Gott-Jahwe in Gen 3,16 an die Frau richtet: »Du hast Verlangen nach deinem Mann; er aber wird über dich herrschen«, scheinen bei einer gründlichen Analyse zu enthüllen, in welcher Weise sich das Verhältnis gegenseitiger Hingabe, das zwischen ihnen im Stand der anfänglichen Unschuld bestand, sich nach der Ursünde in ein Verhältnis gegenseitiger Aneignung gewandelt hat.

Wenn der Mann die Frau nur noch als Gegenstand der Aneignung betrachtet und nicht als Geschenk, verurteilt er sich gleichzeitig dazu, selber nur noch Gegenstand der Aneignung und nicht mehr Geschenk an die Frau zu sein. Es scheint, dass Gen 3,16 über diese gegenseitige Beziehung spricht, obwohl der Text nur sagt: »Er wird über dich herrschen.« Bei der einseitigen Aneignung (die indirekt dann eine beiderseitige ist) verschwindet die Struktur der Gemeinschaft der Personen; beide menschliche Wesen werden unfähig, das innere Maß des Herzens zu erreichen, zu dem die Freiheit des Geschenks und die bräutliche Bedeutung des Leibes gehört, die mit diesem Geschenk verbunden ist. Die Worte Gen 3,16 scheinen zu suggerieren, dass das mehr auf Kosten der Frau geschieht und dass sie das jedenfalls mehr empfindet als der Mann.

2. Zumindest diesem Umstand müssen wir jetzt unsere Aufmerksamkeit schenken. Die Worte Gott-Jahwes in Gen 3,16: »Du hast Verlangen nach deinem Mann; er aber wird über dich herrschen« und die Worte

Christi bei Mt 5,27-28: »Wer eine Frau ansieht, um sie zu begehren …« ergeben einen gewissen Parallelismus. Vielleicht geht es hier nicht um den Umstand, dass vor allem die Frau Gegenstand der Begehrlichkeit vonseiten des Mannes ist, sondern vielmehr darum, dass – wie wir schon früher herausgestellt haben – der Mann »von Anfang an« Wächter der Wechselseitigkeit der Hingabe und ihres echten Gleichgewichts sein sollte. Die Analyse der Anfangssituation (Gen 2,23–25) zeigt die Verantwortung des Mannes in der Annahme der Weiblichkeit als Geschenk und in der Erwiderung dieses Geschenks in einem gegenseitigen Austausch. Es steht in offenem Widerspruch dazu, der Frau ihr eigenes Geschenk durch die Begehrlichkeit zu rauben. Wenn auch die Wahrung des Gleichgewichts in der Hingabe immer beiden anvertraut ist, kommt dennoch dem Mann eine besondere Verantwortung zu, weil es zur Hauptsache von ihm abhängt, ob das Gleichgewicht ungebrochen bleibt oder – wenn es gebrochen wurde – schließlich wiederhergestellt wird. Gewiss, die Verteilung der Betonungen in den biblischen Aussagen, auf die wir uns als Schlüsselstellen berufen, war auch von der Randstellung der Frau in der damaligen Gesellschaft bedingt (wofür das Alte und das Neue Testament genug Beispiele bieten), nichtsdestoweniger schließt sie eine Wahrheit ein, deren Gewicht unabhängig von den spezifischen Bräuchen dieser bestimmten geschichtlichen Situation ist.

Das innere Maß der Zugehörigkeit

3. Die Begehrlichkeit macht den Körper zum »Terrain« der Aneignung durch eine andere Person. Verständlicherweise bringt das den Verlust der bräutlichen Bedeutung des Leibes mit sich. Und damit bekommt auch die gegenseitige Zugehörigkeit der Personen, die sich vereinigen, um »ein Fleisch« zu werden (Gen 2,24) und dadurch einander zu gehören, eine andere Bedeutung. Die spezifische Dimension der personalen Gemeinschaft von Mann und Frau durch die Liebe drückt sich in den Worten »mein, meine« aus. Diese Fürwörter, die seit jeher zur Sprache

der menschlichen Liebe gehören, finden sich häufig in den Strophen des Hohelieds und in anderen biblischen Texten[49]. Es sind Fürwörter, die in ihrer »stofflichen« Bedeutung ein Besitzverhältnis ausdrücken, aber in unserem Fall zeigen sie die personale Analogie dieses Verhältnisses an. Die wechselseitige Zugehörigkeit von Mann und Frau, vor allem wenn sie sich als Eheleute in der Einheit des Fleisches gehören, gestaltet sich nach dieser personalen Analogie. Die Analogie zeigt bekanntlich gleichzeitig die Ähnlichkeit und das Fehlen der Identität an (also eine wesentliche Unähnlichkeit). Wir können von gegenseitiger Zugehörigkeit der Personen nur sprechen, wenn wir eine solche Analogie berücksichtigen. In ihrer ursprünglichen und spezifischen Bedeutung setzt die Zugehörigkeit nämlich die Beziehung eines Subjekts zu einem Objekt voraus: ein Besitz- und Eigentumsverhältnis. Es ist kein rein gegenständliches Verhältnis, sondern vor allem ein »stoffliches«: die Zugehörigkeit einer Sache, also eines Objekts zu einer Person.

4. Die Begriffe »mein, meine« in der immerwährenden Sprache der Liebe haben sicher nicht diese Bedeutung. Sie drücken die Wechselseitigkeit der Hingabe, das Gleichgewicht des Geschenks aus – vor allem das –, in dem die gegenseitige communio personarum, die Gemeinschaft der Personen, gebildet wird. Und wenn diese Gemeinschaft durch das Geschenk, die wechselseitige Hingabe von Mann und Frau, entsteht, wahrt sie in sich auch die bräutliche Bedeutung des Leibes. Die Worte »mein, meine« in der Sprache der Liebe scheinen in Wahrheit eine radikale Verneinung der Zugehörigkeit in dem Sinn zu sein, dass ein stoffliches Objekt, eine Sache, einem persönlichen Subjekt gehört. Die Analogie bewahrt ihre Funktion, solange sie ihren Sinn behält und nicht in die oben erklärte Bedeutung fällt. Die dreifache Begehrlichkeit, und vor allem die Begehrlichkeit des Fleisches, nimmt der wechselseitigen Zugehörigkeit von Mann und Frau die Dimension, die der persona-

[49] Vgl. Hld 1,9.13.14.15.16; 2,2.3.8.9.10.13.14.16.17; 3,2.4.5; 4, 1.10; 5,1.2.4; 6, 2.3.4.9; 7,11; 8,12.14. Vgl. auch Ez 16, 8; Hos 2, 18; Tob 8,7.

len Analogie eigen ist, in der die Begriffe »mein, meine« ihre wesentliche Bedeutung behalten. Diese wesentliche Bedeutung hat nichts mit dem »Gesetz des Eigentums«, mit dem »Besitzobjekt« zu tun, auf das die Begehrlichkeit hinzielt. Vom Besitz geht der nächste Schritt zum »Genuss«. Der Gegenstand, den ich besitze, gewinnt für mich insofern Bedeutung, als ich über ihn verfüge, mich seiner bediene, ihn benutze. Es ist klar, dass die personale Analogie der Zugehörigkeit dieser Bedeutung entschieden widerspricht. Und dieser Widerspruch ist ein Zeichen dafür, dass das, was in der gegenseitigen Beziehung von Mann und Frau »vom Vater kommt«, seinen Wert und seine Beständigkeit gegenüber dem bewahrt, was »von der Welt« kommt. Trotzdem treibt die Begehrlichkeit als solche den Menschen zum Besitz des anderen als Gegenstand, treibt ihn zum »Genuss«, der die Verneinung des bräutlichen Sinnes des Körpers nach sich zieht. Ihrem Wesen nach wird die selbstlose Hingabe bei egoistischem »Genuss« ausgeschlossen. Sprechen davon nicht schon die Worte Jahwes an die Frau in Gen 3,16?

5. Nach 1 Joh 2,16 zeigt vor allem die Begehrlichkeit den Zustand des menschlichen Geistes. Auch die Begehrlichkeit des Fleisches zeigt an erster Stelle den Zustand des menschlichen Geistes. Diesem Problem müssen wir eine weitere Analyse widmen.

Wenn wir die Theologie der Johannesbriefe auf die Erfahrungen in Gen 3 und die Worte Christi in der Bergpredigt (Mt 5,27–28) anwenden, finden wir sozusagen eine konkrete Dimension jenes Widerspruchs, der mit der Sünde im Menschenherzen zwischen Geist und Leib entsteht. Seine Konsequenzen machen sich im Verhältnis der Personen zueinander bemerkbar, deren Einheit im Menschsein von Anfang an durch den Umstand bestimmt wird, dass sie Mann und Frau sind. Seitdem der Mensch ein anderes Gesetz in sich sieht, »das mit dem Gesetz der Vernunft im Streit liegt« (Röm 7,23), besteht die ständige Gefahr, so zu sehen, zu werten, zu lieben, dass die »Begehrlichkeit des Fleisches« sich mächtiger erweist als die »Begehrlichkeit des Geistes«. Und eben diese Wahrheit vom Menschen, diese anthropologische Komponente müssen wir uns immer gegenwärtig halten, wenn wir die Berufung Christi auf das menschliche Herz in der Bergpredigt bis in den Grund begreifen wollen.

3. Gebot und Ethos

34. Katechese, 6. August 1980

1. In Fortsetzung unseres Zyklus greifen wir heute auf die Bergpredigt zurück und zwar auf die Aussage: »Wer eine Frau ansieht, um sie zu begehren, hat in seinem Herzen schon Ehebruch mit ihr begangen« (Mt 5,28). Jesus beruft sich hier auf das Herz.

In seinem Gespräch mit den Pharisäern bezieht sich Jesus auf den »Anfang« (vgl. die voraufgehenden Analysen) und äußert sich mit folgenden Worten zum Scheidebrief: »Nur weil ihr so hartherzig seid, hat Mose euch erlaubt, eure Frauen aus der Ehe zu entlassen. Am Anfang war das nicht so« (Mt 19,8). Dieser Satz enthält zweifellos eine Anklage. »Hartherzigkeit«[50] bezeichnet das, was nach dem Ethos des alttestamentlichen Volkes die Situation begründet hatte, die dem ursprünglichen Plan Gott-Jahwes nach Gen 2,24 widerspricht. Und hier ist der Schlüssel zur Erklärung der ganzen Gesetzgebung Israels zur Ehe und, in weiterem Sinn, zur ganzen Beziehung von Mann und Frau. Wenn Christus von Hartherzigkeit spricht, klagt er sozusagen das ganze kollektive »innere Subjekt« an, das verantwortlich für die Verfälschung des Gesetzes ist. In der Bergpredigt (Mt 5,27–28) beruft er sich auch auf das Herz, aber hier scheinen seine Worte nicht nur Anklage zu sein.

2. Wir müssen noch einmal darüber nachdenken, indem wir diese Worte, so gut das möglich ist, in ihre geschichtliche Dimension ein-

[50] Das griechische Wort sklerokardia wurde von der Septuaginta gebildet, um das hebräische Wort wiederzugeben, das »Unbeschnittenheit des Herzens« bedeutet (vgl. z. B. Dtn 10,16; Jer 4,4; Sir 3,26f.) und das im Neuen Testament wörtlich nur einmal erscheint (Apg 7,51). »Unbeschnittenheit« bedeutet »Heidentum«, »Unreinheit«, »Abkehr vom Bund mit Gott«; »Unbeschnittenheit des Herzens« drückte den trotzigen Widerstand gegen Gott aus. Das bestätigen die Sätze des Diakons Stephanus: »Ihr Halsstarrigen, die ihr euch mit Herz und Ohr immerzu dem Heiligen Geist widersetzt (buchstäblich übersetzt: mit unbeschnittenem Herzen) – wie eure Väter, so auch ihr« (Apg 7,51). Die »Herzenshärte« ist also in diesem philologischen Kontext zu verstehen.

ordnen. In unserer bisherigen Analyse ging es uns darum, den »Menschen der Begehrlichkeit« im Augenblick seiner Geburt in den Blick zu bekommen, also im Anfangspunkt seiner Geschichte, zu der die Theologie einen besonderen Zugang hat. Es war eine umfassende, vor allem anthropologische Einführung in die Arbeit, die noch zu tun bleibt. Die folgende Etappe unserer Analyse wird ethischen Charakter tragen müssen. Die Bergpredigt, vor allem der Abschnitt, den wir in den Mittelpunkt unserer Analyse gestellt haben, ist Teil der Verkündigung des neuen Ethos: des Ethos des Evangeliums. In der Lehre Christi ist dieses Ethos tief verbunden mit dem Wissen vom »Anfang«, also mit dem Geheimnis der Schöpfung in seiner anfänglichen Schlichtheit und Fülle. Gleichzeitig ist das Ethos, das Christus in der Bergpredigt verkündet, realistisch an den »geschichtlichen Menschen« gerichtet, der zum »Menschen der Begehrlichkeit« geworden ist. In der Tat ist die dreifache Begehrlichkeit Erbe der ganzen Menschheit, und das menschliche Herz nimmt wirklich daran teil. Christus, der weiß, »was im Menschen ist« (Joh 2,25)[51], kann nicht anders sprechen als aus diesem Bewusstsein heraus. Unter diesem Gesichtspunkt ist das vorherrschende Moment der Worte Mt 5,27–28 nicht Anklage, sondern Urteil: ein realistisches Urteil über das menschliche Herz, ein Urteil, das einerseits eine anthropologische Grundlage, anderseits einen direkt ethischen Charakter hat. Für das Ethos des Evangeliums ist es ein grundlegendes Urteil.

3. In der Bergpredigt wendet sich Jesus direkt an den Menschen, der zu einer fest umschriebenen Gesellschaft gehört. Auch der Meister gehört zu dieser Gesellschaft, diesem Volk. Deshalb muss in den Worten Christi eine Bezugnahme auf Tatsachen, Situationen, Institutionen gesucht werden, die ihm alltäglich vertraut waren. Wir müssen diese Bezugnahmen wenigstens summarisch analysieren, damit die ethische Bedeutung von Mt 5,27–28 deutlicher wird. Überhaupt wendet sich

[51] Vgl. Offb 2,23: « … Der Herz und Nieren prüft …« und Apg 1,24: »Herr, du kennst die Herzen aller« (griechisch: kardiognostes).

Christus mit diesen Worten an jeden »geschichtlichen« Menschen (dieses Adjektiv vor allem im theologischen Sinn gebraucht). Und eben dieser Mensch ist der »Mensch der Begehrlichkeit«, dessen Geheimnis und dessen Herz Christus kennt (»denn er wusste, was im Menschen ist«, Joh 2,25). Die Worte der Bergpredigt dürfen wir zur inneren Erfahrung des Menschen aller Längen- und Breitengrade, aller Epochen, der verschiedensten sozialen und kulturellen Verhältnisse in Beziehung setzen. Der Mensch unserer Zeit fühlt sich von dieser Aussage Christi nicht weniger angesprochen als der Mensch von »damals«, den der Meister direkt ansprach.

4. Darauf beruht die Universalität des Evangeliums, die durchaus keine Verallgemeinerung ist. Vielleicht zeigt sich das gerade mit besonderer Klarheit in der Aussage, die wir hier analysieren. Kraft dieser Aussage weiß sich der Mensch aller Zeiten und Orte in adäquater, konkreter, unwiederholbarer Weise gerufen; denn Christus wendet sich an das menschliche Herz, das nicht das Subjekt einer Verallgemeinerung ist. Mit der Kategorie des Herzens, das den Einzelnen noch mehr zum Individuum macht als der Name, wird der Mensch in dem getroffen, was ihn einmalig und unwiederholbar macht, was seine Menschlichkeit »von innen her« bestimmt.

5. Das Bild vom »Menschen der Begehrlichkeit« spricht vor allem vom Innern des Menschen[52]. Die Geschichte des menschlichen Herzens nach der Ursünde ist unter dem Druck der dreifachen Begehrlichkeit geschrieben, aber auch das tiefste Bild des menschlichen Ethos in den verschiedenen geschichtlichen Dokumenten ist danach gekennzeichnet. Auf jeden Fall ist dieses Innerste auch die Kraft, die über die äußere Gestalt des Verhaltens des Menschen entscheidet, auch über die Gestalt

[52] »Denn aus dem Herzen kommen böse Gedanken, Mord, Ehebruch, Unzucht, Diebstahl, falsche Zeugenaussagen und Verleumdungen. Das ist es, was den Menschen unrein macht …« (Mt 15,19–20).

der vielfältigen Strukturen und Institutionen des gesellschaftlichen Lebens. Wenn wir von diesen Strukturen und Institutionen die Inhalte des Ethos in ihren verschiedenen geschichtlichen Formulierungen ableiten, begegnen wir immer diesem innersten Aspekt, eben dem inneren Bild des Menschen. Das ist in der Tat die wesentlichste Komponente. Die Worte Christi in der Bergpredigt, speziell Mt 5,27–28, zeigen das in unmissverständlicher Weise. Kein Studium des menschlichen Ethos kann an diesen Worten gleichgültig vorbeigehen.

Deshalb werden wir in den kommenden Audienzen versuchen, die Aussage Christi detaillierter zu untersuchen: »Ihr habt gehört, dass gesagt worden ist: Du sollst nicht die Ehe brechen. Ich aber sage euch: Wer eine Frau ansieht, um sie zu begehren, hat in seinem Herzen schon Ehebruch mit ihr begangen« (Mt 5,27–28).

Um diesen Text besser zu verstehen, werden wir zunächst seine einzelnen Teile analysieren, um so zu einem tieferen Globalverständnis zu kommen. Wir werden nicht nur die Menschen ins Auge fassen, die damals mit ihren eigenen Ohren die Bergpredigt hörten, sondern, soweit möglich, auch die heutigen Zuhörer, die Menschen unserer Zeit.

3.1 Es wurde gesagt: »Du sollst nicht die Ehe brechen«

Die Geschichte eines Volkes

35. Katechese, 13. August 1980

1. Die Analyse der Aussage Christi in der Bergpredigt, wo er vom Ehebruch spricht und von der Begehrlichkeit, die er »im Herzen begangenen Ehebruch« nennt, muss von den ersten Worten dieser Aussage ausgehen. Christus sagt: »Ihr habt gehört, dass gesagt worden ist: Du sollst nicht die Ehe brechen …« (Mt 5,27). Er hat das Gebot Gottes im Sinn, jenes, das auf der Tafel der 10 Gebote an sechster Stelle steht. Es gehört zur sogenannten zweiten Tafel des Gesetzes, das Mose von Gott-Jahwe empfangen hatte.

Versuchen wir, uns zunächst in die unmittelbaren Hörer der Bergpredigt hineinzuversetzen, die also die Worte Christi selber gehört haben. Sie sind Söhne und Töchter des auserwählten Volkes, und dieses Volk hatte von Gott-Jahwe selber das Gesetz und auch die Propheten erhalten, die wiederholt im Verlauf der Jahrhunderte gerade das Verhalten diesem Gesetz gegenüber, nämlich seine zahlreichen Übertretungen, getadelt hatten. Auch Christus spricht von ähnlichen Übertretungen. Noch mehr freilich spricht er von einer Auslegung des Gesetzes durch Menschen, bei der die richtige Bedeutung von Gut und Böse, wie sie der göttliche Gesetzgeber ausdrücklich gewollt hat, aufgehoben wird und verschwindet. Das Gesetz ist nämlich vor allem ein Mittel – ein unerlässliches Mittel –, damit die »Gerechtigkeit überfließe« (so die genauere Übersetzung der Worte von Mt 5,20). Christus will, dass diese Gerechtigkeit »größer ist – wörtlich: mehr überfließe – als die der Schriftgelehrten und der Pharisäer«. Er lehnt jene Deutung ab, die sie im Verlauf der Jahrhunderte dem eigentlichen Inhalt des Gesetzes gegeben hatten, als sie diesen Inhalt, d. h. den Plan und den Willen des Gesetzgebers, teilweise den vielfältigen Schwächen und Grenzen des menschlichen Willens unterwarfen, die von der dreifachen Begehrlichkeit herstammen. Heraus kam eine kasuistische Deutung, die sich an die Stelle der ursprünglichen Sicht von Gut und Böse, wie sie mit dem Gesetz des Dekalogs verbunden war, gesetzt hatte. Wenn Christus das Ethos umwandeln will, dann will er vor allem die grundlegende Klarheit der Auslegung zurückgewinnen: »Denkt nicht, ich sei gekommen, um das Gesetz und die Propheten aufzuheben. Ich bin nicht gekommen, um aufzuheben, sondern um zu erfüllen« (Mt 5,17). Vorbedingung für das Erfüllen ist das richtige Verständnis. Das gilt nun u. a. auch für das Gebot »Du sollst nicht die Ehe brechen«.

2. Wer auf den Seiten des Alten Testaments die Geschichte des auserwählten Volkes von der Zeit Abrahams an verfolgt, wird auf sehr viele Tatsachen stoßen, die erweisen, wie dieses Gebot praktisch gehandhabt

wurde und wie um dieser Praxis willen die kasuisitische Deutung des Gesetzes entstand. Vor allem ist bekannt, dass die Geschichte des Alten Testaments ein Schauplatz für den systematischen Abfall von der Einehe ist, was für das Verständnis des Verbotes: »Du sollst nicht die Ehe brechen« fundamentale Bedeutung haben musste. Das Aufgeben der Einehe war vor allem zur Zeit der Patriarchen von dem Wunsch nach Kindern, nach zahlreichen Kindern bestimmt. Dieses Verlangen reichte derart tief, und die Zeugung von Nachkommenschaft als das wesentliche Ziel der Ehe war so offensichtlich, dass die Frauen, die ihre Männer liebten, ihnen aber keine Kinder schenken konnten, aus eigenem Antrieb diese Männer, von denen sie geliebt wurden, baten, »auf ihren Knien« das von einer anderen Frau geborene Kind entgegennehmen zu dürfen, z. B. das einer Dienerin, einer Sklavin. So tat es Sarai bei Abram[53] und Rachel bei Jakob[54].

Diese beiden Erzählungen verdeutlichen das moralische Klima, in dem die 10 Gebote praktiziert wurden. Sie zeigen auf, wie das Ethos Israels für die Annahme des Gebotes: »Du sollst nicht die Ehe brechen« vorbereitet war und wie dieses Gebot in der ältesten Überlieferung des Volkes angewandt wurde. Tatsächlich besaßen die Patriarchen in Israel höchste Autorität, und diese hatte religiösen Charakter. Sie stand in enger Verbindung mit dem Bund und mit der Verheißung.

3. Das Gebot »Du sollst nicht die Ehe brechen« änderte diese Überlieferung nicht. Alles weist darauf hin, dass seine weitere Entwicklung sich nicht auf die eher ungewöhnlichen Motive beschränkte, die dem Verhalten von Abraham und Sarai oder von Jakob und Rachel zugrunde lagen. Wenn wir z. B. die bedeutendsten Vertreter Israels nach Mose, nämlich die Könige David und Salomo, betrachten, so bezeugt die Darstellung ihres Lebens, dass sich die tatsächliche Polygamie durchgesetzt hatte – und die Gründe dafür lagen zweifellos in der Begehrlichkeit.

---

[53] Vgl. Gen 16,2.
[54] Vgl. Gen 30,3.

In der Geschichte Davids, der ebenfalls mehrere Frauen hatte, ist nicht nur die Tatsache bemerkenswert, dass er sich die Frau eines Untergebenen nahm, sondern auch, dass er sich klar bewusst war, einen Ehebruch begangen zu haben. Diese Tatsache wie auch die Reue des Königs werden ausführlich und eindrucksvoll geschildert[55]. Unter Ehebruch versteht man nur die Inbesitznahme der Frau eines anderen, während der Besitz weiterer Frauen neben der ersten nicht als Ehebruch gilt. Die ganze Tradition des Alten Bundes zeigt, dass dem Gewissen der aufeinander folgenden Generationen des auserwählten Volkes und ihrem Ethos die tatsächliche Notwendigkeit der Einehe, und zwar als wesentliche und unverzichtbare Folgerung aus dem Gebot »Du sollst nicht die Ehe brechen«, nicht klar war.

4. Auf diesem Hintergrund sind auch alle Bemühungen zu sehen, den spezifischen Inhalt des Gebotes »Du sollst nicht die Ehe brechen« in den Rahmen des positiven Rechts einzufügen. Das bezeugen die Bücher der Bibel, in denen die gesamte alttestamentliche Gesetzgebung ausführlich dargestellt wird. Betrachtet man diese Gesetzgebung dem Buchstaben nach, so ergibt sich, dass sie entschieden und ohne Ansehen der Person den Ehebruch bekämpft und dafür radikale Mittel einsetzt, eingeschlossen die Todesstrafe[56]. Sie tut das jedoch unter praktischer Unterstützung effektiver Polygamie, ja sie legalisiert diese vollständig, wenigstens indirekt. So wird also der Ehebruch lediglich in bestimmten Grenzen und im Rahmen der entscheidenden Voraussetzungen bekämpft, welche die wesentliche Gestalt des alttestamentlichen Ethos ausmachen.

In diesem Ethos versteht man unter Ehebruch vor allem (und vielleicht ausschließlich) die Verletzung des Eigentumsrechts eines Mannes auf jede Frau, die vor dem Gesetz als seine Frau gilt (gewöhnlich ist es eine unter mehreren). Man versteht den Ehebruch dagegen nicht vom Standpunkt der Einehe aus, wie sie der Schöpfer eingesetzt hat. Wir

[55] Vgl. 2 Sam 11,2–27.
[56] Vgl. Lev 20,10; Dtn 22,22.

wissen bereits, dass Christus sich auf den »Anfang« bezieht, zumal wenn es um dieses Argument geht (vgl. Mt 19,8).

5. Sehr bezeichnend ist ferner die Situation, in der Christus sich der beim Ehebruch ertappten Frau annimmt und sie vor der Steinigung rettet. Er sagt den Anklägern: »Wer von euch ohne Sünde ist, werfe als Erster einen Stein auf sie« (Joh 8,7). Und als sie die Steine fallen lassen und sich entfernen, sagt er zu der Frau: »Geh und sündige von jetzt an nicht mehr« (Joh 8,11). Christus bezeichnet den Ehebruch also klar als Sünde. Als er sich aber an jene wendet, die die Frau steinigen wollen, bezieht er sich nicht auf die Vorschriften des israelitischen Gesetzes, sondern spricht ausschließlich das Gewissen an. Die Unterscheidung von Gut und Böse, wie sie dem Gewissen des Menschen eingeschrieben ist, kann sich als tiefer und richtiger erweisen als der Inhalt einer gesetzlichen Norm.

Wie wir gesehen haben, entfaltete sich die Geschichte des Volkes Gottes im Alten Bund – wir haben sie nur an einigen Beispielen zu erläutern versucht – in erheblichem Umfang außerhalb des normgebenden Inhalts des Gebotes Gottes »Du sollst nicht die Ehe brechen«. Sie ging sozusagen daran vorbei. Christus will nun diese Verfälschungen berichtigen. Daher seine Worte in der Bergpredigt.

Die Gesetzgebung

36. Katechese, 20. August 1980

1. Wenn Christus in der Bergpredigt sagt: »Ihr habt gehört, dass gesagt worden ist: Du sollst nicht die Ehe brechen« (Mt 5,27), dann bezieht er sich auf etwas, was jeder seiner Zuhörer sehr wohl wusste und wozu er sich kraft des Gebotes Gott-Jahwes auch verpflichtet fühlte. Dennoch zeigt die Geschichte des Alten Testamentes, dass man sich sowohl im Leben des Volkes, das durch einen besonderen Bund Gott-Jahwe verbunden war, wie auch im Leben der Einzelnen oft von diesem Gebot entfernte. Das zeigt auch ein summarischer Blick auf

die Gesetzgebung, die in den Büchern des Alten Testamentes reich dokumentiert ist.

Die Vorschriften des alttestamentarischen Gesetzes waren sehr streng. Sie gingen auch ins Einzelne und erfassten die kleinsten konkreten Details im Leben[57]. Man kann davon ausgehen, dass, je mehr sich die Legalisierung einer effektiven Polygamie in dieser Gesetzgebung durchsetzte, es umso notwendiger wurde, ihr juridisches Ausmaß festzulegen und ihre gesetzlichen Grenzen zu sichern. Daher die große Zahl von Vorschriften und auch die Strenge der vom Gesetzgeber vorgesehenen Strafen für eine Verletzung dieser Normen. Aus den Untersuchungen, die wir bereits dem Hinweis Christi auf den »Anfang« gewidmet haben – Christus spricht dort von der Möglichkeit, die Ehe aufzulösen und vom »Scheidebrief« –, wird klar, dass er deutlich den fundamentalen Widerspruch sieht, den das Eherecht des Alten Testamentes in sich barg, wenn es effektiv die Polygamie billigte, d. h. Konkubinen neben den rechtmäßigen Frauen, oder auch das Recht, mit einer Sklavin zusammenzuleben[58]. Man kann sagen, dass ein solches

[57] Vgl. Dtn 21,10–13; Num 30,7–16; Dtn 24,1–4; 22,13–21; Lev 20,10–21 und andere.

[58] Auch wenn das Buch Genesis die Einehe Adams, Sechs und Noes als nachahmenswerte Beispiele darstellt und die Bigamie zu verurteilen scheint, die nur bei den Nachkommen Kains auftaucht (vgl. Gen 4,19), so bietet doch das Leben der Patriarchen andere gegenteilige Beispiele. Abraham hielt sich an die Vorschriften der Gesetzgebung des Hammurabi, die eine zweite Frau erlaubte, wenn die erste unfruchtbar blieb. Jakob aber hatte zwei Frauen und zwei Nebenfrauen (vgl. Gen 30,1–19). Das Buch Deuteronomium gibt die legale Existenz der Bigamie zu (vgl. Dtn 21,15–17), sogar der Polygamie. Es ermahnt den König lediglich, nicht zu viele Frauen zu haben (vgl. Dtn 17,17); das Buch bestätigt auch, dass weibliche Kriegsgefangene zu Nebenfrauen gemacht werden durften (vgl. Dtn 21,10–14), ebenso Sklavinnen (vgl. Ex 21,7–11). (Vgl. R. de Vaux, Ancient Israel, Its Life and Institutions, London 1976, 3. Auflage, Darton, Longman, Todd; S. 24–25.83.)
Im ganzen Alten Testament findet sich keine ausdrückliche Erwähnung der Verpflichtung zur Einehe, wenn auch das von den späteren Büchern gebotene Bild zeigt, dass sie in der sozialen Praxis vorherrschte (vgl. z. B. die Weisheitsbücher, abgesehen von Sir 37,11 Tob).

Recht, während es die Sünde bekämpfte, zugleich nicht fähig war, die sozialen Strukturen der Sünde zu entfernen, sondern sie sogar schützte bzw. legalisierte. Unter diesen Umständen erfuhr der wesentliche ethische Sinn des Gebotes »Du sollst nicht die Ehe brechen« notwendig eine grundlegende Umwertung. In der Bergpredigt stellt Christus erneut den eigentlichen Sinn heraus und überschreitet damit die überlieferten gesetzlichen Einschränkungen.

2. Vielleicht lohnt es sich hinzuzufügen, dass in der alttestamentarischen Deutung einerseits das Nein zum Ehebruch sozusagen vom Kompromiss mit der Begehrlichkeit des Fleisches gekennzeichnet ist, anderseits aber die Haltung gegenüber sexuellen Entgleisungen umso klarer festgelegt ist. Das bekräftigt die entsprechenden Vorschriften, welche die Todesstrafe für Homosexualität oder Sodomie vorsehen. Was das Verhalten Onans betrifft, der ein Sohn Judas war (und von dem sich der moderne Ausdruck »Onanie« herleitet), sagt die Heilige Schrift, dass er »dem Herrn missfiel und er auch ihn sterben ließ« (Gen 38,10).

Das Eherecht des Alten Testamentes stellt in seinem ganzen Zusammenhang die Zeugung der Nachkommenschaft in der Ehe in den Vordergrund, es sucht in einigen Fällen sogar eine vor dem Gesetz gleiche Behandlung von Mann und Frau deutlich zu machen, z. B. heißt es bei der Strafe für Ehebruch ausdrücklich: »Ein Mann, der mit der Frau seines Nächsten die Ehe bricht, muss sterben, der Ehebrecher mit der Ehebrecherin« (Lev 20,10) – aber im Ganzen benachteiligt und behandelt es die Frau strenger.

3. Man sollte vielleicht die Sprechweise dieser Gesetzgebung herausstellen, die wie immer in solchen Fällen die sexuellen Vorstellungen jener Zeit objektiviert. Es ist eine Sprache, die auch für den Gesamtumfang der Überlegungen zur Theologie des Leibes wichtig ist. Wir treffen dort auf eine ausdrückliche Bestätigung des Charakters der Scham, die das umgrenzt, was beim Menschen zum Geschlecht gehört. Ja, das Sexuelle

wird sogar in gewissem Sinne als »unrein« angesehen, zumal wenn es sich um physiologische Äußerungen der menschlichen Sexualität handelt. Das Aufdecken der Scham (vgl. Lev 20,11.17–21) gilt als unerlaubtes sexuelles Tun. Schon die Ausdrucksweise ist hier genügend aufschlussreich. Zweifellos versucht der Gesetzgeber, jene Terminologie zu verwenden, die dem Bewusstsein und den Gewohnheiten der zeitgenössischen Gesellschaft entsprach. So muss uns also die Sprechweise der alttestamentarischen Gesetzgebung in der Überzeugung bestärken, dass nicht nur die Physiologie des Geschlechtlichen und die leiblichen Äußerungen des Sexuallebens dem Gesetzgeber und der Gesellschaft bekannt sind, sondern dass sie auch eindeutig bewertet werden. Nur schwer kann man sich dem Eindruck entziehen, dass diese Bewertung negativen Charakter hat. Das hebt gewiss nicht die Wahrheit auf, die wir aus dem Buch Genesis kennen. Man kann auch nicht das Alte Testament und darin zumal die Bücher der Gesetzgebung als Vorläufer des Manichäismus brandmarken. Die hier über den Körper und das Geschlecht ausgesprochene Beurteilung ist nicht in erster Linie negativ oder streng, sondern ist vielmehr durch einen Objektivismus gekennzeichnet, dem die Absicht zugrunde liegt, diesen Bereich des menschlichen Lebens zu ordnen. Es geht nicht direkt um die Ordnung des »Herzens«, sondern um die Ordnung des ganzen sozialen Lebens, in dessen Mittelpunkt schon immer Ehe und Familie stehen.

4. Betrachtet man die sexuelle Problematik in ihrer Gesamtheit, so ist es vielleicht hilfreich, noch einmal kurz einen anderen Aspekt zu beachten, nämlich den Zusammenhang zwischen Moral, Gesetz und Medizin, wie sie in den betreffenden Büchern des Alten Testaments dargestellt wird. Diese enthalten nicht wenige praktische Vorschriften für den Bereich der Hygiene oder der Medizin, wobei mehr die Erfahrung jener Zeit als die Wissenschaft den Ton angibt, je nach dem damals schon erreichten Stand[59]. Im Übrigen ist auch heute noch die

[59] Vgl. Lev 12,1–6; 15,1-28; Dtn 21,12–13.

Verbindung von Erfahrung und Wissenschaft aktuell. In diesem umfangreichen Problemkreis begleitet die Medizin immer aus der Nähe die Ethik, und die Ethik sucht wie auch die Theologie ihre Mitarbeit.

Die Propheten

5. Wenn Christus in der Bergpredigt sagt: »Ihr habt gehört, dass gesagt wurde: Du sollst nicht die Ehe brechen« und wenn er unmittelbar hinzufügt: »Ich aber sage euch …«, dann will er eindeutig im Bewusstsein seiner Zuhörer die besondere ethische Bedeutung dieses Gebots wiederherstellen, indem er sich von der Deutung der »Lehrer«, der offiziellen Gesetzesexperten, distanziert. Aber über die Deutung hinaus, die aus der rechtlichen Überlieferung stammt, bietet uns das Alte Testament noch eine andere Überlieferung zum Verständnis des Gebotes »Du sollst nicht die Ehe brechen«. Es ist die Überlieferung der Propheten. Wenn diese sich auf Ehebruch beziehen, wollen sie Israel und Juda daran erinnern, dass ihre größte Sünde das Aufgeben des einen wahren Gottes zugunsten des Kultes verschiedener Götzen war, den das auserwählte Volk im Zusammenleben mit anderen Völkern schnell und unüberlegt sich zu eigen gemacht hatte. So ist in der Ausdrucksweise der Propheten die Analogie mit dem Ehebruch bezeichnender als der Ehebruch selber. Und doch lässt auch diese Analogie das Gebot »Du sollst nicht die Ehe brechen« und seine Deutung besser verstehen, während sie in den gesetzgeberischen Texten fehlt. In den Offenbarungen der Propheten und zumal von Jesaja, Hosea und Ezechiel wird der Gott-Jahwe oft als Bräutigam dargestellt, und die Liebe, mit der er sich an Israel gebunden hat, kann und muss gleichgesetzt werden mit der bräutlichen Liebe von Ehegatten. Nun begeht aber Israel aufgrund seines Götzendienstes und weil es Gott, seinen Bräutigam, verlässt, an ihm Verrat, den man mit dem Verrat der Frau an ihrem Mann vergleichen kann: Es begeht tatsächlich Ehebruch.

6. Die Propheten stellen mit beredten Worten und mit oft ungewöhnlich plastischen Bildern und Gleichnissen sowohl die Liebe des Bräu-

tigams Jahwe als auch den Verrat der Braut Israel dar, die Ehebruch treibt. Auf dieses Thema müssen wir bei unseren Überlegungen noch zurückkommen, wenn wir nämlich das Problem »Sakrament« analysieren. Trotzdem soll es aber heute schon gestreift werden, damit wir die Worte Christi bei Mt 5,27–28 verstehen und das neue Ethos begreifen, das sie enthalten: »Ich aber sage euch ...« Wenn einerseits Jesaja[60] in seinen Texten vor allem die Liebe des Bräutigams Jahwe herausstellt, der unter allen Umständen seiner Braut entgegenkommt und alle ihre Untreue übersieht, so bieten anderseits Hosea und Ezechiel Beispiele im Überfluss, die vor allem die Widerwärtigkeit und das moralisch Verwerfliche des Ehebruchs beleuchten, den die Braut Israel begangen hat.

Bei unserer nächsten Betrachtung wollen wir versuchen, noch tiefer in die Texte der Propheten einzudringen, um den Inhalt noch besser herauszustellen, der sich im Bewusstsein der Zuhörer der Bergpredigt mit dem Gebot verband: »Du sollst nicht die Ehe brechen!«

37. Katechese, 27. August 1980

1. In der Bergpredigt sagt Christus: »Glaubt nicht, ich sei gekommen, das Gesetz oder die Propheten aufzuheben; ich bin nicht gekommen, aufzuheben, sondern um zu erfüllen« (Mt 5,17). Um zu erklären, worin diese Erfüllung besteht, geht er die einzelnen Gebote durch und kommt so auch zu dem, das lautet: »Du sollst nicht die Ehe brechen!« In unserer letzten Betrachtung haben wir versucht aufzuzeigen, wie der eigentliche Inhalt dieses von Gott gewollten Gebotes in der weiteren Gesetzgebung Israels durch zahlreiche Kompromisse verdunkelt wurde. Die Propheten aber, die in ihre Lehre oft den Abfall des Volkes vom wahren Gott, Jahwe, anprangern, vergleichen diesen Abfall mit einem Ehebruch und stellen so den Inhalt des Gebotes auf authentischste Weise heraus.

Hosea versucht nicht nur mit Worten, sondern anscheinend auch

[60] Vgl. Jes 54; 61,1–5.

durch sein Verhalten uns klarzumachen[61], dass die Untreue des Volkes der ehelichen Untreue, ja sogar dem Ehebruch in Form der Prostitution ähnlich ist. »Geh, nimm dir eine Prostituierte zur Frau und zeuge mit ihr Kinder der Prostitution, denn das Land begeht nur noch Ehebruch, da es sich vom Herrn entfernt« (Hos 1,2). Der Prophet erfährt in sich selbst diesen Auftrag und nimmt ihn an, weil er von Gott-Jahwe kommt: »Der Herr sagte mir weiter: Geh, liebe eine Frau, die einen anderen liebt und Ehebrecherin ist« (Hos 3,1). Aber wenn auch Israel seinem Gott gegenüber untreu ist wie eine Braut, die »ihren Liebhabern nachlief und mich vergaß« (Hos 2,15), so hört Jahwe doch nicht auf, seine Braut zu suchen. Er wartet unermüdlich auf ihre Bekehrung und ihre Rückkehr und bekräftigt diese Haltung mit den Worten und Handlungen des Propheten: »Und es wird an jenem Tag geschehen – Spruch des Herrn –, dass du mich ›meinen Gatten‹ und nicht mehr ›meinen Herrn‹ nennen wirst ... Ich werde dich für immer zu meiner Braut machen. Du wirst meine Braut sein nach Recht und Gerechtigkeit, in Wohlwollen und Liebe. Ich werde mich mit dir in Treue verbinden, und du wirst den Herrn erkennen« (Hos 2,18.21–22). Dieser eindringliche Aufruf zur Bekehrung der untreuen Braut und Gattin ist zugleich von folgender Drohung begleitet: »Sie soll von ihrem Antlitz die Zeichen ihrer Prostitution entfernen und die Zeichen des Ehebruchs von ihrer Brust; denn sonst werde ich sie bis zur Nacktheit entblößen, wie sie im Augenblick ihrer Geburt war« (Hos 2,4–5).

2. Dieses Bild von der demütigenden Nacktheit bei der Geburt wird der treulosen Braut Israels vom Propheten Ezechiel vorgehalten, der noch ausführlicher wird: »Nichts von alldem hat man getan, niemand zeigte dir seine Liebe, niemand hatte Mitleid mit dir, sondern am Tag deiner Geburt hat man dich auf freiem Feld ausgesetzt, weil man dich nicht haben wollte. Da kam ich an dir vorüber, sah dich blutig daliegen und zappeln; und ich sagte zu dir, als du blutverschmiert dalagst: Bleib

[61] Vgl. Hos 1–3.

am Leben! Wie eine Blume auf der Wiese ließ ich dich wachsen. Und du bist herangewachsen, bist groß geworden und herrlich aufgeblüht. Deine Brüste wurden fest; dein Haar wurde dicht. Doch du warst nackt und unbekleidet. Da kam ich an dir vorüber und sah dich, und ich sah, dass deine Zeit gekommen war, die Zeit der Liebe. Ich breitete meinen Mantel über dich und bedeckte deine Nacktheit. Ich leistete dir den Eid und ging mit dir einen Bund ein – Wort Gottes, des Herrn –, und du wurdest mein … Deine Nase schmückte ich mit einem Reif, Ohrringe hängte ich dir an die Ohren und setzte dir eine herrliche Krone auf. Mit Gold und Silber konntest du dich schmücken, in feinstes Leinen, kostbare Stoffe und bunte Gewebe dich kleiden. Weizenmehl, Honig und Öl waren deine Nahrung. So wurdest du strahlend schön und warst wie eine Königin. Der Ruf deiner Schönheit drang zu allen Völkern; denn mein Schmuck, den ich dir anlegte, hatte deine Schönheit vollkommen gemacht – Wort Gottes, des Herrn. Doch dann hast du dich auf deine Schönheit verlassen, du hast deinen Ruhm missbraucht und dich zur Dirne gemacht. Jedem, der vorbeiging, hast du dich angeboten, jedem bist du zu Willen gewesen … Wie fiebert dein Herz – Wort Gottes, des Herrn –, weil du all das getan hast, du hochmütige Dirne. Du hast dir an jeder Straßenecke ein Bett und auf jedem freien Platz eine Kultstätte errichtet. Du warst keine gewöhnliche Dirne, denn du hast es verschmäht, dich bezahlen zu lassen. Die Ehebrecherin nimmt sich statt ihres Mannes fremde Männer.«[62]

Der Bund

3. Das Zitat ist etwas lang, doch der Text so bedeutsam, dass er angeführt werden musste. Die Analogie zwischen Ehebruch und Götzendienst kommt hier nachhaltig und umfassend zum Ausdruck. Das verbindende Element zwischen den beiden Punkten der Analogie ist der von der Liebe begleitete Bund. Aus Liebe schließt Gott-Jahwe mit Israel einen Bund – ohne dessen Verdienst – und wird für Israel gleichsam

[62] Vgl. Ez 16,5–8.12-15.30–32.

ein zärtlicher Bräutigam und Gatte, der sich seiner Braut gegenüber in seinem Eifer und seiner Hochherzigkeit nicht genug tun kann. Für diese Liebe aber, die das auserwählte Volk seit den Anfängen seiner Geschichte begleitet, empfängt Jahwe, der Bräutigam, als Entgelt immer neue Untreue: »Die Höhen« sind als Orte des Götzendienstes zu Orten des Ehebruchs der Braut Israel geworden. Bei der Analyse, die wir gerade vornehmen, ist der Begriff des Ehebruchs wesentlich, dessen Ezechiel sich bedient. Man kann freilich sagen, dass die Gesamtsituation, in die der Begriff im Rahmen der Analogie eingefügt wird, nicht typisch ist. Es geht nicht so sehr um eine von beiden Brautleuten getroffene Wahl, die aus ihrer gegenseitigen Liebe erwächst; vielmehr wird die Braut erwählt, und das von Geburt an; die Wahl erfolgt aufgrund der Liebe des Bräutigams, die von ihm aus ein Akt reiner Barmherzigkeit ist. In diesem Sinn ist daher die Erwählung Israels zu sehen: Sie entspricht der Analogie da, wo es um den Bund Jahwes mit Israel geht; weniger dagegen entspricht sie dem zweiten Aspekt der Analogie, der die Natur der Ehe kennzeichnet. Gewiss war die Mentalität der damaligen Zeit für diese Wirklichkeit nicht sehr empfänglich – nach israelitischem Verständnis war die Ehe vielmehr das Ergebnis einer einseitigen, oft von den Eltern getroffenen Wahl –, aber eine solche Situation ist für uns heute nur schwer verständlich.

4. Von dieser Einzelheit abgesehen, kann man unmöglich übersehen, dass sich aus den Texten der Propheten eine andere Bedeutung des Ehebruchs ergibt als jene, die wir in der Gesetzesüberlieferung vorfinden. Ehebruch ist Sünde, weil er den personalen Bund zwischen Mann und Frau bricht. In den Gesetzestexten wird die Verletzung des Eigentumsrechtes betont, und zwar an erster Stelle das Eigentumsrecht des Mannes über die Frau, die dem Gesetz nach seine Ehegattin ist, eine der vielen. In den Texten der Propheten ändert der Hintergrund der tatsächlich üblichen und legalisierten Polygamie die ethische Bedeutung des Ehebruchs nicht. In vielen Texten scheint die Einehe als

einzige und allein berechtigte Analogie zum Eingottglauben auf, wie er im Sinn des Bundes zu verstehen ist, wo man dem einen und wahren Gott-Jahwe, dem Bräutigam Israels, die Treue hält und sich ihm anvertraut. Der Ehebruch ist das Gegenstück zu diesem bräutlichen Verhältnis und ein Widerspruch zur Ehe (auch als Institution), denn die Einehe verwirklicht in sich den personalen Bund zwischen Mann und Frau; sie verwirklicht den der Liebe entsprungenen Bund, den beide Teile eben als Ehe bekräftigen (und der dann wieder als solcher von der Gesellschaft anerkannt wird). Ein solcher Bund zwischen zwei Personen bildet das Fundament für jene Einigung, um derentwillen »der Mann … sich mit seiner Frau verbindet, und die beiden werden ein Fleisch sein« (Gen 2,24). Im oben zitierten Zusammenhang kann man sagen, dass diese körperliche Einheit ihr (gegenseitiges) Recht ist, vor allem aber das normale Zeichen ihrer Vereinigung als Personen, der Einheit zwischen Mann und Frau als Eheleuten. Der Ehebruch ist dann von beiden Seiten nicht nur die Verletzung eines Rechts, das ausschließlich der Ehepartner besitzt, sondern zugleich eine radikale Verfälschung des Zeichens. Es scheint, dass in den Weissagungen der Propheten gerade dieser Aspekt des Ehebruchs genügend klar zum Ausdruck kommt.

5. Wenn wir also feststellen, dass der Ehebruch eine Verfälschung jenes Zeichens ist, das nicht nur seine Norm, sondern vielmehr seine innere Wahrheit schlechthin in der Ehe findet – im Zusammenleben eines Mannes und einer Frau, die Ehegatten geworden sind –, dann kehren wir damit gewissermaßen erneut zu den früher gemachten fundamentalen Aussagen zurück, die für eine Theologie des Leibes vom anthropologischen und ethischen Gesichtspunkt aus wesentlich und wichtig sind. Ehebruch ist eine »Sünde des Fleisches«. Das bezeugt die ganze Überlieferung des Alten Testaments, und Christus bekräftigt sie. Die vergleichende Analyse seiner Worte in der Bergpredigt (Mt 5,27–28) wie auch bei verschiedenen im Evangelium und an anderen Stellen des Neuen Testaments festgehaltenen Gelegenheiten erlaubt uns, den ei-

gentlichen Grund herauszufinden, warum Ehebruch Sünde ist. Es liegt auf der Hand, dass wir diesen Grund für die Sündhaftigkeit oder das moralische Übel vom Grundsatz des Widerspruchs zu jenem moralischen Gut herleiten, das die eheliche Treue ist und das nur im ausschließlichen Verhältnis der beiden Teile zueinander verwirklicht werden kann (d. h. im ehelichen Verhältnis eines Mannes zu einer Frau). Die Forderung nach einem solchen Verhältnis ist der bräutlichen Liebe vorbehalten, deren interpersonale Struktur, wie schon gesagt, von der inneren normgebenden Kraft herkommt, wie sie die »Gemeinschaft der Personen« mit sich bringt. Gerade sie gibt dem Bund seinen wesentlichen Sinn, sei es beim Verhältnis Mann-Frau, sei es analog beim Verhältnis Jahwe-Israel. Über den Ehebruch, seine Sündhaftigkeit und das damit verbundene moralische Übel kann man aufgrund des Prinzips der Gegenteiligkeit zum so verstandenen Ehebund ein Urteil fällen.

6. All das müssen wir vor Augen haben, wenn wir sagen, der Ehebruch ist eine »Sünde des Fleisches«. Das Fleisch wird hier im begrifflichen Zusammenhang der Worte von Gen 2,24 verstanden, welche tatsächlich von Mann und Frau sprechen, die als Gatte und Gattin sich derart eng miteinander verbinden, dass sie »ein Fleisch« werden. Der Ehebruch bezeichnet jenen Akt, in dem Mann und Frau, die nicht Gatte und Gattin sind, »ein Fleisch« werden, d. h. Menschen, die nicht Gatte und Gattin im Sinn der Einehe sind, wie sie am Anfang eingesetzt wurde, im Gegensatz zur gesetzlichen Kasuistik des Alten Testamentes. Die Sünde des Fleisches kann nur im Hinblick auf das Personenverhältnis identifiziert werden. Von moralischem Gut oder Übel kann man reden, je nachdem dieses Verhältnis die Einheit des Fleisches innerlich wahr macht und ihr den Charakter eines wahrheitsgemäßen Zeichens verleiht oder nicht. In diesem Fall können wir also Ehebruch entsprechend dem objektiven Inhalt des Aktes als Sünde erkennen und beurteilen.

Diesen Inhalt hat Christus im Sinn, wenn er in der Bergpredigt daran erinnert: »Ihr habt gehört, dass gesagt wurde: Du sollst nicht die Ehe brechen.« Christus bleibt aber bei dieser Sicht der Frage nicht stehen.

3.2 »Wer eine Frau auch nur ansieht, um sie zu begehren ...«

Verlagerung des Schwerpunktes

38. Katechese, 3. September 1980

1. In der Bergpredigt beschränkt sich Jesus darauf, das Gebot »Du sollst nicht die Ehe brechen« in Erinnerung zu rufen, ohne das entsprechende Verhalten seiner Zuhörer zu bewerten. Das, was wir im Voraufgehenden dazu gesagt haben, stammt aus anderen Quellen, zumal aus dem Gespräch Jesu mit den Pharisäern, in dem er sich auf den »Anfang« beruft (vgl. Mt 19,8; Mk 10,6). In der Bergpredigt unterlässt Christus eine solche Bewertung, d. h. er setzt sie vielmehr voraus. Das, was er im zweiten Teil seiner Erklärung sagt, der mit den Worten beginnt: »Ich aber sage euch ...«, geht über die Polemik mit den Gesetzeslehrern bzw. den Moralisten der Torah hinaus. Es geht auch über die Bewertung des Ethos im Alten Testament hinaus und ist ein direkter Übergang zu einem neuen Ethos. Christus scheint alle Erörterungen über die ethische Bedeutung des Ehebruchs in der Gesetzgebung und in ihrer Kasuistik beiseite zu lassen, denn dort war die wesentlich personale Beziehung von Mann und Frau großenteils durch das objektive Besitzverhältnis verdunkelt. Christus stößt in eine andere Dimension vor und erklärt: »Ich aber sage euch: Wer eine Frau ansieht, um sie zu begehren, hat mir ihr im Herzen schon Ehebruch begangen« (Mt 5,28; bei diesem Abschnitt kommt einem immer die Übersetzung in den Sinn: »Er hat sie in seinem Herzen schon zur Ehebrecherin gemacht«, und diese Fassung drückt vielleicht besser als der heutige Text die Tatsache aus, dass ein rein innerlicher und einseitiger Akt vorliegt). Damit wird also der »Ehebruch, den man nur im Herzen begeht«, gewissermaßen dem »fleischlich vollzogenen Ehebruch« gegenübergestellt.

Wir müssen uns fragen, warum der Schwerpunkt der Sünde verschoben wird, und ferner, welches die echte Bedeutung der Analogie ist. Wenn nämlich Ehebruch in seiner Grundbedeutung nur eine »fleischlich vollzogene Sünde« sein kann, in welchem Sinn verdient dann ein Mensch, der ihn im Herzen vollzieht, ebenfalls die Bezeichnung »Ehebrecher«? Die Worte, mit denen Christus den Grund für das neue Ethos legt, erfordern ihrerseits eine tiefe Verwurzelung in der Anthropologie. Bevor wir aber auf diese Fragen eingehen, verweilen wir noch bei dem Ausdruck, der nach Mt 5,27–28 in gewissem Sinn die Übertragung oder Verschiebung der Bedeutung des Ehebruchs vom Körper zum Herzen hin vollzieht. Es geht um das Begehren.

2. Christus spricht über das Begehren: »Wer … ansieht, um zu begehren.« Gerade dieser Ausdruck erfordert eine eigene Analyse, will man die Aussage in ihrer Gesamtheit verstehen. Wir müssen hier auf die voraufgehende Analyse zurückgreifen, die sozusagen das Bild des »Menschen der Begehrlichkeit« herausarbeiten wollte, wie er uns bereits am Anfang der Geschichte begegnet (vgl. Gen 3). Der Mensch, von dem Christus in der Bergpredigt spricht – der Mensch, der ansieht, um zu begehren –, ist zweifellos ein Mensch der Begehrlichkeit. Gerade weil in ihm die Begehrlichkeit, und zwar die Begehrlichkeit des Fleisches, lebt, begehrt er und schaut, um zu begehren. Das Bild vom Menschen der Begehrlichkeit, das wir schon erarbeitet haben, hilft uns jetzt bei der Erklärung des Begehrens, von dem Christus bei Mt 5,27–28 spricht. Es geht hier nicht nur um eine psychologische, sondern zugleich um eine theologische Deutung. Christus spricht im Zusammenhang mit der menschlichen Erfahrung und gleichzeitig im Zusammenhang mit dem Heilswerk. Beide Zusammenhänge überlagern sich und gehen ineinander über. Das aber ist von wesentlicher und grundlegender Bedeutung für das ganze Ethos des Evangeliums, zumal für den Inhalt des Wortes »begehren« oder »ansehen, um zu begehren«.

3. Mit diesen Ausdrücken spricht der Herr zunächst die Erfahrung seiner unmittelbaren Zuhörer an, dann aber auch die Erfahrung und das Bewusstsein des Menschen aller Zeiten und Orte. Wenn auch die Sprache des Evangeliums universale Bedeutung hat, musste sich doch beim direkten Hörer, dessen Gewissen durch die Bibel gebildet wurde, der Ausdruck »Begehren« mit zahlreichen Vorschriften und Mahnungen verbinden, wie sie sich vor allem in den Weisheitsbüchern finden, denn dort treffen wir wiederholt auf Hinweise über die Begehrlichkeit des Fleisches und auf Ratschläge, sich davor zu schützen.

Die Weisheitstradition

4. Bekanntlich hatte die Tradition der Weisheitsbücher ein besonderes Interesse an den guten Sitten und Verhaltensweisen der israelitischen Gesellschaft. Was uns bei diesen Ermahnungen und Ratschlägen, wie sie uns im Buch der Sprichwörter[63], bei Jesus Sirach[64] und sogar bei Kohelet[65] begegnen, unmittelbar auffällt, ist eine gewisse Einseitigkeit, insofern die Mahnungen vor allem an die Männer gerichtet sind. Das kann bedeuten, dass die Männer es besonders nötig hätten. Was die Frau angeht, so erscheint sie in diesen Mahnungen und Ratschlägen häufiger als Gelegenheit zur Sünde oder gar als Verführerin, vor der man sich zu hüten hat. Anzuerkennen ist freilich auch, dass sowohl das Buch der Sprichwörter wie das des Sirach neben der Warnung vor der Frau und vor der Verführungskraft ihrer Gestalt, die den Mann zur Sünde hinreißt (vgl. Spr 5,1–6; 6,24–29; Sir 26,9–12), die Frau auch rühmend hervorheben als »vollkommene« Lebensgefährtin ihres Mannes (vgl. Spr 31,10ff.). Sie stellen ebenso die Schönheit und Anmut einer guten Gattin heraus, die ihren Mann glücklich zu machen weiß:

»Anmut über Anmut ist jene schamhafte Frau, kein Preis wiegt eine auf, die sich selbst beherrscht. Wie die Sonne aufstrahlt in den Höhen

[63] Vgl. z. B. Spr 5,3–6, 15–20; 6,24–7,27; 21,9.19; 22,14; 30,20.
[64] Vgl. z.B. Sir 7,19.24–26; 9, 1–9; 23,22–27; 25,13–26; 36,21–25; 42,6.9–14.
[65] Vgl. z. B. Koh 7,26–28; 9,9.

des Herrn, so die Schönheit einer guten Frau als Schmuck ihres Hauses. Wie die Lampe scheint auf dem heiligen Leuchter, so ein schönes Gesicht auf einer edlen Gestalt. Wie goldene Säulen auf silbernem Sockel sind schlanke Beine auf wohlgeformten Füßen. Die Anmut der Frau entzückt ihren Mann, ihre Klugheit erfrischt seine Glieder« (Sir 26,15–18.13).

5. In den Büchern der Weisheit steht dem erwähnten Lobpreis der Frau und Gattin häufig eine Mahnung gegenüber, nämlich wenn es um die Schönheit und Anmut einer Frau geht, die nicht die eigene Gattin ist und zum Stachel der Versuchung sowie zum Anlass für einen Ehebruch wird: »Verlange in deinem Herzen nicht lüstern nach ihrer Schönheit ...« (Spr 6,25). Bei Sirach (vgl. 9,1–9) ist die gleiche Mahnung noch schärfer ausgedrückt: »Verhüll dein Auge vor einer reizvollen Frau, blick auf keine Schönheit, die dir nicht gehört! Wegen einer Frau kamen schon viele ins Verderben, sie versengt ihre Liebhaber wie Feuer. Mit einer Verheirateten strecke dich nicht zum Weingelage hin, sitz nicht berauscht mit ihr zusammen, damit du ihr nicht dein Herz zuneigst und in deinem Blut ins Grab sinkst!« (Sir 9,8–9).

Diese Texte aus den Weisheitsbüchern haben vor allem pädagogische Bedeutung. Sie lehren die Tugend, suchen die moralische Ordnung zu schützen und weisen dabei auf das Gesetz Gottes sowie auf die Erfahrung in weiterem Sinn hin. Außerdem zeichnen sie sich durch die besondere Kenntnis des menschlichen »Herzens« aus. Man könnte sagen: Sie entwickeln eine besondere Moralpsychologie, ohne freilich dem Psychologismus zu verfallen. In gewisser Hinsicht nähern sie sich der Berufung Christi auf das Herz, die Matthäus uns überliefert hat (vgl. 5,27–29), auch wenn man nicht sagen kann, sie zeigten bereits eine Tendenz zur grundlegenden Umformung des Ethos. Die Verfasser dieser Bücher benützen ihre Kenntnis vom Innenleben des Menschen vielmehr, um die Moral im Zusammenhang des geschichtlich gegebenen Ethos zu lehren, das sie im Wesentlichen bekräftigen. Gelegentlich fasst einer von ihnen, z. B. Kohelet, diese Bekräftigung in seiner eigenen Philosophie über die menschliche Existenz zusammen. Das mag wohl auf die Art, wie er Mahnungen und Ratschläge formuliert, Einfluss haben, ändert jedoch nicht die wirklich tragenden Strukturen der ethischen Bewertung.

6. Auf einen echten Wandel des Ethos wird man bis zur Bergpredigt warten müssen. Dennoch war die gründliche Kenntnis der Psychologie des Menschen in der Weisheitsüberlieferung gewiss nicht ohne Bedeutung für den Kreis jener, die persönlich und unmittelbar die Bergpredigt hörten. Wenn diese Hörer durch die prophetische Überlieferung für das entsprechende Verständnis des Begriffes »Ehebruch« vorbereitet waren, dann waren sie durch die Weisheitsüberlieferung ebenso dazu vorbereitet, die Worte vom begehrlichen Blick und vom Ehebruch, den man im Herzen begeht, zu verstehen. Auf die Analyse der Begehrlichkeit in der Bergpredigt werden wir noch zurückkommen müssen.

Der innere Zustand des Menschen der Begehrlichkeit

39. Katechese, 10. September 1980

1. Wir setzen unsere Betrachtungen über die Worte Jesu aus der Bergpredigt fort: »Wer eine Frau ansieht, um sie zu begehren, hat in seinem Herzen schon Ehebruch mit ihr begangen« (Mt 5,28). Christus spricht diesen Satz vor Zuhörern, die aufgrund der Bücher des Alten Testaments in gewisser Weise darauf vorbereitet waren, die Bedeutung des Blickes, der der Begehrlichkeit entspringt, zu verstehen. Schon am vergangenen Mittwoch haben wir auf Texte aus den sogenannten Weisheitsbüchern Bezug genommen.

Hier als Beispiel nun ein anderer Abschnitt, wo der biblische Verfasser den inneren Zustand eines Menschen analysiert, der von der Begehrlichkeit des Fleisches beherrscht wird:

»... leidenschaftliche Begehrlichkeit, sie brennt wie Feuer und erlischt nicht, bis sie sich verzehrt hat; der Mensch, der am eigenen Leib

Unzucht treibt und nicht aufhört, bis das Feuer verglüht; der Wollüstige, dem jedes Brot süß schmeckt, der nicht aufhört, bis er tot ist; der Mensch, der Ehebruch treibt auf seinem Lager, der bei sich denkt: Wer sieht mich? Dunkel umgibt mich, Wände verbergen mich, keiner sieht mich, warum sollte ich mich fürchten zu sündigen? Er denkt nicht an den Höchsten, nur die Augen der Menschen fürchtet er. Er bedenkt nicht, dass die Augen des Herrn zehntausendmal heller sind als die Sonne, dass sie alle Wege des Menschen sehen und die geheimsten Winkel durchdringen … So auch die Frau, die ihren Mann verließ und von einem anderen einen Erben zur Welt bringt …« (Sir 23,16–22).

2. An ähnlichen Beschreibungen mangelt es in der Weltliteratur keineswegs[66]. Viele davon zeichnen sich gewiss durch größere Schärfe der

[66] Vgl. z. B. die Bekenntnisse des hl. Augustinus: »Gebunden von der Sucht des Fleisches, schleppte ich meine Kette trunken von der todbringenden Wonne, ja ich fürchtete, daraus befreit zu werden, und wies das gute Zureden des Freundes zurück, als hätte mir die Hand, die mich befreien wollte, an die Wunde gestoßen … Was mich hauptsächlich und so ungestüm in meiner Verstricktheit peinigte, war meine Gewohnheit, der unstillbaren Lustbegier zur Stillung nachzugeben« (Confessiones, VI, 12). »Aber ich fand in der Freude an meinem Gott kein Beharren: Von deiner Schönheit zu dir gerissen, ward ich bald durch meine eigene Schwere von dir wieder weggerissen und fiel mit Seufzen zurück ins Alte, und diese Schwere war mein gewohntes Haften am Fleisch« (Confessiones, VII, 17).
»So war ich krank und marterte mich in Vorwürfen gegen mich selbst, bitterer noch als sonst, und wand und wälzte mich in meiner Fessel, dass sie nun endlich, dem Gebundenen schon zu dünn geworden, ganz zerrisse. Aber ich blieb doch gebunden. Da warst du es, Herr, der in strenger Milde meinen geheimen Tiefen sich nahte mit der Doppelpeitsche der Furcht und der Scham, dass ich nicht wieder nachgäbe und dieser schwache, dünne Rest meiner Fessel zu neuer Kraft erwüchse und mich noch fester schnürte …« (Confessiones, VIII, 11).
Dante beschreibt diesen inneren Bruch und hält ihn für bestrafenswert:
»Einsah ich, dass zu so beschaffner Marter / verurteilt sind die fleischlichen Verbrecher, / die die Vernunft den Lüsten unterwerfen. / Und wie die Stare trägt ihr Flügelpaar / zur kalten Zeit in breitem, vollem Schwärme, / so jener Hauch die unglückseligen Geister: / hierhin, dorthin führt er, hinauf, hinab sie; / keinerlei Hoffnung lässt sie je erstarken, / nicht nur auf Ruh' nicht, selbst auf mind're Pein« (Dante, Die Göttliche Komödie, Die Hölle, V. 37–43).

psychologischen Analyse und durch stärkere Suggestivität und Ausdruckskraft aus. Die biblische Schilderung des Jesus Sirach (23,16–22) enthält jedoch manche Elemente, die in der Analyse der Begehrlichkeit des Fleisches als »klassisch« gelten können. Ein solches Element ist zum Beispiel der Vergleich zwischen der fleischlichen Leidenschaft und dem Feuer: Wenn es im Menschen aufflammt, erfasst es die Sinne, versetzt den Körper in Erregung, beherrscht Gefühle und Empfindungen und ergreift gewissermaßen Besitz vom »Herzen«. Diese von der Begehrlichkeit des Fleisches herrührende Leidenschaft erstickt im »Herzen« die aus der Tiefe aufsteigende Stimme des Gewissens, das Gefühl der Verantwortung vor Gott; und gerade das wird in dem eben zitierten biblischen Text besonders herausgestellt. Anderseits besteht das äußere Schamgefühl gegenüber den Menschen weiter – oder vielmehr ein Anschein von Schamhaftigkeit, der sich mehr als Furcht vor den Folgen als vor dem Übel selbst äußert. Dadurch dass sie die Stimme des Gewissens unterdrückt, versetzt die leidenschaftliche Begehrlichkeit den Körper und die Sinne in Unruhe: Es ist die Unruhe des »äußeren Menschen«. Wenn der innere Mensch zum Schweigen gebracht worden ist, äußert sich die Leidenschaft, die nun sozusagen Handlungsfreiheit erlangt hat, als anhaltende Neigung, Fleisch und Sinne zu befriedigen.

Diese Befriedigung müsste nach Meinung des von der Leidenschaft beherrschten Menschen das Feuer zum Erlöschen bringen; aber das Gegenteil ist der Fall: Sie erreicht nicht die Quellen des inneren Friedens und berührt lediglich das Äußere des Menschen. Und hier stellt der biblische Autor mit Recht fest, dass der Mensch, dessen Wille mit der Befriedigung der Sinne beschäftigt ist, weder zur Ruhe kommt noch zu sich selbst findet, sondern im Gegenteil »sich verzehrt«. Die Leidenschaft sucht nach Befriedigung; deshalb stumpft das Denken ab und bleibt die Stimme des Gewissens unbeachtet; sie besitzt aus sich

»Shakespeare beschrieb die Befriedigung einer tyrannischen Lust als etwas, dem man nachjagt und, das, sobald man es hat, Grund ist, gehasst zu werden« (C. S. Lewis, The Four Loves, New York 1960, S. 28).

kein Prinzip der Unzerstörbarkeit, und darum »nützt sie sich ab«. Sie ist der Dynamik des Verbrauchs unterworfen, die dazu neigt, sich zu erschöpfen und zu versiegen. Wohl kann die Leidenschaft, wenn sie in das Gesamt der tiefsten geistigen Kräfte eingefügt ist, zu einer schöpferischen Kraft werden; doch in einem solchen Fall muss sie eine tiefe Umwandlung durchmachen. Wenn sie aber die Kräfte in der Tiefe des Herzens und des Gewissens unterdrückt (wie es in dem Bericht von Sir 23,16–22 geschieht), »verzehrt sie sich«, und indirekt verzehrt sich in ihr der Mensch, der zu ihrer Beute geworden ist.

Der Ruf Christi, an der Schwelle des Blicks innezuhalten

3. Wenn Christus in der Bergpredigt von dem Menschen spricht, »der begehrt«, der »ansieht, um zu begehren«, darf man annehmen, dass er auch die Bilder vor Augen hat, die seinen Zuhörern durch die Überlieferung der Weisheitsbücher bekannt sind. Doch gleichzeitig bezieht er sich auf jeden Menschen, der aufgrund seiner eigenen inneren Erfahrung weiß, was »begehren«, »ansehen, um zu begehren« heißt. Der Meister analysiert diese Erfahrung nicht, und er beschreibt sie auch nicht, wie das zum Beispiel Jesus Sirach (23,16–22) getan hat; er scheint sozusagen eine ausreichende Kenntnis jener inneren Gegebenheit vorauszusetzen, auf die er die Aufmerksamkeit seiner tatsächlichen und möglichen Zuhörer lenkt. Könnte es sein, dass der eine oder andere von ihnen nicht weiß, worum es sich handelt? Wenn er tatsächlich nichts davon wüsste, dann ginge ihn der Inhalt der Worte Christi nichts an, und keine Analyse oder Beschreibung wäre in der Lage, es ihm zu erklären. Wenn er es aber weiß – es handelt sich in diesem Fall um ein Wissen des ganzen inneren Menschen, seines Herzens und Gewissens –, wird er sogleich verstehen, dass sich die oben genannten Worte auf ihn beziehen.

4. Christus beschreibt also weder noch analysiert er, was die Erfahrung der Begehrlichkeit, das Erlebnis der Begehrlichkeit des Fleisches aus-

macht. Ja man hat sogar den Eindruck, dass er gar nicht in die ganze Fülle der inneren Dynamik dieser Erfahrung eindringt, wie das zum Beispiel in dem angeführten Text des Sirach geschieht, sondern an der Schwelle dieser Erfahrung stehen bleibt. Die Begehrlichkeit hat sich noch nicht in eine äußere Handlung umgewandelt, sie ist noch nicht zum körperlichen Akt geworden; sie ist noch die innere Haltung des Herzens: Sie kommt im Blick zum Ausdruck, in der Art, wie ein Mann »eine Frau ansieht«. Doch dieser Blick lässt bereits verstehen, er zeigt, was im Menschen steckt, aus welcher inneren Haltung er kommt.

Wir müssen nun eine solche Analyse anstellen. Der Blick ist Ausdruck dessen, was im Herzen ist. Ich möchte sagen, im Blick kommt der ganze Mensch zum Ausdruck. Wenn man allgemein annimmt, dass der Mensch »so handelt, wie er ist« (operari sequitur esse), dann will Christus hier hervorheben, dass der Mensch »so blickt, wie er ist« (intueri sequitur esse). Durch den Blick enthüllt sich der Mensch gewissermaßen der Außenwelt und den anderen; vor allem legt er frei, was er in seinem Inneren wahrnimmt[67].

5. Christus lehrt also, dass der Blick gleichsam als Schwelle zur inneren Wahrheit zu verstehen ist. Bereits am Blick, an der »Art, wie einer einen ansieht«, kann man deutlich erkennen, was die Begehrlichkeit ist. Versuchen wir, sie zu erklären. »Begehrlichkeit«, »begehrlich ansehen« deutet auf eine Erfahrung der Bedeutung des Leibes hin, der nun aufgrund der Begehrlichkeit den bräutlichen Sinn verliert. Auch die elter-

[67] Die sprachliche Analyse bestätigt die Bedeutung des Ausdrucks ho blépón (»blickend« oder »einer, der blickt«: Mt 5,28). »Wenn blépó in Mt 5,28 die Bedeutung des inneren Erfassens hat, also so viel heißt wie: ›ich denke, ich richte meine Aufmerksamkeit auf etwas, ich gebe acht‹, dann ergibt sich mit aller Klarheit und Strenge die evangelische Lehre im Hinblick auf die zwischenpersönlichen Beziehungen der Jünger Christi. Nach Christus bedarf es gar nicht erst eines lüsternen Blickes, um mit einem Menschen die Ehe zu brechen. Es genügt bereits ein Gedanke des Herzens« (M. Adinolfi, »Il desiderio della donna in Matteo 5,28«, in: Fondamenti biblici della teologia morale, Brescia 1973, S. 279).

liche Bedeutung des Leibes (über die wir bei unseren voraufgegangen Betrachtungen gesprochen haben), die – wenn es um die eheliche Vereinigung von Mann und Frau geht – in der bräutlichen Bedeutung des Leibes verwurzelt ist und gleichsam organisch aus ihr hervorgeht, wird zerstört. Der »begehrliche« Mensch, der Mensch, »der eine Frau ansieht, um sie zu begehren« (wie wir bei Mt 5,27–28 lesen), wendet sich also mehr oder weniger deutlich von jener Bedeutung des Leibes ab, die (wie wir festgestellt haben) der personalen Gemeinschaft von Mann und Frau zugrunde liegt: sei es außerhalb der Ehe, sei es – in besonderer Weise –, wenn der Mann und die Frau dazu berufen sind, »ein Fleisch zu werden« (wie es das »Evangelium vom Anfang« im klassischen Text von Genesis 2,24 verkündet). Die Erfahrung der bräutlichen Bedeutung des Leibes hängt ganz besonders von der sakramentalen Berufung ab, aber sie beschränkt sich nicht auf sie. Die bräutliche Bedeutung des Leibes bestimmt die Freiheit des Geschenks, die sich – wie wir bei späteren Untersuchungen noch genauer sehen werden – nicht nur in der Ehe, sondern auch in anderer Form verwirklichen lässt.

Christus sagt: »Wer eine Frau ansieht, um sie zu begehren, hat in seinem Herzen schon Ehebruch mit ihr begangen« (Mt 5,28). Will er damit vielleicht nicht sagen, dass sich der Mensch in der Begehrlichkeit – wie im Ehebruch – innerlich von der bräutlichen Bedeutung des Leibes abwendet? Will er seine Zuhörer nicht auf ihre inneren Erfahrungen von einer solchen Lostrennung verweisen? Bezeichnet er sie nicht vielleicht deshalb als »im Herzen begangenen Ehebruch«?

Die Begehrlichkeit: Verminderung eines immerwährenden Rufs

40. Katechese, 17. September 1980

1. Bei unserer letzten Betrachtung haben wir uns gefragt, was die »Begehrlichkeit« ist, von der Christus in der Bergpredigt spricht (Mt 5,27–28). Wir erinnern uns, dass er davon im Zusammenhang mit dem Gebot »Du sollst nicht die Ehe brechen« sprach. Dieses »Begehren« (genau heißt es an der Stelle: »ansieht, um zu begehren«) wird als

»im Herzen begangener Ehebruch« beschrieben. Das gibt uns zu denken. In den voraufgegangenen Überlegungen sagten wir, dass Christus mit dieser Ausdrucksweise seine Zuhörer auf die Abkehr von der bräutlichen Bedeutung des Leibes hinweisen wollte, die der Mann erlebt, wenn er mit dem inneren Akt des »Begehrens« der Begehrlichkeit des Fleisches nachgibt. Die Abkehr von der bräutlichen Bedeutung des Leibes besagt gleichzeitig einen Konflikt mit seiner Würde als Person: einen echten Gewissenskonflikt.

An dieser Stelle wird deutlich, dass sich die biblische (und daher auch theologische) Bedeutung der »Begehrlichkeit« von der rein psychologischen unterscheidet. Der Psychologe beschreibt das »Begehren« als eine intensive Hinwendung zum Objekt, hervorgerufen durch seinen besonderen Wert: in unserem Fall wegen seines sexuellen Wertes. Wie es scheint, findet sich diese Definition in den meisten Werken zu derartigen Themen. Die biblische Beschreibung jedoch stellt, ohne den psychologischen Aspekt zu vernachlässigen, vor allem den ethischen Aspekt heraus, da hier ein Wert verletzt wird. Die Begehrlichkeit ist, so möchte ich sagen, die Täuschung des menschlichen Herzens angesichts der immerwährenden Berufung von Mann und Frau – einer Berufung, die im Geheimnis der Schöpfung selbst geoffenbart wurde – zur Gemeinschaft durch gegenseitiges Sich-Schenken. Wenn Christus also in der Bergpredigt (Mt 5,27–28) auf das Herz oder auf den inneren Menschen Bezug nimmt, sind seine Worte immer von jener Wahrheit über den »Anfang« erfüllt, auf die er in seiner Antwort an die Pharisäer (vgl. Mt 19,8) das gesamte Problem des Mannes, der Frau und der Ehe zurückgeführt hatte.

2. Die immerwährende Berufung, die wir, dem Buch Genesis folgend (vor allem Gen 2,23–25), untersucht haben, und in gewissem Sinne die immerwährende gegenseitige Faszination, die der Mann auf die Frau und die Frau auf den Mann ausübt, ist eine vom Körper ausgehende Einladung, aber sie ist nicht die Begehrlichkeit im Sinne der Worte von

Mt 5,27–28. Das Begehren als Aufbrechen der Begehrlichkeit des Fleisches (auch und vor allem in der rein inneren Haltung) vermindert die Bedeutung dessen, was jene Einladung, jene gegenseitige Anziehung waren und ihrem Wesen nach immer sind. Das »ewig Weibliche« wie übrigens ebenso das »ewig Männliche« trachtet auf der Ebene der Geschichtlichkeit danach, sich von der bloßen Begehrlichkeit zu befreien, und sucht einen Ort der Bejahung auf der Ebene des eigentlich Personalen. Davon zeugt jene ursprüngliche Scham, von der Genesis 3 spricht. Die Dimension der Intentionalität von Gedanken und Gefühlen bildet eines der wichtigsten Themen der universalen Menschheitskultur. Die Worte Christi in der Bergpredigt bestätigen eben diese Dimension.

3. Nichtsdestoweniger sagen diese Worte mit aller Klarheit, dass die Begehrlichkeit zur Realität des menschlichen Herzens gehört. Wenn wir behaupten, dass die Begehrlichkeit im Hinblick auf die ursprüngliche gegenseitige Anziehung von Mann und Frau eine Verminderung darstellt, meinen wir eine intentionale Verminderung, eine Einengung oder Verschließung des Horizonts von Geist und Herz. Es ist ein Unterschied, ob man sich dessen bewusst ist, dass der Wert des Geschlechts zum ganzen Reichtum der Werte zählt, mit denen das weibliche Wesen dem männlichen erscheint, oder ob man diesen ganzen personalen Reichtum des Weiblichen nur auf einen Wert verkürzt, nämlich auf das Geschlecht als geeignetes Objekt für die Befriedigung der eigenen Sexualität. Dieselbe Überlegung lässt sich über das anstellen, was der Mann für die Frau bedeutet, auch wenn sich die Worte von Mt 5,27–28 unmittelbar nur auf das andere Verhältnis beziehen. Die intentionale Verminderung hat, wie man sieht, vor allem axiologischen Charakter. Auf der einen Seite setzt die immerwährende Neigung des Mannes zur Frau (vgl. Gen 2,23) in ihm eine Reihe von geistigen und sinnlichen Wünschen vorwiegend personalen und gemeinschaftlichen Charakters frei (vgl. die Analyse des »Anfangs«) – oder sollte sie vielleicht freisetzen –, Wünsche, denen eine Wertskala entspricht. Auf der anderen

Seite schränkt die Begehrlichkeit die Breite dieser Wertskala ein, indem sie die Ordnung der Werte trübt, welche die immerwährende Neigung von Mann und Frau kennzeichnet.

4. Das Begehren bewirkt, dass sich zuerst im Innern, also im »Herzen«, im Blickfeld, das durch dieses Begehren beherrscht wird, im gegenseitigen Blickfeld des Mannes und der Frau die personale Bedeutung des Leibes verdunkelt. Die Weiblichkeit hört damit auf, für den Mann in erster Linie Ausdruck eines personalen Subjekts zu sein; sie hört auf, eine spezifische Sprache des Geistes zu sein; sie verliert ihre Beredsamkeit als Zeichen, sie verliert den Zeichencharakter. Ich möchte sagen, sie hat nicht mehr das großartige Zeichen der bräutlichen Bedeutung des Leibes. Sie steht nicht mehr im Zusammenhang des Bewusstseins und des Erlebens dieser Bedeutung. Der Besitzwunsch, der aus der Begehrlichkeit des Fleisches entsteht, geht vom Augenblick, wo er im Menschen – in seinem »Herzen« – vorhanden ist, gewissermaßen an diesem Zusammenhang vorbei (in einem Bild könnte man sagen, sie stampft über die Ruine der bräutlichen Bedeutung des Leibes und aller ihrer subjektiven Komponenten hinweg) und strebt kraft ihrer axiologischen Intentionalität direkt und ausschließlich zu einem Ziel: einzig und allein die sexuellen Bedürfnisse an einem Körper als Objekt zu befriedigen.

5. Eine solche intentionale und axiologische Verminderung kann nach den Worten Christi (Mt 5,27–28) bereits in der Sphäre eines Blicks oder vielmehr in der Sphäre eines innerern Akts, der im Blick zum Ausdruck kommt, stattfinden. Der Blick bzw. das »Ansehen«, »Anblicken« ist in sich selbst ein Erkenntnisakt. Wenn in seine innere Verfassung die Begehrlichkeit einzieht, nimmt der Blick den Charakter der »begehrlichen Erkenntnis« an. Der biblische Ausdruck »ansehen, um zu begehren« kann sowohl auf einen Erkenntnisakt hindeuten, dessen sich der Mensch bedient, um zu begehren (und ihm damit die Eigenschaft

eines nach einem Objekt ausgestreckten Begehrens gibt) als auch auf einen Erkenntnisakt, der die Begehrlichkeit im Subjekt, vor allem in seinem Wollen und in seinem »Herzen«, weckt. Wie man sieht, kann man einem inneren Akt eine intentionale Deutung geben, wenn man den einen oder den anderen Pol der menschlichen Psyche im Auge hat: die Erkenntnis oder das als »appetitus« verstandene Begehren. (»Appetitus« ist etwas Umfassenderes als das Begehren, denn es weist auf alles hin, was sich im Menschen als Tendenz äußert, und ist als solche immer auf ein Ziel gerichtet, also auf ein Objekt, das unter dem Aspekt des Wertes erkannt wurde.) Eine entsprechende Deutung der Worte von Mt 5,27–28 verlangt jedoch, dass wir durch die Intentionalität der Erkenntnis bzw. des »appetitus« etwas Tieferes entdecken, nämlich die Intentionalität der Existenz des Menschen in Beziehung zum anderen Menschen; in unserem Fall: des Mannes in Beziehung zur Frau und der Frau in Beziehung zum Mann.

Auf dieses Thema werden wir noch zurückkommen müssen. Bevor wir die heutige Überlegung abschließen, ist noch hinzuzufügen, dass in diesem Begehren, in diesem »ansehen, um zu begehren«, von dem die Bergpredigt handelt, die Frau für den Mann, der sie so »ansieht«, als Subjekt der immerwährenden Anziehung zu existieren aufhört und beginnt, nur noch als Objekt der Begehrlichkeit des Fleisches zu existieren. Damit verbunden ist die tiefe innere Abkehr von der bräutlichen Bedeutung des Leibes, von der wir bereits bei der vorangegangenen Analyse gesprochen haben.

41. Katechese, 24. September 1980

1. In der Bergpredigt sagt Christus: »Ihr habt gehört, dass gesagt worden ist: Du sollst nicht die Ehe brechen. Ich aber sage euch: Wer eine Frau ansieht, um sie zu begehren, hat in seinem Herzen schon Ehebruch mit ihr begangen« (Mt 5,27–28). Seit einiger Zeit versuchen wir die Bedeutung dieser Aussage zu ergründen, indem wir ihre einzelnen Teile analysieren, um so den ganzen Text besser verstehen zu können.

Wenn Christus vom Mann spricht, der eine Frau »ansieht, um sie zu begehren«, weist er damit nicht nur auf die Intentionalität des Blickes, also auf die Erkenntnis (die begehrliche Erkenntnis), die psychologische Dimension, hin, sondern er deutet auch die Intentionalität des Seins des Menschen »für« den Menschen an. Das heißt, er zeigt auf diese Weise, was die Frau, die der Mann »ansieht, um sie zu begehren«, für diesen Mann »ist« oder vielmehr was sie für ihn »wird«. So bestimmt und definiert die Intentionalität des Bewusstseins die Intentionalität des Seins selbst. In der von Christus beschriebenen Situation ist diese Dimension einseitig zwischen dem Mann, der ein Subjekt ist, und der Frau, die für ihn zum Objekt geworden ist, gegeben (was aber nicht heißt, diese Dimension wäre nur einseitig); wir wollen aber die Analyse vorläufig weder umkehren noch auf beide Teile, auf beide Subjekte ausdehnen. Bleiben wir bei der von Christus vorgezeichneten Situation und unterstreichen wir, dass es sich um einen rein inneren Akt handelt, der im Herzen verborgen ist und auf der Schwelle des Blickes stehen bleibt.

Es genügt festzustellen, dass in diesem Fall die Frau – die aufgrund ihrer personalen Subjektivität immerwährend »für den Mann« existiert und erwartet, dass auch er aus demselben Grund »für sie« existiert – der diesem Ruf eigenen Beredsamkeit, die der Person eigen ist und auch die Faszination des Ewig-Weiblichen ausmacht, beraubt und für den Mann zum bloßen Objekt wird: das heißt, sie beginnt intentional als Objekt der potentiellen Befriedigung des sexuellen Bedürfnisses des Mannes, das in seiner Männlichkeit liegt, zu existieren. Obgleich es sich um einen ganz und gar inneren, im Herzen verborgenen und nur im Blick zum Ausdruck kommenden Akt handelt, vollzieht sich im Mann bereits ein (subjektiv einseitiger) Wandel der Intentionalität des Seins selbst. Wäre das nicht der Fall, würde es sich also nicht um einen so tief greifenden Wandel handeln, hätten die folgenden Worte des Satzes keinen Sinn: »… der hat in seinem Herzen schon Ehebruch mit ihr begangen« (Mt 5,28).

Die Begehrlichkeit: »Communio« der Personen und »Trieb« der Natur

2. Dieser Wandel in der Intentionalität des Seins, durch den eine bestimmte Frau für einen bestimmten Mann anfängt, nicht als das Subjekt des Rufs und der sowohl personalen wie »gemeinschaftlichen« Faszination, sondern ausschließlich als Objekt der potentiellen Befriedigung des sexuellen Bedürfnisses zu existieren, vollzieht sich im Herzen in dem Grad, in dem er im Willen vollzogen wird. Erkenntnismäßige Intentionalität als solche bedeutet noch keine Versklavung des Herzens. Erst wenn die intentionale Verminderung, die wir schon erläutert haben, den Willen in ihren verengten Horizont zerrt, wenn sie seinen Entschluss weckt, mit einem anderen menschlichen Wesen (in unserem Fall mit der Frau) eine Beziehung nach der »Wertskala« der Begehrlichkeit einzugehen, erst dann kann man davon sprechen, dass das Begehren sich auch des Herzens bemächtigt hat. Erst wenn sich die Begehrlichkeit des Willens bemächtigt hat, kann man sagen, dass sie die Person ganz beherrscht und den Willen, die Wahl- und Entscheidungsfreiheit bestimmt, durch die – kraft der Selbstentscheidung oder Selbstbestimmung – die Verhaltensweise gegenüber einer anderen Person festgelegt wird. Erst dann gewinnt die Intentionalität eines solchen Seins eine im Vollsinn subjektive Wirklichkeit.

3. Erst dann – also von diesem subjektiven Moment und seiner subjektiven Ausdehnung her – wird es möglich zu bekräftigen, was wir z. B. im Buch Jesus Sirach (23,17–22) über den von der sinnlichen Leidenschaft beherrschten Menschen gelesen haben und was wir noch beredsamer in der Weltliteratur dargestellt finden. Dann können wir auch von jener mehr oder weniger vollständigen »Versklavung« sprechen, die wir an anderer Stelle »Zwang des Fleisches« genannt haben und die zum Verlust der dem tiefen Empfinden der bräutlichen Bedeutung des Leibes konnaturalen Freiheit des Geschenks führt, von der wir ebenfalls schon gesprochen haben.

4. Wenn wir vom »Begehren« als Umgestaltung der Intentionalität eines menschlichen Seins, z. B. des konkreten Mannes, sprechen, für den (nach Mt 5,27–28) eine bestimmte Frau zum bloßen Objekt der potentiellen Befriedigung seines männlichen sexuellen Bedürfnisses wird, geht es keineswegs darum, dieses Bedürfnis, das eine objektive Gegebenheit der menschlichen Natur mit der Finalität der Zeugung ist, in Frage zu stellen. Die Worte Christi in der Bergpredigt (in ihrem näheren und weiteren Gesamtzusammenhang) sind weit entfernt von jedem Manichäismus, was auch für die echt christliche Überlieferung gilt. Solche Einwände können in unserem Fall also nicht erhoben werden. Es geht vielmehr um die personale Seinsweise von Mann und Frau, das heißt um jene Existenz in einem gegenseitigen »für«, die – auch aufgrund dessen, was nach der objektiven Dimension der menschlichen Natur als »sexuelles Bedürfnis« definiert werden kann – dem Aufbau der gemeinschaftlichen Einheit ihrer gegenseitigen Beziehung dienen kann und soll. Das ist in der Tat die grundlegende und adäquate Beredsamkeit dieses immerwährenden Rufes der gegenseitigen Faszination von Männlichkeit und Weiblichkeit, die in der Wirklichkeit des Menschen als zugleich Person, Körper und Geschlecht enthalten ist.

5. Der personalen und gemeinschaftlichen Vereinigung, zu welcher Mann und Frau »von Anfang an« gegenseitig gerufen sind, entspricht nicht, ja widerspricht sogar die Möglichkeit, dass eine der beiden Personen lediglich als Subjekt der Befriedigung des sexuellen Bedürfnisses existiert und die andere ausschließlich Objekt dieser Befriedigung wird. Im Widerspruch zu dieser gemeinschaftlichen Einheit von Personen steht auch der Fall, wenn beide, Mann und Frau, gegenseitig zum Objekt der Befriedigung des sexuellen Bedürfnisses werden und jeder nur Subjekt dieser Befriedigung »durch den anderen« ist. Diese Verminderung des so reichen Inhalts des gegenseitigen Rufs und der immerwährenden Faszination des Menschen in seiner Männlichkeit und Weib-

lichkeit entspricht ganz und gar nicht der Natur dieses Rufs und dieser Faszination. Eine solche Verminderung löscht den personalen und gemeinschaftlichen Sinn dieser Einheit von Mann und Frau aus, wonach gemäß Genesis 2,24 »der Mann … sich an seine Frau bindet und die beiden ein Fleisch werden«. Das »Begehren« löst die ganze intentionale Gestalt des gegenseitigen Seins von Mann und Frau »füreinander« von den personalen und gemeinschaftlichen Horizonten, die dem immerwährenden Ruf eigen sind, dadurch, dass sie diese Gestalt vermindern und sie zu objektiv-utilitaristischen Dimensionen hintreiben, in deren Einflusssphäre der Mensch den Menschen verwendet und ihn lediglich zur Befriedigung seiner eigenen Bedürfnisse gebraucht.

6. Es scheint, dass wir genau diesen Inhalt, der mit der inneren Erfahrung des Menschen vieler Zeiten und Umstände gefüllt ist, in der knappen Aussage Christi in der Bergpredigt vorfinden. Gleichzeitig darf man nicht die Bedeutung übersehen, die diese Aussage dem Inneren des Menschen, dem Herzen, als voller Dimension des inneren Menschen beimisst. Hier liegt der eigentliche Kern für den Wandel der Gesinnung, des Ethos, dem die so machtvollen und zugleich wunderbar schlichten Worte Christi aus Mt 5,27–28 gelten.

3.3 »… hat im Herzen schon Ehebruch begangen …«

Das Schlüssel-Wort

42. Katechese, 1. Oktober 1980

1. In unserer Analyse kommen wir zum dritten Teil der Ausführungen Christi in der Bergpredigt (Mt 5,27–28). Der erste Teil lautet: »Ihr habt gehört, dass gesagt worden ist: Du sollst nicht die Ehe brechen.« Der zweite: »Ich aber sage euch: Wer eine Frau ansieht, um sie zu begehren«, ist grammatikalisch mit dem dritten verbunden: »hat in seinem Herzen schon Ehebruch mit ihr begangen.«

Unsere Methode, die Aussage Christi in drei aufeinander folgende Abschnitte zu teilen oder aufzugliedern, mag gekünstelt erscheinen. Doch wenn wir die ethische Bedeutung des ganzen Wortes in seiner Gesamtheit zu erheben suchen, kann gerade die von uns vorgenommene Aufgliederung des Textes nützlich sein, vorausgesetzt, dass wir nicht trennen, sondern verbinden wollen. Das aber wollen wir tun. Jeder Teil hat seinen eigenen Gehalt und seine besonderen Merkmale, und gerade das möchten wir durch die Aufgliederung des Textes herausstellen; gleichzeitig aber zeigt sich, dass jeder Teil sich durch den unmittelbaren Bezug zu den anderen erklärt. Das gilt in erster Linie für die semantischen Hauptelemente, durch welche die Aussage zu einem Ganzen wird. Diese Elemente sind: Ehebruch begehen; ansehen, um zu begehren; Ehebruch im Fleisch; Ehebruch im Herzen. Es wäre besonders schwierig, die ethische Bedeutung des »Begehrens« zu ermitteln ohne das letzte Element, nämlich den »Ehebruch im Herzen«. Bereits unsere vorangegangene Überlegung hat dieses Element irgendwie in Betracht gezogen; doch ist ein volleres Verständnis des »Ehebruch im Herzen begehen« erst nach einer besonderen Analyse möglich.

2. Wie wir schon zu Beginn sagten, geht es hier um die ethische Bedeutung. Die Aussage Christi in Mt 5,27–28 geht von dem Gebot aus: »Du sollst nicht die Ehe brechen«, um zu zeigen, wie es verstanden und verwirklicht werden soll, damit darin die »Gerechtigkeit«, die Gott-Jahwe als Gesetzgeber gewollt hat, überfließe: damit sie sich in größerem Maße erfülle, als es nach der Auslegung und Kasuistik der Schriftgelehrten des Alten Testaments geschah. Wenn die Worte Christi in diesem Sinn das neue Ethos aufbauen wollen (und zwar aufgrund desselben Gebotes), führt der Weg dorthin über die Wiederentdeckung der Werte, die – im allgemeinen alttestamentarischen Verständnis und in der Anwendung dieses Gebotes – verloren gegangen waren,

3. Von diesem Gesichtspunkt aus ist auch die Gestalt des Textes bei Mt

5,27–28 bezeichnend. Das Gebot »Du sollst nicht die Ehe brechen« hat die Gestalt eines Verbotes, das ein bestimmtes moralisches Übel kategorisch ausschließt. Bekanntlich enthält das Gesetzbuch (der Zehn Gebote) außer dem Verbot »Du sollst nicht die Ehe brechen« auch das Verbot »Du sollst nicht die Frau eines anderen begehren« (Ex 20,14.17; Dtn 5,18.21). Christus hebt nicht das eine Verbot zugunsten des anderen auf. Obgleich er vom »Begehren« spricht, zielt er eine tiefergehende Klärung von »Ehebruch« an. Bezeichnenderweise ändert er nach dem Verbot »du sollst nicht die Ehe brechen«, das seinen Zuhörern bekannt war, im Folgenden seinen Stil und die logische Struktur von der normativen Form in die erzählerisch-feststellende. Wenn er sagt: »Wer eine Frau ansieht, um sie zu begehren, hat in seinem Herzen schon Ehebruch mit ihr begangen«, beschreibt er einen Vorgang im Innern, dessen Realität die Zuhörer leicht verstehen konnten. Gleichzeitig gibt er durch den auf diese Art beschriebenen und gekennzeichneten Vorgang an, wie das Gebot: »Du sollst nicht die Ehe brechen« aufgefasst und praktisch erfüllt werden soll, damit es zu der vom Gesetzgeber gewollten »Gerechtigkeit« führt.

4. So stehen wir nun bei dem Ausdruck »hat in seinem Herzen Ehebruch mit ihr begangen«, der, so scheint es, das Schlüsselwort für das Verständnis seiner rechten sittlichen Bedeutung bildet. Diese Formulierung ist zugleich die wichtigste Quelle, um die für die Gestalt des neuen Ethos wesentlichen Werte zu verdeutlichen: des Ethos der Bergpredigt. Wie es im Evangelium häufig geschieht, so stehen wir auch hier vor einem gewissen Paradox. Denn wie kann es zu einem Ehebruch kommen, ohne dass einer »die Ehe bricht«, das heißt ohne den äußeren Akt, der es erlaubt, die vom Gesetz verbotene Handlung festzustellen? Wir haben gesehen, wie sehr sich die Kasuistik der Gesetzeslehrer um die genaue Erklärung dieses Problems bemühte. Aber auch unabhängig von der Kasuistik scheint klar zu sein, dass man von Ehebruch erst sprechen kann, wenn er im Fleische geschieht, das heißt, wenn die beiden, Mann und Frau, sich so miteinander vereinigen, dass

sie ein Fleisch werden (vgl. Gen 2,24), obwohl sie nicht rechtmäßig miteinander verheiratete Eheleute, also Mann und Frau, sind. Was soll das heißen: »im Herzen Ehebruch begehen«? Ist das nicht nur ein bildlicher Ausdruck, den der Meister verwendet, um die Sündhaftigkeit der Begehrlichkeit hervorzuheben?

Eine erste Auslegung

5. Wenn wir diese Lesart der Aussage Christi (Mt 5,27–28) annehmen würden, müssten wir über deren ethische Konsequenzen tief nachdenken, das heißt über die ethische Richtigkeit und Unrichtigkeit des Verhaltens. Der Ehebruch geschieht, wenn Mann und Frau sich miteinander verbinden, sodass sie ein Fleisch werden (vgl. Gen 2,24), also nach Art von Eheleuten, obwohl sie nicht rechtmäßig miteinander verheiratet sind. Ehebruch als im Fleisch begangene Sünde ist streng und ausschließlich an den äußeren Akt gebunden, an die eheliche Gemeinschaft, die auch den von der Gesellschaft anerkannten Stand der beteiligten Personen einschließt. In unserem Fall ist dieser Stand nicht gegeben, und er berechtigt darum nicht zu einem solchen Akt (daher die Bezeichnung »Ehebruch«).

6. Zum zweiten Teil der Aussage Christi übergehend (in dem die Gestalt des neuen Ethos beginnt), müsste man den Ausdruck »wer eine Frau ansieht, um sie zu begehren« ausschließlich im Bezug zu den Personen nach ihrem von der Gesellschaft anerkannten Familienstand – also ob sie Eheleute sind oder nicht – verstehen. Hier beginnen sich die Fragen zu häufen. Weil Christus zweifellos auf die Sündhaftigkeit des inneren Aktes der Begehrlichkeit hinweist, die nach außen durch den Blick auf eine Frau, die nicht Ehefrau dessen ist, der sie so ansieht, zum Ausdruck kommt, können und müssen wir uns fragen, ob Christus mit diesem Ausdruck einen solchen Blick, einen solchen inneren Akt der Begehrlichkeit, wenn sie der Ehefrau jenes Mannes gilt, der sie so anblickt, billigt und bestätigt. Für die bejahende Antwort auf diese Frage

scheint folgende logische Voraussetzung zu sprechen: (in unserem Fall) kann den »Ehebruch im Herzen« nur der Mann begehen, der potentielles Subjekt des »Ehebruches im Fleisch« ist. Da dieses Subjekt nicht der Ehemann gegenüber seiner eigenen Frau sein kann, kann sich der »Ehebruch im Herzen« nicht auf ihn beziehen, sondern muss irgendeinem anderen Mann zur Last gelegt werden. Wenn er Ehemann ist, kann er nicht mit seiner eigenen Frau Ehebruch begehen. Er allein hat das ausschließliche Recht, seine Ehefrau »zu begehren« oder sie »begehrlich anzusehen« – und nie wird man behaupten können, dass er aufgrund eines solchen inneren Aktes des »im Herzen begangenen Ehebruchs« anzuklagen sei. Wenn er aufgrund der Ehe das Recht hat, »sich mit seiner Frau zu verbinden«, sodass »die beiden ein Fleisch werden«, dann kann dieser Akt keinesfalls als »Ehebruch« bezeichnet werden; dementsprechend kann der innere Akt des »Begehrens«, von dem die Bergpredigt handelt, nicht als »im Herzen begangener Ehebruch« bezeichnet werden.

7. Diese Auslegung der Worte Christi in Mt 5,27–28 scheint der Logik der Zehn Gebote zu entsprechen, wo außer dem Gebot »du sollst nicht die Ehe brechen« (6. Gebot) auch das Gebot steht »du sollst nicht die Frau eines anderen begehren« (9. Gebot). Außerdem trägt die zu ihrer Unterstützung vorgenommene Argumentation sämtliche Merkmale objektiver Korrektheit und Exaktheit an sich. Und dennoch lässt sich wohl bezweifeln, ob diese Argumentation allen Aspekten der Offenbarung sowie der Theologie des Leibes Rechnung trägt, die berücksichtigt werden müssen, vor allem dann, wenn wir die Worte Christi verstehen wollen. Wir haben bereits bei vorausgegangenen Überlegungen gesehen, worin das eigentliche Gewicht dieser Rede besteht, wie reich und vielfältig die anthropologischen und theologischen Implikationen dieses einzigen Satzes sind, in dem Christus sich »auf den Anfang« beruft (vgl. Mt 19,8). Die anthropologischen und theologischen Implikationen der Aussage der Bergpredigt, in der Christus sich auf das mensch-

liche Herz beruft, verleihen der Aussage selbst auch ihr eigentliches Gewicht und geben zugleich ihren Zusammenhang mit der gesamten Lehre des Evangeliums an. Deshalb müssen wir zugeben, dass die oben gebotene Auslegung trotz ihrer objektiven Korrektheit und logischen Präzision einer gewissen Erweiterung und vor allem Vertiefung bedarf. Wir müssen bedenken, dass der Hinweis auf das menschliche Herz, der vielleicht etwas paradox formuliert ist (Mt 5,27–28), von dem stammt, der »wusste, was im Menschen ist« (Joh 2,25). Und wenn seine Worte die Zehn Gebote (nicht nur das sechste, sondern auch das neunte) bestätigen, so sind sie gleichzeitig auch Ausdruck jener Wissenschaft vom Menschen, die – wie wir an anderer Stelle hervorgehoben haben – uns erlaubt, das Bewusstsein seiner Sündhaftigkeit mit der Aussicht auf die »Erlösung des Leibes« (vgl. Röm 8,23) in Verbindung zu bringen. Diese »Wissenschaft« aber liegt dem neuen Ethos zugrunde, das sich in den Worten der Bergpredigt ausdrückt.

Wenn wir das alles in Betracht ziehen, folgern wir daraus, dass Christus, so wie er bei der Deutung des »im Fleisch begangenen Ehebruches« die irrige und einseitige Deutung des Ehebruchs, die sich aus der Nichteinhaltung der Einehe ergibt (also der Ehe als unauflöslichen Bund der Personen), einer Kritik unterzieht, auch bei der Deutung des »Ehebruchs im Herzen« nicht allein den wirklichen Rechtsstand des betreffenden Mannes bzw. der Frau berücksichtigt. Christus macht die moralische Bewertung des Begehrens vor allem von der persönlichen Würde des Mannes und der Frau abhängig; und das ist von Bedeutung sowohl für Unverheiratete als auch – und da vielleicht noch mehr – für Eheleute. Von diesem Gesichtspunkt aus werden wir die Analyse der Worte der Bergpredigt am nächsten Mittwoch zu Ende führen.

43. Katechese, 8. Oktober 1980

1. Heute möchte ich die Analyse der Worte Christi in der Bergpredigt über den »Ehebruch« und die »Begehrlichkeit« abschließen, im Beson-

deren die des letzten Teiles der Aussage, wo der »begehrliche Blick« als »im Herzen begangener Ehebruch« bezeichnet wird.

Wir haben bereits in unseren vorangegangenen Überlegungen festgestellt, dass die genannten Worte gewöhnlich als Begehren der Frau eines anderen (also im Sinne des neunten Gebotes) verstanden werden. Es scheint jedoch, dass diese – einschränkende – Interpretation im Lichte des Gesamtzusammenhanges erweitert werden kann und muss. Die sittliche Bewertung der Begehrlichkeit (des »lüsternen Blicks«), die Christus als »im Herzen begangenen Ehebruch« bezeichnet, hängt, so scheint es, vor allem von der personalen Würde des Mannes und der Frau ab; das gilt sowohl für jene, die nicht durch die Ehe verbunden sind, als auch – und vielleicht noch mehr – für Verheiratete.

Eine zweite Auslegung

2. Die Auslegung, die wir bisher über die Aussage von Mt 5,27–28 »Ihr habt gehört, dass gesagt worden ist: Du sollst nicht die Ehe brechen. Ich aber sage euch: Wer eine Frau ansieht, um sie zu begehren, hat in seinem Herzen schon Ehebruch mit ihr begangen«, vorgenommen haben, weist hin auf die Notwendigkeit, die zuvor gebotene Interpretation im Hinblick auf die sittliche Bedeutung dieser Aussage zu erweitern und vor allem zu vertiefen. Wir stehen bei der vom Meister beschriebenen Situation, wonach jener, der durch einen inneren Akt des Begehrens (der im Blick zum Ausdruck kommt) »im Herzen Ehebruch begeht«, der Mann ist. Es ist bezeichnend, dass Christus, wenn er vom Gegenstand dieser Begehrlichkeit spricht, nicht hervorhebt, dass es sich um die »Frau eines anderen« bzw. nicht um die eigene Ehefrau handelt, sondern allgemein sagt: die Frau. Der »im Herzen« begangene Ehebruch wird nicht umschrieben durch die Grenzen der interpersonalen Beziehung, wie sie den »im Fleisch« begangenen Ehebruch kennzeichnen. Für den »im Herzen« begangenen Ehebruch sind diese Grenzen nicht ausschließlich und wesentlich entscheidend, sondern die Natur des Begehrens, das sich in diesem Fall durch den Blick ausdrückt, also

durch die Tatsache, dass der Mann – von dem Christus als Beispiel spricht – eine Frau »ansieht, um sie zu begehren«. Der Ehebruch »im Herzen« wird nicht nur deshalb begangen, weil der Mann die Frau, die nicht seine Ehefrau ist, so »ansieht«, sondern deswegen, weil er eine Frau gerade so anblickt. Auch wenn er seine Ehefrau so anblickte, würde er ebenfalls »im Herzen« Ehebruch begehen.

3. Diese Deutung scheint uns das umfassender in Betracht zu ziehen, was bei unseren Überlegungen insgesamt über die Begehrlichkeit und in erster Linie über die Begehrlichkeit des Fleisches als dauerndes Element der Sündhaftigkeit des Menschen (status naturae lapsae, Zustand der gefallenen Natur) gesagt worden ist. Die Begehrlichkeit, die als innerer Akt aus dieser Wurzel entspringt (wie wir in der vorangegangenen Betrachtung aufzuzeigen versucht haben), verändert die Intentionalität des Seins der Frau »für« den Mann, indem sie den personal-gemeinschaftlichen Reichtum des immerwährenden Rufes, den Reichtum der tiefen Faszination von Mann und Frau auf die bloße Befriedigung des sexuellen Bedürfnisses des Körpers (das in enger Beziehung zum Begriff »Trieb« steht) vermindert. Eine solche Verminderung bewirkt, dass die Person (in unserem Fall die Frau) für die andere Person (den Mann) in erster Linie zu einem Objekt der potentiellen Befriedigung des eigenen sexuellen Bedürfnisses wird. Auf diese Weise wird jenes gegenseitige »Füreinander« verzerrt, es büßt den Charakter der Gemeinschaft der Personen zugunsten eines utilitaristischen Charakters ein. Der Mann, der eine Frau so »ansieht«, wie in Mt 5,27–28 beschrieben, »gebraucht« die Frau, ihr Frausein, um seinen Trieb zu befriedigen. Auch wenn er sie nicht in einem äußeren Akt gebraucht, so hat er bereits in seinem Innern diese Haltung angenommen dadurch, dass er sich innerlich im Blick auf eine bestimmte Frau so entschieden hat. Eben darin besteht der »im Herzen begangene Ehebruch«. Einen solchen Ehebruch »im Herzen« kann der Mann auch mit seiner eigenen Ehefrau begehen, wenn er sie nur als Gegenstand seiner Triebbefriedigung behandelt. In

diesem »Begehren, Ansehen, um zu begehren«, über das die Bergpredigt spricht, existiert die Frau für den Mann, der sie so ansieht, nicht mehr als ein Subjekt (Mitsubjekt) des immerwährenden Rufs, sondern wird zu einem Objekt der Begehrlichkeit des Fleisches. Eng damit verbunden ist eine innere Ablösung von der bräutlichen Bedeutung des Leibes.

4. Wir können nicht zur zweiten Auslegung der Worte von Mt 5,27–28 gelangen, wenn wir uns auf die rein psychologische Interpretation der Begehrlichkeit beschränken, ohne dem Rechnung zu tragen, was ihren spezifisch theologischen Charakter ausmacht, nämlich der organischen Beziehung zwischen der Begehrlichkeit (als Akt) und der Begehrlichkeit des Fleisches sozusagen als ständige Bereitschaft, die aus der Sündhaftigkeit des Menschen herrührt. Die rein psychologische (bzw. sexualwissenschaftliche) Erklärung der Begehrlichkeit scheint keine ausreichende Grundlage für das Verständnis unseres Textes aus der Bergpredigt darzustellen. Wenn wir uns hingegen auf die theologische Auslegung beziehen – ohne deshalb das, was an der ersten Deutung, also der psychologischen, unveränderlich bleibt, unterschätzen zu wollen –, so erscheint uns diese zweite – theologische – Auslegung als die vollständigere. Denn durch sie wird auch die sittliche Bedeutung der Schlüsselaussage der Bergpredigt deutlicher, der wir die adäquate Gestalt des Ethos des Evangeliums verdanken.

Reinheit des Herzens als Erfüllung des Gebots

5. Wenn Christus diese Gestalt umreißt, bleibt er dem Gesetz treu: »Denkt nicht, ich sei gekommen, um aufzuheben, sondern um zu erfüllen« (Mt 5,17). Darum zeigt er, wie notwendig es ist, das tiefste Innere des Menschenherzens aufzudecken, damit dieses Herz zu einem Ort der »Erfüllung« des Gesetzes werden kann. Die Aussage von Mt 5,27–28, die die innere Perspektive des »im Herzen« begangenen Ehebruchs deutlich macht – und dabei auf die richtigen Wege zur Erfül-

lung des Gebots: »Du sollst nicht die Ehe brechen« hinweist –, ist ein einzigartiger Beweis dafür. Denn diese Aussage (Mt 5,27–28) bezieht sich auf den Abschnitt, wo es sich in besonderer Weise um die »Reinheit des Herzens« handelt (vgl. Mt 5,8) – ein Ausdruck, der in der Bibel bekanntlich eine sehr weite Bedeutung hat. Auch an anderer Stelle werden wir Gelegenheit haben, zu überlegen, inwieweit das Gebot »Du sollst nicht die Ehe brechen« – das, was die Art der Formulierung und den Inhalt betrifft, ein eindeutiges und strenges Verbot ist (wie das Gebot »Du sollst nicht nach der Frau eines anderen verlangen«, Ex 20,17) – eben durch die »Reinheit des Herzens« erfüllt wird. Von der Strenge und Kraft des Verbots zeugen indirekt die anschließenden Worte im Text der Bergpredigt, wo Christus bildhaft vom »Ausreißen des Auges« und vom »Abhauen der Hand« spricht, falls diese Ursache der Sünde sind (vgl. Mt 5,29–30). Wir haben bei früheren Überlegungen festgestellt, dass die Gesetzgebung des Alten Testaments, obgleich sie in hohem Maß strenge, harte Bestrafungen kennt, nicht zur »Erfüllung des Gesetzes« beitrug, weil ihre Kasuistik hinsichtlich der Begehrlichkeit des Fleisches von vielfältigen Kompromissen gekennzeichnet war. Christus dagegen lehrt, dass das Gebot durch die »Reinheit des Herzens« erfüllt wird, zu der der Mensch nicht gelangt, wenn er nicht gegenüber allem, was der Begehrlichkeit des Fleisches entspringt, innere Festigkeit beweist. Die Reinheit des Herzens erwirbt, wer konsequent Anforderungen an sein Herz zu stellen weiß: an sein Herz und an seinen Leib.

6. Das Gebot »Du sollst nicht die Ehe brechen« findet seine richtige Motivierung in der Unauflöslichkeit der Ehe, in welcher der Mann und die Frau sich kraft des ursprünglichen Plans des Schöpfers so miteinander verbinden, dass sie »ein Fleisch werden« (vgl. Gen 2,24). Der Ehebruch widerspricht seinem Wesen nach einer solchen Einheit insofern, als die Einheit der Würde der Personen entspricht. Christus bestätigt nicht nur die wesentliche sittliche Bedeutung des Gebots, sondern sucht es in der Tiefe der Menschlichkeit selbst zu

verankern. Die neue Gestalt des Ethos ist immer mit der Enthüllung jenes tiefsten Grundes verbunden, den man »Herz« nennt, und mit seiner Befreiung dieser Tiefe von der Begehrlichkeit, sodass in jenem Herzen der Mensch voller strahlen kann: Mann und Frau in der ganzen inneren Wahrheit des gegenseitigen »Füreinander«. Befreit von dem Zwang und der Beschränkung des Geistes, wie sie die Begehrlichkeit des Fleisches mit sich bringt, findet sich der Mensch, Mann und Frau, in der Freiheit des gegenseitigen Geschenks, das die Voraussetzung für jedes Zusammenleben in der Wahrheit und besonders im Sich-einander-Schenken ist, da beide, als Mann und Frau, die sakramentale Einheit bilden müssen, die, wie Gen 2,24 sagt, vom Schöpfer selbst gewollt ist.

7. Es ist also offenkundig, dass die Forderung, die Christus in der Bergpredigt an alle seine tatsächlichen und möglichen Hörer stellt, zu dem inneren Raum gehört, in dem der Mensch – besonders der, der auf ihn hört – die verloren gegangene Fülle seines Menschseins neu entdecken und wieder erwerben muss. Jene volle gegenseitige Beziehung der Personen, des Mannes und der Frau, fordert der Meister in Mt 5,27–28, wobei er vor allem die Unauflöslichkeit der Ehe im Sinn hat, aber auch jede andere Form der Koexistenz von Männern und Frauen, jenes Zusammenlebens, welches zum reinen und schlichten Ablauf des Daseins gehört. Das menschliche Leben ist von seiner Natur her »koedukativ«, und seine Würde, sein Gleichgewicht hängen in jedem Augenblick der Geschichte und an jedem Punkt geografischer Länge und Breite davon ab, was Sie für Ihn und Er für Sie sein wird.

Die von Christus in der Bergpredigt verkündeten Worte haben ohne Zweifel diese universale und zugleich tiefe Bedeutung. Nur so können sie im Munde dessen verstanden werden, der zutiefst »wusste, was in jedem Menschen ist« (Joh 2,25), und der gleichzeitig in sich das Geheimnis von der »Erlösung des Leibes« trug, wie es der hl. Paulus später ausdrücken sollte. Sollen wir uns vor dem hohen Anspruch dieser Worte fürchten oder vielmehr Vertrauen haben auf ihren heilbringenden Inhalt, ihre Wirkkraft?

In jedem Fall erschließt uns die durchgeführte Analyse der Worte Christi in der Bergpredigt den Weg zu weiteren unerlässlichen Reflexionen, um volle Kenntnis vom Menschen der Geschichte und vor allem vom Menschen unserer Zeit, von seinem Bewusstsein und von seinem Herzen zu erlangen.

4. Das »Herz«: angeklagt oder gerufen?

44. Katechese, 15. Oktober 1980

1. Bei unseren zahlreichen Mittwochsbegegnungen haben wir eine eingehende Analyse der Worte aus der Bergpredigt vorgenommen, wo Christus sich auf das menschliche »Herz« beruft. Wie wir nunmehr wissen, verlangen seine Worte sehr viel. Christus sagt: »Ihr habt gehört, dass gesagt worden ist: Du sollst nicht die Ehe brechen. Ich aber sage euch: Wer eine Frau ansieht, um sie zu begehren, hat in seinem Herzen schon Ehebruch mit ihr begangen« (Mt 5,27–28). Dieser Hinweis auf das Herz stellt die Innerlichkeit des Menschen heraus, die Dimension des inneren Menschen, die zur Ethik und noch mehr zur Theologie des Leibes gehört. Das Begehren, das im Bereich der Begehrlichkeit des Fleisches aufsteigt, ist zugleich eine innere und eine theologische Wirklichkeit, die irgendwie von jedem geschichtlichen Menschen erfahren wird. Und eben dieser Mensch stellt sich – auch wenn er die Worte Christi nicht kennt – unablässig die Frage nach seinem Herzen. Die Worte Christi machen diese Frage besonders deutlich: Wird das Herz angeklagt oder wird es zum Guten gerufen? Und diese Frage wollen wir nun aufgreifen am Ende unserer Überlegungen und Analysen, die wir im Zusammenhang mit dem so knappen und zugleich nachdrücklichen Satz des Evangeliums entwickelt haben, der so angefüllt ist mit theologischem, anthropologischem und ethischem Gehalt.

Damit geht eine zweite mehr praktische Frage einher: Wie kann und soll der Mensch handeln, der die Worte Christi in der Bergpredigt aufnimmt, der Mensch, der das Ethos des Evangeliums, zumal in diesem Bereich, annimmt?

2. Dieser Mensch findet in den bisher angestellten Überlegungen zumindest indirekt die Antwort auf unsere beiden Fragen: Wie kann er handeln, das heißt, worauf kann er sich in seinem Innersten, am Ursprung seiner inneren bzw. äußeren Handlungen verlassen? Und wei-

ter: Wie sollte oder müsste er handeln, das heißt, in welcher Weise stellen die Werte, die nach der in der Bergpredigt offenbarten Rangordnung erkannt werden, eine Verpflichtung für seinen Willen und sein Herz, seine Wünsche und seine Entscheidungen dar? In welcher Weise verpflichten sie ihn in seinem Handeln und Verhalten, wenn sie ihn, einmal erkannt und aufgenommen, bereits im Denken und in gewisser Weise im Empfinden verpflichten? Diese Fragen sind für die menschliche Praxis wichtig und zeigen eine organische Verbundenheit von Praxis mit dem Ethos an. Die lebendige Moral ist immer das Ethos der menschlichen Praxis.

3. Auf die gestellten Fragen kann man verschieden antworten. Sowohl in der Vergangenheit wie heute wurden und werden tatsächlich verschiedene Antworten gegeben. Das beweist eine umfangreiche Literatur. Außer den Antworten, die wir dort finden, gilt es, die unendliche Zahl von Antworten zu berücksichtigen, die der konkrete Mensch von sich aus auf diese Fragen gibt, welche das Gewissen, das sittliche Bewusstsein und Empfinden jedes Einzelnen im Leben immer wieder gibt. In diesem Bereich durchdringen sich fortwährend Ethos und Praxis. Hier leben die einzelnen Grundsätze ihr gewiss nicht ausschließlich theoretisches Leben, also die Moralgesetze mit ihren Motivierungen, wie sie von den Moralisten ausgearbeitet und verkündet werden, sondern auch jene, welche – natürlich nicht ohne Verbindung mit der Arbeit der Moralisten und Wissenschaftler – die einzelnen Menschen als Urheber und unmittelbare Subjekte der tatsächlichen Moral, als Mitgestalter ihrer Geschichte ausarbeiten, von denen dann auch das Niveau der Moral selbst, ihr Fortschritt bzw. ihr Verfall, abhängt. In alledem haben wir immer und überall jenen geschichtlichen Menschen vor uns, zu dem einst Christus gesprochen hat, als er mit der Bergpredigt die Frohbotschaft des Evangeliums verkündete, wo er unter anderem auch den Satz sprach, den wir in Matthäus 5,27–28 lesen: »Ihr habt gehört, dass gesagt worden ist: Du sollst nicht die Ehe brechen. Ich aber sage

euch: Wer eine Frau ansieht, um sie zu begehren, hat in seinem Herzen schon Ehebruch mit ihr begangen.«

4. Die Aussage des Matthäus ist großartig prägnant im Vergleich mit allem, was zu diesem Thema in der Weltliteratur geschrieben worden ist. Und vielleicht besteht gerade darin ihre Wirkkraft in der Geschichte des Ethos. Zugleich muss man sich darüber im klaren sein, dass die Geschichte des Ethos wie in einem vielgestaltigen Flussbett dahinfließt, in dem die einzelnen Strömungen sich nähern und voneinander entfernen. Der geschichtliche Mensch bewertet sein Herz immer auf seine besondere Weise, wie er auch seinen Körper beurteilt: Er geht vom Extrem des Pessimismus zum Extrem des Optimismus über, von puritanischer Strenge zum heutigen Permissivismus. Man muss sich dessen bewusst sein, damit das Ethos der Bergpredigt stets gegenüber den Handlungen und Verhaltensweisen des Menschen genügend durchsichtig bleibt. Dazu sind weitere Überlegungen nötig.

4.1 Den Körper verdammen?

Manichäismus

5. Unsere Betrachtungen über die Bedeutung der Worte Christi nach Matthäus 5,27–28 wären unvollständig, würden wir nicht – wenigstens kurz – beim Widerhall innehalten, den sie in der Geschichte des menschlichen Denkens und der Bewertung der Geschichte des Ethos gefunden haben. Der Widerhall ist immer eine Umformung der Stimme und der Worte, die sie spricht. Wir wissen aus Erfahrung, dass diese Umformung voll von geheimnisvollem Zauber sein kann. In unserem Fall ist freilich etwas Gegenteiliges eingetreten. Denn den Worten Christi wurde vielmehr ihre Schlichtheit und Tiefe genommen; es wurde ihnen eine Bedeutung unterschoben, die weit von der tatsächlichen entfernt ist, eine Bedeutung, die letzten Endes sogar im Widerspruch zu diesen Worten steht. Wir denken hier an all das, was am Rande des Christentums unter

dem Namen des »Manichäismus« aufgetaucht ist[68] und sogar versuchte,

[68] Der Manichäismus enthält die charakteristischen Elemente der Gnosis und bringt sie zur Reifung; er ist ein Dualismus mit zwei gleich ewigen und radikal entgegengesetzten Prinzipien und einem Begriff der Erlösung, die sich nur durch die Erkenntnis (gnosis) oder das Verständnis seiner selbst verwirklicht. In dem ganzen manichäischen Mythos gibt es einen einzigen Helden und eine einzige Situation, die immer wiederkehrt: die Defallene Seele ist in der Materie gefangen und wird durch die Erkenntnis befreit.
Die derzeitige Existenz des Menschen in der Geschichte entspricht ihm nicht, weil sie eine vorläufige und anormale Mischung aus Geist und Materie, aus Gut und Böse, darstellt, die einen früheren, ursprünglichen Zustand voraussetzt, in welchem die beiden Substanzen getrennt und unabhängig voneinander waren. Es gibt daher drei Epochen: den Anfang, das heißt die ursprüngliche Trennung; die Mitte, also den gegenwärtigen herrschenden Zustand der Vermischung, und das Ende, das in der Rückkehr zur ursprünglichen Trennung besteht, in der Erlösung, die einen völligen Bruch zwischen Geist und Materie mit sich bringt.
Die Materie ist im Grund Begehrlichkeit, böses Verlangen nach Lust und Genuss, tödlicher Instinkt, der dem Sexualtrieb, der Libido vergleichbar, wenn nicht überhaupt mit ihm identisch ist. Sie ist eine Kraft, die das Licht anzugreifen sucht; eine ungeordnete Bewegung, ein tierisches, brutales, halbbewusstes Verlangen. Adam und Eva wurden von zwei Dämonen gezeugt; unser Geschlecht entsprang einer Folge abstoßender Akte des Kannibalismus und der Sexualität und bewahrt die Zeichen dieses diabolischen Ursprungs: den Körper, der die tierische Gestalt der »Archonten der Unterwelt« ist, und die Libido, die den Menschen dazu treibt, sich zu paaren und fortzupflanzen und damit die lichtvolle Seele für immer gefangen zu halten. Wenn der Mensch erlöst werden will, muss er versuchen, sein »lebendiges Ich«, den noûs, vom Fleisch und vom Körper zu befreien. Da die Materie in der Begehrlichkeit ihren höchsten Ausdruck findet, besteht die Hauptsünde in der geschlechtlichen Vereinigung (Unzucht), die zugleich Brutalität und Bestialität ist und die Menschen durch die Fortpflanzung zu Werkzeugen und Mitschuldigen des Bösen macht.
Die Auserwählten bilden die Gruppe der Vollkommenen mit einer charakteristischen asketischen Tugend, der Abstinenz, die sich in der Beobachtung von drei »Siegeln« verwirklicht: Das »Siegel des Mundes« verbietet jede Gotteslästerung und gebietet die Enthaltung von Fleisch, Blut, Wein, allen alkoholischen Getränken und auch das Fasten; das »Siegel der Hände« gebietet die Achtung vor dem Leben (dem »Licht«), das die Körper, die Samen, die Bäume in sich schließen, und verbietet das Sammeln von Früchten, das Ausreißen von Pflanzen, das Töten von Menschen und Tieren; das »Siegel des Schoßes« schreibt totale Enthaltsamkeit vor (vgl. H. Ch. Puech, Le Manichéisme, son fondateur – sa doctrine, Paris 1949 [Musée Guimet, Bd. LVI], S. 73–88. Ders., Le Manichéisme, in: Histoire des Religions [Encyclopédie de la Pléiade] II, 1972, S. 522–645. J. Ries, Manichéisme, in: Catholicisme hier, aujourd'hui, demain, 34, Lilie 1977, S. 314–320).

gerade bei der Theologie des Leibes und dem Ethos des Leibes christliches Terrain zu erobern. Der Manichäismus in seiner ursprünglichen Gestalt, der im Orient außerhalb des biblischen Milieus entstanden war, sah bekanntlich die Quelle des Bösen in der Materie. Er verkündete deshalb die Verurteilung und Verwerfung alles dessen, was am Menschen körperlich ist. Und da sich beim Menschen die Körperlichkeit vor allem im Geschlechtlichen äußert, wurde diese Verurteilung auch auf die Ehe und das eheliche Zusammenleben sowie auf sämtliche Bereiche des Seins und des Handelns, in denen die Körperlichkeit zum Ausdruck kommt, ausgeweitet.

6. Einem ungeübten Ohr konnte die offenkundige Strenge jenes Systems im Einklang mit den anspruchsvollen Worten aus Matthäus 5,29–30 erscheinen, wo Christus vom »Ausreißen des Auges« und vom »Abhauen der Hand« spricht, wenn sie Anlass zum Ärgernis wären. Durch die bloß buchstäbliche Auslegung dieser Worte war es auch möglich, zu einer manichäischen Auffassung der Aussage Christi zu kommen, wo von dem Mann die Rede ist, der »im Herzen Ehebruch begangen hat …, wenn er eine Frau ansieht, um sie …« Auch in diesem Fall neigt die manichäische Deutung zur Verurteilung des Leibes als tatsächlicher Quelle des Bösen, da sich nach dem Manichäismus in ihm das Seinsprinzip des Bösen verbirgt und zugleich kundtut. Man versuchte also, eine solche Verurteilung im Evangelium zu finden, und fand sie bisweilen dort, wo statt dessen ausschließlich eine besonders an den menschlichen Geist gerichtete Forderung ausgesprochen wurde.

Es ist zu beachten, dass die Verurteilung ein Vorwand sein konnte – und immer sein kann –, um sich den Forderungen zu entziehen, die im Evangelium von dem aufgestellt wurden, der »wusste, was im Menschen ist« (Joh 2,25). Dafür mangelt es in der Geschichte nicht an Beweisen. Wir hatten zum Teil bereits Gelegenheit (und werden sie gewiss noch haben), zu zeigen, in welchem Maß diese Forderung einzig und allein aus einer Bejahung – und nicht aus einer Verneinung oder Verurteilung – kommen kann, wenn sie zu einer noch reiferen und objektiv und subjektiv vertieften Bejahung führen soll. Zu dieser Bejahung des Frauseins und Mannseins des Menschen als persönlicher Dimension des »Leibseins« sollen und müssen die Worte Christi in Matthäus 5,27–28 führen. Das ist die richtige sittliche Bedeutung dieser Worte. Sie drücken den Seiten des Evangeliums eine besondere Gestalt des Ethos auf, in der Absicht, dieses in der Folge dem menschlichen Leben aufzuprägen. Dieses Thema wollen wir bei unseren späteren Überlegungen wieder aufgreifen.

Das richtige Verständnis

45. Katechese, 22. Oktober 1980

1. Im Mittelpunkt unserer Betrachtungen bei den Mittwochsaudienzen steht schon seit längerer Zeit die Aussage Christi aus der Bergpredigt: »Ihr habt gehört, dass gesagt worden ist: Du sollst nicht die Ehe brechen. Ich aber sage euch: Wer eine Frau ansieht, um sie zu begehren, hat in seinem Herzen schon Ehebruch mir ihr begangen« (Mt 5,27–28). Diese Worte sind für die ganze in der Lehre Christi enthaltene Theologie des Leibes von grundlegender Bedeutung. Deshalb messen wir dem richtigen Verständnis und der gewissenhaften Auslegung dieser Worte mit Recht große Bedeutung bei. Bereits in unserer letzten Betrachtung haben wir festgestellt, dass die manichäische Lehre sowohl in ihren frühen wie in ihren späteren Äußerungen im Widerspruch zu diesen Worten steht.

Denn aus dem hier besprochenen Abschnitt der Bergpredigt lässt sich durchaus keine Verdammung oder Anklage des Leibes herauslesen. Allenfalls lässt sich eine Verurteilung des menschlichen Herzens erkennen. Unsere bisher angestellten Überlegungen zeigen jedoch, dass, wenn die Worte von Matthäus 5,27–28 überhaupt eine Anklage enthalten, Objekt dieser Anklage vor allem der Mensch der Begehrlichkeit ist. Mit diesen Worten wird das Herz nicht so sehr angeklagt als vielmehr einem Gericht unterworfen oder, besser, zu einer kritischen, ja selbstkritischen

Prüfung aufgerufen: ob es der Begehrlichkeit des Fleisches unterlegen ist oder nicht. Wenn wir die tiefe Bedeutung von Matthäus 5,27–28 zu ergründen suchen, müssen wir allerdings feststellen, dass das hier eingeschlossene Urteil über das »Begehren« als Akt der Begehrlichkeit des Fleisches nicht eine Verneinung, sondern eine Bejahung des Leibes enthält: Zusammen mit dem Geist bestimmt er nämlich die ontologische Subjektivität des Menschen und hat an seiner Würde als Person teil. Das Urteil über die Begehrlichkeit des Fleisches hat also eine grundlegend andere Bedeutung als jene, welche die manichäische Ontologie des Leibes voraussetzt und die notwendigerweise aus ihr erwächst.

2. Der Leib ist in seinem Mann- bzw. Frausein »von Anfang an« dazu berufen, zu einer Kundgabe des Geistes zu werden. Er wird dies auch durch die eheliche Verbindung von Mann und Frau, wenn sie »ein Fleisch« werden. An anderer Stelle (vgl. Mt 19,5–6) verteidigt Christus die unverletzlichen Rechte dieser Einheit im Fleisch, durch welche der Leib in seinem Mann- bzw. Frausein die Würde eines sakramentalen Zeichens gewinnt; indem er mahnt, gegenüber der Begehrlichkeit des Fleisches wachsam zu sein, drückt er auch hier die gleiche Wahrheit über die ontologische Bejahung des Leibes aus und bestätigt die sittliche Bedeutung dieser Bejahung, wie es dem Ganzen seiner Lehre entspricht. Diese sittliche Bedeutung hat nichts mit der manichäischen Verwerfung des Leibes gemein; sie ist vielmehr tief vom Geheimnis der »Erlösung des Leibes« geprägt, von welcher der hl. Paulus im Römerbrief schreibt (vgl. Röm 8,23). Die »Erlösung des Leibes« meint jedoch nicht, das ontologisch Böse sei ein Wesensmerkmal des menschlichen Körpers; es weist nur die Sündhaftigkeit des Menschen auf, durch die dieser unter anderem das klare Empfinden der bräutlichen Bedeutung des Leibes verloren hat, in welcher die innere Herrschaft und die Freiheit des Geistes zum Ausdruck kommt. Es handelt sich hier – wie wir schon früher festgestellt haben – um einen teilweisen, potentiellen Verlust, wo das Empfinden für die bräutliche Bedeutung des Leibes sich

gewissermaßen mit der Begehrlichkeit vermengt und leicht von ihr überwältigt und aufgesogen wird.

3. Eine adäquate Auslegung der Worte Christi nach Matthäus 5,27–28 sowie auch die Praxis, die dann das wahre Ethos der Bergpredigt verwirklichen soll, müssen in Denken und Haltung völlig von manichäischen Elementen frei bleiben. Die manichäische Haltung müsste zu einer wenn auch nicht tatsächlichen, so doch wenigstens intentionalen »Ausschaltung« des Leibes führen, zu einer Leugnung des Wertes der menschlichen Geschlechtlichkeit, des Mann- oder Frauseins der menschlichen Person, oder zumindest zu ihrer bloßen »Duldung« in den Grenzen des von der Notwendigkeit der Fortpflanzung bestimmten »Bedürfnisses«. Nach den Worten Christi in der Bergpredigt hingegen ist das christliche Ethos von einem Wandel im Bewusstsein und in den Haltungen der menschlichen Person, des Mannes wie der Frau, gekennzeichnet, der den Wert des Leibes und der Geschlechtlichkeit kundtut und verwirklicht, wie sie nach dem ursprünglichen Plan des Schöpfers in den Dienst der Personengemeinschaft gestellt sind, welche die tiefste Grundlage der menschlichen Sittlichkeit und Kultur bildet. Während für das manichäische Denken Leib und Geschlechtlichkeit sozusagen einen »Gegenwert« darstellen, sind sie für das Christentum stets ein »nicht hinreichend gewürdigter Wert«, wie ich weiter unten noch besser erklären werde. Die zweite Haltung deutet an, wie das Ethos beschaffen sein muss, in dem das Geheimnis der Erlösung des Leibes sozusagen im geschichtlichen Boden der Sündhaftigkeit des Menschen Wurzel fasst. Das bringt die theologische Formel zum Ausdruck, die den Zustand des geschichtlichen Menschen als »Status naturae lapsae simul ac redemptae«, Stand der gefallenen und zugleich erlösten Natur, definiert.

Gegenwert oder nicht hinreichend gewürdigter Wert?

4. Man muss im Licht dieser vielschichtigen Wahrheit über den Menschen die Worte Christi aus der Bergpredigt (Mt 5,27–28) auslegen.

Wenn sie auch eine gewisse »Anklage« gegen das menschliche Herz enthalten, so doch vielmehr noch einen Ruf. Die Anklage des moralischen Übels, welches das der Begehrlichkeit des Fleisches entsprungene Begehren in sich birgt, ist gleichzeitig ein Ruf zur Überwindung dieses Übels. Auch wenn der Sieg über das Böse in der Loslösung von ihm bestehen muss (daher die anspruchsvollen Worte im Zusammenhang von Mt 5,27–28), handelt es sich doch nur um die Abkehr vom bösen Akt (in unserem Fall vom inneren Akt des Begehrens) und man darf nie den negativen Charakter dieses Aktes auf sein Objekt übertragen. Eine solche Übertragung würde einer gewissen – wenn auch vielleicht nicht voll bewussten – Annahme des manichäischen »Gegenwertes« gleichkommen. Das würde keinen wahren und echten Sieg über das Böse des Aktes darstellen, der seinem sittlichen Charakter nach böse, also geistlich böse ist; ja, es bestünde die große Gefahr, die Handlung zum Schaden des Objekts zu rechtfertigen (hier liegt ja eben der eigentliche Irrtum des manichäischen Ethos). Es ist offensichtlich, dass Christus in Matthäus 5,27–28 eine Abkehr vom Übel der Begehrlichkeit (bzw. des begehrlichen Blicks) fordert, doch lässt seine Aussage auf gar keinen Fall die Annahme zu, dass das Objekt jener Begehrlichkeit, also die Frau, die der Mann begehrlich ansieht, schlecht sei. (Diese Präzisierung scheint in manchen Texten der Weisheitsbücher zu fehlen.)

5. Wir müssen also den Unterschied zwischen »Anklage« und »Ruf« präzisieren. Da die gegen das Übel der Begehrlichkeit gerichtete Anklage gleichzeitig ein Ruf zu seiner Überwindung ist, muss folglich dieser Sieg mit dem Bemühen einhergehen, den echten Wert des Objekts zu entdecken, damit nicht im Menschen, in seinem Bewusstsein und in seinem Willen der manichäische »Gegenwert« Platz greift. Denn das Übel der Begehrlichkeit, das heißt des Aktes, von welchem Christus in Mt 5,27–28 spricht, macht deutlich, dass das Objekt, auf das er sich richtet, für das menschliche Subjekt einen »nicht hinreichend gewürdigten Wert« darstellt. Wenn in unserem Text der Bergpredigt (Mt 5,27–28) das mensch-

liche Herz der Begehrlichkeit »angeklagt« (bzw. vor ihr gewarnt) wird, ist darin gleichzeitig der Aufruf enthalten, den vollen Wert dessen zu entdecken, was in dem Akt der Begehrlichkeit für ihn einen »nicht hinreichend gewürdigten Wert« darstellt. Die Worte Christi sind bekanntlich: »Wer eine Frau ansieht, um sie zu begehren, hat in seinem Herzen schon Ehebruch mit ihr begangen.« Den »im Herzen begangenen Ehebruch« kann und muss man als Abwertung oder Entfernung eines echten Wertes verstehen, als intentionale Aberkennung der Würde, welcher der unverkürzte Wert der Fraulichkeit in dieser Person entspricht. Die Worte von Matthäus 5,27–28 fordern zur Neuentdeckung und Bekräftigung dieses Wertes und dieser Würde auf. Nur wenn man die zitierten Worte aus Matthäus so versteht, respektiert man ihre Bedeutung.

Zum Abschluss dieser knappen Ausführungen müssen wir noch einmal feststellen, dass das manichäische Verständnis von Leib und Geschlechtlichkeit des Menschen dem Evangelium wesensfremd ist und nicht der exakten Bedeutung der Worte Christi in der Bergpredigt entspricht. Der Appell zur Beherrschung der Begehrlichkeit des Fleisches stammt eben aus der Bejahung der personalen Würde des Leibes und des Geschlechts und dient ausschließlich dieser Würde. Wer diesen Worten eine manichäische Sicht entnehmen wollte, befände sich in einem wesentlichen Irrtum.

4.2 Das »Herz«: dem Argwohn aussetzen?

»Meister des Argwohns«

46. Katechese, 29. Oktober 1980

1. Schon seit geraumer Zeit kreisen unsere Überlegungen bei den Mittwochsaudienzen um die Aussage Jesu Christi in der Bergpredigt: »Ihr habt gehört, dass gesagt worden ist: Du sollst nicht die Ehe brechen. Ich aber sage euch: Wer eine Frau ansieht, um sie zu begehren, hat in seinem Herzen schon Ehebruch mit ihr begangen« (Mt 5,27–28).

Letzthin haben wir klargestellt, dass die genannten Worte nicht im manichäischen Sinn verstanden oder gedeutet werden dürfen. Sie bedeuten auf gar keinen Fall eine Verurteilung des Leibes und der Geschlechtlichkeit. Sie sollen lediglich zur Überwindung der dreifachen Begehrlichkeit, besonders der Begehrlichkeit des Fleisches, aufrufen: Dies geht ja gerade aus der Bejahung der personalen Würde des Leibes und der Geschlechtlichkeit hervor und bekräftigt zugleich diese Bejahung.

Die genaue Verdeutlichung dieser Formulierung bzw. das Herausarbeiten der eigentlichen Bedeutung dieser Worte der Bergpredigt, in denen sich Christus auf das menschliche Herz beruft (vgl. Mt 5,27–28), ist sehr wichtig, nicht nur wegen der aus dem Manichäismus herrührenden »eingefleischten Gewohnheiten«, die Dinge zu verstehen und zu bewerten, sondern auch wegen mancher moderner Variationen der Hermeneutik des Menschen und der Moral. Ricoeur hat Freud, Marx und Nietzsche als »Meister des Argwohns« (»maîtres du soupçon«) bezeichnet[69], wobei er wohl an die von jedem Einzelnen repräsentierten Systeme denkt, vor allem aber wohl an ihre verborgene Ausgangsbasis und Einstellung beim Verständnis und der Deutung des Menschlichen an sich.

Es erscheint notwendig, wenigstens kurz auf diese Ausgangsbasis

[69] »Der in der Schule Descartes' ausgebildete Philosoph weiß, dass die Dinge zweifelhaft sind, dass sie nicht die sind, als die sie erscheinen; aber er zweifelt nicht daran, dass das Bewusstsein so ist, wie es sich selbst erscheint …; seit Marx, Nietzsche und Freud zweifeln wir daran. Nach dem Zweifel an den Dingen sind wir in den Zweifel am Bewusstsein eingetreten. Aber diese drei Meister des Argwohns sind nicht drei Meister des Skeptizismus; sie sind sicher drei große ›Zerstörer‹. Seit ihnen ist das Begreifen eine Hermeneutik: nach dem Sinn suchen heißt von jetzt ab nicht mehr, das Bewusstsein des Sinns herauslesen, sondern die Ausdrucksweisen entziffern. Was man daher vergleichen müsste, ist nicht nur ein dreifacher Argwohn, sondern ein dreifacher Kunstgriff … Zugleich wird eine noch tiefere Verwandtschaft zwischen Marx, Freud und Nietzsche sichtbar. Alle drei beginnen mit dem Argwohn gegenüber den Illusionen des Bewusst-seins und fahren mit dem Kunstgriff der Entzifferung fort …« (Paul Ricoeur, Le conflit des interprétations, Paris 1969 S. 149–150).

und Einstellung hinzuweisen. Wir müssen das tun, um einerseits eine bezeichnende Übereinstimmung mit und anderseits auch einen ganz wesentlichen Unterschied zu der Hermeneutik festzustellen, die ihre Quelle in der Bibel hat und der wir in unseren Analysen zu folgen suchen. Worin besteht nun die Übereinstimmung? In der Tatsache, dass die oben erwähnten Denker, die auf die Denk- und Urteilsweise der Menschen unserer Zeit großen Einfluss ausgeübt haben und noch immer weiter ausüben, im Wesentlichen auch das »Herz« des Menschen anzuklagen und zu verurteilen scheinen. Ja, noch mehr, es hat den Anschein, dass sie das Herz aufgrund jener Tatsache anklagen und verurteilen, die in der Sprache der Bibel und besonders bei Johannes »Begehrlichkeit«, die »dreifache Begehrlichkeit«, genannt wird.

2. Hier könnte man eine bestimmte Rollenverteilung vornehmen. In der Hermeneutik Nietzsches entsprechen Anklage und Verurteilung des menschlichen Herzens gewissermaßen dem, was in der biblischen Sprache »Stolz des Lebens« heißt; in der marxistischen Hermeneutik dem, was in der Bibel »Begehrlichkeit der Augen« genannt wird; in der Hermeneutik Freuds hingegen dem, was »Begehrlichkeit des Fleisches« heißt. Die Ähnlichkeit dieser Auffassung mit der Hermeneutik des Menschen, die sich auf die Bibel gründet, besteht in der Tatsache, dass auch wir bei der Aufdeckung der dreifachen Begehrlichkeit im Herzen des Menschen uns darauf hätten beschränken können, dieses Herz ständig zu verdächtigen. Doch die Bibel gestattet es uns nicht, hier Halt zu machen. Die Worte Christi bei Matthäus 5,27–28 sind solcher Art, dass sie, auch wenn sie die ganze Wirklichkeit des sinnlichen Verlangens und der Begehrlichkeit aufzeigen, nicht zulassen, diese Begehrlichkeit zum absoluten Kriterium der Anthropologie und der Ethik bzw. zum Kernpunkt der Hermeneutik des Menschen zu machen. In der Bibel bildet die dreifache Begehrlichkeit nicht das grundlegende und schon gar nicht das einzige und absolute Kriterium für die Anthropologie und die Ethik, auch wenn es zweifellos ein wichtiger Faktor für das Ver-

ständnis des Menschen, seiner Handlungen und ihres sittlichen Wertes ist. Das ergibt ja auch die von uns bisher durchgeführte Analyse.

3. Gerade weil wir zu einer vollständigen Auslegung der Worte Christi über den Menschen mit dem »begehrlichen Blick« (vgl. Mt 5,27–28) gelangen wollen, können wir uns nicht mit irgendeiner beliebigen Auffassung der Begehrlichkeit zufrieden geben, auch nicht, wenn so die Fülle der uns zugänglichen psychologischen Wahrheit erreicht würde. Vielmehr müssen wir uns an den 1. Johannesbrief (2,15–16) mit seiner »Theologie der Begehrlichkeit« halten. Der Mensch mit dem »begehrlichen Blick« ist in der Tat der Mensch der dreifachen Begehrlichkeit, der Mensch der Begehrlichkeit des Fleisches. Daher »kann« er so blicken und muss sich sogar bewusst sein, dass er, wenn er seinen inneren Akt den Mächten der Natur preisgibt, den Einfluss der Begehrlichkeit des Fleisches nicht vermeiden kann. In Matthäus 5,27–28 spricht Christus ebenfalls davon und macht uns darauf aufmerksam. Seine Worte beziehen sich nicht nur auf den konkreten Akt des Begehrens, sondern indirekt auch auf den ganzen Menschen der Begehrlichkeit.

Wesentliche Divergenz

4. Warum können nun diese Worte aus der Bergpredigt trotz der Ähnlichkeit ihrer Aussage über das menschliche Herz[70] mit dem, was in der Hermeneutik der genannten »Meister des Argwohns« vorliegt, nicht als Basis für eine solche oder eine analoge Hermeneutik angesehen werden? Und wieso bilden sie den Ausdruck, die Darstellung eines völlig anderen Ethos? Verschieden nicht nur vom manichäischen, sondern auch vom freudschen Ethos? Ich meine, die Gesamtheit der bisher vorgenommenen Analysen und Betrachtungen gibt Antwort auf diese Frage. Zusammenfassend kann man sagen, dass die Worte Christi bei Matthäus 5,27–28 nicht zulassen, dass wir nur Anklage gegen das menschliche Herz erheben und es ständig verdächtigen. Sie müssen vielmehr vor allem als ein Ruf

[70] Vgl. auch Mt 5,19–20.

an dieses Herz verstanden und interpretiert werden. Dies ergibt sich aus dem Wesen des Ethos der Erlösung. Aufgrund dieses Geheimnisses, das der hl. Paulus als »Erlösung des Leibes« bezeichnet (Röm 8,23), aufgrund jener Wirklichkeit, die Erlösung genannt wird, und damit aufgrund des Ethos der Erlösung des Leibes können wir das menschliche Herz nicht wegen des Begehrens und der Begehrlichkeit des Fleisches ausschließlich anklagen. Der Mensch darf nicht stehen bleiben bei der ständigen und gnadenlosen Anklage des Herzens wegen der Äußerungen der Begehrlichkeit des Fleisches und des Begehrens (Libido), die der Psychoanalytiker des Unbewussten aufdeckt[71]. Die Erlösung ist eine Wahrheit und Wirklichkeit, in deren Namen der Mensch sich gerufen, »wirksam gerufen« fühlen soll. Er muss sich dieses Rufs auch in den Worten Christi bei Matthäus 5,27–28 bewusst werden und sie wieder im Gesamtzusammenhang der Offenbarung des Leibes lesen. Der Mensch muss sich gerufen fühlen, die bräutliche Bedeutung des Leibes wiederzuentdecken, ja sie zu verwirklichen und so die innere Freiheit des Geschenks, also jene geistige Haltung und Kraft zum Ausdruck zu bringen, die Folge der Beherrschung der Begehrlichkeit des Fleisches sind.

5. Dazu wird der Mensch vom Wort des Evangeliums, also von »außen« gerufen, zugleich aber ergeht auch von »innen« ein Ruf an ihn. Die

[71] Vgl. z. B. eine charakteristische Stelle aus dem letzten Werk Freuds: »Den Kern unseres Wesens bildet also das dunkle Es, das nicht direkt mit der Außenwelt verkehrt und auch unserer Kenntnis nur durch die Vermittlung einer anderen Instanz zugänglich wird. In diesem Es wirken die organischen Triebe, selbst aus Mischungen von zwei Urkräften (Eros und Destruktion) in wechselnden Ausmaßen zusammengesetzt und durch ihre Beziehung zu Organen oder Organsystemen voneinander differenziert. Das einzige Streben dieser Triebe ist das nach Befriedigung, die von bestimmten Veränderungen an den Organen mit Hilfe von Objekten der Außenwelt erwartet wird« (S. Freud, Abriss der Psychoanalyse, Das Unbehagen in der Kultur, Frankfurt a. M./ Hamburg 1955[4], S. 74–75).
Demnach wäre also jener »Kern« oder das »Herz« des Menschen von der Verbindung zwischen dem Geschlechtstrieb und jenem Trieb der Destruktion beherrscht, und das Leben bestünde in der Befriedigung dieser Triebe.

Worte Christi, der sich in der Bergpredigt auf das Herz beruft, führen den Hörer gewissermaßen zu diesem inneren Ruf. Wenn er dem zustimmt, was sie in ihm bewirken sollen, kann er gleichzeitig in seinem Inneren sozusagen den Widerhall jenes »Anfangs«, jenes guten Anfangs vernehmen, auf den sich Christus an anderer Stelle berief, um seine Hörer daran zu erinnern, wer der Mann und wer die Frau und was sie füreinander im Schöpfungswerk sind. Die Worte Christi in der Bergpredigt sind kein ins Leere geschleuderter Ruf. Sie richten sich nicht an den Menschen, der ganz und gar der Begehrlichkeit des Fleisches ausgeliefert und unfähig ist, nach einer anderen Gestalt in der Sphäre der immerwährenden gegenseitigen Anziehungskraft zu suchen, welche »von Anfang an« zur Geschichte des Mannes und der Frau gehört. Die Worte Christi bezeugen, dass die ursprüngliche Kraft (also auch die Gnade) des Geheimnisses der Schöpfung für jeden Menschen zur Kraft (und das heißt zur Gnade) des Geheimnisses der Erlösung wird. Das bezieht sich auf die eigentliche Natur, den Urgrund des Menschseins der Person, die tiefsten Impulse des Herzens. Empfindet der Mensch zusammen mit der Begehrlichkeit nicht ein tiefes Bedürfnis, die Würde der gegenseitigen Beziehungen zu bewahren, die eben aufgrund der Männlichkeit bzw. Weiblichkeit des Körpers ihren Ausdruck in eben diesem Körper finden? Fühlt er nicht das Bedürfnis, diese mit allem Edlen und Schönen zu durchdringen? Fühlt er nicht das Bedürfnis, ihnen den höchsten Wert zu verleihen, der eben die Liebe ist?

6. Wenn man diesen Ruf, den die Worte Christi in der Bergpredigt enthalten, aufs Neue liest, versteht man, dass er kein vom konkreten Dasein losgelöster Akt sein kann. Er bedeutet immer – wenn auch nur in der Dimension des Aktes, auf den er sich bezieht – die Wiederentdeckung des Sinnes des gesamten Daseins, des Sinnes des Lebens, in der auch die Bedeutung des Leibes enthalten ist, die wir »bräutlich« nennen. Diese Bedeutung des Leibes ist in gewisser Weise die Antithese der Libido Freuds. Dieser Sinn des Lebens ist die Antithese der Herme-

neutik des »Argwohns«. Diese Hermeneutik unterscheidet sich sehr, ja radikal von jener, die wir in der Tiefe der Worte Christi in der Bergpredigt finden. Diese Worte verraten nicht nur ein anderes Ethos, sondern auch eine andere Sicht der Möglichkeiten des Menschen. Es kommt darauf an, dass er sich gerade in seinem Herzen nicht unwiderruflich angeklagt und der Begehrlichkeit des Fleisches preisgegeben, sondern wirksam gerufen fühlt. Gerufen zu jenem höchsten Wert, der die Liebe ist. Gerufen in der personalen Wahrheit seines Menschseins, also auch in der Wahrheit seines Mann- bzw. Frauseins, in der Wahrheit seines Leibes. Gerufen in jener Wahrheit, die Erbe von »Anfang« an, Erbe seines Herzens ist und tiefer reicht als die ererbte Sündhaftigkeit, tiefer als die dreifache Begehrlichkeit. Die Worte Christi, die in die gesamte Wirklichkeit der Schöpfung und Erlösung eingeordnet sind, machen jenes tiefere Erbe wirksam und verleihen ihm wahre Kraft im menschlichen Leben.

4.3 Eros und Ethos

Eros als Quelle des »Erotischen«

47. Katechese, 5. November 1980

1. Im Verlauf unserer wöchentlichen Betrachtungen über die Aussage Christi in der Bergpredigt, wo er im Hinblick auf das Gebot »Du sollst nicht die Ehe brechen« die Begehrlichkeit (den begehrlichen Blick) mit dem im Herzen begangenen Ehebruch vergleicht, suchen wir eine Antwort auf die Frage: Klagen diese Worte das menschliche Herz nur an oder sind sie vor allem ein an dieses Herz gerichteter Ruf, selbstverständlich ein ethischer Ruf, ein wichtiger und wesentlicher Ruf zum Ethos des Evangeliums? Wir antworten, dass die genannten Worte vor allem ein Ruf sind.

Zugleich versuchen wir, unsere Überlegungen den Wegen näherzubringen, die das Bewusstsein des heutigen Menschen durchläuft.

Bereits im vorausgegangenen Zyklus unserer Betrachtungen haben wir auf den Eros hingewiesen. Dieser griechische Ausdruck, der von der Mythologie in die Philosophie, dann in die Literatursprache und schließlich in die Alltagssprache überging, ist der Sprache der Bibel im Gegensatz zum Wort Ethos fremd und unbekannt. Wenn wir bei unserer jetzigen Auslegung der biblischen Texte den der Septuaginta und dem Neuen Testament bekannten Begriff Ethos verwenden, tun wir das aufgrund der allgemeinen Bedeutung, die er in Philosophie und Theologie gewonnen hat, wobei er inhaltlich die vom menschlichen Willen abhängigen und den Gesetzen des Gewissens und dem Empfinden des menschlichen Herzens unterworfenen Bereiche von Gut und Böse einschließt. Der Begriff Eros ist nicht nur die Bezeichnung für eine mythologische Person, er hat in den Schriften Platons auch eine philosophische Bedeutung[72], die sich allem Anschein nach

[72] Nach Platon ist es dem Menschen, der zwischen der Welt der Sinne und der Welt der Ideen steht, bestimmt, von der ersten Welt in die zweite aufzusteigen. Die Welt der Ideen allein ist jedoch nicht imstande, die Welt der Sinne zu überwinden: Das vermag nur der Eros, der dem Menschen angeboren ist. Wenn der Mensch durch die Betrachtung der in der Welt der Sinne befindlichen Dinge das Vorhandensein der Ideen zu ahnen beginnt, empfängt er den Impuls vom Eros, das heißt vom Verlangen nach den reinen Ideen. Der Eros ist in der Tat die Ausrichtung des »sinnlichen« bzw. »sinnenhaften« Menschen auf das Transzendente: die Kraft, welche die Seele auf die Welt der Ideen hinlenkt. Im Symposion beschreibt Platon die Stufen dieses Einflusses des Eros: Er erhebt die Seele des Menschen vom Schönen eines einzelnen Körpers zum Schönen aller Körper, dann zum Schönen der Wissenschaft und schließlich zur Idee des Schönen selbst (vgl. Symposion 211, Staat 514).
Der Eros ist weder rein menschlich noch göttlich: Er ist ein Zwischending (»daimonion«) und hat eine Vermittlerfunktion. Sein Hauptmerkmal ist das ständige Sehnen und Verlangen. Selbst wenn er zu beschenken scheint, bleibt der Eros ein Verlangen zu besitzen; demnach unterscheidet er sich von der rein sinnlichen Liebe, da er die Liebe ist, die nach dem Höchsten strebt. Nach Platon lieben die Götter nicht. Sie verspüren kein Verlangen, weil ihre Wünsche bereits befriedigt sind. Sie können daher lediglich Objekt, aber nicht Subjekt der Liebe sein (Symposion, 200–201). Sie haben daher keine direkte Beziehung zum Menschen; nur durch den Eros wird eine Beziehung hergestellt (Symposion 203). Der Eros ist somit der Weg, der den Menschen zum Göttlichen führt, aber nicht umgekehrt.
Die Sehnsucht nach der Transzendenz ist also ein Wesenselement des platonischen

von der allgemein üblichen Bedeutung und auch von jener, die ihm gewöhnlich in der Literatur beigemessen wird, unterscheidet. Natürlich müssen wir hier die weite Skala der Bedeutungen in Betracht ziehen, die sich in Nuancen voneinander unterscheiden, wobei sie entweder mehr auf die mythologische Gestalt oder auf den philosophischen Gehalt konvergieren oder sich in Richtung auf den somatischen und sexuellen Gesichtspunkt entfernen. Unter Berücksichtigung einer so breiten Bedeutungsskala muss man ebenso differenziert das betrachten, was mit dem Eros verbunden und als »erotisch« bezeichnet wird[73].

2. Nach Platon ist der Eros die innere Kraft, die den Menschen zu allem hinwegträgt, was gut, wahr und schön ist. Diese Entrückung weist in unserem Fall auf die Intensität eines subjektiven Aktes des menschlichen Geistes hin. In der gängigen Bedeutung hingegen – wie auch in der Literatur – scheint diese Entrückung vor allem sinnenhafter Art zu sein. Der Eros weckt in den beiden Personen, in Mann und Frau,

---

Eros-Begriffes, eine Vorstellung, die den radikalen Dualismus der Welt der Ideen und der Welt der Sinne überwindet. Der Eros ermöglicht den Übergang von der einen in die andere Welt. Er ist also eine Art Flucht über die materielle Welt hinaus, auf welche die Seele verzichten muss, weil das Schöne der sinnfälligen Dinge nur Wert besitzt, sofern es in die Höhe führt.

Demnach bleibt der Eros für Platon immer die egozentrische Liebe: Sie strebt danach, den Gegenstand zu erobern und zu besitzen, der für den Menschen wertvoll ist. Das Gute lieben heißt, es immer besitzen zu wollen. Die Liebe ist also stets ein Verlangen nach Unsterblichkeit, und auch das beweist den egozentrischen Charakter des Eros (vgl. A. Nygren, Eros et Agape. La notion chrétienne de l'amour et ses transformations, I, Paris 1962, S. 180–200).

Für Platon ist der Eros ein Übergang von der elementaren zur tieferen Wissenschaft und zugleich das Verlangen, von »dem, was nicht ist« – also dem Bösen –, zu dem aufzusteigen, was »in Fülle existiert«: also dem Guten (vgl. Max Scheler, Liebe und Erkenntnis, Amour et connaissance, in: »Le sens de la souffrance, suivi de deux autres essais«, Paris S. 145).

[73] Vgl. z. B. C. S. Lewis, Eros, in: The Four Loves, New York 1960, S. 131–133, 152, 159–160; P. Chauchard, Vices des vertus, vertus des vices, Paris 1965, S. 147.

die gegenseitige Neigung, sich einander zu nähern bis zur körperlichen Vereinigung, zu jener Vereinigung, von der Genesis 2,24 spricht. Es geht um eine Antwort auf die Frage, ob Eros hier die gleiche Bedeutung hat wie in der biblischen Erzählung (vor allem in Gen 2,23–25), wo zweifellos die gegenseitige Faszination und der immerwährende Ruf der menschlichen Person – aufgrund ihrer Männlichkeit und Weiblichkeit – zu jenem »Einswerden im Fleisch« bezeugt ist, das zugleich die Einheit und Gemeinschaft der Personen verwirklichen soll. Für diese Deutung des Eros (und seiner Beziehung zum Ethos) gewinnt auch die Art und Weise, wie wir die »Begehrlichkeit« verstehen, von der in der Bergpredigt die Rede ist, grundsätzliche Bedeutung.

3. Der gewöhnliche Sprachgebrauch, so hat es den Anschein, hat vorwiegend jene Bedeutung der Begehrlichkeit im Auge, die wir zuvor als »psychologisch« bezeichnet haben und die man auch »sexualwissenschaftlich« nennen könnte, und das aufgrund von Voraussetzungen, die sich in erster Linie auf die naturalistische, somatische und sensualistische Deutung der menschlichen Erotik beschränken. (Wir wollen hier in keiner Weise den Wert der wissenschaftlichen Forschungen auf diesem Gebiet verringern, es soll nur auf die Gefahr eines allzu einschränkenden und ausschließlichen Gesichtspunktes hingewiesen werden.) Im psychologischen oder sexualwissenschaftlichen Sinn also verweist die Begehrlichkeit auf die subjektive Intensität der Hinwendung zum Objekt um seines sexuellen Charakters (sexuellen Wertes) willen. Diese Hinwendung erhält ihre subjektive Intensität aufgrund der spezifischen Anziehung, die ihren Einfluss auf die emotionale Sphäre des Menschen und seine Körperlichkeit (also sein körperliches Mann- bzw. Frausein) ausweitet. Wenn in der Bergpredigt von der »Begehrlichkeit« des Mannes die Rede ist, der »eine Frau ansieht, um sie zu begehren«, dann beziehen sich diese Worte – psychologisch (sexualwissenschaftlich) verstanden – auf den Bereich jener Erscheinungen, die im gewöhnlichen Sprachgebrauch »erotisch« genannt werden. Bei

der Aussage von Matthäus 5,27–28 handelt es sich nur um einen inneren Akt, während als »erotisch« vor allem jene Formen des Handelns und gegenseitigen Verhaltens von Mann und Frau bezeichnet werden, die die äußere Bekundung dieser inneren Handlungen sind. Dennoch scheint sicher zu sein, dass man bei einer solchen Argumentation praktisch ein Gleichheitszeichen setzen muss zwischen »erotisch« und dem, was »aus der sinnlichen Begehrlichkeit stammt« (und der Befriedigung der Begehrlichkeit des Fleisches dient). Wäre das der Fall, so würden die Worte Christi bei Matthäus 5,27–28 ein negatives Urteil über das Erotische bedeuten und, an das menschliche Herz gerichtet, zugleich eine strenge Warnung vor dem Eros.

Ethos als innere Kraft des Eros

4. Doch wir haben bereits darauf hingewiesen, dass der Eros eine Vielzahl von Bedeutungsunterschieden aufweist. Will man also das Verhältnis der Aussage in der Bergpredigt (Mt 5,27–28) zum weiten Bereich des Erotischen bestimmen, das heißt jener Handlungen und Verhaltensweisen, durch die Mann und Frau so einander nahekommen und sich vereinigen, dass sie »ein Fleisch werden« (vgl. Gen 2,24), muss man die vielen Bedeutungsunterschiede des Eros beachten. Es scheint in der Tat möglich, dass der Begriff Eros in seiner platonischen Bedeutung Raum bietet für jenes Ethos, jene sittlichen und indirekt auch theologischen Inhalte, die wir im Zug unserer Analysen am Anruf Christi an das menschliche Herz in der Bergpredigt aufgezeigt haben. Auch die Kenntnis der vielfältigen Bedeutungsunterschiede des Eros und dessen, was die verschiedenen Erfahrungen, in denen der Mensch verschiedener Epochen, Gegenden und Kulturräume das Erotische umschreibt, kann uns ein neues und umfassendes Verständnis der Fülle des Herzens schenken, auf die Christus bei Matthäus 5,27–28 hinweist.

5. Wenn wir annehmen, dass der Eros die innere Kraft bedeutet, die den Menschen zum Wahren, Guten und Schönen hinwegträgt, dann erkennt man, dass sich damit auch der Weg zu dem auftut, was Christus in der Bergpredigt ausdrücken wollte. Die Worte von Matthäus 5,27–28 sind eine Anklage des menschlichen Herzens und zugleich und noch mehr ein an dieses Herz gerichteter Ruf. Dieser Ruf ist die eigentliche Kategorie, die das Ethos der Erlösung kennzeichnet. Der Ruf zu dem, was wahr, gut und schön ist, bedeutet im Ethos der Erlösung zugleich die Notwendigkeit, das zu überwinden, was von der dreifachen Begehrlichkeit herrührt. Er bedeutet die Möglichkeit und Notwendigkeit der Umgestaltung dessen, was von der Begehrlichkeit des Fleisches belastet wurde. Weiter: Wenn die Worte von Matthäus 5,27–28 diesen Ruf bedeuten, dann heißt das, dass im erotischen Bereich Eros und Ethos nicht auseinandergehen, nicht zueinander im Gegensatz stehen, sondern dazu bestimmt sind, im menschlichen Herzen einander zu begegnen und Früchte zu tragen. Es ist des menschlichen Herzens wohl würdig, dass die Art und Weise des Erotischen zugleich die Ausdrucksweise des Ethos ist, also dessen, was ethisch ist.

6. Diese Feststellung ist sehr wichtig, sowohl für das Ethos als auch für die Ethik, denn mit diesem letztgenannten Begriff wird sehr oft eine negative Bedeutung in Verbindung gebracht, weil die Ethik Normen, Gebote und auch Verbote beinhaltet. Wir begnügen uns oft damit, die Worte der Bergpredigt über die Begehrlichkeit (über den »begehrlichen Blick«) ausschließlich als Verbot anzusehen, als Verbot im Bereich des Eros (also auf erotischem Gebiet). Sehr oft begnügen wir uns bloß mit diesem Verständnis und versuchen nicht, die wahrhaft tiefen und wesentlichen Werte freizulegen, die dieses Verbot verdeckt und somit sicherstellt. Es schützt diese Werte nicht nur, sondern macht sie auch zugänglich und legt sie frei, wenn wir lernen, ihnen unser Herz zu öffnen.

Das lehrt Christus uns in der Bergpredigt, und er lenkt das Herz des Menschen auf diese Werte hin.

48. Katechese, 12. November 1980

1. Wir nehmen heute unsere in der vergangenen Woche begonnene Betrachtung über die Wechselbeziehung zwischen dem Ethischen und dem Erotischen wieder auf. Unsere Überlegungen folgen dem roten Faden der von Christus in der Bergpredigt verkündeten Worte, mit denen er an das Gebot »Du sollst nicht die Ehe brechen« anknüpft und zugleich die Begehrlichkeit (den »begehrlichen Blick«) als »im Herzen begangenen Ehebruch« bezeichnet. Aus diesen Überlegungen ergibt sich, dass das Ethos mit der Entdeckung einer neuen Wertordnung verbunden ist. Es gilt, im Erotischen fortwährend die bräutlichen Bedeutung des Leibes und die wahre Würde des Geschenks zu beachten. Hier liegt eine Aufgabe des menschlichen Geistes, eine Aufgabe, die ethischen und sittlichen Charakter hat. Wird diese Aufgabe nicht geleistet, können die Anziehungskraft der Sinne, die Leidenschaft des Körpers und sogar die Echtheit der Gefühle bei einem Begehren stehen bleiben, das den Wert nicht genügend schätzt, und der Mensch, Mann und Frau, erfährt nicht jene Fülle des Eros, die den Aufschwung des menschlichen Geistes zum Wahren, Guten und Schönen bedeutet und wodurch auch das Erotische wahr, gut und schön wird. Das Ethos muss daher unbedingt zur bestimmenden Gestalt des Eros werden.

Die Frage der erotischen Spontaneität

2. Solche Überlegungen sind eng mit dem Problem der Spontaneität verbunden. Sehr häufig meint man, gerade das Ethos entziehe dem, was im Leben und Verhalten des Menschen erotisch ist, die Spontaneität; deshalb fordert man den Abschied vom Ethos »zum Vorteil« des Eros. Es könnte so scheinen, als ob auch die Worte der Bergpredigt diesem »Glück« hinderlich sind. Das ist eine irrige und auf jeden Fall oberflächliche Meinung. Wenn wir sie akzeptieren und hartnäckig festhalten, erreichen wir nie den Eros in seiner Vollgestalt, und das wirkt sich unvermeidlich im Bereich der entsprechenden »Praxis« aus, also in unserem Verhalten und auch im konkreten Empfinden der Werte. Wer

das Ethos der Aussage von Matthäus 5,27–28 bejaht, muss wissen, dass er auch zu einer vollen und reifen Spontaneität der Beziehungen berufen ist, die der immerwährenden Faszination der Männlichkeit und der Fraulichkeit entspringen. Wer die Antriebe des eigenen Herzens unterscheidet, gewinnt stufenweise gerade diese Spontaneität.

3. Die Worte Christi sind anspruchsvoll. Sie fordern vom Menschen, dass er bei den Beziehungen zu Personen des anderen Geschlechts sich voll und ganz seiner eigenen, vor allem inneren Haltungen bewusst ist; er muss sich der inneren Antriebe seines »Herzens« derart bewusst sein, dass er sie in reifer Weise erkennen und bewerten kann. Die Worte Christi fordern, dass der Mensch in diesem scheinbar ausschließlich dem Körper und den Sinnen, also dem äußeren Menschen zugehörigen Bereich, tatsächlich ein innerer Mensch ist, fähig, dem rechten Gewissen zu gehorchen, fähig, wirklich Herr seiner inneren Triebe zu sein, gleich einem Wächter, der eine verborgene Quelle hütet, und schließlich fähig, von all diesen Impulsen das herauszuschöpfen, was der »Reinheit des Herzens« entspricht, indem er mit Gewissen und Konsequenz den personalen Sinn der bräutlichen Bedeutung des Leibes aufbaut, der den Innenraum der Freiheit des Geschenks erschließt.

4. Wenn der Mensch so auf den Anruf bei Matthäus 5,27–28 antworten möchte, muss er beharrlich und konsequent sich vertraut machen, was die Bedeutung des Leibes, die Bedeutung des Frau- und Mannseins, eigentlich ist. Er muss das lernen, und zwar nicht nur durch eine objektivierende Abstraktion (obgleich auch diese notwendig ist), sondern vor allem im Bereich der inneren Regungen des eigenen »Herzens«. Das ist eine »Wissenschaft«, die man wahrhaftig nicht ausschließlich aus Büchern lernen kann, weil es hier in erster Linie um eine vertiefte Fähigkeit des menschlichen Innern geht.

Im Rahmen dieser Fähigkeit lernt der Mensch zwischen dem zu unterscheiden, was den mannigfaltigen Reichtum der Männlichkeit und der Weiblichkeit in den Zeichen ausmacht, die dem immerwährenden Ruf und der schöpferischen Anziehungskraft entspringen, und dem, was allein das Zeichen der Begehrlichkeit trägt. Und obgleich sich diese Varianten und Nuancen der inneren Regungen des Herzens in einem bestimmten Grad vermischen, muss doch gesagt werden, dass der innere Mensch von Christus gerufen ist, eine reife und vollkommene Präzision zu gewinnen, die ihn die verschiedenen Strömungen seines eigenen Herzens unterscheiden und werten lässt. Und man muss hinzufügen, dass diese Aufgabe bewältigt werden kann und dass sie wirklich menschenwürdig ist.

In der Tat hängt die Fähigkeit, von der wir hier sprechen, wesentlich mit der menschlichen Spontaneität zusammen. Die subjektive Struktur des Menschen weist hier besonderen Reichtum und klare Differenzierung auf. So ist eine edle Lust eines, die bloße sexuelle Begehrlichkeit etwas anderes; wenn diese Begehrlichkeit mit einer edlen Lust gepaart ist, unterscheidet sie sich von bloßer Begehrlichkeit. Ähnliches gilt von den unmittelbaren Reaktionen des Herzens: Die sinnliche Erregung unterscheidet sich ganz und gar von der tiefen Gemütsbewegung, mit welcher nicht nur die Sensibilität, sondern auch die Geschlechtlichkeit auf den unverkürzten Ausdruck der Fraulichkeit bzw. Männlichkeit reagiert. Wir können diese Thematik hier nicht ausführlicher entwickeln. Aber es steht fest, dass, wenn wir die Worte Christi bei Matthäus 5,27–28 als anspruchsvoll bezeichnen, sie dies auch in Bezug auf die tiefreichenden Ansprüche der menschlichen Spontaneität sind.

5. In allen Regungen und Trieben des bloßen Begehrens, die aus der Begehrlichkeit des Fleisches entspringt, kann es eine derartige Spontaneität nicht geben, da die bloße Begehrlichkeit keine Entscheidung und damit auch keine adäquate Wertordnung besitzt. Nur wenn er die Triebe beherrscht, kann der Mensch zu jener tieferen und reiferen Spontaneität gelangen, mit der sein Herz durch Beherrschung der Triebe die geistige Schönheit der Zeichenhaftigkeit des menschlichen Leibes in seiner

Männlichkeit bzw. Fraulichkeit entdeckt. Sofern diese Entdeckung sich im Bewusstsein als Überzeugung und im Willen als Ausrichtung vertieft, sowohl für die mögliche Wahl als auch für die einfachen Begehrlichkeiten, kann das menschliche Herz an einer anderen Spontaneität, von der der »fleischliche Mensch« nichts oder nur wenig weiß, teilhaben. Zweifellos sind wir durch die Worte Christi bei Matthäus 5,27–28 gerade zu einer solchen Spontaneität aufgerufen. Vielleicht ist der wichtigste Bereich der »Praxis« – was die »innersten« Handlungen betrifft – eben jener, der stufenweise den Weg zu solcher Spontaneität vorzeichnet.

Das ist ein umfangreiches Thema, das wir künftig noch einmal werden aufgreifen müssen, wenn wir das wahre Wesen der »Reinheit des Herzens« im Evangelium erläutern werden. Für heute schließen wir mit dem Hinweis, dass die Worte der Bergpredigt, mit denen Christus die Aufmerksamkeit seiner damaligen und heutigen Zuhörer auf die Begehrlichkeit (den »begehrlichen Blick«) lenkt, indirekt den Weg zu einer reifen Spontaneität des menschlichen Herzens weisen, die seine edle Begehrlichkeit und seine Sehnsüchte nicht erstickt, sondern im Gegenteil sie frei macht und grundlegend befähigt.

Damit soll jetzt genügen, was wir über die Wechselbeziehung zwischen Ethischem und Erotischem nach dem Ethos der Bergpredigt gesagt haben.

5. Das Ethos der Erlösung des Leibes

49. Katechese, 3. Dezember 1980

1. Am Anfang unserer Überlegungen zu den Worten Christi in der Bergpredigt (Mt 5,27–28) haben wir festgestellt, dass sie eine tiefe ethische und anthropologische Bedeutung besitzen. Es geht hier um einen Abschnitt, in dem Christus an das Gebot erinnert: »Du sollst nicht die Ehe brechen«, und hinzufügt: »Wer eine Frau ansieht, um sie zu begehren, hat in seinem Herzen schon Ehebruch mit ihr begangen.« Wir sprechen von der ethischen und anthropologischen Bedeutung dieser Worte, weil sie auf die beiden eng zusammengehörigen Dimensionen des Ethos und des geschichtlichen Menschen anspielen. Im Verlauf unserer bisherigen Analysen haben wir versucht, diese beiden Dimensionen zu beleuchten, wobei wir stets im Auge behielten, dass die Worte Christi an das Herz, also an den inneren Menschen, gerichtet sind. Der innere Mensch ist das eigentliche Subjekt für das Ethos des Leibes, und mit diesem Ethos will Christus das Bewusstsein und den Willen seiner Zuhörer und Jünger durchtränken. Es geht zweifellos um ein neues Ethos. Es ist neu im Vergleich zum Ethos der Menschen des Alten Testaments, wie wir bereits in ausführlichen Analysen aufzuzeigen versucht haben. Es ist neu auch im Hinblick auf die Situation des geschichtlichen Menschen nach dem Sündenfall, also im Hinblick auf den »Menschen der Begehrlichkeit«.

Es ist daher auch neu in seiner universalen Bedeutung und Tragweite. Dieses Ethos ist neu für jeden Menschen, unabhängig von jeder geografischen Länge und Breite und historischen Bestimmtheit.

2. Dieses neue Ethos, das aus der Sicht der Worte Christi in der Bergpredigt hervorgeht, haben wir schon mehrfach »Ethos der Erlösung« oder genauer »Ethos der Erlösung des Leibes« genannt. Wir folgten damit dem hl. Paulus, der im Römerbrief »die Sklaverei und Verlorenheit« (Röm 8,21) und das Unterworfensein »unter die Vergänglichkeit«

(ebd., 8,20) – der die gesamte Schöpfung durch die Sünde ausgeliefert wurde – dem Verlangen nach der »Erlösung unseres Leibes« (ebd., 8,23) gegenüberstellt. In diesem Zusammenhang spricht der Apostel vom Seufzen »der ganzen Schöpfung«, die »die Hoffnung hegt, dass auch sie von der Sklaverei und Verlorenheit befreit wird zur Freiheit und Herrlichkeit der Kinder Gottes« (ebd., 8,20–21). Damit enthüllt Paulus die Lage eines jeden Geschöpfes und besonders die des Menschen nach dem Sündenfall. Kennzeichnend für diese Situation ist – zusammen mit dem neuen »Angenommenwerden als Söhne« (vgl. ebd., 8,23) – das Streben nach der »Erlösung des Leibes«, die sich als Ziel, als eschatologische und reife Frucht des Mysteriums der von Christus vollbrachten Erlösung des Menschen und der Welt darbietet.

3. In welchem Sinn können wir also vom Ethos der Erlösung und besonders dem der Erlösung des Leibes sprechen? Wir müssen zugeben, dass im Zusammenhang der von uns betrachteten Worte der Bergpredigt (Mt 5,27–28) diese Bedeutung bisher noch nicht in ihrer Fülle sichtbar geworden ist. Sie wird noch deutlicher, wenn wir andere Worte Christi aufgreifen, nämlich jene, wo er sich auf die Auferstehung bezieht (vgl. Mt 22,30; Mk 12,25; Lk 20,35–36).

Dennoch besteht kein Zweifel, dass Christus auch in der Bergpredigt aus der Sicht der Erlösung des Menschen und der Welt und damit der »Erlösung des Leibes« spricht. Dies ist in der Tat die Perspektive des ganzen Evangeliums, der ganzen Lehre, ja der ganzen Sendung Christi. Und wenn auch der unmittelbare Zusammenhang der Bergpredigt das Gesetz und die Propheten als den für das Gottesvolk des Alten Bundes charakteristischen historischen Bezugspunkt nennt, dürfen wir doch nicht übersehen, dass in der Lehre Christi der grundlegende Bezug auf die Ehe und auf die Beziehungen zwischen Mann und Frau auf den »Anfang« verweist. Ein solcher Hinweis lässt sich nur aus der Tatsache der Erlösung rechtfertigen; ohne sie bliebe allein die dreifache Begehrlichkeit oder jene »Sklaverei und Verlorenheit«, übrig, von welcher der

Apostel Paulus schreibt (Röm 8,21). Nur diese Sicht von der Erlösung her rechtfertigt den Hinweis auf den »Anfang«, das heißt die Sicht des Geheimnisses der Schöpfung in der Gesamtheit der Lehre Christi über Fragen der Ehe, des Mannes und der Frau und ihrer Beziehung zueinander. Die Worte bei Matthäus 5,27–28 stehen also in der gleichen theologischen Perspektive.

4. In der Bergpredigt fordert Christus vom Menschen nicht die Rückkehr in den Zustand der ursprünglichen Unschuld, denn diesen Zustand hat die Menschheit unwiderruflich hinter sich gelassen; er ruft ihn vielmehr – aufgrund der immerwährenden und, man könnte sagen, unzerstörbaren Bedeutungen alles dessen, was menschlich ist –, die lebendigen Gestalten des »neuen Menschen« zu finden. Auf diese Weise entsteht eine Verbindung, ja eine Kontinuität zwischen dem »Anfang« und der Sicht der Erlösung. Im Ethos der Erlösung des Leibes soll das ursprüngliche Ethos der Schöpfung neu verwirklicht werden. Christus ändert das Gesetz nicht, er bekräftigt vielmehr das Gebot: »Du sollst nicht die Ehe brechen«; gleichzeitig aber lenkt er Verstand und Herz der Zuhörer auf jene von Gott, dem Schöpfer und Gesetzgeber, gewollte »Fülle der Gerechtigkeit«, die dieses Gebot in sich schließt. Diese Fülle wird zurückgewonnen: zunächst durch eine innere Schau des Herzens, dann durch entsprechendes Leben und Verhalten. Die Gestalt des »neuen Menschen« kann aus diesem Sein und Handeln in dem Maß entstehen, wie das Ethos des erlösten Leibes die Begehrlichkeit des Fleisches und den ganzen Menschen der Begehrlichkeit beherrscht. Christus weist mit aller Klarheit darauf hin, dass der Weg dorthin die maßvolle Beherrschung der Begehrlichkeit sein muss, und zwar in der Wurzel, im rein inneren Bereich des Menschen (»… wer eine Frau ansieht, um sie zu begehren …«). Das Ethos der Erlösung enthält in jedem Bereich – besonders im Bereich der Begehrlichkeit des Fleisches – das Gebot zur Selbstbeherrschung, die Notwendigkeit, in einem gegebenen Fall enthaltsam zu sein und gewohnheitsmäßig das rechte Maß zu halten.

5. Doch Mäßigung und Enthaltsamkeit bedeuten nicht, wenn man so sagen kann, ein »Hängenbleiben in der Leere«, weder in der Leere der Werte noch in der Leere des Subjekts. Das Ethos der Erlösung verwirklicht sich in der Selbstbeherrschung – durch die Mäßigung der Begehrlichkeit. In einem solchen Verhalten bleibt das menschliche Herz an den Wert gebunden, von dem es sich sonst durch die Begehrlichkeit entfernen würde, weil es sich nach der bloßen, jeden sittlichen Wert entbehrenden Begehrlichkeit ausrichtet (wie wir in der vorangegangenen Analyse ausgeführt haben). Im Ethos der Erlösung wird der Bund mit jenem Wert durch einen Akt der Beherrschung mit einer noch tieferen Kraft und Festigkeit bestärkt bzw. wiederhergestellt. Es geht hier um den Wert der bräutlichen Bedeutung des Leibes, um den Wert des durchsichtigen Zeichens, durch das der Schöpfer – zusammen mit der immerwährenden gegenseitigen Faszination von Mann und Frau kraft ihres Mann- bzw. Frauseins – in das Herz beider das Geschenk der Gemeinschaft geschrieben hat, also die geheimnisvolle Wirklichkeit seines Bildes und Gleichnisses. Um diesen Wert geht es bei der Selbstbeherrschung und der Mäßigkeit, und auf ihn weist Christus in der Bergpredigt hin (Mt 5,27–28).

6. Dieser Akt kann weiterhin den Eindruck erwecken, man »bliebe im Leeren des Subjekts hängen«. Besonders dann, wenn der Mensch sich zum ersten Mal dafür entscheiden muss, oder mehr noch, eine entgegengesetzte Haltung entstanden ist, d. h., wenn der Mensch der Begehrlichkeit des Fleisches bisher gewohnheitsmäßig nachgegeben hat. Doch schon beim ersten Mal und erst recht dann, wenn er die Fähigkeit gewinnt, macht der Mensch schrittweise die Erfahrung seiner Würde und bezeugt durch seine Mäßigung, dass er sein eigener Herr ist; er beweist, dass er das wesenhaft Personale vollziehen kann. Außerdem erfährt er schrittweise die Freiheit des Geschenks, die einerseits Vorbedingung und anderseits Antwort des Individuums auf den bräutlichen Wert des menschlichen Körpers in seiner Weiblichkeit und

Männlichkeit ist. So verwirklicht sich also das Ethos der Erlösung des Leibes durch die Selbstbeherrschung, durch die Zügelung der Begehrlichkeit, wenn das menschliche Herz einen Bund mit diesem Ethos schließt oder mehr noch, wenn es den Bund durch seine unverkürzte Subjektivität bestätigt: wenn sich die tieferen und trotzdem realsten Möglichkeiten und Anlagen dieses personalen Subjekts offenbaren, wenn die tiefsten Schichten dieses Vermögens eine Stimme gewinnen, Schichten, denen die Begehrlichkeit des Fleisches nicht erlaubte, sich zu zeigen. Diese Schichten können auch dann nicht sichtbar werden, wenn das menschliche Herz dauernd dem Argwohn ausgesetzt ist, wie das in der Freudschen Hermeneutik der Fall ist. Sie können sich auch dann nicht kundtun, wenn im Bewusstsein der manichäische Gegenwert vorherrscht. Das Ethos der Erlösung hingegen gründet sich auf einen engen Bund mit jenen Schichten.

7. Weitere Überlegungen werden uns das bestätigen. Wenn wir nun unsere Betrachtungen über die so bedeutsame Botschaft Christi bei Matthäus 5,27–28 abschließen, erkennen wir, dass darin das menschliche Herz vor allem gerufen und nicht angeklagt wird. Gleichzeitig müssen wir zugeben, dass das Bewusstsein der Sündhaftigkeit im geschichtlichen Menschen nicht nur ein notwendiger Ausgangspunkt ist, sondern auch eine unerlässliche Vorbedingung für sein Streben nach Tugend, nach Reinheit des Herzens, nach Vollkommenheit. Das Ethos der Erlösung des Leibes bleibt zutiefst im anthropologischen und axiologischen Realismus der Offenbarung verwurzelt. Wenn Christus sich hier auf das Herz beruft, formuliert er seine Worte in konkretester Weise: Der Mensch ist nämlich einmalig und unwiederholbar vor allem wegen seines Herzens, das für ihn von innen her entscheidend ist. Das Herz ist gewissermaßen identisch mit der Person und dem Subjekt. Der Weg des Rufs zur Reinheit des Herzens, wie er in der Bergpredigt Ausdruck findet, ist jedenfalls eine Erinnerung an das ursprüngliche Alleinsein, aus dem der Mensch (Mann) durch sein Offenwerden für

den anderen Menschen, die Frau, befreit wurde. Die Reinheit des Herzens erklärt sich letzten Endes durch den Bezug zum anderen Subjekt, das ursprünglich und immerwährend mitgerufen wurde.

Die Reinheit ist eine Forderung der Liebe. Sie ist Ausdruck der inneren Wahrhaftigkeit im Herzen des Menschen.

6. Reinheit als »Leben nach dem Geist«

»Reinheit« und »Herz«

50. Katechese, 10. Dezember 1980

1. Eine unerlässliche Ergänzung der von Christus in der Bergpredigt verkündeten Botschaft, auf die wir unsere gegenwärtigen Betrachtungen bezogen haben, ist eine Darstellung der Reinheit. Als Christus bei der Erklärung der rechten Bedeutung des Gebotes »Du sollst nicht die Ehe brechen« sich auf den inneren Menschen berief, verdeutlichte er zugleich den grundlegenden Sinn der Reinheit, von der die gegenseitigen Beziehungen zwischen Mann und Frau in und außerhalb der Ehe gekennzeichnet sind. Die Worte: »Ich aber sage euch: Wer eine Frau ansieht, um sie zu begehren, hat in seinem Herzen schon Ehebruch mit ihr begangen« (Mt 5,28) drücken den Gegensatz zur Reinheit aus. Zugleich fordern diese Worte eine Reinheit, wie die Bergpredigt sie in der Formulierung der Seligpreisungen enthält: »Selig, die ein reines Herz haben, denn sie werden Gott schauen« (Mt 5,8). Auf diese Weise richtet Christus einen Ruf an das Herz des Menschen: Er ruft es, aber er klagt es nicht an. Das haben wir bereits klargestellt.

2. Christus sieht im Herzen, im Innern des Menschen den Ursprung der Reinheit, aber auch der sittlichen Unreinheit, beide in der fundamentalen, allgemeinen Bedeutung des Wortes. Das wird zum Beispiel aus der Antwort an die Pharisäer deutlich, die sich darüber entrüsten, dass seine Jünger »die Überlieferung der Alten missachten, denn sie waschen sich nicht die Hände vor dem Essen« (Mt 15,2). Jesus sagte darauf zu den Anwesenden: »Nicht das, was durch den Mund in den Menschen hineinkommt, macht ihn unrein, sondern was aus dem Mund des Menschen herauskommt, das macht ihn unrein« (Mt 15,11). Seinen Jüngern erklärte er diese Worte als Antwort auf die Frage des Petrus folgendermaßen: »... Was aus dem Mund herauskommt, das kommt aus dem Herzen, und das macht den Menschen unrein. Denn

aus dem Herzen kommen böse Gedanken, Mord, Ehebruch, Unzucht, Diebstahl, falsche Zeugenaussagen und Verleumdungen. Das ist es, was den Menschen unrein macht; aber mit ungewaschenen Händen essen macht ihn nicht unrein« (Mt 15,18–20; vgl. auch Mk 7,20–23).

Wenn wir von »Reinheit« und »rein« in der nächstliegenden Bedeutung dieser Begriffe sprechen, meinen wir den Gegensatz zum Unsauberen, Schmutzigen. Beschmutzen heißt unsauber machen oder beflecken. Das bezieht sich auf die verschiedenen Bereiche der physischen Welt. Wir sprechen zum Beispiel von einer schmutzigen Straße, einem schmutzigen Raum oder auch von verschmutzter Luft. So kann auch der Mensch »schmutzig« sein, wenn sein Körper nicht sauber ist. Um den Schmutz vom Körper zu entfernen, muss man sich waschen. In der Überlieferung des Alten Testaments legte man den rituellen Waschungen, z. B. dem Waschen der Hände vor dem Essen, von dem der angeführte Text spricht, große Bedeutung bei. Zahlreiche und genaue Vorschriften betrafen Waschungen des Körpers im Zusammenhang mit der ausschließlich physiologisch verstandenen sexuellen Unreinheit. Davon haben wir schon früher gesprochen (vgl. Lev 15). Nach dem Stand der medizinischen Wissenschaft jener Zeit konnten die verschiedenen Waschungen Hygienevorschriften sein. Insofern sie im Namen Gottes auferlegt und in die Heiligen Bücher der alttestamentlichen Gesetzgebung aufgenommen worden waren, gewann ihre Beachtung indirekt religiöse Bedeutung; es waren rituelle Waschungen, die im Leben des Menschen im Alten Bund die rituelle »Reinheit« ausdrückten.

3. In Bezug auf die genannte juridisch-religiöse Tradition des Alten Bundes entstand ein falsches Verständnis von der sittlichen Reinheit[74].

[74] Neben einem umfassenden System von Vorschriften bezüglich der rituellen Reinheit, aus dem sich die Gesetzeskasuistik entfaltete, bestand jedoch im Alten Testament der Begriff einer sittlichen Reinheit in zwei Überlieferungsströmen. Die Propheten forderten ein dem Willen Gottes entsprechendes Verhalten, das von der Umkehr des

Man verstand diese oft in ausschließlich äußerlicher und materieller Weise. Jedenfalls verbreitete sich eine ausgesprochene Neigung zu einer solchen Interpretation. Dem trat Christus radikal entgegen: Nicht, was »von außen« kommt, macht den Menschen unrein, kein »materieller« Schmutz macht den Menschen im sittlichen, das heißt inneren Sinn unsauber. Keine Waschung, auch keine rituelle, kann von sich aus die sittliche Reinheit bewirken. Diese hat ihre ausschließliche Quelle im Inneren des Menschen: Sie kommt aus dem Herzen. Wahrscheinlich dienten die diesbezüglichen Vorschriften des Alten Testaments (z. B. jene, die sich im Buch Levitikus 15,16–24; 18,1ff. oder 12,1–5 finden) außer hygienischen Zwecken auch dazu, dem, was in der menschlichen Person körperlich und geschlechtlich ist, eine gewisse Dimension der Innerlichkeit zu geben. In jedem Fall hütet sich Christus davor, die Reinheit im sittlichen Sinn mit der Physiologie und den entsprechenden körperlichen Vorgängen in Zusammenhang zu bringen. Im Sinn der oben angeführten Worte aus Matthäus 15,18–20 gehört keiner der Aspekte der sexuellen »Unreinheit« im streng somatischen, biophysiologischen Sinn in die Definition der moralisch-ethischen Reinheit oder Unreinheit.

4. Die oben angeführte Aussage (Mt 15,18–20) ist vor allem aus semantischen Gründen wichtig. Wenn wir von der Reinheit im moralischen

Herzens, dem inneren Gehorsam und der völligen Redlichkeit ihm gegenüber ausgeht (vgl. z. B. Jes 1,10–20; Jer 4,14; 24,7; Ez 36,25ff.). Eine ähnliche Haltung fordert auch der Psalmist: »Wer darf hinaufziehen zum Berg des Herrn …? Der reine Hände hat und ein lauteres Herz ... Er wird Segen empfangen vom Herrn« (Ps 24,3–5). Nach der Überlieferung der Priesterschrift ist sich der Mensch seiner tiefen Sündhaftigkeit bewusst; nicht in der Lage, die Reinigung mit eigenen Kräften zu vollziehen, bittet er Gott, jene Umwandlung des Herzens zu bewirken, die allein Werk seines schöpferischen Tuns sein kann: »Erschaffe mir, Gott, ein reines Herz … wasche mich, dann werde ich weißer als Schnee ... ein zerbrochenes und zerschlagenes Herz wirst du, Gott, nicht verschmähen« (Ps 51,12.9.19). Beide Traditionen des Alten Testaments begegnen einander in der Seligpreisung derer, die »ein reines Herz haben« (Mt 5,8), auch wenn ihre mündliche Formulierung näher dem 24. Psalm zu sein scheint (vgl. J. Dupont, Les béatitudes, vol. III: Les Evangélistes, Paris 1973, Gabalda, S. 603–604).

Sinn, also von der Tugend der Reinheit sprechen, bedienen wir uns einer Analogie, nach welcher das sittlich Schlechte eben mit der Unreinheit verglichen wird. Sicherlich gehörte diese Analogie schon seit den ältesten Zeiten in den Bereich ethischer Begriffe. Christus greift sie wieder auf und bekräftigt sie in ihrem ganzen Umfang: »Was aus dem Mund herauskommt, das kommt aus dem Herzen, und das macht den Menschen unrein.« Hier spricht Christus von jedem moralischen Übel, von jeder Sünde, das heißt von den Übertretungen der verschiedenen Gebote, und zählt »böse Gedanken, Mord, Ehebruch, Unzucht, Diebstahl, falsche Zeugenaussagen und Verleumdungen« auf, ohne sich auf eine besondere Art von Sünde zu beschränken. Daraus geht hervor, dass der Begriff der »Reinheit« und der »Unreinheit« im moralischen Sinn vor allem ein allgemeiner und kein spezifischer Begriff ist, für den jedes sittlich Gute Ausdruck der Reinheit und jedes sittlich Schlechte der Unreinheit ist. Die Aussage von Matthäus 15,18–20 bezieht die Reinheit nicht nur auf den Moralbereich im Zusammenhang mit dem Gebot »Du sollst nicht die Ehe brechen« und »Begehre nicht deines Nächsten Frau«, also auf jenen Bereich der Beziehungen zwischen Mann und Frau, soweit sie den Körper und die entsprechende Begehrlichkeit betreffen. Ähnlich können wir die Seligpreisung der Bergpredigt, die an die Menschen »reinen Herzens« gerichtet ist, sowohl im allgemeinen als auch in jenem mehr besonderen Sinn verstehen. Allein der jeweilige Kontext erlaubt eine Abgrenzung und Präzisierung dieser Bedeutung.

»Leib« und »Geist« nach Paulus

5. Die weitere und allgemeine Bedeutung der Reinheit ist auch in den Briefen des hl. Paulus anzutreffen. Hier können wir schrittweise die Zusammenhänge erkennen, die ausdrücklich die Bedeutung der Reinheit auf den »somatischen« und »sexuellen« Bereich beschränken, also auf die Bedeutung jener Worte Christi in der Bergpredigt über die Begehrlichkeit, die bereits »im begehrlichen Blick auf die Frau« zum

Ausdruck kommt und mit einem »im Herzen begangenen Ehebruch« gleichgesetzt wird (vgl. Mt 5,27–28).

Der hl. Paulus ist nicht der Urheber der Worte über die dreifache Begehrlichkeit. Diese finden sich, wie wir wissen, im ersten Johannesbrief. Man kann jedoch sagen, dass analog zu dem, was für Johannes (1 Joh 2,16–17) im Innern des Menschen die Antithese zwischen Gott und der Welt bildet (zwischen dem, was »vom Vater« kommt, und dem, was »von der Welt« kommt) – im Johannesbrief entsteht diese Antithese im Herzen und dringt in die Handlungen des Menschen als »Begehrlichkeit der Augen, Begehrlichkeit des Fleisches und Stolz des Lebens« –, der hl. Paulus im Christen einen anderen Gegensatz feststellt: Bei Paulus besteht der Gegensatz und zugleich die Spannung zwischen dem »Fleisch« und dem »Geist« (besonders dem Heiligen Geist): »Darum sage ich: Lasst euch vom Geist leiten, dann werdet ihr das Begehren des Fleisches nicht erfüllen. Denn das Begehren des Fleisches richtet sich gegen den Geist, das Begehren des Geistes aber gegen das Fleisch; beide stehen sich als Feinde gegenüber, sodass ihr nicht imstande seid, das zu tun, was ihr wollt« (Gal 5,16–17). Daraus folgt, dass das Leben »nach dem Fleisch« im Gegensatz zum Leben »gemäß dem Geist« steht. »Denn alle, die vom Fleisch bestimmt sind, trachten nach dem, was dem Fleisch entspricht, alle, die vom Geist bestimmt sind, nach dem, was dem Geist entspricht« (Röm 8,5).

In den weiteren Analysen werden wir versuchen zu zeigen, dass sich die Reinheit – die Reinheit des Herzens, von der Christus in der Bergpredigt gesprochen hat – in einem Leben aus dem Geist eigentlich erst verwirklicht.

51. Katechese, 17. Dezember 1980

1. »Denn das Begehren des Fleisches richtet sich gegen den Geist, das Begehren des Geistes aber gegen das Fleisch.« Diese Worte des hl. Paulus aus dem Galaterbrief (Gal 5,17), mit denen wir vergangene Woche unsere Betrachtungen über die wahre Bedeutung der Reinheit abgeschlossen haben, wollen wir heute weiter vertiefen. Paulus denkt

dabei an die im Inneren des Menschen, in seinem »Herzen« bestehende Spannung. Es handelt sich bei ihr nicht nur um den Körper (die Materie) und den Geist (die Seele) als zwei wesenhaft verschiedene anthropologische Komponenten, die von Anfang an das eigentliche Wesen des Menschen ausmachen. Es handelt sich vielmehr um die Kräfteverteilung, die sich im Menschen mit der Erbsünde gebildet hat, und an der jeder geschichtliche Mensch teilnimmt. Bei dieser Kräfteverteilung im Inneren des Menschen widersetzt sich der Körper dem Geist und gewinnt leicht Oberhand über ihn[75]. Die paulinische Ausdrucksweise besagt jedoch noch mehr: Hier scheint die Vorherrschaft des »Fleisches« gleichsam mit der dreifachen Begehrlichkeit bei Johannes zusammenzufallen, die »von der Welt kommt«. In der Sprache der Paulusbriefe meint[76] »Fleisch« nicht nur den »äußeren«

---

[75] »Paulus setzte nicht wie die Griechen ›sündiges Fleisch‹ mit dem physischen Leib gleich … Fleisch ist bei Paulus nicht mit dem Geschlecht oder mit dem leiblichen Körper gleichzusetzen. Es kommt der hebräischen Auffassung von der physischen Persönlichkeit – dem Ich näher, das physische und psychische Elemente einschließt und Träger des äußeren Lebens und der tieferen Schichten der Erfahrung ist.

Es ist der Mensch in seinem Menschsein mit allen seinen Grenzen, der moralischen Schwachheit, der Verwundbarkeit, Geschöpflichkeit und Sterblichkeit, die das Menschsein einschließt …

Der Mensch ist verwundbar sowohl dem Bösen wie Gott gegenüber: Er ist Träger, Ka-nal, Wohnung, Tempel, Kampfplatz (alle diese Vergleiche gebraucht Paulus) des Guten und des Bösen. Was von ihm Besitz ergreifen, in ihm wohnen, ihn beherrschen soll – ob die Sünde, das Böse, der Geist, der jetzt in den Kindern des Ungehorsams wirksam ist, oder Christus, der Heilige Geist, Glaube und Gnade –, das muss jeder Mensch für sich entscheiden.

Dass er so wählen kann, lässt die andere Seite der Auffassung des Paulus von der menschlichen Natur, dem menschlichen Gewissen und dem menschlichen Geist erkennen« (R. E. O. White, Biblical Ethics, Exeter 1979, Paternoster Press S. 135–138).

[76] Der Sinn des griechischen Wortes sarx, »Fleisch«, in den Briefen des Paulus hängt vom jeweiligen Zusammenhang des Briefes ab. So lassen sich z. B. im Galaterbrief mindestens zwei verschiedene Bedeutungen von sarx ausmachen.

Als Paulus an die Galater schrieb, kämpfte er gegen zwei Gefahren, die die junge Christengemeinde bedrohten. Einmal versuchten die bekehrten Juden die Heidenchristen zur Annahme der Beschneidung zu überreden, die im Judentum vorgeschrieben war. Paulus wirft ihnen vor, »sich des Fleisches zu rühmen«, das heißt, die Hoffnung erneut auf die

Menschen, sondern auch den »innerlich« der »Welt« unterworfenen Menschen[77], der gewissermaßen festgelegt ist auf jene Werte, die nur zur

Beschneidung des Fleisches zu setzen. In diesem Zusammenhang (Gal 3,1–5,12; 6, 12–18) bedeutet »Fleisch« also »Beschneidung« als Symbol einer neuerlichen Unterwerfung unter die Gesetze des Judentums.
Die zweite Gefahr erwuchs der jungen Kirche in Galatien aus dem Einfluss der »Pneumatiker«, die das Wirken des Heiligen Geistes eher als Vergöttlichung des Menschen denn als Kraft im ethischen Sinne verstanden. Das führte sie zu einer Unterbewertung der moralischen Grundsätze. In seinem Brief bezeichnet Paulus als »Fleisch« alles, was den Menschen zum Objekt seiner Begehrlichkeit hinzieht und ihn mit dem verführerischen Versprechen eines scheinbar erfüllteren Lebens anlockt (vgl. Gal 5,3–6,10). Das »Fleisch« »prahlt« also gleichermaßen mit dem »Gesetz« wie auch mit dem Verstoß gegen dieses Gesetz, und in beiden Fällen verheißt es das, was es nicht erfüllen kann. Paulus unterscheidet ausdrücklich zwischen dem Objekt der Handlung und der sarx. Das Entscheidungszentrum liegt nicht im »Fleisch«: »Lasst euch vom Geist leiten, dann werdet ihr das Begehren des Fleisches nicht erfüllen« (Gal 5,16). Der Mensch verfällt der Knechtschaft des Fleisches, wenn er sich dem »Fleisch« und dem anvertraut, was es (im Sinne des »Gesetzes« bzw. des Verstoßes gegen das Gesetz) verheißt. (Vgl. F. Musner, Der Galaterbrief, Herders Theolog. Kommentar zum NT, IX; Freiburg 1974, S. 367; R. Jewett, Paul's Anthropological Terms. A Study of their use in Conflict Settings. Arbeiten zur Geschichte des antiken Judentums und des Urchristentums, X, Leiden 1971, S. 95–106.)

[77] Paulus hebt in seinen Briefen den dramatischen Charakter dessen hervor, was sich in der Welt abspielt. Weil die Menschen durch ihre Schuld Gott vergessen haben, »darum lieferte Gott sie durch die Begehrlichkeiten ihres Herzens der Unreinheit aus« (Röm 1,24); daher kommt auch die ganze moralische Unordnung, die das sexuelle Leben (ebd. 1,24–27), den Ablauf des sozialen und wirtschaftlichen, ja selbst des kulturellen Lebens (ebd. 1,29–32) entstellt; denn »sie erkennen, dass Gottes Rechtsordnung bestimmt: Wer so handelt, verdient den Tod. Trotzdem tun sie es nicht nur selber, sondern stimmen bereitwillig auch denen zu, die so handeln« (ebd. 1,32).
Seitdem durch einen einzigen Menschen die Sünde in die Welt gekommen ist (vgl. Röm 5,12), »hat der Gott dieser Weltzeit das Denken der Ungläubigen verblendet. So strahlt ihnen der Glanz der Heilsbotschaft nicht auf, der Botschaft von der Herrlichkeit Christi, der Gottes Ebenbild ist« (2 Kor 4,4); und darum wird auch »der Zorn Gottes vom Himmel herab offenbar wider alle Gottlosigkeit und Ungerechtigkeit der Menschen, die die Wahrheit durch Ungerechtigkeit niederhalten« (Röm 1,18). Denn »die ganze Schöpfung wartet sehnsüchtig auf das Offenbarwerden der Söhne Gottes ...; aber zugleich gab er ihr Hoffnung: Auch die Schöpfung soll von der Sklaverei und Verlorenheit befreit werden zur Freiheit und Herrlichkeit der Kinder Gottes« (Röm 8,19–21), jener Freiheit, zu welcher »uns Christus befreit hat« (Gal 5,1).

Welt gehören, und auf jene Ziele, welche die Welt dem Menschen aufzwingen kann: Werte, für die gerade der »fleischliche« Mensch empfänglich ist. So scheint die Sprache des Paulus den wesentlichen Inhalten des Johannes zu entsprechen, und die Sprache beider deutet etwas an, das auch mit verschiedenen Begriffen der heutigen Ethik und Anthropologie bestimmt wird, wie z. B. »humanistische Autarkie«, »Säkularismus« oder auch, allgemeiner, mit »Sinnlichkeit«. Der Mensch, der »nach dem Fleische« lebt, ist ein Mensch, der nur für das, was von »der Welt« kommt, ansprechbar ist: der Sinnenmensch, der Mensch der dreifachen Begehrlichkeit. Das bestätigen seine Taten, wie wir gleich ausführen werden.

2. Ein solcher Mensch lebt sozusagen am Gegenpol dessen, was »der Geist will«. Der Geist Gottes will eine Wirklichkeit, die von der des Fleisches verschieden ist, er strebt nach einer anderen Wirklichkeit als jener, die das Fleisch anstrebt, und das bereits im Inneren des Menschen als der eigentlichen Quelle des menschlichen Wollens und Tuns – »sodass ihr nicht imstande seid, das zu tun, was ihr wollt« (Gal 5,17).

Paulus drückt das noch deutlicher aus, wenn er an anderer Stelle von dem Bösen schreibt, das er tut, obwohl er es nicht tun will, und von der Unmöglichkeit – oder besser der eingeschränkten Möglichkeit –, das Gute zu tun, das er tun möchte (vgl. Röm 7,19). Ohne auf die Probleme einer genaueren Auslegung dieses Textes einzugehen, kann man sagen, dass die Spannung zwischen »Fleisch« und »Geist« zunächst immanent ist, auch wenn sie sich nicht auf diese Ebene beschränkt. Sie äußert sich in seinem Herzen als Kampf zwischen Gut und Böse.

Der Begriff »Welt« hat beim hl. Johannes verschiedene Bedeutungen: In seinem ersten Brief ist die Welt der Ort, an dem sich die dreifache Begehrlichkeit äußert (1 Joh 2,15–16) und an dem die falschen Propheten und die Feinde Christi die Gläubigen zu verführen suchen; doch dank ihres Glaubens besiegen die Christen die Welt (ebd. 5,4); denn die Welt und ihre Begehrlichkeiten vergehen, wer aber den Willen Gottes tut, lebt in Ewigkeit (vgl. ebd. 2,17). (Vgl. P. Grelot, »Monde«, in: Dictionnaire de Spiritualité, Ascétique et mystique, doctrine et histoire (fascicules 68–69), S. 1628ff. – J. Mateos J. Barreto, Vocabulario teologico del Evangelio de Juan, Madrid 1980, S. 211–215.)

Dieses Begehren, von dem Christus in der Bergpredigt spricht (vgl. Mt 5,27–28), bleibt, auch wenn es ein innerer Vorgang ist, in der Sprache des Paulus jedenfalls eine Äußerung des Lebens »nach dem Fleisch«. Zugleich lässt uns dieses Begehren erkennen, dass im Inneren des Menschen das Leben »nach dem Fleisch« im Widerstreit steht zum Leben »nach dem Geist« und dass dieses Leben »nach dem Geist«,im gegenwärtigen Zustand des Menschen angesichts seiner ererbten Sündhaftigkeit ständig der Schwäche und Unzulänglichkeit des Fleisches ausgesetzt ist, dem es häufig nachgibt, wenn es nicht innerlich stark gemacht wird für das, »was der Geist will«. Wir können daraus schließen, dass die Worte des Paulus vom Leben »nach dem Fleisch« und »nach dem Geist« sowohl eine Synthese als auch ein Programm sind; und es gilt, sie in diesem Sinn auszulegen.

3. Den Widerstreit zwischen dem Leben »nach dem Fleisch« und dem Leben »nach dem Geist« finden wir ebenfalls im Römerbrief. Auch hier (wie im Brief an die Galater) wird dieser Widerstreit im Zusammenhang der paulinischen Lehre über die Rechtfertigung aus dem Glauben, das heißt durch die Macht Christi, der durch den Heiligen Geist im Herzen des Menschen wirkt, dargestellt. Diesen Widerstreit treibt Paulus zur äußersten Konsequenz, wenn er schreibt: »Denn alle, die vom Fleisch bestimmt sind, trachten nach dem, was dem Fleisch entspricht, alle, die vom Geist bestimmt sind, nach dem, was dem Geist entspricht. Das Trachten des Fleisches führt zum Tod, das Trachten des Geistes aber zu Leben und Frieden. Denn das Trachten des Fleisches ist Feindschaft gegen Gott; es unterwirft sich nicht dem Gesetz Gottes und kann es auch nicht. Wer vom Fleisch bestimmt ist, kann Gott nicht gefallen. Ihr aber seid nicht vom Fleisch, sondern vom Geist bestimmt, da ja der Geist Gottes in euch wohnt. Wer den Geist Christi nicht hat, der gehört nicht zu ihm. Wenn Christus in euch ist, dann ist zwar der Leib tot aufgrund der Sünde, der Geist aber ist Leben aufgrund der Gerechtigkeit« (Röm 3,5–10).

4. Es lässt sich klar erkennen, welche Horizonte Paulus in diesem Text skizziert: Er geht zum »Anfang«, das heißt hier zum Sündenfall zurück, von dem das Leben »nach dem Fleisch« seinen Ausgang nahm und der im Menschen eine erbliche Anfälligkeit geschaffen hat, einzig und allein ein Leben nach dem Fleische zu führen und damit dem Tod zu verfallen. Zugleich aber sieht Paulus die endgültige Überwindung von Sünde und Tod voraus, deren Zeichen und Vorwegnahme die Auferstehung Christi ist: »Er, der Christus Jesus von den Toten auferweckt hat, wird auch euren sterblichen Leib lebendig machen, durch seinen Geist, der in euch wohnt« (Röm 8,11). In diesem eschatologischen Entwurf betont Paulus die Rechtfertigung in Christus bereits für den geschichtlichen Menschen, jeden Menschen von »gestern, heute und morgen«, in der Welt- und Heilsgeschichte: eine Rechtfertigung, die für den inneren Menschen wesentlich und eben für jenes »Herz« bestimmt ist, auf das sich Christus bezog, als er von Reinheit und Lauterkeit im moralischen Sinn sprach. Diese Rechtfertigung aus dem Glauben bedeutet nicht nur einen Aspekt des göttlichen Heilsplans und der Heiligung des Menschen, sondern ist nach Paulus eine wirkliche Kraft, die im Menschen wirksam ist und sich in seinen Handlungen offenbart und ausdrückt.

»Werke des Fleisches« und »Frucht des Geistes«

5. Hören wir noch ein Zitat aus dem Galaterbrief: »Die Werke des Fleisches sind deutlich erkennbar: Unzucht, Unsittlichkeit, ausschweifendes Leben, Götzendienst, Zauberei, Feindschaften, Streit, Eifersucht, Jähzorn, Eigennutz, Spaltungen, Parteiungen, Neid und Missgunst, Trink- und Essgelage und Ähnliches mehr ...« (Gal 5,19–21). »Die Frucht des Geistes aber ist Liebe, Freude, Friede, Langmut, Freundlichkeit, Güte, Treue, Sanftmut und Selbstbeherrschung ...« (Gal 5,22–23). In der paulinischen Lehre steht das Leben »nach dem Fleisch« zum Leben »nach dem Geist« nicht nur im Inneren des Menschen, in seinem Herzen, im Widerstreit: Offensichtlich findet es ein weites und

vielfältiges Betätigungsfeld. Paulus spricht einerseits von den »Werken«, die aus dem »Fleisch« kommen – man könnte sagen: von den Werken des Menschen, der »nach dem Fleisch« lebt –, anderseits spricht er von der »Frucht des Geistes«, d. h. von Handlungen[78], Verhaltensweisen und Tugenden, in denen der Mensch, der nach dem Geist lebt, sichtbar wird. Während wir es im ersten Fall mit einem Menschen zu tun haben, der der dreifachen Begehrlichkeit ausgeliefert ist, die nach Johannes »von der Welt« stammt, haben wir im zweiten Fall das vor uns, was wir bereits früher das Ethos der Erlösung genannt haben. Dadurch sind wir jetzt in der Lage, Wesen und Struktur dieses Ethos voll zu deu-

[78] Die Exegeten weisen darauf hin, dass Paulus zwar bisweilen den Begriff »Frucht« auch auf die »Werke des Fleisches« anwendete (z. B. Röm 6,21; 7,5), jedoch niemals die »Frucht des Geistes« als »Werk« bezeichnete.
In der Tat sind für Paulus »die Werke« das eigene Handeln des Menschen (bzw. das, auf das Israel zu Unrecht seine Hoffnung setzt), für das er sich vor Gott wird verantworten müssen. Paulus vermeidet auch den Begriff »Tugend«, arete; er findet sich nur ein einziges Mal in ganz allgemeinem Sinn in Phil 4,8. In der griechischen Welt hatte dieses Wort eine allzu anthropozentrische Bedeutung; besonders die Stoiker betonten das Ausreichende bzw. die Autarkie der Tugend.
Hingegen unterstreicht der Ausdruck »Frucht des Geistes« das Handeln Gottes im Menschen. Diese »Frucht« wächst in ihm als Geschenk eines Lebens, dessen einziger Urheber Gott ist; der Mensch kann höchstens die geeigneten Bedingungen fördern, damit die Frucht wachsen und reifen kann. Die Frucht des Geistes – im Singular – entspricht in gewissem Sinne der »Gerechtigkeit« des Alten Testaments, die das ganze mit dem Willen Gottes übereinstimmende Leben bedeutet; sie entspricht in dieser Hinsicht auch der »Tugend« der Stoiker, die unteilbar war. Das erkennen wir z. B. in Eph 5,9.11: »Das Licht bringt lauter Güte, Gerechtigkeit und Wahrheit hervor ... Habt nichts gemein mit den Werken der Finsternis, die keine Frucht bringen ...«
Doch unterscheidet sich die »Frucht des Geistes« sowohl von der »Gerechtigkeit« als auch von der »Tugend«, weil sie in allen ihren Äußerungen und Differenzierungen, die in den Tugendkatalogen aufscheinen, die Wirkung des Geistes ist, der in der Kirche Fundament und Wirkkraft des christlichen Lebens des Christen ist. (Vgl. H. Schlier, Der Brief an die Galater, Meyer's Kommentar, Göttingen 1971[5], S. 255–264; O. Bauernfeind, arete, in: Theological Dictionary of the New Testament, ed. G. Kittel-G. Bromley, Bd. 1, Grand Rapids 1978[9], S. 4601; W. Tatarkiewicz, Historia Filozofii, Bd. 1, Warschau 1970, S. 121; E. Kamiah, Die Form der katalogischen Paränese im Neuen Testament, Wissenschaftliche Untersuchungen zum Neuen Testament, 7, Tübingen 1961, S. 14.)

ten. Es wird ausgedrückt und bestätigt durch alles, was im Menschen, in seinem ganzen Tun und Verhalten Frucht der Herrschaft über die dreifache Begehrlichkeit ist, über die Begehrlichkeit des Fleisches, die Begehrlichkeit der Augen und der Stolz des Lebens, lauter Dinge, die man dem menschlichen Herzen mit Recht vorwerfen kann und mit denen man beim Menschen und seinem Innern ständig rechnen muss.

6. Wenn dieser Sieg im Bereich des Ethos sich als »Liebe, Freude, Frieden, Langmut, Freundlichkeit, Güte, Treue, Sanftmut, Selbstbeherrschung« kundtut und verwirklicht – wie wir im Brief an die Galater lesen –, dann steht hinter diesen Realisierungen, diesen Verhaltensweisen, diesen sittlichen Tugenden jeweils eine Entscheidung, eine Anstrengung des Willens, die Frucht des menschlichen Geistes ist, der, vom Geist Gottes durchdrungen, sich in der Wahl des Guten kundtut. Um in der Sprache des Paulus zu sprechen: »Das Begehren des Geistes richtet sich gegen das Fleisch« (Gal 5,17), und in diesem »Begehren« erweist er sich stärker als das »Fleisch« und als das von der dreifachen Begehrlichkeit hervorgerufene Begehren. In diesem Kampf zwischen dem Guten und dem Bösen erweist sich der Mensch dank der Macht des Heiligen Geistes stärker, der durch sein Wirken im menschlichen Geist erreicht, dass dessen Trachten gute Frucht bringt. Es handelt sich also nicht nur – und nicht so sehr – um »Werke« des Menschen als um eine »Frucht«, das heißt um eine Wirkung des »Geistes« im Menschen. Und deshalb spricht Paulus von der »Frucht des Geistes«, d.h. des Heiligen Geistes.

Ohne mit Hilfe der feinen Differenzierungen, mit denen uns die systematische Theologie (besonders seit Thomas von Aquin) ausgestattet hat, in die Strukturen der menschlichen Innerlichkeit eindringen zu wollen, beschränken wir uns auf die zusammenfassende Auslegung der biblischen Lehre, die uns den Unterschied und den Widerstreit von »Fleisch« und »Geist« im Wesentlichen und ausreichend verstehen lässt.

Wir haben gesehen, dass der Apostel zu den Früchten des Geistes auch die »Selbstbeherrschung« rechnet. Das sollten wir nicht vergessen, denn bei unseren weiteren Betrachtungen werden wir dieses Thema wieder aufgreifen, um es eingehender zu behandeln.

52. Katechese, 7. Januar 1981

1. Was bedeutet die Feststellung: »Das Begehren des Fleisches richtet sich gegen den Geist, das Begehren des Geistes aber gegen das Fleisch« (Gal 5,17)? Im Rahmen unserer Überlegungen zur Reinheit des Herzens, von der das Evangelium spricht, scheint das eine wichtige, ja grundlegende Frage zu sein. Doch der Verfasser des Galaterbriefes breitet in diesem Zusammenhang einen noch weiter reichenden Horizont vor uns aus. In dieser Gegenüberstellung vom »Fleisch« und Geist (Geist Gottes) sowie von einem Leben »nach dem Fleisch« und einem Leben »nach dem Geist« ist die paulinische Theologie von der Rechtfertigung enthalten, das heißt der Ausdruck des Glaubens im anthropologischen und ethischen Realismus der von Christus gewirkten Erlösung, die Paulus in dem uns bereits bekannten Rahmen auch »Erlösung des Leibes« nennt. Nach dem Römerbrief (8,23) hat die »Erlösung des Leibes« auch eine »kosmische« (auf die gesamte Schöpfung bezogene) Ausrichtung, aber in ihrem Zentrum steht der Mensch: der Mensch in seiner personalen Einheit von Geist und Leib. Und eben in diesem Menschen, in seinem Herzen und somit in seinem ganzen Verhalten, trägt die Erlösung Christi ihre Frucht durch jene Kräfte des Geistes, die die »Rechtfertigung« verwirklichen, das heißt, die bewirken, dass die Gerechtigkeit im Menschen »überfließt«, wie es uns die Bergpredigt vor Augen stellt (Mt 5,20), also in dem Maße »überfließt«, wie Gott selbst es gewollt hat und er es erwartet.

2. Bezeichnend ist, dass Paulus, wenn er von den »Werken des Fleisches« spricht (vgl. Gal 5,11–21), nicht nur »Unzucht, Unsittlichkeit, ausschweifendes Leben … Trink- und Essgelage« aufzählt – also all das, was nach einem objektiven Verständnis den Charakter der »fleischli-

chen Sünden« und des mit dem Fleisch verbundenen sinnlichen Genusses besitzt, sondern dass er auch andere Sünden erwähnt, denen wir gewöhnlich nicht so leicht einen »fleischlichen« und »sinnlichen« Charakter zuschreiben, nämlich: »Götzendienst, Zauberei, Feindschaften, Streit, Eifersucht, Jähzorn, Eigennutz, Spaltungen, Parteiungen, Neid und Missgunst ...« (Gal 5,20–21). Nach unserem anthropologischen (und ethischen) Verständnis wären wir eher geneigt, alle hier aufgezählten »Werke« als »Sünden des menschlichen Geistes« und nicht als »fleischliche« Sünden zu bezeichnen. Nicht ohne Grund mögen wir in ihnen viel eher die Auswirkungen der »Begehrlichkeit der Augen« oder »des Stolzes des Lebens« als die Auswirkungen der »Begehrlichkeit des Fleisches« erkennen. Dennoch bezeichnet sie Paulus als »Werke des Fleisches«. Das ist freilich nur vor dem Hintergrund jener umfassenderen (in gewissem Sinne metonymischen) Bedeutung zu verstehen, die der Begriff »Fleisch« in den paulinischen Briefen besitzt, ein Begriff, der nicht nur und nicht so sehr dem »menschlichen« Geist als vielmehr dem Heiligen Geist gegenübergestellt ist, der in der Seele (im Geist) des Menschen wirkt.

3. Es besteht also eine bezeichnende Übereinstimmung zwischen dem, was Paulus als »Werke des Fleisches« bezeichnet, und den Worten, mit denen Christus seinen Jüngern das erklärt, was er zuvor den Pharisäern über die gesetzliche »Reinheit« und »Unreinheit« gesagt hatte (vgl. Mt 15,2–20). Nach den Worten Christi hat die wahre Reinheit (und auch die Unreinheit) im moralischen Sinn ihren Sitz im Herzen des Menschen und kommt aus dem Herzen. Als »unreine Werke« in ebendiesem Sinn werden nicht nur »Mord« und »Unzucht«, also die »Sünden des Fleisches« im eigentlichen Sinn, bezeichnet, sondern auch böse Gedanken ..., Diebstahl, falsche Zeugenaussage, Verleumdung. Christus bedient sich hier, wie wir schon festgestellt haben, sowohl der allgemeinen als auch der besonderen Bedeutung des Wortes »Unreinheit« (und daher indirekt auch des Wortes »Reinheit«). Der hl. Paulus drückt

sich analog aus: Die Werke »des Fleisches« haben im paulinischen Text sowohl allgemeine als auch besondere Bedeutung. Alle Sünden sind Kundgabe des »Lebens nach dem Fleisch«, das im Gegensatz zum »Leben nach dem Geist« steht. Unserem Sprachgebrauch entsprechend sehen wir (übrigens zum Teil mit Recht) als »Vergehen des Fleisches« an, was in der paulinischen Aufzählung zu einer der vielen Äußerungen (oder Weisen) der »Werke des Fleisches« zählt und in diesem Sinn eines der Symptome, d. h. der Verwirklichung des Lebens »nach dem Fleisch« und nicht »nach dem Geist« ist.

»Fleisch« und »die Freiheit, zu der Christus uns befreit hat«

4. Die Worte, die Paulus an die Römer schrieb: »Wir sind also nicht dem Fleisch verpflichtet, Brüder, sodass wir nach dem Fleisch leben müssten. Wenn ihr nach dem Fleisch lebt, müsst ihr sterben; wenn ihr aber durch den Geist die (sündigen) Taten des Leibes tötet, werdet ihr leben« (Röm 8,12–13), führen uns erneut die reiche Fülle der Bedeutungen vor Augen, die die Begriffe »Leib« und »Geist« für ihn haben. Doch die eigentliche Bedeutung der Aussage hat mahnenden Charakter und gilt somit für das Ethos des Evangeliums. Wenn Paulus von der Notwendigkeit spricht, die Werke des Leibes mit Hilfe des Geistes zu töten, drückt er genau das aus, wovon Christus in der Bergpredigt gesprochen hat, wo er auf das menschliche Herz hinweist und es auffordert, die Begehrlichkeit zu beherrschen – auch jene, die sich im Blick des Mannes äußern, der sich auf eine Frau richtet, um die Begehrlichkeit des Fleisches zu befriedigen. Dieses Überwinden oder, wie Paulus schreibt, »die Werke des Leibes mit Hilfe des Geistes töten« ist eine unerlässliche Vorbedingung für das »Leben nach dem Geist«, also das Leben, das im Gegensatz zum Tod steht, von dem er im selben Zusammenhang spricht. Das Leben »nach dem Fleisch« führt in der Tat zum Tod, das heißt, es bewirkt den Tod des Geistes.

Der Begriff »Tod« meint also nicht nur den leiblichen Tod, sondern auch die Sünde, welche die Moraltheologie später als »Todsünde«

bezeichnet. In den Briefen an die Römer und an die Galater erweitert der Apostel ständig den Horizont von »Sünde und Tod« sowohl auf den Anfang der Geschichte des Menschen als auch auf deren Ende hin. Und deshalb stellt er nach Aufzählung der vielfältigen »Werke des Fleisches« fest, dass »wer so etwas tut, das Reich Gottes nicht erben wird« (Gal 5,21). An anderer Stelle wird er mit gleichem Nachdruck schreiben: »Denn das sollt ihr wissen: Kein unzüchtiger, schamloser, habgieriger Mensch – das heißt kein Götzendiener – erhält ein Erbteil im Reich Christi und Gottes« (Eph 5,5). Auch hier werden die Werke, die von der »Teilhabe am Reich Christi und Gottes« ausschließen – also die »Werke des Fleisches« –, als Beispiel und in allgemeiner Bedeutung aufgezählt, obwohl an erster Stelle die Sünden gegen die Reinheit im engeren Sinn stehen (vgl. Eph 5,3–7).

5. Um das Bild des Gegensatzes zwischen dem »Leib« und der »Frucht des Geistes« zu verdeutlichen, ist zu bedenken, dass Paulus in allem, was Äußerung des Lebens und des Verhaltens nach dem Geiste ist, zugleich eine Äußerung jener Freiheit sieht, zu der Christus »uns befreit hat« (Gal 5,1). So schreibt er: »Ihr seid zur Freiheit berufen, Brüder. Nur nehmt die Freiheit nicht zum Vorwand für das Fleisch, sondern dient einander in Liebe! Denn das ganze Gesetz ist in dem einen Wort zusammengefasst: Du sollst deinen Nächsten lieben wie dich selbst!« (Gal 5,13–14). Wie wir bereits früher festgestellt haben, beherrscht der Gegensatz »Leib – Geist«, Leben »nach dem Fleisch« – Leben »nach dem Geist« zutiefst die ganze paulinische Lehre von der Rechtfertigung. Der Völkerapostel verkündet mit einzigartiger Überzeugungskraft, dass sich die Rechtfertigung des Menschen in Christus und durch Christus vollzieht. Der Mensch erlangt die Rechtfertigung im »Glauben, der in der Liebe wirksam ist« (Gal 5,6), und nicht nur durch die Erfüllung der einzelnen Vorschriften des alttestamentlichen Gesetzes (besonders der Beschneidung). Die Rechtfertigung kommt somit »aus dem Geist« (Gottes) und nicht »aus dem Fleisch«. Er ermahnt daher die Empfänger

seines Briefes, die falsche »fleischliche« Auffassung der Rechtfertigung aufzugeben und die wahre, das heißt »geistige« anzunehmen. In diesem Sinne fordert er sie auf, sich vom Gesetz frei zu machen, und noch mehr, für die Freiheit, zu der Christus »uns berufen hat«, frei zu werden.

So müssen wir also dem Gedanken des Apostels gemäß die Reinheit des Evangeliums, das heißt die Reinheit des Herzens, bedenken und vor allem verwirklichen – nach dem Maße jener Freiheit, zu der Christus »uns berufen hat«.

53. Katechese, 14. Januar 1981

1. Im Brief an die Galater schreibt der hl. Paulus: »Ihr seid zur Freiheit berufen, Brüder. Nur nehmt die Freiheit nicht zum Vorwand für das Fleisch, sondern dient einander in Liebe! Denn das Gesetz ist in dem einen Wort zusammengefasst: Du sollst deinen Nächsten lieben wie dich selbst!« (Gal 5,13–14). Bereits vor einer Woche haben wir uns bei dieser Aussage aufgehalten; doch greifen wir sie heute in Bezug auf das Hauptthema unserer Überlegungen noch einmal auf.

Auch wenn sich der angeführte Abschnitt vor allem auf das Thema der Rechtfertigung bezieht, so ist der Apostel doch bestrebt, hier ausdrücklich die ethische Dimension der Gegenüberstellung von Leib und Geist, das heißt des Lebens »nach dem Fleisch« und des Lebens »nach dem Geist«, verständlich zu machen. Ja, er berührt gerade hier den wesentlichen Punkt, indem er die anthropologischen Wurzeln des Ethos des Evangeliums aufdeckt. Denn wenn »das ganze Gesetz« (gemeint ist das Moralgesetz des Alten Testaments) »seine Erfüllung« im Gebot der Liebe findet, dann ist die Gestalt des neuen Ethos des Evangeliums nichts anderes als ein Ruf an die menschliche Freiheit, ein Ruf zu ihrer vollen Verwirklichung und gewissermaßen zur vollen Nutzung der Anlagen des menschlichen Geistes.

2. Es könnte den Anschein erwecken, als stelle Paulus lediglich die Freiheit dem Gesetz und das Gesetz der Freiheit gegenüber. Eine vertiefte

Analyse des Textes zeigt jedoch, dass der hl. Paulus im Brief an die Galater vor allem die sittliche Unterordnung der Freiheit unter das Element betont, in dem sich das ganze Gesetz erfüllt: nämlich unter die Liebe, die das höchste Gebot im Evangelium ist. »Christus hat uns befreit, damit wir frei bleiben«, genau in dem Sinn, in dem er uns die ethische (und theologische) Unterordnung der Freiheit unter die Liebe offenbar gemacht und die Freiheit mit dem Gebot der Liebe verbunden hat. So verstanden bedeutet die Berufung zur Freiheit (»Ihr seid zur Freiheit berufen, Brüder«, Gal 5,13): dem Ethos, in dem sich das Leben »nach dem Geist« verwirklicht, Gestalt zu geben. Es besteht freilich auch die Gefahr, die Freiheit misszuverstehen, und hierauf weist Paulus mit aller Klarheit hin, wenn er in demselben Zusammenhang schreibt: »Nur nehmt die Freiheit nicht zum Vorwand für das Fleisch, sondern dient einander in Liebe!« (ebd.).

3. Mit anderen Worten: Paulus warnt uns vor der Möglichkeit, die Freiheit zu missbrauchen, einem Missbrauch, welcher zu der von Christus vollzogenen Befreiung des menschlichen Geistes im Gegensatz stünde und jener Freiheit widerspräche, zu der »Christus uns befreit hat«. In der Tat hat Christus jene Freiheit verwirklicht und kundgetan, die ihre Fülle in der Liebe findet, also jene Freiheit, dank welcher wir »einander dienen«; mit anderen Worten: die Freiheit, die zur Quelle neuer Werke und eines Lebens »nach dem Geist« wird. Es kommt zum Gegensatz und in gewisser Weise zum Widerspruch eines solchen Gebrauchs der Freiheit, wenn sie für den Menschen zum Vorwand für ein Leben »nach dem Fleisch« wird. Die Freiheit wird dann zu einer Quelle von Werken und eines Lebens »nach dem Fleisch«. Sie ist nicht mehr die wahre Freiheit, zu der »uns Christus befreit hat«, und wird zu einem Vorwand für das »Fleisch«, zur Quelle (bzw. zum Werkzeug) einer besonderen Unterjochung durch Stolz, Begehrlichkeit der Augen und Begehrlichkeit des Fleisches. Wer so »nach dem Fleisch« lebt und sich – wenn auch zum Teil unbewusst, doch nicht weniger wirksam – der

dreifachen Begehrlichkeit, besonders der Begehrlichkeit des Fleisches, unterwirft, verliert die Fähigkeit zu jener Freiheit, zu der »uns Christus befreit hat«; er ist auch nicht mehr zur wahren Selbsthingabe fähig, die Frucht und Ausdruck solcher Freiheit ist. Darüber hinaus ist er nicht mehr zu jener Hingabe fähig, die in organischem Zusammenhang mit der bräutlichen Bedeutung des menschlichen Leibes steht, mit dem Empfinden für die Bedeutung des Leibes, über die wir bei unseren vorangegangenen Analysen über das Buch der Genesis (vgl. Gen 2,23–25) gesprochen haben.

Reinheit: »die Leidenschaften fernhalten« oder »den Körper in Heiligkeit und Ehrfurcht bewahren«

4. So erlaubt uns die paulinische Lehre über die Reinheit – eine Lehre, in der wir den getreuen und echten Widerhall der Bergpredigt finden –, die dem Evangelium gemäße christliche »Reinheit und Lauterkeit des Herzens« umfassender zu sehen. Vor allem erlaubt sie uns, diese Reinheit des Herzens mit der Liebe zu verbinden, in der »das ganze Gesetz seine Erfüllung findet«. Ähnlich wie Christus kennt Paulus eine zweifache Bedeutung der »Reinheit« (bzw. der »Unreinheit«): einen allgemeinen und einen besonderen Sinn. Im ersten Fall ist alles »rein«, was sittlich gut ist, »unrein« hingegen alles, was sittlich schlecht ist. Das bestätigen klar die schon zitierten Worte Christi bei Mt 15,18–20. In den Aussagen des Paulus über die »Werke des Fleisches«, die er der »Frucht des Geistes« gegenüberstellt, finden wir die Grundlage für ein analoges Verständnis unseres jetzigen Problems. Zu den »Werken des Fleisches« zählt Paulus das, was moralisch schlecht ist, während er alles, was moralisch gut ist, mit dem Leben »nach dem Geist« in Verbindung bringt. So ist eine der Äußerungen des Lebens »nach dem Geist« ein Verhalten, das jener Tugend entspricht, die Paulus im Galaterbrief eher indirekt zu erläutern scheint, von der er aber im ersten Brief an die Thessalonicher unmittelbar spricht.

5. In den Abschnitten des Galaterbriefes, die wir schon früher eingehender bedacht haben, zählt der Apostel an erster Stelle unter den »Werken des Fleisches« auf: »Unzucht, Unsittlichkeit, ausschweifendes Leben«; während er anschließend diesen Werken die »Frucht des Geistes« gegenüberstellt, spricht er nicht direkt von der »Reinheit«, sondern nennt nur die »Selbstbeherrschung«, die enkrateia. Diese »Selbstbeherrschung« kann man als eine Tugend verstehen, welche die Enthaltsamkeit im Bereich aller sinnlichen Begehrlichkeit, vor allem auch im geschlechtlichen Bereich, meint. Sie steht daher im Gegensatz zu »Unzucht, Unsittlichkeit, ausschweifendem Leben«, auch zu »Trunksucht« und »Schwelgerei«. Man darf also annehmen, dass die paulinische »Selbstbeherrschung« das umfasst, was die Begriffe »Enthaltsamkeit« oder »Mäßigkeit« besagen, die der lateinischen temperantia entsprechen. In diesem Fall haben wir das bekannte Tugendsystem vor uns, das die spätere Theologie, insbesondere die Scholastik, gewissermaßen der Ethik des Aristoteles entlehnen wird. Doch mit Sicherheit bedient Paulus sich in seinem Text nicht dieses Systems. Wenn unter »Reinheit« das richtige Verhalten im Geschlechtsbereich entsprechend dem persönlichen Stand des Einzelnen (und nicht notwendigerweise eine absolute Enthaltsamkeit im Geschlechtlichen) zu verstehen ist, dann ist diese »Reinheit« im paulinischen Begriff der »Selbstbeherrschung« oder enkrateia eingeschlossen. So finden wir in den paulinischen Texten nur eine allgemeine und indirekte Erwähnung der Reinheit, weil der Verfasser den »Werken des Fleisches«, wie »Unzucht, Unsittlichkeit, ausschweifendes Leben«, die »Frucht des Geistes«, das heißt die neuen Werke, in denen sich »das Leben nach dem Geist« kundtut, gegenüberstellt. Daraus dürfen wir schließen, dass eines dieser neuen Werke gerade die »Reinheit« ist: die Reinheit, die im Gegensatz zur »Unreinheit«, zur »Unzucht« und zum »ausschweifenden Leben« steht.

6. Aber schon im ersten Thessalonicherbrief behandelt Paulus ausdrücklich und unmissverständlich dieses Thema. Wir lesen dort: »Das ist es, was Gott will: eure Heiligung. Das bedeutet, dass ihr die Unzucht mei-

det, dass jeder von euch lernt, seinen Körper[79] in Heiligkeit und Ehrfurcht zu bewahren, nicht in leidenschaftlicher Begehrlichkeit wie die Heiden, die Gott nicht kennen« (1 Thess 4,3–5). Und dann: »Denn Gott hat uns nicht dazu berufen, unrein zu leben, sondern heilig zu sein. Wer das verwirft, der verwirft also nicht Menschen, sondern Gott, der euch seinen Heiligen Geist schenkt« (ebd., 7–8). Mögen wir es auch in unserem Text mit der allgemeinen Bedeutung der »Reinheit« zu tun haben, die hier mit der »Heiligung« gleichgesetzt wird (insofern die »Unreinheit« als Gegensatz der »Heiligung« bezeichnet wird), so zeigt doch der ganze Zusammenhang deutlich, um welche »Reinheit« bzw. »Unreinheit« es sich handelt, das heißt, worin also das besteht, was Paulus hier »Unreinheit« nennt und wie die »Reinheit« zur »Heiligung« des Menschen beiträgt.

Es liegt daher nahe, dass wir in den Betrachtungen der kommenden Wochen den soeben zitierten Text aus dem ersten Thessalonicherbrief wieder aufgreifen.

54. Katechese, 28. Januar 1981

1. Im 1. Thessalonicherbrief schreibt der hl. Paulus: »… Das ist es, was Gott will: eure Heiligung. Das bedeutet, dass ihr die Unzucht meidet, dass jeder von euch lernt, seinen Körper in Heiligkeit und Ehrfurcht zu bewahren, nicht in leidenschaftlicher Begehrlichkeit wie die Heiden, die Gott nicht kennen« (1 Thess 4,3–5). Einige Verse später fährt er fort: »Denn Gott hat uns nicht dazu berufen, unrein zu leben, sondern heilig zu sein. Wer das verwirft, der verwirft also nicht Menschen, sondern Gott, der euch seinen Heiligen Geist schenkt« (ebd., 4,7–8). Über diese Worte des Apostels haben wir bei unserer Begegnung am 14. Januar gesprochen. Wir kommen jedoch heute noch einmal auf sie zurück, weil sie für unser Thema von besonderer Bedeutung sind.

[79] Ohne auf die detaillierten Diskussionen der Exegeten einzugehen, sei doch darauf hingewiesen, dass der griechische Ausdruck tò heautoû skeûos sich auch auf die Ehefrau beziehen kann (vgl. 1 Petr 3,7).

2. Die Reinheit, von der Paulus im 1. Thessalonicherbrief spricht (4,3–5.7–8), äußert sich darin, dass der Mensch »seinen Körper in Heiligkeit und Ehrfurcht bewahrt, nicht in leidenschaftlicher Begehrlichkeit«. In dieser Formulierung hat jedes Wort seine besondere Bedeutung und verdient daher eine entsprechende Erläuterung.

Zunächst ist die Reinheit eine »Fähigkeit«, das heißt – in der herkömmlichen Sprache der Anthropologie und Ethik – eine Haltung. Und in diesem Sinn ist sie eine Tugend. Wenn diese Fähigkeit bzw. Tugend zur Enthaltsamkeit von der »Unzucht« führt, dann deshalb, weil der Mensch, der sie besitzt, gelernt hat, »seinen Körper in Heiligkeit und Ehrfurcht zu bewahren, nicht in leidenschaftlicher Begehrlichkeit«. Es handelt sich hier um eine praktische Fähigkeit, die den Menschen in die Lage versetzt, in einer bestimmten Weise und nicht entgegengesetzt zu handeln. Um eine solche Fähigkeit oder Haltung auszuprägen, muss die Reinheit offensichtlich im Willen, im Fundament des bewussten Wollens und Handelns des Menschen gründen. Noch direkter sieht Thomas von Aquin in seiner Tugendlehre das Objekt der Reinheit in der Fähigkeit zum sinnenhaften Verlangen, das er »appetitus concupiscibilis« nennt. Ebendiese Fähigkeit gilt es, in besonderer Weise zu »beherrschen« und zu ordnen, dass sie imstande ist, in Übereinstimmung mit der Tugend zu handeln, damit man dem Menschen die »Reinheit« zuschreiben kann. Nach dieser Auffassung besteht die Reinheit vor allem in der Beherrschung der Regungen der sinnlichen Begehrlichkeit, deren Gegenstand das Körperliche und Geschlechtliche im Menschen ist. Die Reinheit ist eine Form der Tugend der Mäßigung.

3. Der Text aus dem 1. Thessalonicherbrief (4,3–5) macht deutlich, dass die Tugend der Reinheit nach der Auffassung des hl. Paulus auch in der Beherrschung und Überwindung der »leidenschaftlichen Begehrlichkeit« besteht; dies besagt, dass zum Wesen der Reinheit notwendig die Fähigkeit zur Beherrschung der Antriebe der sinnlichen Begehrlichkeit, also die Tugend der Mäßigung, gehört. Gleichzeitig lenkt der gleiche

paulinische Text unsere Aufmerksamkeit auf eine andere Funktion der Tugend der Reinheit, auf eine andere, man könnte sagen, mehr positive als negative Dimension der Reinheit.

Die Aufgabe der Reinheit, die der Verfasser des Briefes vor allem hervorzuheben scheint, ist nicht nur (und nicht so sehr) die Enthaltsamkeit von der »Unreinheit« und von dem, was zu ihr hinführt, also das Sich-Enthalten von »leidenschaftlichen Begehrlichkeiten«, sondern ebenso das Bewahren des eigenen Körpers und, indirekt, des Körpers des anderen »in Heiligkeit und Ehrfurcht«.

Diese beiden Funktionen, die »Enthaltsamkeit« und das »Bewahren«, sind eng miteinander verknüpft und voneinander abhängig. Denn es ist unmöglich, »den Körper in Heiligkeit und Ehrfurcht zu bewahren«, wenn nicht jene Enthaltsamkeit »von der Unzucht« und von allem, was zu ihr hinführt, gegeben ist; man darf folglich annehmen, dass die Bewahrung des Körpers (des eigenen und, indirekt, des Körpers des anderen) »in Heiligkeit und Ehrfurcht« jener Enthaltsamkeit ihre Bedeutung und ihren eigentlichen Wert verleiht. Sie fordert ihrerseits die Überwindung von etwas, das im Menschen ist und das plötzlich in ihm aufsteigt als Neigung, als Reiz und auch als Wert, das vor allem im Bereich der Sinne wirksam ist, aber sehr oft nicht ohne Auswirkung auf die weiteren Dimensionen der menschlichen Subjektivität bleibt, besonders im affektiv-emotionellen Bereich.

4. Wenn man das alles betrachtet, so scheint es, dass die paulinische Vorstellung von der Tugend der Reinheit – eine Vorstellung, die der sehr plastischen Gegenüberstellung der »Enthaltsamkeit« (also der Mäßigung) und der »Bewahrung des Körpers in Heiligkeit und Ehrfurcht« entspringt – zutiefst richtig, vollständig und adäquat ist. Diese Vollständigkeit verdanken wir wahrscheinlich allein dem Umstand, dass Paulus die Reinheit nicht nur als Fähigkeit (das heißt als Haltung) der subjektiven Anlagen des Menschen sieht, sondern zugleich als eine konkrete

Äußerung des Lebens »nach dem Geist«. In ihm wird die menschliche Fähigkeit innerlich von dem befruchtet und bereichert, was Paulus im Galaterbrief 5,22 als »Frucht des Geistes« bezeichnet. Die Ehrfurcht, die im Menschen all demgegenüber entsteht, was an ihm wie an jedem anderen Menschen, ob Mann oder Frau, körperlich und geschlechtsbezogen ist, erweist sich als die wesentlichste Kraft zur Bewahrung des Körpers »in Heiligkeit«. Um die paulinische Lehre von der Reinheit zu verstehen, muss man tief in die Bedeutung des Begriffes »Ehrfurcht« eindringen, die hier selbstverständlich als geistliche Kraft verstanden wird. Diese innere Kraft ist es denn auch, die der Reinheit als Tugend, das heißt als volle Fähigkeit des Verhaltens in dem ganzen Bereich Ausdruck verleiht, in dem der Mensch in seinem Inneren die vielfältigen Impulse der leidenschaftlichen Begehrlichkeit erfährt und ihnen aus verschiedenen Gründen bisweilen unterliegt.

Analyse der paulinischen »Beschreibung des Leibes« (1 Kor 12,18–27)

5. Zum besseren Verständnis des Gedankenganges des Verfassers des 1. Thessalonicherbriefes wird es gut sein, sich noch einen anderen Text vor Augen zu halten, den wir im 1. Korintherbrief finden. Dort entwirft Paulus seine großartige Lehre von der Kirche, wonach die Kirche der Leib Christi ist; er nimmt die Gelegenheit wahr, um den folgenden Gedankengang über den menschlichen Leib zu entwickeln: »... Nun aber hat Gott jedes einzelne Glied so in den Leib eingefügt, wie es seiner Absicht entsprach« (1 Kor 12,18); und dann weiter: »Im Gegenteil, gerade die schwächer scheinenden Glieder des Leibes sind unentbehrlich. Denen, die wir für weniger edel ansehen, erweisen wir umso mehr Ehre, und unseren weniger anständigen Gliedern begegnen wir mit mehr Anstand, während die anständigen das nicht nötig haben. Gott aber hat den Leib so zusammengefügt, dass er dem geringsten Glied mehr Ehre zukommen ließ, damit im Leib kein Zwiespalt entstehe, sondern alle Glieder einträchtig füreinander sorgen« (ebd., 12,22–25).

6. Auch wenn das Thema des angeführten Textes eigentlich die Theologie der Kirche als Leib Christi ist, kann man doch zu diesem Abschnitt am Rande bemerken, dass Paulus durch seinen großartigen ekklesiologischen Vergleich (der in anderen Briefen wiederkehrt und auf den wir zu gegebener Zeit zurückkommen werden) zugleich zur Vertiefung der Theologie des Leibes beiträgt. Während er im 1. Thessalonicherbrief von der Bewahrung des Leibes »in Heiligkeit und Ehrfurcht« schreibt, will er in dem soeben zitierten Abschnitt aus dem 1. Korintherbrief den menschlichen Leib als achtenswert herausstellen; man könnte auch sagen, er will die Empfänger seines Briefes die richtige Auffassung vom menschlichen Leib lehren.

Dieses paulinische Verständnis des menschlichen Leibes im 1. Korintherbrief scheint also in engem Zusammenhang zu stehen mit den Empfehlungen im 1. Thessalonicherbrief: »Ein jeder bewahre seinen Leib in Heiligkeit und Ehrfurcht« (1 Thess 4,4). Das ist ein wichtiger, vielleicht der wesentliche Grundgedanke der Lehre des hl. Paulus von der Reinheit.

55. Katechese, 4. Februar 1981

1. Bei unseren Betrachtungen am vergangenen Mittwoch über die Reinheit nach der Lehre des hl. Paulus haben wir auf den Text aus dem 1. Korintherbrief hingewiesen. Der Apostel stellt dort die Kirche als Leib Christi vor, was ihm Gelegenheit zu folgenden Gedanken über den menschlichen Leib gibt: »… Gott hat jedes einzelne Glied so in den Leib eingefügt, wie es seiner Absicht entsprach … Gerade die schwächer scheinenden Glieder des Leibes sind unentbehrlich. Denen, die wir für weniger edel ansehen, erweisen wir umso mehr Ehre, und unseren weniger anständigen Gliedern begegnen wir mit mehr Anstand, während die anständigen das nicht nötig haben. Gott aber hat den Leib so zusammengefügt, dass er dem geringsten Glied mehr Ehre zukommen ließ, damit im Leib kein Zwiespalt entstehe, sondern alle Glieder einträchtig füreinander sorgen« (1 Kor 12,18.22–25).

2. Die paulinische Beschreibung des menschlichen Leibes entspricht der Wirklichkeit, die ihn ausmacht, es ist also eine realistische Beschreibung. Der Realismus dieser Beschreibung hat einen leichten Einschlag von Wertung, die ihr einen zutiefst christlichen, dem Evangelium entsprechenden Wert verleiht. Es ist natürlich möglich, den menschlichen Leib zu beschreiben, seine Wirklichkeit mit der den Naturwissenschaften eigenen Objektivität auszudrücken; aber eine solche Beschreibung kann bei aller Genauigkeit ihrem Gegenstand nicht angemessen sein, da es sich nicht nur um den Organismus im somatischen Sinn handelt, sondern um den Menschen, der sich mit diesem Leib ausdrückt und in diesem Sinne der Leib selbst ist. So ist also in Anbetracht dessen, dass es sich um den Menschen als Person handelt, der Einschlag von Wertung bei der Beschreibung des menschlichen Leibes unerlässlich. Außerdem wird gesagt, wie gerecht diese Wertung ist. Sie ist eine der unvergänglichen Aufgaben und Themen aller Kultur: der Literatur, Bildhauerei, Malerei und auch des Tanzes, der Bühnenkunst und schließlich der Kultur des Alltagslebens im privaten und gesellschaftlichen Bereich. Ein Thema, das es verdiente, eigens behandelt zu werden.

3. Die paulinische Beschreibung aus dem 1. Korintherbrief (12,18–25) hat natürlich keine wissenschaftliche Bedeutung, ist keine biologische Studie über den menschlichen Organismus oder über die Körperlichkeit des Menschen; von diesem Gesichtspunkt handelt es sich bloß um eine »vorwissenschaftliche«, knappe, nur aus wenigen Sätzen bestehende Beschreibung. Sie ist jedoch sicher genügend realistisch. Was jedoch ihre besonderen Züge betrifft, das, was in besonderer Weise ihren Platz in der Heiligen Schrift rechtfertigt, ist eben jene in die Beschreibung eingeflochtene, realistisch erzählende Bewertung. Man kann mit Sicherheit sagen, dass eine solche Beschreibung ohne die ganze Wahrheit der Schöpfung und der Erlösung des Leibes, zu der sich Paulus bekennt und die er verkündet, nicht möglich wäre. Man kann auch behaupten, dass die paulinische Beschreibung des Leibes genau der geistli-

chen Ehrfurcht dem menschlichen Leib gegenüber entspricht, die ihm wegen der den Geheimnissen von Schöpfung und Erlösung innewohnenden »Heiligkeit« (vgl. 1 Thess 4,3–5.7–8) gebührt. Die paulinische Beschreibung ist gleich weit von der manichäischen Verachtung des Leibes und den verschiedenen Äußerungen eines naturalistischen »Körperkultes« entfernt.

4. Der Verfasser von 1 Kor 12,18–25 hat den menschlichen Leib in seiner ganzen Wirklichkeit vor Augen; also den Leib, der sozusagen von der ganzen Würde der Person durchdrungen ist. Es ist zugleich der Leib des geschichtlich gegebenen Menschen, von Mann und Frau, das heißt jenes Menschen, der nach dem Sündenfall sozusagen aus der Wirklichkeit jenes Menschen empfangen wurde, der die Erfahrung der Ur-Unschuld gemacht hatte. In den Worten des Paulus über die »weniger anständigen Glieder« des menschlichen Leibes wie auch über jene, die »wir für weniger edel ansehen«, oder jene, die »schwächer zu sein scheinen«, meinen wir, den Beweis für dasselbe Schamgefühl wieder zu finden, das die ersten Menschen, Mann und Frau, nach dem Sündenfall empfunden hatten. Diese Scham ist ihnen und allen Generationen des geschichtlich gegebenen Menschen als Folge der dreifachen Begehrlichkeit – besonders der Begehrlichkeit des Fleisches – aufgeprägt. Und gleichzeitig findet sich in dieser Scham – wie bereits in den vorangegangenen Audienzen herausgestellt wurde – gewissermaßen ein Echo der Ur-Unschuld des Menschen: gleichsam ein Negativ des Bildes, dessen Positiv eben die Ur-Unschuld gewesen ist.

5. Die paulinische Beschreibung des menschlichen Leibes scheint unsere früheren Gedanken vollkommen zu bestätigen. Es gibt am menschlichen Leib die »weniger anständigen Glieder«, und zwar nicht aufgrund ihrer körperlichen Natur (denn die physiologische Beschreibung der Wissenschaft behandelt sämtliche Glieder und Organe des menschlichen Leibes »neutral«, mit der gleichen Objektivität), sondern allein

und ausschließlich deshalb, weil es im Menschen selbst jene Scham gibt, die manche Glieder des Leibes als »weniger anständig« empfindet und dazu führt, sie so zu betrachten. Die gleiche Scham scheint auch dem zugrunde zu liegen, was der Apostel im 1. Korintherbrief schreibt: »Denen, die wir für weniger edel ansehen, erweisen wir umso mehr Ehre, und unseren weniger anständigen Gliedern begegnen wir mit mehr Anstand« (1 Kor 12,23). Man kann also sagen, dass gerade das Schamgefühl Ehrfurcht vor dem eigenen Leib hervorbringt: eine Ehrfurcht, deren Bewahrung Paulus im 1. Thessalonicherbrief (4,4) fordert. Und diese Bewahrung des Leibes »in Heiligkeit und Ehrfurcht« gilt als wesentlich für die Tugend der Reinheit.

6. Im Rückgriff auf die paulinische Beschreibung des menschlichen Leibes in 1 Kor 12,18–25 wollen wir darauf hinweisen, dass nach dem Verfasser des Briefes jenes besondere Bemühen um Ehrfurcht für den menschlichen Leib und im Besonderen für seine »weniger anständigen« und »weniger edlen« Glieder dem ursprünglichen Plan des Schöpfers bzw. jener Schau, von der das erste Buch der Genesis redet, entspricht: »Gott sah, dass alles, was er geschaffen hatte, gut war« (Gen 1,31). Paulus schreibt: »Gott aber hat den Leib so zusammengefügt, dass er dem geringsten Glied mehr Ehre zukommen ließ, damit im Leib kein Zwiespalt entstehe, sondern alle Glieder einträchtig füreinander sorgen« (1 Kor 12,24–25). Der »Zwiespalt im Leib«, infolgedessen manche Glieder für »schwächer«, »weniger anständig«, ja »weniger edel« gehalten werden, ist ein weiterer Ausdruck der Erscheinung für den inneren Zustand des Menschen nach dem Sündenfall, das heißt des geschichtlich gegebenen Menschen. Der Mensch der Ur-Unschuld, Mann und Frau, von denen wir in Genesis 2,25 lesen, dass »sie nackt waren, sich aber nicht voreinander schämten«, empfanden noch nicht jenen »Zwiespalt im Leib«. Der objektiven Harmonie, die der Schöpfer dem Leib geschenkt hat und die Paulus als einträchtige Sorge der Glieder füreinander beschreibt (vgl. 1 Kor 12,25), entsprach eine ähnliche

Harmonie im Innern des Menschen: die Harmonie des Herzens. Diese Harmonie oder, genauer, die »Reinheit des Herzens« ließ Mann und Frau im Zustand der Ur-Unschuld einfach (und auf eine Weise, die ursprünglich beide glücklich machte) die einigende Kraft ihrer Körper erleben, die sozusagen die »unverdächtige« Grundlage ihrer personalen Vereinigung oder »communio personarum« war.

7. Man sieht also, der Apostel verknüpft in 1 Kor 12,18–25 seine Beschreibung des menschlichen Leibes mit dem Zustand des geschichtlich gegebenen Menschen. Am Anfang der Geschichte dieses Menschen steht die Erfahrung der Scham, verbunden mit dem Zwiespalt im Leib, mit dem Schamgefühl für diesen Leib (und besonders für jene Glieder, die leiblich die Männlichkeit und Weiblichkeit ausmachen). Doch in derselben Beschreibung gibt Paulus auch den Weg an, der (eben aufgrund des Schamgefühls) zur Änderung dieses Zustandes führen soll, bis zur schrittweisen Überwindung des Zwiespalts im Leib, zu einem Sieg, der sich im Herzen des Menschen vollziehen kann und muss. Ebendies ist der Weg der Reinheit oder der »Bewahrung des eigenen Leibes in Heiligkeit und Ehrfurcht«. Auf die »Ehrfurcht«, von welcher der 1. Thessalonicherbrief (4,3–5) handelt, kommt Paulus im ersten Korintherbrief (12,18–25) zurück. Er verwendet einige gleichlautende Formulierungen, wenn er von der »Ehrfurcht« oder Wertschätzung gegenüber den »weniger edlen«, »weniger anständigen« Gliedern des Leibes spricht und »mehr Anstand« gegenüber dem empfiehlt, was beim Menschen für »weniger anständig« gilt. Diese Formulierungen charakterisieren näher jene »Ehrfurcht« vor allem im Bereich der menschlichen Beziehungen und Verhaltensweisen gegenüber dem Leib; dies hat sowohl für den eigenen Leib als auch für die gegenseitigen Beziehungen Bedeutung (zumal die Beziehungen zwischen Mann und Frau, wenn auch nicht auf sie beschränkt).

Für uns besteht kein Zweifel, dass die Beschreibung des menschlichen Leibes im ersten Korintherbrief für die gesamte paulinische Lehre von der Reinheit grundlegende Bedeutung besitzt.

56. Katechese, 11. Februar 1981

1. Bei unseren letzten Mittwochsbegegnungen haben wir zwei Abschnitte aus dem ersten Brief an die Thessalonicher (4,3–5) bzw. aus dem ersten Korintherbrief (12,18–25) erörtert, um aufzuzeigen, was uns an der Lehre des hl. Paulus über die moralisch, das heißt als Tugend verstandene Reinheit wesentlich erscheint. Wenn man beim Text aus dem ersten Thessalonicherbrief feststellen kann, dass die Reinheit in der Mäßigung besteht, so wird doch in diesem Text wie auch im ersten Korintherbrief die Bedeutung der »Ehrfurcht« hervorgehoben.

Reinheit als Tugend und als Gabe

Durch diese dem menschlichen Leib gebührende Ehrfurcht (und wir fügen hinzu, dass sie nach dem ersten Korintherbrief in Beziehung zur Scham gesehen wird) erweist sich die christliche Tugend der Reinheit in den Paulusbriefen als wirksamer Weg, sich von dem loszulösen, was im Menschenherzen Frucht der Begehrlichkeit des Fleisches ist. Die Enthaltung von Unzucht, die die Bewahrung des Leibes in »Heiligkeit und Ehrfurcht« einschließt, lässt den Schluss zu, dass nach der Lehre des Apostel die Reinheit eine Fähigkeit ist, die sich auf die Würde des Leibes bezieht, das heißt auf die Würde der Person in Bezug zum eigenen Leib, zur Weiblichkeit oder Männlichkeit, die sich in diesem Leib ausprägt. Die als Fähigkeit verstandene Reinheit ist also Ausdruck und Frucht eines Lebens »nach dem Geist« in der vollen Bedeutung dieses Wortes, nämlich als neue Fähigkeit des Menschen, in der die Gabe des Heiligen Geistes Früchte trägt. Diese beiden Dimensionen der Reinheit – die ethische Dimension oder die Tugend und die charismatische Dimension oder die Gabe des Heiligen Geistes – sind in der Botschaft des Paulus gegeben und eng miteinander verknüpft. Das wird vom Apostel im 1. Korintherbrief besonders unterstrichen, wo er den Leib als »Tempel (also: Wohnung und Heiligtum) des Heiligen Geistes« bezeichnet.

2. »Oder wisst ihr nicht, dass euer Leib ein Tempel des Heiligen Geistes ist, der in euch wohnt und den ihr von Gott habt? Ihr gehört nicht euch selbst« – sagt Paulus zu den Korinthern (1 Kor 6,19), nachdem er sie zuvor mit großer Strenge in den sittlichen Forderungen der Reinheit unterwiesen hatte. »Hütet euch vor der Unzucht! Jede andere Sünde, die der Mensch tut, bleibt außerhalb des Leibes. Wer aber Unzucht treibt, versündigt sich gegen den eigenen Leib« (ebd., 6,18). Die besondere Eigenart der Sünde, die der Apostel hier anprangert, liegt darin, dass sie sich im Unterschied zu allen anderen Sünden »gegen den Leib« richtet (während die anderen Sünden »außerhalb des Leibes« bleiben). So finden wir also in der Terminologie des hl. Paulus die Begründung für die Formulierungen: »Sünden des Leibes« oder »fleischliche Sünden«. Es handelt sich gerade um Sünden im Gegensatz zu jener Tugend, kraft welcher der Mensch »den eigenen Leib in Heiligkeit und Ehrfurcht« bewahrt (vgl. 1 Thess 4,3–5).

3. Derartige Sünden bringen eine Entweihung des Leibes mit sich: Sie berauben den Leib der Frau bzw. des Mannes der Ehrfurcht, die ihm aufgrund der Personwürde gebührt. Der Apostel geht jedoch noch weiter: Für ihn ist die Sünde gegen den Leib auch »Entweihung des Tempels«. Bestimmend für die Würde des menschlichen Leibes ist in den Augen des hl. Paulus nicht nur der Geist des Menschen, durch den sich der Mensch als Person darstellt, sondern mehr noch die übernatürliche Wirklichkeit, das Wohnen und die dauernde Gegenwart des Heiligen Geistes im Menschen – in seiner Seele und in seinem Leib – als Frucht der von Christus vollbrachten Erlösung. Daraus folgt, dass der Leib des Menschen nun nicht mehr ausschließlich ihm gehört. Nicht nur deshalb, weil er Leib einer Person ist, verdient er jene Ehrfurcht, die Männer und Frauen sich beim gegenseitigen Umgang durch die Tugend der Reinheit erweisen. Wenn der Apostel schreibt: »Euer Leib ist ein Tempel des Heiligen Geistes, der in euch wohnt und den ihr von Gott habt« (1 Kor 6,19), will er damit noch auf eine andere Quelle der

Würde des Leibes hinweisen, nämlich auf den Heiligen Geist, der auch die Quelle der sittlichen Verpflichtung ist, die sich aus dieser Würde ergibt.

4. Für Paulus ist die Wirklichkeit der Erlösung, die ja auch »Erlösung des Leibes« ist, eine lebendige, unmittelbar auf jeden Menschen bezogene Wirklichkeit. Durch die Erlösung hat jeder Mensch von Gott sich selbst und seinen Leib gleichsam neu empfangen. Christus hat dem menschlichen Leib – dem Leib jedes Mannes und jeder Frau – eine neue Würde verliehen, da in ihm der menschliche Leib zusammen mit der Seele in die Vereinigung mit der Person des Sohnes und menschgewordenen Wortes hineingenommen wurde. Aus dieser neuen Würde der »Erlösung des Leibes« ergab sich auch eine neue Verpflichtung, von welcher Paulus ganz knapp, aber umso ergreifender schreibt: »Denn um einen teuren Preis seid ihr erkauft worden« (1 Kor 6,20). Frucht der Erlösung ist in der Tat der Heilige Geist, der im Menschen und in seinem Leib wie in einem Tempel wohnt. In diesem Geschenk, das jeden Menschen heiligt, empfängt der Christ sich selbst aufs Neue als Geschenk von Gott. Dieses neue, zweifache Geschenk verpflichtet. Der Apostel bezieht sich auf diese Dimension der Verpflichtung, wenn er die Gläubigen, die um dieses Geschenk wissen, überzeugt, dass man nicht »Unzucht treiben«, nicht »gegen den eigenen Leib sündigen« darf (vgl. 1 Kor 6,18). Er schreibt: »Der Leib ist aber nicht für die Unzucht da, sondern für den Herrn, und der Herr für den Leib« (ebd., 6,13). Knapper und treffender ließe sich das, was das Geheimnis der Menschwerdung für jeden Gläubigen mit sich bringt, wohl kaum ausdrücken. Der menschliche Leib, in Jesus Christus Leib des menschgewordenen Gottes geworden, erfährt daher in jedem Menschen eine neue übernatürliche Wertung, welcher jeder Christ in seinem Verhalten gegenüber seinem eigenen Leib und natürlich gegenüber dem Leib des anderen Rechnung tragen muss: der Mann gegenüber der Frau und die Frau gegenüber dem Mann. Die Erlösung des Leibes hat die Einführung

eines neuen Maßstabes für die Heiligkeit des Leibes in Christus und durch Christus zur Folge. Eben auf diese »Heiligkeit« weist Paulus im ersten Thessalonicherbrief hin (4,3–5), wenn er schreibt, es gelte, »den eigenen Leib in Heiligkeit und Ehrfurcht zu bewahren«.

5. Im 6. Kapitel des ersten Korintherbriefes erläutert Paulus die Wahrheit über die Heiligkeit des Leibes noch genauer, indem er mit geradezu drastischen Worten die »Unzucht« anprangert, also die Sünde gegen die Heiligkeit des Leibes, die Sünde der Unreinheit: »Wisst ihr nicht, dass eure Leiber Glieder Christi sind? Darf ich nun die Glieder Christi nehmen und zu Gliedern einer Dirne machen? Auf keinen Fall! Oder wisst ihr nicht: Wer sich an eine Dirne bindet, ist ein Leib mit ihr? Denn es heißt: Die zwei werden ein Fleisch sein. Wer sich dagegen an den Herrn bindet, ist ein Geist mit ihm« (1 Kor 6,15–17). Wenn nach der Lehre des hl. Paulus die Reinheit ein Aspekt des Lebens »nach dem Geiste« ist, so will das besagen, dass in ihr das Geheimnis der Erlösung des Leibes als Teil des Geheimnisses Christi, das mit der Menschwerdung begonnen und durch sie bereits alle Menschen erreicht hat, Früchte trägt. Dieses Geheimnis wird auch in der Reinheit offenbar, die als eine besondere, auf der Sittlichkeit beruhende Verpflichtung verstanden wird. Die Tatsache, dass wir »um einen teuren Preis erkauft worden sind« (1 Kor 6,20), nämlich um den Preis der Erlösung Christi, zieht eine besondere Verpflichtung nach sich, nämlich die, »den eigenen Leib in Heiligkeit und Ehrfurcht zu bewahren«. Das Wissen um die Erlösung des Leibes bewirkt im menschlichen Willen das Vermeiden der Unzucht, ja es hat zur Folge, dass sich der Mensch eine bestimmte Fähigkeit, eben die Tugend der Reinheit, aneignet.

Den Worten des hl. Paulus im ersten Korintherbrief (6,15–17) über die christliche Tugend der Reinheit als Verwirklichung des Lebens »nach dem Geist« wohnt eine besondere Tiefe und übernatürliche realistische Glaubenskraft inne. Wir werden über dieses Thema noch einige Male Betrachtungen anstellen müssen.

57. Katechese, 18. März 1981

1. Bei unserer Begegnung vor einigen Wochen haben wir unsere Aufmerksamkeit auf den Abschnitt des ersten Korintherbriefes konzentriert, wo der hl. Paulus den menschlichen Leib »Tempel des Heiligen Geistes« nennt. Er schreibt: »Oder wisst ihr nicht, dass euer Leib ein Tempel des Heiligen Geistes ist, der in euch wohnt und den ihr von Gott habt? Ihr gehört nicht euch selbst; denn um einen teuren Preis seid ihr erkauft worden« (1 Kor 6,19–20). »Wisst ihr nicht, dass eure Leiber Glieder Christi sind?« (1 Kor 6,15). Der Apostel bezeichnet das Geheimnis der »Erlösung des Leibes« durch Christus als Quelle einer besonderen sittlichen Pflicht, die die Christen zur Reinheit verpflichtet, von der Paulus an anderer Stelle sagt, es sei notwendig, »dass jeder von euch seinen Leib in Heiligkeit und Ehrfurcht bewahrt« (1 Thess 4,4).

2. Im Übrigen entdecken wir den Reichtum des in den paulinischen Texten enthaltenen Gedankens nur dann ganz, wenn wir bemerken, dass das Geheimnis der Erlösung im Menschen auch in charismatischer Weise Früchte bringt. Der Heilige Geist, der nach den Worten des Apostels in den menschlichen Leib wie in seinen Tempel eindringt, wohnt hier und wirkt zugleich durch seine geistlichen Gaben. Unter diesen Gaben, die in der Geschichte der Spiritualität als die sieben Gaben des Heiligen Geistes bekannt sind (vgl. Jes 11,2 in Septuaginta und Vulgata), scheint diejenige, die der Tugend der Reinheit am verwandtesten ist, die Gabe der »Ehrfurcht« (eusebeia)[80] zu sein. Wenn die Reinheit den Menschen fähig

[80] Eusebeia oder pietas bezieht sich in der hellenistisch-römischen Zeit generell auf die Götterverehrung (als Frömmigkeitsakt), bewahrt aber noch den anfänglich weiteren Sinn der Achtung vor den lebendigen Strukturen.
Eusebeia bezeichnet das Verhalten der Blutsverwandten untereinander, die Beziehungen zwischen den Ehegatten wie auch das Verhalten, das die Legionen dem Kaiser und die Sklaven dem Herrn schulden. Im Neuen Testament verwenden nur die späteren Schriften das Wort eusebeia bei Christen; in den älteren Schriften charakterisiert dieser Begriff die Haltung der »guten Heiden« (Apg 10,2.7; 17,23). So hat das griechische

macht, »seinen Leib in Heiligkeit und Ehrfurcht zu bewahren«, wie wir im ersten Brief an die Thessalonicher lesen (4,3–5), scheint sie in besonderer Weise der Reinheit zu dienen, indem sie dem Menschen das Gefühl für die Würde gibt, die dem menschlichen Leib kraft des Geheimnisses der Schöpfung und Erlösung eigen ist. Durch die Gabe der Ehrfurcht gewinnen die Worte des Paulus: »Oder wisst ihr nicht, dass euer Leib ein Tempel des Heiligen Geistes ist, der in euch wohnt ... Ihr gehört nicht euch selbst« (1 Kor 6,19), die Überzeugungskraft einer Erfahrung und werden lebendige und praktisch erlebte Wahrheit. Sie öffnen auch den volleren Zugang zur Erfahrung der bräutlichen Bedeutung des Leibes und der Freiheit des Geschenks, in der sich das tiefe Antlitz der Reinheit und ihre organische Verbindung mit der Liebe enthüllt.

3. Obwohl die Bewahrung des eigenen Leibes »in Heiligkeit und Ehrfurcht« durch Enthaltung von der »Unreinheit« geschieht – und ohne das geht es nicht –, trägt sie ihre Frucht immer in der tiefsten Erfahrung jener Liebe, die »von Anfang an«, nach dem Bild und Gleichnis Gottes selbst, zu jedem menschlichen Wesen und damit auch zu seinem Leib gehört. Deshalb schließt der hl. Paulus seine Argumentation in 1 Kor 6 mit einer wichtigen Mahnung: »Verherrlicht also Gott in eurem Leib« (Vers 20). Die Reinheit, diese Tugend oder Fähigkeit, »seinen Leib in Heiligkeit und Ehrfurcht zu bewahren«, verbunden mit der Gabe der Ehrfurcht als Frucht der Wohnung des Heiligen Geistes im »Tempel« des Leibes, bewirkt in diesem eine solche Fülle von Würde in den zwischenmenschlichen Beziehungen, dass Gott selbst im Leib verherrlicht wird. Die Reinheit ist die Herrlichkeit des menschlichen Leibes vor Gott. Sie ist die Herrlichkeit Gottes im menschlichen Leib, durch den sich der Mensch als Mann oder Frau zu erkennen gibt. Aus der Rein-

eusebeia, das sich wie die »Gabe der Frömmigkeit« zweifellos auf die Gottesverehrung bezieht, eine breite Grundlage in der Bezeichnung zwischenmenschlicher Beziehungen (vgl. W. Foerster, eusebeia, in: Theological Dictionary of the New Testament, ed. G. Kittel/G. Bromiley, vol. VII, Grand Rapieds S. 177–182).

heit fließt jene einzigartige Schönheit, die alle Bereiche des menschlichen Zusammenlebens durchdringt und erlaubt, die Schlichtheit und Tiefe, die Herzlichkeit und unnachahmliche Echtheit des persönlichen Vertrauens auszudrücken. (Vielleicht bietet sich später noch eine Gelegenheit, dieses Thema breiter zu behandeln. Die Verbindung der Reinheit mit der Liebe und auch die Verbindung eben dieser Reinheit in der Liebe mit jener Gabe des Heiligen Geistes, die die Ehrfurcht ist, bildet einen wenig bekannten Zug der Theologie des Leibes, der trotzdem eine besondere Vertiefung verdient. Das wird im Verlauf der Untersuchungen über die Sakramentalität der Ehe geschehen können.)

Reinheit und Weisheit

4. Und jetzt noch ein kurzer Hinweis auf das Alte Testament. Die paulinische Lehre über die Reinheit als »Leben im Geist« scheint eine gewisse Kontinuität mit den Weisheitsbüchern des Alten Testaments anzuzeigen. Wir finden hier z. B. das folgende Gebet um die Reinheit in Gedanken, Worten und Werken: »Herr, Vater und Gott meines Lebens, … Unzucht und Sinnenlust sollen mich nicht ergreifen, schamlosem Begehren gib mich nicht preis« (Sir 23,4–6). Die Reinheit ist in der Tat die Voraussetzung, um Weisheit zu finden und ihr zu folgen, wie wir im gleichen Buch lesen: »Ich richtete mein Verlangen auf die Weisheit und fand sie in ihrer Reinheit« (Sir 51,20). Außerdem könnte man auch in gewisser Weise den aus der Liturgie bekannten Text aus dem Buch der Weisheit (8,21) heranziehen, der in der Version der Vulgata heißt: »Scivi quoniam aliter non possum esse continens, nisi Deus det; et hoc ipsum erat sapientiae, scire, cuius esset hoc donum – Ich wusste, dass ich ohne die Gnade Gottes nicht enthaltsam sein konnte; und schon das war Weisheit, zu wissen, wessen Geschenk das ist«[81].

[81] Diese Vulgata-Version, die sich in der Neo-Vulgata und der Liturgie erhalten hat und mehrmals bei Augustinus zitiert wird (De S. Virg., 43; Confess. VI, 11; X, 29; Serm. CLX, 7), ändert übrigens den Sinn des griechischen Originals, wo es heißt: »Ich erkannte aber, dass ich die Weisheit nur als Geschenk Gottes erhalten könne …«

Nach dieser Vorstellung ist nicht so sehr die Reinheit die Voraussetzung der Weisheit als die Weisheit die Voraussetzung der Reinheit als einer besonderen Gabe Gottes. Es scheint, dass sich schon in den oben zitierten Weisheitstexten eine doppelte Bedeutung der Reinheit abzeichnet: als Tugend und als Gabe. Die Tugend steht im Dienst der Weisheit, und die Weisheit versetzt in die Lage, die Gabe, die von Gott kommt, anzunehmen. Diese Gabe festigt die Tugend und ermöglicht ihr, in der Weisheit die Früchte einer reinen Lebensführung zu genießen.

5. Wie Christus in seiner Bergpredigt die seligpreist, die »ein reines Herz haben«, und ihnen verspricht, »sie werden Gott schauen« (als Frucht der Reinheit und in eschatologischer Sicht), so hebt Paulus für seinen Teil die Ausstrahlung dieser Schau in zeitlichen Dimensionen hervor, wenn er schreibt: »Für die Reinen ist alles rein; für die Unreinen und Ungläubigen aber ist nichts rein, sogar ihr Denken und ihr Gewissen sind unrein. Sie beteuern, Gott zu kennen, durch ihr Tun aber verleugnen sie ihn ...« (Tit 1,15ff.). Diese Worte können auch auf die Reinheit im generellen wie spezifischen Sinn bezogen werden als charakteristisch für alles sittlich Gute. Für das paulinische Verständnis von Reinheit im Sinn von 1 Thess 4,3–5 und 1 Kor 6,13–20, d. h. im Sinn des »Lebens im Geist«, scheint – wie sich aus der Gesamtheit unserer Überlegungen ergibt – die Anthropologie der Wiedergeburt im Geist (vgl. auch Joh 3,5ff.) grundlegend zu sein. Diese erwächst aus den Wurzeln der Wirklichkeit der von Christus gewirkten Erlösung des Leibes, deren letzter Ausdruck die Auferstehung ist. Hier gibt es tiefe Gründe, um die ganze Thematik der Reinheit mit den Worten des Evangeliums zu verknüpfen, in denen Christus sich auf die Auferstehung beruft (und das wird das Thema der letzten Etappe unserer Überlegungen sein). Hier haben wir sie vor allem in Beziehung zum Ethos von der Erlösung des Leibes gesetzt.

6. Diese aus dem Alten Testament überkommene und für die Weisheitsbücher charakteristische Vorstellung von der Reinheit war sicher eine indirekte, aber nichtsdestoweniger reale Vorbereitung auf die paulinische Lehre von der Reinheit als »Leben im Geist«. Ohne Zweifel erleichterte das auch vielen Hörern der Bergpredigt das Verständnis der Worte Christi, als er bei Erklärung des Gebots »Du sollst nicht die Ehe brechen« sich auf das menschliche »Herz« berief. Unsere ganzen Überlegungen konnten auf diese Weise wenigstens in einem gewissen Maß zeigen, welcher Reichtum und welche Tiefe die Lehre von der Reinheit in ihren biblischen und evangelischen Quellen auszeichnet.

7. Das Evangelium der Reinheit des Herzens: Gestern und Heute

Theologie des Leibes

58. Katechese, 1. April 1981

1. Ehe wir den Zyklus unserer Betrachtungen über die Worte Jesu Christi in der Bergpredigt abschließen, wollen wir diese Worte noch einmal bedenken und den Gedankengang, zu dem sie die Grundlage bildeten, kurz zusammenfassen. Noch einmal die Worte Jesu: »Ihr habt gehört, dass gesagt worden ist: Du sollst nicht die Ehe brechen. Ich aber sage euch: Wer eine Frau ansieht, um sie zu begehren, hat in seinem Herzen schon Ehebruch mit ihr begangen« (Mt 5,27–28). Das sind zusammenfassende Worte, die vertieftes Nachdenken erfordern ähnlich den Worten, mit denen Christus sich auf den »Anfang« berief. Den Pharisäern, die ihn – unter Bezugnahme auf das Gesetz des Mose, das die sogenannte Entlassung der Frau aus der Ehe gestattete – gefragt hatten: »Darf man seine Frau aus jedem beliebigen Grund aus der Ehe entlassen?«, antwortete er: »Habt ihr nicht gelesen, dass der Schöpfer die Menschen am Anfang als Mann und Frau geschaffen hat? … Darum wird der Mann Vater und Mutter verlassen und sich an seine Frau binden, und die zwei werden ein Fleisch sein … Was aber Gott verbunden hat, das darf der Mensch nicht trennen« (Mt 19,3–6). Auch auf diese Worte mussten wir näher eingehen, um den ganzen in ihnen enthaltenen Reichtum herauszuholen. Diese Betrachtung erlaubte es uns, die authentische Theologie des Leibes zu entwerfen.

2. Indem wir dem Hinweis Christi auf den »Anfang« folgten, widmeten wir mehrere Überlegungen den entsprechenden Texten aus dem Buch Genesis, die eben von jenem »Anfang« handeln. Aus diesen Analysen ergab sich nicht nur ein Bild von der Situation des Menschen – Mann und Frau – im Zustand der Ur-Unschuld, sondern auch die theologische Grundlage für die Wahrheit über den Menschen und seine besondere Berufung, die aus dem ewigen Geheimnis der Person erwächst:

Abbild Gottes, Fleisch geworden in der sichtbaren und körperlichen Erscheinung des Mann- bzw. Frauseins der menschlichen Person. Diese Wahrheit liegt der Antwort zugrunde, die Christus zum Charakter der Ehe und besonders zu ihrer Unauflöslichkeit gegeben hat. Es ist die Wahrheit über den Menschen, eine Wahrheit, deren Wurzeln in den Zustand der Ur-Unschuld zurückreichen, eine Wahrheit, die wir also im Zusammenhang mit der Situation vor dem Sündenfall verstehen müssen, wie wir es im Zyklus unserer bisherigen Betrachtungen versucht haben.

3. Zugleich gilt es jedoch, diese Grundwahrheit über den Menschen, sein Mann- und Frausein, auch im Rahmen einer anderen Situation zu betrachten, zu verstehen und zu erläutern: nämlich jener, die durch den Bruch des ersten Bundes mit dem Schöpfer bzw. durch die Erbsünde entstanden ist. Man muss diese Wahrheit über den Menschen – als Mann und Frau – im Zusammenhang mit seiner ererbten Sündhaftigkeit sehen. Und gerade hier begegnen wir der Aussage Christi in der Bergpredigt. Natürlich gibt es in der Heiligen Schrift des Alten und Neuen Testaments zahlreiche Erzählungen, Sätze und Worte, die die gleiche Wahrheit aussprechen, nämlich dass der geschichtlich gegebene Mensch das Erbe der Ur-Sünde in sich trägt; doch die in der Bergpredigt ausgesprochenen Worte Christi scheinen gerade in ihrer knappen Formulierung eine ganz besonders nachdrückliche Aussagekraft zu besitzen. Das beweisen die bisher von uns vorgenommenen Untersuchungen, die stufenweise enthüllt haben, was in jenen Worten enthalten ist. Um die Aussagen über die Begehrlichkeit zu verdeutlichen, muss man die biblische Bedeutung der Begehrlichkeit – der dreifachen Begehrlichkeit – und vor allem der Begehrlichkeit des Fleisches erfassen. Dann versteht man allmählich, warum Jesus diese Begehrlichkeit (genau: das »begehrliche Ansehen«) als »Ehebruch im Herzen« definiert. Mit unseren Analysen wollten wir zugleich besser verständlich machen, welche Bedeutung die Worte Christi für seine unmittelbaren

Zuhörer hatten, die in der Tradition des Alten Testamentes, also in der Überlieferung der Gesetzestexte wie der prophetischen Schriften und der Weisheitsbücher aufgewachsen waren; welche Bedeutung die Worte Christi ferner für den Menschen jeder anderen Zeit und besonders für den heutigen Menschen haben können, wenn man seine verschiedenen kulturellen Bedingtheiten in Betracht zieht. Wir sind in der Tat überzeugt, dass diese Worte in ihrem wesentlichen Inhalt den Menschen aller Orte und Zeiten gelten. Darin besteht auch ihr umfassender Wert: Sie teilen einem jeden die für ihn gültige und wesentliche Wahrheit mit.

4. Was ist das für eine Wahrheit? Ohne Zweifel ist es eine Wahrheit sittlicher Natur und somit letzten Endes eine Wahrheit von normativem Charakter, so wie die Wahrheit im Gebot: »Du sollst nicht die Ehe brechen« normativen Charakter hat. Die Auslegung dieses Gebotes Christi weist auf das Böse hin, das zu vermeiden und zu besiegen ist – eben das Böse der Begehrlichkeit des Fleisches –, zugleich aber auf das Gute, dem die Überwindung der Begehrlichkeit den Weg freimacht. Dieses Gute ist die »Reinheit des Herzens«, von der Christus im gleichen Zusammenhang bei der Bergpredigt spricht. Vom biblischen Standpunkt aus bedeutet »Reinheit des Herzens« die Freiheit von jeder Art Sünde oder Schuld, also nicht nur von den Sünden, die die Begehrlichkeit des Fleisches betreffen. Doch hier beschäftigen wir uns besonders mit einem Aspekt dieser »Reinheit«, der das Gegenteil des »im Herzen begangenen« Ehebruchs ausmacht. Wenn jene »Reinheit des Herzens«, mit der wir uns befassen, im Denken des hl. Paulus als »Leben nach dem Geist« verstanden wird, bietet uns der paulinische Zusammenhang ein vollständiges Bild des Inhalts der von Christus in der Bergpredigt verkündeten Worte. Sie enthalten eine sittliche Wahrheit, warnen vor dem Bösen und weisen auf das sittlich Gute des menschlichen Verhaltens hin, ja sie leiten die Zuhörer dazu an, das Übel der Begehrlichkeit zu vermeiden und die Reinheit des Herzens zu gewinnen. Diese Worte be-

sitzen also eine normative und zugleich richtungsweisende Bedeutung. Indem sie zum Gut der »Reinheit des Herzens« anleiten, verweisen sie gleichzeitig auf die Werte, nach denen das menschliche Herz streben kann und soll.

5. Daraus ergibt sich die Frage: Welche für jeden Menschen gültige Wahrheit ist in den Worten Christi enthalten? Wir müssen darauf antworten, dass nicht nur eine sittliche Wahrheit, sondern die wesentliche Wahrheit über den Menschen darin enthalten ist – die anthropologische Wahrheit. Deshalb kommen wir auf diese Worte zurück, wenn wir hier in aller Knappheit und sozusagen in der Sicht der vorangehenden Worte, in denen Christus sich auf den »Anfang« bezog, die Theologie des Leibes formulieren. Man kann behaupten, dass durch ihre ausdrucksvolle evangelische Aussagekraft dem Menschen der Begehrlichkeit gewissermaßen der Mensch der ursprünglichen Unschuld ins Bewusstsein gerufen wird. Aber die Worte Christi sind wirklichkeitsbezogen. Sie versuchen nicht, das Menschenherz in den Zustand seiner Unschuld am »Anfang« zurückzuversetzen, die der Mensch nun einmal im Augenblick des Sündenfalls verloren hat; vielmehr weisen sie ihn hin auf die Straße zu einer Reinheit des Herzens, die ihm auch im Stand der Erbsünde möglich und zugänglich ist. Das ist die Lauterkeit des »Menschen der Begehrlichkeit«, der dennoch vom Wort des Evangeliums beseelt und für das »Leben aus dem Geist« offen ist (entsprechend den Worten des hl. Paulus), also die Reinheit und Lauterkeit des Menschen der Begehrlichkeit, der ganz ergriffen wird von der von Christus vollbrachten »Erlösung des Leibes«. Gerade deshalb finden wir in den Worten der Bergpredigt den Hinweis auf das »Herz«, also auf den inneren Menschen. Der innere Mensch muss sich dem »Leben aus dem Geist« öffnen, damit er an der Herzensreinheit nach dem Evangelium teilhat: damit er den Wert des Leibes, der durch die Erlösung von den Fesseln der Begehrlichkeit befreit wurde, wiederentdeckt und verwirklicht.

Die normative Bedeutung der Worte Christi ist tief begründet in ihrer anthropologischen Bedeutung, in der Dimension der menschlichen Innerlichkeit.

6. Nach der Lehre des Evangeliums, die in den Paulusbriefen auf so großartige Weise entfaltet wird, meint die Reinheit nicht nur die Enthaltung von der Unzucht (vgl. 1 Thess 4,3), also Zucht, sondern sie öffnet zugleich auch den Weg zu einer immer vollkommeneren Entdeckung der Würde des menschlichen Leibes, die organisch verbunden ist mit der Freiheit des Geschenks der Person in der unverkürzten Echtheit ihres Mann- bzw. Frauseins. So gelangt die Reinheit, verstanden als Zucht, im Herzen des Menschen zur Reife, der sie pflegt und die bräutliche Bedeutung des Leibes in seiner ganzen Wahrheit zu entdecken und zu bestätigen trachtet. Gerade diese Wahrheit muss innerlich erkannt werden; sie muss man gewissermaßen mit dem Herzen spüren, damit die gegenseitigen Beziehungen von Mann und Frau – und sogar der bloße Blick – wieder jenen wahrhaft bräutlichen Bedeutungsinhalt erlangen. Auf eben diesen Inhalt verweist im Evangelium die »Reinheit des Herzens«.

7. Wenn in der inneren Erfahrung des Menschen (also des Menschen der Begehrlichkeit) die Zucht als negativ empfunden wird, so erlaubt uns ein Vergleich der Worte Christi in der Bergpredigt mit den Texten des hl. Paulus, diese Bedeutung positiv zu verstehen. In der Tugend der Reinheit genießt der Mensch die Früchte des über die Begehrlichkeit errungenen Sieges, eines Sieges, von dem der hl. Paulus mahnend schreibt, »dass jeder seinen Leib in Heiligkeit und Ehrfurcht bewahrt« (1 Thess 4,4). Ja, in einer so lauteren Reinheit zeigt sich zum Teil die Wirksamkeit der Gabe des Heiligen Geistes, dessen »Tempel« der menschliche Leib ist (vgl. 1 Kor 6). Diese Gabe ist vor allem die Gabe der Ehrfurcht (donum pietatis), die der Erfahrung des Leibes – besonders, wenn es sich um den Bereich der gegenseitigen Beziehungen von

Mann und Frau handelt – ihre ganze Natürlichkeit, Klarheit und innere Freude zurückgibt. Dies ist, wie man sieht, eine geistliche Atmosphäre, die sich grundlegend von der »Leidenschaft und Begehrlichkeit« unterscheidet, von der Paulus schreibt und die wir im Übrigen schon aus den vorangehenden Betrachtungen kennen; man braucht nur an die Stelle im Buch Jesus Sirach, 26,13.15–18 zu erinnern. Denn die Befriedigung der Leidenschaften ist eine Sache, eine andere die Freude, die der Mensch im Vollbesitz seiner selbst findet, wobei er so auch immer mehr für eine andere Person zu einem echten Geschenk werden kann.

Die Worte Christi in der Bergpredigt führen das menschliche Herz zu solcher Freude. Ihnen muss man sich selbst, seine Gedanken und seine Handlungen anvertrauen, um die Freude zu finden und sie den anderen zu schenken.

Theologie und Pädagogik

59. Katechese, 8. April 1981

1. Wir wollen nun die Betrachtungen und Untersuchungen über die Worte Christi in der Bergpredigt, mit denen er sich auf das menschliche Herz bezog und es zur Reinheit mahnte, abschließen. »Ihr habt gehört, dass gesagt worden ist: Du sollst nicht die Ehe brechen. Ich aber sage euch: Wer eine Frau ansieht, um sie zu begehren, hat in seinem Herzen schon Ehebruch mit ihr begangen« (Mt 5,27–28). Wiederholt haben wir betont, dass diese Worte, die einmal an die anwesenden Zuhörer jener Predigt gerichtet waren, sich auf die Menschen aller Zeiten und Orte beziehen. Sie appellieren an das menschliche Herz, wo die innerste und in gewisser Hinsicht eigentliche Geschichte geschrieben wird. Es ist die Geschichte von Gut und Böse (deren Anfang im Buch Genesis mit dem geheimnisvollen Baum der Erkenntnis von Gut und Böse in Zusammenhang gebracht wird); dann ist es die Heilsgeschichte, deren Formulierung das Evangelium und deren Kraft der Heilige Geist ist, der denen geschenkt wird, die das Evangelium mit aufrichtigem Herzen annehmen.

2. Wenn uns die Berufung Christi auf das menschliche Herz und noch vorher seine Berufung auf den »Anfang« erlaubt, eine Anthropologie aufzustellen oder wenigstens zu entwerfen, die wir als »Theologie des Leibes« bezeichnen können, so ist eine solche Theologie zugleich Pädagogik. Die Pädagogik will den Menschen erziehen, indem sie ihm Anforderungen vor Augen stellt, diese motiviert und die Wege zu ihrer Verwirklichung aufzeigt. Die Aussagen Christi haben also auch dieses Anliegen: Sie sind »erzieherische« Aussagen. Sie enthalten eine Pädagogik des Leibes, die knapp und doch vollständig formuliert ist. Sowohl die Antwort an die Pharisäer über die Unauflöslichkeit der Ehe als auch die Worte der Bergpredigt über die Bezähmung der Begehrlichkeit zeigen – zumindest indirekt –, dass der Schöpfer dem Menschen den Leib in seinem Mann- und Frausein als Aufgabe anvertraut hat und dass er ihm mit dem Mann- und Frausein gewissermaßen sein Menschsein, die Personwürde sowie das transparente Zeichen der interpersonalen Gemeinschaft, in welcher der Mensch sich durch echte Selbsthingabe verwirklicht, zur Aufgabe gemacht hat. Indem der Schöpfer dem Menschen die den Aufgaben entsprechenden Anforderungen zeigt, eröffnet er dem Menschen, dem Mann und der Frau, zugleich die Wege, die ihre Übernahme und Durchführung gewährleisten.

3. Wenn wir diese Schlüsseltexte der Bibel analysieren und bis zur Wurzel ihrer Bedeutungen vordringen, gelangen wir zu jener Anthropologie, die wir als »Theologie des Leibes« bezeichnen können. Und diese »Theologie des Leibes« bildet dann den Grundstock für die adäquateste Methode der »Pädagogik des Leibes«, das heißt der Pädagogik (ja der Selbsterziehung) des Menschen. Das ist von besonderer Aktualität für den modernen Menschen, dessen Wissen auf dem Gebiet der Biophysiologie und der Biomedizin große Fortschritte gemacht hat. Doch diese Wissenschaft behandelt den Menschen unter einem bestimmten Gesichtspunkt und ist daher eher partiell, nicht umfassend. Wir kennen sehr wohl die Funktionen des Körpers als Organismus, die Funktionen,

die mit dem Mann- und Frausein der menschlichen Person in Zusammenhang stehen. Aber dieses Wissen entfaltet aus sich noch nicht das Bewusstsein des Leibes als Zeichen der Person, als Ausdruck des Geistes. Die gesamte Entwicklung der modernen Wissenschaft vom Körper als Organismus hat vielmehr den Charakter rein biologischen Wissens, weil sie sich darauf gründet, das Körperliche im Menschen von dem, was geistig ist, zu trennen. Wenn man eine derart einseitige Kenntnis von den organischen Funktionen des Körpers benutzt, gelangt man unschwer dahin, den Körper mehr oder weniger systematisch als Objekt für Manipulationen zu behandeln; in diesem Fall hört der Mensch sozusagen auf, sich subjektiv mit seinem Körper zu identifizieren, und beraubt ihn der Bedeutung und Würde, die vom tatsächlichen Personsein dieses Leibes herrühren. Wir befinden uns hier an der Grenze von Problemen, die häufig nach grundlegenden Lösungen verlangen, die aber ohne eine ganzheitliche Sicht des Menschen unmöglich sind.

4. Gerade hier zeigt sich klar, dass die Theologie des Leibes, wie wir sie aus den Schlüsseltexten der Worte Christi abgeleitet haben, zur fundamentalen Methode der Pädagogik, das heißt der Pädagogik des Menschen vom Gesichtspunkt des Leibes aus, unter voller Berücksichtigung seines Mann- und Frauseins wird. Diese Pädagogik kann unter dem Aspekt einer besonderen Spiritualität des Leibes verstanden werden; denn der Körper in seinem Mann- und Frausein ist dem menschlichen Geist als Aufgabe anvertraut (wie es der hl. Paulus in der ihm eigenen Sprache großartig formuliert hat); durch eine angemessene Reife des Geistes aber wird auch er zum Zeichen der Person, dessen sich das menschliche Subjekt bewusst ist, endlich zur authentischen »Grundlage« der Gemeinschaft der Personen. Mit anderen Worten: Durch seine geistige Reife entdeckt der Mensch die bräutliche Bedeutung des Leibes.

Die Worte Christi in der Bergpredigt machen deutlich, dass die Begehrlichkeit an und für sich dem Menschen jene Bedeutung nicht enthüllt, ja im Gegenteil, sie beeinträchtigt und trübt. Die rein biologische Kenntnis der mit dem Mann- und Frausein der menschlichen Person in Zusammenhang stehenden organischen Funktionen des Körpers vermag nur dann bei der Erkenntnis der authentisch bräutlichen Bedeutung des Leibes hilfreich zu sein, wenn sie mit einer entsprechenden geistigen Reife der menschlichen Person einhergeht. Ohne diese Reife kann dieses Wissen geradezu gegenteilige Auswirkungen haben; und das bestätigen vielfache Erfahrungen unserer Zeit.

5. Unter diesem Gesichtspunkt gilt es, die Lehräußerungen der Kirche unserer Zeit eingehend zu betrachten. Ein angemessenes Verständnis und die Interpretation wie auch die praktische Anwendung (also eben die Pastoralpädagogik) dieser Verlautbarungen erfordern jene vertiefte Theologie des Leibes, die wir letztlich vor allem den Schlüsselworten Christi entnehmen. Was die Lehräußerungen der Kirche unserer Zeit betrifft, muss man das Kapitel »Förderung der Würde der Ehe und der Familie« aus der Pastoralkonstitution des II. Vatikanischen Konzils (Gaudium et spes, II. Teil, Kap. I) und dazu die Enzyklika Humanae vitae Pauls VI. berücksichtigen. Die Worte Christi, deren Untersuchung wir breiten Raum gewidmet haben, hatten ohne Zweifel keinen anderen Zweck als die Förderung der Würde der Ehe und der Familie; daher die grundlegende Übereinstimmung zwischen den Worten Christi und dem Inhalt der beiden genannten Lehräußerungen der heutigen Kirche. Christus sprach zu den Menschen aller Zeiten und Orte; die Lehräußerungen der Kirche wollen die Worte Christi aktualisieren und müssen deshalb gemäß jener Theologie und jener Pädagogik verstanden werden, die in den Worten Christi Ursprung und Stütze finden.

Es ist kaum möglich, hier eine umfassende Analyse der genannten Verlautbarungen des höchsten kirchlichen Lehramtes durchzuführen. Wir werden uns auf die Wiedergabe einiger Abschnitte beschränken. In folgender Weise charakterisiert das Zweite Vaticanum – indem es die »Förderung der Würde der Ehe und der Familie« zu den dringendsten Problemen der Kirche in der Welt von heute zählt – die hier bestehende Situation: »Nicht überall erscheint die Würde dieser Institution (nämlich der Ehe und der Familie) in gleicher Klarheit. Polygamie, um sich greifende Ehescheidung, sogenannte freie Liebe und andere Entartungen entstellen diese Würde. Darüber hinaus wird die eheliche Liebe öfters durch Egoismus, bloße Genusssucht und durch unerlaubte Praktiken gegen die Fruchtbarkeit der Ehe entweiht« (Gaudium et spes, Nr. 47). Paul VI., der sich in der Enzyklika Humanae vitae mit diesem letzteren Problem auseinandersetzte, schreibt unter anderem: »Auch muss man wohl befürchten: Männer, die sich an empfängnisverhütende Mittel gewöhnt haben, könnten die Ehrfurcht vor der Frau verlieren und ... sie nicht mehr als Partnerin ansehen, der man Achtung und Liebe schuldet« (HV Nr. 17).

Befinden wir uns etwa hier nicht im Umfeld derselben Sorge, die einst die Worte Christi über die Einheit und Unauflöslichkeit der Ehe wie auch die Worte der Bergpredigt über die Reinheit des Herzens und die Beherrschung der sinnlichen Begehrlichkeit bestimmt hatte, Worte, die später vom Apostel Paulus mit so viel Scharfsinn vertieft wurden?

6. Im selben Geist legt der Verfasser der Enzyklika Humanae vitae, wo er von den Forderungen der christlichen Ethik spricht, zugleich die Möglichkeit für deren Erfüllung dar, wenn er schreibt: »Ganz sicher ist diese geistige Herrschaft über den Naturtrieb ohne Askese nicht möglich.« – Paul VI. gebraucht diesen Begriff der Askese. – »Nur so vermag man die dem ehelichen Leben eigentümlichen Ausdrucksformen der Liebe in Einklang zu bringen mit der rechten Ordnung. Das gilt besonders für jene Zeiten, in denen man Enthaltsamkeit üben muss. Solche Selbstzucht, Ausdruck ehelicher Reinheit, braucht keineswegs der Gattenliebe zu schaden; sie erfüllt sie vielmehr mit einem höheren Sinn für Menschlichkeit. Solche Selbstzucht verlangt zwar beständiges Sich-Mühen« – oben wird dieses Bemühen »Askese« genannt –, »ihre heilsame Kraft aber führt die Gatten zu einer volleren Entfaltung ihrer selbst und macht sie reich an geistlichen Gütern. Sie ... fördert bei den

Gatten gegenseitige Achtung ...; sie hilft den Eheleuten, ungezügelte Selbstsucht, die der wahren Liebe widerspricht, zu überwinden, sie hebt bei ihnen das Verantwortungsbewusstsein« (Humanae vitae, Nr. 21).

7. Diese Zitate mögen genügen. Sie – besonders das letzte – zeigen mit aller Klarheit, wie unerlässlich für ein angemessenes Verständnis der Äußerung des Lehramtes der heutigen Kirche jene Theologie des Leibes ist, deren Grundlagen wir vor allem in den Worten Christi selbst gefunden haben. Diese Theologie wird auch – wie wir bereits gesagt haben – zur fundamentalen Methode der gesamten christlichen Pädagogik des Leibes. Im Hinblick auf die angeführten Worte darf man behaupten, dass das Ziel der Pädagogik des Leibes eben darin besteht, dass »die Ausdrucksformen der Liebe« – vor allem jene des ehelichen Lebens – der sittlichen Ordnung, das heißt letzten Endes der Würde der Person, entsprechen. In diesen Worten taucht wieder das Problem der gegenseitigen Beziehung zwischen »Eros« und »Ethos« auf, das wir bereits behandelt haben. Insofern wir die Theologie als Methode der Pädagogik des Leibes verstehen, bereitet sie uns auch auf die weiteren Betrachtungen über den sakramentalen Charakter des Lebens des Menschen und besonders des Ehelebens vor.

Das Evangelium von der Reinheit des Herzens gestern und heute: Indem wir mit diesem Satz diesen Zyklus unserer Überlegungen abschließen, wollen wir – bevor wir zum nächsten Zyklus übergehen, dem die Auslegung der Worte Christi über die Auferstehung des Leibes zugrunde liegen wird – der »Notwendigkeit, eine für die Erziehung zur Reinheit günstige Atmosphäre zu schaffen«, von der die Enzyklika Pauls VI. spricht (vgl. Humanae vitae, Nr. 22), noch kurz Aufmerksamkeit schenken und diese Beobachtung auf das Problem vom Ethos des Leibes in den Werken der Kunst konzentrieren unter besonderer Berücksichtigung der Situationen, wie man sie heute antrifft.

Anhang: Das Ethos des Leibes in Kunst und Medien

60. Katechese, 15. April 1981

1. In unseren früheren Überlegungen – sei es im Rahmen der Worte, wo Christus sich auf den »Anfang« bezieht, sei es im Zusammenhang mit dem Abschnitt der Bergpredigt, wo er auf das menschliche »Herz« verweist – haben wir systematisch aufzuzeigen versucht, auf welche Weise die Subjektivität des Menschen als Person ein unerlässliches Element der theologischen Hermeneutik darstellt, das wir bei der Betrachtung des menschlichen Körpers entdecken und voraussetzen müssen. Also nicht nur die objektive Gegebenheit des Körpers, sondern, wie es scheint, noch viel mehr das subjektive Bewusstsein und auch das subjektive Erleben des Körpers sind in den biblischen Texten enthalten und müssen daher erwogen und durchdacht werden und ihren Widerschein auch in der Theologie finden. Die theologische Hermeneutik muss daher immer diese beiden Aspekte berücksichtigen. Wir können den Körper nicht als eine objektive Gegebenheit außerhalb der personalen Subjektivität des Menschen, des Menschen in seinem Mann- und Frausein, ansehen. Nahezu sämtliche das Ethos des Körpers betreffenden Probleme sind gleichzeitig verknüpft mit seiner ontologischen Identifikation als Leib der Person sowie mit dem Inhalt und der Qualität der subjektiven Erfahrung, das heißt des Erlebens sowohl des eigenen Leibes als solchem wie dieses Leibes in den Beziehungen zum anderen, besonders in der immerwährenden Beziehung zwischen Mann und Frau. Auch die Worte des ersten Thessalonicherbriefes, in denen der Verfasser zur Bewahrung des Leibes »in Heiligkeit und Ehrfurcht« ermahnt (also das ganze Problem der »Reinheit des Herzens« anspricht), weisen ohne Zweifel auf diese beiden Dimensionen hin.

2. Es sind Dimensionen, die den konkreten, lebendigen Menschen in seiner Einstellung und in seinem Verhalten direkt betreffen. Die Werke der Kultur, besonders der Kunst, bringen es mit sich, dass jene Dimensionen der Körperlichkeit und der Erfahrung des Körpers gewis-

sermaßen über den konkreten Menschen hinausgreifen. Der Mensch begegnet der Wirklichkeit des Körpers und erfährt den Körper auch, wenn dieser zu einem Thema seines schöpferischen Schaffens, zu einem Kunstwerk, zum Inhalt der Kultur wird. Obgleich man grundsätzlich zugeben muss, dass dieser Kontakt vor allem auf der Ebene der ästhetischen Erfahrung erfolgt, bei der es sich um Einsicht in das Kunstwerk handelt (griechisch: aisthánomai – ich schaue an, ich betrachte), also um den dargestellten Körper außerhalb seiner Seinsidentität, um seine Abbildung in ganz anderer Weise und nach den Kriterien künstlerischen Schaffens, ist der Mensch, dem diese Betrachtungsweise ermöglicht wird, doch von vornherein zu tief verbunden mit der Bedeutung des Urbildes bzw. Modells – das in diesem Fall er selbst, der lebendige Mensch und der lebendige menschliche Körper ist –, als dass er jenen wesentlich ästhetischen Akt der Gestaltung des Werkes an sich und seiner Betrachtung völlig von jenen Kräften oder Verhaltensreaktionen und von den Urteilen loslösen und trennen könnte, die für jene erste Erfahrung und Daseinsweise maßgebend sind. Dieses seinem Wesen nach ästhetische Schauen kann im subjektiven Bewusstsein des Menschen nicht völlig von jenem »Blick« getrennt werden, von dem Christus in der Bergpredigt spricht, wenn er vor dem begehrlichen Blick warnt.

3. So gehört also der ganze Bereich der ästhetischen Erfahrung zugleich in das Ethos des Leibes. Mit Recht muss man daher auch hier an die Notwendigkeit denken, ein für die Reinheit günstiges Klima zu schaffen; dieses Klima kann nämlich nicht nur durch die Art und Weise bedroht werden, wie sich die Beziehungen und das Zusammensein der lebendigen Menschen gestalten, sondern auch im gegenständlichen Bereich der Werke der Kultur und auf dem Gebiet der sozialen Kommunikationsmittel: überall dort, wo es sich um das gesprochene oder geschriebene Wort handelt; bei der bildlichen Darstellung oder Vorführung, sowohl in der herkömmlichen wie in der modernen Bedeu-

tung dieses Begriffes. So gelangen wir zu den verschiedenen Formen und Werken der Kunst und Kultur: Grafik, Skulptur, Schauspiel, auch zu den Formen, die auf den modernen audiovisuellen Techniken beruhen. In diesem weiten und äußerst differenzierten Bereich müssen wir uns im Lichte des bei unseren vorangegangenen Ausführungen näher herausgearbeiteten Ethos des Leibes über den menschlichen Körper als Gegenstand der Kultur eine Frage stellen.

4. Zuerst und vor allem ist festzustellen, dass der menschliche Körper seit eh und je Gegenstand der Kultur im weitesten Sinne des Wortes ist, einfach weil der Mensch selber Träger der Kultur ist und in seinem kulturellen und kreativen Schaffen sein Menschsein einsetzt, den Körper eingeschlossen. Wir müssen bei unseren gegenwärtigen Überlegungen jedoch den Begriff »Kulturgegenstand« einengen und uns auf den Begriff als Thema des Kulturschaffens, im Besonderen des künstlerischen Schaffens, beschränken. Es handelt sich also um die Thematisierung bzw. Objektivierung des Körpers in diesen Werken. Doch gilt es hier sogleich, wenn auch nur beispielsweise, einige Unterscheidungen zu treffen. Da ist einmal der lebendige menschliche Körper: der Körper des Mannes und der Frau, der von sich aus den Kunstgegenstand oder das Kunstwerk schafft (wie z. B. im Theater, im Ballett und bis zu einem gewissen Grad auch bei einem Konzert); etwas ganz anderes ist der Körper als Modell des Kunstwerks, wie bei den bildenden Künsten, bei Skulptur und Malerei. Kann man auch den Film oder die Kunst der Fotografie im weitesten Sinne auf die gleiche Ebene stellen? Anscheinend ja, obgleich vom Gesichtspunkt des Körpers als Gegenstand bzw. Thema her sich in diesem Fall ein sehr wesentlicher Unterschied ergibt. In der Malerei oder Skulptur bleibt der menschliche Körper immer ein Modell, das der Künstler in besonderer Weise gestaltet. Im Film dagegen und noch mehr in der Fotografie wird nicht das Modell gestaltet, sondern der lebendige Mensch vorgeführt, und in diesem Fall ist der Mensch bzw. der menschliche Körper nicht Modell eines Kunstwerks,

sondern Gegenstand der Darstellung einer durch entsprechende Techniken erreichten Wiedergabe.

5. Es ist notwendig, schon jetzt darauf hinzuweisen, dass die gemachte Unterscheidung vom Gesichtspunkt des Ethos des Leibes her für die Werke der Kultur wichtig ist. Es sei aber gleich hinzugefügt, dass die künstlerische Wiedergabe, wenn sie zum Inhalt der Darstellung und der Wiedergabe (in Fernsehen oder Film) wird, in gewissem Sinne ihren wesentlichen Kontakt mit dem Menschen und seinem Körper, dessen Wiedergabe sie ist, verliert und ihn häufig zu einem anonymen Gegenstand macht, wie das z. B. bei einem anonymen, in illustrierten Zeitschriften veröffentlichten fotografischen Akt oder bei einem über die Fernsehgeräte der ganzen Welt verbreiteten Bild der Fall ist. Eine solche Anonymität ist das Ergebnis der Verbreitung einer Darstellung und Wiedergabe des menschlichen Körpers, insofern er mit Hilfe der Reproduktionstechnik zum bloßen Gegenstand wird; das aber unterscheidet sich wohl – wie oben erwähnt – ganz wesentlich von der Gestaltung des Modells im Kunstwerk, zumal in der Plastik. Diese Anonymität (die außerdem dazu dient, die Identität der dargestellten Person zu »verschleiern« oder zu »verbergen«) stellt nun auch ein besonderes Problem vom Standpunkt des Ethos des menschlichen Leibes dar, und zwar allgemein in den Werken der Kultur, besonders aber in den Werken der sogenannten modernen Massenkultur.

Lassen wir es heute bei diesen einleitenden Bemerkungen bewenden, die für das Ethos des menschlichen Leibes bei den Werken der Kunst und Kultur von entscheidender Bedeutung sind. Später werden uns diese Überlegungen zu Bewusstsein bringen, wie eng sie mit den Worten zusammenhängen, die Christus in der Bergpredigt verkündet hat, als er den »begehrlichen Blick« mit dem »im Herzen begangenen Ehebruch« verglich. Die Anwendung dieser Worte auf Kunst und Kultur ist von besonderer Bedeutung, weil es darum geht, »ein Klima zu schaffen, das der Reinheit entgegenkommt«, wie Paul VI. in seiner Enzyklika Humanae vitae ausgeführt hat. Versuchen wir, dieses Thema noch tiefer und wesentlicher zu ergründen.

61. Katechese, 22. April 1981

1. Wir stellen nun – in Bezug auf die Worte Christi in der Bergpredigt – Überlegungen an zum Ethos des menschlichen Leibes in den Werken der bildenden Kunst. Die Wurzeln dieses Problems reichen sehr tief. Man braucht hier nur an die Reihe der Betrachtungen zu erinnern, die wir bezüglich des Hinweises Christi auf den »Anfang« und dann auf seinen Hinweis in der Bergpredigt auf das menschliche »Herz« vorgenommen haben. Der menschliche Körper – der nackte menschliche Körper in der ganzen Wahrheit seiner Männlichkeit oder Weiblichkeit – hat die Bedeutung eines Geschenks der Person an die Person. Das Ethos des Leibes, also die sittliche Zulässigkeit seiner Nacktheit aufgrund der Würde des personalen Subjekts, steht in engem Zusammenhang mit dem Bezugsrahmen, verstanden als bräutliches System, in welchem das Sich-Schenken des einen Partners der entsprechenden adäquaten Antwort des Geschenks des anderen begegnet. Diese Antwort ist denn auch entscheidend für die Gegenseitigkeit des Sich-Schenkens. Die künstlerische Darstellung des menschlichen Körpers in seiner Nacktheit als Mann oder Frau, um ihn zunächst zu einem Modell und danach zum Thema des Kunstwerkes zu machen, ist in gewissem Sinne immer eine Verlegung außerhalb dieser Konfiguration des interpersonalen Sich-Schenkens. Das bringt gewissermaßen eine Entwurzelung, eine Loslösung des menschlichen Körpers von dieser Konfiguration und seine Verlegung in die Dimension künstlerischer Wiedergabe mit sich: eine Dimension, wie sie dem Kunstwerk oder auch der typischen Darstellungsweise der modernen Film- und Fototechniken eigen ist.

In jeder dieser Dimensionen, in jeder auf andere Weise, verliert der menschliche Körper jene tief subjektive Bedeutung des Geschenks und wird zu einem Objekt vielfältiger Erkenntnis. Diejenigen, die ihn ansehen, assimilieren und nehmen etwas in Besitz, das evidentermaßen durch sein Wesen auf der Ebene des Geschenks existiert (oder existieren sollte), eines Geschenks der Person an die Person, natürlich nicht mehr im Bild, sondern im lebenden Menschen. Genau genommen vollzieht sich dieser Akt der Inbesitznahme schon auf einer anderen Ebene, d. h. auf der Ebene des Objektes einer künstlerischen Gestaltung oder einer Reproduktion. Es ist unmöglich, nicht anzuerkennen, dass vom Gesichtspunkt des Ethos des Leibes, wenn man dieses Ethos tief versteht, ein Problem entsteht. Es ist ein sehr delikates Problem, das verschiedene Grade hat, je nach den Beweggründen und Umständen sowohl auf Seite der künstlerischen Tätigkeit als auch auf Seite der Erkenntnis des Kunstwerks oder der Reproduktion. Von der Tatsache, dass dieses Problem entsteht, folgt nicht, dass der menschliche Körper in seiner Nacktheit nicht ein Gegenstand von Kunstwerken werden kann, nur dass diese Frage weder rein ästhetisch noch moralisch belanglos ist.

2. In unseren vorausgegangenen Betrachtungen (vor allem im Zusammenhang mit der Bezugnahme Christi auf den »Anfang«) haben wir der Bedeutung der Scham viel Raum gewidmet, indem wir versuchten, den Unterschied zwischen der Situation – und dem Zustand – der ursprünglichen Unschuld zu begreifen, wo »beide nackt waren, aber sich nicht voreinander schämten« (Gen 2,25), und dann der Situation – und dem Zustand – der Sündhaftigkeit, wo zwischen Mann und Frau zusammen mit der Scham ein besonderes und dringendes Bedürfnis der Intimität bezüglich des eigenen Körpers entstand. Im Herzen des Menschen der Begehrlichkeit dient dieses Bedürfnis auch indirekt dazu, die personale Hingabe und die Möglichkeit des gegenseitigen Sich-Schenkens zu gewährleisten. Dieses Bedürfnis bildet auch die Handlungsweise des Menschen als Kulturobjekt im weitesten Sinne des Wortes. Wenn die Kultur die deutliche Tendenz aufweist, die Nacktheit des menschlichen Körpers zu bedecken, tut sie das gewiss nicht allein aus klimatischen Gründen, sondern auch in Bezug auf den

Wachstumsprozess der personalen Sensibilität des Menschen. Die anonyme Nacktheit des zum Objekt gewordenen Menschen widerspricht dem Fortschritt der wahrhaft menschlichen Sittenkultur. Wahrscheinlich lässt sich das auch im Leben der sogenannten primitiven Völker feststellen. Die Schärfung des personalen menschlichen Empfindungsvermögens, der menschlichen Sensibilität, ist sicherlich ein Faktor und Ergebnis der Kultur.

Hinter dem Bedürfnis der Scham, also der Intimität des eigenen Leibes (worüber uns die biblischen Quellen in Genesis 3 sehr eingehend informieren), verbirgt sich eine tiefere Gesetzmäßigkeit: die der Hingabe, die auf die eigentliche Tiefe des personalen Subjekts oder auf die andere Person ausgerichtet ist – besonders in der Beziehung zwischen Mann und Frau nach dem immerwährenden Gesetz des gegenseitigen Sich-Schenkens. So stellen wir denn in den Entwicklungen menschlicher Kultur, im weitesten Sinne verstanden, auch im Zustand der ererbten Sündhaftigkeit des Menschen eine ganz deutliche Fortdauer der bräutlichen Bedeutung des Leibes fest. Jene ursprüngliche Scham, die bereits aus den ersten Kapiteln der Bibel bekannt ist, stellt ein bleibendes Element der Kultur und der Sitten dar. Es hat Anteil an der Entstehung des Ethos vom menschlichen Leib.

3. Eine Person mit entwickelter Sensibilität überschreitet nur schwer und mit innerem Widerstand die Schwelle jener Scham. Das wird sogar in Situationen deutlich, die im Übrigen die Entblößung des Körpers durchaus rechtfertigen, wie z. B. im Fall ärztlicher Untersuchungen oder Eingriffen.

Besonders zu erwähnen sind auch andere Umstände, wie z. B. die Verhältnisse in den Konzentrationslagern oder Vernichtungsstätten, wo die Verletzung des körperlichen Schamgefühls eine der gezielt angewandten Methoden ist, um die personale Sensibilität und das Empfinden der Menschenwürde zu zerstören. Überall bestätigt sich – wenn auch in verschiedener Weise – wieder dieselbe Regel. Der Mensch, der seiner personalen Sensibilität folgt, will nicht durch seine anonyme Nacktheit zum Objekt für andere werden und will auch nicht, dass der andere in ähnlicher Weise für ihn zum Objekt wird. Offensichtlich lässt er sich darin, dass er »nicht will«, vom Empfinden der Würde des menschlichen Leibes leiten. Es gibt freilich verschiedene Gründe, die den Menschen dazu veranlassen, verleiten, ja sogar drängen können, im Gegensatz zu dem zu handeln, was die Würde des menschlichen Leibes in Zusammenhang mit der personalen Sensibilität fordert. Man darf nicht vergessen, dass die innere Grundsituation des geschichtlich gegebenen Menschen der Zustand der dreifachen Begehrlichkeit ist (vgl. 1 Joh 2,16). Dieser Zustand – und im Besonderen die Begehrlichkeit des Fleisches – macht sich auf verschiedene Weise bemerkbar, sowohl in den inneren Impulsen des menschlichen Herzens als auch im Gesamtklima der zwischenmenschlichen Beziehungen und in den Gepflogenheiten der Gesellschaft.

4. Dies dürfen wir dort nicht vergessen, wo es sich um den weiten Bereich der bildenden Kunst handelt, vor allem um Film und Theater, auch dann nicht, wenn es um die für unsere Zeit so bezeichnende Massenkultur geht, die mit dem Gebrauch der weitverbreiteten Techniken der audiovisuellen Kommunikation verbunden ist. Man stellt sich die Frage: Wann und in welchem Fall ist dieser Wirkungsbereich des Menschen – vom Standpunkt des Ethos des Leibes aus – der »Pornovision« anzuklagen, so wie dem literarischen Schaffen häufig »Pornografie« (dieser zweite Begriff ist älter) vorgeworfen wurde und wird? Der eine wie der andere Fall tritt dann ein, wenn die Schwelle der Scham bzw. der personalen Sensibilität im Hinblick auf den menschlichen Körper in seiner Nacktheit überschritten wird, wenn im Kunstwerk oder durch die Techniken audiovisueller Wiedergabe das Recht auf die Intimität des Körpers in seiner Männlichkeit und Weiblichkeit verletzt wird und schließlich jene tiefe Gesetzmäßigkeit des Geschenks und des gegenseitigen Sich-Schenkens, die der Männlichkeit und Weiblichkeit in der

ganzen Struktur des Menschseins eingeschrieben ist. Diese tiefe Niederschrift, ja Inschrift, ist entscheidend für die bräutliche Bedeutung des menschlichen Leibes, das heißt für seine grundlegende Berufung, die Vereinigung der Personen zu gestalten und daran teilzuhaben.

Wenn wir an dieser Stelle unsere Überlegungen unterbrechen, die wir am kommenden Mittwoch fortsetzen wollen, gilt es noch festzustellen, dass die Beachtung oder Nichtbeachtung dieser Bestimmung, die so tief mit der personalen Sensibilität des Menschen verbunden ist, für die Frage nicht belanglos sein kann, im Leben und in der Erziehung der Gesellschaft ein der Reinheit günstiges Klima zu schaffen.

62. Katechese, 29. April 1981

1. Wir haben bereits mehrere Betrachtungen der Bedeutung der Worte Christi in der Bergpredigt gewidmet, mit denen er zur Reinheit des Herzens mahnt. Dabei lenkt er die Aufmerksamkeit sogar auf den »begehrlichen Blick«. Diese Worte Christi dürfen wir auch dort nicht vergessen, wo es um den weiten Bereich der bildenden Kunst geht, vor allem um Film und Theater, sowie um die für unsere Zeit so typische »Massenkultur«, verbunden mit dem Einsatz der Technik der audiovisuellen Kommunikationsmittel. Am vergangenen Mittwoch sagten wir, dass gegen die oben erwähnte Sphäre menschlichen Wirkens mitunter der Vorwurf der »Pornovision« erhoben wird, so wie man die Literatur der »Pornografie« beschuldigt. Der eine wie der andere Tatbestand tritt dann ein, wenn die Schwelle der Scham bzw. der personalen Sensibilität im Hinblick auf den menschlichen Körper in seiner Nacktheit überschritten wird, wenn im Kunstwerk durch die Technik audiovisueller Wiedergabe das Recht auf die Intimität des Körpers in seiner Männlichkeit und Weiblichkeit und schließlich jene tiefe und bleibende Bestimmung zur Hingabe und zum gegenseitigen Sich-Schenken verletzt wird, die der Männlichkeit und Weiblichkeit in der ganzen Struktur des Menschseins eingeschrieben ist. Diese tiefe Niederschrift, ja Inschrift, ist entscheidend für die bräutliche Bedeutung

des menschlichen Leibes, das heißt für seine grundlegende Berufung, eine Gemeinschaft der Personen zu gestalten und daran teilzuhaben.

2. Es liegt auf der Hand, dass bei Kunstwerken oder in den Werken audiovisueller künstlerischer Darstellung die oben erwähnte bleibende Bestimmung zur Hingabe, das heißt die tiefe Inschrift der Bedeutung des menschlichen Körpers, nur in der intentionalen Ordnung der Wiedergabe und der Darstellung verletzt werden kann; denn es handelt sich – wie bereits gesagt – um den menschlichen Körper als Modell oder Thema. Doch wenn das Empfinden der Scham und die personale Sensibilität in diesen Fällen verletzt werden, dann geschieht das wegen ihrer Verlegung in die Dimension der »sozialen Kommunikation«, also deshalb, weil das, was im richtigen Empfinden des Menschen unbedingt in die personale Sphäre zwischen zwei Menschen gehört und gehören muss, das, was, wie schon früher hervorgehoben, mit der Personengemeinschaft verbunden ist und seinerseits der inneren Wahrheit des Menschen und somit auch der unverkürzten Wahrheit über den Menschen entspricht, sozusagen zum öffentlichen Eigentum wird.

In diesem Punkt kann man nicht einer Meinung sein mit den Vertretern des sogenannten Naturalismus, die das Recht »auf alles, was menschlich ist«, in den Kunstwerken und in den Erzeugnissen der künstlerischen Wiedergabe geltend machen und behaupten, auf diese Weise im Namen der realistischen Wahrheit über den Menschen zu handeln. Eben diese Wahrheit über den Menschen – die unverkürzte Wahrheit über den Menschen – verlangt, dass sowohl das Empfinden der Intimität des Körpers als auch die mit der Männlichkeit und Weiblichkeit in Zusammenhang stehende Gesetzmäßigkeit des Geschenks, in der sich das der inneren Struktur der Person eigene Geheimnis des Menschen widerspiegelt, beachtet werden. Diese Wahrheit über den Menschen muss auch in der Kunst bedacht werden, wenn man von einem vollen Realismus reden will.

3. Hier ist die entscheidende Frage die Gesetzmäßigkeit, die der Gemeinschaft der Personen eigen ist und die zutiefst mit dem weiten und differenzierten Bereich der Kommunikation übereinstimmen muss. Der menschliche Körper in seiner Nacktheit – wie wir bei unseren voangegangenen Überlegungen, in denen wir uns auf Gen 2,25 bezogen, festgestellt haben –, verstanden als Ausdruck der Person und ihres Geschenks, das heißt als Zeichen des Vertrauens und des Sich-Schenkens an eine andere Person, die sich der Hingabe bewusst und entschlossen ist, auf ebenso personale Weise darauf zu antworten, dieser Körper wird zur Quelle einer besonderen interpersonalen Kommunikation. Wie schon gesagt ist dies eine Kommunikation im Menschsein selbst. Diese interpersonale Kommunikation dringt tief in das System der Gemeinschaft der Personen, der communio personarum, ein, wächst zugleich aus ihm heraus und entwickelt sich in ihrem Bereich in richtiger Weise. Eben wegen des großen Wertes des Leibes in diesem interpersonalen und gemeinschaftlichen System ist die Tatsache, dass er in seiner Nacktheit – die eben das Element der Hingabe zum Ausdruck bringt – Gegenstand und Thema des Kunstwerkes oder der audiovisuellen Wiedergabe wird, nicht nur ein ästhetisches, sondern auch ein ethisches Problem. Denn jenes Element der Hingabe verschwindet sozusagen in dem Bereich eines sinnentleerten Empfangs und einer unbekannten Antwort und wird so irgendwie in der intentionalen Ordnung bedroht, indem es als anonymes Objekt der Aneignung missbraucht werden kann. Deshalb bildet die volle, unverkürzte Wahrheit über den Menschen in diesem Fall die Grundlage der Norm, aus der das Gute oder Schlechte der jeweiligen Handlungen, Verhaltensweisen, Gewohnheiten und Situationen seine Form empfängt. Die Wahrheit über den Menschen, die Wahrheit über das, was – gerade auch wegen seines Körpers und dessen Geschlecht (Männlichkeit und Weiblichkeit) – in ihm das spezifisch Personale und Innerliche ist, zieht hier genaue Grenzen, die nicht überschritten werden dürfen.

4. Diese Grenzen müssen vom Künstler anerkannt und beachtet werden, der den menschlichen Körper zum Gegenstand, Modell oder Thema des Kunstwerkes bzw. der audiovisuellen Wiedergabe macht. Weder ihm noch anderen Verantwortlichen auf diesem Gebiet steht das Recht zu zu verlangen, zu bestimmen oder zu billigen, dass andere Menschen, die zur Betrachtung der Darstellung eingeladen, aufgefordert oder zugelassen werden, mit den Künstlern oder ihretwegen jene Grenzen überschreiten. Das, was an sich den zutiefst personalen Inhalt und Wert bildet, was zur Ordung des Geschenks und zum Schenken der Person durch die Person gehört, wird als Thema seines eigentlichen Nährbodens beraubt, um mit Hilfe der sozialen Kommunikation zum Objekt, ja gewissermaßen zum anonymen Objekt zu werden.

5. Das Gesamtproblem von Pornovision und Pornografie, das sich aus dem oben Gesagten ergibt, entspringt weder einer puritanischen Geisteshaltung noch einem engherzigen Moralismus; ebenso wenig ist es Ergebnis eines vom Manichäismus belasteten Denkens. Es handelt sich hier vielmehr um einen äußerst wichtigen, grundsätzlichen Bereich von Werten, denen gegenüber der Mensch aufgrund der Würde seines Menschseins, des personalen Charakters und der Ausdruckskraft des menschlichen Körpers nicht gleichgültig sein kann. Alle diese Inhalte und Werte können durch die Werke der Kunst und die Tätigkeit der audiovisuellen Mittel gestaltet und vertieft, aber ebenso entstellt und im Herzen des Menschen zerstört werden. Man sieht also, wir befinden uns ständig im Bereich der Grundsätze, die Christus in der Bergpredigt verkündet hat. Auch die Probleme, die wir hier behandeln, müssen im Licht jener Grundsätze geprüft werden, welche den Blick, der von der Begehrlichkeit kommt, als Ehebruch im Herzen betrachten.

Deshalb meinen wir, dass die Überlegung dieser Probleme, die wichtig sind, um ein für die Erziehung zur Reinheit günstiges Klima zu schaffen, eine unerlässliche Ergänzung zu allen vorangegangenen Betrachtungen bildet, die wir im Laufe zahlreicher Mittwochsaudienzen diesem Thema gewidmet haben.

63. Katechese, 6. Mai 1981

1. In der Bergpredigt spricht Christus die Worte, denen wir im Laufe fast eines Jahres eine ganze Reihe von Audienzansprachen gewidmet haben. Christus erklärt seinen Zuhörern die Bedeutung des Gebotes: »Du sollst nicht die Ehe brechen« mit den Worten: »Ich aber sage euch: Wer eine Frau ansieht, um sie zu begehren, hat in seinem Herzen schon Ehebruch mit ihr begangen« (Mt 5,28). Es hat den Anschein, dass sich die genannten Worte auch auf die weiten Bereiche der menschlichen Kultur, besonders auf den des künstlerischen Schaffens, beziehen, was schon im Verlauf einiger Mittwochsaudienzen behandelt wurde. Heute wollen wir die letzte dieser Betrachtungen der Beziehung zwischen dem Ethos des Bildes – oder der Beschreibung – und dem Ethos des Sehens und Hörens, des Lesens oder anderer Formen der Erkenntnis widmen, durch die man dem Inhalt des Kunstwerkes oder der Audiovision im weiteren Sinn des Wortes begegnet.

2. Hier kommen wir noch einmal auf das Problem zurück, auf das wir schon früher hingewiesen haben: ob und in welchem Maß der menschliche Körper in der ganzen sichtbaren Wahrheit seiner Männlichkeit und Weiblichkeit ein Gegenstand der Kunst und damit ein Gegenstand des jeweiligen Mediums sein kann, für das dieses Werk bestimmt ist. Diese Frage stellt sich der modernen Massenkultur besonders im Zusammenhang mit den audiovisuellen Techniken. Darf der menschliche Körper ein solches künstlerisches Motiv sein, wo wir doch wissen, dass damit jene »Objektivität ohne Wahl« verbunden ist, die wir früher Anonymität genannt haben? Allem Anschein nach bringt sie eine bleibende ernste Gefahr für die ganze Sphäre der Bedeutungen mit sich, die dem Leib des Mannes und der Frau aufgrund des personalen Charakters des menschlichen Subjekts und dem ge-

meinschaftlichen Charakter der interpersonalen Beziehungen eigen sind.

Man kann hier noch hinzufügen, dass die Ausdrücke »Pornografie« und »Pornovision« – trotz ihrer alten Etymologie – erst verhältnismäßig spät im Sprachgebrauch auftauchen. Die traditionelle lateinische Terminologie benutzt das Wort »ob-scaena« (obszön) und bezeichnet damit alles, was sich nicht vor den Augen von Zuschauern abspielen darf, was von angemessener Diskretion umgeben sein muss und nicht willkürlich dem Blick des Menschen ausgesetzt werden darf.

3. Wenn wir auf die Frage von vorhin zurückkommen, wird uns bewusst, dass de facto im Laufe ganzer Epochen kulturellen und künstlerischen Schaffens der menschliche Körper ein solches künstlerisches Motiv war und noch immer ist. Ebenso wird die Liebe zwischen Mann und Frau und damit das Sich-Schenken in der Männlichkeit und Weiblichkeit ihres Körpers immer ein literarisches Thema sein. Dieses hat seinen Platz auch in der Bibel, vor allem im »Hohenlied«, das wir bei anderer Gelegenheit aufgreifen werden. Ja, man muss feststellen, dass in der Geschichte der Kultur, der Literatur und der bildenden Kunst dieses Thema besonders häufig aufscheint und besonders bedeutsam ist. Es handelt sich in der Tat um ein großes und wichtiges Problem. Das haben wir bereits zu Beginn unserer Betrachtungen festgestellt, als wir den Spuren der Bibeltexte folgten, die uns die wahre Dimension dieses Problems offenbaren: die Würde des Menschen in seiner Leiblichkeit als Mann und Frau und die bräutliche Bedeutung dieser Männlichkeit und Weiblichkeit, wie sie der inneren – und zugleich sichtbaren – Gesamtstruktur der menschlichen Person eingeschrieben ist.

4. Unsere vorhergegangenen Überlegungen verfolgen nicht die Absicht, das Recht auf die Behandlung dieses Themas in Frage zu stellen. Sie beabsichtigen nur zu zeigen, dass diese eine besondere Verantwortung nicht nur künstlerischer, sondern auch ethischer Natur mit sich

bringt. Der Künstler, der in irgendeinem Bereich der Kunst oder mittels audiovisueller Techniken jenes Thema aufgreift, muss sich der ganzen Tragweite des Gegenstandes und der damit zusammenhängenden Werteskala bewusst sein; er darf sie nicht nur theoretisch berücksichtigen, sondern muss sie auch praktisch leben. Das entspricht genau dem Prinzip von der »Reinheit des Herzens«, das in bestimmten Fällen vom Bereich des Verhaltens auf den des künstlerischen Schaffens und seiner Verbreitung übertragen werden muss.

Es scheint, dass der Prozess dieses Schaffens nicht nur die Vergegenständlichung (und gewissermaßen eine neue »Materialisation«) des Modells anstrebt, sondern gleichzeitig in dieser Vergegenständlichung das zum Ausdruck bringen will, was man die schöpferische Idee des Künstlers nennen kann. In ihr tut sich die Welt seines Geistes und seiner Werte kund und damit auch das echte Erleben seines Gegenstandes. In diesem Prozess vollzieht sich eine eigentümliche Verwandlung des Modells bzw. der Materie und ganz besonders dessen, was der Mensch, der menschliche Körper in der ganzen Wahrheit seiner Männlichkeit und Weiblichkeit ist. (So gesehen besteht, wie wir bereits erwähnt haben, ein nicht unbeträchtlicher Unterschied zwischen dem Gemälde oder der Skulptur und der Fotografie oder dem Film.) Wer vom Künstler zum Betrachten seiner Werke eingeladen wird, kommt nicht nur mit der Vergegenständlichung und daher gewissermaßen einer neuen »Materialisation« des Modells oder der Materie in Berührung, sondern wird zugleich mit der Wahrheit des Gegenstandes konfrontiert, die der Künstler mit seinen eigenen Mitteln ausdrücken könnte.

5. Im Verlauf der verschiedenen Epochen, angefangen von der Antike – und vor allem in der Blütezeit der klassischen griechischen Kunst -, gibt es Kunstwerke, deren Thema der menschliche Körper in seiner Nacktheit ist und deren Betrachtung es erlaubt, uns gewissermaßen auf die ganze Wahrheit des Menschen, auf die Würde und die Schönheit – auch jene übersinnliche Schönheit – seiner Männlichkeit und

Weiblichkeit zu konzentrieren. Diese Werke tragen gleichsam eine Erhöhung in sich, die den Betrachter durch den Körper zum personalen Gesamtgeheimnis des Menschen führt. In der Begegnung mit solchen Werken, bei der wir uns von ihrem Gehalt nicht zum »begehrlichen Blick« verleitet fühlen, von dem die Bergpredigt spricht, lernen wir gewissermaßen jene bräutliche Bedeutung des Körpers kennen, die Entsprechung und Maß der »Reinheit des Herzens« ist. Aber es gibt auch Kunstwerke und wahrscheinlich noch häufiger Reproduktionen, die im Bereich des personalen Empfindens des Menschen Ablehnung hervorrufen – nicht wegen ihres Gegenstandes, denn der menschliche Körper an sich besitzt immer eine unveräußerliche Würde, sondern wegen der Qualität bzw. der Art und Weise der Reproduktion, Verkörperung und künstlerischen Darstellung. Entscheidend für jene Darstellungsweise oder Qualität können die verschiedenen Faktoren des Werkes oder der Wiedergabe sein wie auch vielfältige Umstände oft mehr technischer als künstlerischer Natur.

Durch alle diese Elemente wird dem Betrachter wie dem Zuhörer oder dem Leser, wie wir wissen, die eigentliche Intentionalität des Kunstwerkes oder des Produktes entsprechender Techniken zugänglich. Wenn unser personales Empfinden ablehnend und missbilligend reagiert, dann deshalb, weil wir in jener Intentionalität zusammen mit der Vergegenständlichung des Menschen und seines Körpers gleichzeitig dessen Einschränkung – untrennbar mit diesem Kunstwerk oder dieser Reproduktion verbunden – auf das Niveau eines Objektes entdecken, eines Objektes des Genusses, das zur Befriedigung der Begehrlichkeit verwendet wird. Das aber richtet sich auch in der intentionalen Ordnung der Kunst und der Reproduktion gegen die Würde des Menschen. Dasselbe gilt analog für die verschiedenen Bereiche künstlerischen Schaffens – nach der jeweiligen Besonderheit – wie auch für die verschiedenen audiovisuellen Techniken.

6. Die Enzyklika Humanae vitae Pauls VI. (Nr. 22) unterstreicht die Notwendigkeit, »ein für die Erziehung zur Reinheit günstiges Klima zu schaffen«. Damit will sie sagen, dass das Erleben des Leibes in der ganzen Wahrheit seiner Männlichkeit und Weiblichkeit der Würde dieses Leibes und seiner Bedeutung im Aufbau der Gemeinschaft der Personen entsprechen muss. Man darf wohl sagen, dass dies eine grundlegende Dimension der menschlichen Kultur bildet, verstanden als Bejahung dessen, was alles Menschliche adelt. Deshalb haben wir diese kurzen Ausführungen dem Problem gewidmet, das man zusammenfassend das Problem des Ethos des Bildes nennen könnte. Es handelt sich um das Bild, das den Menschen besonders auf mehr oder weniger direkte Weise »sichtbar macht«. Das gemeißelte oder gemalte Bild bringt den Menschen »sichtbar zum Ausdruck«; in anderer Weise bringt ihn die Theateraufführung oder das Ballett, wieder anders der Film, »sichtbar zum Ausdruck«; auch das literarische Werk will auf seine Weise innere Bilder hervorrufen und bedient sich dabei des Reichtums der menschlichen Fantasie und Erinnerung. Was wir also hier als das »Ethos des Bildes« bezeichnet haben, kann nicht losgelöst von der entsprechenden Komponente betrachtet werden, die man das »Ethos des Sehens« nennen müsste. Zwischen diesen beiden Komponenten spielt sich der ganze Kommunikationsprozess ab, unabhängig vom Umfang, den diese Kommunikation umschreibt, die in diesem Fall immer sozialen Charakter hat.

7. Die Schaffung eines für die Erziehung zur Reinheit günstigen Klimas umfasst diese beiden Komponenten; sie betrifft sozusagen einen gegenseitigen Kreislauf, der zwischen Bild und Schauen, zwischen dem Ethos des Bildes und dem Ethos des Sehens zustande kommt. Wie die Schaffung der Darstellung im weiteren und differenzierten Sinn des Wortes dem Verfasser, Künstler oder Reproduzenten Verpflichtungen nicht nur ästhetischer, sondern auch ethischer Art auferlegt, so erlegt das Sehen nach der gleichen weit verstandenen Analogie dem Empfän-

ger des Werkes Verpflichtungen auf.

Echtes und verantwortliches künstlerisches Tun ist bestrebt, die Anonymität des menschlichen Körpers als wahlloses Objekt zu überwinden, indem es (wie bereits früher gesagt) durch die schöpferische Kraft einen eigentümlichen künstlerischen Ausdruck für die Wahrheit über den Menschen in seiner Körperlichkeit als Mann und Frau sucht, die sozusagen dem Betrachter und in weiterem Sinn jedem Empfänger des Werkes als Aufgabe anvertraut wird. Von ihm hängt es wiederum ab, ob er entschlossen ist, die Mühe aufzubringen, sich einer solchen Wahrheit zu nähern, oder ob er lediglich ein oberflächlicher Konsument der Eindrücke bleibt, also jemand, der die Begegnung mit dem anonymen Subjekt-Körper bloß auf der Ebene der Sinnlichkeit genießt, die eben wahllos auf ihr Objekt reagiert.

Damit schließen wir dieses wichtige Kapitel unserer Überlegungen über die Theologie des Leibes, deren Ausgangspunkt die Worte Christi in der Bergpredigt waren: Worte, die für den Menschen aller Zeiten gültig bleiben, für den geschichtlich gegebenen Menschen und gültig auch für jeden von uns.

Die Betrachtungen über die Theologie des Leibes wären jedoch nicht vollständig, wenn wir nicht andere Worte Christi einbeziehen würden, jene nämlich, die auf die künftige Auferstehung Bezug nahmen. Ihnen wollen wir daher den nächsten Zyklus unserer Betrachtungen widmen.

Drittes Kapitel

Christus beruft sich auf die Auferstehung

1. Die Auferstehung des Leibes als Wirklichkeit der zukünftigen Welt

1.1 Die Synoptiker: »Er ist doch nicht Gott der Toten, sondern der Lebenden«

64. Katechese, 11. November 1981

Der dritte Teil des Triptychons

1. Nach langer Unterbrechung nehmen wir heute die Betrachtungen wieder auf, die wir schon über einen längeren Zeitraum hin angestellt hatten und die wir als Theologie des Leibes definieren.

Bei den weiteren Überlegungen wollen wir uns diesmal auf die Worte des Evangeliums beziehen, in denen Christus über die Auferstehung spricht: Worte von grundlegender Bedeutung für das christliche Verständnis der Ehe sowie auch für die Ehelosigkeit, den Verzicht auf die Ehe »um des Himmelreiches willen«.

Die komplexe Kasuistik des Alten Testaments zur Ehegesetzgebung bewog nicht nur die Pharisäer, Christus das Problem der Unauflöslichkeit der Ehe vorzulegen (vgl. Mt 19,3–9; Mk 10,2–12), sondern auch – bei anderer Gelegenheit – die Sadduzäer, ihn über das sogenannte Leviratsgesetz (Gesetz der Schwagerehe) zu befragen[82]. Dieses Streitgespräch wird von den Synoptikern übereinstimmend berichtet (vgl. Mt 22,24–30; Mk 12,18–27; Lk 20,27–40). Obwohl alle drei Fassungen nahezu identisch sind, lassen sich doch einige zwar feine, aber doch nicht unbedeutende Unterschiede feststellen. Da das Gespräch in drei Versionen – nämlich bei Matthäus, Markus und Lukas – berichtet wird, bedarf es einer vertieften Analyse, weil es Inhalte umfasst, die für die Theologie des Leibes von wesentlicher Bedeutung sind.

Neben den beiden anderen wichtigen Streitgesprächen – dem, in welchem Christus sich auf den »Anfang« beruft (vgl. Mt 19,3–9; Mk 10,2–12), und dem, in welchem er sich auf das Innere des Menschen (sein »Herz«) beruft und das Begehren und die Begehrlichkeit des Fleisches als Quelle der Sünde bezeichnet (vgl. Mt 5,27–32) – stellt das Gespräch, das wir jetzt analysieren möchten, sozusagen das dritte Glied der dreifachen Aussage Christi dar: ein dreiteiliges Ganzes von Aussprüchen, die für die Theologie des Leibes wesentlich und grundlegend sind. In diesem Gespräch bezieht sich Jesus auf die Auferstehung der Toten und enthüllt eine völlig neue Dimension im Geheimnis des Menschen.

2. Die Offenbarung dieser Dimension des Leibes – großartig in ihrem Inhalt und doch innerlich verbunden mit dem in seiner Gesamtheit und Tiefe wiedergelesenen Evangelium – scheint auf in dem Streitgespräch

[82] Dieses im Buch Deuteronomium 25,7–10 enthaltene Gesetz betrifft die Brüder, die unter demselben Dach wohnen. Wenn einer von ihnen starb, ohne Kinder zu hinterlassen, musste der Bruder des Verstorbenen die Witwe des verstorbenen Bruders zur Frau nehmen. Das aus dieser Ehe geborene Kind wurde als Kind des Verstorbenen anerkannt, damit sein Stamm nicht erlösche und das Erbe der Familie bewahrt werde (vgl. 3,9–4,12).

mit den Sadduzäern, »die behaupten, es gebe keine Auferstehung« (Mt 22,23)[83]; sie sind gekommen, um Christus ein Argument vorzulegen, das ihrer Meinung nach die Vernünftigkeit ihrer Position bekräftigt. Das Argument sollte die »Hypothese von der Auferstehung der Toten« widerlegen. Der Gedankengang der Sadduzäer ist Folgender: »Meister, Mose hat uns vorgeschrieben: Wenn ein Mann, der einen Bruder hat, stirbt und eine Frau hinterlässt, aber kein Kind, dann soll sein Bruder die Frau heiraten und seinem Bruder Nachkommen verschaffen« (Mk 12,19). Die Sadduzäer berufen sich hier auf das sogenannte Gesetz der Schwagerehe (vgl. Dtn 25,5–10) und legen im Anschluss an die Vorschrift dieses alten Gesetzes folgenden Fall vor: »Es lebten einmal sieben Brüder. Der erste nahm sich eine Frau, und als er starb, hinterließ er keine Nachkommen. Da nahm sie der zweite; auch er starb, ohne Nachkommen zu hinterlassen, und ebenso der dritte. Keiner der sieben hatte Nachkommen. Als letzte von allen starb die Frau. Wessen Frau wird sie nun bei der Auferstehung sein? Alle sieben haben sie doch zur Frau gehabt« (Mk 12,20–23)[84].

3. Die Antwort Christi ist eine der Schlüsselantworten des Evangeli-

[83] Zur Zeit Christi bildeten die Sadduzäer eine Gruppe innerhalb des Judentums, die mit der priesterlichen Aristokratie verbunden war. Der mündlichen Überlieferung und der von den Pharisäern ausgearbeiteten Theologie setzten sie die buchstäbliche Auslegung des Pentateuchs entgegen, den sie als Hauptquelle der Religion Jahwes ansahen. Da in den ältesten Büchern der Bibel das Leben nach dem Tode nicht erwähnt wird, lehnten die Sadduzäer die von den Pharisäern vertretene Eschatologie ab und behaupteten, dass »die Seelen zusammen mit dem Körper sterben« (vgl. Joseph., Antiquitates Judaicae, XVII 1.4,16). Die Auffassungen der Sadduzäer sind uns jedoch nicht direkt bekannt, weil alle ihre Schriften nach der Zerstörung Jerusalems im Jahre 70 mit dem Verschwinden dieser Gruppe verloren gingen. Unsere Informationen über die Sadduzäer sind spärlich; wir entnehmen sie aus den Schriften ihrer geistigen Gegner.

[84] Während sich die Sadduzäer mit einem rein theoretischen Fall an Jesus wenden, greifen sie zugleich das ursprüngliche Verständnis der Pharisäer vom Leben nach der Auferstehung der Toten an; sie unterstellen nämlich, der Glaube an die Auferstehung der Toten führe zu Annahme der Vielmännerei, die im Widerspruch zum Gesetz Gottes steht.

ums, in der er – ausgehend von den rein menschlichen Überlegungen und im Gegensatz zu ihnen – eine weitere Dimension des Problems offenbar macht, nämlich die Dimension, welche der Weisheit und Macht Gottes entspricht. In ähnlicher Weise legte man zum Beispiel Jesus den Fall der Steuermünze mit dem Bild des Kaisers und der korrekten Beziehung zwischen dem vor, was im Bereich der Macht göttlich und was menschlich (»des Kaisers«) ist (Mt 22,15–22). Diesmal antwortete Jesus folgendermaßen: »Ihr irrt euch. Ihr kennt weder die Schrift noch die Macht Gottes. Wenn nämlich die Menschen von den Toten auferstehen, werden sie nicht mehr heiraten, sondern sie werden sein wie die Engel im Himmel« (Mk 12,24–25). Dies ist die grundlegende Antwort für den Fall, das heißt für das darin gestellte Problem. Christus, der die Auffassungen der Sadduzäer kannte und ihre eigentlichen Absichten durchschaute, greift anschließend das Problem der Möglichkeit der Auferstehung von den Toten, die von den Sadduzäern geleugnet wurde, wieder auf: »Dass aber die Toten auferstehen, habt ihr das nicht im Buch des Mose gelesen, in der Geschichte vom Dornbusch, in der Gott zu Mose spricht: Ich bin der Gott Abrahams, der Gott Isaaks und der Gott Jakobs? Er ist doch nicht ein Gott von Toten, sondern von Lebenden« (Mk 12,26–27). Man sieht: Christus zitiert den gleichen Mose, auf den sich die Sadduzäer berufen, und schließt mit der Feststellung: »Ihr irrt euch sehr« (Mk 12,27).

4. Diese abschließende Feststellung wiederholt Christus noch ein zweites Mal. Das erste Mal machte er sie nämlich zu Beginn seiner Darlegung, als er sagte: »Ihr irrt euch; ihr kennt weder die Schrift noch die Macht Gottes«; so lesen wir bei Matthäus (Mt 22,29). Auch bei Markus heißt es: »Ihr irrt euch, ihr kennt weder die Schrift noch die Macht Gottes« (Mk 12,24). In der Fassung des Lukas jedoch fehlt dieser Antwort Christi der polemische Akzent: »Ihr irrt euch sehr.« Im Übrigen verkündet er dasselbe, fügt aber in die Antwort einige

Elemente ein, die sich weder bei Matthäus noch bei Markus finden. Der Text lautet: »Da sagte Jesus zu ihnen: Nur in dieser Welt heiraten die Menschen. Die aber, die Gott für würdig hält, an jener Welt und an der Auferstehung von den Toten teilzuhaben, werden dann nicht mehr heiraten. Sie können auch nicht mehr sterben, weil sie den Engeln gleich und durch die Auferstehung zu Söhnen Gottes geworden sind« (Lk 20,34–36). Bezüglich der Möglichkeit der Auferstehung bezieht sich Lukas wie die beiden anderen Synoptiker auf Mose, nämlich auf den Abschnitt im Buch Exodus 3,2–6, in dem tatsächlich erzählt wird, dass der große Gesetzgeber des Alten Bundes aus dem Dornbusch, »der brannte und doch nicht verbrannte«, die Worte vernahm: »Ich bin der Gott deines Vaters, der Gott Abrahams, der Gott Isaaks, der Gott Jakobs« (Ex 3,6). Am selben Ort hatte Mose auf die Frage nach dem Namen Gottes die Antwort vernommen: »Ich bin der ›Ich-bin-da‹« (Ex 3,14).

Christus beruft sich also, wenn er von der künftigen Auferstehung der Toten spricht, auf die Macht des lebendigen Gottes. Mit diesem Thema werden wir uns bei den nächsten Begegnungen noch eingehender befassen müssen.

65. Katechese, 18. November 1981

1. »Ihr irrt euch; ihr kennt weder die Schrift noch die Macht Gottes« (Mt 22,29), sagte Christus zu den Sadduzäern, die ihm in Ablehnung des Glaubens an die künftige Auferstehung der Toten folgenden Fall vorgelegt hatten: »Bei uns lebten einmal sieben Brüder. Der erste heiratete und starb, und weil er keine Nachkommen hatte, hinterließ er seine Frau seinem Bruder« (entsprechend dem mosaischen Gesetz der Schwagerehe); »ebenso der zweite und der dritte und so weiter bis zum siebten. Als letzte von allen starb die Frau. Wessen Frau wird sie nun bei der Auferstehung sein?« (Mt 22,25–28).

Christus entgegnet den Sadduzäern, indem er zu Beginn und am Ende seiner Antwort feststellt, sie befänden sich in großem Irrtum und kennten weder die Schrift noch die Macht Gottes (vgl. Mk 12,24; Mt 22,29). Da das Streitgespräch mit den Sadduzäern von allen drei synoptischen Evangelien wiedergegeben wird, wollen wir kurz die diesbezüglichen Texte vergleichen.

Zeugnis für die Macht des lebendigen Gottes

2. Die Fassung bei Matthäus (22,24–30) nimmt zwar nicht auf den brennenden Dornbusch Bezug, stimmt aber sonst nahezu ganz mit jener bei Markus (12,18–25) überein. Beide Fassungen enthalten zwei wesentliche Elemente: 1) die Aussage über die künftige Auferstehung der Toten, 2) die Aussage über den leiblichen Zustand der Menschen nach der Auferstehung[85]. Beide Elemente finden sich auch bei Lukas (20,27–36) [86]. Das erste, die künftige Auferstehung der Toten, ist besonders bei Matthäus und Markus mit den an die Sadduzäer gerichteten Worten verbunden, wonach diese »weder die Schrift noch die Macht Gottes kennen«. Diese Feststellung verdient besondere Aufmerksamkeit, weil in ihr Christus die eigentlichen Grundlagen des Glaubens an die Auferstehung aufzeigt, der seine Antwort auf die Frage der Sadduzäer und das konkrete Beispiel vom mosaischen Gesetz der Schwagerehe galt.

3. Die Sadduzäer behandeln die Frage der Auferstehung zweifellos als eine Art Theorie oder Hypothese, die widerlegt werden kann[87]. Jesus

[85] Auch wenn das Neue Testament den Ausdruck »Auferstehung des Leibes« nicht kennt (die Formulierung treffen wir zum ersten Mal beim hl. Clemens: 2 dem 9, 1 und bei Justinus: Dial 80,5 an) und den Ausdruck »Auferstehung der Toten« gebraucht, womit es den Menschen als Ganzen meint, kann man doch in vielen seiner Texte den Glauben an die Unsterblichkeit der Seele und ihre Existenz auch außerhalb des Körpers finden (vgl. z. B. Lk 23,43; Phil 1,23–24; 2 Kor 5,6–8).

[86] Der Text des Lukas enthält einige neue Elemente, die Gegenstand der Diskussion der Exegeten sind.

[87] Im Judentum jener Zeit gab es bekanntlich keine klar formulierte Lehre über die Auferstehung; es gab lediglich verschiedene Theorien, die von den einzelnen Schulen vertreten wurden. Die Pharisäer, die das theologische Denken pflegten, haben die Lehre

weist ihnen zunächst einen methodischen Irrtum nach: Sie kennen die Schrift nicht; sodann einen sachlichen Irrtum: Sie nehmen das von der Schrift Geoffenbarte nicht an – sie kennen die Macht Gottes nicht – sie glauben nicht an den, der sich dem Mose im brennenden Dornbusch geoffenbart hat.

Das ist eine ebenso vielsagende wie genaue Antwort. Christus hat hier Männer vor sich, die sich selbst für Fachleute und Ausleger der Schrift halten. Diesen Männern – also den Sadduzäern – antwortet er, dass eine lediglich buchstabengetreue Kenntnis der Heiligen Schrift nicht ausreicht. Denn die Schrift ist ja vor allem ein Mittel, die Macht des lebendigen Gottes kennenzulernen, der sich in ihr offenbart, so wie er sich dem Mose im brennenden Dornbusch geoffenbart hat. In dieser Offenbarung hat er sich als den »Gott Abrahams, den Gott Isaaks und den Gott Jakobs« bezeichnet[88] – also der Stammväter des Mose in je-

über die Auferstehung weitgehend entwickelt, weil sie in allen Büchern des Alten Testaments Anspielungen darauf fanden. Sie verstanden jedoch die künftige Auferstehung im irdischen und primitiven Sinn, wenn sie zum Beispiel ein enormes Anwachsen des Ernteertrages und der Fruchtbarkeit im Leben nach der Auferstehung annahmen.
Die Sadduzäer hingegen polemisierten gegen eine solche Auffassung, wobei sie von der Voraussetzung ausgingen, dass der Pentateuch nicht von der Eschatologie spreche. Man muss auch beachten, dass im ersten Jahrhundert der Kanon der Bücher des Alten Testaments noch nicht festgelegt war.
Der von den Sadduzäern vorgelegte Fall greift direkt den Auferstehungsglauben der Pharisäer an. Die Sadduzäer hielten Christus nämlich für einen Gefolgsmann der Pharisäer. Die Antwort Christi berichtigt nun zugleich die Auffassung der Pharisäer wie jene der Sadduzäer.

[88] Dieser Ausdruck bedeutet nicht: »Der Gott, der von Abraham, Isaak und Jakob verehrt wurde«, sondern: »Der Gott, der Sorge trug für die Väter und sie befreite«. Diese Formulierung kehrt im Buch Exodus wieder (3,6; 3,15.16; 4,5) immer im Zusammenhang mit der Verheißung der Befreiung Israels: Der Name des Gottes Abrahams, Isaaks und Jakobs ist Unterpfand und Garantie dieser Befreiung. »Der Gott Christi ist gleichbedeutend mit Hilfe, Beistand und Schutz für Israel.« Ein ähnlicher Sinn findet sich in Genesis 49 24: »Der Gott Jakobs, der Hüter, Israels Fels, der Gott deines Vaters, er wird dir helfen« (vgl. Gen 49, 24–25; vgl. auch: Gen 24,27; 26,24; 28,13; 32,10; 46,3). Vgl. F. Dreyfus OP, L'argument scriptuaire de Jésus en faveur de la resurrection des morts (Mc XII, 26–27), Revue Biblique 66 (1959) S. 218.
Die Formulierung »der Gott Abrahams, Isaaks und Jakobs«, in welcher alle drei Patri-

nem Glauben, der aus der Offenbarung des lebendigen Gottes erwächst. Sie alle sind bereits vor langer Zeit gestorben; doch Christus ergänzt die Bezugnahme auf sie mit der Feststellung, dass Gott »nicht der Gott der Toten, sondern der Gott der Lebenden« sei. Diese Schlüsselbehauptung, in der Christus die aus dem brennenden Dornbusch an Mose gerichteten Worte auslegt, können wir nur verstehen, wenn wir die Tatsache eines Lebens zugeben, das nicht mit dem Tode endet. Die Glaubensväter des Mose, Abraham, Isaak und Jakob sind für Gott lebendige Personen (vgl. Lk 20,38: »denn für ihn sind alle lebendig«), auch wenn sie vom menschlichen Standpunkt aus zu den Toten gezählt werden müssen. Die Schrift und insbesondere die oben genannten Worte Gottes genau lesen heißt daher, die Macht des Lebensspenders, der nicht an das Gesetz des Todes, den Herrscher in der irdischen Geschichte des Menschen, gebunden ist, kennen und gläubig annehmen.

4. In dieser Weise muss man wohl die Antwort über die Möglichkeit der Auferstehung[89] auslegen, die Christus nach allen drei Synoptikern den Sadduzäern gegeben hat. Es wird die Zeit kommen, da Christus diese Antwort mit seiner eigenen Auferstehung besiegeln wird; im Augenblick jedoch beruft er sich auf das Zeugnis des Alten Testaments, indem er aufzeigt, wie dort die Wahrheit von der Unsterblichkeit und Auferstehung zu finden ist. Das darf freilich nicht so geschehen, dass

archennamen genannt sind, wies in der jüdischen Exegese zur Zeit Jesu auf die Beziehung Gottes zum Bundesvolk als Gemeinschaft hin. Vgl. E. Ellis, Jesus, The Sadducees and Qumran. New Testament Studies 10 (1963–64) S. 275.

[89] In unserem heutigen Verständnis dieses Evangelientextes betrifft der Gedankengang Jesu nur die Unsterblichkeit; denn wenn die Väter nach ihrem Tod bereits jetzt, vor der eschatologischen Auferstehung des Leibes, leben, dann betrifft die Feststellung Jesu die Unsterblichkeit der Seele, und er spricht nicht von der Auferstehung des Leibes. Der Gedankengang Jesu war aber an die Sadduzäer gerichtet, die den Dualismus von Leib und Seele nicht kannten, da sie nur die leibliche, psychophysische Einheit des Menschen anerkannten, die »der Körper und der Lebenshauch« ist. Deshalb stirbt nach ihrer Auffassung die Seele zugleich mit dem Körper. Die Behauptung Jesu, dass die Väter leben, konnte für die Sadduzäer nur die leibliche Auferstehung bedeuten.

man lediglich bei den bloßen Worten stehen bleibt, man muss vielmehr zur Macht Gottes, die in diesen Worten geoffenbart wird, hindurchdringen. Die Berufung auf Abraham, Isaak und Jakob in jener dem Mose gewährten Theophanie, von der wir im Buch Exodus (3,2-6) lesen, bedeutet ein Zeugnis des lebendigen Gottes für jene, die »für ihn« lebendig sind: für jene, die dank seiner Macht das Leben haben, auch wenn sie vom Standpunkt der Geschichte aus längst zu den Toten gezählt werden müssen.

5. Die volle Bedeutung dieses Zeugnisses, auf das sich Jesus in seinem Streitgespräch mit den Sadduzäern beruft, können wir (jedoch nur im Licht des Alten Testaments) etwa wie folgt zusammenfassen: Er, der ist – Er, der lebt und das Leben ist –, ist die unerschöpfliche Quelle alles Seins und Lebens, so wie es »im Anfang« in der Genesis (vgl. Gen 1–3), geoffenbart worden ist. Mag auch wegen der Sünde der leibliche Tod das Schicksal des Menschen geworden sein (vgl. Gen 3,19)[90], mag ihm auch der Zugang zum Baum des Lebens, dieses großartige Symbol aus dem Buch Genesis, untersagt worden sein (vgl. Gen 3,22), erneuert dennoch der lebendige Gott durch seinen Bund mit den Menschen (Abraham – die Väter, Mose, Israel) eben darin unaufhörlich die Wirklichkeit des Lebens, eröffnet die Perspektive auf diese Wirklichkeit und erschließt gewissermaßen aufs Neue den Zugang zum Baum des Lebens. Zugleich mit dem Bund wird dieses Leben, dessen Quelle Gott selber ist, jenen Menschen zuteil, die infolge des Bruches des ersten Bundes den Zugang zum Baum des Lebens verloren hatten und innerhalb der Dimensionen ihrer irdischen Geschichte dem Tod verfallen waren.

6. Christus ist das letzte Wort Gottes zu diesem Thema, denn der Bund, der mit ihm und durch ihn zwischen Gott und der Mensch-

[90] Wir beschränken uns hier nicht auf die Auffassung vom Tod im rein alttestamentarischen Sinn, sondern erwägen die theologische Anthropologie in ihrer Gesamtheit.

heit geschlossen wird, eröffnet eine ganze Schau des Lebens: Der Zugang zum Baum des Lebens wird – dem ursprünglichen Plan des Bundesgottes entsprechend – jedem Menschen in seiner ganzen Fülle eröffnet. Das wird der Sinn des Todes und der Auferstehung Christi, das Zeugnis des Ostergeheimnisses, sein. Das Streitgespräch mit den Sadduzäern findet freilich in der vorösterlichen Phase der messianischen Sendung Christi statt. Der Verlauf des Gesprächs nach Matthäus (22,24–30), Markus (12,18–27) und Lukas (20,27–36) zeigt klar, dass Christus – der mehrmals, besonders mit seinen Jüngern, von der künftigen Auferstehung des Menschensohnes gesprochen hatte (vgl. z. B. Mt 17,9.23; 20,19 u. Parallelstellen) – sich aber den Sadduzäern gegenüber nicht auf dieses Thema beruft. Die Gründe sind einleuchtend und klar. Das Streitgespräch fand mit den Sadduzäern statt, »die behaupten, dass es keine Auferstehung gibt« (wie der Evangelist unterstreicht), das heißt, die selbst die Möglichkeit bezweifeln, sich aber gleichzeitig für Experten der Schrift des Alten Testaments und deren sachkundige Ausleger halten. Deshalb bezieht Jesus sich auf das Alte Testament und beweist ihnen so, dass sie »die Macht Gottes nicht kennen«[91].

[91] Das ist das entscheidende Argument, das die Echtheit des Gesprächs mit den Sadduzäern beweist.
Wenn nämlich die Perikope »eine nachösterliche Hinzufügung der Christengemeinde« darstellt (wie z. B. R. Bultmann annahm), dann wäre der Glaube an die Auferstehung der Toten aufgrund der Tatsache der Auferstehung Christi entstanden, die sich als eine unwiderstehliche Kraft erwies, wie zum Beispiel der hl. Paulus verständlich macht (vgl. 1 Kor 15,12). Vgl. J. Jeremias, Neutestamentliche Theologie, 1. Teil, Gütersloh 1971; vgl. außerdem I. H. Marshall, The Gospel of Luke, Exeter 1978,8.738.
Die Bezugnahme auf den Pentateuch – obwohl es im Alten Testament Texte gab, die direkt von der Auferstehung handelten (wie z. B. Jes 26,19 oder Dtn 12,2) – beweist, dass das Streitgespräch tatsächlich mit den Sadduzäern stattfand, die den Pentateuch für die einzige wahre Autorität hielten. Der Aufbau des Streitgesprächs zeigt, dass es sich um ein Gespräch nach typisch rabbinischem Muster handelte, wie es damals an den Schulen der Schriftgelehrten üblich war. Vgl. J. Le Moyne OSB, Les Sadducéens, Paris 1972, S. 124f.; E. Lohmeyer, Das Evangelium des Markus, Göttingen 1959[15], S. 257; D. Daube, New Testament und Rabbinic Judaism, London 1956, S. 158–163;

7. Im Hinblick auf die Möglichkeit der Auferstehung beruft sich Christus eben auf jene Macht, die Hand in Hand mit dem Zeugnis des lebendigen Gottes geht, welcher der Gott Abrahams, Isaaks und Jakobs ist – und der Gott des Mose. Der Gott, den die Sadduzäer dieser Macht »berauben«, ist nicht mehr der wahre Gott ihrer Väter, sondern der ihrer Fantasien und Interpretationen. Christus hingegen ist gekommen, Zeugnis zu geben vom Gott des Lebens in der ganzen Wahrheit seiner Macht, die sich am Leben des Menschen entfaltet.

Die neue Bedeutung des Leibes

66. Katechese, 2. Dezember 1981

1. »Wenn nämlich die Menschen von den Toten auferstehen, werden sie nicht mehr heiraten« (Mk 12,25). Diese Worte, die eine Schlüsselbedeutung für die Theologie des Leibes haben, spricht Christus, nachdem er im Gespräch mit den Sadduzäern festgestellt hatte, dass die Auferstehung der Allmacht des lebendigen Gottes gemäß ist. Alle drei synoptischen Evangelien geben die gleiche Aussage wieder, nur unterscheidet sich die Fassung des Lukas in Einzelheiten von jener des Matthäus und Markus. Wesentlich ist für alle die Feststellung, dass die Menschen, nachdem sie bei der künftigen Auferstehung ihre Leiblichkeit in der Fülle der Vollendung als Abbild und Ebenbild Gottes – und zwar in ihrer männlichen und weiblichen Eigenart – wiedergewonnen haben, »nicht heiraten werden«. Lukas drückt denselben Gedanken mit den Worten aus: »Nur in dieser Welt heiraten die Menschen. Die aber, die Gott für würdig hält, an jener Welt und an der Auferstehung von den Toten teilzuhaben, werden dann nicht mehr heiraten« (Lk 20,34–35).

2. Wie sich aus diesen Worten ergibt, gehört die Ehe als Verbindung, in der, wie die Genesis sagt, »sich der Mann … an seine Frau bindet und sie ein Fleisch werden« (Gen 2,24) – eine Verbindung des Menschen »von

---

J. Rademakers SJ, La bonne nouvelle de Jésus selon St. Marc, Bruxelles 1974, Institut d'Etudes Théologiques, S. 313.

Anfang« an –, ausschließlich »dieser Welt« an. Ehe und Fortpflanzung gehören hingegen nicht zur eschatologischen Zukunft des Menschen. Mit der Auferstehung verlieren sie sozusagen ihre Existenzgrundlage. Jene »künftige Welt«, von der Lukas spricht (20,35), bedeutet die endgültige Vollendung des Menschengeschlechts, die zahlenmäßige Erfüllung der Wesen, die nach dem Abbild und Ebenbild Gottes erschaffen wurden, um sich durch die eheliche »körperliche Einheit« als Mann und Frau zu vermehren und sich die Erde untertan zu machen. Jene »künftige Welt« ist nicht die irdische Welt, sondern die Welt Gottes, der, wie wir aus dem ersten Brief des hl. Paulus an die Korinther wissen, sie ganz erfüllen wird, um »alles in allem« zu sein (1 Kor 15,28).

3. Zugleich ist jene »künftige Welt«, die nach der Offenbarung das »Reich Gottes« ist, auch die endgültige und ewige »Heimat« des Menschen (vgl. Phil 3,20), das »Haus des Vaters« (Joh 14,2). Jene »künftige Welt«, die neue Heimat des Menschen, geht durch die Auferstehung endgültig aus der jetzigen Welt hervor, die zeitlich ist, dem Tod, das heißt der Zerstörung des Körpers (vgl. Gen 3,19: »zum Staub musst du zurück«) unterworfen. Die Auferstehung ist nach den von den Synoptikern berichteten Worten Christi nicht nur die Wiedergewinnung der Körperlichkeit und die Wiederherstellung des Menschen in seiner Integrität durch die Verbindung von Leib und Seele; sie ist auch ein völlig neuer Zustand des menschlichen Lebens selbst. Bestätigt finden wir diesen neuen Zustand des Leibes in der Auferstehung Christi (vgl. Röm 6,5–11). Die von den Synoptikern (Mt 22,30; Mk 12,25; Lk 20, 34–35) berichteten Worte sollten damals (also nach der Auferstehung Christi) für jene, die sie gehört hatten, gleichsam neue Beweiskraft gewinnen und zugleich eine überzeugende Verheißung werden. Doch vorläufig bleiben wir bei diesen Worten in ihrem vorösterlichen Verständnis stehen und gehen nur von der Situation aus, in der sie verkündet wurden. Zweifellos enthüllt Christus bereits in der Antwort an die Sadduzäer den neuen Zustand des menschlichen Leibes bei der

Auferstehung, und er tut es, indem er ihn mit dem Zustand vergleicht, den der Mensch »von Anfang an« besitzt.

4. Die Worte: »Sie werden nicht heiraten« scheinen auch zu bekräftigen, dass der menschliche Leib, der in der Auferstehung zurückgewonnen und zugleich neu gestaltet wird, seine männliche bzw. weibliche Eigenart beibehält. Zugleich stellt sich aber die Bedeutung des Leibes als Mann- und Frausein in der »künftigen Welt« nicht so dar, wie es »von Anfang an« und dann in der ganzen Dimension der irdischen Geschichte des Menschen war. Die Worte der Genesis, »der Mann verlässt Vater und Mutter und bindet sich an seine Frau, und sie werden ein Fleisch sein« (2,24), gestalteten von Anfang an diese Bedeutung des Leibes als Mann- und Frausein, die wir mit Recht als »ehelich« und damit als elterlichen Sinn und Fortpflanzungssinn bezeichnen; sie ist ja verbunden mit dem Segen der Fruchtbarkeit, den Gott (Elohim) bei der Erschaffung des Menschen als »Mann und Frau« ausgesprochen hat (Gen 1,27). Die Worte, die Christus über die Auferstehung gesprochen hat, gestatten uns den Schluss, dass dieser Sinn der Männlichkeit und Weiblichkeit – also die Bedeutung des Leibes in seinem Mann- und Frausein – zusammen mit der Auferstehung des Leibes in der »künftigen Welt« eine neue Ausprägung finden wird.

Vergeistigung

5. Lässt sich zu diesem Thema noch Genaueres sagen? Ohne Zweifel berechtigen uns die von den Synoptikern überlieferten Worte Christi (besonders Lk 20,27–40) dazu. Denn wir lesen hier, dass »die, die Gott für würdig hält, an jener Welt und an der Auferstehung von den Toten teilzuhaben …, nicht mehr sterben können, weil sie den Engeln gleich und durch die Auferstehung zu Söhnen Gottes geworden sind« (Matthäus und Markus berichten nur, dass »sie sein werden wie die Engel im Himmel«). Diese Aussage lässt vor allem auf eine Vergeistigung des Menschen schließen, nach einer Dimension, die sich von jener des irdi-

schen Lebens (und damit von jener des »Anfangs«) unterscheidet. Natürlich handelt es sich hier nicht um die Umwandlung der Menschennatur in die der Engel, also in eine rein geistige. Der Zusammenhang zeigt klar, dass der Mensch in der »künftigen Welt« seine körperlich-seelische Menschennatur beibehalten wird. Wäre das nicht der Fall, hätte es keinen Sinn, von Auferstehung zu sprechen.

Auferstehung bedeutet die Wiedereinsetzung der menschlichen Leiblichkeit in ihr wahres Leben, das auf Erden dem Tod unterworfen war. Bei der eben zitierten Formulierung des Lukas (20, 36) (und in Mt 22,30 sowie in Mk 12,25) geht es mit Sicherheit um die menschliche, d. h. die leiblich-seelische Natur des Menschen. Der Vergleich mit den himmlischen Wesen, der in diesem Zusammenhang verwendet wird, ist in der Bibel nicht neu. Unter anderem sagt bereits der Psalm, der den Menschen als Werk des Schöpfers preist: »Du hast ihn nur wenig geringer gemacht als die Engel« (Ps 8,6). Man muss also annehmen, dass bei der Auferstehung diese Ähnlichkeit noch größer wird, und zwar nicht durch eine »Desinkarnation«, sondern durch eine andere Art (man könnte auch sagen: einen höheren Grad) der Vergeistigung seiner leiblichen Natur, d. h. durch ein anderes »Kräfteverhältnis« im Menschen. Die Auferstehung bedeutet eine neue Unterwerfung des Leibes unter den Geist.

6. Ehe wir darangehen, dieses Thema weiter zu entfalten, möchte ich erwähnen, dass die Wahrheit über die Auferstehung eine Schlüsselbedeutung für die Entwicklung der gesamten theologischen Anthropologie hatte, die man einfach als »Anthropologie der Auferstehung« betrachten könnte. Die Erwägungen zur Auferstehung haben Thomas von Aquin veranlasst, in seiner metaphysischen (und zugleich theologischen) Anthropologie die philosophische Auffassung Platons über das Verhältnis zwischen Seele und Leib aufzugeben und sich der Auffassung des Aristoteles zu nähern[92]. Die Auferstehung bezeugt ja, zumindest indirekt, dass der

[92] Vgl. z. B. »Habet autem anima alium modum essendi cum unitur corpori, et cum

Körper in dem Gesamtgefüge des Menschen nicht nur zeitlich mit der Seele verbunden ist (als deren irdisches »Gefängnis«, wie Platon meinte)[93], sondern dass er zusammen mit der Seele die Einheit und Vollständigkeit des menschlichen Wesens darstellt. Genau das lehrte Aristoteles[94] im Unterschied zu Platon. Wenn der hl. Thomas in seiner Anthropologie die Auffassung des Aristoteles übernahm, tat er das im Hinblick auf die Wahrheit von der Auferstehung. Denn die Wahrheit von der Auferstehung bestätigt mit aller Klarheit, dass die eschatologische Vollkommenheit und das Glück des Menschen nicht als Zustand der vom Körper getrennten (nach Platon: befreiten) allei-

fuerit a corpore separata, manente tarnen eadem animae natura; non ita quod uniri corpori sit ei accidentale, sed per rationem suae naturae corpori unitur …« – »Die Seele hat aber eine andere Seinsweise, wenn sie mit dem Körper verbunden ist, und obwohl sie vom Körper getrennt war, bleibt dennoch eben diese Natur der Seele erhalten; es ist nicht so, dass sie sich nur zufällig mit dem Körper verbindet, vielmehr verbindet sie sich aufgrund ihrer Natur mit dem Körper …« (Thomas v. Aquin, Summa Theologica 1a, q. 89, a.1). »Si autem hoc non est ex natura animae, sed per accidens hoc convenit ei ex eo quod corpori alligatur, sicut Platonici posuerunt … remoto impedimento corporis, rediret anima ad suam naturam… Sed, secundum hoc, non esset anima corpori unita propter melius animae …; sed hoc esset solum propter melius corporis: quod est irrationabile, cum materia sit propter formam, et non e converso …« – »Wenn es aber nicht aus dem Wesen der Seele geschieht, sondern durch Zufall eintritt, dass sie sich mit dem Körper verbindet, wie die Platoniker dargelegt haben …, dass nach der Beseitigung des Hindernisses des Körpers die Seele in ihrer wahren Natur zurückkehre … Danach aber wäre die Seele nicht um des größeren Wohles der Seele wegen mit dem Körper verbunden, sondern dies geschähe einzig und allein um des größeren Wohles des Körpers wegen: was unvernünftig ist, weil die Materie wegen der Form da ist, und nicht umgekehrt …« (ebd.).
»Secundum se convenit animae corpori uniri … Anima humana manet in suo esse cum fuerit a corpore separata, habet aptitudinem et inclinationem naturalem ad corporis unionem.« – »Es entspricht der Seele selbst, sich mit dem Körper zu verbinden … Die menschliche Seele bleibt in ihrem Wesen erhalten, auch wenn sie vom Körper getrennt worden ist; sie besitzt die natürliche Eignung und Neigung zur Verbindung mit dem Körper« (ebd., 1a, q. 76, a.1 ad 6).

[93] Tò mèn sôma estin hemin sèma – »Der Leib ist unser Grab« (Platon, Gorgias, 493 A; vgl. auch Phaidon 66 B; Kratylos 400 C).

[94] Aristoteles, De anima II, 412a, 19–22; vgl. auch Metaphysik 1029 b 11–1030 b 14.

nigen Seele gedacht werden darf, sondern dass man sie als den endgültigen und vollkommen integrierten Zustand des Menschen verstehen muss, und zwar durch eine Verbindung der Seele mit dem Körper, die eine solche Integration schließlich bedingt und sicherstellt.

Hier unterbrechen wir unsere heutige Betrachtung über die Worte Christi zur Auferstehung. Die große Fülle, die diese Worte beinhalten, wird veranlassen, sie bei späteren Betrachtungen wieder aufzunehmen.

67. Katechese, 9. Dezember 1981

1. »Denn nach der Auferstehung werden die Menschen nicht mehr heiraten, sondern sein wie die Engel im Himmel« (Mt 22,30; ebenso Mk 12,25). »Sie sind den Engeln gleich und durch die Auferstehung zu Söhnen Gottes geworden« (Lk 20,36).

Versuchen wir, diese Worte Christi über die künftige Auferstehung zu verstehen, um von daher die Vergeistigung des Menschen zu ergründen, die sich von der im irdischen Leben unterscheidet. Man könnte auch von einem vollkommenen Kräfteverhältnis zwischen der geistigen und der körperlichen Komponente des Menschen sprechen. Der historische Mensch erfährt infolge der Erbsünde immer wieder die Unvollkommenheit dieses Verhältnisses, wie es in den bekannten Worten des hl. Paulus zum Ausdruck kommt: »Ich sehe aber ein anderes Gesetz in meinen Gliedern, das mit dem Gesetz meiner Vernunft im Streit liegt« (Röm 7,23).

Der eschatologische Mensch wird von diesem Widerstreit frei sein. In der Auferstehung kehrt der Körper in die vollkommene Einheit und Harmonie mit dem Geist zurück: Der Mensch erfährt nicht mehr den Widerstreit zwischen dem, was an ihm geistig, und dem, was körperlich ist. Vergeistigung bedeutet nicht nur, dass der Geist den Körper beherrschen wird, sondern, ich möchte sagen, dass er den Körper vollkommen durchdringt und dass die Kräfte des Geistes die des Körpers vollkommen durchdringen werden.

2. Im irdischen Leben kann die Herrschaft des Geistes über den Körper – und gleichzeitig die Unterordnung des Körpers unter den Geist – als Frucht beharrlicher Arbeit an sich selbst Ausdruck einer geistig reifen Persönlichkeit sein; doch die Tatsache, dass es den Kräften des Geistes gelingt, die des Körpers zu beherrschen, hebt die Möglichkeit ihres gegenseitigen Widerstreites nicht auf. Die Vergeistigung aber, auf welche die synoptischen Evangelien in den hier behandelten Texten anspielen (Mt 22,30; Mk 12,25; Lk 20,34–35), liegt bereits außerhalb dieser Möglichkeit. Es handelt sich also um eine vollkommene Vergeistigung, in der die Möglichkeit, dass »ein anderes Gesetz mit dem Gesetz der Vernunft ... im Streit liegt« (vgl. Röm 7,23), völlig ausgeschlossen ist. Dieser Zustand, der sich – ganz offenkundig – wesentlich und nicht nur graduell von dem unterscheidet, was wir im irdischen Leben erfahren, bedeutet jedoch keine »Desinkarnation« des Körpers noch – in der Folge – eine Entmenschlichung des Menschen. Sie bedeutet, im Gegenteil, seine vollkommene Verwirklichung. Denn in dem leibgeistigen Wesen, das der Mensch ist, kann die Vollkommenheit nicht im Widerstreit von Geist und Körper bestehen, sondern in einer tiefen Harmonie zwischen beiden unter gewahrtem Vorrang des Geistes. In der künftigen Welt wird dieser Vorrang ganz spontan, frei und von jedem Widerstreit des Körpers hervortreten. Das ist jedoch nicht als totaler Sieg des Geistes über den Körper zu verstehen. Die Auferstehung besteht in der vollkommenen Teilhabe alles dessen, was am Menschen körperlich ist, an dem, was an ihm geistig ist. Zugleich besteht sie in der vollkommenen Verwirklichung der menschlichen Persönlichkeit.

Vergöttlichung

3. Die Synoptiker bezeugen, dass der Zustand des Menschen in der künftigen Welt nicht nur ein Zustand vollkommener Vergeistigung sein wird, sondern auch die grundlegende Vergöttlichung seines Menschseins bedeutet. Die »Söhne der Auferstehung« – so lesen wir bei Lukas 20,36 – sind nicht nur »den Engeln gleich«, sondern auch

»Söhne Gottes geworden«. Daraus lässt sich der Schluss ziehen, dass der Grad der dem eschatologischen Menschen eigenen Vergeistigung seinen Ursprung in dem Grad seiner Vergöttlichung hat, die unvergleichbar höher ist als jene, die er jemals im irdischen Leben zu erreichen imstande wäre. Wir müssen hinzufügen, dass es sich hier nicht bloß um einen anderen Grad handelt, sondern um eine andere Art der Vergöttlichung. Die Teilhabe an der göttlichen Natur, die Teilhabe am inneren Leben Gottes selbst, die völlige Durchdringung und Erfüllung des wesenhaft Menschlichen durch das wesenhaft Göttliche wird dann ihren Höhepunkt erreichen, sodass das Leben des menschlichen Geistes zu einer solchen Fülle gelangt, die ihm vorher absolut unerreichbar war. Diese neue Vergeistigung wird also Frucht der Gnade sein, d. h. der Selbstmitteilung Gottes in seiner Göttlichkeit nicht nur an die Seele, sondern an die ganze seelisch-leibliche Subjektivität des Menschen. Wir sprechen hier von der Subjektivität (und nicht nur von der Natur), weil jene Vergöttlichung nicht nur als ein innerer Zustand des Menschen (also des Subjekts) verstanden werden darf, der jetzt Gott »von Angesicht zu Angesicht« schauen kann, sondern auch als eine Neugestaltung der gesamten personalen Subjektivität des Menschen nach dem Maß der Vereinigung mit Gott im Geheimnis seiner Dreifaltigkeit und der innigsten Verbundenheit mit ihm in der vollkommenen Gemeinschaft (communio) der göttlichen Personen. Diese Intimität mit all ihrer ganzen subjektiven Intensität wird die personale Subjektivität des Menschen nicht aufsaugen, sondern sie vielmehr unvergleichlich stärker und reicher hervortreten lassen.

4. Die Vergöttlichung in der künftigen Welt, auf welche die Worte Christi hinweisen, wird für den menschlichen Geist eine derartige Fülle an Erfahrung der Wahrheit und Liebe mit sich bringen, die der Mensch im irdischen Leben nie hätte erreichen können. Wenn Christus von der Auferstehung spricht, weist er gleichzeitig darauf hin, dass an dieser endzeitlichen Erfahrung der Wahrheit und der Liebe, die mit dem Schauen

Gottes »von Angesicht zu Angesicht« gegeben ist, auch der menschliche Leib auf seine Weise teilhaben wird. Wenn Christus sagt, dass diejenigen, die an der künftigen Auferstehung teilhaben, »nicht heiraten werden« (Mk 12,25), so behaupten seine Worte – wie bereits früher festgestellt wurde – nicht nur das Ende der irdischen Geschichte, die mit Ehe und Fortpflanzung verbunden ist; sie enthüllen wohl auch die neue Bedeutung des Leibes. Kann man in diesem Fall – auf der Ebene biblischer Eschatologie – an die Entdeckung der bräutlichen Bedeutung des Leibes vor allem als die »jungfräuliche« Bedeutung des Leibes als Mann- und Frausein denken? Um auf diese Frage, die sich aus den erwähnten Worten der Synoptiker ergibt, zu antworten, muss man tiefer zum eigentlichen Wesen dessen vordringen, was die beglückende Schau des göttlichen Wesens, die Schau Gottes »von Angesicht zu Angesicht«, im künftigen Leben sein wird. Dabei muss man sich auch von jener Skala an Erfahrung der Wahrheit und Liebe leiten lassen, die die Grenzen der geistigen und geistlichen Möglichkeiten des Menschen in der Zeit übersteigt, an der er aber in der künftigen Welt Anteil gewinnt.

5. Diese eschatologische Erfahrung des lebendigen Gottes wird nicht nur sämtliche geistlichen Kräfte des Menschen in sich konzentrieren; sie wird ihm zugleich in lebendiger Erfahrung die Selbstmitteilung Gottes an die ganze Schöpfung und insbesondere an den Menschen enthüllen; es ist die persönlichste Selbsthingabe Gottes in seiner Göttlichkeit an den Menschen: an jenes Wesen, das von Anfang an die Ebenbildlichkeit und Ähnlichkeit mit ihm in sich trägt. So wird also in der künftigen Welt der Gegenstand der »Schau« das von Ewigkeit her im Vater verborgene Geheimnis sein, das Geheimnis, das in der Zeit in Christus geoffenbart wurde, um sich durch das Wirken des Heiligen Geistes unaufhörlich zu erfüllen. Dieses Geheimnis wird, wenn wir so sagen dürfen, zum Inhalt der endzeitlichen Erfahrung und zur »Gestalt« der gesamten menschlichen Existenz in der Dimension der künftigen Welt werden. Das ewige Leben ist im eschatologischen Sinn zu verstehen, d. h. als volle und voll-

kommene Erfahrung jener Gnade (charis) Gottes, welcher der Mensch während seines irdischen Lebens unter dem Schleier des Glaubens teilhaftig wird, die sich im Gegensatz dazu denen, die an der künftigen Welt teilhaben werden, nicht nur in ihrer ganzen abgründigen Tiefe enthüllen, sondern auch in ihrer beglückenden Wirklichkeit erfahren werden soll.

Wir unterbrechen hier unsere Betrachtung der Worte Christi über die künftige Auferstehung des Leibes. In dieser Vergeistigung und Vergöttlichung, an welcher der Mensch nach der Auferstehung teilhaben wird, entdecken wir – in einer endzeitlichen Dimension – die gleichen Merkmale, die die bräutlichen Bedeutung des Leibes kennzeichneten; wir entdecken sie in der Begegnung mit dem Geheimnis des lebendigen Gottes, der sich durch die Schau »von Angesicht zu Angesicht« enthüllt.

68. Katechese, 16. Dezember 1981

1. »Nach der Auferstehung werden die Menschen nicht mehr heiraten, sondern sein wie die Engel im Himmel« (Mt 22,30, ebenso Mk 12,35). »... sie sind den Engeln gleich und durch die Auferstehung zu Söhnen Gottes geworden« (Lk 20,36).

Die endzeitliche Gemeinschaft (communio) des Menschen mit Gott, die durch die Liebe als vollkommene Einheit gestaltet wird, nährt sich vom Anblick »von Angesicht zu Angesicht«, von der Betrachtung jener vollkommensten, weil rein göttlichen Gemeinschaft, wie sie die trinitarische Gemeinschaft der göttlichen Personen in der Einheit der göttlichen Natur darstellt.

2. Die von den synoptischen Evangelien überlieferten Worte Christi erlauben uns die Schlussfolgerung, dass diejenigen, die an der »künftigen Welt« teilhaben – in jener Einheit mit dem lebendigen Gott, die aus der beglückenden Schau seiner trinitarischen Einheit und Gemeinschaft entspringt –, nicht nur ihre echte Subjektivität bewahren, sondern sie in weit vollkommenerem Ausmaß als im irdischen Leben gewinnen werden. Damit wird das Gesetz der ganzheitlichen Ordnung

der Person bestätigt werden, nach dem die Vervollkommnung der Gemeinschaft die geistige Vollkommenheit oder Reife des Subjekts nicht nur zur Voraussetzung hat, sondern sie ihrerseits bestimmt. Diejenigen, die an der »zukünftigen Welt«, also an der vollkommenen Gemeinschaft mit dem lebendigen Gott, teilhaben, werden sich einer vollkommen reifen Subjektivität erfreuen. Wenn die Menschen in dieser vollkommenen Subjektivität an ihrem auferstandenen, das heißt verklärten Leib die Merkmale der Männlichkeit und Weiblichkeit behalten und doch »nicht heiraten werden«, dann erklärt sich das nicht nur mit dem Ende der Geschichte, sondern auch – und vor allem – mit der ganzen endzeitlichen Echtheit der subjektiven Antwort auf jene »Selbstmitteilung« des göttlichen Subjekts, die die beglückende Erfahrung der persönlichen Selbsthingabe Gottes, wie sie über jede Erfahrung des irdischen Lebens absolut hinausgeht, ausmachen wird.

3. Die antwortende Selbsthingabe an Gott – eine Hingabe, bei der der Mensch alle Kräfte seiner personalen und zugleich seelisch-leiblichen Subjektivität konzentrieren und ausdrücken wird – wird Antwort auf die Selbsthingabe Gottes an den Menschen sein[95]. In dieser antwortenden Selbsthingabe vonseiten des Menschen, einer Selbsthingabe, die als würdige Antwort eines personalen Subjektes auf die Selbsthingabe vonseiten Gottes bis auf den Grund und endgültig beglückend sein wird, wird sich die »Jungfräulichkeit« oder vielmehr der jungfräuliche

[95] »Nach biblischem Glauben (…) handelt es sich um eine ›dialogische‹ Unsterblichkeit (Auferweckung!), d. h., die Unsterblichkeit ergibt sich nicht einfach aus der Selbstverständlichkeit des Nichtsterben-Könnens, sondern aus der rettenden Tat des Liebenden, der die Macht dazu hat: Der Mensch kann deshalb nicht mehr total untergehen, weil er von Gott erkannt und geliebt ist.
Wenn alle Liebe Ewigkeit will – Gottes Liebe will sie nicht nur, sondern wirkt und ist sie. … Weil biblisch vorgestellte Unsterblichkeit nicht aus der Eigenmacht des von sich aus Unzerstörbaren hervorgeht, sondern aus dem Einbezogensein in den Dialog mit dem Schöpfer, darum muss sie Auferweckung heißen …« (J. Ratzinger, Auferstehung des Fleisches – Theologie, in: Sacramentum Mundi, Herder, Freiburg–Basel–Wien 1967, 1. Band, S. 399).

Zustand des Leibes voll und ganz als endzeitliche Erfahrung der bräutlichen Bedeutung des Leibes darstellen als das spezifische Zeichen und als authentischer Ausdruck der personalen Subjektivität insgesamt. So hat also die endzeitliche Situation, in der die Menschen »nicht mehr heiraten werden«, ihre solide Grundlage in dem künftigen Zustand des personalen Subjekts, wenn in ihm infolge der Schau Gottes »von Angesicht zu Angesicht« eine Liebe von solcher Tiefe und Konzentrationskraft zu Gott selbst aufbrechen wird, dass sie seine gesamte seelisch-leibliche Subjektivität vollständig in Anspruch nimmt.

4. Diese Konzentration der Erkenntnis (»Schau«) und der Liebe auf Gott selbst – eine Konzentration, die nichts anderes sein kann als die volle Teilhabe am inneren Leben Gottes, also an der Wirklichkeit der Dreifaltigkeit selbst – wird zugleich das Entdecken der ganzen Welt in Gott, einschließlich aller Beziehungen, die für ihre ewige Ordnung (»Kosmos«) bestimmend sind. Vor allem aber bedeutet diese Konzentration, dass der Mensch sich selbst entdeckt, und zwar nicht nur in der Tiefe seiner eigenen Person, sondern auch in jener Einheit, die der Welt der Personen in ihrer seelisch-leiblichen Verfassung eigen ist. Diese ist gewiss eine Einheit in Gemeinschaft. Die Konzentration der Erkenntnis und der Liebe auf Gott selbst in der trinitarischen Gemeinschaft der Personen kann in jenen, die an der »künftigen Welt« teilhaben werden, nur durch die Verwirklichung einer geschaffenen, Personen angepassten gegenseitigen Gemeinschaft eine beglückende Antwort finden. Deshalb bekennen wir den Glauben an die »Gemeinschaft der Heiligen« (communio sanctorum), und zwar in organischem Zusammenhang mit dem Glauben an die »Auferstehung der Toten«. Die Worte Christi, dass »nach der Auferstehung die Menschen nicht mehr heiraten werden«, liegen diesen Inhalten unseres Glaubens zugrunde und erfordern zugleich eine entsprechende Auslegung eben im Lichte dieses Glaubens. Wir müssen an die Wirklichkeit »der kommenden Welt« in den Kategorien der Entdeckung einer neuen, vollkommenen Subjekti-

vität jedes Einzelnen denken und damit der Entdeckung einer neuen, vollkommenen Intersubjektivität aller. So bringt diese Wirklichkeit die wahre und endgültige Erfüllung der menschlichen Subjektivität und auf dieser Grundlage die endgültige Erfüllung der »bräutlichen« Bedeutung des Leibes. Die völlige Konzentration der geschaffenen, erlösten und verherrlichten Subjektivität auf Gott selbst wird den Menschen nicht von ihrer Erfüllung abbringen, ja, im Gegenteil, sie wird sie darin einführen und befestigen. Man kann schließlich sagen, dass die endzeitliche Wirklichkeit so zur Quelle vollkommener Verwirklichung der »trinitarischen Ordnung« in der geschaffenen Welt der Personen wird.

5. Die Worte, mit denen sich Christus auf die künftige Auferstehung beruft – Worte, die durch seine Auferstehung in einzigartiger Weise bestätigt wurden –, vervollständigen das, was wir in diesen Erwägungen gewöhnlich die »Offenbarung des Leibes« nennen. Diese Offenbarung dringt gewissermaßen in den eigentlichen Kern der Wirklichkeit vor, die wir erfahren, und diese Wirklichkeit ist vor allem der Mensch, sein Leib, der Körper des geschichtlichen Menschen. Zugleich erlaubt uns diese Offenbarung, über diesen Erfahrungsbereich in zwei Richtungen hinauszugehen. Vor allem in Richtung jenes »Anfangs«, auf den Christus sich in seinem Gespräch mit den Pharisäern über die Unauflöslichkeit der Ehe (vgl. Mt 19,3 9) beruft; dann in Richtung der »zukünftigen Welt«, auf die der Meister die Aufmerksamkeit seiner Zuhörer in Anwesenheit der Sadduzäer lenkt, »die behaupten, es gebe keine Auferstehung« (Mt 22,23). Diese beiden Erweiterungen im Bereich des Erlebens des Leibes (wenn man so sagen darf) sind für unser (selbstverständlich theologisches) Verständnis des Körpers nicht völlig unerreichbar. Das, was der menschliche Körper im geschichtlichen Erfahrungsbereich des Menschen ist, ist von jenen beiden durch das Wort Christi enthüllten Dimensionen seiner Existenz nicht völlig getrennt.

6. Es handelt sich hier natürlich nicht so sehr um den Körper im abstrakten Sinne, sondern um den Menschen, der zugleich geistig und leiblich ist. Wenn wir in den beiden vom Wort Christi angezeigten Richtungen weitergehen und wieder auf das Erleben des Körpers in der Dimension unserer irdischen Existenz (also in der geschichtlichen Dimension) zurückgreifen, können wir eine gewisse theologische Rekonstruktion dessen vornehmen, was das Erleben des Körpers aufgrund des geoffenbarten »Anfangs« des Menschen hätte sein können, und auch dessen, was sie in der Dimension der »künftigen Welt« (nach der Auferstehung) sein wird. Die Möglichkeit einer solchen Rekonstruktion, die unsere Erfahrung des Menschen bzw. des Körpers erweitert, weist zumindest indirekt auf die Übereinstimmung des theologischen Bildes vom Menschen in diesen drei Dimensionen hin, die gemeinsam für die Theologie des Leibes konstitutiv sind.

69. Katechese, 13. Januar 1982

1. »Wenn nämlich die Menschen von den Toten auferstehen, werden sie nicht mehr heiraten, sondern sie werden sein wie die Engel im Himmel« (Mk 12,25; ebenso Mt 22,30). »Sie können auch nicht mehr sterben, weil sie den Engeln gleich und durch die Auferstehung zu Söhnen Gottes geworden sind« (Lk 20,36).

Die Worte, mit denen sich Christus auf die künftige Auferstehung beruft – Worte, die durch seine Auferstehung in einzigartiger Weise bestätigt werden –, vervollständigen das, was wir in diesen Überlegungen gewöhnlich die »Offenbarung des Leibes« nennen. Diese Offenbarung dringt gewissermaßen in den eigentlichen Kern der Wirklichkeit vor, die wir erfahren, und diese Wirklichkeit ist vor allem der Mensch, sein Leib: der Leib des geschichtlichen Menschen. Zugleich erlaubt uns diese Offenbarung, über diesen Erfahrungsbereich in zwei Richtungen hinauszugehen. Vor allem in Richtung jenes »Anfangs«, auf den Christus sich in seinem Gespräch mit den Pharisäern über die Unauflöslichkeit der Ehe beruft (vgl. Mt 19,3–8); dann in Richtung der »zukünftigen

Welt«, auf die der Meister die Aufmerksamkeit seiner Zuhörer in Anwesenheit der Sadduzäer lenkt, »die behaupten, es gebe keine Auferstehung« (Mt 22,23).

2. Weder die Wahrheit über jenen »Anfang«, von dem Christus spricht, noch die eschatologische Wahrheit können durch bloße empirische und rationalistische Methoden erfasst werden. Können wir aber nicht vielleicht sagen, dass der Mensch diese beiden Dimensionen gewissermaßen in der Tiefe der Erfahrung des eigenen Seins trägt oder vielmehr, dass er irgendwie auf dem Weg zu ihnen ist als Dimensionen, die die Bedeutung des Leibes selbst, also seines Seins als körperlicher Mensch, voll und ganz rechtfertigen? Was dann die eschatologische Dimension betrifft, ist es etwa nicht wahr, dass der Tod und die Zerstörung des Leibes dem Menschen die Bedeutung und Beredsamkeit seiner Erfahrung erschließen können, in der sich der Sinn seiner personalen Existenz verwirklicht? Wenn Christus von der künftigen Auferstehung spricht, fallen seine Worte nicht ins Leere. Die Erfahrung des Menschseins und insbesondere die Erfahrung des Leibes erlauben dem Zuhörer, mit jenen Worten eine Vorstellung von seiner neuen Existenz in der »künftigen Welt« zu verbinden, für die die irdische Erfahrung Nährboden und Grundlage bildet. Eine entsprechende theologische Rekonstruktion ist möglich.

3. Zur Rekonstruktion dieses Bildes – das inhaltlich unserem Glaubensartikel »Ich glaube an die Auferstehung der Toten« entspricht – trägt in hohem Maße das Bewusstsein bei: Es gibt einen Zusammenhang zwischen der irdischen Erfahrung und der ganzen Dimension des biblischen »Anfangs« des Menschen in der Welt. Wenn Gott im Anfang »sie als Mann und Weib schuf« (Gen 1,27), wenn er in dieser körperlichen Zweiheit zugleich eine Einheit, aufgrund derer sie »ein Fleisch werden« (Gen 2,24), vorsieht, wenn er diese Einheit mit dem Segen der Fruchtbarkeit bzw. mit der Fortpflanzung verband (vgl. Gen 1,29) und wenn Christus nun in seinem Gespräch über die künftige

Auferstehung den Sadduzäern erklärt, dass »in der künftigen Welt die Menschen nicht mehr heiraten werden«, dann ist klar, dass es sich hier um eine Entwicklung der Wahrheit über denselben Menschen handelt. Christus weist auf die Identität des Menschen hin, auch wenn sich diese Identität in der eschatologischen Erfahrung in anderer Weise verwirklicht als in der Erfahrung des »Anfangs« und der ganzen Geschichte. Dennoch wird dieser Mensch immer derselbe sein, wie er aus den Händen seines Schöpfers und Vaters hervorgegangen ist. Christus sagt: »Sie werden nicht mehr heiraten«, aber er behauptet nicht, dieser Mensch der »künftigen Welt« sei nicht mehr Mann und Frau, wie er es »von Anfang an« war. Es ist also offenkundig, dass die Bedeutung des Leibes als Mann- und Frausein in der »künftigen Welt« außerhalb von Ehe und Fortpflanzung zu suchen ist, was aber keineswegs dazu berechtigt, diesen Sinn außerhalb dessen zu suchen, was (unabhängig vom Segen der Fortpflanzung) sich aus dem Geheimnis der Schöpfung selbst herleitet und infolgedessen auch die tiefste Struktur der Geschichte des Menschen auf Erden ausmacht, da diese Geschichte zutiefst vom Geheimnis der Erlösung durchdrungen worden ist.

4. In seiner ursprünglichen Situation ist der Mensch also allein, und zugleich entsteht er als Mann und Frau: Zweieinheit. In seinem Alleinsein »offenbart« er sich selber sich selbst als Person, um dann in der Zweieinheit die Gemeinschaft der Personen in sich zu »offenbaren«. Im einen wie im anderen konstituiert sich der Mensch als Abbild und Gleichnis Gottes. Von Anfang an ist der Mensch auch Körper unter Körpern, und in der Zweieinheit entsteht er als Mann und Frau, wobei er die bräutliche Bedeutung des Leibes nach Maßgabe des personalen Subjekts entdeckt. In der Folge wird die Bedeutung des Leibseins und besonders des Leibes als Mann- bzw. Frausein mit Ehe und Fortpflanzung verbunden (d. h. mit Vater- und Mutterschaft). Doch die ursprüngliche und fundamentale Bedeutung des Leibseins und auch des Leibes als Mann- bzw. Frausein – also eben jener »bräutliche« Sinn –, ist mit der Tatsache verbunden, dass

der Mensch als Person geschaffen und zum Leben »in communione personarum« berufen ist. Ehe und Fortpflanzung an sich bestimmen weder endgültig die ursprüngliche und fundamentale Bedeutung des Leibseins noch des Leibes als Mann- bzw. Frausein. Ehe und Fortpflanzung bestimmen nur die Konkretisierung dieses Sinnes in den Dimensionen der Geschichte. Die Auferstehung bildet den Schlusspunkt der geschichtlichen Dimension. Und deshalb bringen die Worte »wenn die Menschen von den Toten auferstehen, werden sie nicht mehr heiraten« (Mk 12,25) nicht nur klar zum Ausdruck, welche Bedeutung der menschliche Leib in der »künftigen Welt« nicht haben wird, sondern erlauben uns auch den Schluss, dass jene »bräutliche« Bedeutung des Leibes in der Auferstehung zum künftigen Leben in vollkommener Weise sowohl dem Umstand entsprechen wird, dass der Mensch als Mann und Frau »nach dem Abbild und Gleichnis Gottes« geschaffene Person ist, als auch der Tatsache, dass dieses Abbild sich in der Gemeinschaft von Personen verwirklicht. Jene »bräutliche« Bedeutung des Leib-Seins wird somit als vollkommen personaler und gemeinschaftlicher Sinn seine Verwirklichung finden.

5. Wenn wir vom Leib sprechen, der durch die Auferstehung zum künftigen Leben verherrlicht wurde, denken wir an den Menschen – als Mann und Frau – in der ganzen Wahrheit seines Menschseins: an den Menschen, der zugleich mit der eschatologischen Erfahrung des lebendigen Gottes (dem Schauen »von Angesicht zu Angesicht«) eben diese Bedeutung des eigenen Leibes erfahren wird. Das wird eine völlig neue Erfahrung sein, zugleich aber wird sie in keiner Weise von dem entfernt sein, an dem der Mensch »im Anfang« teilgehabt hat, und auch nicht von dem, was in der geschichtlichen Dimension seines Daseins in ihm die Quelle der Spannung zwischen Geist und Leib, hauptsächlich und genau in Bezug auf die prokreativen Bedeutung des Leibes und der Geschlechtlichkeit, ausmachte. Der Mensch der »zukünftigen Welt« wird in dieser neuen Erfahrung des eigenen Leibes genau die Erfüllung dessen entdecken, was er immerwährend und geschichtlich

gewissermaßen als Erbe und noch mehr als Aufgabe und Ziel, als Inhalt des Ethos in sich trug.

6. Die Verherrlichung des Leibes als eschatologische Frucht seiner Vergeistigung und Vergöttlichung wird den endgültigen Wert dessen offenbaren, was von Anfang an eine »Äußerung« der geschaffenen Person in der sichtbaren Welt sein musste, wie auch ein Mittel der gegenseitigen Selbstmitteilung zwischen den Personen und ein authentischer Ausdruck der Wahrheit und der Liebe, durch welche die communio der Personen entsteht. Jene immerwährende Bedeutung des menschlichen Leibes, für welche die Existenz jedes vom Erbe der Begehrlichkeit belasteten Menschen notgedrungen eine Reihe von Einschränkungen, Kämpfen und Leiden mit sich gebracht hat, wird sich dann aufs Neue erweisen, und das in solcher Einfachheit und zugleich Herrlichkeit, dass jeder, der an der »künftigen Welt« teilhat, in seinem verherrlichten Leib die Quelle der freien Hingabe entdecken wird. Die vollkommene »Freiheit der Kinder Gottes« (vgl. Röm 8,14) wird durch jene Hingabe auch jede der Gemeinschaften nähren, welche die große Gemeinschaft der Heiligen bilden.

7. Es ist nur allzu klar, dass man – auf der Grundlage der Erfahrungen und Erkenntnisse des Menschen in der Zeitlichkeit, also in »dieser Welt« – kaum ein völlig entsprechendes Bild von der »künftigen Welt« zeichnen kann. Doch gleichzeitig besteht kein Zweifel daran, dass mit Hilfe der Worte Christi zumindest eine gewisse Annäherung an dieses Bild möglich und erreichbar ist. Wir bedienen uns dieser theologischen Annäherung, wenn wir unseren Glauben an die »Auferstehung der Toten« und an das »ewige Leben« sowie auch den Glauben an die »Gemeinschaft der Heiligen« bekennen, die zur Wirklichkeit der »künftigen Welt« gehört.

8. Zum Abschluss dieses Teiles unserer Betrachtungen gilt es, noch einmal festzuhalten, dass die von den Synoptikern überlieferten Worte

Christi (Mt 22,30; Mk 12,25; Lk 20,34–35) eine entscheidende Bedeutung besitzen, und zwar nicht nur bezüglich der Worte der Genesis (auf welche Christus in einem anderen Zusammenhang verweist), sondern auch was die ganze Bibel betrifft. Diese Worte erlauben uns gewissermaßen, die geoffenbarte Bedeutung des Leibes, den Sinn des Menschseins, d. h. Sinn der »fleischgewordenen« Person und des Leibes als Mann- und Frausein bis auf den Grund und in ihrer Gesamtheit zu lesen. Diese Worte lassen uns begreifen, was in den eschatologischen Dimensionen der »künftigen Welt« jene Einheit im Menschsein bedeuten kann, die »im Anfang« festgelegt wurde und die allem Anschein nach die Worte der Genesis 2,24 (»Der Mann bindet sich an seine Frau, und die beiden werden ein Fleisch«), welche bei der Erschaffung des Menschen als Mann und Frau verkündet wurden, wenn schon nicht vollständig, so doch in jedem Fall vor allem auf »diese Welt« beziehen. Weil die Worte der Genesis gleichsam die Grundlage zur ganzen Theologie des Leibes bildeten – die Grundlage, auf die sich Christus in seiner Lehre über die Ehe und ihre Unauflöslichkeit stützte –, darf man wohl annehmen, dass seine von den Synoptikern überlieferten Worte eine neue Grundlage zu der vollständigen Wahrheit über den Menschen sind, die wir in dem geoffenbarten Wort Gottes finden. Es ist unerlässlich, dass wir auf diesem Boden bleiben, wenn wir wollen, dass unsere Theologie des Leibes – und auch unsere christliche »Spiritualität des Leibes« – sich ihrer als eines perfekten Bildes bedienen kann.

1.2 Das paulinische Verständnis der Auferstehung (1 Kor 15,42–49)

Der endgültige Sieg über den Tod

70. Katechese, 27. Januar 1982

1. Bei den vorhergehenden Audienzen haben wir die Worte Christi über die künftige Welt betrachtet, die zugleich mit der Auferstehung des Leibes anbrechen wird.

Diese Worte haben in der Lehre des hl. Paulus einen besonders tiefen Widerhall gefunden. Zwischen der von den synoptischen Evangelien überlieferten Antwort Jesu an die Sadduzäer (vgl. Mt 22,30; Mk 12,25; Lk 20,35–36) und dem Apostolat des Paulus hatten vor allem die Auferstehung Christi und eine Reihe von Begegnungen mit dem Auferstandenen stattgefunden; als letztes Glied ist das Ereignis zu erwähnen, das sich vor Damaskus zugetragen hat. Saulus bzw. Paulus aus Tarsus, der nach seiner Bekehrung zum »Völkerapostel« wurde, hatte ebenfalls seine eigene nachösterliche Erfahrung, ähnlich jener der anderen Apostel. Seinem Glauben an die Auferstehung, den er vor allem im ersten Brief an die Korinther (15. Kapitel) zum Ausdruck bringt, liegt zweifellos jene Begegnung mit dem Auferstandenen zugrunde, die Beginn und Fundament seines Apostolats wurde.

2. Es wäre schwierig, die tiefgründige und ausführliche Argumentation im 15. Kapitel des ersten Briefes an die Korinther in allen Einzelheiten hier angemessen zusammenzufassen und zu erläutern. Bezeichnend ist, dass, während Christus den Sadduzäern, »die die Auferstehung leugnen« (Lk 20,27), mit den Worten der synoptischen Evangelien antwortete, Paulus den Anfechtern und Leugnern, seinem Temperament entsprechend, polemisch antwortet[96]. Christus bezog sich in seiner (vorösterlichen) Antwort nicht auf seine eigene Auferstehung, sondern auf die grundlegende Wirklichkeit des Alten Bundes, auf die Wirklichkeit des lebendigen Gottes, die der Überzeugung von der Möglichkeit der Auferstehung zugrunde liegt: Der lebendige Gott »ist doch nicht ein Gott von Toten, sondern von Lebenden« (Mk 12,27). Paulus beruft sich in seiner nachösterlichen Argumentation zur künftigen Auferste-

[96] Die Korinther wurden wahrscheinlich von philosophischen Denkströmungen beeinflusst, die vom platonischen Dualismus und der religiös nuancierten neupythagoreischen Lehre, vom Stoizismus und vom Epikureismus geprägt waren; im Übrigen leugneten sämtliche griechische Philosophien die Auferstehung des Leibes. Paulus hatte bereits in Athen, bei seiner Areopagrede, die Reaktion der Griechen auf die Lehre von der Auferstehung erfahren (vgl. Apg 17,32).

hung vor allem auf die Wirklichkeit und Wahrheit der Auferstehung Christi. Ja, er verteidigt diese Wahrheit geradezu als Fundament des Glaubens in seiner Gesamtheit: »… Ist aber Christus nicht auferweckt worden, dann ist unsere Verkündigung leer und euer Glaube sinnlos … Nun aber ist Christus von den Toten auferweckt worden« (1 Kor 15,14.20).

3. Hier befinden wir uns auf derselben Linie der Offenbarung: Die Auferstehung Christi ist das letzte und vollkommenste Wort der Selbstoffenbarung des lebendigen Gottes als »Gott nicht von Toten, sondern von Lebenden« (Mk 12,27). Sie ist die letzte und vollkommenste Bestätigung der Wahrheit über Gott, der von Anfang an sich in dieser Offenbarung ausspricht. Die Auferstehung ist zudem die Antwort des lebendigen Gottes auf die geschichtliche Unvermeidlichkeit des Todes, dem der Mensch seit dem Bruch des ersten Bundes unterworfen und der mit der Sünde in seine Geschichte eingetreten ist. Diese Antwort zum Sieg über den Tod wird im ersten Korintherbrief (15. Kapitel) besonders scharfsinnig erläutert; dabei wird die Auferstehung Christi als Beginn jener eschatologischen Erfüllung dargestellt, in der durch Ihn und in Ihm alles zum Vater zurückkehrt, alles ihm unterworfen, das heißt endgültig ihm zurückerstattet wird, »damit Gott herrscht über alles und in allem« (1 Kor 15,28). Und da – bei diesem endgültigen Sieg über die Sünde, über das, was das Geschöpf dem Schöpfer entgegensetzte – wird auch der Tod besiegt: »Der letzte Feind, der entmachtet wird, ist der Tod« (1 Kor 15,26).

4. In diesen Zusammenhang sind die Worte eingefügt, die als Synthese der paulinischen Anthropologie der Auferstehung gelten können. Und es wird sich lohnen, uns bei diesen Worten ein wenig länger aufzuhalten. Wir lesen in der Tat im ersten Brief an die Korinther (1 Kor 15, 42–46) zur Auferstehung der Toten: »Was gesät wird, ist verweslich, was auferweckt wird, ist unverweslich. Was gesät wird, ist armselig,

was auferweckt wird, herrlich. Was gesät wird, ist schwach, was auferweckt wird, ist stark. Gesät wird ein irdischer Leib, auferweckt wird ein überirdischer Leib. Wenn es einen irdischen Leib gibt, gibt es auch einen überirdischen. So steht es auch in der Schrift: Adam, der erste Mensch, wurde ein irdisches Lebewesen. Der letzte Adam wurde lebendig machender Geist. Aber zuerst kommt nicht das Überirdische; zuerst kommt das Irdische, dann das Überirdische.«

Der erste Adam und der letzte Adam

5. Zwischen dieser paulinischen Anthropologie der Auferstehung und jener der synoptischen Evangelien (Mt 22,30; Mk 12,25; Lk 20,35–36) besteht ein wesentlicher Zusammenhang, nur ist der Text des ersten Korintherbriefes weiter ausgereift. Paulus vertieft die Verkündigung Christi, indem er einmal in die verschiedenen Aspekte jener Wahrheit vordringt, die von den Synoptikern knapp und grundlegend ausgedrückt worden sind. Bezeichnend für den paulinischen Text ist außerdem, dass die eschatologische Darstellung des Menschen, die sich auf den Glauben »an die Auferstehung der Toten« stützt, mit dem Hinweis auf den »Anfang« wie auch mit dem tiefen Bewusstsein von der »geschichtlichen« Situation des Menschen verbunden ist. Der Mensch, an den sich Paulus im ersten Korintherbrief wendet und der (wie die Sadduzäer) die Möglichkeit der Auferstehung bestreitet, besitzt auch seine »geschichtliche« Erfahrung des Leibes, und aus dieser Erfahrung geht mit aller Klarheit hervor, dass der Körper »verweslich«, »schwach«, »materiell«, »armselig« ist.

6. Diesen Menschen, den Empfänger seines Schreibens – sowohl in der Gemeinde von Korinth wie auch, ich möchte sagen, den Menschen aller Zeiten –, vergleicht Paulus mit dem auferstandenen Christus, dem »letzten Adam«. Dadurch fordert er ihn gewissermaßen auf, den Spuren seiner nachösterlichen Erfahrung zu folgen. Zugleich erinnert er ihn an den »ersten Adam«, das heißt, er veranlasst ihn, sich dem

»Anfang« zuzuwenden, jener ersten Wahrheit über den Menschen und die Welt, die der Offenbarung vom Geheimnis des lebendigen Gottes zugrunde liegt. So gibt also Paulus in seiner Synthese all das wieder, was Christus verkündet hatte, als er sich bei drei verschiedenen Anlässen, zunächst im Gespräch mit den Pharisäern auf den »Anfang« (vgl. Mt 19,3–8; Mk 10,2–9), dann in der Bergpredigt (vgl. Mt 5,27) auf das menschliche »Herz« als Ort des Kampfes mit der Begehrlichkeit im Innern des Menschen und im Gespräch mit den Sadduzäern (vgl. Mt 22,30; Mk 12,25; Lk 20,35–36) auf die Auferstehung als Wirklichkeit der »künftigen Welt« berufen hatte.

7. Zum Stil der Synthese des Paulus gehört daher die Tatsache, dass sie ihre Wurzeln tief in die Gesamtheit des Offenbarungsgeheimnisses von Schöpfung und Erlösung einsenkt, aus der sie entspringt und in deren Licht allein sie erläutert werden kann. Die Erschaffung des Menschen ist nach dem biblischen Bericht eine Belebung der Materie durch den Geist, wodurch »der erste Adam ein irdisches Lebewesen wurde« (1 Kor 15,45). Der paulinische Text wiederholt hier die Worte aus dem Buch Genesis 2,7, also aus dem zweiten Bericht von der Erschaffung des Menschen (dem sogenannten »Jahwistenbericht«). Aus derselben Quelle ist bekannt, dass diese ursprüngliche »Vergeistigung des Leibes« durch die Sünde einen Bruch erlitten hat. Obwohl der Verfasser an dieser Stelle des ersten Briefes an die Korinther nicht direkt vom Sündenfall spricht, so weist doch die Reihe der Definitionen, die er dem Körper des irdischen Menschen beifügt – er schreibt, dieser sei »verweslich … schwach … armselig … materiell …« –, ausreichend auf das hin, was nach der Offenbarung Folge der Sünde ist, das, was derselbe Paulus an anderer Stelle die »Knechtschaft der Vergänglichkeit« (Röm 8,21) nennt. Dieser »Knechtschaft der Vergänglichkeit« ist indirekt die ganze Schöpfung aufgrund der Sünde des Menschen unterworfen, der vom Schöpfer in die sichtbare Welt hineingestellt wurde, damit er sie »beherrsche« (vgl. Gen 1,28). So hat die Sünde des Menschen nicht

bloß eine innere, sondern auch eine »kosmische« Dimension. Und gemäß dieser Dimension bringt der Leib – den Paulus (entsprechend seiner eigenen Erfahrung) als »verweslich … schwach … armselig … materiell …« bezeichnet – den Zustand der Schöpfung nach dem Sündenfall zum Ausdruck. In der Tat, diese Schöpfung »seufzt und liegt in Geburtswehen bis zum heutigen Tag« (Röm 8,22). Doch wie die Geburtswehen mit dem sehnsüchtigen Wunsch nach der Geburt, mit der Hoffnung auf einen neuen Menschen verbunden sind, so wartet auch die gesamte Schöpfung »sehnsüchtig auf das Offenbarwerden der Söhne Gottes … Aber Gott gab ihr Hoffnung: Auch die Schöpfung soll von der Knechtschaft der Vergänglichkeit befreit werden zur Freiheit und Herrlichkeit der Kinder Gottes« (Röm 8,19–21).

8. Versuchen wir durch diesen »kosmischen« Zusammenhang der Aussage im Römerbrief, gewissermaßen durch die Schöpfung, die paulinische Erklärung der Auferstehung bis auf den Grund zu erfassen. Wenn dieses Bild vom Leib des irdischen Menschen, das zutiefst realistisch und der allgemeinen Erfahrung der Menschen angepasst ist, nach Paulus nicht nur die »Knechtschaft der Vergänglichkeit« in sich birgt, sondern auch die Hoffnung, ähnlich jener, die die »Geburtswehen« begleitet, so geschieht das, weil der Apostel in diesem Bild auch das Geheimnis der Erlösung wiederliest. Das Bewusstsein jenes Geheimnisses strömt eben von allen Erfahrungen des Menschen aus, die als »Knechtschaft der Vergänglichkeit« bezeichnet werden können; es strömt aus, weil die Erlösung in der Seele des Menschen durch die Gaben des Geistes am Werke ist: »Auch wir, obwohl wir als Erstlingsgabe den Geist haben, seufzen in unserem Herzen und warten darauf, dass wir mit der Erlösung unseres Leibes als Söhne offenbar werden« (Röm 8,23). Die Erlösung ist der Weg zur Auferstehung. Die Auferstehung ist die endgültige Vollendung der Erlösung des Leibes.

Die Analyse des paulinischen Textes im ersten Korintherbrief werden wir bei unseren weiteren Überlegungen wieder aufnehmen.

71. Katechese, 3. Februar 1982

1. Von den Worten Christi über die künftige Auferstehung der Toten, die von allen drei synoptischen Evangelien (Matthäus, Markus und Lukas) überliefert werden, sind wir zur paulinischen Lehre über die Auferstehung übergegangen. Wir sind dabei, den ersten Korintherbrief, Kapitel 15, Vers 42–49, zu untersuchen.

Bei der Auferstehung erweist sich – nach den Worten des Apostels – der menschliche Leib als »unverweslich, herrlich, stark und überirdisch«. Die Auferstehung ist also nicht nur eine Offenbarung des Lebens, das den Tod besiegt – gleichsam eine letzte Rückkehr zum Baum des Lebens, von dem der Mensch im Augenblick der Erbsünde vertrieben worden war –, sondern sie ist auch eine Offenbarung der letzten Bestimmung des Menschen in der ganzen Fülle seiner psychosomatischen Natur und seiner personalen Subjektivität. Paulus von Tarsus, der wie die anderen Apostel in der Begegnung mit dem auferstandenen Christus den Zustand des verherrlichten Leibes erfahren hat, verkündet aufgrund eben dieser Erfahrung im Römerbrief »die Erlösung des Leibes« (Röm 8,23) und im Brief an die Korinther (1 Kor 15,42–49) die Vollendung dieser Erlösung in der künftigen Auferstehung.

2. Die literarische Methode, die hier von Paulus angewandt wird, entspricht vollkommen seinem Stil. Dieser verwendet Antithesen, die das, was sie in Gegensatz stellen, zugleich näherbringen und auf diese Weise uns helfen, die paulinische Lehre über die Auferstehung verständlich zu machen: sowohl in ihrer kosmischen Dimension als auch im Hinblick auf die charakteristische innere Struktur des »irdischen« und des »himmlischen« Menschen. Der Apostel zeigt in der Gegenüberstellung Adams und des (auferstandenen) Christus – also des ersten und des letzten Adam – gewissermaßen die beiden Pole auf, zwischen die der Mensch im Geheimnis von Schöpfung und Erlösung innerhalb des Kosmos gestellt ist; man könnte sogar sagen, dass der Mensch »in die Spannung« zwischen diesen beiden Polen gestellt wurde im Hinblick

auf die ewige, von Anfang bis Ende seine eigentliche menschliche Natur betreffende Bestimmung. Wenn Paulus schreibt: »Der erste Mensch stammt von der Erde und ist Erde; der zweite Mensch stammt vom Himmel« (1 Kor 15,47), denkt er an den Menschen Adam wie auch an Christus als Mensch. Zwischen diesen beiden Polen – zwischen dem ersten und dem letzten Adam – spielt sich jener Prozess ab, den er mit den folgenden Worten umschreibt: »Wie wir nach dem Bild des Irdischen gestaltet wurden, so werden wir auch nach dem Bild des Himmlischen gestaltet werden« (1 Kor 15,49).

3. Dieser »himmlische Mensch« – der Mensch der Auferstehung, dessen Urbild der auferstandene Christus ist – ist nicht so sehr Gegenbild und Verneinung des »irdischen Menschen« (dessen Urbild der erste Adam ist), sondern vor allem seine Vollendung und Bestätigung. Er ist die Vollendung und Bestätigung dessen, was der leiblich-seelischen Verfassung des Menschseins im Bereich der ewigen Bestimmung entspricht, also im Denken und Planen dessen, der im Anfang den Menschen nach seinem Bild und Gleichnis geschaffen hat. Das Menschsein des ersten Adam, des »Menschen von der Erde«, trägt – möchte ich sagen – eine besondere Möglichkeit in sich (gemeint ist Fähigkeit und Bereitschaft), alles anzunehmen, was der zweite Adam, der himmlische Mensch, also Christus, geworden ist: was er in seiner Auferstehung geworden ist. Jene Menschennatur, deren alle Menschen als Söhne des ersten Adam teilhaftig sind und die im Zusammenhang mit dem Erbe der Sünde – die zum Fleisch gehört – zugleich verweslich ist, trägt die Fähigkeit zur Unverweslichkeit in sich.

Jene Menschennatur, die sich in ihrer gesamten leiblich-seelischen Verfassung als »niedrig« erweist und doch das innere Verlangen nach Verherrlichung in sich trägt, das heißt das Streben und die Fähigkeit, nach dem Vorbild des auferstandenen Christus erhöht zu werden. Schließlich jene Menschennatur, von welcher der Apostel – nach der Erfahrung aller Menschen – sagt, dass sie »schwach« ist und einen

»fleischlichen Leib« besitzt, trägt in sich das Verlangen, »stark« und »geistlich« zu werden.

4. Wir sprechen hier von der menschlichen Natur in ihrer Gesamtheit, das heißt von der Menschennatur in ihrer psychosomatischen Verfassung. Paulus hingegen spricht vom »Leib«. Wir können jedoch aufgrund des unmittelbaren und vorausgehenden Zusammenhangs zugeben, dass es sich für ihn nicht nur um den Leib, sondern um den ganzen Menschen in seiner Leiblichkeit handelt, also auch um seine seinsmäßige Gesamtverfassung. Denn es besteht ja kein Zweifel daran, dass, wenn in der ganzen sichtbaren Welt (Kosmos) jener eine Leib, der der menschliche Leib ist, die potentielle Fähigkeit zur Auferstehung in sich trägt – das heißt, das Verlangen und die Fähigkeit, endgültig »unverweslich, herrlich, stark und geistlich« zu werden –, dies deshalb geschieht, weil er von Anfang an in der psychosomatischen Einheit seines Personseins als irdisches Abbild und Gleichnis Gottes auch das himmlische Bild des letzten Adam, Christi, aufnehmen und wiedergeben kann. Die paulinische Anthropologie von der Auferstehung ist zugleich kosmisch und universal: Jeder Mensch trägt das Bild Adams in sich, und jeder ist auch berufen, das Bild Christi, des Auferstandenen, in sich zu tragen. Dieses Bild ist die Wirklichkeit der »künftigen Welt«, die eschatologische Wirklichkeit (der hl. Paulus schreibt: »wir werden tragen«); aber gleichzeitig ist sie in gewisser Weise bereits eine Wirklichkeit dieser Welt, weil sie hier durch die Auferstehung Christi geoffenbart wurde. Es ist eine dem Menschen »dieser Welt« eingepflanzte Wirklichkeit, die in ihm zur endgültigen Vollendung heranreift.

5. Alle Antithesen, die im Text des Paulus aufeinanderfolgen, helfen, einen ausreichenden Entwurf der Lehre von der Auferstehung zu erstellen. Dieser Entwurf ist zugleich detaillierter und ausführlicher als jener, der sich aus dem Text der Synoptiker ableiten lässt (Mt 22,30; Mk 12,25; Lk 20,34–35), andererseits aber ist er in gewissem Sinne einsei-

tiger. Die von den Synoptikern überlieferten Worte Christi erschließen uns die Aussicht auf die eschatologische Vollkommenheit des Leibes, der voll und ganz der vergöttlichenden Tiefe des Schauens Gottes »von Angesicht zu Angesicht« unterworfen wird, in dem sowohl die ewige Jungfräulichkeit (verbunden mit der bräutlichen Bedeutung des Leibes) als auch die ewige Intersubjektivität aller Menschen, die (als Männer und Frauen) an der Auferstehung teilhaben, ihre unerschöpfliche Quelle finden wird. Die paulinische Lehre von der eschatologischen Vollkommenheit des verherrlichten Leibes scheint sich mehr im Bereich der inneren Struktur des Menschen als Person zu bewegen. Ihre Auslegung der künftigen Auferstehung könnte den Anschein wecken, wieder an den Dualismus Körper-Geist anzuknüpfen, der die Quelle des inneren Kräftesystems im Menschen darstellt.

6. Dieses Kräftesystem wird in der Auferstehung eine radikale Veränderung erfahren. Die Worte des Paulus, die das klar und deutlich aussprechen, dürfen jedoch nicht im Sinn der dualistischen Anthropologie[97] verstanden und interpretiert werden, wie wir bei unserer nächsten Überlegung aufzeigen wollen. Ja, wir müssen noch eine Betrachtung der Lehre von der Auferstehung im Lichte des ersten Korintherbriefes widmen.

72. Katechese, 10. Februar 1982

1. Von den Worten Christi über die künftige Auferstehung des Leibes in den drei synoptischen Evangelien (Matthäus, Markus und Lukas) haben uns unsere Überlegungen zu dem geführt, was Paulus im ersten Korintherbrief (Kap. 15) über dieses Thema schreibt. Unsere Analyse

[97] »Paulus trägt der griechischen Dichotomie ›Seele und Leib‹ überhaupt nicht Rechnung ... Der Apostel bedient sich einer Art Trichotomie, wo die Gesamtheit des Menschen Leib, Seele und Gott ist ... All diese Begriffe sind schwankend, und die Trennung ist nicht fest abgrenzbar. Nachdruck wird darauf gelegt, dass Leib und Seele die Fähigkeit besitzen, geistlich zu sein« (B. Rigaux, Dieu l'a ressuscité. Exégèse et théologie biblique, Gembloux 1973, S. 406–408).

konzentriert sich vor allem darauf, was man nach Paulus als »Anthropologie der Auferstehung« bezeichnen könnte. Der Verfasser des Briefes stellt den Zustand des »irdischen« (d. h. geschichtlichen) Menschen dem des auferstandenen Menschen gegenüber. Dabei charakterisiert er auf lapidare und zugleich tiefschürfende Weise das für jeden dieser beiden Zustände spezifische innere »Kräftesystem«.

2. Auf die Tatsache, dass dieses innere Kräftesystem bei der Auferstehung eine radikale Verwandlung durchmachen muss, scheint vor allem der Gegensatz zwischen dem »hinfälligen« und dem »kraftvollen« Leib hinzuweisen. Paulus schreibt: »Was gesät wird, ist verweslich, was auferweckt wird, unverweslich. Was gesät wird, ist armselig, was auferweckt wird, herrlich. Was gesät wird, ist schwach, was auferweckt wird, ist stark« (1 Kor 15,42–43). »Hinfällig« ist also der Leib, der, um metaphysisch zu sprechen, sich aus dem zeitlichen Boden der Menschheit erhebt. Die paulinische Metapher entspricht auch der wissenschaftlichen Terminologie, die den Anfang des Menschen als Leib mit ebendiesem Begriff bezeichnet (»semen«, »Same«). Wenn sich in den Augen des Apostels der menschliche Leib, der aus dem irdischen Samen entsteht, als »hinfällig« erweist, so bedeutet das nicht nur, dass er »vergänglich« und dem Tod und allem, was dahin führt, ausgeliefert ist, sondern auch, dass es ein »sinnlicher Leib« ist[98]. Der »kraftvolle

[98] Der griechische Originaltext verwendet den Begriff »psychikón«. Beim hl. Paulus kommt dieser Ausdruck nur im ersten Korintherbrief (2,14; 15,44; 15,46) vor und sonst nirgends, wahrscheinlich wegen der gnostischen Neigungen der Korinther; er hat eine herabsetzende Bedeutung. Dem Inhalt nach entspricht er dem Ausdruck »fleischlich« (vgl. 2 Kor 1,12; 10,4). In den anderen Paulusbriefen jedoch bezeichnen die »psyche« und ihre Ableitungen die irdische Existenz des Menschen in ihren Äußerungen, die Lebensweise des Einzelnen und sogar die menschliche Person selbst im positiven Sinn (z. B. um das Lebensideal der Kirchengemeinde zu bezeichnen: miâ-i psychê-i – »in dem einen Geist«: Phil 1,27; sympsychoi – »dass ihr eines Sinnes seid, einmütig und einträchtig«: Phil 2,2; isópsychon – »gleichgesinnt«: Phil 2,20. Vgl. R. Jewett, Paul's Anthropological Terms. A Study of their use in Conflict Settings, Leiden 1971, Brill, Vol. 2, S. 448–449).

Leib« hingegen, den der Mensch vom letzten Adam, Christus, erbt, wird, da er an der künftigen Auferstehung teilhat, ein »geistiger« Leib sein. Er wird unvergänglich, d. h. nicht mehr vom Tod bedroht sein. Somit bezieht sich also der Gegensatz »hinfällig-kraftvoll« ausdrücklich nicht so sehr auf den getrennt für sich betrachteten Leib, sondern auf die Gesamtverfassung des in seiner Leiblichkeit gesehenen Menschen. Nur im Rahmen einer solchen Verfassung kann der Leib »geistig« werden; und diese Vergeistigung des Leibes wird die Quelle seiner Kraft und Unvergänglichkeit oder Unsterblichkeit sein.

3. Dieses Thema reicht zurück bis in die ersten Kapitel des Buches Genesis. Man kann sagen, dass der hl. Paulus die Wirklichkeit der künftigen Auferstehung als eine gewisse restitutio in integrum ansieht, d. h. als die Wiederherstellung und zugleich Erfüllung des Menschseins. Es ist nicht nur eine gewisse Wiederherstellung, denn in diesem Fall wäre die Auferstehung sozusagen die Rückkehr zu jenem Zustand, an dem die Seele vor dem Sündenfall, vor der Kenntnis von Gut und Böse, teilhatte (vgl. Gen 1–2). Eine solche Rückkehr aber entspricht nicht der inneren Logik des gesamten Heilsplanes, der tiefsten Bedeutung des Geheimnisses der Erlösung. Restitutio in integrum, verbunden mit der Auferstehung und der Wirklichkeit der »künftigen Welt«, kann nur Erfüllung sein. Es wird eine Fülle sein, welche die ganze Geschichte des Menschen voraussetzt, die sich aus dem Drama vom Baum der Erkenntnis von Gut und Böse (vgl. Gen 3) herleitet und zugleich vom Geheimnis der Erlösung geprägt ist.

4. Nach den Worten des ersten Korintherbriefes ist der Mensch, in dem die Begehrlichkeit das Geistige überwiegt, also der »sinnliche Leib« (vgl. 1 Kor 15,44), zum Tod verurteilt; auferstehen hingegen muss ein »geistiger Leib«, der Mensch, in dem der Geist eine echte Oberhoheit über den Leib, die Geistigkeit die Oberherrschaft über die Sinnlichkeit erlangt. Man kann leicht verstehen, dass Paulus hier an die

Sinnlichkeit als Summe der Faktoren denkt, die eine Begrenzung der menschlichen Geistigkeit darstellen, d. h. an die Kraft, die den Geist durch die Beschränkung seiner Fähigkeit zur Wahrheitserkenntnis und auch seiner Fähigkeit zum freien Willen und zur wahren Liebe in der Wahrheit »fesselt« (was nicht unbedingt im platonischen Sinn zu verstehen ist). Es kann sich hier hingegen nicht um jene Grundfunktion der Sinne handeln, die der Freisetzung des Geistigen im Menschen dient, d. h. um die einfache Fähigkeit des Erkennens und Wollens, also der leib-seelischen Ganzheit der menschlichen Person. Da man von der Auferstehung des Leibes, d. h. des Menschen in seiner authentischen Leiblichkeit, spricht, müsste folglich der »geistige Leib« eben das vollkommene Empfindungsvermögen der Sinne, ihre vollkommene Harmonie mit der Tätigkeit des menschlichen Geistes in Wahrheit und in Freiheit bedeuten. Der »sinnliche Leib«, der den irdischen Gegensatz zum »geistigen Leib« bildet, bezeichnet hingegen die Sinnlichkeit als Kraft, die den Menschen häufig negativ beeinflusst, weil er, der »mit seiner Erkenntnis von Gut und Böse« lebt, zum Bösen versucht und fast getrieben wird.

5. Man darf nicht vergessen, dass es sich hier nicht so sehr um den anthropologischen Dualismus handelt, sondern um einen volleren Grundgegensatz. Zu ihm gehört nicht nur der Leib (wie die aristotelische »hyle«), sondern auch die Seele: d. h. der Mensch als »lebendiges Wesen« (vgl. Gen 2,7). Seine Wesensbestandteile hingegen sind einerseits der ganze Mensch, die Gesamtheit seiner seelisch-leiblichen Subjektivität, sofern sie unter dem Einfluss des lebenspendenden Geistes Christi bleibt; anderseits derselbe Mensch, insofern er Widerstand leistet und sich diesem Geist widersetzt. Im zweiten Fall ist der Mensch »sinnlicher Leib« (und seine Werke sind Werke des Fleisches). Wenn er jedoch unter dem Einfluss des Heiligen Geistes bleibt, ist der Mensch »geistig« (und bringt die »Früchte des Geistes« hervor: Gal 5,22).

6. Man kann folglich sagen, dass wir es nicht nur in 1 Kor 15 mit der Anthropologie der Auferstehung zu tun haben, sondern dass die gesamte Anthropologie (und die Ethik) des hl. Paulus vom Mysterium der Auferstehung durchdrungen sind, durch das wir endgültig den Heiligen Geist empfangen haben. Das 15. Kapitel des ersten Korintherbriefes stellt die paulinische Interpretation der »künftigen Welt« und des Zustandes des Menschen in jener Welt dar, in welcher jeder zugleich mit der Auferstehung des Leibes in Fülle am Geschenk des lebenspendenden Geistes, d. h. an der Frucht der Auferstehung Christi, teilhaben wird.

7. Zum Abschluss der Analyse der Anthropologie der Auferstehung nach dem ersten Brief des Paulus an die Korinther müssen wir die Gedanken noch einmal jenen Worten Christi über die Auferstehung und über die »künftige Welt« zuwenden, die von den Evangelisten Matthäus, Markus und Lukas überliefert werden. Wir erinnern daran, dass Christus in seiner Antwort an die Sadduzäer den Glauben an die Auferstehung mit der gesamten Offenbarung des Gottes Abrahams, Isaaks, Jakobs und Moses verband, der »nicht der Gott der Toten, sondern der Gott der Lebenden ist« (Mt 22,32). Und während er gleichzeitig die von seinen Gesprächspartnern aufgeworfene Schwierigkeit zurückwies, verkündete er die folgenden bedeutungsvollen Worte: »Wenn die Menschen von den Toten auferstehen, werden sie nicht mehr heiraten« (Mk 12,25). Genau diesen Worten in ihrem unmittelbaren Zusammenhang haben wir unsere früheren Betrachtungen gewidmet, um dann zur Analyse des ersten Briefes des hl. Paulus an die Korinther (1 Kor 15) überzugehen.

Diese Überlegungen sind für die ganze Theologie des Leibes von grundlegender Bedeutung: für das Verständnis sowohl der Ehe wie der Ehelosigkeit »um des Himmelreiches willen«. Diesem letzteren Thema sollen unsere kommenden Betrachtungen gelten.

2. Ehelosigkeit um des Himmelreiches willen

2.1 Das Wort Christi (Matthäus 19,11–12)

Christi Worte und der Verständnisschlüssel

73. Katechese, 10. März 1982

1. Heute wollen wir mit Betrachtungen über die Jungfräulichkeit und die Ehelosigkeit »um des Himmelreiches willen« beginnen.

Die Frage des Aufrufs zu einer Ganzhingabe an Gott in Jungfräulichkeit und Ehelosigkeit ist tief verwurzelt in der Theologie des Evangeliums über den Leib. Um die besonderen Dimensionen dieser Frage aufzuzeigen, muss man sich die Worte vor Augen halten, mit denen Christus sich auf den »Anfang« beruft, sowie jene, mit denen er sich auf die Auferstehung des Leibes beruft. Seine Feststellung: »Wenn nämlich die Menschen von den Toten auferstehen, werden sie nicht mehr heiraten« (Mk 12,25), deutet darauf hin, dass es einen Zustand der Ehelosigkeit gibt, in dem der Mensch – Mann und Frau – dank der Verherrlichung seines geistleiblichen Seins in der ewigen Einheit mit Gott sowohl die Fülle der persönlichen Hingabe als auch die der zwischenmenschlichen Gemeinschaft von Personen findet. Wenn der Aufruf zur Ehelosigkeit »um des Himmelreiches willen« in der menschlichen Seele, im Zustand irdischer Zeitlichkeit, das heißt in dieser Welt, in der die Menschen gewöhnlich heiraten (vgl. Lk 20,34), gehört wird, lässt sich darin unschwer eine besondere Empfänglichkeit des menschlichen Geistes erkennen, der bereits in dieser Zeit gleichsam das vorwegnimmt, was jedem Menschen bei der künftigen Auferstehung geschenkt wird.

2. Doch von diesem Problem, von dieser besonderen Berufung hat Christus im unmittelbaren Zusammenhang seines Gespräches mit den Sadduzäern (vgl. Mt 22,23–30; Mk 12,18–25; Lk 20,27–36) nicht gesprochen, als er auf die Auferstehung der Toten Bezug nahm. Hingegen hatte er darüber schon beim Gespräch mit den Pharisäern über die

Ehe und die Grundlagen ihrer Unauflöslichkeit gesprochen – gleichsam als Verlängerung jener Auseinandersetzung (vgl. Mt 19,3–9). Seine abschließenden Worte betreffen den sogenannten Scheidebrief, den Mose für manche Fälle erlaubt hatte. Christus sagt: »Nur weil ihr so hartherzig seid, hat Mose euch erlaubt, eure Frauen aus der Ehe zu entlassen. Am Anfang war das nicht so, ich sage euch: Wer seine Frau entlässt, obwohl kein Fall von Unzucht vorliegt, und eine andere heiratet, der begeht Ehebruch« (Mt 19,8–9). Da sagten die Jünger, die – wie man aus dem Zusammenhang schließen kann – jenem Gespräch und insbesondere den von Jesus zuletzt gesprochenen Worten aufmerksam zugehört hatten: »Wenn das die Stellung des Mannes in der Ehe ist, dann ist es nicht gut zu heiraten« (Mt 19,10). Christus gibt ihnen folgende Antwort: »Nicht alle können dieses Wort erfassen, sondern nur die, denen es gegeben ist. Denn es ist so: Manche sind von Geburt an Eunuchen, manche sind von den Menschen dazu gemacht, und manche haben sich selbst dazu gemacht – um des Himmelreiches willen. Wer das erfassen kann, der erfasse es« (Mt 19,11–12).

3. In Bezug auf dieses Gespräch, das Matthäus wiedergibt, kann man die Frage stellen: Was dachten die Jünger, als sie nach der Antwort Jesu an die Pharisäer über die Ehe und ihre Unauflöslichkeit ihre Bemerkung »Wenn das die Stellung des Mannes in der Ehe ist, dann ist es nicht gut zu heiraten« machten? Jedenfalls hielt Christus dies für eine geeignete Gelegenheit, zu ihnen über die freiwillige Ehelosigkeit um des Himmelreiches willen zu sprechen. Wenn er das tut, nimmt er weder direkt zur Äußerung der Jünger Stellung noch bleibt er auf der Linie ihres Gedankenganges[99]. Er antwortet also nicht: »man soll heira-

[99] Zu den Problemen der Exegese dieses Abschnitts im Einzelnen konsultiere man z. B.: L. Sabourin, Il vangelo di Matteo. Teologia e Esegesi, Bd. II, Rom 1977 (Edi. Paoline), S. 834–836; The positive Values of Consecrated Celibacy, in: The Way, Suppl. 10, Summer 1970, S. 51; J. Blinzler, Eisin eunuchoi. Zur Auslegung von Mt 19,12, in: Zeitschrift für die Neutestamentliche Wissenschaft, 48, 1957, S. 268ff.

ten« oder »man soll nicht heiraten«. Die Frage der Ehelosigkeit um des Himmelreiches willen steht nicht im Gegensatz zur Ehe, sie gründet sich auch nicht auf ein negatives Urteil über die Bedeutung der Ehe. Im Übrigen hatte sich Christus, als er zuvor von der Unauflöslichkeit der Ehe sprach, auf den »Anfang« berufen, das heißt auf das Geheimnis der Schöpfung und damit auf die erste und grundlegende Wurzel des Wertes der Ehe. Um die Frage der Jünger zu beantworten oder vielmehr um das von ihnen aufgeworfene Problem zu klären, beruft sich Christus infolgedessen auf einen anderen Grundsatz. Nicht weil man »nicht heiraten soll«, also nicht wegen eines vermeintlich negativen Wertes der Ehe, bleiben jene ehelos, die für ihr Leben »um des Himmelreiches willen« eine solche Entscheidung treffen, sondern im Hinblick auf den besonderen Wert, den diese Entscheidung enthält und die jeder persönlich als seine Berufung erkennen und annehmen muss. Deshalb sagt Christus: »Wer das erfassen kann, der erfasse es« (Mt 19,12). Unmittelbar vorher sagt er hingegen: »Nicht alle können dieses Wort erfassen, sondern nur die, denen es gegeben ist« (Mt 19,11).

4. Wie man sieht, gibt Christus in seiner Antwort auf die ihm von den Jüngern vorgelegte Frage klar einen Schlüssel für das Verständnis seiner Worte an. In ihrer Lehre ist die Kirche der Überzeugung, dass diese Worte nicht ein Gebot zum Ausdruck bringen, das alle Menschen verpflichtet, sondern einen Rat, der nur einige angeht[100]: eben jene, die »es erfassen« können. Und »erfassen« können es diejenigen, »denen es gegeben ist«. Die zitierten Worte weisen deutlich auf den Augenblick der persönlichen Entscheidung hin und zugleich auf den Augenblick der besonderen Gnade, das heißt des Gnadengeschenks, das der Mensch

[100] »Ferner wird die Heiligkeit der Kirche in besonderer Weise gefördert durch die vielfachen Räte, deren Beobachtung der Herr im Evangelium seinen Jüngern vorlegt. Darunter ragt die kostbare göttliche Gnadengabe hervor, die der Vater einigen gibt (vgl. Mt 19,11; 1 Kor 7,7), die Jungfräulichkeit oder der Zölibat, in dem man sich leichter ungeteilten Herzens (vgl. 1 Kor 7,32–34) Gott allein hingibt« (Lumen gentium, Nr. 42).

empfängt, um eine solche Entscheidung zu treffen. Man kann sagen, dass die Entscheidung zur Ehelosigkeit um des Himmelreiches willen eine charismatische Ausrichtung auf den eschatologischen Zustand ist, in dem die Menschen »nicht mehr heiraten werden«: Zwischen dem Zustand des Menschen nach der Auferstehung der Toten und der freiwilligen Entscheidung für die Ehelosigkeit um des Himmelreiches willen, die im irdischen Leben und im geschichtlichen Zustand des gefallenen und erlösten Menschen erfolgt, besteht jedoch ein wesentlicher Unterschied. Das eschatologische »nicht heiraten« ist ein »Zustand«, das heißt die eigentliche und grundlegende Existenzweise der Menschen – Männer und Frauen – in ihren verherrlichten Leibern. Die Ehelosigkeit um des Himmelreiches willen als Frucht einer charismatischen Entscheidung ist eine Ausnahme in Bezug auf den anderen Zustand, nämlich auf jenen, dessen der Mensch »im Anfang« teilhaftig geworden ist und während seines ganzen irdischen Lebens teilhaftig bleibt.

5. Es ist sehr bezeichnend, dass Christus seine Worte über die Ehelosigkeit um des Himmelreiches willen nicht unmittelbar mit der Ankündigung der »künftigen Welt«, in welcher »die Menschen nicht heiraten werden« (Mk 12,25), verbindet. Seine Worte finden sich hingegen – wie wir bereits gesagt haben – in der Fortsetzung des Gespräches mit den Pharisäern, wo Jesus sich auf »den Anfang« berufen hatte, indem er auf die Einsetzung der Ehe durch den Schöpfer hinwies und an ihren unauflöslichen Charakter erinnerte, wie es der ehelichen Einheit von Mann und Frau nach Gottes Plan entspricht.

Der Rat und somit die charismatische Entscheidung zur Ehelosigkeit um des Himmelreiches willen verbinden sich in den Worten Christi mit der größten Anerkennung des »geschichtlichen« Zustandes der menschlichen Existenz in Bezug auf Seele und Leib. Aufgrund des unmittelbaren Zusammenhanges der Worte über die Ehelosigkeit um des Himmelreiches willen im irdischen Leben des Menschen muss man in der Berufung zur Ehelosigkeit eine Art Ausnahme von dem sehen, was vielmehr eine allgemeine Lebensregel ist. Das hebt Christus vor allem hervor. Dass diese Ausnahme die Vorwegnahme des Lebens in der »künftigen Welt« (dem Endzustand des ehelosen »Himmelreiches«) ist, das sagt Christus hier nicht direkt. Es handelt sich ja nicht um die Ehelosigkeit im Himmelreich, sondern um die Ehelosigkeit »um des Himmelreiches willen«. Die Idee der Jungfräulichkeit oder der Ehelosigkeit als endzeitliche Vorwegnahme und eschatologisches Zeichen[101] ergibt sich aus der gedanklichen Verbindung der hier verkündeten Worte mit jenen, die Jesus bei anderer Gelegenheit, nämlich im Gespräch mit den Sadduzäern, aussprechen wird, wenn er die künftige Auferstehung des Leibes verkündet. Wir werden auf dieses Thema in den kommenden Überlegungen bei den Mittwochsaudienzen zurückkommen.

Drei Arten von »Eunuchen«: warum?

74. Katechese, 17. März 1982

1. Wir setzen heute unsere Betrachtungen über die Jungfräulichkeit oder die Ehelosigkeit um des Himmelreiches willen fort: ein Thema, das auch für eine vollständige Theologie des Leibes von Bedeutung ist. Im unmittelbaren Zusammenhang der Worte über die Ehelosigkeit um des Himmelreiches willen stellt Christus einen sehr bedeutsamen Vergleich an; und dies bestärkt uns noch mehr in der Überzeugung, dass er die Berufung zu solcher Ehelosigkeit tief in der Wirklichkeit des irdischen Lebens verankern will, um sich so einen Weg zur Denkweise seiner Zuhörer zu bahnen. Er zählt nämlich drei Gruppen von Ehelosen auf. Wenn man von »Eunuchen« spricht, denkt man an die physischen Mängel, die die eheliche Fortpflanzung unmöglich machen. Solche Mängel liegen bei den beiden ersten Gruppen vor, wenn Jesus einerseits von angeborenen Mängeln spricht: »Manche sind von Geburt an Eunuchen« (Mt 19,12), anderseits von erworbenen, durch menschliches Eingreifen verursachten Mängeln: »Manche sind von den Menschen dazu gemacht« (Mt 19,12). In beiden Fällen handelt es sich

[101] Vgl. z. B. Lumen gentium, Nr. 44: Perfectae caritatis, Nr. 12.

also um eine erzwungene Lage, die nicht freiwillig angenommen worden ist. Wenn Christus in seinem Vergleich dann von denen, »die ehelos geblieben sind um des Himmelreiches willen« (Mt 19,12), als einer dritten Gruppe spricht, macht er diese Unterscheidung sicherlich, um desto deutlicher den freiwilligen und übernatürlichen Charakter dieser Entscheidung herauszustellen. Freiwillig, weil die Angehörigen dieser Gruppe »sich selbst zu Eunuchen gemacht haben«; übernatürlich hingegen, weil sie es »um des Himmelreiches willen« getan haben.

2. Die Unterscheidung ist durchaus klar und deutlich. Nicht weniger stichhaltig und vielsagend ist die Gegenüberstellung. Christus spricht zu Menschen, denen die Tradition des Alten Bundes das Ideal der Ehelosigkeit oder Jungfräulichkeit nicht überliefert hatte. Die Ehe war derart allgemein üblich verbreitet, dass nur körperliche Impotenz eine Ausnahme bilden konnte. Die Antwort, die die Jünger bei Matthäus (19,10–12) erhalten, richtet sich gleichzeitig in gewissem Sinne an die gesamte Überlieferung des Alten Testaments. Dies soll ein einziges, dem Buch der Richter entnommenes Beispiel bestätigen, auf das wir hier nicht so sehr wegen des tatsächlichen Geschehens als vielmehr wegen der bezeichnenden Worte, die es begleiten, Bezug nehmen. »Nur um eines bitte ich dich: … lass mir Zeit, damit ich meine Jungfräulichkeit beweinen kann« (Ri 11,37), sagt die Tochter des Jiftach zu ihrem Vater, nachdem sie von ihm erfahren hat, sie sei durch ein dem Herrn gemachtes Gelübde als Opfer bestimmt. (Im biblischen Text finden wir die Erklärung, wie es dazu kam.) »Geh nur!« – lesen wir dann –, »und er ließ sie gehen … Sie ging mit ihren Freundinnen und beweinte in den Bergen ihre Jungfräulichkeit. Nach zwei Monaten kehrte sie zu ihrem Vater zurück, und er tat an ihr, was er gelobt hatte; sie aber hatte noch mit keinem Mann geschlafen« (Ri 11,38–39);

3. In der Überlieferung des Alten Testaments ist folglich kein Platz für diese Bedeutung des Leibes, die Christus jetzt seinen Jüngern

darlegen und offenbaren will, wenn er von der Ehelosigkeit um des Himmelreiches willen spricht. Unter den Persönlichkeiten, die uns als geistliche Führer des Volkes im Alten Bund bekannt sind, ist nicht eine, die die Ehelosigkeit in Wort oder Verhalten verkündet hätte[102]. Die Ehe war also damals nicht nur ein allgemein üblicher Stand, sondern sie hatte außerdem in der damaligen Überlieferung eine durch die Verheißung des Herrn an Abraham geheiligte Bedeutung erhalten: »Das ist mein Bund mit dir: Du wirst Stammvater einer Menge von Völkern ... Ich mache dich sehr fruchtbar und lasse Völker aus dir entstehen. Könige werden von dir abstammen. Ich schließe meinen Bund zwischen dir und mir samt deinen Nachkommen, Generation um Generation, als ewigen Bund: Dir und deinen Nachkommen werde ich Gott sein« (Gen 17,4.6–7). Daher war in der Tradition des Alten Testaments die Ehe als Quelle der Fruchtbarkeit und des Kindersegens ein religiös privilegierter Stand: privilegiert von der Offenbarung selbst. Auf dem Hintergrund dieser Überlieferung, nach der der Messias »Sohn Davids« (Mt 20,30) sein sollte, war das Ideal der Ehelosigkeit schwer zu verstehen. Alles sprach zugunsten der Ehe: nicht nur die Gründe menschlicher Natur, sondern auch jene vom Reich Gottes her[103].

[102] Es stimmt, dass Jeremia auf ausdrückliches Gebot des Herrn ehelos geblieben ist (vgl. Jer 16,1–2); aber das war ein prophetisches Zeichen, das die künftige Verlassenheit, die Zerstörung des Landes und die Vernichtung des Volkes symbolisierte.

[103] Es stimmt – wie aus außerbiblischen Quellen bekannt ist –, dass in der Übergangszeit zwischen dem Alten und dem Neuen Testament im Judentum manche Mitglieder der Sekte der Essener ehelos waren (vgl. Josephus Flavius, Bellum Iudaicum II, 8, 2: 120–121; Philon von Alexandria, Hypothet. 11,14); aber das ereignete sich am Rande des offiziellen Judentums und überdauerte wahrscheinlich nicht den Beginn des 2. Jahrhunderts. In der Gemeinde von Qumran waren nicht alle zur Ehelosigkeit verpflichtet, aber einige Mitglieder hielten sie bis zum Tod ein, indem sie die Beschreibung von Deuteronomium 23,10–14, über die rituelle Reinheit, die während des heiligen Krieges Pflicht war, auf den Bereich des friedlichen Zusammenlebens übertrugen. Nach dem Glauben der Leute von Qumran dauerte dieser Krieg »zwischen den Kindern des Lichts und den Kindern der Finsternis« an; die Ehelosigkeit war also für sie der Ausdruck der Bereitschaft zum Kampf (vgl. 1 QM 7,5–7).

4. Die Worte Christi bringen in diesem Zusammenhang eine entscheidende Wende. Wo er zu seinen Jüngern zum ersten Mal über die Ehelosigkeit um des Himmelreiches willen spricht, ist er sich klar bewusst, dass sie als Kinder des Gesetzes des Alten Bundes die Ehelosigkeit und die Jungfräulichkeit mit der Situation von Einzelnen, insbesondere männlichen Geschlechts, in Verbindung bringen müssen, die wegen physischer Mängel nicht heiraten können (»die Eunuchen«), und deshalb bezieht er sich direkt auf diese. Das hat einen mehrfachen Hintergrund: einen geschichtlichen, psychologischen, ethischen und religiösen. Mit seiner Bezugnahme trifft Jesus – im gewissem Sinne – alle diese Hintergründe, so als wollte er sagen: Ich weiß, dass alles, was ich euch jetzt sagen werde, für euer Gewissen und euer Empfinden für die Bedeutung des Leibes große Schwierigkeiten bringen wird; ich spreche nämlich zu euch von der Ehelosigkeit, die ihr zweifellos mit physischer Impotenz, angeboren oder durch menschlichen Eingriff erworben, in Verbindung bringt. Ich hingegen möchte euch sagen, dass Ehelosigkeit auch freiwillig sein und vom Menschen »um des Himmelreiches willen« gewählt werden kann.

5. Matthäus berichtet im 19. Kapitel nichts von einer unmittelbaren Reaktion der Jünger auf diese Worte. Eine solche finden wir erst später in den Schriften der Apostel, vor allem bei Paulus. Das beweist, dass sich diese Worte in das Bewusstsein der ersten Generation der Jünger Christi eingeprägt hatten und später in den Generationen seiner Bekenner in der Kirche (und vielleicht auch außerhalb von ihr) immer wieder und auf vielfältige Weise Früchte trugen. Aus dem Blickwinkel der Theologie – das heißt der Offenbarung der gegenüber dem Alten Testament völlig neuen Bedeutung des Leibes – stellen diese Worte daher eine Wende dar. Ihre Analyse beweist, wie genau und wesentlich sie trotz ihrer Kürze sind. (Das werden wir noch besser bei der Analyse des paulinischen Textes aus dem 7. Kapitel des 1. Korintherbriefes feststellen.) Christus spricht von der Ehelosigkeit um des Himmelreiches

willen. Damit will er unterstreichen, dass der bewussten Entscheidung für diesen Stand im irdischen Leben, wo die Menschen für gewöhnlich »eine Frau nehmen oder einen Mann nehmen«, bewusst eine einzigartige, überirdische Zielsetzung zukommt. Die Ehelosigkeit, die zwar bewusst und persönlich, aber ohne diese Zielsetzung gewählt wird, fällt nicht unter die oben erwähnte Aussage Christi. Wenn Christus von denen spricht, die bewusst die Ehelosigkeit um des Himmelreiches willen gewählt haben (sich also zu »Ehelosen gemacht haben«), betont er – zumindest indirekt –, dass eine solche Entscheidung im irdischen Leben mit dem Verzicht und auch mit einem bestimmten Vollkommenheitsstreben verbunden ist.

Ehelosigkeit um des Himmelreiches willen und »Fruchtbarkeit durch den Geist«

6. Dieselbe überirdische Zielsetzung – »um des Himmelreiches willen« – erlaubt eine Reihe von eingehenderen Interpretationen, die Christus in diesem Abschnitt nicht aufzählt. Man darf jedoch behaupten, dass er durch die knappe Wendung, deren er sich bedient, indirekt auf all das hinweist, was zu diesem Thema in der Offenbarung, in der Bibel und der Überlieferung ausgesagt worden ist; all das, was zum geistlichen Reichtum der Erfahrung der Kirche geworden ist, in der die Ehelosigkeit um des Himmelreiches willen in den verschiedenen Generationen der Jünger und Nachfolger des Herrn auf vielfältige Weise Früchte getragen hat.

75. Katechese, 24. März 1982

1. Wir setzen unsere Betrachtungen über den Zölibat und die Jungfräulichkeit »um des Himmelreiches willen« fort. Die Ehelosigkeit um des Himmelreiches willen steht gewiss in Beziehung zu der Offenbarung, dass im Himmelreich »die Menschen nicht mehr heiraten werden« (Mt 22,30). Sie ist ein charismatisches Zeichen. Wenn der Mensch, so, wie er ist – Mann und Frau –, auf Erden, wo »die Menschen gewöhnlich

heiraten« (Lk 20,34), aus freiem Willen die Ehelosigkeit »um des Himmelreiches willen« wählt, so weist dies darauf hin, dass in jenem Reich, in der »künftigen Welt« nach der Auferstehung, »die Menschen nicht heiraten werden« (Mk 12,25), weil Gott »alles in allem« sein wird (1 Kor 15,28). Dieses Menschsein – Mann oder Frau – weist also auf die eschatologische »Jungfräulichkeit« des Menschen nach der Auferstehung hin, indem, so möchte ich sagen, die absolute und ewige bräutliche Bedeutung des in der Vereinigung mit Gott durch das Schauen »von Angesicht zu Angesicht« verherrlichten Leibes offenbar wird; verherrlicht auch durch die Verbundenheit in vollkommener persönlicher Gemeinschaft, die alle, die »der künftigen Welt teilhaftig werden«, Männer und Frauen, im Mysterium der Gemeinschaft der Heiligen vereinen wird. Die Ehelosigkeit »um des Himmelreiches willen« hier auf Erden ist zweifellos ein Zeichen, das auf diese Wahrheit und Wirklichkeit hinweist. Sie ist Zeichen dafür, dass der Leib, dessen Ende nicht der Tod ist, nach Verherrlichung strebt und schon deshalb für die Menschen ein Zeugnis ist, das die zukünftige Auferstehung vorwegnimmt. Dieses charismatische Zeichen für die »künftige Welt« ist jedoch Ausdruck der echtesten Kraft und Dynamik des Geheimnisses der »Erlösung des Leibes«: ein Geheimnis, das von Christus in die irdische Geschichte des Menschen eingeschrieben und in dieser Geschichte durch ihn tief verwurzelt worden ist. Somit trägt also die Ehelosigkeit »um des Himmelreiches willen« vor allem das Siegel der Ähnlichkeit mit Christus selber an sich, der im Erlösungswerk »um des Himmelreiches willen« diese Wahl getroffen hat.

2. Mehr noch: Das ganze Leben Christi war von Anfang an eine diskrete, aber klare Abwendung von dem, was im Alten Testament das Empfinden für die Bedeutung des Leibes so tiefgreifend bestimmt hat. Christus wurde – gleichsam gegen alle Erwartungen der gesamten alttestamentlichen Überlieferung – von Maria geboren, die im Augenblick der Verkündigung von sich mit aller Klarheit sagt: »Wie soll das gesche-

hen, da ich keinen Mann erkenne?« (Lk 1,34), also ihre Jungfräulichkeit bekennt. Obwohl er aber von ihr geboren wird wie jeder Mensch, wie ein Sohn von seiner Mutter, und obwohl sein Eintritt in die Welt auch von der Anwesenheit eines Mannes begleitet ist, der als Bräutigam Mariens und vor dem Gesetz und den Menschen als ihr Ehemann gilt, ist die Mutterschaft Mariens dennoch jungfräulich; und dieser jungfräulichen Mutterschaft Mariens entspricht das jungfräuliche Geheimnis Josefs, der, der Stimme von oben folgend, nicht zögert, »Maria zu sich zu nehmen ..., weil das Kind, das sie erwartet, vom Heiligen Geist ist« (Mt 1,20). Obwohl also die jungfräuliche Empfängnis und Geburt Jesu Christi in der Welt den Menschen verborgen waren, obwohl er in den Augen seiner Landsleute in Nazaret als »Sohn des Zimmermanns« (Mt 13,55) galt (»man hielt ihn für den Sohn Josefs«, Lk 3,23), weicht doch die Wirklichkeit und wesentliche Wahrheit seiner Empfängnis und Geburt ihrerseits von dem ab, was in der Überlieferung des Alten Testaments ausschließlich zugunsten der Ehe sprach und die Ehelosigkeit unverständlich und gesellschaftlich zum Nachteil macht. Wie konnte man daher »die Ehelosigkeit um des Himmelreiches willen« verstehen, wenn der erwartete Messias ein »Spross Davids« sein sollte, das heißt, wenn er, wie man glaubte, »dem Fleische nach« ein Sohn aus dem königlichen Stamm sein sollte? Einzig und allein Maria und Josef, die das Geheimnis seiner Empfängnis und Geburt erlebt haben, wurden zu den ersten Zeugen einer Fruchtbarkeit, die anders ist als die leibliche Fruchtbarkeit, nämlich der Fruchtbarkeit des Geistes: »Das Kind, das sie erwartet, ist vom Heiligen Geist« (Mt 1,20).

3. Die Geschichte der Geburt Jesu liegt gewiss auf der Linie der Offenbarung jener »Ehelosigkeit um des Himmelreiches willen«, von der Christus eines Tages zu seinen Jüngern sprechen soll. Das Ereignis bleibt jedoch den damaligen Menschen und auch den Jüngern zunächst verborgen. Erst allmählich wird es sich aufgrund der Zeugnisse und der Texte der Evangelien des Matthäus und des Lukas vor den Augen der

Kirche enthüllen. Die Ehe Mariens mit Josef (in der die Kirche Josef als Ehemann Mariens und Maria als seine Ehefrau verehrt) birgt in sich zugleich das Geheimnis von der vollkommenen Gemeinschaft von Personen, des Mannes und der Frau im Ehebund, und ebenso das Geheimnis jener einzigartigen »Ehelosigkeit um des Himmelreiches willen«: eine Ehelosigkeit, die in der Heilsgeschichte der vollkommensten »Fruchtbarkeit des Heiligen Geistes« diente. Ja, sie war gewissermaßen die absolute Fülle jener Fruchtbarkeit aus dem Geist, da sich gerade unter den Bedingungen von Nazaret des Ehebundes Marias und Josefs und zugleich in ihrer Enthaltsamkeit das Geschenk der Fleischwerdung des ewigen Wortes verwirklicht hat: Der Sohn Gottes, wesensgleich mit dem Vater, wurde als Mensch von der Jungfrau Maria empfangen und geboren. Die Gnade der hypostatischen Union ist also mit jener absoluten Fülle übernatürlicher Fruchtbarkeit – der Fruchtbarkeit im Heiligen Geiste – verbunden, an welcher Maria, ein Mensch, aufgrund der »Ehelosigkeit um des Himmelreiches willen« teilhatte. Die göttliche Mutterschaft Mariens ist in gewissem Sinne auch eine überreiche Offenbarung jener Fruchtbarkeit im Heiligen Geist, dem der Mensch seinen Geist unterwirft, wenn er freiwillig die »leibliche« Ehelosigkeit wählt: eben die Ehelosigkeit »um des Himmelreiches willen«.

4. Dieses Bild musste nach und nach der Kirche in den neuen Generationen der Bekenner Christi immer klarer bewusst werden, als sich durch das Evangelium der Kindheit Jesu in ihnen das Wissen um die göttliche Mutterschaft der Jungfrau festigte, die durch das Wirken des Heiligen Geistes das Kind empfangen hatte. Dieses Wissen sollte, wenn auch nur indirekt, so doch wesentlich und grundlegend dazu beitragen, einerseits die Heiligkeit der Ehe und anderseits die Ehelosigkeit, von welcher Christus zu seinen Jüngern gesprochen hatte, im Hinblick »auf das Himmelreich« zu verstehen. Nichtsdestoweniger war ihnen, als er zum ersten Mal zu ihnen darüber sprach (wie der Evangelist Matthäus im 19. Kapitel, Vers 10–12 bezeugt), das große Geheimnis von seiner

Empfängnis und seiner Geburt völlig unbekannt; es war ihnen ebenso verborgen wie allen Zuhörern und Gesprächspartnern Jesu von Nazaret. Als Christus von denen sprach, die »sich selbst dazu (d. h. Eunuchen) gemacht haben um des Himmelreiches willen« (Mt 19,12), konnten die Jünger das nur aufgrund seines persönlichen Vorbildes begreifen. Eine solche Ehelosigkeit musste sich ihrem Bewusstsein als ein besonderer Zug der Ähnlichkeit mit Christus einprägen, der selbst »um des Himmelreiches willen« ehelos geblieben war. Der Unterschied zur Tradition des Alten Testaments, wo Ehe und leibliche Fruchtbarkeit ein religiös privilegierter Stand waren, musste vor allem aufgrund des Beispiels Christi Nachahmung finden. Erst nach und nach konnte sich das Bewusstsein vertiefen, dass die geistliche, übernatürliche, dem Heiligen Geist (dem Geist Gottes) entspringende Fruchtbarkeit des Menschen, welcher im spezifischen Sinn und in bestimmten Fällen eben die Ehelosigkeit dient, für »das Himmelreich« von besonderer Bedeutung ist und dass genau darin die Ehelosigkeit »um des Himmelreiches willen« besteht.

Mehr oder weniger alle diese Aussagen der Evangelien über die Ehelosigkeit (also Aussagen, die den Neuen Bund in Christus betreffen) finden wir bei Paulus wieder. Wir werden versuchen, dies zu gegebener Zeit darzulegen.

Zusammenfassend können wir sagen, dass das Hauptthema der heutigen Überlegungen die Beziehung zwischen der von Christus verkündeten Ehelosigkeit »um des Himmelreiches willen« und der übernatürlichen Fruchtbarkeit des menschlichen Geistes war, die aus dem Heiligen Geist kommt.

Der Ausdruck »um des Himmelreiches willen« bezeichnet die Motivation

76. Katechese, 31. März 1982

1. Wir setzen unsere Betrachtungen über das Thema Zölibat und Jungfräulichkeit um des Himmelreiches willen fort, wobei wir uns auf den Text des Matthäusevangeliums (Mt 19,10–12) stützen.

Als Christus von der Ehelosigkeit um des Himmelreiches willen sprach und sie mit dem Beispiel seines eigenen Lebens begründete, wollte er zweifellos, dass seine Jünger sie vor allem in Bezug auf das »Reich« verstehen sollten, das er in der Welt verkünden wollte und zu dem er die rechten Wege wies. Die Ehelosigkeit, von der er sprach, ist einer dieser Wege und, wie sich bereits aus dem Zusammenhang des Matthäusevangeliums ergibt, ein besonders wirksamer und bevorzugter Weg. In der Tat stellte diese Bevorzugung des Zölibats und der Jungfräulichkeit »um des Himmelreiches willen« etwas absolut Neues gegenüber der Tradition des Alten Bundes dar, und sie hatte eine entscheidende Bedeutung sowohl für das Ethos wie für die Theologie des Leibes.

2. Christus enthüllt in seiner Aussage vor allem das Ziel der Ehelosigkeit. Er sagt, dass der Weg der Ehelosigkeit, von dem er selbst mit seinem Leben Zeugnis gibt, nicht nur gangbar und möglich, sondern »um des Himmelreiches willen« besonders wertvoll und wichtig ist. Und so muss es wohl sein, wenn Christus selbst für sich diesen Weg gewählt hat. Wenn aber dieser Weg so wertvoll und wichtig ist, muss der Ehelosigkeit um des Himmelreiches willen ein besonderer Wert zukommen. Wie wir bereits früher erwähnten, behandelte Christus das Problem nicht auf der gleichen Ebene und im gleichen Gedankengang, in den es die Jünger stellten, als sie sagten: »Wenn das die Stellung des Mannes in der Ehe ist, dann ist es nicht gut zu heiraten« (Mt 19,10). Ihre Worte lassen unterschwellig einen gewissen Utilitarismus erkennen. Christus hingegen hat in seiner Antwort indirekt darauf hingewiesen, dass, wenn die Ehe – getreu ihrer ursprünglichen Einsetzung durch den Schöpfer (erinnern wir uns, dass der Meister selbst sich in diesem Zusammenhang auf den »Anfang« berief) – ihre volle Angemessenheit und ihren Wert, einen fundamentalen, universalen und allgemeinen Wert für das Himmelreich besitzt, die Ehelosigkeit ihrerseits für dieses Reich einen besonderen und außergewöhnlichen Wert aufweist. Es handelt sich offensichtlich um eine Ehelosigkeit, die bewusst aus übernatürlichen Beweggründen gewählt wird.

3. Wenn Christus in seiner Aussage vor allem die übernatürliche Zweckbestimmtheit der Ehelosigkeit unterstreicht, tut er das nicht nur in einem objektiven, sondern auch in einem deutlich subjektiven Sinn, das heißt, er weist auf die Notwendigkeit einer Motivierung hin, die in angemessener und vollkommener Weise dem objektiven Zweck entspricht, der in dem Ausdruck »um des Himmelreiches willen« bezeichnet ist. Um dieses Ziel zu erreichen – das heißt, um in der Ehelosigkeit jene übernatürliche Fruchtbarkeit zu entdecken, die vom Heiligen Geist herkommt –, muss sie gewollt und gewählt werden kraft eines tiefen Glaubens, der uns nicht nur das Reich Gottes in seiner zukünftigen Vollendung aufgehen lässt, sondern uns auch in besonderer Weise erlaubt und ermöglicht, uns mit der Wahrheit und Wirklichkeit jenes Reiches zu identifizieren, so wie es von Christus in der Botschaft des Evangeliums und vor allem durch das persönliche Vorbild seines Lebens und Verhaltens geoffenbart wird. Deshalb wurde oben gesagt, dass die Ehelosigkeit »um des Himmelreiches willen« – als deutliches Zeichen der »künftigen Welt« – vor allem die innere Dynamik des Geheimnisses von der Erlösung des Leibes in sich trägt (vgl. Lk 20,35) und in dieser Bedeutung auch das Kennzeichen einer besonderen Ähnlichkeit mit Christus besitzt. Wer bewusst diese Ehelosigkeit wählt, wählt in gewissem Sinne eine besondere Teilhabe am Geheimnis der Erlösung (des Leibes); er will sie sozusagen an seinem eigenen Fleisch ergänzen (vgl. Kol 1,24), worin er wiederum den Abdruck seiner Ähnlichkeit mit Christus findet.

4. Das alles bezieht sich auf den Beweggrund der Entscheidung (das heißt auf ihre Zweckbestimmtheit im subjektiven Sinn): Der Mensch, der die Ehelosigkeit um des Himmelreiches willen wählt, muss sich von einem solchen Motiv leiten lassen. Christus sagt in unserem Fall nicht, der Mensch wäre verpflichtet (auf jeden Fall handelt es sich nicht um die Pflicht, wie sie sich aus einem Gebot herleitet); doch heben seine knappen Worte über die Ehelosigkeit »um des Himmelreiches

willen« zweifellos gerade das Motiv nachdrücklich hervor. Sie offenbaren dieses Motiv (das heißt sie weisen auf das Ziel hin, dessen sich der Mensch subjektiv bewusst ist) sowohl im ersten Teil der Aussage wie auch im zweiten durch den Hinweis, dass es sich hier um eine besondere Entscheidung handelt, nämlich um eine außergewöhnliche Berufung, die nicht allen gilt und nicht alltäglich ist. Zu Beginn, im ersten Teil seiner Aussage, spricht Christus von einem Verständnis (»nicht alle können dieses Wort erfassen, sondern nur die, denen es gegeben ist«, Mt 19,11); dabei handelt es sich nicht um ein abstraktes Verständnis, vielmehr um ein Erfassen, das die Entscheidung, die persönliche Wahl beeinflusst, in welcher das »Geschenk«, also die Gnade, im menschlichen Willen eine entsprechende Antwort finden soll. Dieses Verständnis schließt also das Motiv mit ein. Daher beeinflusst das Motiv die Wahl der Ehelosigkeit, denn diese wird übernommen, nachdem man die Bedeutung des Ausdrucks »um des Himmelreiches willen« richtig verstanden hat. Christus stellt deshalb im zweiten Teil seiner Ausführungen fest, dass der Mensch sich selbst »zu einem Eunuchen« macht, wenn er die Ehelosigkeit um des Himmelreiches willen wählt und sie zur Grundsituation macht, die sein ganzes Erdenleben kennzeichnet. In einer derart begründeten Entscheidung liegt der übernatürliche Beweggrund, der die Entscheidung selbst ursprünglich angeregt hat. Sie bleibt, wenn sie ständig erneuert wird.

5. Schon bei früheren Begegnungen haben wir die Aufmerksamkeit auf die besondere Bedeutung der letzten Behauptung gelenkt. Wenn Christus in diesem Fall davon spricht, dass ein Mensch »sich selbst zu einem Eunuchen macht«, dann hebt er das besondere Gewicht dieser Entscheidung hervor, die einem tiefen Glauben entspringt; er versucht auch nicht, die Schwierigkeiten zu verbergen, die eine solche Entscheidung und ihre nachhaltigen Folgen für den Menschen, für die normalen (und im Übrigen edlen) Neigungen seiner Natur mit sich bringen können.

Der Hinweis auf den »Anfang«, wenn vom Problem der Ehe gesprochen wird, hat uns die ganze ursprüngliche Schönheit dieser Berufung des Menschen, des Mannes und der Frau, entdecken lassen: eine Berufung, die von Gott kommt und der Erschaffung des Menschen als Mann und Frau sowie seiner Berufung zur Gemeinschaft der Personen entspricht. Wenn Christus die Ehelosigkeit um des Himmelreiches willen verkündet, spricht er sich damit nicht nur gegen die gesamte Tradition des Alten Testaments aus, nach welcher Ehe und Fortpflanzung, wie wir gesagt haben, religiös bevorzugt werden; er stellt sich damit gewissermaßen auch in Gegensatz zu jenem »Anfang«, auf den er selbst Bezug genommen hat; vielleicht nuanciert er auch deshalb seine eigenen Worte mit jenem Ausdruck vom »Erfassen«, auf die wir oben hingewiesen haben. Die Analyse des »Anfangs« (insbesondere aufgrund des jahwistischen Textes) hatte nämlich gezeigt, dass Gott selbst den Menschen, obgleich man sich ihn Gott gegenüber allein vorstellen könnte, doch diesem Alleinsein entriss, als er sprach: »Es ist nicht gut, dass der Mensch allein bleibe. Ich will ihm eine Hilfe machen, die ihm ähnlich ist« (Gen 2,18).

6. Die doppelte Ausprägung als Mann und Frau, die der menschlichen Natur eigen ist, und die Zweieinheit der beiden, die sich darauf gründet, bestehen somit »von Anfang an«, das heißt, sie reichen als Gottes Werk bis in die Tiefe ihres Wesens. Wenn Christus von der Ehelosigkeit »um des Himmelreiches willen« spricht, hat er diese Wirklichkeit vor Augen. Nicht ohne Grund spricht er (nach Matthäus) davon im unmittelbaren Zusammenhang, in dem er sich auf den »Anfang« bezieht, das heißt auf den göttlichen Ursprung der Ehe bei der Erschaffung des Menschen. Auf dem Hintergrund der Worte Christi kann man behaupten, dass nicht nur die Ehe uns hilft, die Ehelosigkeit um des Himmelreiches willen zu begreifen, sondern dass auch die Ehelosigkeit ein besonderes Licht auf die Ehe wirft, wenn man sie im Geheimnis der Schöpfung und der Erlösung betrachtet.

Ehelosigkeit und Ehe als Berufungen des »geschichtlichen« Menschen

77. Katechese, 7. April 1982

1. Mit dem Blick auf Christus, den Erlöser, setzen wir nun unsere Überlegungen zum Zölibat und zur Ehelosigkeit »um des Himmelreiches willen« – nach den Worten Christi, wie sie im Matthäusevangelium überliefert sind (Mt 19,10–12) – fort. Wenn Christus die Ehelosigkeit »um des Himmelreiches willen« verkündet, erkennt er voll und ganz alles an, was der Schöpfer von Anbeginn erschaffen und eingesetzt hat. Dementsprechend muss jene Ehelosigkeit auf der einen Seite beweisen, dass der Mensch in seiner tiefsten Wesenheit als Mensch nicht nur »zweifach« angelegt ist, sondern auch (in dieser Doppelheit) vor Gott mit Gott »allein« ist. Doch anderseits respektiert das, was im Ruf zur Ehelosigkeit um des Himmelreiches willen eine Einladung zum Alleinsein für Gott bedeutet, zugleich die »Doppelheit des Menschseins« (das heißt sein Mann- und Frausein) wie auch jene Lebensdimension der Gemeinschaft, die der Person eigen ist. Wer den Ruf zur Ehelosigkeit um des Himmelreiches willen den Worten Gottes entsprechend richtig »erfasst«, folgt ihm und bewahrt damit die volle Wahrheit seiner Menschlichkeit, ohne dass ihm unterwegs eines der Elemente abhanden kommt, die für die Berufung der »nach dem Abbild und Gleichnis Gottes« geschaffenen Person wesentlich sind. Das ist wichtig für die Idee selbst oder vielmehr für die Idee der Ehelosigkeit, also für ihren objektiven Inhalt, der in der Lehre Christi als eine radikale Neuerung erscheint. Ebenso wichtig ist es aber auch für die Verwirklichung jenes Ideals, das heißt, damit die konkrete, vom Menschen getroffene Entscheidung, um des Himmelreiches willen im Zölibat bzw. im Zustand der Jungfräulichkeit zu leben (derjenige – um die Worte Christi zu gebrauchen –, der »sich selbst zum Eunuchen gemacht hat«), hinsichtlich der Motivierung durch und durch echt sei.

2. Aus dem Zusammenhang des Matthäusevangeliums (Mt 19,10–12) ergibt sich hinreichend klar, dass es hier nicht darum geht, den Wert

der Ehe zum Vorteil der Ehelosigkeit herabzusetzen, und schon gar nicht darum, einen Wert durch den anderen zu schmälern und zu verdunkeln. Es handelt sich vielmehr darum, ganz bewusst das »aufzugeben«, was nach dem Willen des Schöpfers selbst im Menschen zur Ehe führt, und den Weg der Ehelosigkeit einzuschlagen, die sich vor dem konkreten Menschen – Mann oder Frau – als Ruf und Geschenk von besonderer Beredsamkeit und besonderer Bedeutung »um des Himmelreiches willen« enthüllt. Die Worte Christi (Mt 19,11–12) gehen von dem ganzen Realismus der Lage des Menschen aus, und mit demselben Realismus führen sie ihn hinaus, hin zu der Berufung, der er in neuer Weise – obgleich er seiner Natur nach »doppelt« angelegt bleibt (das heißt als Mann ausgerichtet auf die Frau und als Frau ausgerichtet auf den Mann) – fähig ist, in seinem Alleinsein, das immer eine personale Dimension der Doppelheit eines jeden ist und bleibt, eine neue und sogar erfülltere Form der zwischenmenschlichen Gemeinschaft mit den anderen zu entdecken. Diese Ausrichtung des Rufes erklärt in ganz klarer Weise der Ausdruck »um des Himmelreiches willen«. Denn die Verwirklichung dieses Reiches muss auf der Linie der echten Entfaltung des Abbildes und Gleichnisses Gottes in seiner trinitarischen Bedeutung, das heißt eben »der Gemeinschaftlichkeit«, liegen. Wenn der Mensch die Ehelosigkeit um des Himmelreiches willen wählt, hat er das Bewusstsein, dass er sich selbst auf diese Weise »anders« und »vollkommener« verwirklichen kann als in der Ehe, indem er zur »aufrichtigen Hingabe für die anderen« wird (vgl. Gaudium et spes, Nr. 24).

3. Durch die bei Matthäus (19,11–12) wiedergegebenen Worte gibt Christus klar zu verstehen, dass dieses »Zugehen« auf die Ehelosigkeit um des Himmelreiches willen verbunden ist mit einem freiwilligen Verzicht auf die Ehe, das heißt auf den Zustand, in dem Mann und Frau (gemäß der Bedeutung, die der Schöpfer »im Anfang« ihrer Einheit gab) durch ihr Mann- und Frausein auch durch die körperliche

Vereinigung zum Geschenk füreinander werden. Die Ehelosigkeit bedeutet einen bewussten und freiwilligen Verzicht auf diese Vereinigung und auf alles, was in der umfassenden Dimension des menschlichen Lebens und Zusammenlebens mit ihr verbunden ist. Der Mensch, der auf die Ehe verzichtet, verzichtet in gleicher Weise auf die Zeugung als Fundament der aus Eltern und Kindern gebildeten Familiengemeinschaft. Die Worte Christi, auf die wir uns beziehen, weisen zweifellos auf diesen ganzen Bereich des Verzichts hin, obgleich sie sich nicht bei Einzelheiten aufhalten. Und die Art und Weise, wie diese Worte ausgesprochen worden sind, lässt die Annahme zu, dass Christus die Bedeutung dieses Verzichts begreift und dass er sie nicht nur hinsichtlich der Meinungen versteht, die in der damaligen israelitischen Gesellschaft zu diesem Thema herrschen. Er begreift die Bedeutung dieses Verzichts auch in Bezug auf das Gut, das Ehe und Familie aufgrund der göttlichen Einsetzung an sich darstellen. Durch die Art und Weise, wie er die diesbezüglichen Worte verkündet, gibt er also zu verstehen, dass jenes Heraustreten aus dem Kreis des Guten, zu dem er selbst »um des Himmelreiches willen« aufruft, mit einer gewissen Selbsthingabe verbunden ist. Dieses Heraustreten wird somit auch zum Ausgangspunkt weiterer Verzichtleistungen und freiwilliger Opfer, die unerlässlich sind, wenn die erste und grundlegende Entscheidung in der Dimension des ganzen irdischen Lebens konsequent sein soll; und nur dank solcher Konsequenz ist jene Wahl innerlich begründet und nicht widersprüchlich.

4. In dem Ruf zur Ehelosigkeit, wie er von Christus – in knappen und zugleich ganz klaren Worten – ausgesprochen wurde, zeichnen sich somit die Umrisse und zugleich die Dynamik des Geheimnisses der Erlösung ab, worauf wir bereits bei früheren Gelegenheiten hingewiesen haben. Innerhalb derselben Umrisse hat Jesus bei der Bergpredigt von der Notwendigkeit gesprochen, zu wachen über die Begehrlichkeit des Körpers, über die Begehrlichkeit, die mit »dem Blick« beginnt und bereits in diesem Augenblick zum »Ehebruch im Herzen wird«. Hin-

ter den Worten bei Matthäus – sowohl im 19. Kapitel (Vers 11–12) wie im 5. Kapitel (Vers 27–28) – stehen dieselbe Anthropologie und dasselbe Ethos. In der Einladung zur freiwilligen Ehelosigkeit um des Himmelreiches willen werden die Perspektiven dieses Ethos erweitert: Im Blickbereich der Worte der Bergpredigt steht die Anthropologie des »geschichtlichen« Menschen; im Blickbereich der Worte über die freiwillige Ehelosigkeit bleibt dieselbe Anthropologie im Wesentlichen bestehen, sie wird aber erleuchtet durch die Perspektive des »Himmelreiches«, das heißt also zugleich durch die künftige Anthropologie der Auferstehung. Nichtsdestoweniger tritt auf den Wegen dieser freiwilligen Ehelosigkeit im irdischen Leben aber keineswegs die Anthropologie der Auferstehung an die Stelle der Anthropologie des »geschichtlichen« Menschen. Und gerade dieser Mensch, dieser Mensch »der Geschichte«, in dem zugleich das Erbe der dreifachen Begehrlichkeit, das Erbe der Sünde und ebenso das Erbe der Erlösung weiterbesteht, ist es jedenfalls, der die Entscheidung über die Ehelosigkeit »um des Himmelreiches willen« treffen muss: Diese Entscheidung muss er dadurch verwirklichen, dass er die Sündhaftigkeit seines Menschseins den Kräften unterordnet, die aus dem Geheimnis der Erlösung des Leibes quellen. Er muss das tun wie jeder andere Mensch auch, der keine solche Entscheidung trifft und dem der Weg der Ehe bleibt. Verschieden ist nur die Art der Verantwortung für das gewählte Gut wie auch die Art des gewählten Gutes verschieden ist.

Das rechte Verständnis des »höheren Wertes« der Ehelosigkeit um des Himmelreiches willen

5. Hebt Christus in seiner Verkündigung etwa den höheren Wert der Ehelosigkeit um des Himmelreiches willen gegenüber dem der Ehe hervor? Gewiss sagt er, dass es sich dabei um eine »außergewöhnliche«, nicht »gewöhnliche« Berufung handelt. Des weiteren bestätigt er, dass sie besonders bedeutsam und notwendig für das Himmelreich ist. Wenn wir die Überlegenheit über die Ehe in diesem Sinne verstehen,

müssen wir zugeben, dass Christus sie stillschweigend der Ehelosigkeit zuspricht: Er sagt es jedoch nicht direkt. Erst Paulus wird von denen, die sich für die Ehe entscheiden, sagen, dass sie »richtig handeln«, und von allen, die zu einem Leben in freiwilliger Ehelosigkeit bereit sind, dass sie »besser handeln« (vgl. 1 Kor 7,38).

6. Das ist auch die Ansicht der gesamten lehrmäßigen und seelsorglichen Überlieferung. Jene »Überlegenheit« der Ehelosigkeit über die Ehe bedeutet in der echten Überlieferung der Kirche niemals eine Entwertung der Ehe oder eine Verkürzung ihres eigentlichen Wertes. Sie bedeutet zudem kein – wenn auch implizit gegebenes – Hinübergleiten in die Anschauungen des Manichäismus oder eine Unterstützung der Bewertung von Verhaltensweisen, die sich auf das manichäische Verständnis des Körpers und des Geschlechts, der Ehe und der Fortpflanzung gründen. Der evangelikale und echt christliche Vorrang der Jungfräulichkeit, der Ehelosigkeit, wird folgerichtig vom Motiv des Himmelreiches bestimmt. In den von Matthäus wiedergegebenen Worten Christi (Mt 19,11–12) finden wir eine solide Grundlage, um einzig und allein diese Art der Überlegenheit zuzugeben: Wir finden dort jedoch keinerlei Grund für irgendeine Abwertung der Ehe, die auch in der Anerkennung jener Überlegenheit hätte vorhanden sein können. Auf dieses Problem werden wir bei unserer nächsten Betrachtung noch zurückkommen.

78. Katechese, 14. April 1982

1. Wir setzen nun die Überlegungen der vergangenen Wochen zu den Worten über die Ehelosigkeit »um des Himmelreiches willen« fort, die – nach dem Matthäusevangelium (19,10–12) – Christus an seine Jünger gerichtet hat.

Wir betonen erneut, dass diese Worte bei all ihrer Knappheit wunderbar reich und genau sind, reich an lehrmäßigem wie pastoralem Inhalt; zugleich deuten sie eine berechtigte Grenze an. So bleibt also jede manichäische Auslegung entschieden ausgeschlossen, ebenso wie nach den Worten Christi in der Bergpredigt das begehrliche Verlangen »im Herzen« (vgl. Mt 5,27–28) ausgeschlossen bleibt.

In den Worten Christi über die Ehelosigkeit »um des Himmelreiches willen« findet sich keinerlei Anspielung auf eine »Minderwertigkeit« der Ehe in Bezug auf den »Leib«, das heißt im Hinblick auf das Wesentliche der Ehe; dieses besteht ja darin, dass Mann und Frau sich in ihr derart vereinigen, dass sie »ein Fleisch« werden (vgl. Gen 2,24). Die bei Matthäus 19,11–12 wiedergegebenen Worte Christi (wie auch die Worte des Paulus im ersten Korintherbrief, Kap. 7) liefern weder einen Grund dafür, die »Minderwertigkeit« der Ehe zu behaupten, noch dafür, die »Überlegenheit« der Jungfräulichkeit bzw. des Zölibats zu vertreten, weil diese ihrer Natur nach darin bestehen, sich der ehelichen leiblichen Vereinigung zu enthalten. Hier sind die Worte Christi völlig klar. Er stellt seinen Jüngern das Ideal der Ehelosigkeit und die Berufung zu ihr vor Augen und rät ihnen dazu nicht aus Missachtung oder in Abwertung der ehelichen leiblichen Vereinigung, sondern einzig und allein »um des Himmelreiches« willen.

2. In diesem Licht wird eine tiefere Erklärung des Ausdrucks »um des Himmelreiches willen« besonders nützlich; und das wollen wir auch im Folgenden, wenigstens kurz zusammengefasst, versuchen. Was jedoch das richtige Verständnis der Beziehung zwischen Ehe und Ehelosigkeit, von der Christus spricht, sowie das Verständnis dieser Beziehung betrifft, wie sie die gesamte Überlieferung begriffen hat, sei hinzugefügt, dass die erwähnte »Überlegenheit« und »Minderwertigkeit« in den Grenzen der gegenseitigen Ergänzung von Ehe und Ehelosigkeit um des Reiches Gottes willen deutlich enthalten sind. Ehe und Ehelosigkeit stehen weder zueinander in Gegensatz noch teilen sie von sich aus die menschliche (und christliche) Gemeinschaft in zwei Lager (nämlich das der aufgrund der Ehelosigkeit »Vollkommenen« und das der aufgrund der Wirklichkeit des ehelichen Lebens »Unvollkommenen«

oder weniger Vollkommenen). Vielmehr erklären und ergänzen sich diese beiden grundlegenden Lebensformen oder, wie man gewöhnlich sagt, diese beiden »Stände« in gewissem Sinne gegenseitig, was die Existenz und das (christliche) Leben der Gemeinschaft betrifft, die sich als Ganzes und in allen ihren Gliedern in der Dimension des Gottesreiches verwirklicht und eine diesem Reich entsprechende eschatologische Ausrichtung besitzt. Was nun diese Dimension und Ausrichtung anbelangt – an denen die ganze Gemeinschaft, das heißt alle, die zu ihr gehören, im Glauben teilhaben muss –, hat die Ehelosigkeit »um des Himmelreiches willen« für jene, die in der Ehe leben, besonderen Wert und besondere Aussagekraft. Im Übrigen ist ja bekannt, dass die Verheirateten die Mehrheit bilden.

3. Es scheint also, dass eine in diesem Sinne verstandene gegenseitige Ergänzung ihre Grundlage in den Worten Christi nach Matthäus (19,11–12) und auch im ersten Korintherbrief, Kap. 7, findet. Hingegen gibt es dort keinerlei Grundlage für einen möglichen Gegensatz, wonach die Unvermählten allein aufgrund der Ehelosigkeit die Klasse der »Vollkommenen« darstellen würden und die Verheirateten die Klasse der »Unvollkommenen« (oder der »weniger Vollkommenen«). Wenn man, entsprechend einer logischen Tradition, vom Stand der Vollkommenheit (status perfectionis) spricht, dann tut man das nicht wegen der Ehelosigkeit an sich, sondern im Hinblick auf ein Leben nach den evangelischen Räten (Armut, Keuschheit und Gehorsam), weil dieses dem Aufruf Christi zur Vollkommenheit entspricht (»Wenn du vollkommen sein willst …«, Mt 19,21). Die Vollkommenheit des christlichen Lebens hingegen wird mit dem Maß der Liebe gemessen. Daraus folgt, dass jemand, der nicht im »Stand der Vollkommenheit« (das heißt in einem Institut, dessen Leben auf die Gelübde der Armut, der Keuschheit und des Gehorsams gründet) lebt, oder nicht in einem Ordensinstitut, sondern in der Welt, tatsächlich einen höheren Grad der Vollkommenheit – deren Maß die Liebe ist – erlangen kann als

derjenige, der zwar im »Stand der Vollkommenheit« lebt, aber mit weniger Liebe. Die evangelischen Räte helfen jedoch ohne Zweifel, zu einer vollkommeneren Liebe zu gelangen. Jeder, der sie erreicht, gelangt, auch wenn er nicht im »Stand der Vollkommenheit« im eigentlichen Sinn des Wortes lebt, durch die Treue zum Geist dieser Räte zu jener Vollkommenheit, die der Liebe entspringt. Diese Vollkommenheit ist für jeden Menschen, sowohl in einem Ordensinstitut wie in der Welt möglich und erreichbar.

4. Den bei Matthäus angeführten Worten Christi scheint somit das gegenseitige Sich-Ergänzen der Ehe und der Ehelosigkeit »um des Himmelreiches willen« in ihrer Bedeutung und vielfältigen Tragweite in angemessener Weise zu entsprechen. Im Leben einer wahrhaft christlichen Gemeinschaft ergänzen die charakteristischen Haltungen und die Werte des einen und des anderen Standes – also der einen oder der anderen grundlegenden Entscheinung, die durch das Bewusstsein der Berufung für das ganze Erdenleben und im Hinblick auf die »himmlische Kirche« – einander und durchdringen sich in gewissem Sinne gegenseitig. Die vollkommene eheliche Liebe muss von jener Treue und von jener Hingabe an den einen Bräutigam (und auch von der Treue und der Hingabe des Bräutigams an die eine Braut) gekennzeichnet sein, auf die der Ordensberuf und der priesterliche Zölibat gegründet sind. Die eine wie die andere Liebe der »bräutlichen» Bedeutung des Leibes ist bestrebt, jene zum Ausdruck zu bringen, die der personalen Struktur des Mannes und der Frau »seit dem Anfang« eingeschrieben ist. Dieses Thema werden wir ein anderes Mal wieder aufnehmen.

5. Anderseits muss die bräutliche Liebe, die ihren Ausdruck in der Ehelosigkeit »um des Himmelreiches willen« findet, in ihrer geregelten Entfaltung zu der »Vater-« bzw. »Mutterschaft« im geistlichen Sinne führen (das heißt zu jener »Fruchtbarkeit im Heiligen Geist«, von der wir bereits gesprochen haben), ähnlich der ehelichen Liebe, die in der

leiblichen Vaterschaft und Mutterschaft reift und sich in ihnen eben als bräutliche Liebe bestätigt. Auch die leibliche Zeugung entspricht nur dann voll und ganz ihrer Bedeutung, wenn sie von der geistigen Vaterschaft und Mutterschaft ergänzt wird. Ausdruck und Frucht dieser Vater- und Mutterschaft im geistlichen Sinn ist das gesamte Erziehungswerk der Eltern an den Kindern, die ihrer ehelichen leiblichen Vereinigung entsprungen sind. Wie man sieht, gibt es zahlreiche Aspekte und Bereiche der Ergänzung zwischen der Berufung – im evangelischen Sinn – derer, die »heiraten« (Lk 20,34), und derer, die bewusst und freiwillig die Ehelosigkeit »um des Himmelreiches willen« wählen (Mt 19,12). In seinem ersten Brief an die Korinther (dessen Analyse wir bei einer unserer nächsten Betrachtungen vornehmen werden) schreibt der hl. Paulus über dieses Thema: »Jeder hat seine Gnadengabe von Gott, der eine so, der andere so« (1 Kor 7,7).

Ehelosigkeit um des Himmelreiches willen: zwischen Verzicht und Liebe

79. Katechese, 21. April 1982

1. Wir setzen unsere Überlegungen zu den Worten Christi über die Ehelosigkeit »um des Himmelreiches willen« fort.

Man kann die Bedeutung und Eigenart der Ehelosigkeit nicht voll verstehen, wenn die letzten Worte der Aussage Christi, »um des Himmelreiches willen« (Mt 19,12), nicht in ihrem entsprechenden konkreten und objektiven Gehalt gesehen werden. Wir haben früher gesagt, dass diese Worte das Motiv ausdrücken oder gewissermaßen den subjektiven Zweck des Rufes Christi zur Ehelosigkeit hervorheben. Der Ausdruck an sich hat jedoch objektiven Charakter, denn er weist auf eine objektive Gegebenheit hin, deretwegen die Einzelnen, Männer wie Frauen, »sich selbst« (wie Christus sagt) zu Eunuchen »machen« können. Der Gehalt des »Reiches« in der Aussage Christi bei Matthäus (19,11–12) wird präzise und zugleich allgemein bestimmt, das heißt so, dass er alle seine näheren Bestimmungen umfassen kann.

2. Das »Himmelreich« bedeutet das »Reich Gottes«, das Christus in seiner endgültigen, das heißt eschatologischen Vollendung predigte. Christus predigte dieses Reich in seiner zeitlichen Verwirklichung oder Errichtung, und zugleich kündigte er seine eschatologische Vollendung an. Die zeitliche Errichtung des Reiches Gottes ist zugleich sein Beginn und die Vorbereitung auf seine endgültige Erfüllung. Christus beruft zu diesem Reich und lädt in gewissem Sinne alle dazu ein (vgl. das Gleichnis vom königlichen Hochzeitsmahl: Mt 22,1–14). Wenn er einige zur Ehelosigkeit »um des Himmelreiches willen« beruft, so geht aus dem Inhalt dieses Ausdrucks hervor, dass er sie beruft, in ganz besonderer Weise an der Errichtung des Reiches Gottes auf Erden teilzunehmen, durch welche die Schlussphase des »Himmelreiches« ihren Anfang nimmt und vorbereitet wird.

3. In diesem Sinne haben wir gesagt, dass diese Berufung das besondere Merkmal der Dynamik aufweist, die dem Geheimnis von der Erlösung des Leibes eigen ist. So wird also, wie wir bereits erwähnt haben, in der Ehelosigkeit um des Himmelreiches willen hervorgehoben, dass man sich selbst verleugnet, dass man täglich sein Kreuz auf sich nimmt und Christus nachfolgt (vgl. Lk 9,23), was bis zum Verzicht auf die Ehe und auf eine eigene Familie gehen kann. Das alles kommt aus der Überzeugung, dass man so mehr zur Verwirklichung des Reiches Gottes in seiner irdischen Gestalt im Blick auf seine endzeitliche Vollendung beitragen kann. Christus sagt in seiner Aussage bei Matthäus (19,11–12) ganz allgemein, dass der freiwillige Verzicht auf die Ehe dieses Ziel habe, doch er verdeutlicht diese Feststellung nicht im Einzelnen. In seiner ersten Aussage zu diesem Thema gibt er noch nicht genau an, für welche konkreten Aufgaben diese freiwillige Ehelosigkeit bei der Verwirklichung des Reiches Gottes notwendig oder sogar unerlässlich ist. Etwas mehr dazu werden wir bei Paulus von Tarsus hören (1 Korintherbrief); das Übrige wird vom Leben der Kirche in ihrer geschichtlichen Entwicklung gestaltet, die vom Strom der authentischen Überlieferung vorangetrieben wird.

4. In der Aussage Christi über die Ehelosigkeit »um des Himmelreiches willen« finden wir keinen ausführlichen Hinweis darauf, wie jenes »Reich« – sowohl was seine irdische Verwirklichung als auch was seine endgültige Erfüllung betrifft – in seiner besonderen und »außergewöhnlichen« Beziehung zu denjenigen zu verstehen ist, die um dieses Reiches willen »sich selbst« freiwillig »zu Eunuchen« machen. Auch ist nicht gesagt, unter welchem besonderen Aspekt der Wirklichkeit, die das Reich darstellt, ihm diejenigen eingegliedert werden, die sich freiwillig zu Eunuchen machen. Denn bekanntlich ist das Himmelreich ja für alle gedacht: Auch jene, die heiraten, gehören ihm auf Erden (und im Himmel) an. Es ist für alle der »Weinberg des Herrn«, in dem sie hier auf Erden arbeiten müssen; und es ist später das »Haus des Vaters«, in dem sie in der Ewigkeit ihre Heimat finden sollen. Was ist nun jenes Reich für diejenigen, die um seinetwillen freiwillig die Ehelosigkeit wählen?

5. Auf diese Fragen finden wir vorläufig in der Aussage Christi bei Matthäus (19,11–12) keine Antwort. Das scheint dem Charakter der ganzen Aussage zu entsprechen. Christus antwortet seinen Jüngern so, dass er damit nicht auf der Linie ihres Denkens und ihrer Bewertungen bleibt, in denen sich, zumindest indirekt, eine utilitaristische Haltung gegenüber der Ehe verbirgt (»Wenn das so ist …, dann ist es nicht gut zu heiraten«, Mt 19,10). Der Meister distanziert sich ausdrücklich von dieser Sicht des Problems und gibt darum, wenn er von der Ehelosigkeit »um des Himmelreiches willen« spricht, nicht an, warum es sich lohnt, so auf die Ehe zu verzichten, damit jenes »es lohnt sich« den Jüngern nicht als etwas bloß Nützliches erscheint. Er sagt lediglich, dass diese Ehelosigkeit manchmal um des Reiches Gottes willen gefordert, ja sogar unerlässlich ist. Damit betont er, dass sie in dem Reich, das Christus verkündigt und in das er die Menschen ruft, einen besonderen Wert in sich selber hat. Diejenigen, die sich freiwillig für die Ehelosigkeit entscheiden, müssen sie um jenes Wertes willen wählen und nicht aus irgendeiner anderen Berechnung heraus.

6. Dieser wesentliche Grundton der Antwort Christi, der direkt die Ehelosigkeit »um des Himmelreiches willen« betrifft, kann indirekt auch auf das vorausgehende Problem der Ehe bezogen werden (vgl. Mt 19,3–9). Wenn wir also die gesamte Aussage (Mt 19,3–11) Christi entsprechend in Erwägung ziehen, wäre die Antwort folgende: Wenn jemand sich für die Ehe entscheidet, muss er sich so für sie entscheiden, wie sie vom Schöpfer »im Anfang« eingesetzt wurde, er muss in ihr jene Werte suchen, die dem Plan Gottes entsprechen; wenn hingegen jemand beschließt, den Weg der Ehelosigkeit um des Himmelreiches willen zu gehen, muss er die Werte suchen, die dieser Berufung eigen sind. Mit anderen Worten: Er muss entsprechend der Wahrheit der gewählten Berufung handeln.

7. Das »Himmelreich« ist gewiss die endgültige Erfüllung der Sehnsucht aller Menschen, an die Christus seine Botschaft richtet: Es ist die Fülle des Guten, das das Menschenherz über die Grenzen all dessen hinaus ersehnt, woran es im irdischen Leben teilhaben kann, es ist die höchste Fülle des Beschenktwerdens des Menschen durch Gott. Im Gespräch mit den Sadduzäern (Mt 22,24–30; Mk 12,18–27; Lk 20,27–40), das wir vorher analysiert haben, finden wir weitere Einzelheiten über jenes »Reich« oder die »künftige Welt«. Es findet sich noch mehr darüber im ganzen Neuen Testament. Es scheint jedoch, dass zur Klärung der Frage, was das Himmelreich für diejenigen ist, die um seinetwillen die freiwillige Ehelosigkeit wählen, die Offenbarung von der bräutlichen Beziehung der Kirche zu Christus eine besondere Bedeutung besitzt: Unter anderen Texten ist also jener aus dem Epheserbrief, 5,25ff., entscheidend; auf ihn wollen wir uns vor allem beziehen, wenn wir das Problem des sakramentalen Charakters der Ehe erwägen.

Dieser Text gilt in gleicher Weise für die Theologie der Ehe wie für die Theologie der Ehelosigkeit »um des Himmelreiches willen«, das heißt die Theologie der Jungfräulichkeit oder des Zölibats. Es scheint, dass wir in diesem Text das gleichsam konkretisiert finden, was Christus zu seinen Jüngern sagte, als er sie zur freiwilligen Ehelosigkeit »um des Himmelreiches willen« einlud.

8. In dieser Analyse ist bereits hinreichend unterstrichen worden, dass die Worte Christi – in ihrer ganzen großartigen Bündigkeit – grundlegend sind, reich an wesentlichem Inhalt und darüber hinaus von einer gewissen Strenge gekennzeichnet. Es besteht kein Zweifel, dass Christus seinen Aufruf zur Ehelosigkeit im Hinblick auf die »künftige Welt« ausspricht, dass er aber in diesem Aufruf den Akzent auf all das legt, worin sich der zeitliche Realismus der Entscheidung zu einer solchen Ehelosigkeit ausdrückt, einer Entscheidung, die mit dem Willen verbunden ist, am Erlösungswerk Christi teilzunehmen. Im Lichte der betreffenden, von Matthäus wiedergegebenen Worte Christi ragen demnach vor allem die Tiefe und der Ernst der Entscheidung, »um des Himmelreiches willen« ehelos zu leben, hervor; es kommt das Element des Verzichts, den eine solche Entscheidung mit sich bringt, zum Ausdruck. Durch all das, durch den Ernst und die Tiefe der Entscheidung, durch die Schwere der Verantwortung, die sie mit sich bringt, scheint und leuchtet zweifellos die Liebe durch: die Liebe als Bereitschaft zur ausschließlichen Selbsthingabe um des »Reiches Gottes« willen. In den Worten Christi scheint diese Liebe allerdings von dem verhüllt, was stattdessen an die erste Stelle gerückt wird. Christus verbirgt seinen Jüngern nicht, dass die Wahl der Ehelosigkeit »um des Himmelreiches willen« – in den Kategorien der Zeitlichkeit gesehen – einen Verzicht bedeutet. Diese Weise, mit den Jüngern zu sprechen, die klar die Wahrheit seiner Lehre und der in ihr enthaltenen Forderungen formuliert, ist bezeichnend für das ganze Evangelium; sie ist es auch, die ihm unter anderem einen Stempel aufdrückt und eine so überzeugende Kraft verleiht.

9. Es ist ein Gesetz des Menschenherzens, selbst schwierige Forderungen anzunehmen im Namen der Liebe zu einem Ideal und vor allem im

Namen der Liebe zur Person (die Liebe ist ja ihrem Wesen nach auf die Person ausgerichtet). Deshalb werden in jenem Ruf zur Ehelosigkeit »um des Himmelreiches willen« zuerst die Jünger und dann die ganze lebendige Überlieferung der Kirche sehr rasch die Liebe entdecken, die sich auf Christus selbst als den Bräutigam der Kirche, den Bräutigam der Seelen bezieht, denen er sich in seinem Paschamysterium und der Eucharistie bis ans Ende hingegeben hat (Joh 13,1; 19,30).

So ist die Ehelosigkeit »um des Himmelreiches willen«, die Wahl der Jungfräulichkeit oder des Zölibats für das ganze Leben, in der Erfahrung der Jünger und der Nachfolger Christi zum Akt einer besonderen Antwort auf die Liebe des göttlichen Bräutigams geworden und hat darum die Bedeutung eines Aktes bräutlicher Liebe angenommen: das heißt einer bräutlichen Selbsthingabe, um in besonderer Weise die Liebe des Erlösers zu erwidern; einer Selbsthingabe, die als Verzicht verstanden, aber vor allem aus Liebe vollzogen wird.

80. Katechese, 28. April 1982

1. »Manche sind von Geburt an Eunuchen, manche sind von den Menschen dazu gemacht, und manche haben sich selbst dazu gemacht – um des Himmelreiches willen«, so drückt sich Christus nach dem Matthäusevangelium (Mt 19,12) aus.

Es ist ein Gesetz des Menschenherzens, selbst schwierige Forderungen anzunehmen im Namen der Liebe zu einem Ideal und vor allem im Namen der Liebe zur Person (die Liebe ist ja ihrem Wesen nach auf die Person ausgerichtet). Deshalb werden in jenem Ruf zur Ehelosigkeit »um des Himmelreiches willen« zuerst die Jünger und dann die ganze lebendige Überlieferung der Kirche sehr rasch die Liebe entdecken, die sich auf Christus selbst als den Bräutigam der Kirche, den Bräutigam der Seelen bezieht, denen er sich in seinem Paschamysterium und der Eucharistie bis ans Ende hingegeben hat (Joh 13,1; 19,30). So ist die Ehelosigkeit »um des Himmelreiches willen«, die Wahl der Jungfräulichkeit oder des Zölibats für das ganze Leben, in der Erfahrung der Jünger und der Nachfolger

Christi zum Akt einer besonderen Antwort auf die Liebe des göttlichen Bräutigams geworden und hat darum die Bedeutung eines Aktes bräutlicher Liebe angenommen: das heißt einer bräutlichen Selbsthingabe, um in besonderer Weise die Liebe des Erlösers zu erwidern; einer Selbsthingabe, die als Verzicht verstanden, aber vor allem aus Liebe vollzogen wird.

Die bräutliche Bedeutung des Leibes als Grundlage des Rufs Christi zur Ehelosigkeit

2. So haben wir den ganzen Reichtum an Bedeutung erschlossen, von dem die zwar knappe, aber umso tiefgründigere Aussage Christi über die Ehelosigkeit »um des Himmelreiches willen« erfüllt ist. Nun aber müssen wir der Bedeutung Aufmerksamkeit schenken, die diese Worte für eine Theologie des Leibes haben, deren biblische Grundlagen »vom Anfang« wir darzustellen und zu rekonstruieren versuchten. Gerade die Erklärung jenes biblischen »Anfangs«, auf den Christus sich in seinem Streitgespräch mit den Pharisäern über die Ehe, ihre Einheit und Unauflöslichkeit beruft (vgl. Mt 19,3–9) – unmittelbar bevor er zu seinen Jüngern über die Ehelosigkeit »um des Himmelreiches willen« spricht (ebd., 19,10–12) –, erlaubt uns, an die tiefe Wahrheit von der bräutlichen Bedeutung des menschlichen Leibes in seiner Männlichkeit und Weiblichkeit zu erinnern, die wir seinerzeit aus den ersten Kapiteln der Genesis (insbesondere aus dem 2. Kapitel, Vers 23–25) abgeleitet haben. Genauso musste das, was wir in jenen alten Texten finden, formuliert und präzisiert werden.

3. Die heutige Mentalität ist gewohnt, vor allem an den geschlechtlichen Instinkt zu denken und von ihm zu sprechen, womit das, was in der Welt der Lebewesen den Tieren eigen ist, auf den Bereich der menschlichen Wirklichkeit übertragen wird. Eine vertiefte Reflexion über den knappen Text des 1. und 2. Kapitels der Genesis erlaubt uns jedoch mit voller Sicherheit und Überzeugung die Feststellung, dass in der Bibel »von Anfang« an eine sehr klare und eindeutige Grenzlinie

zwischen der Welt der Tiere und dem nach Gottes Bild und Gleichnis erschaffenen Menschen gezogen wird. In jenem – wenn auch verhältnismäßig – kurzen Text ist doch genügend deutlich aufgezeigt, dass der Mensch ein klares Bewusstsein dessen hat, was ihn grundlegend von allen anderen Lebewesen unterscheidet.

4. Daher ist die Anwendung dieser wesentlich naturalistischen Kategorie, die im Begriff und Ausdruck »Sexualtrieb« enthalten ist, auf den Menschen also nicht ganz zutreffend und angebracht. Natürlich kann man den Ausdruck aufgrund einer gewissen Analogie anwenden; denn die Besonderheit des Menschen im Vergleich zur gesamten Welt der Lebewesen (animalia) besteht ja nicht darin, dass der Mensch, vom Gesichtspunkt der Art her verstanden, grundsätzlich nicht auch als animal (Lebewesen) bezeichnet werden könnte, aber eben als animal rationale, »Vernunftwesen«. Das ist der Grund, weshalb trotz dieser Ähnlichkeit die Anwendung des Begriffes vom »Sexualtrieb« auf den Menschen – in seiner Männlichkeit und Weiblichkeit – dennoch das weithin einschränkt und in gewissem Sinn »verkürzt«, was eben die Männlichkeit und Weiblichkeit in der personalen Dimension der menschlichen Subjektivität ausmacht. Sie schränkt ein und »verkürzt« auch das, wodurch beide, Mann und Frau, sich so verbinden, dass sie ein Fleisch werden (vgl. Gen 2,24). Um das zutreffend und passend auszudrücken, muss man sich auch einer anderen als der naturalistischen Analyse bedienen. Und eben das Studium des biblischen »Anfangs« verpflichtet uns auf überzeugende Weise dazu. Die Wahrheit über die bräutliche Bedeutung des menschlichen Leibes in seiner Männlichkeit und Weiblichkeit, die von uns aus den ersten Kapiteln der Genesis (und besonders aus Gen 2,23–25) abgeleitet wurde, das heißt ferner die Entdeckung der bräutlichen Bedeutung des menschlichen Leibes in der Struktur der personalen Subjektivität des Mannes und der Frau, scheint in diesem Zusammenhang ein Schlüsselbegriff und zugleich der einzig zutreffende und geeignete zu sein.

5. Gerade in Bezug auf diesen Begriff und diese Wahrheit über die bräutliche Bedeutung des menschlichen Leibes müssen die Worte Christi von der Ehelosigkeit »um des Himmelreiches willen«, die im unmittelbaren Zusammenhang jenes Bezugs auf den »Anfang«, auf den er seine Lehre von der Einheit und Unauflöslichkeit der Ehe gründet, gesprochen wurden, wiedergelesen und verstanden werden. Dem Ruf Christi zur Ehelosigkeit liegt nicht nur der »sexuelle Trieb« als Kategorie einer sozusagen naturalistischen Notwendigkeit zugrunde, sondern auch das Empfinden der Freiheit des Geschenks, das organisch verbunden ist mit dem tiefen und reifen Empfinden für die bräutliche Bedeutung des Leibes in der Gesamtstruktur der personalen Subjektivität des Mannes und der Frau. Einzig und allein wenn das Mannsein und Frausein der menschlichen Person eine solche Bedeutung hat, gewinnt der Ruf zur freiwilligen Ehelosigkeit »um des Himmelreiches willen« volle Berechtigung und Motivierung. Einzig und allein in diesem Sinn sagt Christus: »wer das erfassen kann, der erfasse es« (Mt 19,12); damit weist er darauf hin, dass die Ehelosigkeit – auch wenn sie in jedem Fall vor allem eine »Gabe« ist – auch »erfasst«, das heißt »verstanden«, erschlossen und abgeleitet werden kann aus dem Begriff, den der Mensch von seinem seelisch-leiblichen Ich in seiner Ganzheit hat und im Besonderen von dem Mannsein und Frausein dieses Ichs in der gegenseitigen Beziehung, die gleichsam »von Natur« in jede menschliche Subjektivität eingeschrieben ist.

6. Wie wir uns aus den vorangegangenen Analysen auf der Grundlage des Buches Genesis (Gen 2,23–25) erinnern, kann jene gegenseitige Beziehung der Männlichkeit und der Fraulichkeit, dieses wechselseitige »für« von Mann und Frau, nur in der dynamischen Gesamtheit des personalen Subjekts zutreffend und entsprechend verstanden werden. Die Worte Christi bei Matthäus (19,11–12) zeigen demnach, dass jenes »für«, das »von Anfang an« die Grundlage der Ehe bildete, auch der Ehelosigkeit für das Himmelreich zugrunde liegen kann! Wenn er sich

auf dasselbe Merkmal des personalen Subjekts stützt, dank dessen der Mensch durch eine aufrichtige Ganzhingabe sich selbst vollkommen findet (vgl. Gaudium et spes, Nr. 24), ist er fähig, die personale Selbsthingabe an einen anderen Menschen im Ehebund zu wählen, in dem sie »ein Fleisch« werden, und er ist ebenso fähig, auf diese Selbsthingabe an eine andere Person freiwillig zu verzichten, um sich in der Wahl der Ehelosigkeit »um des Himmelreiches willen« ganz Christus schenken zu können. Aufgrund desselben Merkmals des personalen Subjekts und aufgrund derselben bräutlichen Bedeutung des Leib-Seins als Mann und Frau vermag sich die Liebe herauszubilden, die den Menschen für das ganze Leben in der Ehe verbindet (vgl. Mt 19,3–10), aber es kann sich auch die Liebe herausbilden, die den Menschen für das ganze Leben zur Ehelosigkeit »um des Himmelreiches willen« verpflichtet (vgl. Mt 19,11–12). Eben davon spricht Christus im Gesamt seiner Aussage, wenn er sich an die Pharisäer (vgl. Mt 19,3–10) und dann an die Jünger wendet (vgl. Mt 19,11–12).

7. Es ist offenkundig, dass die Wahl der Ehe, so wie sie vom Schöpfer »im Anfang« eingesetzt wurde, das Bewusstsein und die innere Annahme der bräutlichen Bedeutung des Leibes voraussetzt, die mit der Männlichkeit und Weiblichkeit des Menschen zusammenhängt. Eben das kommt in den Versen der Genesis lapidar zum Ausdruck. Wenn wir die Worte vernehmen, die Christus über die Ehelosigkeit »um des Himmelreiches willen« an die Jünger gerichtet hat (vgl. Mt 19,11–12), können wir nicht annehmen, dass diese zweite Art von Entscheidung bewusst und frei vollzogen werden kann ohne Bezugnahme auf die eigene Männlichkeit und Weiblichkeit und auf die bräutliche Bedeutung, die dem Menschen genau in dieser Männlichkeit und Weiblichkeit seines personalen Subjekts eigen ist. Ja im Lichte der Worte Christi müssen wir zugeben, dass diese zweite Art von Entscheidung, das heißt für die Ehelosigkeit um des Himmelreiches willen, ebenfalls in Beziehung zur Männlichkeit und Weiblichkeit der Person, die diese Ent-

scheidung trifft, vollzogen wird; sie wird vollzogen aufgrund des vollen Empfindens für die bräutliche Bedeutung, die die Männlichkeit und Weiblichkeit enthalten und in sich tragen. Würde diese Entscheidung von diesem tatsächlich gegebenen Reichtum jedes Menschenwesens künstlich abstrahiert, dann würde sie den Worten Christi bei Matthäus 19,11–12 nicht richtig und adäquat entsprechen. Christus fordert hier ausdrücklich ein volles Verstehen, wenn er sagt: »Wer das erfassen kann, der erfasse es.«

81. Katechese, 5. Mai 1982

1. In seiner Antwort auf die Fragen der Pharisäer über die Ehe und ihre Unauflöslichkeit hat sich Christus auf den »Anfang« berufen, das heißt auf die ursprüngliche Begründung der Ehe durch den Schöpfer. Da seine Gesprächspartner sich auf das Gesetz des Mose beriefen, das die Möglichkeit der sogenannten »Scheidungsurkunde« vorsah, antwortete er: »Nur weil ihr so hartherzig seid, hat Mose euch erlaubt, eure Frauen aus der Ehe zu entlassen. Am Anfang war das nicht so« (Mt 19,8).

Nach dem Gespräch mit den Pharisäern wandten sich die Jünger Christi mit folgenden Worten an ihn: »Wenn das die Stellung des Mannes in der Ehe ist, dann ist es nicht gut zu heiraten. Jesus sagte zu ihnen: Nicht alle können dieses Wort erfassen, sondern nur die, denen es gegeben ist. Denn es ist so: Manche sind von Geburt an Eunuchen, manche sind von den Menschen dazu gemacht, und manche haben sich selbst dazu gemacht – um des Himmelreiches willen. Wer das erfassen kann, der erfasse es« (Mt 19,10–12).

2. Die Worte Christi meinen ohne Zweifel einen bewussten und freiwilligen Verzicht auf die Ehe. Dieser Verzicht ist nur möglich, wenn man ein volles Bewusstsein jenes Wertes zugibt, der sich aus der in der Ehe verwirklichten bräutlichen Veranlagung der Männlichkeit und Weiblichkeit ergibt. Denn der Mensch muss sich dessen, was er wählt (die Ehelosigkeit um des Himmelreiches willen), ebenso voll bewusst

sein wie dessen, worauf er verzichtet (es handelt sich hier eigentlich um das Bewusstsein des Wertes im »idealen« Sinn; nichtsdestoweniger ist dieses Bewusstsein ganz und gar »realistisch«). Christus fordert so gewiss eine reife Entscheidung. Das beweist zweifelsohne die Form, in der er den Ruf zur Ehelosigkeit um des Himmelreiches willen ausdrückt.

Doch ein bewusster Verzicht auf den genannten Wert genügt nicht.

Ein Verzicht, der Bejahung ist

3. Im Licht der Worte Christi wie auch im Licht der gesamten authentischen christlichen Überlieferung lässt sich folgern, dass dieser Verzicht zugleich eine besondere Form der Bejahung jenes Wertes ist, auf den der Unverheiratete konsequent verzichtet, wenn er den Rat des Evangeliums befolgt. Das mag paradox erscheinen. Bekanntlich werden jedoch zahlreiche Aussagen des Evangeliums und oft gerade die eindrucksvollsten und tiefgehendsten in Paradoxen dargeboten. Wenn wir diese Bedeutung des Rufes zur Ehelosigkeit »um des Himmelreiches willen« annehmen, ziehen wir die richtige Schlussfolgerung, wenn wir feststellen, dass die Verwirklichung dieses Rufes auch – und in besonderer Weise – eine Bejahung der bräutlichen Bedeutung des menschlichen Leibes in seiner Männlichkeit und Weiblichkeit ist. Der Verzicht auf die Ehe um des Reiches Gottes willen unterstreicht zugleich diesen Sinn in seiner ganzen inneren Wahrheit und personalen Schönheit. Man kann sagen, dass dieser Verzicht vonseiten einzelner Personen, Männer und Frauen, gewissermaßen unerlässlich ist, damit eben die bräutliche Bedeutung des Leibes im Gesamtethos des menschlichen Lebens und vor allem im Ethos des Ehe- und Familienlebens leichter erkannt wird.

4. Obwohl also die Ehelosigkeit »um des Himmelreiches willen« (die Jungfräulichkeit, der Zölibat) das Leben der Personen, die sie freiwillig wählen, auf eine Bahn außerhalb des gewöhnlichen Weges des Ehe-

und Familienlebens lenkt, bleibt sie dennoch nicht ohne Bedeutung für dieses Leben: für seinen Stil, seinen Wert und seine dem Evangelium gemäße Echtheit. Wir vergessen nicht, dass der einzige Schlüssel zum Verständnis des sakramentalen Charakters der Ehe die bräutliche Liebe Christi zur Kirche ist (vgl. Eph 5,22–23): die bräutliche Liebe Christi, des Sohnes der Jungfrau, der selbst jungfräulich war, das heißt »sich um des Himmelreiches willen zum Eunuchen gemacht hat« im vollkommensten Sinn des Wortes. Dieses Thema werden wir später noch einmal aufgreifen müssen.

5. Am Ende dieser Überlegungen bleibt uns noch ein konkretes Problem: Wie bildet sich in einem Menschen, dem die Berufung zur Ehelosigkeit um des Himmelreiches willen zuteilwurde, diese Berufung auf der Grundlage des Bewusstseins der bräutlichen Bedeutung des Leibes in seiner Männlichkeit und Weiblichkeit und mehr noch als Frucht dieses Bewusstseins heraus? In welcher Weise bildet sie sich oder vielmehr »bildet« sie sich um? Diese Frage ist wichtig, sowohl von der Theologie des Leibes wie von der Entwicklung der menschlichen Persönlichkeit her, die zugleich personalistischen und charismatischen Charakter hat. Wenn wir auf diese Frage erschöpfend – unter Berücksichtigung sämtlicher Aspekte und konkreten Probleme, die sie einschließt – antworten wollten, müssten wir eine Spezialstudie über die Beziehung zwischen Ehe und Jungfräulichkeit sowie zwischen Ehe und Zölibat entwickeln. Das würde jedoch den Rahmen der derzeitigen Betrachtungen sprengen.

6. Während wir im Bereich der Worte Christi nach Matthäus (19,11–12) bleiben, müssen wir unsere Überlegungen mit folgender Feststellung beschließen. Erstens: Wenn die Ehelosigkeit »um des Himmelreiches willen« zweifellos einen Verzicht bedeutet, so ist dieser Verzicht zugleich eine Bejahung, die aus der Entdeckung einer Gabe fließt, das heißt aus der Entdeckung einer neuen Per-

spektive der Selbstverwirklichung »durch eine aufrichtige Hingabe seiner selbst« (Gaudium et spes, Nr. 24); diese Entdeckung steht nun in tiefem innerem Einklang mit dem Empfinden für die bräutliche Bedeutung des Leibes, die »seit dem Anfang« mit der Männlichkeit und Weiblichkeit des Menschen als personalem Subjekt verbunden ist. Zweitens: Obwohl die Ehelosigkeit »um des Himmelreiches willen« mit dem Verzicht auf die Ehe – die im Leben eines Mannes und einer Frau die Familie grundlegt – gleichzusetzen ist, darf man darin keineswegs eine Verneinung des wesentlichen Wertes der Ehe sehen; ja im Gegenteil, die Ehelosigkeit dient indirekt dazu, das herauszustellen, was in der Berufung zur Ehe immerwährend und zutiefst personal ist, was in den Dimensionen der Zeitlichkeit (und zugleich im Ausblick auf die künftige Welt) der Würde der persönlichen Hingabe entspricht, die mit der bräutlichen Bedeutung des Leibes in seiner Männlichkeit und Weiblichkeit gegeben ist.

7. Somit hat der Ruf Christi zur Ehelosigkeit »um des Himmelreiches willen«, der mit Recht mit dem Hinweis auf die künftige Auferstehung verbunden wird (vgl. Mt 21,24–30; Mk 12,18–27; Lk 20,27–40), eine vorrangige Bedeutung nicht nur für das christliche Ethos und die christliche Spiritualität, sondern auch für die Anthropologie und die gesamte Theologie des Leibes, deren Grundlagen wir entdecken. Bedenken wir, dass Christus, als er sich auf die Auferstehung des Leibes in der künftigen Welt berief, nach der Überlieferung der drei synoptischen Evangelien sagte: »Wenn nämlich die Menschen von den Toten auferstehen, werden sie nicht mehr heiraten, sondern sie werden sein wie die Engel im Himmel« (Mk 12,25). Diese Worte, die wir bereits analysiert haben, gehören zur gesamten Theologie des Leibes und tragen zu ihrem Aufbau bei.

2.2 Das paulinische Verständnis der Beziehung zwischen Jungfräulichkeit und Ehe (1 Kor 7)

Das Wort Christi und die Lehre der Apostel

82. Katechese, 23. Juni 1982

1. Nachdem wir die Erklärung der im Matthäusevangelium (Mt 19,10–12) überlieferten Worte Christi abgeschlossen haben, wollen wir auf die Lehre des hl. Paulus zum Thema Jungfräulichkeit und Ehe übergehen.

Die Aussage Christi über die Ehelosigkeit um des Himmelreiches willen ist prägnant und grundlegend. In der Lehre des hl. Paulus finden wir, wie uns gleich klar werden wird, eine Ergänzung zu den Worten des Meisters; die Tragweite seiner Darlegung (1 Kor 7) als Ganzes wird jedoch verschieden bewertet. Die Größe der Lehre des Paulus besteht darin, dass er der von Christus verkündeten Wahrheit, die er in ihrer ganzen Echtheit und Eigenheit vorstellt, einen besonderen Ton, gewissermaßen seine »persönliche« Note, gibt, die sich aber vor allem aus den Erfahrungen seiner apostolischen und missionarischen Tätigkeit und vielleicht gerade aus der Notwendigkeit ergab, auf die konkreten Fragen der Menschen, an die er sich wandte, zu antworten. So begegnen wir bei Paulus dem Problem der wechselseitigen Beziehung von Ehe und Zölibat bzw. Jungfräulichkeit, einem Thema, das die Gemüter der ersten Generation der Christusbekenner, die Generation der Apostelschüler der ersten christlichen Gemeinden, bewegte. Das traf auf die vom Hellenismus, also vom Heidentum Bekehrten in höherem Maße zu als auf die vom Judentum Kommenden; und dies erklärt den Umstand, dass das Thema gerade in einem an die Gemeinde in Korinth gerichteten Brief, dem ersten Korintherbrief, auftaucht.

2. Der Ton der ganzen Darstellung ist zweifellos lehrhaft; doch sind Ton und Sprache auch pastoral ausgerichtet. Paulus lehrt die vom Meister an die Apostel mitgeteilte Lehre und führt sozusagen gleichzeitig ein

ständiges Gespräch über das betreffende Thema mit den Adressaten seines Briefes. Er spricht wie ein klassischer Lehrer der Sitten, indem er Gewissensprobleme aufgreift und löst, und deshalb halten sich die Moraltheologen mit Vorliebe an die Erklärungen und Entscheidungen des ersten Korintherbriefes (Kapitel 7). Man darf freilich nicht vergessen, dass die letzte Grundlage jener Entscheidungen in Leben und Lehre Christi selber zu suchen ist.

3. Der Apostel unterstreicht klar und deutlich, dass die Jungfräulichkeit, das heißt die freiwillige Ehelosigkeit, ausschließlich auf einem Rat und nicht auf einem Gebot beruht: »Was die Frage der Ehelosigkeit angeht, so habe ich kein Gebot vom Herrn. Ich gebe euch nur einen Rat.« Paulus gibt diesen Rat »als einer, den der Herr durch sein Erbarmen vertrauenswürdig gemacht hat« (1 Kor 7,25). Wie man aus den zitierten Worten ersieht, unterscheidet der Apostel so wie das Evangelium (vgl. Mt 19,11–12) zwischen Rat und Gebot. Auf Grund des Verständnisses der lehrhaften Aussage will er den Menschen, die sich an ihn wenden, raten, ihnen persönliche Ratschläge geben. Somit hat also das Wort »Rat« im ersten Korintherbrief (Kap. 7) klar zwei verschiedene Bedeutungen. Der Verfasser erklärt, dass die Jungfräulichkeit ein Rat und kein Gebot ist; zugleich gibt er sowohl den bereits Verheirateten als auch denen, die noch eine diesbezügliche Entscheidung treffen müssen, und schließlich allen Verwitweten einen Rat. Die Problematik ist im Wesentlichen jener gleich, die wir in der ganzen von Matthäus wiedergegebenen Aussage Christi antreffen (Mt 19,2–12): zuerst über die Ehe und ihre Unauflöslichkeit und dann über die freiwillige Ehelosigkeit um des Himmelreiches willen. Der Stil dieser Problematik ist jedoch von ganz besonderer Art: Es ist der Stil des Paulus.

4. »Wer sich gegenüber seiner Jungfrau ungehörig zu verhalten glaubt, wenn sie ihre Reife überschritten hat und es recht ist, dass es so geschehe, dann soll er tun, was er will, er sündigt nicht; sie sollen heiraten.

Wer aber in seinem Herzen fest ist und nicht unter Notwendigkeit steht, sondern Herr über seinen Willen ist und in seinem Herzen entschlossen hat, seine Jungfrau zu bewahren, der handelt richtig. Wer seine Jungfrau (ver)heiratet, handelt also richtig; doch wer sie nicht (ver)heiratet, handelt besser« (1 Kor 7,36–38).

5. Der um Rat gefragt hatte, mag ein junger Mann gewesen sein, der sich entscheiden musste, ob er heiraten sollte, oder vielleicht ein junger Ehemann, der angesichts in Korinth vertretener asketischer Strömungen darüber nachdachte, welche Richtung er seiner Ehe geben sollte; es könnte auch ein Vater oder Vormund eines Mädchens sein, der das Problem ihrer Ehe aufgeworfen hatte. In diesem Fall würde es sich unmittelbar um die Entscheidung handeln, die mit seinen Vormundschaftsrechten im Zusammenhang stand. Paulus schreibt ja in einer Zeit, wo die Entscheidungen dieser Art im Allgemeinen mehr Sache der Eltern und Vormünder als der jungen Leute selbst waren. Wenn er auf die an ihn gerichtete Frage antwortet, versucht er daher sehr genau zu erklären, dass die Entscheidung bezüglich der Ehelosigkeit, das heißt eines jungfräulichen Lebens, freiwillig sein muss und dass nur eine solche Ehelosigkeit besser ist als die Ehe. Die Ausdrücke »handelt richtig« und »handelt besser« sind in diesem Zusammenhang völlig eindeutig.

6. Der Apostel lehrt also, dass die Jungfräulichkeit, das heißt die freiwillige Ehelosigkeit, der Verzicht des Mädchens auf die Ehe, ausschließlich ein Rat ist und dass sie bei den gegebenen Bedingungen »besser« sei als die Ehe. All das hat nichts mit Sünde zu tun: »Bist du an eine Frau gebunden, suche dich nicht zu lösen; bist du ohne Frau, dann suche keine: Heiratest du aber, so sündigst du nicht; und heiratet eine Jungfrau, so sündigt auch sie nicht« (1 Kor 7,27–28). Auf Grund dieser Worte allein können wir natürlich kein Urteil darüber fällen, was der Apostel von der Ehe hielt und lehrte. Dieses Thema lässt sich zum Teil bereits aufgrund des ersten Korintherbriefes (Kap. 7) und besser auf-

grund des Briefes an die Epheser (Eph 5,21–33) erklären. In unserem Fall handelt es sich wahrscheinlich um die Antwort auf die Frage, ob die Ehe Sünde sei; man könnte auch annehmen, dass eine solche Frage den Einfluss dualistischer, frühgnostischer Strömungen wiedergibt, die dann zum »Enkratismus« und zum Manichäismus ausarten. Paulus antwortet, dass hier absolut nicht die Frage nach der Sünde zur Diskussion stehe. Es handle sich nicht um eine Unterscheidung von »gut« oder »böse«, sondern nur von »gut« oder »besser«. Später begründet er dann, warum jemand, der sich für die Ehe entscheidet, »gut handelt«, und wer die Jungfräulichkeit, also die freiwillige Ehelosigkeit, wählt, »besser handelt«. Mit der Argumentation des Paulus wollen wir uns bei unserer nächsten Audienz befassen.

Die paulinische Argumentation

83. Katechese, 30. Juni 1982

1. Wenn der hl. Paulus im 7. Kapitel seines ersten Korintherbriefes die Frage von Ehe und Jungfräulichkeit (d. h. der Ehelosigkeit um des Himmelreiches willen) erklärt, versucht er zu begründen, warum derjenige, der die Ehe wählt, »gut handelt«, während der, der sich für ein Leben der Ehelosigkeit, also der Enthaltsamkeit, entscheidet, »besser handelt«. Er schreibt nämlich: »Denn ich sage euch, Brüder: Die Zeit ist kurz. Daher soll, wer eine Frau hat, sich in Zukunft so verhalten, als habe er keine ...« und dann: »wer kauft, als würde er nicht Eigentümer; wer sich die Welt zunutze macht, als nutze er sie nicht; denn die Gestalt dieser Welt vergeht. Ich wünschte aber, ihr wäret ohne Sorgen ...« (1 Kor 7,29.30–32).

2. Die letzten Worte des zitierten Textes zeigen, dass Paulus sich bei seiner Argumentation auch auf seine eigene Erfahrung bezieht, wodurch seine Argumentation eine persönliche Note erhält. Er formuliert nicht nur das Prinzip und sucht es als solches zu begründen, sondern er knüpft an die persönlichen Überlegungen und Überzeugungen an, die

aus seiner praktischen Erfahrung mit dem evangelischen Rat der Ehelosigkeit hervorgegangen sind. Von ihrer überzeugenden Kraft sprechen die einzelnen Ausdrücke und Wendungen. Der Apostel schreibt seinen Korinthern nicht bloß: »Ich wünschte, alle Menschen wären unverheiratet wie ich« (1 Kor 7,7), sondern er geht weiter, wenn er unter Bezugnahme auf die Menschen, die heiraten, schreibt: »Freilich werden solche Leute der Drangsal des Fleisches nicht entgehen; ich aber möchte sie euch ersparen« (1 Kor 7,28).

Diese seine persönliche Überzeugung hatte er im Übrigen ja schon in den ersten Worten des 7. Kapitels dieses Briefes zum Ausdruck gebracht, wo er die Meinung der Korinther, und sei es auch um sie zu ändern, wiedergibt: »Nun zu den Anfragen eures Briefes: Es ist gut für den Mann, keine Frau zu berühren ...« (1 Kor 7,1).

3. Man könnte die Frage stellen: An welche »Drangsale des Fleisches« mag Paulus gedacht haben? Christus sprach nur von den Leiden (oder der »Betrübnis«), die die Frau durchmacht, wenn sie »ein Kind gebären soll«, wobei er jedoch die Freude hervorhebt, die sie nach der Geburt des Kindes gleichsam als Belohnung für diese Leiden erlebt (vgl. Joh 16,21): die Freude der Mutterschaft. Paulus hingegen schreibt von den »Drangsalen des Fleisches«, die die Eheleute erwarten. Sollte das der Ausdruck einer persönlichen Abneigung des Apostels gegen die Ehe sein? In dieser realistischen Bemerkung muss man eine berechtigte Warnung an alle jene sehen, die – wie manchmal junge Menschen – meinen, die Vereinigung und das eheliche Zusammenleben würden ihnen ausschließlich Glück und Freude bringen. Die Erfahrung des Lebens zeigt, dass die Eheleute nicht selten in dem, was sie sich vor allem erwarten, enttäuscht werden. Die Freude der ehelichen Verbindung bringt auch jene »Drangsale des Fleisches« mit sich, von denen der Apostel in seinem Brief an die Korinther spricht. Es sind oft Drangsale sittlicher Natur. Wenn er damit sagen will, dass die wahre eheliche Liebe – das heißt, eben jene, kraft welcher »der Mann sich an seine Frau bindet und die beiden ein

Fleisch werden« (Gen 2,24) – auch eine schwierige Liebe ist, bleibt er gewiss auf dem Boden der Wahrheit des Evangeliums, und es gibt keinerlei Grund, hierin Anzeichen der Haltung zu sehen, die später für den Manichäismus charakteristisch sein sollte.

4. Christus versucht in seinen Worten über die Ehelosigkeit um des Himmelreiches willen keineswegs, die Zuhörer dadurch zur Ehelosigkeit oder Jungfräulichkeit anzuhalten, dass er sie auf die »Drangsale« der Ehe hinweist. Vielmehr stellt man fest, dass er verschiedene, menschlich gesehen schmerzliche Aspekte der Entscheidung zur Ehelosigkeit zu betonen sucht: Sowohl die gesellschaftliche Stellung wie die subjektiven Gründe veranlassen Christus dazu, von dem Mann, der eine solche Entscheidung trifft, zu sagen, dass er sich selbst »zur Ehe unfähig macht«, das heißt freiwillig die Ehelosigkeit auf sich nimmt. Aber eben dadurch springen die ganze subjektive Bedeutung, die Größe und der außerordentliche Charakter einer solchen Entscheidung klar ins Auge: die Bedeutung einer reifen Antwort auf eine besondere Gabe des Geistes.

5. Nichts anderes will der hl. Paulus mit seinem Rat zur Ehelosigkeit im ersten Korintherbrief sagen, aber er drückt es anders aus, wenn er schreibt: »Denn ich sage euch, Brüder: Die Zeit ist kurz …« (1 Kor 7,29), und wenig später: »Denn die Gestalt dieser Welt vergeht …« (1 Kor 7,31). Diese Aussage über die Vergänglichkeit des menschlichen Daseins und die Vorläufigkeit der irdischen Welt, in gewissem Sinne über die Zufälligkeit alles Geschaffenen, muss bewirken, dass »wer eine Frau hat, sich in Zukunft so verhalten soll, als habe er keine« (1 Kor 7,29; vgl. 7,31), und zugleich den Boden für die Lehre von der Ehelosigkeit vorbereiten. In den Mittelpunkt seiner Argumentation stellt Paulus nämlich den Satz, der den Sinn erschließt und sich mit der in ihrer Art einmaligen Aussage Christi zum Thema der Ehelosigkeit um des Himmelreiches willen in Verbindung bringen lässt (vgl. Mt 19,12).

6. Während Christus die Größe des Verzichts betont, der von einer solchen Entscheidung nicht zu trennen ist, zeigt Paulus vor allem, wie man das Gottesreich im Leben des Menschen verstehen muss, der im Hinblick darauf auf die Ehe verzichtet hat. Und während der dreiteilige Parallelismus der Aussage Christi seinen Höhepunkt in dem Wort erreicht, das die Größe des freiwillig auf sich genommenen Verzichts ausdrückt (»und manche haben sich selbst dazu gemacht – um des Himmelreiches willen«, Mt 19,2), bestimmt Paulus die Situation mit einem einzigen Wort: »der Unverheiratete« (agamos); ein wenig später hingegen gibt er den ganzen Inhalt des Ausdrucks Gottesreich in einer glänzenden Synthese wieder. Er sagt nämlich: »Der Unverheiratete sorgt sich um die Sache des Herrn; er will dem Herrn gefallen« (1 Kor 7,32). Jedes Wort dieser Aussage verdient eine eigene Analyse.

7. Der Zusammenhang des Wortes »sich sorgen« oder »suchen« im Evangelium des Lukas, Schüler des Paulus, gibt an, dass es uns wahrhaftig nur um das Reich Gottes gehen soll (vgl. Lk 12,31), um das, was »das Bessere«, das »unum necessarium« (das einzig Notwendige) ist (vgl. Lk 10,42). Und Paulus selbst spricht direkt von seiner »Sorge für alle Gemeinden« (2 Kor 11,28), von der Suche nach Christus mittels der Sorge für die Probleme der Brüder, für die Glieder des Leibes Christi (vgl. Phil 2,20–21; 1 Kor 12,25). Bereits aus diesem Kontext geht das ganze weite Feld der »Sorge« hervor, der der unverheiratete Mensch sein Denken, seine Arbeit und sein Herz ganz widmen kann. Der Mensch kann sich tatsächlich nur um das »sorgen«, was ihm wirklich am Herzen liegt.

8. In der Aussage des Paulus sorgt sich der Unverheiratete um die Sache des Herrn (tà toû Kyríou). Mit dieser treffenden Formulierung erfasst Paulus die gesamte objektive Wirklichkeit des Gottesreiches. »Denn dem Herrn gehört die Erde und was sie erfüllt«, wird er selbst etwas später in demselben Brief sagen (1 Kor 10,26; vgl. Ps 24,1). Gegen-

stand der Sorge des Christen ist die ganze Welt! Aber Paulus bezeichnet mit dem Namen »Herr« vor allem Jesus Christus (vgl. z. B. Phil 2,11), und darum bedeutet »die Sache des Herrn« in erster Linie »das Reich Christi«, seinen Leib, der die Kirche ist (vgl. Kol 1,18), und alles, was zu ihrem Wachstum beiträgt. Um all das sorgt sich der Unverheiratete, und deshalb schreibt Paulus, der im wahrsten Sinne des Wortes »Apostel Jesu Christi« (1 Kor 1,1) und Diener des Evangeliums (vgl. Kol 1,23) ist, an die Korinther: »Ich wünschte, alle Menschen wären (unverheiratet) wie ich« (1 Kor 7,7).

9. Doch der apostolische Eifer und die fruchtbarste Tätigkeit erschöpfen noch nicht das, was in der paulinischen Begründung der Ehelosigkeit enthalten ist. Man könnte sogar sagen, ihre Wurzel und Quelle befindet sich im zweiten Teil des Satzes, der die subjektive Wirklichkeit des Reiches Gottes aufzeigt: »Der Unverheiratete sorgt sich ...; er will dem Herrn gefallen.« Diese Feststellung erfasst den ganzen Bereich der persönlichen Beziehung des Menschen zu Gott. »Gott gefallen« – dieser Ausdruck findet sich in alten Büchern der Bibel (vgl. z. B. Dtn 13,19) – ist ein Synonym für »Leben in der Gnade Gottes« und drückt die Haltung dessen aus, der Gott sucht, oder dessen, der sich Gottes Willen gemäß verhält, sodass er ihm gefällt. In einem der letzten Bücher der Heiligen Schrift wird dieser Ausdruck zu einer theologischen Synthese der Heiligkeit. Der hl. Johannes wendet ihn ein einziges Mal auf Christus an: »Ich tue immer das, was ihm (dem Vater) gefällt« (Joh 8,29). Der hl. Paulus bemerkt im Brief an die Römer, dass Christus »nicht für sich selbst gelebt hat« (Röm 15,3). Diese beiden Feststellungen umfassen all das, was den Inhalt des Ausdrucks »Gott gefallen« ausmacht, wie er im Neuen Testament als Nachfolge Christi verstanden wird.

10. Die beiden Teile der paulinischen Aussage scheinen sich zu überschneiden: Denn sich sorgen um das, was »des Herrn ist«, um »die Dinge des Herrn«, muss ja »dem Herrn gefallen«. Anderseits kann der,

der Gott gefällt, sich nicht abkapseln, sondern er wird sich der Welt, d. h. allem öffnen, was zu Christus zurückgeführt werden soll. Das sind freilich nur zwei Aspekte derselben Wirklichkeit Gottes und seines Reiches. Paulus musste sie jedoch unterscheiden, um mit aller Klarheit das Wesen und die Möglichkeit der Ehelosigkeit »um des Himmelreiches willen« aufzuzeigen.

Wir werden versuchen, noch einmal auf dieses Thema zurückzukommen.

84. Katechese, 7. Juli 1982

1. Bei der Begegnung am vergangenen Mittwoch haben wir die Betrachtung zu vertiefen versucht, deren sich der hl. Paulus im ersten Korintherbrief bedient, um seine Leser davon zu überzeugen, dass derjenige, der sich für die Ehe entscheidet, »gut handelt«, während der, der die Jungfräulichkeit (das heißt die Ehelosigkeit gemäß dem Geist des evangelischen Rates) wählt, »besser handelt« (1 Kor 7,38). Wenn wir diese Betrachtung heute fortsetzen, erinnern wir daran, dass nach dem hl. Paulus »der Unverheiratete sich um die Sache des Herrn sorgt; er will dem Herrn gefallen« (1 Kor 7,32).

Das »dem Herrn gefallen« hat als Hintergrund die Liebe. Dieser Hintergrund wird an einer weiteren Gegenüberstellung sichtbar: Der Unverheiratete sorgt sich darum, wie er dem Herrn gefallen könne, während der verheiratete Mann sich auch darum sorgen muss, wie er seine Frau zufriedenstellen kann. Hier wird in gewissem Sinne der bräutliche Charakter der »Ehelosigkeit um des Himmelreiches willen« erkennbar. Der Mensch trachtet immer danach, dem zu gefallen, den er liebt. Das »Gott gefallen« entbehrt somit keineswegs dieses Charakters, der die interpersonale Beziehung der Eheleute kennzeichnet. Es ist einerseits ein Bemühen des Menschen, das sich auf Gott richtet und nach der Möglichkeit sucht, ihm zu gefallen, das heißt die Liebe durch die Tat zum Ausdruck zu bringen; anderseits entspricht diesem Bestreben ein Wohlgefallen Gottes, der dadurch, dass er die Mühen des

Menschen annimmt, sein Werk mit der Gewährung einer neuen Gnade krönt: Denn von Anfang an war dieses Bestreben sein Geschenk. »Sich darum sorgen, dem Herrn zu gefallen« ist somit ein Beitrag des Menschen zum ständigen Heilsdialog, der von Gott begonnen wurde. An ihm nimmt selbstverständlich jeder Christ teil, der aus dem Glauben lebt.

2. Paulus bemerkt jedoch, dass der durch das Band der Ehe gebundene Mensch »geteilt ist« (1 Kor 7,34) wegen seiner familiären Verpflichtungen (vgl. 1 Kor 7,34). Aus dieser Feststellung scheint also hervorzugehen, dass der Unverheiratete durch eine innere Vervollkommnung, eine Einheit, gekennzeichnet sein müsste, die ihm die vollständige Hingabe an den Dienst für das Himmelreich in allen seinen Dimensionen gestattet. Eine solche Haltung setzt den Verzicht auf die Ehe – ausschließlich »um des Himmelreiches willen« – und ein einzig und allein auf dieses Ziel ausgerichtetes Leben voraus. Andernfalls kann die »Spaltung« verstohlen auch in das Leben des Unverheirateten eindringen, der, wenn er einerseits das Eheleben entbehrt und anderseits ein klares Ziel vermisst, für das er auf dieses Eheleben verzichtet, unvermutet vor einer gewissen inneren Leere stehen könnte.

3. Der Apostel scheint das alles sehr wohl zu wissen und bemüht sich anzuführen, dass er demjenigen, dem er rät, ehelos zu bleiben, »keine Fessel anlegen« wolle, sondern ihn auf das hinweisen möchte, was würdig und recht ist und ihn ohne Abirrung mit dem Herrn verbunden sein lässt (vgl. 1 Kor 7,35). Diese Worte erinnern an das, was Christus nach dem Lukasevangelium während des Letzten Abendmahls zu den Aposteln sagt: »In allen meinen Prüfungen habt ihr bei mir ausgeharrt. Ich vermache euch das Reich, wie es mein Vater mir vermacht hat« (Lk 22,28–29). Wer nicht verheiratet ist, kann, »wenn er mit dem Herrn verbunden ist«, gewiss sein, dass seine Schwierigkeiten Verständnis finden werden: »Wir haben ja nicht einen Hohenpriester, der nicht

mitfühlen könnte mit unserer Schwäche, sondern einen, der in allem wie wir in Versuchung geführt worden ist, aber nicht gesündigt hat« (Hebr 4,15). Das erlaubt es dem Unverheirateten nicht so sehr, sich ausschließlich den eventuellen persönlichen Problemen zu widmen als vielmehr, sie einzubeziehen in den großen Strom der Leiden Christi und seines Leibes, der die Kirche ist.

4. Der Apostel zeigt, wie man mit dem Herrn verbunden sein kann: Das lässt sich dadurch erreichen, dass man ein ständiges Verweilen bei ihm anstrebt, die Freude über seine Gegenwart (eupáredron), ohne sich von unwesentlichen Dingen ablenken zu lassen (asperispástós) (vgl. 1 Kor 7,35).

Paulus erläutert diesen Gedanken noch klarer, wenn er einerseits von der Situation der verheirateten Frau und anderseits von jener der Unverheirateten oder der Witwe spricht. Während die verheiratete Frau sich darum sorgt, »wie sie ihrem Mann gefallen kann«, sorgt sich die unverheiratete »um die Sache des Herrn, um heilig zu sein an Leib und Geist« (1 Kor 7,34).

5. Um die ganze Tiefe des paulinischen Gedankens entsprechend zu erfassen, müssen wir feststellen, dass »Heiligkeit« nach biblischer Auffassung mehr einen Zustand als eine Handlung ausdrückt; sie hat vor allem seinsmäßigen und auch moralischen Charakter. Insbesondere im Alten Testament stellt sie eine »Trennung« von dem dar, was nicht dem Einfluss Gottes unterworfen ist, was »profanum« ist, eine Trennung mit dem Ziel, ausschließlich Gott zu gehören. Das »Geweihtsein an Leib und Geist« bedeutet also auch die Heiligkeit der Jungfräulichkeit bzw. der Ehelosigkeit »um des Himmelreiches willen«. Zugleich muss sich das, was Gott dargeboten wird, durch die sittliche Reinheit auszeichnen und setzt darum eine Haltung »ohne Flecken oder Falten«, »heilig und makellos«, voraus, ganz nach dem jungfräulichen Vorbild der Kirche, die Christus gegenübersteht (Eph 5,27). In diesem Kapitel

seines Briefes an die Korinther berührt der Apostel die Probleme der Ehe und der Ehelosigkeit oder Jungfräulichkeit auf tief menschliche und realistische Weise, indem er sich Rechenschaft gibt über die Mentalität der Empfänger seines Briefes. Die Argumentation des Paulus ist gewissermaßen für den einfachen Mann gedacht. Die neue Welt, die neue Wertordnung, die er ankündigt, muss im Lebensbereich seiner Leser in Korinth auf eine andere »Welt« und eine andere Wertordnung stoßen, die sich auch von derjenigen unterscheidet, an welche Christus seine Worte zum ersten Mal richtete.

6. Wenn sich Paulus mit seiner Lehre über die Ehe und die Ehelosigkeit auch auf die Vergänglichkeit der Welt und des menschlichen Lebens beruft, tut er das gewiss in Bezug auf die Umgebung, die in programmatischer Weise auf die »Nutzung der Welt« hin orientiert war. Wie vielsagend ist von diesem Standpunkt her sein Appell an die, »die sich die Welt zunutze machen«, sich so zu verhalten, »als nutzten sie sie nicht« (1 Kor 7,31). Aus dem unmittelbaren Zusammenhang ergibt sich, dass in dieser Gesellschaft auch die Ehe als eine Weise, »sich die Welt zunutze zu machen«, verstanden wurde – zum Unterschied davon, was sie in der ganzen jüdischen Tradition war (trotz mancher Verformungen, auf die Jesus im Gespräch mit den Pharisäern oder in der Bergpredigt hingewiesen hatte). Zweifellos erklärt das alles den Stil der Antwort des Paulus. Der Apostel trug dem Rechnung, dass er bei der Ermutigung zur Enthaltsamkeit von der Ehe zugleich ein Einverständnis deutlich machen musste, das mit der gesamten Wertordnung des Evangeliums im Einklang steht. Und er musste dies mit dem ganzen Empfinden des Realismus tun.

7. Den Menschen, die in einer Umwelt lebten, wo die Ehe vor allem als eine der Weisen, »sich die Welt zunutze zu machen«, betrachtet wurde, verkündet Paulus also mit den treffenden Worten über die Jungfräulichkeit oder den Zölibat (wie wir gesehen haben) als auch über die

Ehe: »Den Unverheirateten und den Witwen sage ich: Es ist gut, wenn sie so bleiben wie ich. Wenn sie aber nicht enthaltsam leben können, sollen sie heiraten. Es ist besser zu heiraten, als sich in Begehrlichkeit zu verzehren« (1 Kor 7,8–9). Nahezu derselbe Gedanke war von Paulus bereits früher ausgesprochen worden: »Nun zu den Anfragen eures Briefes: ›Es ist gut für den Mann, keine Frau zu berühren‹. Wegen der Gefahr der Unzucht soll aber jeder seine Frau haben, und jede soll ihren Mann haben« (1 Kor 7,1–2).

»Begehrlichkeit« und »Gabe von Gott«

8. Sieht der Apostel im ersten Korintherbrief etwa die Ehe ausschließlich als »remedium concupiscentiae« als ein »Heilmittel gegen die Begehrlichkeit«, wie man in der traditionellen Theologensprache zu sagen pflegte? Die oben wiedergegebenen Aussagen scheinen das zu bestätigen. Unmittelbar vor den zitierten Formulierungen lesen wir indessen einen Satz, der uns die im 7. Kapitel des ersten Korintherbriefes enthaltene Lehre des hl. Paulus anders sehen lässt: »Ich wünschte, alle Menschen wären wie ich (er wiederholt sein bevorzugtes Argument für die Enthaltung von der Ehe). Doch jeder hat seine Gnadengabe von Gott, der eine so, der andere so« (1 Kor 7,7). Also empfangen auch diejenigen, die die Ehe wählen und in ihr leben, von Gott eine »Gnadengabe«, »ihre Gnadengabe«, das heißt eben die Gnade dieser Entscheidung, dieser Art zu leben, dieses Standes. Die Gabe, die Menschen empfangen haben, die in der Ehe leben, unterscheidet sich von der, die Menschen empfangen haben, die im Stand der Ehelosigkeit leben und sich für die Ehelosigkeit um des Himmelreiches willen entscheiden; nichtsdestoweniger ist sie eine echte »Gnadengabe Gottes«, eine für konkrete Menschen bestimmte und spezifische – das heißt ihrer Lebensberufung angemessene Gnadengabe.

9. Man kann also sagen, dass der Apostel, der in seiner Charakterisierung der Ehe von »menschlicher« Seite (und mehr noch vielleicht vonseiten der

örtlichen Situation in Korinth) die Motivierung von der Begehrlichkeit des Fleisches stark betont, zugleich mit nicht weniger Überzeugungskraft auch den sakramentalen und »charismatischen« Charakter der Ehe enthüllt. Mit derselben Klarheit, mit der er die Situation des Menschen, was die Begehrlichkeit des Fleisches angeht, sieht, sieht er auch das Wirken der Gnade in jedem Menschen – in dem verheirateten nicht weniger als in dem, der sich freiwillig für die Ehelosigkeit entscheidet, wobei er sich vor Augen hält, dass »die Gestalt dieser Welt vergeht«.

85. Katechese, 14. Juli 1982

1. In unseren vorhergehenden Betrachtungen haben wir versucht, durch Analyse des siebten Kapitels des ersten Korintherbriefes die Lehren und Ratschläge zu verstehen, die der hl. Paulus den Empfängern seines Briefes erteilt über die Fragen, die die Ehe und die freiwillige Ehelosigkeit betreffen. Mit der Feststellung, dass derjenige, der sich für die Ehe entscheidet, »gut handelt«, und wer die Jungfräulichkeit wählt, »besser handelt«, bezieht sich der Apostel auf die Vergänglichkeit der Welt, d. h. auf alles, was zeitlich ist. Es lässt sich leicht erkennen, dass das Motiv der Vergänglichkeit und Hinfälligkeit alles Irdischen in diesem Fall viel eindringlicher spricht als der Hinweis auf die Wirklichkeit der »künftigen Welt«. Obgleich sich der Apostel hier etwas schwer verständlich ausdrückt, können wir dennoch darin einig sein, dass der paulinischen Deutung des Themas »Ehe – Jungfräulichkeit« nicht so sehr Metaphysik vom kontingenten (also vergänglichen) Sein als solchem zugrunde liegt als vielmehr die Theologie einer großen Erwartung, deren leidenschaftlicher Verfechter Paulus war. Nicht die »Welt« ist die ewige Bestimmung des Menschen, sondern das Reich Gottes. Der Mensch darf nicht zu sehr an den Gütern hängen, deren Größenordnung die der vergänglichen Welt ist.

2. Auch die Ehe ist mit der vergänglichen Szene dieser Welt, die vergeht, verbunden; hier kommen wir in gewissem Sinn der Perspektive

sehr nahe, die Christus in seiner Aussage über die künftige Auferstehung eröffnet hatte (vgl. Mt 22,23–32; Mk 12,18–27; Lk 20,27–40). Deshalb muss nach der Lehre des Paulus der Christ die Ehe vom Gesichtspunkt seiner endgültigen Berufung aus leben. Während die Ehe mit der vergänglichen Szene dieser Welt verbunden ist und es darum in gewisser Hinsicht erforderlich ist, sich in dieser Vergänglichkeit einzukapseln, könnte man sagen, die Ehelosigkeit befreit hingegen von einer solchen Notwendigkeit. Deshalb erklärt der Apostel, dass derjenige, der die Ehelosigkeit wählt, »besser handelt«. Obwohl seine Argumentation in dieser Richtung weitergeht, wird dennoch (wie wir bereits festgestellt haben) vor allem das Problem, »dem Herrn zu gefallen« und »sich um die Sache des Herrn zu sorgen«, entschlossen in den Vordergrund gerückt.

3. Man kann annehmen, dass dieselben Gründe auch für das sprechen, was der Apostel den Witwen rät: »Eine Frau ist gebunden, solange ihr Mann lebt; wenn aber der Mann gestorben ist, ist sie frei zu heiraten, wenn sie will; nur geschehe es im Herrn. Glücklicher aber ist sie zu preisen, wenn sie nach meinem Rat unverheiratet bleibt – und ich denke, dass auch ich den Geist Gottes habe« (1 Kor 7,39–40). Also: Sie möge lieber Witwe bleiben als eine neue Ehe schließen.

4. Durch das aufmerksame Lesen des ersten Briefes an die Korinther (insbesondere des 7. Kapitels) entdecken wir den ganzen Realismus der paulinischen Theologie des Leibes. Wenn der Apostel in dem Brief verkündet, dass »euer Leib ein Tempel des Heiligen Geistes ist, der in euch wohnt« (1 Kor 6,19), ist er sich zugleich der Schwachheit und Sündhaftigkeit voll bewusst, welcher der Mensch eben auf Grund der Begehrlichkeit des Fleisches unterliegt.

Doch dieses Bewusstsein trübt ihm in keiner Weise das Wissen um die Gnadengabe Gottes, an der sowohl diejenigen teilhaben, die auf die Ehe verzichten, als auch die, die heiraten. Im 7. Kapitel des ersten Korintherbriefes finden wir eine klare Ermutigung zur Ehelosigkeit, die Überzeugung, dass, wer sich dafür entscheidet, »besser handelt«; wir finden jedoch keinerlei Grundlage dafür, diejenigen, die in der Ehe leben, als »fleischlich« zu betrachten und jene hingegen, die aus religiösen Motiven die Ehelosigkeit wählen, als »geistlich«. Denn in der einen wie in der anderen Lebensform – wir würden heute sagen: in der einen und in der anderen Berufung – ist jene Gabe wirksam, die jeder von Gott empfängt, das heißt die Gnade, welche bewirkt, dass der Leib »Tempel des Heiligen Geistes« ist und bleibt – sowohl in der Jungfräulichkeit als auch in der Ehe –, wenn der Mensch seiner Gnadengabe treu bleibt und entsprechend seinem Stand, das heißt seiner Berufung, sich an diesem »Tempel des Heiligen Geistes«, der sein Leib ist, nicht versündigt.

5. Vor allem in der Lehre des Paulus im 7. Kapitel des ersten Korintherbriefes finden wir keine Voraussetzung für das, was später »Manichäismus« heißt. Der Apostel ist sich voll und ganz bewusst, dass – so sehr auch die Ehelosigkeit um des Himmelreiches willen immer empfehlenswert bleibt – die Gnade, das heißt »das jedem eigene Gnadengeschenk Gottes«, auch den Eheleuten in ihrem Zusammenleben hilft, in dem sie (nach den Worten von Gen 2,24) so eng miteinander verbunden sind, dass sie »ein Fleisch« werden. Dieses fleischliche Zusammenleben ist also der Kraft »ihrer von Gott empfangenen Gnadengabe« unterstellt. Der Apostel schreibt darüber mit demselben Realismus, der seine gesamte Argumentation im 7. Kapitel dieses Briefes kennzeichnet: »Der Mann soll seine Pflicht gegenüber der Frau erfüllen und ebenso die Frau gegenüber dem Mann. Nicht die Frau verfügt über ihren Leib, sondern der Mann. Ebenso verfügt nicht der Mann über seinen Leib, sondern die Frau« (1 Kor 7,3–4).

6. Man kann sagen, dass diese Formulierungen eine klare Erläuterung des Neuen Testaments der vorhin angeführten Worte aus dem Buch Genesis (Gen 2,24) sind. Doch die hier verwendeten Ausdrücke, be-

sonders »Pflicht« und »er (sie) verfügt nicht«, lassen sich nicht dadurch erklären, dass man von der richtigen Dimension des Ehebundes absieht, wie wir das bei der Analyse der Texte der Genesis klarzustellen versucht haben; wir werden versuchen, das noch vollständiger zu tun, wenn wir auf Grund des Epheserbriefes (vgl. Eph 5,22–33) von der Sakramentalität der Ehe sprechen. Man wird dann wiederum auf diese bedeutungsvollen Ausdrücke zurückkommen müssen, die aus der Sprache des hl. Paulus in die gesamte Theologie von der Ehe eingegangen sind.

7. Vorläufig aber wollen wir unsere Aufmerksamkeit noch auf die anderen Sätze desselben Abschnitts im 7. Kapitel des ersten Korintherbriefes richten, wo der Apostel sich mit folgenden Worten an die Eheleute wendet: »Entzieht euch einander nicht, außer im gegenseitigen Einverständnis und nur eine Zeit lang, um für das Gebet frei zu sein. Dann kommt wieder zusammen, damit euch der Satan nicht in Versuchung führt, wenn ihr euch nicht enthalten könnt. Das sage ich als Zugeständnis, nicht als Gebot« (1 Kor 7,5–6). Das ist ein sehr bedeutsamer Text, auf den man vielleicht im Zusammenhang mit den Überlegungen zu den anderen Themen noch zurückkommen muss. Höchst bedeutsam ist die Tatsache, dass der Apostel, der in seiner gesamten Argumentation über Ehe und Ehelosigkeit wie Christus klar zwischen Gebot und evangelischem Rat unterscheidet, das Bedürfnis empfindet, sich auch auf das »Zugeständnis« als auf eine zusätzliche Regel zu berufen, und das vor allem in Bezug auf die Eheleute und ihr Zusammenleben. Der hl. Paulus sagt mit aller Klarheit, dass sowohl das eheliche Zusammenleben wie die freiwillige und zeitweilige Enthaltsamkeit der Ehegatten Frucht der Gnadengabe Gottes sein muss, die jeder von ihnen als die seinige empfangen hat, und dass im bewussten Zusammenwirken mit ihr die Eheleute selbst jene persönliche Bindung und zugleich jene Würde erhalten und festigen können, die der Umstand, dass sie »Tempel des Heiligen Geistes, der in ihnen wohnt«, sind (vgl. 1 Kor 6,19), ihrem Leib verleiht.

8. Das paulinische »Zugeständnis« weist anscheinend auf den Wunsch hin, alles in Erwägung zu ziehen, was in irgendeiner Weise der so hoch differenzierten Subjektivität von Mann und Frau entspricht. Alles, was an dieser Subjektivität nicht nur geistlicher, sondern auch psychosomatischer Natur ist, der ganze subjektive Reichtum des Menschen, der sich zwischen seinem geistlichen und seinem leiblichen Sein in der spezifischen Sensibilität entweder für den Mann oder für die Frau ausdrückt – das alles muss unter dem Einfluss der Gabe bleiben, die jeder von Gott empfängt, seiner ganz persönlichen Gnadengabe.

Wie man sieht, legt der hl. Paulus im 7. Kapitel des ersten Korintherbriefes die Lehre Christi über die Ehelosigkeit um des Himmelreiches willen in seiner eigenen, ganz pastoralen Weise aus, wobei er sehr persönliche Akzente nicht scheut. Er erläutert die Lehre über die Ehelosigkeit, die Jungfräulichkeit, parallel zur Lehre über die Ehe, wobei er den für einen Hirten charakteristischen Realismus und zugleich die Proportionen bewahrt, die wir im Evangelium, in den Worten Christi selbst, antreffen.

9. In der Aussage des Paulus kann man jene tragende Grundstruktur der geoffenbarten Lehre über den Menschen wiederfinden, der auch mit seinem Leib für ein künftiges Leben bestimmt ist. Diese tragende Struktur liegt der ganzen evangelischen Lehre über die Ehelosigkeit um des Himmelreiches willen zugrunde (vgl. Mt 19,12) – aber gleichzeitig ruht auf ihr auch die endgültige (eschatologische) Erfüllung der evangelischen Lehre über die Ehe (vgl. Mt 22,30; Mk 12,25; Lk 20,36). Beide Dimensionen der Berufung des Menschen stehen nicht im Gegensatz zueinander, sondern ergänzen einander. Beide geben eine vollständige Antwort auf eine der grundlegenden Fragen des Menschen: auf die Frage nach der Bedeutung des Leib-Seins, das heißt auch nach dem Sinn der Männlichkeit und Weiblichkeit, bzw. des Mann- oder Frauseins.

10. Was wir gewöhnlich als Theologie des Leibes bezeichnen, erweist sich als etwas wahrhaft Grundlegendes und Bestimmendes für die gesamte anthropologische Hermeneutik – und zugleich als ebenso grundlegend für die Ethik und die Theologie. In jedem dieser Bereiche gilt es, nicht nur auf die Worte Christi aufmerksam zu hören, in denen er sich auf den »Anfang« (Mt 19,4) oder auf das Herz als inneren und zugleich geschichtlichen (vgl. Mt 5,28) Ort der Begegnung mit der Begehrlichkeit des Fleisches beruft, sondern wir müssen auch auf die Worte aufmerksam hören, mit welchen Christus an die Auferstehung erinnert hat, um in das ruhelose Herz des Menschen selbst die ersten Keime der Antwort auf die Frage nach der Bedeutung des Leib-Seins im Hinblick auf die »künftige Welt« einzupflanzen.

Abschliessende Überlegung

Die Erlösung des Leibes

86. Katechese, 21. Juli 1982

1. »Aber auch wir, obwohl wir als Erstlingsgabe den Geist haben, seufzen in unserem Herzen und warten darauf, dass wir mit der Erlösung unseres Leibes als Söhne offenbar werden« (Röm 8,23). Der hl. Paulus sieht im Brief an die Römer die »Erlösung des Leibes« in einer anthropologischen und zugleich kosmischen Dimension. Denn die Schöpfung »ist der Vergänglichkeit unterworfen« (Röm 8,20). Die ganze sichtbare Schöpfung, der ganze Kosmos zeigt die Auswirkungen der Sünde des Menschen. »Denn wir wissen, dass die gesamte Schöpfung bis zum heutigen Tag seufzt und in Geburtswehen liegt« (Röm 8,22). Und gleichzeitig »wartet die ganze Schöpfung sehnsüchtig auf das Offenbarwerden der Söhne Gottes« und »hegt die Hoffnung, dass auch sie von der Sklaverei und Verlorenheit befreit werden soll zur Freiheit und Herrlichkeit der Kinder Gottes« (Röm 8,19.20–21).

2. Die Erlösung des Leibes ist nach Paulus Gegenstand der Hoffnung. Diese Hoffnung ist im Herzen des Menschen gewissermaßen gleich

nach der ersten Sünde eingepflanzt. Man braucht nur an die Worte aus dem Buch Genesis (3,15) zu denken, die von der Tradition als Protoevangelium (Urevangelium) und darum, könnten wir sagen, als der Anfang der Frohbotschaft, als die erste Heilsverkündigung bezeichnet werden. Die Erlösung des Leibes verbindet sich nach den Worten des Römerbriefes eben mit dieser Hoffnung, in welcher wir »gerettet sind« (Röm 8,24), wie wir lesen. Durch die Hoffnung, die bis zu den Anfängen des Menschen zurückreicht, hat die Erlösung des Leibes ihre anthropologische Dimension: Es ist die Erlösung des Menschen. Gleichzeitig strahlt sie gewissermaßen auf die gesamte Schöpfung aus, die von Anfang an in besonderer Weise mit dem Menschen verbunden und ihm unterworfen ist (vgl. Gen 1,28–30). Die Erlösung des Leibes ist also die Erlösung der Welt: Sie hat eine kosmische Dimension.

3. In dem »kosmischen« Bild von der Erlösung, das Paulus von Tarsus im Römerbrief bietet, steht im Mittelpunkt der Mensch, so wie dieser »im Anfang« in den Mittelpunkt des Schöpfungsbildes gestellt worden war. Es ist der Mensch, es sind die Menschen, jene, die »die Erstlingsgabe des Geistes« besitzen, die in ihrem Herzen seufzen und auf die Erlösung ihres Leibes warten (vgl. Röm 8,23). Christus, der gekommen ist, um dem Menschen den Menschen selbst voll zu enthüllen, indem er ihm seine höchste Berufung erschließt (vgl. GS 22), spricht im Evangelium von der göttlichen Tiefe des Geheimnisses der Erlösung selbst, die in ihm seinen besonderen »geschichtlichen« Träger findet. Christus spricht demnach im Namen jener Hoffnung, die bereits im Protoevangelium in das Herz des Menschen eingepflanzt worden ist. Christus erfüllt diese Hoffnung nicht nur durch die Worte seiner Lehre, sondern vor allem durch das Zeugnis seines Todes und seiner Auferstehung. So hat sich also die Erlösung des Leibes in Christus bereits erfüllt. In ihm hat sich jene Hoffnung bestätigt, in der »wir gerettet sind«. Und zugleich hat sich jene Hoffnung wieder neu auf ihre endgültige eschatologische Erfüllung hin geöffnet. »Das Offenbar-

werden der Söhne Gottes« in Christus ist endgültig auf jene »Freiheit und Herrlichkeit« ausgerichtet, deren die »Kinder Gottes« endgültig teilhaftig werden sollen.

4. Um alles zu begreifen, was nach dem Römerbrief des Paulus mit der »Erlösung des Leibes« zusammenhängt, ist eine echte Theologie des Leibes erforderlich. Wir haben versucht, sie aufzubauen, wobei wir uns vor allem auf die Worte Christi beriefen. Die Grundelemente der Theologie des Leibes finden sich in dem, was Christus unter Berufung auf den »Anfang« von der Unauflöslichkeit der Ehe sagt (vgl. Mt 19,8), in dem, was er in der Bergpredigt unter Berufung auf das menschliche Herz von der Begehrlichkeit sagt (vgl. Mt 5,28) und auch in dem, was er unter Berufung auf die Auferstehung sagt (vgl. Mt 22,30). All diese Aussagen schließen einen anthropologisch wie ethisch reichen Gehalt in sich. Christus spricht vom Menschen: vom Menschen, der ein »Körper« ist und der als Mann und Frau als Bild und Gleichnis Gottes geschaffen wurde; er spricht von dem Menschen, dessen Herz der Begehrlichkeit ausgesetzt ist, und schließlich von dem Menschen, vor dem sich der eschatologische Ausblick auf die Auferstehung des Leibes auftut.

Der »Körper« bedeutet (nach dem Buch Genesis) die Sichtbarkeit des Menschen und seine Zugehörigkeit zur sichtbaren Welt. Für den hl. Paulus bedeutet er außer dieser Zugehörigkeit bisweilen auch die Entfernung des Menschen vom Einfluss des Geistes Gottes und wird aus diesem Grund oft in den Gegensatz zum »Geist« gebracht. Die eine wie die andere Bedeutung steht in Beziehung zur »Erlösung des Leibes«.

5. Weil in den zuvor analysierten Texten Christus von der göttlichen Tiefe des Geheimnisses der Erlösung spricht, dienen seine Worte eben jener Hoffnung, von welcher im Römerbrief die Rede ist. »Die Erlösung des Leibes« ist nach dem Apostel schließlich das, worauf wir »war-

ten«. So warten wir auf den Endsieg über den Tod, von dem Christus vor allem in seiner Auferstehung Zeugnis gegeben hat. Im Licht des Ostergeheimnisses haben seine Worte über die Auferstehung des Leibes und die Wirklichkeit der »künftigen Welt«, wie sie von den Synoptikern wiedergegeben werden, ihre vollgültige Bedeutung gewonnen. Sowohl Christus wie später Paulus von Tarsus haben den Aufruf zur Ehelosigkeit »um des Himmelreiches willen« gerade im Namen dieser endzeitlichen Wirklichkeit verkündet.

6. Doch die »Erlösung des Leibes« findet ihren Ausdruck nicht nur in der Auferstehung als Sieg über den Tod. Sie ist auch in den Worten Christi gegenwärtig, die er an den »geschichtlichen« Menschen richtet, ob diese Worte nun das Prinzip der Unauflöslichkeit der Ehe als vom Schöpfer selbst stammenden Grundsatz bekräftigen oder ob – in der Bergpredigt – Christus zur Überwindung der Begehrlichkeit auffordert, und das bis in die Regungen des menschlichen Herzens hinein. Von der einen und der anderen dieser Schlüsselaussagen muss man sagen, dass sie sich auf die menschliche Sittlichkeit beziehen, dass sie einen ethischen Sinn haben. Hier handelt es sich nicht um die endzeitliche Hoffnung auf die Auferstehung, sondern um die Hoffnung auf den Sieg über die Sünde, die man die tägliche Hoffnung nennen kann.

7. In seinem täglichen Leben muss der Mensch aus dem Geheimnis der Erlösung des Leibes die Inspiration und Kraft für die Überwindung des Bösen schöpfen, das in Gestalt der dreifachen Begehrlichkeit in ihm schlummert. Mann und Frau, die in der Ehe miteinander verbunden sind, müssen täglich neu die Aufgabe der unauflöslichen Einheit jenes Bundes auf sich nehmen, den sie miteinander geschlossen haben. Aber auch ein Mann oder eine Frau, die freiwillig die Ehelosigkeit um des Himmelreiches willen gewählt haben, müssen täglich ein lebendiges Zeugnis der Treue zu dieser Entscheidung geben, indem sie den Weisungen Christi im Evangelium und des Apostels Paulus im ersten

Korintherbrief folgen. Es handelt sich in jedem Fall um die tägliche Hoffnung, die im Rahmen der normalen Aufgaben und Schwierigkeiten des menschlichen Lebens »das Böse mit dem Guten« besiegen hilft (Röm 12,21). Denn »in der Hoffnung sind wir gerettet«: Die tägliche Hoffnung offenbart ihre Kraft in den menschlichen Werken und sogar in den innersten Regungen des menschlichen Herzens, wenn sie in gewissem Sinn der großen, mit der Erlösung des Leibes verbundenen endzeitlichen Hoffnung Raum schafft.

8. Wenn die Erlösung des Leibes das Alltagsleben durch die Dimension der menschlichen Moral durchdringt, trägt sie vor allem zur Entdeckung all des Guten bei, in dem der Mensch den Sieg über die Sünde und über die Begehrlichkeit erringt. Die Worte Christi, die aus der göttlichen Tiefe des Geheimnisses der Erlösung stammen, erlauben die Entdeckung und Stärkung jenes Bandes, das zwischen der Würde des Menschen (des Mannes oder der Frau) und der bräutlichen Bedeutung seines Leibes besteht. Sie ermöglichen aufgrund jener Bedeutung das Verständnis und die Verwirklichung der reifen Freiheit des Geschenks, die einerseits in der unauflöslichen Ehe und anderseits in der Ehelosigkeit um des Himmelreiches willen ihren Ausdruck findet. Auf diese verschiedenen Weisen enthüllt Christus den Menschen voll dem Menschen, indem er ihm »seine höchste Berufung« zeigt. Diese Berufung ist dem Menschen entsprechend seiner psychisch-physischen Gesamtstruktur gerade durch das Geheimnis der Erlösung des Leibes eingeschrieben.

Alles, was wir im Laufe unserer Überlegungen versucht haben, um die Worte Christi zu verstehen, hat seinen letzten Grund im Geheimnis von der Erlösung des Leibes.

ZWEITER TEIL

DAS SAKRAMENT

Erstes Kapitel

Die Dimension des Bundes und der Gnade

1. Epheser 5,21–33

1.1 Einführung und Überleitung

Der Text: Epheser 5,21–33

87. Katechese, 28. Juli 1982

1. Wir beginnen heute ein neues Kapitel zum Thema Ehe und lesen die Worte des hl. Paulus an die Epheser: »Einer ordne sich dem andern unter in der gemeinsamen Ehrfurcht vor Christus. Ihr Frauen, ordnet euch euren Männern unter wie dem Herrn (Christus); denn der Mann ist das Haupt der Frau, wie auch Christus das Haupt der Kirche ist; er hat sie gerettet, denn sie ist sein Leib. Wie aber die Kirche sich Christus unterordnet, sollen sich die Frauen in allem den Männern unterordnen. Ihr Männer, liebt eure Frauen, wie Christus die Kirche geliebt und sich für sie hingegeben hat, um sie im Wasser und durch das Wort rein und heilig zu machen. So will er die Kirche herrlich vor

sich erscheinen lassen, ohne Flecken, Falten oder andere Fehler; heilig soll sie sein und makellos. Darum sind die Männer verpflichtet, ihre Frauen so zu lieben wie ihren eigenen Leib. Wer seine Frau liebt, liebt sich selbst. Keiner hat je seinen eigenen Leib gehasst, sondern er nährt und pflegt ihn, wie auch Christus die Kirche. Denn wir sind Glieder seines Leibes. Darum wird der Mann Vater und Mutter verlassen und sich an seine Frau binden, und die zwei werden ein Fleisch sein. Dies ist ein großes Geheimnis; ich beziehe es auf Christus und die Kirche. Was euch angeht, so liebe jeder von euch seine Frau wie sich selbst, die Frau aber habe Ehrfurcht vor dem Mann« (Eph 5,21–33).

Epheser 5,21–33 und die Worte Christi

2. Es ist angebracht, dass wir den zitierten Text aus dem 5. Kapitel des Epheserbriefes einer gründlichen Analyse unterziehen, so wie wir in den vorausgegangenen Audienzen die einzelnen Worte Christi analysiert haben, die eine Schlüsselbedeutung für die Theologie des Leibes zu haben scheinen. Es handelte sich um die Worte, in denen Christus sich auf den »Anfang« beruft (Mt 19,4; Mk 10,6), auf das menschliche Herz in der Bergpredigt (Mt 5,28) und auf die kommende Auferstehung (vgl. Mt 22,30; Mk 12,25; Lk 20,35). Der zitierte Abschnitt aus dem Epheserbrief ist sozusagen die Krönung der anderen Schlüsselaussagen. Wenn sich aus ihnen die Theologie des Leibes in ihren evangelischen, einfachen und zugleich grundlegenden Umrissen ergibt, muss diese Theologie in gewissem Sinn der Deutung des zitierten Abschnittes aus dem Epheserbrief zugrunde gelegt werden. Man muss also, wenn man diesen Abschnitt interpretieren will, das im Licht dessen tun, was Christus uns über den menschlichen Leib sagt. Er beruft sich nicht nur auf den geschichtlichen Menschen, auf sein Herz – und von diesem auf den Menschen der Begehrlichkeit, der immer zeitgenössisch ist –, sondern enthüllt auch einerseits die Perspektiven des »Anfangs« oder der ursprünglichen Unschuld und der Gerechtigkeit und anderseits die eschatologischen Perspektiven der Auferstehung der Leiber, »wenn wir

nicht mehr heiraten« (vgl. Lk 20,35). All das gehört zur theologischen Optik der »Erlösung unseres Leibes« (Röm 8,23).

Epheser 5,21–33: zwei Bedeutungen von »Leib«

3. Auch der Verfasser des Epheserbriefes[104] spricht vom Leib; und das sowohl in seiner bildlichen Bedeutung, d. h. vom Leib Christi, der die Kirche ist, wie in seiner konkreten Bedeutung, d. h. vom menschlichen Leib in seiner immerwährenden Männlichkeit und Fraulichkeit, in seiner immerwährenden Bestimmung zur Vereinigung in der Ehe, wie das Buch Genesis sagt: »Darum verlässt der Mann Vater und Mutter und bindet sich an seine Frau, und sie werden ein Fleisch« (Gen 2,24). Wie erscheinen und treffen sich diese beiden Bedeutungen von Leib im zitierten Abschnitt des Epheserbriefes? Und warum erscheinen und treffen sie sich? Das sind die Fragen, die man sich stellen muss, wobei man keine unmittelbaren und direkten Antworten erwarten darf, sondern möglichst gründliche und »langfristige«, auf die wir durch die vorausgegangenen Analysen vorbereitet sind. In der Tat, dieser Abschnitt des Epheserbriefes kann nur richtig verstanden werden im breiten biblischen Zusammenhang, weil er als Krönung der Themen und Wahrheiten zu verstehen ist, die durch das geoffenbarte Wort Gottes in der Heiligen Schrift wie breite Wellen heranströmen und abfließen. Es sind zentrale Themen und wesentliche Wahrheiten. Und deshalb ist der zitierte Text aus dem Epheserbrief auch ein Schlüsseltext, ein »klassischer« Text.

Spricht Epheser 5,21–33 über die Sakramentalität der Ehe?

4. Er ist ein der Liturgie geläufiger Text, der immer in Beziehung zum Sakrament der Ehe auftaucht. Die »Lex orandi« (das Gesetz des Betens) der

[104] Das Problem, ob der Epheserbrief von Paulus stammt, was von einigen Exegeten bejaht und von anderen verneint wird, lässt sich durch eine mildere Position lösen, die wir als Arbeitshypothese annehmen: nämlich, dass Paulus seinem Sekretär eine Skizze übergab, die dieser weiterführte und abschloss. Diese provisorische Lösung des Problems erlaubt uns, vom »Verfasser des Epheserbriefes«, vom »Apostel« oder vom »hl. Paulus« zu sprechen.

Kirche sieht in ihm einen ausdrücklichen Bezug auf dieses Sakrament, und die »Lex orandi« setzt immer die »Lex credendi« (das Gesetz des Glaubens) voraus und spricht es aus. Wenn wir diese Voraussetzung annehmen, müssen wir uns sofort fragen: Wie stellt sich die Wahrheit über die Sakramentalität der Ehe in diesem klassischen Text des Epheserbriefes dar? Wie drückt sie sich aus und wie wird sie bestätigt? Es ist klar, dass die Antwort auf diese Fragen nicht unmittelbar und direkt, sondern nur stufenweise und langfristig gegeben werden kann. Das ergibt sich schon durch einen ersten Blick auf diesen Text, der uns zum Buch Genesis und damit »zum Anfang« führt und der in der Beschreibung der Beziehung zwischen Christus und der Kirche aus den prophetischen Schriften des Alten Testaments den bekannten Vergleich mit der bräutlichen Liebe zwischen Gott und seinem auserwählten Volk übernimmt. Ohne diese Beziehungen zu prüfen, ließe sich schwer eine Antwort auf die Frage finden, wie der Epheserbrief von der Sakramentalität der Ehe spricht. Wir werden sehen, wie die Antwort den ganzen Bereich der vorher analysierten Probleme berücksichtigen muss, d. h. die Theologie des Leibes.

Sakrament und Leib

5. Das Sakrament oder die Sakramentalität – im weitesten Sinn des Wortes – steht in Beziehung zum Leib und setzt die Theologie des Leibes voraus. In der Tat ist das Sakrament in seiner allgemein anerkannten Bedeutung ein »sichtbares Zeichen«. Der »Leib« bedeutet auch das, was sichtbar ist, bedeutet die Sichtbarkeit der Welt und des Menschen. So gehört in gewisser Weise – wenn auch in sehr allgemeiner – der Leib in die Begriffsbestimmung des Sakraments, indem dieses »sichtbares Zeichen einer unsichtbaren Wirklichkeit« ist, d. h. der geistigen, transzendenten, göttlichen Wirklichkeit. In diesem Zeichen – oder durch dieses Zeichen – schenkt sich Gott dem Menschen in seiner transzendenten Wahrheit und in seiner Liebe. Das Sakrament ist Zeichen der Gnade und ein wirksames Zeichen. Es zeigt diese nicht nur an und drückt sie in sichtbarer Weise aus, in Form des Zeichens, sondern bringt sie hervor und trägt

wirksam dazu bei, dass der Mensch der Gnade teilhaftig wird und dass sich in ihm das Heilswerk verwirklicht und erfüllt, das von Gott seit Ewigkeit vorherbestimmt und in Jesus Christus voll geoffenbart wurde.

Die Richtung der folgenden Analysen

6. Ich meine, dass sich schon bei diesem ersten Blick auf den klassischen Text aus dem Epheserbrief die Richtung zeigt, in der sich unsere weiteren Analysen entwickeln müssen, für die dieser Text die Grundlage und den Ausgangspunkt bildet. Es ist notwendig, dass diese Analysen mit dem vorausgehenden Verständnis des Textes selbst beginnen; trotzdem müssen wir im Folgenden sozusagen über seine Grenzen hinausgehen, um so tief wie möglich zu erkennen, welcher Reichtum an geoffenbarter Wahrheit Gottes in diesem wundervollen Text enthalten ist. Wenn wir uns an die Ausdrucksweise der Konstitution Gaudium et spes halten, kann man sagen, der von uns ausgewählte Abschnitt aus dem Epheserbrief macht in besonderer Weise »dem Menschen den Menschen selbst voll kund und erschließt die höchste Berufung des Menschen« (Nr. 22), der an der Erfahrung des körperlichen Menschen teilnimmt. Tatsächlich hat Gott, als er ihn nach seinem Bild schuf, ihn »als Mann und Frau« geschaffen (Gen 1,27).

In den folgenden Analysen versuchen wir – vor allem im Licht des zitierten Textes aus dem Epheserbrief – das Sakrament (im besonderen die Ehe als Sakrament) tiefer zu verstehen: zunächst in der Dimension des Bundes und der Gnade und dann in der Dimension des sakramentalen Zeichens.

1.2 Eingehende Analyse

Epheser 5,21–33 im Kontext des ganzen Briefes

88. Katechese, 4. August 1982

1. Am vergangenen Mittwoch habe ich in unserem Gespräch das fünfte Kapitel des Briefes an die Epheser zitiert (Eph 5,21–33). Heute sollten

wir nun nach dieser ersten Einführung in jenen »klassischen« Text die Art und Weise prüfen, wie dieser für das Geheimnis der Kirche und für die Sakramentalität der Ehe so bedeutende Text in den unmittelbaren Zusammenhang des ganzen Briefes eingefügt ist.

Wenn wir auch wissen, dass es eine Reihe von Problemen gibt, die von den Bibelwissenschaftlern diskutiert werden, nämlich hinsichtlich der Empfänger des Briefes, seiner Urheberschaft und auch des Datums seiner Abfassung, müssen wir doch feststellen, dass der Brief an die Epheser eine sehr bezeichnende Struktur hat. Der Autor beginnt diesen Brief mit der Darlegung des ewigen Heilsplanes für den Menschen in Jesus Christus.

»... der Gott und Vater unseres Herrn Jesus Christus ... in ihm hat er uns erwählt ..., damit wir heilig und untadelig leben vor Gott, er hat uns aus Liebe im Voraus dazu bestimmt, seine Söhne zu werden durch Jesus Christus und nach seinem gnädigen Willen zu ihm zu gelangen zum Lob seiner herrlichen Gnade. Er hat sie uns geschenkt in seinem geliebten Sohn; durch sein Blut haben wir die Erlösung, die Vergebung der Sünden nach dem Reichtum seiner Gnade ... Er hat beschlossen, die Fülle der Zeiten heraufzuführen, in Christus alles zu vereinen ...« (Eph 1,3.4–7.10). Nachdem der Verfasser des Briefes an die Epheser mit dankerfüllten Worten den Plan dargelegt hat, der von Ewigkeit her in Gott ist und sich nun bereits im Leben der Menschheit verwirklicht, bittet er den Herrn, dass die Menschen (und unmittelbar die Empfänger des Briefes) Christus voll erkennen mögen als das Haupt: »...Alles hat er ihm zu Füßen gelegt und ihn, der als Haupt alles überragt, über die Kirche gesetzt. Sie ist sein Leib und wird von ihm erfüllt, der das All ganz und gar beherrscht« (1,22–23). Die sündige Menschheit ist zu einem neuen Leben in Christus berufen, in dem Heiden und Juden eins werden sollen, wie der Tempelbau eine Einheit bildet (vgl. 2,11–21). Der Apostel ist Verkündiger des Geheimnisses Christi unter den Heiden, an die vor allem er sich in seinem Brief wendet. Er beugt seine »Knie vor dem Vater« und bittet für sie: »... er möge euch aufgrund des Reichtums seiner Herrlichkeit schenken, dass ihr in eurem Innern durch seinen Geist an Kraft und Stärke zunehmt« (3,14–16).

Das Geheimnis Christi und die Berufung des Christen

2. Nach dieser so tiefen und eindrucksvollen Offenbarung des Geheimnisses Christi in der Kirche geht der Verfasser im zweiten Teil des Briefes dazu über, detailliert Richtlinien zu geben, die darauf hinzielen, das Leben des Christen als eine Berufung darzustellen, die im Plan Gottes, von dem wir eben gesprochen haben, ihren Ursprung hat, das heißt im Mysterium Christi in der Kirche. Auch hier berührt der Verfasser verschiedene Fragen, die für das christliche Leben immer gültig sind. Er ermahnt, die Einheit zu bewahren, und unterstreicht gleichzeitig, dass diese Einheit sich auf der Vielfalt und Verschiedenartigkeit der Gaben Christi aufbaut. Jedem ist eine andere Gabe geschenkt, aber alle müssen als Christen »den neuen Menschen anziehen, der nach dem Bild Gottes geschaffen ist in wahrer Gerechtigkeit und Heiligkeit« (4,24). Damit ist eine kategorische Aufforderung verbunden, die Laster zu überwinden und sich die Tugenden anzueignen, die der Berufung gemäß sind, die allen in Christus zuteil geworden ist (vgl. 4,25–32). Der Verfasser schreibt: »Ahmt Gott nach als seine geliebten Kinder und liebt einander, weil auch Christus uns geliebt und sich für uns hingegeben hat ... als Opfer« (5,1–2).

Die Atmosphäre des Lebens der christlichen Gemeinde

3. Im fünften Kapitel des Briefes an die Epheser gehen diese Aufforderungen noch mehr ins Einzelne. Der Verfasser verurteilt streng die heidnischen Missbräuche. Er schreibt: »Einst wart ihr Finsternis, jetzt aber seid ihr durch den Herrn Licht geworden. Lebt als Kinder des Lichts!« (5,8). Und dann: »darum seid nicht unverständig, sondern begreift, was der Wille des Herrn ist. Berauscht euch nicht mit Wein (er bezieht sich hier auf das Buch der Sprüche 23,31) ..., sondern lasst euch vom Geist erfüllen! Lasst in eurer Mitte Psalmen, Hymnen und

Lieder erklingen, wie der Geist sie eingibt. Singt und jubelt aus vollem Herzen zum Lob des Herrn!« (5,17–19). Mit diesen Worten will der Verfasser des Briefes das Klima des geistlichen Lebens aufzeigen, das jede christliche Gemeinde beseelen sollte. An diesem Punkt geht er auf die Hausgemeinde, nämlich die Familie, über. So schreibt er: »Lasst euch vom Geist erfüllen … Sagt Gott, dem Vater, jederzeit Dank für alles im Namen Jesu Christi, unseres Herrn! Einer ordne sich dem andern unter in der gemeinsamen Ehrfurcht vor Christus« (5,20–21). Und so kommen wir genau zu jener Stelle des Briefes, die das Thema unserer besonderen Untersuchung sein soll. Wir können leicht feststellen, dass der wesentliche Gehalt dieses »klassischen« Textes dort sichtbar wird, wo sich zwei Leitgedanken des ganzen Epheserbriefes kreuzen: Der erste ist der des Geheimnisses Christi, das sich als Ausdruck des göttlichen Heilsplans in der Kirche verwirklicht; der zweite Leitgedanke ist jener der christlichen Berufung als Modell für das Leben der einzelnen Getauften und der einzelnen Gemeinden, entsprechend dem Geheimnis Christi, das heißt dem göttlichen Heilsplan für den Menschen.

Richtlinien für die Gemeinschaft der Familie

4. In engem Zusammenhang mit dem angeführten Abschnitt sucht der Verfasser des Briefes zu erklären, auf welche Weise sich die so verstandene Berufung des Christen zwischen allen Gliedern einer Familie verwirklichen und darstellen muss, also nicht nur zwischen Mann und Frau (worüber genauer der Abschnitt in Kapitel 5,22–33 handelt, den wir auswählten), sondern auch zwischen Eltern und Kindern. Der Verfasser schreibt: »Ihr Kinder, gehorcht euren Eltern, wie es vor dem Herrn recht ist. Ehre deinen Vater und deine Mutter: Das ist ein Hauptgebot, und ihm folgt die Verheißung: damit es dir gut geht und du lange lebst auf der Erde. Ihr Väter, reizt eure Kinder nicht zum Zorn, sondern erzieht sie in der Zucht und Weisung des Herrn!« (6,1–4). Dann spricht er von den Pflichten der Dienenden ihren Herren gegenüber

und umgekehrt der Herren gegenüber den Dienenden, das heißt, den Sklaven (vgl. 6,5–9). Diese Richtlinien beziehen sich auf die Familie im weiteren Sinn, die ja nicht nur aus Eltern und Kindern (in der Abfolge der Generationen) bestand, sondern zu der in weiterem Sinne auch die Sklaven und Sklavinnen gehörten.

5. So steht also der Text aus dem Brief an die Epheser, den wir zum Gegenstand einer gründlicheren Untersuchung machen wollen, in unmittelbarem Zusammenhang mit Unterweisungen über die sittlichen Verpflichtungen der Familiengemeinschaft (sogen. »Haustafeln« nach der Definition Luthers; gleichsam ein Familienkodex). Ähnliche Belehrungen finden wir auch in anderen Briefen (z. B. in dem an die Kolosser, 3,18–4,1, und im ersten Petrusbrief, 2,13–3,7). Noch dazu weist unser Text insofern diesen unmittelbaren Zusammenhang auf, als auch der »klassische« Text, den wir wählten, die gegenseitigen Pflichten von Mann und Frau behandelt. Jedenfalls ist zu bemerken, dass im Brief an die Epheser der Abschnitt 5,22–33 als solcher ausschließlich auf die Ehegatten und die Ehe bezogen, im weiteren Sinn aber auch im Hinblick auf die Familie zu verstehen ist. Bevor wir jedoch darangehen, uns mit einer gründlicheren Untersuchung des Textes zu befassen, müssen wir noch bemerken, dass der ganze Brief mit einer wundervollen Ermutigung zum geistlichen Kampf schließt (vgl. 6,10–20), mit kurzen Ermahnungen (vgl. 6,21–22) und einem Segenswunsch (vgl. 6,23–24). Dieser Aufruf zum geistlichen Kampf erscheint folgerichtig begründet in der Gedankenführung des ganzen Briefes. Er führt sozusagen dessen Leitgedanken zu einem klaren, vollendeten Abschluss.

Wenn wir so die Gesamtstruktur des ganzen Briefes an die Epheser vor Augen haben, werden wir in der ersten Analyse die Bedeutung der an die Eheleute gerichteten Worte zu klären suchen: »Einer ordne sich dem anderen unter in der gemeinsamen Ehrfurcht vor Christus« (5,21).

Die Eheleute: »einander untergeordnet in der Ehrfurcht vor Christus«

89. Katechese, 11. August 1982

1. Heute wollen wir mit einer genaueren Analyse des Abschnitts 5, 21–33 aus dem Brief an die Epheser beginnen. Der Verfasser wendet sich an die Ehegatten und empfiehlt ihnen, »einer ordne sich dem anderen in der gemeinsamen Ehrfurcht vor Christus unter« (5,21).

Es handelt sich hier um eine Beziehung mit zwei Dimensionen, auf zwei Ebenen, um ein gegenseitiges und ein gemeinschaftliches Verhältnis. Das eine verdeutlicht und charakterisiert das andere. Das gegenseitige Verhältnis von Mann und Frau muss aus ihrem gemeinsamen Verhältnis zu Christus entspringen. Der Verfasser des Briefes spricht von der »Ehrfurcht vor Christus«, wie er ähnlicherweise von der »Furcht Gottes« redet. In unserem Fall geht es aber nicht um Furcht im Sinne von Angst, um eine abwehrende Haltung angesichts einer drohenden Gefahr. Es geht vor allem um Ehrfurcht vor der Heiligkeit, vor dem Heiligen. Es handelt sich um die Ehrfurcht, die in der Sprache des Alten Testaments auch mit dem Ausdruck »Furcht Gottes« bezeichnet wurde (vgl. z. B. Ps 103,11; Spr 1,7; 23,17; Sir 1,11–16). Tatsächlich muss diese Ehrfurcht, die aus dem tiefen Bewusstsein um das Geheimnis Christi entspringt, die Grundlage der gegenseitigen Beziehungen der Ehegatten sein.

2. Wie der unmittelbare Kontext, so hat auch der von uns ausgewählte Text einen »paränetischen«, d. h. moralisch unterweisenden Charakter. Der Verfasser des Briefes möchte den Ehegatten zeigen, wie sie ihr gegenseitiges Verhältnis und ihr ganzes Benehmen gestalten sollen. Er entnimmt dabei seine Ratschläge und Weisungen dem Geheimnis Christi, wie er es zu Anfang des Briefes dargelegt hat. Dieses Geheimnis muss geistig im gegenseitigen Verhältnis der Ehegatten gegenwärtig sein. Indem es in ihre Herzen eindringt und in ihnen jene heilige »Furcht Christi« weckt (eben die Ehrfurcht), muss das Geheimnis Christi sie dahin führen, dass sie »einer dem anderen untergeordnet« sind: das Ge-

heimnis Christi, also jenes Geheimnis, in dem beide von Ewigkeit her in Christus auserwählt wurden, »Adoptivkinder Gottes« zu sein.

3. Das Zitat, das unseren Abschnitt Eph 5,21–33 einleitet, zu dem wir dank der Analyse des näheren und weiteren Zusammenhangs gelangt sind, drückt besonders viel aus. Der Verfasser spricht von der gegenseitigen Unterordnung der Ehegatten, Mann und Frau, und macht so auch verständlich, wie die Worte zu verstehen sind, die er später über die Unterordnung der Frau unter den Mann schreiben wird. Wir lesen nämlich: »Ihr Frauen, ordnet euch euren Männern unter wie dem Herrn« (5,22). Wenn er sich so ausdrückt, will der Verfasser nicht sagen, der Mann sei »Herr« über die Frau und der geschlossene Ehevertrag zwischen Personen sei ein Vertrag, der die Herrschaft des Mannes über die Frau festlegt. Er drückt vielmehr einen anderen Gedanken aus, nämlich dass die Frau in ihrem Verhältnis zu Christus – der für beide Ehegatten der einzige Herr ist – den Beweggrund für jenes Verhältnis zu ihrem Mann finden kann und soll, der aus dem Wesen der Ehe und der Familie hervorgeht. Dieses Verhältnis aber ist keine einseitige Unterordnung. Nach der Lehre des Epheserbriefes schließt die Ehe diese Beziehung aus, die früher auf dieser Institution lastete und sie zuweilen noch heute belastet. Mann und Frau sind nämlich »einer dem anderen untergeordnet«, sich also gegenseitig untergeordnet. Quelle dieser gegenseitigen Unterordnung ist die christliche Ehrfurcht, und ihr Ausdruck ist die Liebe.

4. Der Verfasser des Briefes betont besonders diese Liebe, wenn er sich an die Männer wendet und schreibt: »Ihr Männer, liebt eure Frauen …« Wenn er sich so ausdrückt, beseitigt er jegliche Befürchtung, die angesichts der heutigen Sensibilität der voraufgehende Satz: »Ihr Frauen, ordnet euch euren Männern unter« hätte wecken können. Die Liebe schließt jede Art von Unterwerfung aus, bei der die Frau Dienerin oder Sklavin des Mannes, also Objekt einseitiger Abhängigkeit, werden

könnte. Die Liebe bringt es mit sich, dass gleichzeitig auch der Mann seiner Frau und damit dem Herrn selber untergeordnet ist, so wie die Frau dem Mann. Die Gemeinschaft oder Einheit, die sie aufgrund ihrer Ehe bilden, verwirklicht sich durch gegenseitiges Schenken, das zugleich gegenseitige Unterordnung ist. Christus ist Quelle und zugleich Vorbild für diese Unterordnung, die, »in der Ehrfurcht vor Christus« gegenseitig vollzogen, der ehelichen Verbindung Tiefe und Reife gibt. Zahlreiche Faktoren psychologischer Art oder Sitten werden in dieser Quelle und angesichts dieses Vorbildes derart umgewandelt, dass sozusagen eine neue und kostbare Verschmelzung des Verhaltens und der gegenseitigen Beziehung erfolgt.

Analogie und Geheimnis (bei der Grundlegung der Sakramentalität der Ehe)

5. Der Verfasser des Briefes an die Epheser hat keine Bedenken, jene Begriffe aufzugreifen, die der damaligen Mentalität und ihren Ausdrucksformen eigen waren. Er spricht ohne Angst von der Unterordnung der Frau unter den Mann. Er scheut sich auch nicht (im letzten Vers des von uns zitierten Textes), der Frau zu empfehlen, »sie möge Ehrfurcht vor ihrem Mann haben« (5,33). Wenn nämlich Mann und Frau einer dem anderen »in der Ehrfurcht vor Christus« untergeordnet sind, kommt alles ins rechte Gleichgewicht, sodass das Verhältnis dann zweifellos ihrer christlichen Berufung im Geheimnis Christi entspricht.

6. Gewiss ist unser heutiges Empfinden anders, anders sind auch unsere Mentalität und unsere Sitten, anders endlich die soziale Stellung der Frau gegenüber dem Mann. Dennoch bleibt der Grundzug der Ermahnung, den wir im Brief an die Epheser finden, gleich, und er trägt auch dieselben Früchte. Die gegenseitige Unterordnung »in der Ehrfurcht vor Christus« – eine Unterordnung vom Fundament christlicher Ehrfurcht her – bildet immer die tiefreichende und gediegene tragfähige

Struktur der Gemeinschaft der Gatten, in der die echte Gemeinschaft der Personen Wirklichkeit wird.

7. Der Verfasser des Briefes an die Epheser, der seinen Brief mit herrlicher Einsicht des ewigen Heilsplanes Gottes der Menschheit gegenüber eingeleitet hat, beschränkt sich nicht darauf, die überlieferten oder ethischen Aspekte der Ehe herauszustellen. Er überschreitet vielmehr das Lehrhafte, und wenn er vom gegenseitigen Verhältnis der Ehegatten spricht, entdeckt er darin die Reichweite des Geheimnisses Christi selbst, dessen Verkünder und Apostel er ist. »Ihr Frauen, ordnet euch euren Männern unter wie dem Herrn; denn der Mann ist das Haupt der Frau, wie auch Christus das Haupt der Kirche ist; er hat sie gerettet, denn sie ist sein Leib. Wie aber die Kirche sich Christus unterordnet, sollen sich die Frauen in allem den Männern unterordnen. Ihr Männer, liebt eure Frauen, wie Christus die Kirche geliebt und sich für sie hingegeben hat …« (5,22–25). Auf diese Weise wird die diesem ermahnenden Teil des Briefes eigene Lehre gewissermaßen eingefügt in die Wirklichkeit selbst des Geheimnisses, das von Ewigkeit her in Gott verborgen war, der Menschheit aber in Jesus Christus geoffenbart worden ist. Im Brief an die Epheser werden wir sozusagen Zeugen einer besonderen Begegnung dieses Geheimnisses mit dem Wesen der Berufung zur Ehe. Wie ist diese Begegnung zu verstehen?

8. Im Text des Briefes an die Epheser zeigt sich die Begegnung vor allem als große Analogie. Wir lesen nämlich: »Ihr Frauen, ordnet euch euren Männern unter wie dem Herrn …«, das ist also das erste Element der Analogie. »Der Mann ist das Haupt der Frau, wie auch Christus das Haupt der Kirche ist …«: Hier haben wir das zweite Element, welches das erste klärt und begründet. »Wie aber die Kirche sich Christus unterordnet, so sollen sich die Frauen den Männern unterordnen.« Das Verhältnis Christi zur Kirche, das vorher dargestellt wurde, wird jetzt als Verhältnis der Kirche zu Christus formuliert, und darin ist das

nächste Element der Analogie enthalten. Endlich heißt es: »Ihr Männer, liebt eure Frauen, wie Christus die Kirche geliebt und sich für sie hingegeben hat …«: Das wäre das letzte Element der Analogie. Im Folgenden entwickelt der Text des Briefes den fundamentalen Gedanken, der im eben zitierten Text enthalten war. Der ganze Text des Briefes an die Epheser im Kapitel 5 (21–23) aber ist von der gleichen Analogie geprägt, das heißt: Das gegenseitige Verhältnis zwischen den Ehegatten, Mann und Frau, wird von den Christen nach dem Gleichnis des Verhältnisses zwischen Christus und der Kirche verstanden.

90. Katechese, 18. August 1982

1. Als wir am vergangenen Mittwoch die betreffenden Stellen des Briefes an die Epheser analysierten, haben wir festgestellt, dass das gegenseitige Verhältnis von Mann und Frau in der Ehe bei den Christen als Abbild des Verhältnisses zwischen Christus und der Kirche verstanden wird.

Dieses Verhältnis ist Offenbarung des Heilsmysteriums und zugleich dessen Verwirklichung in der Zeit, Offenbarung und Verwirklichung der liebenden Erwählung, die von Ewigkeit her in Gott »verborgen« war. In dieser Offenbarung und Verwirklichung nimmt das Heilsmysterium den besondern Zug bräutlicher Liebe zwischen Christus und der Kirche an, und so lässt es sich auf die angemessenste Weise zum Ausdruck bringen, wenn man auf die Analogie der Beziehung zurückgreift, die zwischen Mann und Frau in der Ehe besteht – oder bestehen sollte. Dieser Vergleich erhellt das Geheimnis wenigstens bis zu einem gewissen Grad. Diese Analogie scheint sogar, nach dem Verfasser des Briefes an die Epheser, eine Ergänzung zu jener vom »Mystischen Leib« zu sein (vgl. Eph 1,22–23), wenn wir das Geheimnis der Beziehung zwischen Christus und der Kirche zu formulieren suchen und – wenn wir noch weiter zurückgehen – das Geheimnis der ewigen Liebe Gottes zum Menschen, zur Menschheit: das Geheimnis, das sich in der Zeit ausdrückt und in der Beziehung zwischen Christus und der Kirche verwirklicht.

2. Wenn, wie wir sagten, diese Analogie das Geheimnis erhellt, so empfängt diese selbst wiederum durch jenes Mysterium größere Klarheit. Die bräutliche Beziehung, die Mann und Frau in der Ehe verbindet, soll – nach dem Verfasser des Briefes an die Epheser – uns die Liebe verstehen helfen, die Christus mit der Kirche verbindet, die gegenseitige Liebe zwischen Christus und der Kirche, in der sich der ewige Plan Gottes für das Heil des Menschen verwirklicht. Die Bedeutung des Vergleichs erschöpft sich damit aber noch nicht. Der Vergleich, dessen sich der Brief an die Epheser bedient, um das Geheimnis des Verhältnisses zwischen Christus und der Kirche zu erklären, enthüllt uns zugleich die wesentliche Wahrheit über die Ehe: Die Ehe entspricht nur dann der Berufung des Christen, wenn sie die Liebe widerspiegelt, die Christus als Bräutigam der Kirche, seiner Braut, schenkt und welche die Kirche (ähnlich wie die Frau sich in der Ehe »unterordnet«, also ganz schenkt) Christus zu erwidern sucht. Das ist die rettende, die erlösende Liebe, die Liebe, mit welcher der Mensch von Ewigkeit her von Gott in Christus geliebt wird: »Denn in ihm hat er uns erwählt vor der Erschaffung der Welt, damit wir heilig und untadelig leben vor Gott …« (Eph 1,4).

3. Die Ehe entspricht nur dann der Berufung der Christen als Eheleute, wenn sich in ihr gerade diese Liebe widerspiegelt und praktisch verwirklicht. Das wird klar, wenn wir den von Paulus gebrauchten Vergleich in umgekehrter Richtung betrachten, das heißt, wenn wir von der Beziehung zwischen Christus und der Kirche ausgehen und uns dann der Beziehung zwischen Mann und Frau in der Ehe zuwenden. Der Text spricht in ermahnendem Ton: »Ihr Frauen, ordnet euch euren Männern unter …, wie die Kirche sich Christus unterordnet.« Und anderseits: »Ihr Männer, liebt eure Frauen, wie Christus die Kirche geliebt hat …« Diese Ausdrucksweise zeigt, dass es sich um eine moralische Verpflichtung handelt. Um aber zu einer solchen Verpflichtung auffordern zu können, muss man zugeben, dass im Wesen der Ehe selbst sich

etwas spiegelt und verwirklicht, das zwischen Christus und der Kirche geschieht. Man muss zugeben, dass das Wesen der Ehe ein Teilchen von jenem Mysterium einschließt. Andernfalls hinge der Vergleich im Leeren. Dann würde die Aufforderung, die der Verfasser des Epheserbriefes an die Ehegatten richtet, nämlich ihre gegenseitigen Beziehungen so zu gestalten, wie sie zwischen Christus und der Kirche bestehen (»so – wie«), einer wirklichen Grundlage entbehren, man hätte keinen Boden unter den Füßen. Das ist die Logik des Vergleichs, der in der genannten Stelle des Briefes an die Epheser gebraucht wird.

4. Wie man sieht, ist dieser Vergleich nach zwei Seiten hin gültig. Wenn er uns einerseits erlaubt, das Wesen der Beziehung zwischen Christus und der Kirche besser zu begreifen, so gestattet er uns gleichzeitig ein tieferes Eindringen in das Wesen der Ehe, zu der die Christen aufgerufen sind. Er offenbart uns in gewissem Sinn, wie diese Ehe in ihrem tiefsten Wesen sich aus dem Geheimnis der ewigen Liebe herleitet, die Gott zum Menschen und der Menschheit hegt: aus jenem Heilsmysterium, das im Verlauf der Zeiten in der bräutlichen Liebe Christi zur Kirche Wirklichkeit wurde. Wenn wir die Worte des Briefes an die Epheser (5,22–23) zum Ausgangspunkt nehmen, können wir im Folgenden den Gedanken, den die große paulinische Analogie enthält, nach zwei Richtungen hin entwickeln: einerseits zu einem tieferen Verständnis der Kirche hin, anderseits zu einem vertieften Verständnis der Ehe. In unseren Überlegungen werden wir vor allem der letztgenannten Richtung folgen und dabei bedenken, dass an der Basis des Verständnisses der Ehe in ihrem eigentlichen Wesen die bräutliche Beziehung zwischen Christus und der Kirche steht. Diese Beziehung wird noch genauer analysiert, um herausstellen zu können – immer die Analogie mit der Ehe vorausgesetzt –, in welcher Weise diese zum sichtbaren Zeichen des ewigen göttlichen Mysteriums wird nach dem Bild der Kirche, die mit Christus verbunden ist. So führt uns der Brief an die Epheser an die Grundlagen des sakramentalen Wesens der Ehe.

Ein zusätzlicher Aspekt der Analogie: Leib–Haupt

5. Analysieren wir also den Text im Einzelnen. Wenn wir im Brief an die Epheser lesen, »der Mann ist das Haupt der Frau, wie auch Christus das Haupt der Kirche ist; er hat sie gerettet, denn sie ist sein Leib« (5,23), können wir voraussetzen, dass der Verfasser – der ja bereits klargestellt hatte, dass die Unterordnung der Frau gegenüber dem Mann als dem Haupt als gegenseitige Unterordnung »in der Ehrfurcht vor Christus« verstanden wird – auf eine in jener Zeit gültige Auffassung zurückgeht, um vor allem die Wahrheit über die Beziehung Christi zur Kirche auszudrücken, nämlich dass Christus das Haupt der Kirche ist. Er ist das Haupt als jener, der »sie gerettet hat, denn sie ist sein Leib«.

Die Kirche ist eben dieser Leib, der – in allem Christus, dem Haupt, untergeordnet – von ihm alles das empfängt, wodurch sie sein Leib wird und ist: nämlich die Fülle des Heils als Geschenk Christi, der »sich für sie hingegeben hat« bis zum Äußersten. Das »Sich-Hingeben« Christi an den Vater im Gehorsam bis zum Tod am Kreuz bekommt hier einen ausgesprochen ekklesiologischen Sinn: Christus hat »die Kirche geliebt und sich für sie hingegeben« (Eph 5,25). In einer totalen Hingabe aus Liebe hat er die Kirche als seinen Leib gebildet und bildet sie beständig weiter, während er ihr Haupt ist. Als Haupt ist er Erlöser seines Leibes, und zugleich ist er als Erlöser das Haupt. Als Haupt und Erlöser der Kirche ist er auch der Bräutigam seiner Braut.

6. Die Kirche ist sie selbst, insofern sie als Leib von Christus, ihrem Haupt, das Geschenk der Rettung ganz als Frucht der Liebe Christi und seiner Hingabe für die Kirche empfängt, Frucht der Hingabe Christi bis zum Äußersten. Dieses Geschenk seiner selbst an den Vater durch den Gehorsam bis zum Tod (vgl. Phil 2,8) ist zugleich, nach dem Epheserbrief, eine »Selbsthingabe für die Kirche«. In diesem Ausdruck wandelt sich gewissermaßen die Erlöserliebe zur bräutlichen Liebe: Indem Christus sich für die Kirche hingibt, verbindet er sich durch eben diese Erlösungstat ein für allemal mit ihr, wie der Bräutigam mit der Braut,

wie Mann und Frau in der Ehe, durch die Hingabe alles dessen, was dieses sein »Sich-Hingeben« für die Kirche ein für allemal einschließt. So birgt das Geheimnis der Erlösung des Leibes in gewissem Sinn das Geheimnis der »Hochzeit des Lammes« (vgl. Offb 19,7) in sich. Weil Christus das Haupt des Leibes ist, durchdringt die Heilsgabe der Erlösung gänzlich auch die Kirche als den Leib dieses Hauptes und bildet beständig die tiefste, wesentliche Substanz ihres Lebens. Und er bildet sie in der Weise einer bräutlichen Beziehung, da ja in unserem Text die Analogie Leib–Haupt übergeht in die Analogie Bräutigam–Braut oder besser Mann und Frau in der Ehe. Das zeigen auch die folgenden Abschnitte des Textes, auf die wir noch zurückkommen müssen.

91. Katechese, 25. August 1982

1. Bei den vorausgegangenen Betrachtungen über das fünfte Kapitel des Briefes an die Epheser (5,21–33) galt unsere besondere Aufmerksamkeit der Analogie der Beziehung zwischen Christus und der Kirche einerseits und andererseits der Beziehung zwischen Bräutigam und Braut, also Mann und Frau in der Ehe, die durch das bräutliche Band miteinander verbunden sind. Ehe wir uns nun weiter mit der Analyse der übrigen Abschnitte des Textes beschäftigen, müssen wir uns der Tatsache bewusst sein, dass es im Bereich der grundlegenden paulinischen Analogie, Christus und Kirche einerseits, Mann und Frau in der Ehe anderseits, noch eine weitere Analogie gibt: die Analogie zwischen Haupt und Leib. Und gerade diese Analogie hat in dem von uns analysierten Text eine wesentliche, vorwiegend ekklesiologische Bedeutung: Christus formt sich seine Kirche, von ihm wird sie im Wesentlichen gebildet, wie der Leib vom Haupt. Die Einheit des Leibes mit dem Haupt ist vor allem organischer Natur, sie ist, einfach gesagt, die körperliche Einheit des menschlichen Organismus. In dieser organischen Verbundenheit ist unmittelbar die biologische Einheit begründet, sodass man sagen kann: »Der Körper lebt vom Haupt her« (auch wenn zugleich auf andere Weise das Haupt vom

Körper her lebt). Im Übrigen hat auch, wenn es um den Menschen geht, in dieser organischen Einheit als Ganzes verstanden die psychische Einheit und schließlich die ganzheitliche Einheit der menschlichen Person ihre Grundlage.

2. Wie bereits gesagt (wenigstens in dem eben analysierten Abschnitt), hat der Verfasser des Epheserbriefes in die Analogie der Ehe noch die zusätzliche Analogie von Haupt und Leib eingeführt. Es scheint sogar, dass er die Analogie »Haupt–Leib« – vom Gesichtspunkt der von ihm verkündeten Wahrheit über die Kirche her betrachtet – als eine noch zentralere Aussage ansieht. Jedenfalls ist zu betonen, dass er sie nicht beiseitegelassen oder sie überhaupt aus der Analogie der Ehe als bräutliche Bindung ausgeklammert hat. Im Gegenteil. In der gesamten Textstelle (Kap. 5,22–33) des Briefes an die Epheser und besonders im ersten Teil dieser Stelle, der uns gerade beschäftigt (5,22–23), spricht der Verfasser so, als ob auch in der Ehe der Mann »das Haupt der Frau« und die Frau »der Leib des Mannes« sei und als ob auch die Ehegatten eine organische Einheit bildeten. Das kann seine Grundlage in der Stelle des Buches Genesis haben, wo von »einem Fleisch« die Rede ist (Gen 2,24), in eben der Stelle, auf die sich der Verfasser des Briefes an die Epheser wenig später im Rahmen seiner großen Analogie beziehen wird. Trotzdem aber wird im Genesistext klar herausgestellt, dass es sich um Mann und Frau als zwei eigenständige Personen handelt, die sich bewusst für ihre eheliche Einheit entscheiden, was der archaische Text mit dem Ausdruck »ein Fleisch« bezeichnet. Auch im Brief an die Epheser ist das klar. Der Verfasser bedient sich einer doppelten Analogie: Haupt – Leib, Ehemann – Ehefrau, in der Absicht, ganz klar die Natur der Einheit zwischen Christus und der Kirche aufzuzeigen. In gewissem Sinn scheinen besonders in diesem ersten Teil des Textes von Kap. 5,22–33 des Briefes an die Epheser die ekklesiologischen Dimensionen entscheidend und vorherrschend zu sein.

3. »Ihr Frauen, ordnet euch euren Männern unter wie dem Herrn (Christus); denn der Mann ist das Haupt der Frau, wie auch Christus das Haupt der Kirche ist; er hat sie gerettet, denn sie ist sein Leib. Wie aber die Kirche sich Christus unterordnet, sollen sich die Frauen in allem den Männern unterordnen. Ihr Männer, liebt eure Frauen, wie Christus die Kirche geliebt und sich für sie hingegeben hat ...« (Eph 5,22–25). Infolge dieser zusätzlichen Analogie »Haupt – Leib« erkennen wir an dieser Stelle des Epheserbriefes (5,22–23) zwei verschiedene Subjekte, die aufgrund einer besonderen gegenseitigen Beziehung in gewissem Sinn zu einem einzigen Subjekt werden: Das Haupt bildet zusammen mit dem Leib ein Subjekt (im physischen und im metaphysischen Sinn), einen Organismus, eine menschliche Person, ein Wesen. Ohne Zweifel ist Christus ein »Subjekt«, das sich von der Kirche unterscheidet, und doch verbindet er sich kraft einer besonderen Beziehung mit ihr wie in einer organischen Einheit von Haupt und Leib: Die Kirche ist so stark, so wesentlich sie selbst nur aufgrund ihrer Einheit mit dem mystischen Christus. Kann man das auch von den Ehegatten, von Mann und Frau, sagen, die das Eheband eint? Wenn der Verfasser des Briefes an die Epheser die Analogie der Einheit von Haupt und Leib auch in der Ehe sieht, dann scheint sich diese Analogie in gewissem Sinn auf die Ehe zu beziehen im Hinblick auf die Einheit, die Christus mit der Kirche und die Kirche mit Christus bildet. Daher betrifft die Analogie vor allem die Ehe selbst als jene Einheit, durch welche »die zwei ein Fleisch sein« werden (Eph 5,31; vgl. Gen 2,24).

4. Diese Analogie verwischt aber nicht die Eigenständigkeit der Personen, der Person des Mannes und der Person der Frau, das heißt, die wesentliche zweifache Subjektivität, die dem Bild des »einen Leibes« zugrunde liegt. Vielmehr geht die wesentliche doppelte Subjektivität, die des Mannes und die der Frau – in der Ehe in gewissem Sinn zu »einem Leib« geworden –, in unserem Text, den wir untersuchen (Eph 5, 22–33), in das Bild der Kirche über, die als Leib Christus, dem Haupt,

verbunden ist. Das sieht man besonders in den weiteren Aussagen, in denen der Autor die Beziehung zwischen Christus und der Kirche gerade mit Hilfe des Bildes der Beziehung zwischen Ehemann und Ehefrau beschreibt. In dieser Beschreibung erscheint die Kirche, der Leib Christi, klar als das zweite Subjekt der ehelichen Einheit, dem das erste Subjekt, Christus, die Liebe erweist, mit der er die Kirche liebte, als er »sich für sie hingegeben hat«. Diese Liebe ist das Bild und vor allem das Modell der Liebe, die der Mann der Frau in der Ehe erweisen muss, wenn sich beide einander unterordnen »in der Ehrfurcht vor Christus«.

Zwei Subjekte oder eines?

5. Wir lesen ja: »Ihr Männer, liebt eure Frauen, wie Christus die Kirche geliebt und sich für sie hingegeben hat, um sie im Wasser und durch das Wort rein und heilig zu machen. So will er die Kirche herrlich vor sich erscheinen lassen ohne Flecken, Falten oder andere Fehler; heilig soll sie sein und makellos. Darum sind die Männer verpflichtet, ihre Frauen so zu lieben wie ihren eigenen Leib. Wer seine Frau liebt, liebt sich selbst. Keiner hat je seinen eigenen Leib gehasst, sondern er nährt und pflegt ihn, wie auch Christus die Kirche. Denn wir sind Glieder seines Leibes. Darum wird der Mann Vater und Mutter verlassen und sich an seine Frau binden, und die zwei werden ein Fleisch sein« (Eph 5,25 31).

6. Aus diesem Abschnitt des Briefes an die Epheser (5,22–33) erkennt man klar, dass die zweifache Subjektivität überwiegt: Sie wird sowohl in der Beziehung Christus–Kirche als auch in der Beziehung Ehemann–Ehefrau verdeutlicht. Das will aber nicht sagen, dass das Bild eines einzigen Subjekts, das Bild des »einen Leibes«, verschwinden würde. Es findet sich auch in diesem Abschnitt unseres Textes, ja in gewisser Weise wird es noch besser erklärt. Das wird noch klarer, wenn wir diesen Abschnitt einer mehr ins Einzelne gehenden Analyse unterziehen. So spricht also der Verfasser des Epheserbriefes von der Liebe Christi

zur Kirche und erklärt, auf welche Weise diese Liebe zum Ausdruck kommt; dabei stellt er zugleich diese Liebe und ihre Ausdrucksweise als Modell für die Liebe vor, die der Mann seiner Frau erweisen muss. Die Liebe Christi zur Kirche hat wesentlich deren Heiligung zum Ziel: »... wie Christus die Kirche geliebt und sich für sie hingegeben hat, um sie ... heilig zu machen« (Eph 5,25–26). Am Anfang dieser Heiligung steht die Taufe, erste und wesentliche Frucht der Hingabe seiner selbst, die Christus für die Kirche vollzogen hat. In diesem Text wird die Taufe nicht mit diesem Begriff, sondern als Reinigung »im Wasser und durch das Wort« (Eph 5,26) bezeichnet. Diese Reinigung im Wasser bewirkt durch die Kraft der erlösenden Hingabe Christi für die Kirche die grundlegende Reinigung, durch die seine Liebe zur Kirche in den Augen des Verfassers unseres Briefes einen bräutlichen Charakter annimmt.

7. Natürlich wird das Sakrament der Taufe einer bestimmten Person in der Kirche gespendet. Der Verfasser des Briefes aber sieht durch diesen einzelnen Täufling hindurch die ganze Kirche. Auf sie richtet sich die bräutliche Liebe Christi jedesmal, wenn ein einzelner Mensch in ihr die grundlegende Reinigung durch die Taufe empfängt. Wer die Taufe empfängt, erhält kraft der erlösenden Liebe Christi zugleich Anteil an dessen bräutlicher Liebe zur Kirche. Die Reinigung »im Wasser und durch das Wort« ist in unserem Text Ausdruck der bräutlichen Liebe Christi, insofern er die Braut (die Kirche) für ihren Bräutigam ausstattet, die Kirche also sozusagen ursprünglich »in actu primo« – zur Braut Christi macht. Einige Bibelwissenschaftler bemerken zu unserer Textstelle, dass die »Reinigung im Wasser« an die rituelle Waschung erinnert, die der Vermählung vorausging. Auch bei den Griechen war das ein bedeutsamer religiöser Ritus.

8. Als Sakrament der Taufe macht die Reinigung »im Wasser und durch das Wort« (Eph 5,26) die Kirche nicht nur ursprünglich »in actu primo« zur Braut, sondern auch in eschatologischer Perspektive. Dieser

Ausblick öffnet sich uns, wenn wir im Epheserbrief über die Reinigung »im Wasser und durch das Wort« lesen: »So will er – der Bräutigam, Christus – die Kirche herrlich vor sich erscheinen lassen, ohne Flecken, Falten oder andere Fehler; heilig soll sie sein und makellos« (Eph 5,27). Der Ausdruck »vor sich erscheinen lassen« scheint auf den Augenblick bei der Hochzeitsfeier hinzuweisen, in dem die Braut dem Bräutigam im Brautkleid und Brautschmuck zur Vermählung zugeführt wird. Der angeführte Text macht deutlich, dass Christus, der Bräutigam, selbst für den Schmuck seiner Braut, der Kirche, besorgt ist, damit sie schön sei im Schmuck der Gnade, schön durch das Geschenk des Heils in seiner Fülle, das ihr schon im Empfang des Taufsakraments gewährt ist. Aber die Taufe ist nur der Anfang, aus dem die Gestalt der Kirche in Herrlichkeit (wie wir im Text lesen) als endgültige Frucht der erlösenden und bräutlichen Liebe erst beim letzten Kommen Christi in der Parusie hervorgehen soll.

Wir sehen, wie tief der Verfasser des Briefes an die Epheser die sakramentale Wirklichkeit erfasst und deren große Analogie verkündet: Die Verbindung Christi mit der Kirche und die bräutliche Verbindung von Mann und Frau in der Ehe erstrahlen so in einem besonderen übernatürlichen Licht.

92. Katechese, 1. September 1982

1. Wenn der Verfasser des Epheserbriefs von der Analogie der bräutlichen Beziehung zwischen Christus und der Kirche und der zwischen Mann und Frau in der Ehe spricht, sagt er: »Ihr Männer, liebt eure Frauen, wie Christus die Kirche geliebt und sich für sie hingegeben hat, um sie im Wasser und durch das Wort rein und heilig zu machen. So will er die Kirche herrlich vor sich erscheinen lassen, ohne Flecken, Falten oder andere Fehler, heilig soll sie sein und makellos« (Eph 5,25–27).

2. Es ist bezeichnend, dass in dem zitierten Text die herrliche Gestalt der Kirche im Bild einer Braut als die Schönheit des Leibes der Braut

vorgestellt wird. Gewiss, das ist ein Bild, aber ein sehr eindrucksvolles, und es beweist die tiefe Wichtigkeit des Leibes in der Analogie der bräutlichen Liebe. Die »glorreiche« Kirche ist »ohne Flecken und Falten«. »Flecken« kann hier als Zeichen der Hässlichkeit, »Falten« als Zeichen des Alterns verstanden werden. Im Bild bedeutet beides sittliche Fehler, Sünde. Man kann noch hinzufügen, dass beim hl. Paulus der »alte Mensch« den Menschen der Sünde bezeichnet (vgl. Röm 6,6). Christus bewirkt also durch seine erlösende und bräutliche Liebe, dass die Kirche nicht nur ohne Sünde, sondern auch »ewig jung« bleibt.

3. Die Sphäre der Analogie ist also, wie man sieht, weitgespannt. Die Aussagen, die sich direkt und unmittelbar auf den menschlichen Leib beziehen, auf Braut und Bräutigam, Mann und Frau in ihrem gegenseitigen Verhältnis, dienen gleichzeitig als Attribute und Eigenschaften der sittlichen, geistlichen und übernatürlichen Ordnung. Das ist wesentlich für diese Analogie. Deshalb kann der Verfasser des Briefes die Schönheit der Kirche mit der des Leibes der Braut vergleichen, »ohne Flecken, Falten oder andere Fehler«, heilig und ohne Sünde, »heilig und makellos«. Es ist also klar, von welcher Schönheit der Braut hier die Rede ist, in welchem Sinn die Kirche Leib Christi ist und in welchem Sinn die Braut, also der Leib, das Geschenk des Bräutigams empfängt, der »die Kirche geliebt und sich für sie hingegeben hat«. Demnach ist es bezeichnend, dass Paulus diese wesentliche, geistliche und übernatürliche Wirklichkeit durch die Analogie mit dem Leib und der Liebe der Ehegatten erklärt, die »ein Fleisch« werden.

»... wie ihren eigenen Leib« (Eph 5,28)

4. In dem ganzen zitierten Abschnitt wird deutlich das Prinzip der zweifachen Subjektivität beibehalten: Christus–Kirche/Bräutigam–Braut (Mann-Frau). Der Verfasser zeigt die Liebe Christi zu seiner Kirche – eine Liebe, die aus der Kirche den Leib Christi macht, deren Haupt er ist – als Modell der Liebe der Brautleute und der Hochzeit von Braut

und Bräutigam. Die Liebe verpflichtet den Bräutigam (Ehemann), um das Wohl der Braut (Ehefrau) besorgt zu sein, sie verpflichtet ihn, ihre Schönheit zu wünschen, sie zu empfinden und Sorge für sie zu tragen. Es geht hier auch um die sichtbare, die physische Schönheit. Der Bräutigam erforscht aufmerksam seine Braut, um in schöpferischer, liebevoller Unruhe alles zu finden, was an ihr gut und schön ist und was er ihr wünscht. Das Gute, das der Liebende durch seine Liebe schafft, ist ein Beweis dieser Liebe und ihr Maßstab. Je uneigennütziger er sich hingibt, desto weniger steht der Liebende außerhalb dieses Maßstabs und dieser Erkenntnis.

5. Wenn der Verfasser des Epheserbriefes in den folgenden Versen (28–29) ausschließlich von den Eheleuten selbst spricht, wird die Analogie mit der Beziehung Christi zur Kirche noch deutlicher und veranlasst ihn, sich so auszudrücken: »Die Männer sind verpflichtet, ihre Frauen so zu lieben wie ihren eigenen Leib« (Eph 5,28). Damit kehrt das Motiv des »einen Fleisches« wieder, das hier und im Folgenden nicht nur wieder aufgegriffen, sondern auch erklärt wird. Wenn die Männer ihre Frauen wie ihren eigenen Leib lieben, heißt das, dass diese einfache Subjektivität sich auf die zweifache gründet und keinen realen, sondern intentionalen Charakter hat: Der Leib der Frau ist nicht der des Mannes, aber dieser soll ihn lieben wie seinen eigenen Leib. Es geht hier nicht um die Einheit im ontologischen, sondern im moralischen Sinn: um die Einheit in der Liebe.

6. »Wer seine Frau liebt, liebt sich selbst« (Eph 5,28). Dieser Satz bestätigt noch einmal den Charakter der Einheit. Die Liebe macht das Ich des anderen gewissermaßen zum eigenen Ich: Das Ich der Ehefrau wird sozusagen zum Ich des Ehemannes. Der Leib ist der Ausdruck dieses Ichs und die Grundlage seiner Identität. Die Einheit von Ehemann und Ehefrau in der Liebe drückt sich auch im Leib aus. Sie drückt sich in der wechselseitigen Beziehung aus, auch wenn der Verfasser des

Epheserbriefs vor allem vom Mann spricht. Das ergibt sich schon aus der Struktur des Gesamtbildes. Wenn die Eheleute »einer dem anderen sich unterordnen sollen in der gemeinsamen Ehrfurcht vor Christus« (wie es schon in Vers 21 erklärt wird), dann ist es trotzdem im Folgenden vor allem der Ehemann, der liebt, und die Frau ist jene, die geliebt wird. So darf man die Aussage wagen, dass die »Unterordnung« der Frau unter den Mann, im Kontext verstanden, vor allem »Liebe beweisen« bedeutet; es gilt umso mehr, als diese Unterwerfung in Analogie zur Unterwerfung der Kirche unter Christus steht, der ihr seine Liebe beweist. Die Kirche als Braut ist Objekt der Erlöserliebe des Bräutigams Christus, sie wird sein Leib. Die Ehefrau wird als Objekt der Liebe des Ehemannes »ein Fleisch« mit ihm, in gewissem Sinn sein »eigenes« Fleisch. Der Verfasser wiederholt diesen Gedanken noch einmal im letzten Satz unseres Abschnitts: »Was euch angeht, so liebe jeder von euch seine Frau wie sich selbst, die Frau aber ehre den Mann« (Eph 5,33).

7. Das ist die moralische, von Liebe bestimmte und bedingte Einheit. Die Liebe eint nicht nur zwei Personen, sondern erlaubt ihnen, weil der eine dem anderen im Geist gehört, bis zu dem Punkt eins zu werden, dass der Verfasser des Briefes sagen kann: »Wer seine Frau liebt, liebt sich selbst« (Eph 5,28). Das Ich wird gewissermaßen zum Du und das Du zum Ich (im moralischen Sinn, versteht sich). Und deshalb heißt es im Folgenden: »Keiner hat je seinen eigenen Leib gehasst, sondern er nährt und pflegt ihn, wie auch Christus die Kirche. Denn wir sind Glieder seines Leibes« (V. 29–30). Der Satz, der sich anfangs auf die Eheleute bezieht, greift dann wieder auf die Beziehung zwischen Christus und der Kirche zurück und macht so erst die ganze Aussage verständlich. Nachdem der Verfasser von Mann und Frau sagt, dass sie »ein Fleisch werden«, will er seine Behauptung noch einmal unterstreichen (»wer seine Frau liebt, liebt sich selbst«) und sie durch den Ausschluss des Gegenteils erneut unterstützen (»keiner hat je sei-

nen eigenen Leib gehasst«, Eph 5,29). In der Liebesvereinigung wird der Leib des anderen zum »eigenen« in dem Sinn, dass man um den Leib des anderen wie um den eigenen besorgt ist. Indem die erwähnten Worte sich auf die fleischliche Liebe beziehen, die die Eheleute einen soll, drücken sie, so könnte man sagen, das Gemeinte allgemeiner und gleichzeitig wesentlicher aus. Sie sprechen von der Liebe vor allem in der Sprache der Agape.

8. Der Ausdruck »er nährt und pflegt seinen eigenen Leib« – d. h., der Ehemann nährt und pflegt den Leib seiner Frau wie seinen eigenen – scheint sich eher auf die Aufmerksamkeit der Eltern, auf das Schutzverhältnis, als auf die eheliche Zärtlichkeit zu beziehen. Die Begründung dafür muss vor allem in der Tatsache gesucht werden, dass der Verfasser hier deutlich von der Beziehung, die die Eheleute verbindet, zur Beziehung zwischen Christus und der Kirche übergeht. Die Ausdrücke, die sich auf die Sorge um den Leib, vor allem auf seine Ernährung, beziehen, werden von vielen Exegeten als Hinweis auf die Eucharistie verstanden, in der Christus seine Kirche »nährt«. Wenn diese Ausdrücke, obgleich weniger deutlich, den spezifischen Charakter der ehelichen Liebe ausdrücken, speziell jener Liebe, in der die Eheleute »ein Fleisch« werden, helfen sie doch gleichzeitig, wenigstens im Allgemeinen, die Würde des Leibes zu begreifen und die sittliche Verpflichtung, für sein Wohl zu sorgen, für jenes Wohl, das seiner Würde entspricht. Der Vergleich mit der Kirche als Leib Christi, seiner Liebe als Erlöser und Bräutigam, muss im Bewusstsein der Empfänger des Epheserbriefs ein tiefes Empfinden für das »Heilige« des menschlichen Leibes ganz allgemein und vor allem in der Ehe als dem Ort hinterlassen haben, in dem das Empfinden für das »Heilige« in besonders tiefer Weise die gegenseitigen Beziehungen der Menschen bestimmt, vor allem die des Mannes zur Frau als Ehefrau und Mutter ihrer Kinder.

»*Dieses Geheimnis ist groß*«

93. Katechese, 8. September 1982

1. Der Verfasser des Epheserbriefs schreibt: »Keiner hat je seinen eigenen Leib gehasst, sondern er nährt und pflegt ihn, wie auch Christus die Kirche. Denn wir sind Glieder seines Leibes« (Eph 5,29–30). Nach diesem Vers hält es der Verfasser für angebracht, den Text zu zitieren, der in der ganzen Bibel als der grundlegende Text über die Ehe angesehen werden darf, nämlich die Stelle in Genesis, Kapitel 2,24: »Darum wird der Mann Vater und Mutter verlassen und sich an seine Frau binden, und die zwei werden ein Fleisch sein« (Eph 5,1; Gen 2,24). Aus dem unmittelbaren Zusammenhang des Epheserbriefes lässt sich schließen, dass die Zitierung aus dem Buch Genesis (Gen 2,24) hier nicht deshalb notwendig ist, um an die Einheit der Ehegatten zu erinnern, wie sie »im Anfang« im Schöpfungswerk festgelegt wurde, als vielmehr das Geheimnis Christi mit der Kirche darzustellen, aus dem der Verfasser des Briefes die Wahrheit über die Einheit der Ehegatten ableitet. Das ist der wichtigste Punkt des ganzen Textes, gewissermaßen sein krönender Schlussstein. Der Verfasser des Epheserbriefes schließt in diese Worte all das ein, was er zuvor gesagt hat, wenn er die Analogie zwischen der Einheit der Ehegatten und der Einheit Christi mit der Kirche aufzeigt. Mit der Wiedergabe der Worte aus dem Buch Genesis (Gen 2,24) unterstreicht der Verfasser, dass die Grundlagen dieser Analogie auf der Linie zu suchen sind, die in Gottes Heilsplan die Ehe als älteste Enthüllung und Offenbarung jenes Planes in der geschaffenen Welt mit der endgültigen Enthüllung verbindet, das heißt mit der Offenbarung, dass »Christus die Welt geliebt und sich für sie hingegeben hat« (Eph 5,25), wodurch er seiner Erlöserliebe einen bräutlichen Charakter und Sinn verlieh.

2. Diese Analogie, die den Text des Epheserbriefes durchweht (5,22–23), hat also ihre letzte Wurzel im Heilsplan Gottes. Das wird noch klarer und offensichtlicher, wenn wir den von uns analysierten Text in den Gesamtzusammenhang des Epheserbriefes stellen. Dann

wird man leichter verstehen, warum der Verfasser nach der Zitierung der Worte aus dem Buch Genesis (Gen 2,24) schreibt: »Dies ist ein großes Geheimnis; ich beziehe es auf Christus und die Kirche« (Eph 5,32). Im Gesamtzusammenhang des Epheserbriefes und darüber hinaus im weiteren Zusammenhang der Worte der Heiligen Schrift, die Gottes Heilsplan »im Anfang« offenbar machen, ist anzunehmen, dass der Ausdruck »mysterion« »das Geheimnis« bedeutet, das zunächst im göttlichen Denken verborgen war und dann in der Geschichte des Menschen offenbar wurde. Es handelt sich in der Tat um ein »großes« Geheimnis, bedenkt man seine Bedeutung: Dieses Geheimnis als Heilsplan Gottes für die Menschheit ist gewissermaßen das zentrale Thema der ganzen Offenbarung, ihre zentrale Wirklichkeit. Es ist das, was Gott als Schöpfer und Vater in seinem Wort vor allem den Menschen mitteilen möchte.

3. Es ging darum, nicht nur die Frohbotschaft über das Heil mitzuteilen, sondern zugleich das Heilswerk als Frucht der Gnade, die den Menschen in der Verbundenheit mit Gott für das ewige Leben heiligt, zu beginnen. Auf dem Weg eben dieser Offenbarung und Verwirklichung betont der hl. Paulus die Kontinuität zwischen dem ältesten Bund, den Gott durch die Einsetzung der Ehe bereits im Schöpfungswerk herstellte, und dem endgültigen Bund, in dem Christus, der die Kirche geliebt und sich für sie hingegeben hat, sich mit ihr als Bräutigam entsprechend dem Bild von den Ehegatten verbindet. Diese Kontinuität der Heilsinitiative Gottes bildet die entscheidende Grundlage der großartigen Analogie im Epheserbrief. Die Kontinuität der Heilsinitiative Gottes bedeutet die Kontinuität und schließlich die Identität dieses »großen Geheimnisses« in den verschiedenen Phasen seiner Offenbarung – also gewissermaßen seiner Enthüllung – und Verwirklichung zugleich; in der vom Gesichtspunkt der Geschichte des Menschen und des Heils aus ältesten Phase und in der Phase, »als die Zeit erfüllt war« (Gal 4,4).

4. Kann man dieses »große Geheimnis« als »Sakrament« verstehen? Spricht der Verfasser des Epheserbriefes in dem von uns zitierten Text vielleicht vom Sakrament der Ehe? Wenn auch nicht direkt und im engeren Sinn – darin muss man mit der breiten Meinung der Exegeten und Theologen übereinstimmen –, so scheint er in diesem Text doch von den Grundlagen der Sakramentalität des ganzen christlichen Lebens und insbesondere von den Grundlagen der Sakramentalität der Ehe zu sprechen. Er spricht also von der Sakramentalität der gesamten christlichen Existenz in der Kirche und besonders der Ehe in indirekter Weise, doch in so grundlegender Weise wie möglich.

5. »Sakrament« ist kein Synonym für »Geheimnis«[105]. Denn das Ge-

[105] Das »Sakrament«, der Zeichenbegriff unserer Betrachtungen, hat im Laufe der Jahrhunderte einen weiten Weg zurückgelegt. Die Bedeutungsgeschichte des Wortes »Sa-krament« muss ausgehen vom griechischen Wort »mystérion«, das, um die Wahrheit zu sagen, im Buch Judit noch die Kriegspläne des Königs bedeutet (»geheime Beratung«, vgl. Jdt 2,2), aber bereits im Buch der Weisheit (2,22) und beim Propheten Daniel (2,27) die schöpferischen Pläne Gottes und das Endziel, das er für die Welt bestimmt, also Geheimnisse, die nur den gläubigen Bekennern offenbar werden.
In dieser Bedeutung scheint »mystérion« in den Evangelien nur ein einziges Mal auf: »Euch ist das Geheimnis des Reiches Gottes anvertraut« (Mk 4,11). In den großen Briefen des hl. Paulus kommt jenes Wort sieben Mal vor, wobei den Höhepunkt eine Stelle im Römerbrief bildet: »... gemäß meinem Evangelium und der Botschaft von Jesus Christus, gemäß der Offenbarung jenes Geheimnisses, das seit ewigen Zeiten unausgesprochen war, jetzt aber ... offenbart wurde« (Röm 16,25–26). In den späteren Briefen erfolgt die Identifikation des »mystérion« mit dem Evangelium (vgl. Eph 6,19) und schließlich mit Jesus Christus selbst (vgl. Kol 2,2; 4,3; Eph 3,4), was einen Wendepunkt im Verständnis dieses Begriffes darstellt; »mystérion« ist nicht mehr nur der ewige Plan Gottes, sondern die Verwirklichung des in Jesus Christus offenbar gewordenen Planes auf Erden. Deshalb begann man in der Zeit der Kirchenväter auch die geschichtlichen Ereignisse als »mystérion« zu bezeichnen, durch die sich der göttliche Wille, den Menschen zu retten, kundtut. Bereits im 2. Jahrhundert werden in den Schriften des hl. Ignatius von Antiochia, des hl. Justinus und Melitons die Geheimnisse des Lebens Jesu, die Prophezeiungen und die symbolischen Bilder des Alten Testaments mit dem Begriff »mystérion« bezeichnet. Im 3. Jahrhundert beginnen die ältesten lateinischen Übersetzungen der Heiligen Schrift zu erscheinen, in denen das griechische Wort sowohl mit dem Wort »mystérion« wie auch mit dem Wort »sacramentum« (z. B. Weish 2,22; Eph

5,32) wiedergegeben wird, vielleicht um die klare Trennung von den heidnischen Mysterienkulten und von der neuplatonisch-gnostischen Mystagogie zu unterstreichen. Ursprünglich jedoch bezeichnet »sacramentum« den von den römischen Legionären geleisteten Fahneneid. Da man in diesem Ausdruck den Aspekt der »Einweihung in eine neue Lebensform«, »den vorbehaltlosen Einsatz«, »den treuen Dienst bis zum Wagnis des Todes« erkennen konnte, hob Tertullian diese Dimensionen im christlichen Sakrament der Taufe, der Firmung und Eucharistie hervor. Im 3. Jahrhundert wird der Begriff »sacramentum« daher sowohl auf das Geheimnis des Heilsplanes Gottes in Christus (vgl. z. B. Eph 5,32) als auch auf seine konkrete Verwirklichung durch die sieben Quellen der Gnade angewandt, die wir heute als »Sakramente der Kirche« bezeichnen.

Der hl. Augustinus, der sich der verschiedenen Bedeutungen dieses Begriffes bediente, nannte Sakramente die religiösen Riten des Alten und des Neuen Bundes, die Symbole und biblischen Bilder wie auch die offenbarte christliche Religion. Alle diese »Sakramente« haben nach dem hl. Augustinus teil an dem großen Sakrament: dem Geheimnis von Christus und der Kirche. Auf die weitere Präzisierung des Begriffes »sacramentum« nahm der hl. Augustinus dadurch Einfluss, dass er hervorhob, dass die Sakramente heilige Zeichen sind, die in sich Ähnlichkeit mit dem haben, was sie bedeuten, und die das vermitteln, was sie bedeuten. Er trug also mit seinen Analysen zur Erarbeitung einer klaren Schuldefinition des Begriffes Sakrament bei: »signum efficax gratiae«, »wirksames Zeichen der Gnade«.

Der hl. Isidor von Sevilla (7. Jahrhundert) unterstrich dann einen anderen Aspekt: die geheimnisvolle Natur des Sakraments, die unter dem Schleier materieller Dinge das Wirken des Heiligen Geistes in der Seele des Menschen verbirgt.

Die theologischen »Summen« des 12. und 13. Jahrhunderts formulieren bereits die systematischen Definitionen der Sakramente, besondere Bedeutung aber kommt der Definition des hl. Thomas zu: »Non omne signum rei sacrae est sacramentum, sed solum ea quae significant perfectionem sanctitatis humanae« (3a q.60 a.2). »Nicht jedes Zeichen für eine heilige Sache ist ein Sakrament, sondern nur die, welche die Vervollkommnung menschlicher Heiligkeit bezeichnen.«

Von da an wurde als »Sakrament« ausschließlich eine der sieben Gnadenquellen verstanden, und die Studien der Theologen galten der Vertiefung des Wesens und Wirkens der sieben Sakramente; in systematischer Weise wurden die hauptsächlichen in der scholastischen Überlieferung enthaltenen Linien ausgearbeitet. Erst im vergangenen Jahrhundert wurde den Aspekten des Sakraments Aufmerksamkeit geschenkt, die im Laufe der Jahrhunderte unbeachtet geblieben waren, zum Beispiel seiner ekklesiologischen Dimension und der persönlichen Begegnung mit Christus, zwei Aspekte, die in der Liturgiekonstitution (Sacrosanctum Concilium, Nr. 59) Ausdruck gefunden haben. Das Zweite Vatikanische Konzil kehrt jedoch vor allem zur ursprünglichen Bedeutung von »sacramentum – mysterium« zurück, wenn es die Kirche »allumfassen-

heimnis bleibt verborgen – in Gott selbst verborgen –, sodass es auch nach seiner Verkündigung (oder Offenbarung) nicht aufhört, »Geheimnis« zu heißen und auch als Geheimnis verkündigt wird. Das Sakrament setzt die Offenbarung des Geheimnisses voraus, und es setzt auch dessen gläubige Annahme durch den Menschen voraus. Zugleich ist es jedoch etwas mehr als die Verkündigung des Geheimnisses und seine Annahme durch den Glauben. Das Sakrament besteht in der Darstellung dieses Geheimnisses in einem Zeichen, das nicht nur zur Verkündigung des Geheimnisses dient, sondern auch zu seiner Verwirklichung im Menschen. Das Sakrament ist sichtbares und wirksames Zeichen der Gnade. Durch das Sakrament verwirklicht sich im Menschen jenes von Ewigkeit her in Gott verborgene Geheimnis, von dem der Epheserbrief gleich zu Beginn spricht (vgl. Eph 1,9) – das Geheimnis der Berufung des Menschen zur Heiligkeit in Christus durch Gott und das Geheimnis von seiner Bestimmung, von ihm als Kind angenommen zu werden. Das erfüllt sich auf geheimnisvolle Weise, unter dem Schleier eines Zeichens; trotzdem ist dieses Zeichen auch immer ein Sichtbarmachen jenes übernatürlichen Geheimnisses, das unter seinem Schleier im Menschen wirksam wird.

6. Bei der Betrachtung des hier analysierten Abschnittes aus dem Epheserbrief und besonders der Worte: »Dies ist ein großes Geheimnis; ich beziehe es auf Christus und die Kirche« muss man feststellen, dass der Verfasser des Briefes nicht nur von dem tiefen, in Gott verborgenen Geheimnis schreibt, sondern auch – und vor allem – von dem Geheimnis, das sich dadurch verwirklicht, dass Christus, der in seiner Erlöserliebe die Kirche geliebt und sich für sie hingegeben hat, sich

des Heilssakrament« nennt (Lumen gentium, Nr. 48), Sakrament, das heißt »Zeichen und Werkzeug für die innigste Vereinigung mit Gott wie für die Einheit der ganzen Menschheit« (Lumen gentium, Nr. 1).

Das Sakrament wird hier – entsprechend seiner ursprünglichen Bedeutung – als Verwirklichung des auf die Erlösung der Menschheit gerichteten ewigen Heilsplanes Gottes verstanden.

in eben diesem Akt mit der Kirche als Bräutigam verbunden hat, so wie sich Mann und Frau in der vom Schöpfer eingesetzten Ehe miteinander verbinden. Die Worte des Epheserbriefes scheinen hinreichend zu begründen, was wir am Anfang der Konstitution Lumen gentium lesen: »... Die Kirche ist ja in Christus gleichsam das Sakrament, das heißt Zeichen und Werkzeug für die innigste Vereinigung mit Gott wie für die Einheit der ganzen Menschheit« (Lumen gentium, 1). Es heißt in diesem Text des Zweiten Vatikanischen Konzils nicht: »Die Kirche ist ein Sakrament«, sondern sie ist »gleichsam das Sakrament«, womit darauf hingewiesen wird, dass wir von der Sakramentalität der Kirche in analoger und nicht identischer Weise sprechen müssen, wenn wir uns auf die sieben Sakramente beziehen, die von der Kirche durch die Einsetzung Christi verwaltet werden. Wenn die Grundlagen dafür bestehen, dass wir von der Kirche als »gleichsam einem Sakrament« sprechen können, so sind diese Grundlagen eben zum größten Teil im Brief an die Epheser aufgezeigt worden.

7. Man kann sagen, dass diese Sakramentalität der Kirche von allen Sakramenten dargestellt wird, durch welche sie ihre heiligmachende Sendung erfüllt. Man kann außerdem sagen, dass die Sakramentalität der Kirche Quelle der Sakramente und insbesondere der Taufe und der Eucharistie ist, wie sich aus dem bereits analysierten Abschnitt des Epheserbriefes (vgl. Eph 5,25–30) ergibt. Schließlich müssen wir sagen, dass die Sakramentalität der Kirche in einer besonderen Beziehung zur Ehe – dem ältesten »Sakrament« – steht.

2. Sakrament und Geheimnis

Das Geheimnis, von Ewigkeit verborgen, offenbar und wirksam in Christus

94. Katechese, 15. September 1982

1. Wir haben den Text aus dem Epheserbrief (5,22–23) vor uns, mit dessen Analyse wir uns wegen seiner Bedeutung für das Problem von Ehe und Sakrament schon seit einiger Zeit beschäftigen. Als Ganzes handelt der Brief vom ersten Kapitel an vor allem von dem »von Ewigkeit an in Gott verborgenen« Geheimnis als einer dem Menschen ewig zugedachten Gabe. »Gepriesen sei der Gott und Vater unseres Herrn Jesus Christus: Er hat uns mit allem Segen seines Geistes gesegnet durch unsere Gemeinschaft mit Christus im Himmel. Denn in ihm hat er uns erwählt vor der Erschaffung der Welt, damit wir heilig und untadelig leben vor Gott; er hat uns aus Liebe im Voraus dazu bestimmt, seine Söhne zu werden durch Jesus Christus und nach seinem gnädigen Willen zu ihm zu gelangen, zum Lob seiner herrlichen Gnade. Er hat sie uns geschenkt in seinem geliebten Sohn« (Eph 1,3–6).

2. Bis dahin ist von dem Geheimnis die Rede, das »von Ewigkeit her« (Eph 3,9) in Gott verborgen war. Die nachfolgenden Sätze führen den Leser in die Phase der Verwirklichung jenes Geheimnisses in der Geschichte des Menschen ein: Die »von Ewigkeit her« in Christus für ihn bestimmte Gabe wird in eben diesem Christus realer Anteil des Menschen: »… durch sein Blut haben wir die Erlösung, die Vergebung der Sünden nach dem Reichtum seiner Gnade. Durch sie hat er uns mit aller Weisheit und Einsicht reich beschenkt und hat uns das Geheimnis seines Willens kundgetan, wie er es gnädig im Voraus bestimmt hat: Er hat beschlossen, die Fülle der Zeiten heraufzuführen, in Christus alles zu vereinen, was im Himmel und auf Erden ist« (Eph 1,7–10).

3. So ist das ewige Geheimnis aus seinem »Verborgensein in Gott« in

die Phase der Offenbarung und Verwirklichung eingetreten. Christus, in dem die Menschheit »von Ewigkeit her« auserwählt und gesegnet war »mit allem Segen des Geistes« des Vaters – Christus, der nach dem ewigen »Heilsplan« Gottes dazu bestimmt war, dass in ihm als dem Haupt »alles, was im Himmel und auf Erden ist, vereint werden sollte«, in eschatologischer Sicht –, enthüllt das ewige Geheimnis und verwirklicht es unter den Menschen. Deshalb ermahnt der Verfasser des Epheserbriefes im Folgenden jene, die diese Offenbarung erreicht hat, und alle, die sie im Glauben angenommen haben, ihr Leben im Geist der erkannten Wahrheit zu gestalten. Ganz besonders fordert er dazu die christlichen Eheleute auf.

4. Der Brief wird dann inhaltlich größtenteils zur Unterweisung oder Paränese. Der Verfasser scheint vor allem von den moralischen Aspekten der christlichen Berufung zu sprechen, wobei er sich jedoch ständig auf das Geheimnis bezieht, das kraft der Erlösung Christi in den Christen bereits wirksam ist – und vor allem kraft der Taufe zur vollen Wirkung gelangt. Er schreibt: »Durch ihn habt auch ihr das Wort der Wahrheit gehört, das Evangelium von eurer Rettung; durch ihn habt ihr das Siegel des verheißenen Heiligen Geistes empfangen, als ihr den Glauben annahmt« (Eph 1,13). Somit bleiben also die moralischen Aspekte der christlichen Berufung nicht nur mit der Offenbarung des ewigen göttlichen Geheimnisses in Christus und seiner Annahme im Glauben verknüpft, sondern auch mit der sakramentalen Ordnung, die zwar nicht im ganzen Brief im Vordergrund steht, doch auf diskrete Weise präsent zu sein scheint. Es kann ja übrigens gar nicht anders sein, da der Apostel an Christen schreibt, die durch die Taufe Glieder der kirchlichen Gemeinschaft geworden sind. Unter diesem Gesichtspunkt kommt dem bereits analysierten Abschnitt des Epheserbriefes (5,22–23) wohl eine besondere Bedeutung zu. Denn er wirft Licht auf die grundlegende Beziehung des Geheimnisses zum Sakrament und insbesondere auf die Sakramentalität der Ehe.

5. Im Zentrum des Geheimnisses steht Christus. In ihm – gerade in ihm – ist die Menschheit von Ewigkeit her »mit allem Segen des Geistes« gesegnet. In ihm – in Christus – war die Menschheit erwählt »vor der Erschaffung der Welt«, erwählt »in der Liebe« und zur Gotteskindschaft vorherbestimmt. Wenn dann in der »Fülle der Zeiten« dieses ewige Geheimnis verwirklicht wird, verwirklicht sich das auch in ihm und durch ihn; in Christus und durch Christus. Durch Christus wird das Geheimnis der göttlichen Liebe offenbar. Durch ihn und in ihm wird es zur Erfüllung gebracht: In ihm »haben wir die Erlösung durch sein Blut, die Vergebung der Sünden ...« (Eph 1,7). So werden die Menschen, die im Glauben die ihnen in Christus angebotene Gabe annehmen, wirklich zu Teilhabern an diesem ewigen Geheimnis, obgleich es in ihnen unter dem Schleier des Glaubens wirksam wird. Dieses übernatürliche Geschenk der Früchte der von Christus vollbrachten Erlösung nimmt nach dem Epheserbrief (5, 22–23) den Charakter der Vermählung Christi mit der Kirche an, ähnlich der Vermählung der Ehegatten. Also nicht nur die Früchte der Erlösung sind ein Geschenk, sondern vor allem Christus selbst ist es: Er gibt sich selbst der Kirche als seiner Braut hin.

Die Analogie der bräutlichen Liebe

6. Wir müssen die Frage stellen, ob uns in diesem Punkt diese Analogie nicht erlaubt, tiefer und präziser in den wesentlichen Gehalt des Geheimnisses vorzudringen. Wir müssen uns diese Frage umso mehr stellen, als dieser »klassische« Abschnitt des Epheserbriefes (5,22–23) nicht abstrakt und isoliert erscheint, sondern eine Kontinuität, gewissermaßen eine Folge der Aussagen des Alten Testaments darstellt, die die Liebe Gottes-Jahwe zu dem von ihm auserwählten Volk Israel in derselben Analogie schildern. Es handelt sich in erster Linie um die Texte der Propheten, die in ihre Reden das Bild der bräutlichen Liebe eingeführt haben, um die Liebe Jahwes gegenüber Israel, die Liebe, die beim auserwählten Volk kein Verständnis und keine Erwiderung findet, ja im Gegenteil auf Untreue und Verrat stößt, besonders zu

charakterisieren. Ausdruck von Untreue und Verrat war vor allem der Götzendienst, die Verehrung fremder Gottheiten.

7. In Wahrheit ging es in den meisten Fällen darum, auf dramatische Weise eben den Verrat und die Untreue, die als »Ehebruch« Israels bezeichnet werden, zu enthüllen; doch allen diesen Aussagen der Propheten liegt die klare Überzeugung zugrunde, dass die Liebe Jahwes zu seinem auserwählten Volk mit der Liebe verglichen werden kann und muss, die Bräutigam und Braut vereinen, die Liebe, die die Ehegatten vereinen soll. Man müsste hier zahlreiche Stellen aus den Propheten Jesaja, Hosea und Ezechiel anführen (einige davon haben wir bereits früher zitiert, als wir vor dem Hintergrund der Worte Christi in der Bergpredigt den Begriff »Ehebruch« analysierten). Man darf nicht vergessen, dass zum Erbe des Alten Testaments auch das Hohelied gehört, wo das Bild der bräutlichen Liebe zwar ohne die typische Analogie der prophetischen Texte beschrieben wird, die in dieser Liebe das Bild der Liebe Jahwes zu Israel darstellten, aber auch ohne jenes negative Element, das in den anderen Texten das Motiv des »Ehebruchs« oder der Untreue bildet. Die Analogie von Bräutigam und Braut, die es dem Verfasser des Epheserbriefes erlaubte, die Beziehung Christi zur Kirche zu erläutern, besitzt also eine reiche Tradition in den Büchern des Alten Bundes. Wir können daher nicht umhin, bei der Analyse dieser Analogie in diesem »klassischen« Text des Epheserbriefes jene Überlieferung zu berücksichtigen.

8. Um diese Tradition zu erläutern, beschränken wir uns für heute darauf, einen Abschnitt aus Jesaja anzuführen. Der Prophet sagt: »Fürchte dich nicht, du wirst nicht beschämt; verzage nicht, du wirst nicht enttäuscht. Dass man deine jugendliche Schönheit verachtet hat, wirst du vergessen, an die Schande deiner Witwenschaft wirst du nicht mehr denken. Denn dein Schöpfer ist dein Gemahl, Herr der Heere wird er genannt. Der heilige Gott Israels ist dein Befreier, Gott der ganzen Erde

wird er genannt. Der Herr hat dich gerufen, eine verlassene, bekümmerte Frau. Kann man denn die Frau verstoßen, die man in der Jugend geliebt hat?, spricht dein Gott. Nur für eine kleine Weile habe ich dich verlassen, doch voller Erbarmen hole ich dich zurück … Meine Gnade wird nie von dir weichen und der Bund meines Friedens nicht wanken, spricht der Herr, der Erbarmen hat mit dir« (Jes 54,4–10). Bei unserer nächsten Begegnung werden wir mit der Analyse dieses Jesaja-Textes beginnen.

95. Katechese, 22. September 1982

1. In der Analogie der Beziehung zwischen Christus und der Kirche mit der Beziehung der Ehegatten zueinander greift der Epheserbrief auf die Überlieferung der Propheten des Alten Testaments zurück. Um das zu veranschaulichen, führen wir den folgenden Jesaja-Text an: »Fürchte dich nicht, du wirst nicht beschämt; verzage nicht, du wirst nicht enttäuscht. Dass man deine jugendliche Schönheit verachtet hat, wirst du vergessen, an die Schande deiner Witwenschaft wirst du nicht mehr denken. Denn dein Schöpfer ist dein Gemahl, Herr der Heere wird er genannt. Der heilige Gott Israels ist dein Befreier, Gott der ganzen Erde wird er genannt. Der Herr hat dich gerufen, eine verlassene, bekümmerte Frau. Kann man denn die Frau verstoßen, die man in der Jugend geliebt hat?, spricht dein Gott. Nur für eine kleine Weile habe ich dich verlassen, doch voller Erbarmen hole ich dich zurück. Einen Augenblick nur verbarg ich vor dir mein Gesicht in grollendem Zorn; aber in meiner ewigen Gnade habe ich Erbarmen mit dir, spricht der Herr, dein Befreier. Wie in den Tagen Noahs soll es sein: So wie ich damals schwor, dass die Erde nie mehr überschwemmt werden solle, so schwöre ich jetzt, dir nie mehr zu zürnen und dich nie mehr zu schelten. Auch wenn die Berge von ihrem Platz weichen und die Hügel zu wanken beginnen – meine Gnade wird nie von dir weichen und der Bund meines Friedens nicht wanken, spricht der Herr, der Erbarmen hat mit dir« (Jes 54,4–10).

2. Der Jesaja-Text enthält in diesem Fall keine Vorwürfe gegenüber Israel als einer untreuen Braut, die in anderen Texten, besonders bei Hosea und Ezechiel, mit solchem Nachdruck vorgebracht werden. Dadurch wird der wesentliche Gehalt der biblischen Analogie durchsichtiger: Die Liebe des Gottes Jahwe zu Israel, dem auserwählten Volk, wird als Liebe des Bräutigams zu der Frau geschildert, die er durch den Ehebund zu seiner Gemahlin machen möchte. Auf diese Weise erklärt Jesaja die Ereignisse der Geschichte Israels, indem er auf das sozusagen im Herzen Gottes selbst verborgene Geheimnis zurückgreift. Er führt uns gewissermaßen in dieselbe Richtung, in die uns viele Jahrhunderte später der Verfasser des Epheserbriefes führt, der nach der in Christus bereits vollbrachten Erlösung die Größe dieses Geheimnisses noch vollständiger enthüllen wird.

3. Der Text des Propheten ist ganz von der Tradition und der Denkweise der Menschen des Alten Testaments geprägt. Der Prophet, der im Namen Gottes und sozusagen mit dessen Worten spricht, wendet sich an Israel wie der Bräutigam an die von ihm erwählte Braut. Diese Worte strömen von echter Liebesglut über und unterstreichen zugleich die Einzigartigkeit der Situation und der Denkweise jener Zeit. Sie betonen, dass die Erwählung durch den Mann die »Schande« von der Frau hinwegnimmt, die nach der damals in der Gesellschaft herrschenden Auffassung dem Unverheiratetsein anzuhaften schien, und zwar sowohl der unverheirateten Frau wie der Witwe, aber ebenso der von ihrem Mann verstoßenen Frau (vgl. Dtn 24,1) wie der untreuen Frau. Doch der zitierte Text erwähnt die Untreue nicht; er hebt hingegen das Motiv der erbarmenden Liebe hervor[106], womit er nicht nur auf den sozialen Charakter der Ehe im Alten Bund hinweist, sondern auch auf den Charakter des Geschenks der Liebe Gottes zu seiner Braut Israel: ein Geschenk, das ganz der Initiative Gottes entspringt. Mit anderen Wor-

[106] Im hebräischen Text haben wir die Worte hesed-rahamim, die mehr als einmal zusammen auftreten.

ten: Er weist hin auf die Dimension der Gnade, die in dieser Liebe von Anfang an enthalten ist. Es ist dies vielleicht die stärkste Liebeserklärung Gottes, verbunden mit dem feierlichen Schwur zu ewiger Treue.

Jesaja und der Epheserbrief

4. Die Analogie mit der Liebe, welche die Eheleute miteinander verbindet, wird in diesem Abschnitt stark betont. Jesaja sagt: »... Dein Schöpfer ist dein Gemahl, Herr der Heere wird er genannt. Der heilige Gott Israels ist dein Befreier, Gott der ganzen Erde wird er genannt« (Jes 54,5). So wird also in diesem Text Gott selber in seiner ganzen Majestät als Schöpfer und Herr der Schöpfung ausdrücklich »Gemahl« des auserwählten Volkes genannt. Dieser »Gemahl« spricht von seiner großen Liebe, die von seiner Braut Israel nicht »weichen«, sondern einen festen Grund für den »Bund des Friedens« mit ihr bilden wird. So wird das Motiv der bräutlichen Liebe und der Ehe mit dem Motiv des Bundes verknüpft. Außerdem nennt sich der »Herr der Heere« selbst nicht nur »Schöpfer«, sondern auch »Erlöser«. Der Text ist theologisch außerordentlich reichhaltig.

5. Wenn wir den Jesaja-Text mit dem Epheserbrief vergleichen und die Kontinuität bezüglich der Analogie der bräutlichen Liebe und der Ehe feststellen, müssen wir gleichzeitig eine gewisse Verschiedenheit der theologischen Sichtweise hervorheben. Der Verfasser des Briefes spricht bereits im ersten Kapitel vom Geheimnis der Liebe und der Erwählung, mit dem der »Gott und Vater unseres Herrn Jesus Christus« die Menschen in seinem Sohn umarmt, vor allem als einem »in Gott verborgenen« Geheimnis. Es ist das Geheimnis der väterlichen Liebe, das Geheimnis der Erwählung zur Heiligkeit (»damit wir heilig und untadelig leben vor Gott«, Eph 1,4) und der Gotteskindschaft in Christus (»er hat uns aus Liebe im Voraus dazu bestimmt, seine Söhne zu werden durch Jesus Christus«, Eph 1,5). In diesem Zusammenhang scheint die Schlussfolgerung des Vergleichs in Bezug auf die Ehe, die

wir bei Jesaja gefunden haben (»dein Schöpfer ist dein Gemahl, Herr der Heere wird er genannt«: Jes 54,5), eine Verkürzung der theologischen Perspektive zu sein. Die erste Dimension der Liebe und der Erwählung als von Ewigkeit her in Gott verborgenes Geheimnis ist eine väterliche und keine »eheliche« Dimension. Nach dem Epheserbrief ist das erste charakteristische Merkmal jenes Geheimnisses verbunden mit der Vaterschaft Gottes, wie sie von den Propheten besonders herausgestellt wurde (vgl. Hos 11,1–4; Jes 63,8–9; 64,7; Mal 1,6).

6. Die Analogie mit der bräutlichen Liebe und der Ehe wird nur dann sichtbar, wenn der »Schöpfer« und »heilige Gott Israels« aus dem Jesaja-Text sich als »Erlöser« kundtut. Jesaja sagt: »Dein Schöpfer ist dein Gemahl, Herr der Heere wird er genannt. Der heilige Gott Israels ist dein Befreier« (Jes 54,5). Bereits aus diesem Text lässt sich in gewissem Sinne die Parallele zwischen dem »Gemahl« und dem »Erlöser« herauslesen. Wenn wir zum Epheserbrief übergehen, dürfen wir feststellen, dass eben dort dieser Gedanke voll entfaltet wird. Die Gestalt des »Erlösers«[107] zeichnet sich bereits im ersten Kapitel als die Gestalt dessen ab, der der eingeborene »geliebte Sohn« des Vaters ist (Eph 1,6), geliebt von Ewigkeit her: der, in dem wir alle »von Ewigkeit« her vom Vater geliebt sind. Es ist der Sohn, der gleichen Wesens mit dem Vater ist, »in dem wir durch sein Blut die Erlösung haben, die Vergebung der Sünden nach dem Reichtum seiner Gnade« (Eph 1,7). Derselbe

[107] Obwohl in den ältesten Büchern der Bibel der »Erlöser« (hebr. go'el) die Person bezeichnet, die durch Blutsbande dazu verpflichtet ist, den getöteten Verwandten zu rächen (vgl. z. B. Num 35,19), dem unglücklichen Verwandten zu helfen (vgl. z. B. Rut 4, 6) und vor allem ihn aus der Sklaverei loszukaufen (vgl. z. B. Lev 25,48), so wird im Laufe der Zeit diese Analogie auf Jahwe angewandt, »der Israel aus dem Sklavenhaus freigekauft hat, aus der Hand des Pharao, des Königs von Ägypten« (Dtn 7,8). Besonders im Deuterojesaja wird der Akzent von der Handlung des Loskaufens auf die Person des Erlösers verlegt, der persönlich Israel rettet, sozusagen durch seine bloße Anwesenheit, »ohne Lösegeld oder Geschenke« (Jes 45,13). Der Übergang vom Erlöser in der Prophezeiung Jes 54 zum Epheserbrief hat darum dieselbe Begründung für die Anwendung der Texte des Liedes vom Gottesknecht im genannten Brief (vgl. Jes 53,10–12; Eph 5,23.25–26).

Sohn hat als Christus (oder als Messias) »die Kirche geliebt und sich für sie hingegeben« (Eph 5,25). Diese großartige Formulierung des Epheserbriefes fasst die Elemente des Liedes vom Gottesknecht und des Liedes Zions in sich zusammen und unterstreicht sie zugleich (vgl. z. B. Jes 42,1; 53,8–12; 54,8). Und so ist die Selbsthingabe Christi für die Kirche gleichbedeutend mit der Erfüllung des Erlösungswerkes. Auf diese Weise wird der »Schöpfer und Herr der Heere« aus dem Jesaja-Text als Erlöser zum »heiligen Gott Israels«, und zwar des »neuen Israel«. Im Epheserbrief wird die theologische Sicht des Propheten-Textes bewahrt, aber zugleich vertieft und verändert. Es treten neue Offenbarungsmomente hinzu: das trinitarische, das christologische[108] und schließlich das eschatologische Moment.

7. Deshalb wird der hl. Paulus, wenn er den Brief an das Gottesvolk des Neuen Bundes, und zwar an die Kirche in Ephesus, schreibt, nicht mehr wiederholen: »Dein Schöpfer ist dein Gemahl«, sondern er wird zeigen, auf welche Weise der »Erlöser«, der der eingeborene und von Ewigkeit her »vom Vater geliebte« Sohn ist, gleichzeitig seine Heilsliebe, die in seiner Hingabe für die Kirche besteht, als eheliche Liebe offenbart, mit der er sich der Kirche vermählt und sie zu seinem Leib macht. So bleibt die Analogie der Propheten-Texte des Alten Testaments (in unserem Fall vor allem aus dem Buch Jesaja) mit dem Epheserbrief gewahrt und wird zugleich offensichtlich umgestaltet. Der Analogie entspricht das Geheimnis, das durch sie ausgedrückt und

[108] Anstelle der Beziehung Gott – Israel führt Paulus die Beziehung Christus – Kirche ein, wobei er alles, was sich im Alten Testament auf Jahwe (Adonai – Kyrios) bezieht, auf Christus anwendet. Christus ist Gott, aber Paulus wendet auf ihn ebenso alles an, was sich in den vier Liedern (Jes 42; 49; 50; 52–53), die in der Zeit zwischen den beiden Testamenten in messianischem Sinn ausgelegt wurden, auf den Gottesknecht, den Knecht Jahwes, bezieht. Das Motiv von Haupt und Leib ist nicht biblischer, sondern wahrscheinlich hellenistischer (stoischer?) Herkunft. Im Epheserbrief wird das Thema im Zusammenhang mit der Ehe verwendet (während im ersten Korintherbrief das Thema vom Leib dazu dient, die in der Gesellschaft herrschende Ordnung aufzuzeigen). Vom biblischen Standpunkt aus ist die Einführung dieses Motivs etwas absolut Neues.

in gewissem Sinne erklärt wird. Im Jesaja-Text wird dieses Geheimnis nur ange-deutet; es ist sozusagen verborgen; im Epheserbrief hingegen wird es voll enthüllt (selbstverständlich ohne deshalb aufzuhören, Geheimnis zu sein). Im Epheserbrief wird ausdrücklich unterschieden zwischen der ewigen Dimension des in Gott verborgenen Geheimnisses (»Vater unseres Herrn Jesus Christus«) und seiner Verwirklichung in der Ge-schichte entsprechend seiner christologischen und zugleich ekklesiolo-gischen Dimension. Die Analogie zur Ehe bezieht sich vor allem auf die zweite Dimension. Auch bei den Propheten (bei Jesaja) bezog sich die Analogie zur Ehe unmittelbar auf eine geschichtliche Dimension: Sie war verknüpft mit der Geschichte des auserwählten Volkes des Alten Bundes, mit der Geschichte Israels; die christologische und auf die Kirche bezogene Dimension hingegen war in der alttestamentlichen Verwirklichung des Geheimnisses gleichsam erst im Keim vorhanden: Sie wurde im Voraus angekündigt. Dennoch ist klar, dass uns der Jesaja-Text hilft, den Epheserbrief und die großartige Analogie von der eheli-chen Liebe Christi und der Kirche besser zu verstehen.

Die Wirklichkeit des Geschenks, die Bedeutung der Gnade

95b. Katechese, 29. September 1982

1. Im Epheserbrief (5,22–33) finden wir – wie bei den Propheten des Alten Testamentes (z. B. bei Jesaja) – die große Analogie mit der ehelichen oder bräutlichen Liebe zwischen Christus und der Kirche. Welche Funktion erfüllt diese Analogie gegenüber dem im Alten und im Neuen Bund enthüllten Geheimnis? Die Antwort auf diese Frage soll schrittweise erfolgen. Vor allem hilft uns der Vergleich mit der ehelichen oder bräutlichen Liebe, in das Wesen des Geheimnisses selbst vorzudringen. Er hilft uns, dieses Geheimnis bis zu einem gewissen Punkt – natürlich in analoger Weise – zu verstehen. Selbstverständlich kann die Analogie mit der irdischen, menschlichen Liebe des Mannes zur Frau, der ehelichen Liebe zwischen Menschen, kein angemessenes und vollständiges Verständnis jener absolut transzendenten Wirklich-

keit bieten, die das göttliche Geheimnis sowohl in seinem Verborgensein in Gott von Ewigkeit her wie in seiner »geschichtlichen« Verwirklichung in der Zeit ist, als »Christus die Kirche geliebt und sich für sie hingegeben hat« (Eph 5,25). Das Geheimnis bleibt bei dieser wie bei jeder anderen Analogie, mit der wir es in menschlicher Sprache auszudrücken versuchen, transzendent. Gleichzeitig jedoch bietet diese Analogie die Möglichkeit zu einem gewissen verstandesmäßigen Eindringen in das Wesen des Geheimnisses.

2. Die Analogie mit der ehelichen Liebe erlaubt uns in gewisser Weise, das Geheimnis, das von Ewigkeit her in Gott verborgen und in der Zeit durch Christus verwirklicht wurde, als Liebe zu begreifen, in der sich Gott selbst in Christus dem Menschen total und unwiderruflich hingibt. Es handelt sich um den Menschen in seiner personalen und zugleich gesellschaftlichen Dimension. Diese gesellschaftliche Dimension findet im Buch Jesaja und bei den anderen Propheten in »Israel« ihren Ausdruck, im Epheserbrief als »Kirche«; man kann sagen: als Gottesvolk des Alten und des Neuen Bundes. Wir fügen hinzu, dass in beiden Auffassungen die Dimension der Gemeinschaft gewissermaßen in den Vordergrund gerückt wird, aber nicht so, dass dadurch die personale Dimension völlig zugedeckt wird, die zum Wesen der ehelichen Liebe schlechthin gehört. In beiden Fällen haben wir es vielmehr mit einer bedeutungsvollen »Rückführung der Gemeinschaft auf die Person«[109] zu tun: Israel und die Kirche werden vom Bräutigam, der Person ist (Jahwe und Christus), als Person betrachtet. Jedes konkrete Ich soll sich in jenem biblischen Wir wiederfinden.

[109] Es handelt sich nicht bloß um die Personifizierung der menschlichen Gesellschaft, die ein ganz allgemeines Phänomen in der Weltliteratur darstellt, sondern um eine spezifische »corporate personality« der Bibel, die von einer ständigen wechselseitigen Beziehung zwischen dem Einzelnen und der Gruppe gekennzeichnet ist (vgl. H. Wheeler Robinson, »The Hebrew Conception of die Corporate Personality«, BZAW 66, 1936, S. 49–62; vgl. auch J. L. McKenzie, »Aspects of Old Testament Thought«, in: The Jerome Biblical Commentary, vol. 2. London 1970, S. 748).

3. So erlaubt uns also die Analogie, von der wir sprechen, das geoffenbarte Geheimnis des lebendigen Gottes, der Schöpfer und Erlöser (und als solcher zugleich Gott des Bundes) ist, bis zu einem gewissen Grad zu verstehen; sie erlaubt uns, dieses Geheimnis nach Art der Liebe eines Bräutigams zu seiner Braut zu verstehen, so wie sie uns erlaubt, es auch nach Art einer »sich erbarmenden« Liebe zu verstehen (nach dem Text des Jesaja) oder nach Art einer »väterlichen« Liebe (vor allem nach dem 1. Kapitel des Epheserbriefes). Die genannten Weisen, das Geheimnis zu verstehen, haben natürlich ebenfalls analogen Charakter. Der Vergleich mit der bräutlichen Liebe enthält in sich ein Merkmal des Geheimnisses, das weder von der Analogie mit der sich erbarmenden Liebe noch von der Analogie mit der väterlichen Liebe (oder irgendeiner anderen, in der Bibel verwendeten Analogie, auf die wir uns hätten beziehen können) erreicht wird.

4. Die Analogie mit der ehelichen oder bräutlichen Liebe scheint vor allem das Moment der Selbsthingabe Gottes an den von Ewigkeit her in Christus erwählten Menschen (wörtlich: an »Israel«, an die »Kirche«) hervorzuheben – einer Hingabe, die in ihrem wesentlichen Charakter, d.h. als Hingabe, ganzheitlich (oder vielmehr radikal) und unwiderruflich ist. Diese Hingabe ist mit Sicherheit radikal und deshalb ganzheitlich. Man kann hier nicht von Totalität im metaphysischen Sinn sprechen. Der Mensch ist ja als Geschöpf nicht imstande, die Hingabe Gottes in der transzendentalen Fülle seiner Göttlichkeit anzunehmen. Eine solche totale (ungeschaffene) Hingabe wird nur von Gott selbst in der trinitarischen Gemeinschaft der Personen ausgetauscht. Die Selbsthingabe Gottes an den Menschen hingegen, von der die Analogie mit der bräutlichen Liebe spricht, kann nur im Maß der Teilhabe an der göttlichen Natur erfolgen (vgl. 2 Petr 1,4), wie von der Theologie mit großer Klarheit dargestellt wurde. Dennoch ist, diesem Maß entsprechend, die Selbstmitteilung Gottes an den Menschen in Christus eine ganzheitliche bzw. radikale Hingabe, worauf gerade die Analogie mit

der bräutlichen Liebe hinweist: Sie ist gewissermaßen »alles«, was Gott in Anbetracht der begrenzten Fähigkeiten des Menschen als Geschöpf ihm von sich selbst mitteilen konnte. Damit deutet die Analogie mit der bräutlichen Liebe auf den radikalen Charakter der Gnade, der ganzen Ordnung der geschaffenen Gnade hin.

5. So viel lässt sich, wie es scheint, in Bezug auf die erste Funktion unserer großen Analogie sagen, die von den Schriften der Propheten des Alten Testaments in den Epheserbrief überging, wo sie, wie bereits bemerkt, eine bedeutsame Veränderung erfahren hat. Die Analogie zur Ehe als menschliche Wirklichkeit, in der die bräutliche Liebe verkörpert ist, hilft bis zu einem gewissen Grad und in gewisser Weise, das Gnadengeheimnis als ewige Wirklichkeit in Gott und als historische Frucht der Erlösung der Menschheit in Christus zu verstehen. Doch wir haben bereits früher gesagt, dass diese biblische Analogie nicht nur das Geheimnis erklärt, sondern dass anderseits das Geheimnis die Art und Weise des entsprechenden Verständnisses, der Analogie und hauptsächlich dieser ihrer Komponente bestimmt, in der die biblischen Autoren »das Bild und Gleichnis« des göttlichen Geheimnisses sehen. So also legt der Vergleich der Ehe (auf Grund der bräutlichen Liebe) mit der Beziehung Jahwes zu Israel im Alten und der Beziehung zwischen Christus und der Kirche im Neuen Bund die Art und Weise fest, die Ehe zu verstehen, und bestimmt zugleich diese Weise.

6. Das ist die zweite Funktion unserer großen Analogie. In der Perspektive dieser Funktion nähern wir uns in der Tat der Frage »Sakrament und Mysterium«, das heißt im allgemeinen und grundlegenden Sinn der Frage der Sakramentalität der Ehe. Das erscheint besonders begründet im Licht der Auslegung des Epheserbriefes (5,22–33). Denn indem der Verfasser dieses Briefes die Beziehung Christi zur Kirche durch das Bild der ehelichen Verbundenheit von Mann und Frau veranschaulicht, spricht er in allgemeiner und zugleich grundlegender Weise nicht nur

von der Verwirklichung des ewigen göttlichen Geheimnisses, sondern auch davon, wie dieses Geheimnis in der sichtbaren Ordnung zum Ausdruck kommt, wie es sichtbar geworden und somit in den Bereich des Zeichens eingetreten ist.

7. Unter Zeichen verstehen wir hier einfach die Sichtbarkeit des Unsichtbaren. Das von Ewigkeit her in Gott verborgene – also unsichtbare – Geheimnis ist vor allem in Christus als dem historischen Ereignis sichtbar geworden. Die Beziehung zwischen Christus und der Kirche, die im Epheserbrief als »großes Geheimnis« bezeichnet wird, stellt die Erfüllung und konkrete Darstellung dieses Geheimnisses dar. Die Tatsache allerdings, dass der Verfasser des Epheserbriefes die unauflösliche Beziehung zwischen Christus und der Kirche mit der Beziehung der Eheleute zueinander, also mit der Ehe, vergleicht – wobei er auch auf die Worte der Genesis (2,24) Bezug nimmt, die mit dem Schöpfungsakt Gottes die Ehe einsetzen –, lenkt unsere Betrachtung auf das hin, was wir bereits früher – im Zusammenhang mit dem Geheimnis der Schöpfung – als »Sichtbarmachung des Unsichtbaren« dargelegt haben, also auf den Ursprung der theologischen Geschichte des Menschen.

Man kann sagen, dass das sichtbare Zeichen der Ehe »im Anfang«, insofern sie mit dem sichtbaren Zeichen Christi und der Kirche, mit dem Höhepunkt des göttlichen Heilsplanes verbunden ist, den ewigen Plan der Liebe in die Dimension der Geschichte hineinversetzt und es zum Fundament jeder sakramentalen Ordnung macht. Ein besonderes Verdienst des Verfassers des Epheserbriefes besteht darin, dass er diese beiden Zeichen dadurch einander nähergebracht hat, dass er sie zu einem großen Zeichen, das heißt zu einem großen Sakrament, verbunden hat.

Die Ehe als das ursprünglichste Sakrament

96. Katechese, 6. Oktober 1982

1. Wir fahren fort in der Auslegung des »klassischen« Textes im 5. Kapitel des Epheserbriefes, Vers 22–33. In diesem Zusammenhang ist es

notwendig, einige Sätze aus einer der voraufgegangenen Analysen zu diesem Thema zu zitieren: »Der Mensch erscheint in der sichtbaren Welt als der höchste Ausdruck des göttlichen Schenkens, weil er die innere Dimension in sich trägt, die Dimension des Geschenks ist. In dieser Dimension bringt er seine besondere Ähnlichkeit mit Gott in die Welt, durch die er auch seine ganze »Sichtbarkeit« in der Welt, seine Körperlichkeit, sein Mann- bzw. Frausein und seine Nacktheit transzendiert und beherrscht. Diese Ähnlichkeit spiegelt sich auch in dem ursprünglichen Empfinden für die bräutliche Bedeutung des Leibes wider, die vom Geheimnis der ursprünglichen Unschuld durchdrungen ist« (siehe Katechese 19, Absatz 3). Diese Sätze fassen in wenigen Worten das Ergebnis der Analysen zusammen, die sich auf die ersten Kapitel der Genesis konzentriert hatten, und zwar mit Bezugnahme auf die Worte, in denen sich Christus in seinem Gespräch mit den Pharisäern über die Ehe und ihre Unauflöslichkeit auf den »Anfang« bezogen hatte. Weitere Sätze derselben Analyse betreffen das Problem des ursprünglichsten Sakraments: »So stellt sich in dieser Dimension ein erstes, sozusagen ein ursprünglichstes Sakrament dar, das als Zeichen das unsichtbare, von Ewigkeit in Gott verborgene Geheimnis in wirksamer Weise in der Sichtbarkeit der Welt übermitteln will. Es ist das Geheimnis der Wahrheit und der Liebe, das Geheimnis des göttlichen Lebens, an dem der Mensch wirklich teilnimmt … diese Teilnahme beginnt mit der ursprünglichen Unschuld …« (ebd.).

2. Der Inhalt dieser Aussagen muss nun im Licht der im Epheserbrief formulierten paulinischen Lehre überprüft werden, wobei wir vor allem an den Abschnitt Kapitel 5, Vers 22–33, im Kontext des ganzen Briefes gesehen, denken. Im Übrigen ermächtigt uns der Brief dazu, weil der Verfasser selbst im 5. Kapitel, Vers 31, sich auf den »Anfang« bezieht, und zwar genau auf die Worte von der Einsetzung der Ehe im Buch Genesis (Gen 2,24). In welchem Sinn können wir in diesen Worten eine Aussage über das Sakrament, über das ursprünglichste Sakrament,

erkennen? Die voraufgegangenen Analysen vom biblischen »Anfang« haben uns bei Betrachtung des ursprünglichen Beschenktwerdens des Menschen in seinem Dasein und dem Gnadenstand der ursprünglichen Unschuld und Gerechtigkeit stufenweise dahingeführt. Der Brief an die Epheser veranlasst uns, vom Gesichtspunkt des von Ewigkeit her in Gott verborgenen Geheimnisses aus uns in diese Situation – das heißt in den Zustand des Menschen vor dem Sündenfall – zu versetzen. Denn in den ersten Sätzen des Briefes lesen wir: »Gepriesen sei der Gott und Vater unseres Herrn Jesus Christus: Er hat uns mit allem Segen seines Geistes gesegnet durch unsere Gemeinschaft mit Christus im Himmel. Denn in ihm hat er uns erwählt vor der Erschaffung der Welt, damit wir heilig und untadelig leben vor Gott in Liebe« (Eph 1,3–4).

3. Der Epheserbrief eröffnet uns die übernatürliche Welt des ewigen Geheimnisses, der ewigen Pläne Gottes, unseres Vaters, für den Menschen. Diese Pläne gehen der »Schöpfung der Welt« und damit auch der Erschaffung des Menschen voraus. Also beginnen diese göttlichen Pläne sich bereits in der ganzen Wirklichkeit der Schöpfung zu verwirklichen. Wenn zum Geheimnis der Schöpfung auch der Zustand der ursprünglichen Unschuld des als Ebenbild Gottes als Mann und Frau erschaffenen Menschen gehört, so heißt das, dass das ursprünglichste Beschenktwerden des Menschen von Gott bereits die Frucht der Erwählung einschloss, von der wir im Epheserbrief lesen: »Denn in ihm hat er uns erwählt vor der Erschaffung der Welt, damit wir heilig und untadelig leben vor Gott« (Eph 1,4). Eben das scheinen die Worte aus dem Buch Genesis hervorzuheben, wenn der Schöpfer »Elohim« in dem vor seinem Angesicht erschienenen Menschen – Mann und Frau – ein der Zustimmung würdiges Gut findet: »Gott sah, dass alles, was er gemacht hatte, sehr gut war« (Gen 1,31). Erst nach der Sünde, nach dem Zerbrechen des ursprünglichen Bundes mit dem Schöpfer, empfindet der Mensch das Bedürfnis, sich vor Gott dem Herrn zu ver-

bergen: »Ich habe dich im Garten kommen hören; da bekam ich Angst, weil ich nackt bin, und habe mich versteckt« (Gen 3,10).

4. Vor dem Sündenfall hingegen trug der Mensch in seiner Seele die Frucht der ewigen Erwählung in Christus, dem ewigen Sohn des Vaters. Durch die Gnade dieser Erwählung war der Mensch, Mann und Frau, »heilig und untadelig« vor Gott. Diese ursprüngliche Heiligkeit und Reinheit kam auch darin zum Ausdruck, dass beide, obwohl sie »nackt waren, … sich nicht voreinander schämten« (Gen 2,25), wie wir bereits in den voraufgegangenen Analysen hervorzuheben versucht haben. Aus der Gegenüberstellung des in den ersten Kapiteln der Genesis überlieferten Zeugnisses vom »Anfang« und des Zeugnisses des Epheserbriefes muss man schließen, dass die Wirklichkeit der Erschaffung des Menschen bereits von seiner ewigen Erwählung in Christus durchdrungen war: Berufung zur Heiligkeit durch die Gnade der Gotteskindschaft (»Er hat uns aus Liebe im Voraus dazu bestimmt, seine Söhne zu werden durch Jesus Christus und nach seinem gnädigen Willen zu ihm zu gelangen, zum Lob seiner herrlichen Gnade. Er hat sie uns geschenkt in seinem geliebten Sohn«, Eph 1,5–6).

5. Der Mensch – Mann und Frau – hatte von Anfang an an diesem übernatürlichen Geschenk teil. Dieses Beschenktwerden wurde ihm im Hinblick auf den zuteil, der von Ewigkeit her als Sohn »geliebt« war, auch wenn sie – den Dimensionen der Zeit und der Geschichte entsprechend – der Menschwerdung dieses »geliebten Sohnes« und ebenso der »Erlösung«, die wir in ihm »durch sein Blut« haben (Eph 1,7), vorausgegangen ist. Die Erlösung sollte zur Quelle des übernatürlichen Beschenktwerdens des Menschen nach der Sünde und in gewissem Sinne trotz der Sünde werden. Dieses übernatürliche Beschenktwerden, das vor dem Sündenfall geschah, also die Gnade der ursprünglichen Gerechtigkeit und Unschuld – sie, die Frucht des Erwähltseins des Menschen in Christus von Ewigkeit her war –, hat sich im Hinblick auf

ihn, auf jenen geliebten Sohn, vollzogen, auch wenn sie seiner Menschwerdung zeitlich vorgreift. In den Dimensionen des Geheimnisses der Schöpfung trifft das Erwähltsein zur Gotteskindschaft ja nur auf den »ersten Adam« zu, das heißt auf den als Bild und Gleichnis Gottes, als Mann und Frau, erschaffenen Menschen.

6. Wie ereignet sich in diesem Zusammenhang die Wirklichkeit des Sakraments, des ursprünglichsten Sakraments? In der Analyse über den »Anfang«, aus der wir oben einen Abschnitt zitiert haben, sagten wir: »Das Sakrament als sichtbares Zeichen wird durch den Menschen begründet, sofern er ein Körper ist, durch sein sichtbares Mann- bzw. Frausein. Der Körper, und nur er, kann das Unsichtbare sichtbar machen: das Geistliche und Göttliche. Er wurde geschaffen, um das von Ewigkeit her in Gott verborgene Geheimnis in die sichtbare Wirklichkeit der Welt zu übertragen und so Zeichen dieses Geheimnisses zu sein« (ebd.).

Dieses Zeichen hat darüber hinaus seine eigene Wirkung, wie ich gleichfalls sagte: »Die mit dem Empfinden für die bräutliche Bedeutung des Leibes verbundene ursprüngliche Unschuld« bewirkt dass »der Mensch sich in seinem Leib als Mann bzw. Frau als Subjekt der Heiligkeit empfindet« (ebd.). Er »empfindet sich« so und ist es von »Anfang« an. Diese dem Menschen vom Schöpfer ursprünglich verliehene Heiligkeit gehört zur Wirklichkeit des »Sakraments der Schöpfung«. Die vor dem Hintergrund dieser ursprünglichen Wirklichkeit im theologischen Sinn gesprochenen Worte aus Genesis 2,24: »Darum verlässt der Mann Vater und Mutter und bindet sich an seine Frau, und sie werden ein Fleisch« stellen die Ehe als wesentlichen und gewissermaßen zentralen Bestandteil des »Sakraments der Schöpfung« dar. Sie nennen oder, vielleicht besser, sie bestätigen einfach ihre Herkunft. Nach diesen Worten ist die Ehe ein Sakrament, insofern sie wesentlicher Bestandteil und, ich würde sagen, zentraler Punkt des »Sakraments der Schöpfung« ist. In diesem Sinn ist sie das ursprünglichste Sakrament.

7. Die Einsetzung der Ehe nach den Worten von Genesis 2,24 drückt nicht nur den Beginn der grundlegenden menschlichen Gemeinschaft aus, die durch die ihr innewohnende Kraft der »Fortpflanzung« (»seid fruchtbar und vermehrt euch«, Gen 1,28) der Weiterführung des Schöpfungswerkes dient, sondern sie ist gleichzeitig Ausdruck des Heilswillens des Schöpfers, der dem ewigen Erwähltsein des Menschen entspricht, von dem der Epheserbrief redet. Dieser Heilswille kommt von Gott, dem Schöpfer, und seine übernatürliche Wirksamkeit identifiziert sich mit dem Akt der Schöpfung des Menschen im Stand der ursprünglichen Unschuld. In diesem Stand trug die Erwählung des Menschen in Christus von Ewigkeit her bereits im Akt seiner Schöpfung Früchte. Man muss also erkennen, dass das Ur-Sakrament der Schöpfung seine Wirksamkeit aus dem »geliebten Sohn« schöpft (vgl. Eph 1,6, wo die Rede ist von der »Gnade, die Gott uns geschenkt hat in seinem geliebten Sohn«). Wenn es sich dann um die Ehe handelt, kann man folgern, dass sie – eingesetzt im Rahmen des Sakraments der Schöpfung in seiner Gesamtheit, das heißt im Zustand der ursprünglichen Unschuld – nicht nur der Weiterführung des Schöpfungswerkes, also der Fortpflanzung, dienen sollte, sondern auch dazu, eben dieses Sakrament der Schöpfung, das heißt die übernatürlichen Früchte der ewigen Erwählung des Menschen durch den Vater im ewigen Sohn, auf die späteren Generationen der Menschheit auszudehnen: Es sind die Früchte, mit denen der Mensch im Schöpfungsakt selbst von Gott beschenkt wurde. Der Epheserbrief scheint uns das Recht zu geben, das Buch Genesis und die darin enthaltene Wahrheit über den »Anfang« des Menschen und der Ehe in diesem Sinne zu verstehen.

97. Katechese, 13. Oktober 1982

1. In unserer voraufgegangenen Betrachtung haben wir versucht, im Lichte des Epheserbriefes den sakramentalen »Anfang« des Menschen und der Ehe im Stand der ursprünglichen Gerechtigkeit (bzw. Unschuld) zu vertiefen.

Bekanntlich ist jedoch das Gnadenerbe vom menschlichen Herzen im Augenblick des Bruches des ersten Bundes mit dem Schöpfer verworfen worden. Statt vom Erbe der gottgeschenkten ursprünglichen Gnade, die der vernunftbegabten Seele von Anfang an eingeflößt worden war, erleuchtet zu werden, wurde die Dimension der Weitergabe des Lebens nunmehr durch die Erbsünde verdunkelt. Man kann sagen, dass die Ehe als ursprünglichstes Sakrament jener übernatürlichen Wirkkraft beraubt wurde, die sie im Augenblick ihrer Einsetzung aus dem Sakrament der Schöpfung insgesamt empfangen hat. Trotzdem hörte die Ehe auch in diesem Zustand, das heißt dem Zustand der erblichen Sündhaftigkeit des Menschen, niemals auf, die Gestalt jenes Sakraments zu sein, von dem wir im Epheserbrief (Eph 5,22–33) lesen und das der Verfasser dieses Briefes ohne Zögern als »großes Geheimnis« bezeichnet. Daraus dürfen wir wohl schließen, dass die Ehe gleichsam der Schauplatz der Verwirklichung der ewigen Pläne Gottes geblieben ist, nach welchen das Sakrament der Schöpfung den Menschen zuteil wurde und sie auf das Sakrament der Erlösung vorbereitet hatte, indem es sie in die Dimension des Heilswerkes hineinstellte. Die Erschließung des Epheserbriefes und insbesondere des »klassischen« Textes im 5. Kapitel, Vers 22–33, scheint eine solche Schlussfolgerung zu rechtfertigen.

»Das Sakrament der Erlösung«

2. Wenn der Verfasser in Vers 31 auf die Worte der Einsetzung der Ehe in der Genesis Bezug nimmt (2,24: »Darum wird der Mann Vater und Mutter verlassen und sich an seine Frau binden, und die zwei werden ein Fleisch sein«) und gleich danach erklärt: »Dies ist ein großes Geheimnis; ich beziehe es auf Christus und die Kirche« (Eph 5,32), scheint er nicht nur auf die Identität des von Ewigkeit her in Gott verborgenen Geheimnisses hinzuweisen, sondern auch auf die Kontinuität seiner Verwirklichung, die zwischen dem ursprünglichsten, mit dem übernatürlichen Beschenktwerden des Menschen in der Schöp-

fung selbst verknüpften Sakrament und dem neuen Beschenktwerden besteht, das eingetreten ist, als »Christus die Kirche geliebt und sich für sie hingegeben hat, um sie ... heilig zu machen« (Eph 5,25–26) – ein Beschenktwerden, das in seiner Gesamtheit als Sakrament der Erlösung bezeichnet werden kann.

Diese erlösende Selbsthingabe »für« die Kirche schließt – nach paulinischem Denken – auch die Selbsthingabe Christi »an« die Kirche ein nach dem Bild und Sinnbild der bräutlichen Beziehung, die Mann und Frau in der Ehe verbindet. Auf diese Weise nimmt das Sakrament der Erlösung gewissermaßen die Gestalt und die Form des ursprünglichsten Sakraments an. Der Ehe des ersten Mannes mit der ersten Frau als Zeichen des übernatürlichen Beschenktwerdens des Menschen im Schöpfungssakrament entspricht die Vermählung – oder vielmehr die Analogie der Vermählung – Christi mit der Kirche als grundlegendes »großes« Zeichen des übernatürlichen Beschenktwerdens des Menschen im Sakrament der Erlösung – des Beschenktwerdens, in dem der Bund der Erwählungsgnade, der »im Anfang« durch die Sünde zerbrochen wurde, endgültig erneuert wird.

3. Das in dem zitierten Abschnitt aus dem Epheserbrief enthaltene Bild spricht, wie es scheint, vor allem vom Sakrament der Erlösung als der endgültigen Verwirklichung des von Ewigkeit her in Gott verborgenen Geheimnisses. In diesem »mysterium magnum«, diesem »großen Geheimnis«, verwirklicht sich endgültig all das, wovon derselbe Epheserbrief im ersten Kapitel gehandelt hatte. Dort heißt es nämlich, wie wir uns erinnern, nicht nur: »Denn in ihm (nämlich Christus) hat Gott uns erwählt vor der Erschaffung der Welt, damit wir heilig und untadelig leben vor Gott ...« (Eph 1,4), sondern auch: »Durch sein (Christi) Blut haben wir die Erlösung, die Vergebung der Sünden nach dem Reichtum seiner Gnade. Durch sie hat er uns mit aller Weisheit und Einsicht reich beschenkt ...« (Eph 1,7–8). Das neue übernatürliche Beschenktwerden des Menschen im »Sakrament der Erlösung« ist

auch eine neue Verwirklichung des von Ewigkeit her in Gott verborgenen Geheimnisses – neu in Bezug auf das Sakrament der Schöpfung. Das Beschenktwerden ist in dieser Hinsicht gewissermaßen eine »neue Schöpfung«. Sie unterscheidet sich jedoch vom Sakrament der Schöpfung insofern, als das ursprüngliche mit der Schöpfung verbundene Beschenktwerden jenen Menschen »im Anfang« durch die Gnade in den Stand der ursprünglichen Unschuld und Gerechtigkeit versetzte. Das neue Beschenktwerden des Menschen im Sakrament der Erlösung schenkt ihm hingegen vor allem die »Vergebung der Sünden«. Doch auch hier kann »die Gnade übergroß werden«, wie der hl. Paulus sich an anderer Stelle ausdrückt: »Wo jedoch die Sünde mächtig wurde, da ist die Gnade übergroß geworden« (Röm 5,20).

4. Das Sakrament der Erlösung, Frucht der Erlöserliebe Christi, wird aufgrund seiner Liebe zu seiner Braut, der Kirche, eine bleibende Dimension des Lebens der Kirche selbst, eine grundlegende und lebenspendende Dimension. Es ist das »mysterium magnum«, das »große Geheimnis« Christi und der Kirche; das ewige Geheimnis, das von Christus, der »sich für sie hingegeben hat« (Eph 5,25), verwirklicht wurde; das Geheimnis, das sich in der Kirche ständig verwirklicht, weil Christus »die Kirche geliebt hat« (Eph 5,25), indem er sich mit ihr in unauflöslicher Liebe vereint hat, so wie sich die Brautleute, Mann und Frau, in der Ehe miteinander verbinden. Auf diese Weise lebt die Kirche aus dem Sakrament der Erlösung und vervollständigt ihrerseits dieses Sakrament, so wie die Ehefrau durch die eheliche Liebe ihren Ehemann ergänzt, was in gewisser Weise bereits »im Anfang« hervorgehoben wurde, als der erste Mann in der ersten Frau »eine Hilfe fand, die ihm ähnlich war« (Gen 2,20). Obwohl die Analogie des Epheserbriefes das nicht genauer ausführt, können wir doch hinzufügen, dass auch die mit Christus wie die Ehefrau mit dem Ehemann verbundene Kirche ihre ganze Fruchtbarkeit und geistige Mutterschaft aus dem Sakrament der Erlösung schöpft. Davon zeugen irgendwie die Worte aus

dem Brief des hl. Petrus, wo er schreibt, dass wir »neu geboren worden (sind), nicht aus vergänglichem, sondern aus unvergänglichem Samen: aus Gottes Wort, das lebt und das bleibt« (1 Petr 1,23). So wird das von Ewigkeit her in Gott verborgene Geheimnis, das Geheimnis, das »im Anfang«, im Sakrament der Schöpfung, durch die Verbindung des ersten Mannes mit der ersten Frau zu einer sichtbaren Wirklichkeit in der Perspektive der Ehe geworden ist, im Sakrament der Erlösung zu einer sichtbaren Wirklichkeit in der unauflöslichen Vereinigung Christi mit der Kirche, die der Verfasser des Epheserbriefes als die eheliche Verbindung der Eheleute – Mann und Frau – darstellt.

5. Das sacramentum magnum (im griechischen Text heißt es: tó mysterion toûto méga estin) des Epheserbriefes spricht von der neuen Verwirklichung des von Ewigkeit her in Gott verborgenen Geheimnisses; der endgültigen Verwirklichung vom Standpunkt der irdischen Heilsgeschichte aus. Es spricht weiter davon, das Geheimnis »sichtbar zu machen«: von der Sichtbarkeit des Unsichtbaren. Diese Sichtbarkeit bedeutet nicht, dass das Geheimnis aufhören würde, Geheimnis zu sein. Das galt für die im »Anfang«, im Zustand der ursprünglichen Unschuld, im Rahmen des Schöpfungssakraments dargestellte Ehe. Das gilt auch für die Vereinigung Christi mit der Kirche als »großes Geheimnis« des Sakraments der Erlösung. Die Sichtbarkeit des Unsichtbaren bedeutet nicht – wenn man so sagen darf – eine völlige Durchsichtigkeit des Geheimnisses. Als Gegenstand des Glaubens bleibt es auch gerade durch das, worin es sich ausdrückt und verwirklicht, verschleiert. Die Sichtbarkeit des Unsichtbaren gehört darum in die Ordnung der Zeichen, und das Zeichen deutet nur auf die Wirklichkeit des Geheimnisses hin, enthüllt es aber nicht. Wie der »erste Adam«, der Mensch, Mann und Frau, geschaffen im Zustand der ursprünglichen Unschuld und in diesem Zustand zur ehelichen Vereinigung berufen (in diesem Sinne sprechen wir vom Sakrament der Schöpfung), Zeichen des ewigen Geheimnisses war, so ist der »zweite Adam«, Christus, der mit der Kirche durch das Sakrament der Erlösung

durch ein unauflösliches Band – analog dem unauflöslichen Band der Eheleute – mit der Kirche verbunden ist, endgültiges Zeichen desselben ewigen Geheimnisses. Wenn wir daher von der Verwirklichung des ewigen Geheimnisses sprechen, sprechen wir auch davon, dass es mit der Sichtbarkeit des Zeichens sichtbar wird. Und deshalb sprechen wir auch von der Sakramentalität der ganzen Erbschaft des Sakraments der Erlösung in Bezug auf das gesamte Werk der Schöpfung und Erlösung und noch mehr in Bezug auf die im Rahmen des Sakraments der Schöpfung eingesetzte Ehe wie auch in Bezug auf die Kirche als Braut Christi, die mit ihm ein gleichsam eheliches Band verbindet.

Die Ehe als Vorausbild und als Sakrament des Neuen Bundes

98. Katechese, 20. Oktober 1982

1. Am vergangenen Mittwoch haben wir über die ganze Erbschaft des Bundes mit Gott und über die mit dem göttlichen Schöpfungswerk ursprünglich verbundene Gnade gesprochen. Zu dieser ganzen Erbschaft gehörte – wie wir aus Epheserbrief 5,22–33 ableiten können – auch die Ehe als ursprünglichstes Sakrament, das am Anfang eingesetzt und mit dem Schöpfungssakrament in dessen Gesamtumfang verbunden wurde. Die Sakramentalität der Ehe ist nicht nur Modell des Sakraments der Kirche (Christi und der Kirche), sondern sie macht auch einen wesentlichen Teil des neuen Erbes aus: nämlich das Sakrament der Erlösung, mit dem die Kirche in Christus beschenkt wurde. Hier müssen wir noch einmal auf die Worte Christi bei Matthäus 19,3–9 (vgl. auch Mk 10,5–9) zurückkommen, wo Christus in seiner Antwort auf die Frage der Pharisäer über die Ehe und ihren besonderen Charakter sich nur und ausschließlich auf ihre ursprüngliche Einsetzung durch den Schöpfer am Anfang bezieht. Wenn wir über die Bedeutung dieser Antwort im Licht des Epheserbriefes, insbesondere von Eph 5,22–33, nachdenken, kommen wir zu einer gewissen doppelten Beziehung der Ehe zur gesamten sakramentalen Ordnung, die im Neuen Bund aus diesem Sakrament der Erlösung hervorgeht.

2. Die Ehe als ursprünglichstes Sakrament stellt einerseits das Sinnbild (und somit das Gleichnis, die Analogie) dar, nach welchem die tragende Grundstruktur der neuen Heilsökonomie und der sakramentalen Ordnung errichtet wird. Diese hat ihren Ursprung im bräutlichen Beschenktwerden, das der Kirche zusammen mit allen anderen Heilsgütern (mit den Eingangsworten des Epheserbriefes könnte man sagen: »mit allem Segen seines Geistes«, Eph 1,3) von Christus zukommt. So wird die Ehe als ursprünglichstes Sakrament in die Gesamtstruktur der von der Erlösung geschaffenen neuen Heilsökonomie sozusagen als »Prototyp« aufgenommen und eingegliedert: Sie wird gleichsam von ihren Grundlagen her aufgenommen und integriert. Christus selbst bestätigt in seinem Gespräch mit den Pharisäern (Mt 19,3–9) vor allem die Existenz der Ehe. Wenn wir diese Dimension richtig bedenken, müssen wir daraus schließen, dass alle Sakramente des Neuen Bundes gewissermaßen in der Ehe als dem ursprünglichsten Sakrament ihren Prototyp finden. Das scheint sich in dem zitierten klassischen Abschnitt aus dem Epheserbrief abzuzeichnen, wie wir gleich sehen werden.

3. Doch die Beziehung der Ehe zur gesamtem, durch das Beschenktwerden der Kirche mit den Heilsgütern entstandenen sakramentalen Ordnung beschränkt sich nicht nur auf die exemplarische Dimension. Christus bestätigt in seinem Gespräch mit den Pharisäern (Mt 19) nicht nur die Existenz der am Anfang vom Schöpfer eingesetzten Ehe, sondern er erklärt sie auch zum integrierenden Bestandteil der neuen, sakramentalen Heilsökonomie, der neuen Ordnung der »Heilszeichen«, die aus dem Sakrament der Erlösung stammt, so wie die ursprüngliche Gnadenordnung aus dem Sakrament der Schöpfung hervorgegangen ist; tatsächlich beschränkt sich Christus ja auf das eine Sakrament, das die Ehe war, die im Zustand der ursprünglichen Unschuld und Gerechtigkeit des als Mann und Frau »als Bild und Gleichnis Gottes« geschaffenen Menschen eingesetzt worden ist.

4. Die neue Sakramentenökonomie, die auf der Grundlage des Sakraments der Erlösung, hervorgehend aus dem bräutlichen Beschenktwerden der Kirche durch Christus, entsteht, unterscheidet sich von der ursprünglichen Heilsökonomie. Denn sie wendet sich nicht an den Menschen im Stand der ursprünglichen Gerechtigkeit und Unschuld, sondern an den vom Erbe der Ursünde und vom Stand der Sündhaftigkeit (status naturae lapsae, »Stand der gefallenen Natur«) belasteten Menschen. Sie wendet sich an den Menschen der dreifachen Begehrlichkeit, nach den klassischen Worten des ersten Johannesbriefes (2,16); an den Menschen, in dem »sich das Begehren des Fleisches gegen den Geist und das Begehren des Geistes gegen das Fleisch richtet« (Gal 5,17), nach der paulinischen Theologie (und Anthropologie), der wir in unseren voraufgegangenen Audienzen viel Raum gewidmet haben.

5. Diese Überlegungen anhand einer vertieften Analyse der Bedeutung der Aussage Christi in der Bergpredigt über den »begehrlichen Blick«, den er als »im Herzen begangenen Ehebruch« bezeichnet, bereiten uns darauf vor, die Ehe als integrierenden Bestandteil der neuen sakramentalen Heilsordnung zu verstehen, die ihren Ursprung im Sakrament der Erlösung hat, das heißt in jenem »großen Geheimnis«, das als Geheimnis Christi und der Kirche die Sakramentalität der Kirche selbst bestimmt. Diese Überlegungen bereiten darüber hinaus das Verständnis der Ehe als Sakrament des Neuen Bundes vor, dessen Heilswerk sich organisch mit jenem Ethos verbindet, das in den voraufgegangenen Analysen als Ethos der Erlösung definiert wurde. Der Epheserbrief drückt dieselbe Wahrheit auf seine Weise aus: Er spricht in der Tat von der Ehe als »großem« Sakrament in einem weiten, paränetischen Zusammenhang, das heißt im Rahmen der moralischen Appelle, die eben das Ethos bestimmen, die das Leben der Christen, also der Menschen auszeichnen muss, die sich der Erwählung bewusst sind, die sich in Christus und der Kirche verwirklicht.

Die Sakramente der Kirche

6. Vor dem weiten Hintergrund der Überlegungen, die sich aus der Lektüre des Epheserbriefes (insbesondere von Eph 5,22–33) ergeben, kann und muss man schließlich noch auf das Problem der Sakramente der Kirche eingehen. Der zitierte Text aus dem Epheserbrief spricht davon indirekt, ja ich würde sagen in zweiter Linie, auch wenn das genügt, um dieses Problem in unseren Überlegungen Raum finden zu lassen. Doch gilt es hier, wenigstens kurz den Sinn zu bestimmen, den wir beim Gebrauch des Begriffes »Sakrament« verwenden und der für unsere Überlegungen bedeutsam ist.

7. Bisher haben wir uns nämlich (übrigens in Übereinstimmung mit der gesamten biblisch-patristischen Tradition[110]) des Begriffes »Sakrament« in einem weiteren Sinn bedient als jenem der traditionellen und modernen theologischen Terminologie, die mit dem Wort »Sakrament« die von Christus eingesetzten und von der Kirche verwalteten Zeichen benennt. Diese sind Ausdruck der göttlichen Gnade und vermitteln sie an den Empfänger des jeweiligen Sakraments. In diesem Sinn ist jedes der sieben Sakramente der Kirche durch eine bestimmte liturgische Handlung gekennzeichnet und durch das Wort (die Form) und die besondere sakramentale »Materie« festgelegt gemäß der verbreiteten, von Thomas von Aquin und der ganzen scholastischen Tradition aufgenommenen und vertieften Theorie des Hylemorphismus.

8. Im Verhältnis zu der soeben umschriebenen Bedeutung haben wir bei unseren Überlegungen eine weitere und vielleicht auch ältere und grundlegendere Bedeutung des Begriffs »Sakrament« benutzt[111]. Der Brief an die Epheser, vor allem Eph 5,22–33, scheint uns dazu in besonderer Weise zu berechtigen. Sakrament bedeutet hier das Geheimnis Gottes selbst, das von Ewigkeit her verborgen ist, jedoch nicht in

[110] Vgl. Leonis XIII Acta, vol. II, 1881, S. 22.
[111] Vgl. Katechese 93, Anmerkung 105.

ewiger Verborgenheit, sondern vor allem hinsichtlich seiner Offenbarung und Verwirklichung (auch: hinsichtlich der Offenbarung durch die Verwirklichung). In diesem Sinn wurde auch vom Sakrament der Schöpfung und vom Sakrament der Erlösung gesprochen. Auf Grund des Sakraments der Schöpfung muss man auch die ursprüngliche Sakramentalität der Ehe verstehen (ursprünglichstes Sakrament). Folglich kann man auf Grund des Sakraments der Erlösung die Sakramentalität der Kirche oder vielmehr die Sakramentalität der Verbindung Christi mit der Kirche begreifen, die der Verfasser des Epheserbriefes im Gleichnis der Ehe, der ehelichen Verbindung von Mann und Frau, darstellt. Eine sorgfältige Analyse des Textes zeigt, dass es sich in diesem Fall nicht nur um ein Gleichnis im bildlichen Sinn handelt, sondern um eine wirkliche Erneuerung (oder eine »Neu-Schöpfung«, also eine neue Schöpfung) dessen, was den Heilsinhalt (gewissermaßen die »Heilssubstanz«) des ursprünglichsten Sakraments ausmachte. Diese Feststellung ist von wesentlicher Bedeutung, sowohl um die Sakramentalität der Kirche klarzustellen (und darauf beziehen sich die bedeutsamen Worte des ersten Kapitels der Konzilskonstitution Lumen gentium) als auch für das Verständnis der Sakramentalität der Ehe als eines der Sakramente der Kirche.

99. Katechese, 27. Oktober 1982

1. Der Text des Epheserbriefes (5,22–33) spricht von den Sakramenten der Kirche, insbesondere von der Taufe und der Eucharistie, allerdings nur indirekt und gewissermaßen andeutungsweise, wobei er die Ehe mit der Beziehung von Christus und der Kirche vergleicht. Und so lesen wir zuerst, dass Christus, der »die Kirche geliebt und sich für sie hingegeben hat« (5,25), dies tat, »um sie im Wasser und durch das Wort rein und heilig zu machen« (5,26). Es handelt sich hier ohne Zweifel um das Sakrament der Taufe, das mit der Einsetzung durch Christus von Anfang an denen gespendet wird, die sich bekehren. Die zitierten Worte zeigen sehr eindrucksvoll, dass die Taufe ihre wesentli-

che Bedeutung und ihre sakramentale Kraft aus der Liebe des Erlösers zu seiner Braut (der Kirche) schöpft, durch welche sich vor allem die Sakramentalität der Kirche selbst als »sacramentum magnum« (als großes Sakrament) darstellt. Dasselbe lässt sich wohl auch von der Eucharistie sagen, worauf die anschließenden Worte über die Ernährung und Pflege des eigenen Körpers hinweisen, den jeder Mensch nährt und pflegt, »wie auch Christus die Kirche. Denn wir sind die Glieder seines Leibes« (5,29–30). In der Tat nährt Christus die Kirche mit seinem Leib in der Eucharistie.

2. Man sieht jedoch, dass man weder im ersten noch im zweiten Fall von einer umfassend entwickelten Sakramentenlehre sprechen kann. Ja, dass man davon nicht einmal sprechen kann, wenn es sich um das Sakrament der Ehe als eines der Sakramente der Kirche handelt. Wenn der Epheserbrief das bräutliche Verhältnis Christi zur Kirche ausdrückt, gibt er uns zu verstehen, dass die Kirche selbst auf Grund dieser Beziehung das »große Sakrament« ist, das neue Zeichen des Bundes und der Gnade, das aus Wurzeln in der Tiefe des Sakraments der Erlösung wächst, so wie die Ehe aus der Tiefe des Sakraments der Schöpfung als das ursprünglichste Sakraments hervorgegangen ist, als das ursprünglichste Zeichen des Bundes und der Gnade. Der Verfasser des Epheserbriefes verkündet nun, dass jenes ursprünglichste Sakrament sich auf neue Weise im »Sakrament« Christi und der Kirche verwirklicht. Auch aus diesem Grund wendet sich der Apostel in dem »klassischen« Text von Eph 5,21–33 an die Eheleute, damit sie »sich einer dem anderen unterordnen in der gemeinsamen Ehrfurcht vor Christus« (5,21) und ihr Eheleben gestalten, indem sie es auf das am »Anfang« vom Schöpfer eingesetzte Sakrament gründen: ein Sakrament, das seine endgültige Größe und Heiligkeit in dem Liebesbund der Gnade zwischen Christus und der Kirche gefunden hat.

3. Obwohl der Epheserbrief nicht direkt und unmittelbar von der Ehe als einem der Sakramente der Kirche spricht, wird in ihm doch die Sakramentalität der Ehe in besonderer Weise bekräftigt und vertieft. In dem »großen Sakrament« Christi und der Kirche sind die christlichen Eheleute aufgerufen, ihr Leben und ihre Berufung auf dem Fundament des Sakraments zu gestalten.

3. Sakrament und Erlösung des Leibes

3.1 Das Evangelium

Die Worte Christi und das Geheimnis der Erlösung

4. Nach der Analyse des klassischen Textes von Eph 5,21–33, der sich an die christlichen Eheleute wendet und in dem Paulus ihnen das »große Geheimnis« (sacramentum magnum) des Liebesbundes verkündet, der Christus und die Kirche verbindet, ist es angebracht, auf jene bedeutsamen Worte des Evangeliums zurückzukommen, über die wir bereits bei früheren Audienzen meditiert haben, da wir in ihnen die Schlüsselworte für die Theologie des Leibes erkennen. Christus verkündet diese Worte sozusagen aus der göttlichen Tiefe der »Erlösung des Leibes« (Röm 8,23). Alle diese Worte sind für den als Mann und Frau geschaffenen Menschen, insofern er eben Leib ist, von grundlegender Bedeutung. Sie sind von Bedeutung für die Ehe, in der Mann und Frau sich so vereinen, dass beide »ein Fleisch« werden, wie es im Buch Genesis (2,24) heißt, auch wenn die Worte Christi zugleich auf die Berufung zur Ehelosigkeit »um des Himmelreiches willen« hinweisen (Mt 19,12).

5. Auf jedem dieser Wege ist die »Erlösung des Leibes« nicht nur eine große Erwartung derer, die »die Erstlingsgabe des Geistes« haben (Röm 8,23), sondern auch eine ständige Quelle der Hoffnung darauf, dass die Schöpfung »von der Sklaverei und Verlorenheit befreit werden soll zur Freiheit und Herrlichkeit der Kinder Gottes« (ebd., 8,21). Die aus der göttlichen Tiefe des Geheimnisses der Erlösung, der »Erlösung des Leibes« heraus verkündeten Worte Christi enthalten den Sauerteig der Hoffnung: Sie öffnen den Blick sowohl in der eschatologischen Dimension wie in der Dimension des täglichen Lebens. In der Tat, die an die unmittelbaren Zuhörer gerichteten Worte wenden sich gleichzeitig an den »geschichtlichen« Menschen der verschiedenen Zeiten und

Orte. Eben an jenen Menschen, der, »obwohl er die Erstlingsgabe des Geistes besitzt, ... seufzt ... und auf die Erlösung des Leibes wartet ...« (vgl. ebd., 8,23). In ihm konzentriert sich auch die »kosmische« Hoffnung der ganzen Schöpfung, die im Menschen »sehnsüchtig auf das Offenbarwerden der Söhne Gottes wartet« (ebd., 8,19).

Das Sakrament der Erlösung und die Unauflöslichkeit der Ehe

6. Christus spricht mit den Pharisäern, die ihn fragen: »Darf man seine Frau aus jedem beliebigen Grund aus der Ehe entlassen?« (Mt 19,3); sie fragen so, weil das dem Mose zugeschriebene Gesetz den sogenannten »Scheidungsbrief« zuließ (Dtn 24,1). Die Antwort Christi lautet: »Habt ihr nicht gelesen, dass der Schöpfer die Menschen am Anfang als Mann und Frau geschaffen hat und dass er gesagt hat: Darum wird der Mann Vater und Mutter verlassen und sich an seine Frau binden, und die zwei werden ein Fleisch sein? Sie sind also nicht mehr zwei, sondern eins. Was aber Gott verbunden hat, das darf der Mensch nicht trennen« (Mt 19,4–6). Wo es sich um die »Scheidungsurkunde« handelt, antwortet Christus wie folgt: »Nur weil ihr so hartherzig seid, hat Mose euch erlaubt, eure Frauen aus der Ehe zu entlassen. Am Anfang war das nicht so. Ich sage euch: Wer seine Frau entlässt, obwohl kein Fall von Unzucht vorliegt, und eine andere heiratet, der begeht Ehebruch« (Mt 19,8–9). »Wer seine Frau aus der Ehe entlässt und eine andere heiratet, begeht Ehebruch« (Lk 16,18).

7. Mit diesen Worten, die die Antwort auf eine konkrete Frage juridisch-moralischen Charakters bilden, öffnet sich der Horizont der »Erlösung des Leibes«; er öffnet sich vor allem aufgrund der Tatsache, dass Christus sich auf die Ebene jenes ursprünglichsten Sakraments stellt, das seine Gesprächspartner in einzigartiger Weise erben, weil sie auch die in den ersten Kapiteln der Genesis enthaltene Offenbarung des Geheimnisses der Schöpfung erben.

Diese Worte enthalten zugleich eine allumfassende Antwort, die sich an den Menschen der Geschichte aller Zeiten und Orte richtet, weil sie für die Ehe und ihre Unauflöslichkeit entscheidend sind; sie weisen in der Tat auf das hin, was der als Mann und Frau geschaffene Mensch ist, was er in nicht mehr rückgängig zu machender Weise dadurch geworden ist, dass er »als Bild und Gleichnis Gottes« geschaffen wurde: der Mensch, der auch nach der Ursünde nicht aufhört, Mensch zu sein, auch wenn ihn diese Ursünde der ursprünglichen Unschuld und Gerechtigkeit beraubt hat. Christus, der sich in seiner Antwort auf die Frage der Pharisäer auf den »Anfang« bezieht, scheint so insbesondere die Tatsache unterstreichen zu wollen, dass er aus der Tiefe des Geheimnisses der Erlösung und der Erlösung des Leibes spricht. Denn Erlösung bedeutet gleichsam eine »neue Schöpfung« – sie bedeutet die Annahme alles Geschaffenen, um in der Schöpfung die von Gott für sie bestimmte Fülle an Gerechtigkeit, Beständigkeit und Heiligkeit auszudrücken und um jene Fülle vor allem in dem als Mann und Frau »als Ebenbild Gottes« geschaffenen Menschen zum Ausdruck zu bringen. In der Sicht der Worte, die Christus darüber an die Pharisäer richtet, was die Ehe »am Anfang« gewesen sei, lesen wir auch den klassischen Text des Epheserbriefes (5,22–33) als Zeugnis für die Sakramentalität der Ehe, das auf dem »großen Geheimnis« Christi und der Kirche gründet.

100. Katechese, 24. November 1982

1. Wir haben den Epheserbrief und vor allem den Abschnitt 5,22–33, vom Gesichtspunkt der Sakramentalität der Ehe her analysiert. Nun wollen wir denselben Text von den Worten des Evangeliums her untersuchen.

Die Worte Christi an die Pharisäer (vgl. Mt 19) beziehen sich auf die Ehe als Sakrament, das heißt auf die ursprünglichste Offenbarung des Heilswillens und -wirkens Gottes »im Anfang«, im Geheimnis der Schöpfung. Kraft jenes Heilswillens und -wirkens Gottes waren Mann und Frau, wenn sie sich vereinigten, um »ein Fleisch« zu werden (Gen

2,24), zugleich zur Einheit der Kinder Gottes »in Wahrheit und Liebe« bestimmt (vgl. Gaudium et spes, Nr. 24), die im eingeborenen und von Ewigkeit her geliebten Sohn an Kindesstatt angenommen sind. Auf diese Einheit und Gemeinschaft der Personen nach dem Bild der göttlichen Personen (vgl. ebd.) beziehen sich die Worte Christi, die der Ehe als ursprünglichstes Sakrament gelten und dieses Sakrament auf der Grundlage des Geheimnisses der Erlösung zugleich bekräftigen. Denn die ursprüngliche »leibliche Einheit« von Mann und Frau hört nicht auf, die Geschichte des Menschen auf Erden zu prägen, auch wenn sie die Durchsichtigkeit des Sakraments als Heilszeichen, die sie »im Anfang« besaß, verloren hat.

2. Wenn Christus im Matthäus- und im Markusevangelium (vgl. Mt 19; Mk 10) seinen Gesprächspartnern gegenüber die Ehe als vom Schöpfer »im Anfang« eingesetztes Sakrament bestätigt – und demgemäß ihre Unauflöslichkeit fordert –, öffnet er damit selbst die Ehe dem Heilswirken Gottes, den Kräften, die aus der »Erlösung des Leibes« entspringen und helfen, die Folgen der Sünde zu überwinden und die Einheit von Mann und Frau nach dem ewigen Plan des Schöpfers aufzubauen. Das Heilswirken, das vom Geheimnis der Erlösung fließt, nimmt das ursprüngliche heiligende Wirken Gottes im Geheimnis der Schöpfung in sich auf.

3. Die Worte des Matthäusevangeliums (vgl. Mt 19,3–9; und Mk 10, 2–12) besitzen zugleich eine sehr klare sittliche Bedeutung. Diese Worte bestätigen – auf Grund des Geheimnisses der Erlösung – das ursprünglichste Sakrament und bestimmen gleichzeitig ein entsprechendes Ethos, das wir bereits in unseren vorangegangenen Überlegungen als »Ethos der Erlösung« bezeichnet haben. Das christliche Ethos des Evangeliums ist in seinem theologischen Wesen das Ethos der Erlösung. Wir können natürlich für dieses Ethos eine vernunftgemäße Interpretation, eine philosophische Auslegung personalistischen Charak-

ters finden; doch in seinem theologischen Wesen ist es ein Ethos der Erlösung, ja ein Ethos der Erlösung des Leibes. Die Erlösung wird zugleich zur Grundlage, um die besondere, in der Würde von Mann und Frau als Personen verwurzelte Würde des menschlichen Leibes zu begreifen. Diese Würde begründet ja letztlich die Unauflöslichkeit des ehelichen Bundes.

4. Christus bezieht sich auf den unauflöslichen Charakter der Ehe als ursprünglichstes Sakrament, und indem er dieses Sakrament auf Grund des Geheimnisses der Erlösung bestätigt, zieht er daraus ethische Schlussfolgerungen: »Wer seine Frau aus der Ehe entlässt und eine andere heiratet, begeht ihr gegenüber Ehebruch. Auch eine Frau begeht Ehebruch, wenn sie ihren Mann aus der Ehe entlässt und einen anderen heiratet« (Mk 10,11f.; vgl. Mt 19,9). Man kann sagen, dass auf diese Weise die Erlösung dem Menschen als Gnade des neuen Bundes mit Gott in Christus geschenkt und zugleich als Ethos aufgetragen wird: als jene Form der Moral, die dem Handeln Gottes im Geheimnis der Erlösung entspricht. Wenn die Ehe als Sakrament ein wirksames Zeichen des Heilshandelns Gottes »im Anfang« ist, so bildet dieses Sakrament zugleich – im Licht der hier betrachteten Worte Christi – auch ein Wort, das den Menschen, Mann und Frau, dazu ruft, sich bewusst an der Erlösung des Leibes zu beteiligen.

Das Sakrament: gegeben als Gnade und aufgegeben als Ethos

5. Die sittliche Dimension der Erlösung des Leibes zeichnet sich in ihrer ganzen Tiefe ab, wenn wir über die Worte nachdenken, die Christus in der Bergpredigt im Zusammenhang mit dem Gebot »Du sollst nicht die Ehe brechen« gesprochen hat. »Ihr habt gehört, dass gesagt worden ist: Du sollst nicht die Ehe brechen. Ich aber sage euch: Wer eine Frau ansieht, um sie zu begehren, hat in seinem Herzen schon Ehebruch mit ihr begangen« (Mt 5,27–28). Dieser lapidaren Aussage Christi haben wir schon eine ausführliche Betrachtung gewidmet in der Überzeu-

gung, dass sie für die gesamte Theologie des Leibes, vor allem für den Bereich des »geschichtlichen« Menschen, eine grundlegende Bedeutung besitzt. Und obwohl sich diese Worte nicht direkt und unmittelbar auf die Ehe als Sakrament beziehen, ist es doch unmöglich, sie von der sakramentalen Grundlage zu trennen, auf die – was den Ehebund betrifft – die Existenz des Menschen als Mann und Frau gestellt ist: sowohl im ursprünglichen Rahmen des Geheimnisses der Schöpfung als auch, in der Folge, im Rahmen des Geheimnisses der Erlösung. Diese sakramentale Grundlage trifft immer konkrete Personen; sie durchdringt das, was beide, Mann und Frau, in ihrer ursprünglichen Würde als Abbild und Gleichnis Gottes aufgrund ihrer Erschaffung und damit in eben der Würde sind, die der Mensch trotz der Sünde ererbt hat und die ihm durch die Wirklichkeit der Erlösung von Neuem und für immer als Aufgabe anvertraut ist.

6. Christus, der in der Bergpredigt das Gebot »Du sollst nicht die Ehe brechen« auslegt – eine Auslegung, die für das neue Ethos grundlegend ist –, vertraut mit denselben lapidaren Worten jedem Mann die Ehrfurcht vor jeder Frau als Aufgabe an; gleichzeitig (obwohl das aus dem Text nur indirekt hervorgeht) vertraut er auch jeder Frau die Ehrfurcht vor jedem Mann an[112]. Schließlich vertraut er jedem – sowohl dem Mann wie der Frau – die Selbstachtung an; gewissermaßen das »sacrum« (das innere Heiligtum) der Person, und das im Hinblick auf den Leib als Mann- und Frausein. Man kann leicht feststellen, dass die von Christus in der Bergpredigt verkündeten Worte das Ethos betreffen. Zugleich lässt sich nach einer gründlicheren Überlegung unschwer behaupten, dass diese Worte aus der Tiefe der Erlösung des Leibes stammen. Obwohl sie sich nicht direkt auf die Ehe als Sakrament beziehen, kann man ohne Weiteres feststellen, dass sie ihre eigentliche und volle Bedeutung

[112] Der Text des hl. Markus, der von der Unauflöslichkeit der Ehe spricht, sagt klar, dass auch die Frau Ehebruch begeht, wenn sie ihren Mann aus der Ehe entlässt und einen anderen heiratet (vgl. Mk 10,12).

in der Beziehung zum Sakrament erreichen: sowohl zu jenem ursprünglichsten Sakrament, das mit dem Geheimnis der Schöpfung verbunden ist, als auch zu jenem anderem, in welchem der »geschichtliche« Mensch nach dem Sündenfall und wegen seiner ererbten Sündhaftigkeit die Würde und Heiligkeit der körperlichen ehelichen Vereinigung aufgrund des Geheimnisses der Erlösung wiederfinden muss.

7. In der Bergpredigt, wie auch in dem Gespräch mit den Pharisäern über die Unauflöslichkeit der Ehe, spricht Christus aus der Tiefe jenes göttlichen Geheimnisses. Gleichzeitig versenkt er sich in die Tiefe des Geheimnisses Mensch. Deshalb weist er auf das »Herz« hin, auf jenen »innersten Ort« im Menschen, wo Gut und Böse, Sünde und Gerechtigkeit, Begehrlichkeit und Heiligkeit miteinander kämpfen. Wenn Christus von der Begehrlichkeit (dem begehrlichen Blick, vgl. Mt 5,28) spricht, macht er seinen Zuhörern bewusst, dass jeder, zusammen mit dem Geheimnis der Sünde, die innere Dimension »des Menschen der Begehrlichkeit« in sich trägt (es handelt sich um eine dreifache Begehrlichkeit: »Begehrlichkeit des Fleisches, Begehrlichkeit der Augen und Stolz des Lebens«, 1 Joh 2,16). Diesem Menschen der Begehrlichkeit wird in der Ehe das Sakrament der Erlösung als Gnade und Zeichen des Bundes mit Gott geschenkt – und als Ethos anvertraut. Gleichzeitig ist es in Beziehung zur Ehe als Sakrament jedem Menschen, Mann und Frau, als Ethos anvertraut: seinem Herzen, seinem Gewissen, seinen Blicken und seinem Verhalten. Die Ehe ist – nach den Worten Christi (vgl. Mt 19,4) Sakrament von »Anfang« an, und zugleich ist sie aufgrund der »geschichtlichen« Sündhaftigkeit des Menschen ein Sakrament, das aus dem Geheimnis der »Erlösung des Leibes« hervorgeht.

101. Katechese, 1. Dezember 1982

1. Wir haben den Epheserbrief, und insbesondere Kapitel 5, Vers 22–33, im Hinblick auf die Sakramentalität der Ehe untersucht. Jetzt

wollen wir versuchen, denselben Text noch einmal im Licht der Worte des Evangeliums und der Paulusbriefe an die Korinther und an die Römer zu betrachten. Die Ehe – als Sakrament, das im Geheimnis der Erlösung seinen Ursprung hat und gewissermaßen in der bräutlichen Liebe Christi und der Kirche seine Wiedergeburt erfuhr – ist ein wirksamer Ausdruck der Heilsmacht Gottes, der seinen ewigen Plan auch nach dem Sündenfall und trotz der dreifachen Begehrlichkeit verwirklicht, die im Herzen aller Männer und Frauen verborgen ist. Als sakramentaler Ausdruck jener Heilsmacht ist die Ehe auch ein Wort, das danach ruft, die Begehrlichkeit zu bezähmen (wovon Christus in der Bergpredigt spricht). Frucht solcher Selbstbeherrschung ist die Einheit und Unauflöslichkeit der Ehe und darüber hinaus ein feineres Empfinden für die Würde der Frau im Herzen des Mannes (wie auch der Würde des Mannes im Herzen für die Frau) sowohl im ehelichen Zusammenleben wie in allen gegenseitigen Beziehungen.

2. Die Wahrheit, nach der die Ehe als Sakrament der Erlösung »dem Menschen der Begehrlichkeit« als Gnade geschenkt und zugleich als Ethos anvertraut ist, hat auch in der Lehre des hl. Paulus besonderen Ausdruck gefunden, insbesondere im 7. Kapitel des ersten Korintherbriefes. Während der Apostel die Ehe mit der Jungfräulichkeit (oder der »Ehelosigkeit um des Himmelreiches willen«) vergleicht und sich für die »Überlegenheit« der Ehelosigkeit erklärt, stellt er gleichwohl fest, dass »jeder seine Gnadengabe von Gott hat, der eine so, der andere so« (1 Kor 7,7). Auf Grund des Geheimnisses der Erlösung entspricht der Ehe also eine besondere »Gabe«, die Gnade. Im selben Zusammenhang empfiehlt der Apostel, der den Empfängern seines Briefes Ratschläge erteilt, die Ehe »wegen der Gefahr der Unzucht« (ebd., 7,2), und anschließend empfiehlt er den Eheleuten, »der Mann soll seine Pflicht gegenüber der Frau erfüllen und ebenso die Frau gegenüber dem Mann« (ebd., 7,3). Und er fährt fort: »Es ist besser zu heiraten, als sich in Begehrlichkeit zu verzehren« (ebd., 7,9).

3. Auf diese Äußerungen des Paulus hin bildete sich die Meinung, die Ehe stelle ein spezifisches remedium concupiscentiae, ein Heilmittel gegen die Begehrlichkeit dar. Doch der hl. Paulus, der – wie wir feststellen konnten – ausdrücklich lehrt, dass der Ehe eine besondere »Gabe« entspricht und dass im Geheimnis der Erlösung die Ehe dem Mann und der Frau als Gnade gegeben ist, gibt in seinen eindrucksvollen und zugleich paradox scheinenden Worten lediglich dem Gedanken Ausdruck, dass die Ehe den Eheleuten als Ethos anvertraut ist. In den Paulusworten »Es ist besser zu heiraten, als sich in Begehrlichkeit zu verzehren«, bedeutet »sich in Begehrlichkeit verzehren« die Verwirrung der Leidenschaften durch die Begehrlichkeit des Fleisches (ähnlich wird die Begehrlichkeit im Alten Testament vom Buch Jesus Sirach aufgefasst, vgl. Sir 23,17). Die Ehe hingegen bedeutet die ethische Ordnung, die bewusst in diesen Bereich eingeführt wird. Man kann sagen, die Ehe ist Ort der Begegnung des Eros mit dem Ethos und ihrer gegenseitigen Durchdringung im »Herzen« von Mann und Frau wie auch in allen ihren gegenseitigen Beziehungen.

Das Sakrament: Ruf zum Leben nach dem Geist

4. Diese Wahrheit – dass nämlich die Ehe als Sakrament, das seinen Ursprung im Geheimnis der Erlösung hat, dem geschichtlichen Menschen zugleich als Gnade geschenkt und als Ethos anvertraut ist – bestimmt überdies den Charakter der Ehe als eines der Sakramente der Kirche. Als Sakrament der Kirche ist die Ehe unauflöslich. Als Sakrament der Kirche ist sie auch Wort des Geistes, der den Mann und die Frau ruft, ihre ganze Ehe aus der Kraft des Geheimnisses der »Erlösung des Leibes« zu gestalten. Sie sind somit zur Reinheit berufen – entsprechend dem Stand des Lebens »nach dem Geist«, der ihnen eigen ist (vgl. Röm 8,4–5; Gal 5,25). Die Erlösung des Leibes bedeutet in diesem Fall auch die Hoffnung im Alltag der Ehe, die als Hoffnung der Zeitlichkeit bezeichnet werden kann. Auf der Grundlage dieser Hoffnung wird die Begehrlichkeit des Fleisches als Quelle der Sucht

nach egoistischer Befriedigung überwunden, und das »Fleisch« selbst wird in dem sakramentalen Bund von Mann und Frau zur spezifischen Grundlage einer dauerhaften und unauflöslichen Gemeinschaft in personenwürdiger Weise.

5. Wenn sich die Ehegatten nach dem ewigen göttlichen Plan vereinigen, sodass sie gewissermaßen »ein Fleisch« werden, sind sie zugleich durch das Sakrament zu einem Leben »nach dem Geist« gerufen, sodass dieses Leben dem im Sakrament empfangenen Geschenk entspricht. Kraft dieser Gnade sind sie imstande, wenn sie als Eheleute ein Leben »nach dem Geist« führen, das besondere Beschenktwerden, dessen sie teilhaft geworden sind, zu entdecken. Wie die »Begehrlichkeit« den inneren Gesichtskreis verdunkelt, den Herzen die Klarheit der Wünsche und Sehnsüchte nimmt, so erlaubt das Leben »nach dem Geist« (das heißt die Gnade des Ehesakraments) dem Mann und der Frau, zurückzufinden zur wahren Freiheit des Geschenks, verbunden mit dem Empfinden für die bräutliche Bedeutung des Leibes.

6. Das Leben »nach dem Geist« kommt also auch in der gegenseitigen »Erkenntnis« der Eheleute (vgl. Gen 4,1) zum Ausdruck, durch das sie »ein Fleisch« werden und sich als Frau und Mann dem Segen der Nachkommenschaft unterwerfen: »Der Mensch erkannte Eva, seine Frau; sie wurde schwanger und gebar ... Da sagte sie: Ich habe einen Mann vom Herrn erworben« (Gen 4,1). Das Leben »nach dem Geist« kommt auch hier in dem Bewusstsein des Beschenktwerdens zum Ausdruck, dem die Würde der Ehegatten als Eltern entspricht, das heißt, es spiegelt sich in dem tiefen Empfinden für die Heiligkeit des Lebens, das sie gemeinsam begründen, indem sie – als Eltern – an den Kräften des Geheimnisses der Schöpfung teilhaben. Im Licht jener Hoffnung, die mit dem Geheimnis der Erlösung des Leibes verbunden ist (vgl. Röm 8,19–23), macht sich dieses neue Menschenleben, der neue, aus der ehelichen Vereinigung von Vater und Mutter gezeugte und geborene

Mensch, für die »Erstlingsgabe des Geistes« (ebd., 8,23) bereit, »um zur Freiheit und Herrlichkeit der Kinder Gottes befreit zu werden« (ebd., 8,21). Und wenn »die gesamte Schöpfung bis zum heutigen Tag seufzt und in Geburtswehen liegt« (ebd., 8,22), so begleitet eine besondere Hoffnung die Wehen der gebärenden Mutter oder die des »Offenbarwerdens der Söhne Gottes« (ebd., 8,19), eine Hoffnung, von der jedes neugeborene Kind einen Funken in sich trägt.

Das Sakrament: eschatologische Hoffnung auf »Erlösung des Leibes«
7. Diese Hoffnung, die »in der Welt« ist und – wie der hl. Paulus lehrt – die ganze Schöpfung durchdringt, ist aber zugleich »nicht von der Welt«. Mehr noch: Sie muss im Herzen des Menschen das bekämpfen, was »von der Welt«, was »in der Welt« ist. »Denn alles, was in der Welt ist, die Begehrlichkeit des Fleisches, die Begehrlichkeit der Augen und der Stolz des Lebens, ist nicht vom Vater, sondern von der Welt« (1 Joh 2,16). Die Ehe als ursprünglichstes Sakrament und zugleich als Sakrament, das im Geheimnis der Erlösung des Leibes aus der bräutlichen Liebe Christi und der Kirche stammt, »kommt vom Vater«. Sie ist nicht »von der Welt«, sondern »vom Vater«. Infolgedessen stellt auch die Ehe als Sakrament die Grundlage der Hoffnung für die Person, das heißt für Mann und Frau, für Eltern und für Kinder, für die Generationen der Menschheit dar. Denn einerseits »vergeht die Welt mit ihrer Begehrlichkeit«, anderseits aber »bleibt, wer den Willen Gottes tut, in Ewigkeit« (1 Joh 2,17). Mit der Ehe als Sakrament ist der Ursprung des Menschen in der Welt verbunden, und darin ist zugleich seine Zukunft eingeschrieben, und das nicht nur in den geschichtlichen, sondern auch den endzeitlichen Dimensionen.

8. Hierauf beziehen sich die Worte Christi über die Auferstehung der Toten, die von den drei Synoptikern wiedergegeben werden (vgl. Mt 22,23–32; Mk 12,18–27; Lk 20,34–39). »Denn nach der Auferstehung werden die Menschen nicht mehr heiraten, sondern sein wie die

Engel im Himmel«: so bei Matthäus und ähnlich bei Markus; bei Lukas heißt es: »Nur in dieser Welt heiraten die Menschen. Die aber, die Gott für würdig hält, an jener Welt und an der Auferstehung der Toten teilzuhaben, werden dann nicht mehr heiraten. Sie können auch nicht mehr sterben, weil sie den Engeln gleich und durch die Auferstehung zu Söhnen Gottes geworden sind« (Lk 20,34–36). Diese Texte haben wir bereits früher einer eingehenden Betrachtung unterzogen.

9. Christus sagt, dass die Ehe als Sakrament des Ursprungs des Menschen in der sichtbaren zeitlichen Welt nicht der endzeitlichen Wirklichkeit der »zukünftigen Welt« angehört. Doch der Mensch, der durch die Auferstehung des Leibes dazu berufen ist, an dieser endzeitlichen Zukunft teilzuhaben, ist derselbe Mensch, Mann und Frau, dessen Ursprung in der sichtbaren zeitlichen Welt mit der Ehe als ursprünglichstem Sakrament des Geheimnisses der Schöpfung verbunden ist. In der Tat hat jeder Mensch, der zur Teilnahme an der Wirklichkeit der künftigen Auferstehung berufen ist, diese Berufung in der Welt, weil er durch die Ehe seiner Eltern in der sichtbaren zeitlichen Welt seinen Ursprung hat. Die Worte Christi, die die Ehe aus der Wirklichkeit der »künftigen Welt« ausschließen, enthüllen somit gleichzeitig indirekt die Bedeutung dieses Sakraments für die Teilnahme der Menschen, Söhne und Töchter an der kommenden Auferstehung.

10. Die Ehe, die das ursprünglichste Sakrament ist – gewissermaßen wiedergeboren in der bräutlichen Liebe Christi und der Kirche –, gehört nicht zur »Erlösung des Leibes« in der Dimension der endzeitlichen Hoffnung (vgl. Röm 8,23). Dieselbe Ehe, die dem Menschen als Gnade, als von Gott für den Ehegatten bestimmtes »Geschenk« gegeben und ihnen zugleich nach den Worten Christi als Ethos anvertraut wird, findet also ihre Vollendung und Verwirklichung im Horizont der endzeitlichen Hoffnung. Sie hat eine wesentliche Bedeutung für die »Erlösung des Leibes« in der Dimension dieser Hoffnung. Sie stammt

ja vom Vater und verdankt ihm ihren Ursprung in der Welt. Und wenn diese »Welt vergeht« und wenn mit ihr auch die Begehrlichkeit des Fleisches, die Begehrlichkeit der Augen und der Stolz des Lebens vergehen, die »von der Welt« sind, dient die Ehe als Sakrament in entscheidender Weise dazu, dass der Mensch, Mann und Frau, durch Beherrschung der Begehrlichkeit den Willen des Vaters tut. Und »wer den Willen Gottes tut, bleibt in Ewigkeit« (1 Joh 2,17).

11. In diesem Sinn trägt die Ehe als Sakrament auch den Keim der endzeitlichen Zukunft des Menschen in sich, das heißt die Perspektive der »Erlösung des Leibes« in der Dimension der endzeitlichen Hoffnung, der die Worte Christi über die Auferstehung entsprechen: »Nach der Auferstehung werden die Menschen nicht mehr heiraten« (Mt 22,30); doch auch diejenigen, »die durch die Auferstehung zu Söhnen Gottes geworden sind … und den Engeln gleich und Söhne Gottes sind« (Lk 20,36), verdanken ihren Ursprung in der sichtbaren zeitlichen Welt der Ehe und der geschlechtlichen Vereinigung von Mann und Frau. Die Ehe als Sakrament des menschlichen »Anfangs«, als Sakrament der Zeitlichkeit des geschichtlichen Menschen erfüllt auf diese Weise einen unersetzlichen Dienst für seine überzeitliche Zukunft und das Geheimnis von der »Erlösung des Leibes« in der Dimension der endzeitlichen Hoffnung.

3.2 Der Epheserbrief

Die bräutliche und erlösende Bedeutung der Liebe

102. Katechese, 15. Dezember 1982

1. Der Verfasser des Epheserbriefes spricht, wie wir bereits gesehen haben, von einem »großen Geheimnis«, das durch die Fortdauer des Heilsplanes Gottes mit dem ursprünglichsten Sakrament verbunden ist. Auch er beruft sich auf den »Anfang«, wie es Christus im Gespräch

mit den Pharisäern getan hatte (vgl. Mt 19,8), und zitiert dabei dieselben Worte: »Darum wird der Mann Vater und Mutter verlassen und sich an seine Frau binden, und die zwei werden ein Fleisch sein« (Gen 2,24). Dieses »große Geheimnis« ist vor allem das Geheimnis des Bundes Christi mit der Kirche, das der Apostel in der Ähnlichkeit des Verhältnisses der Eheleute zueinander darstellt: »Ich beziehe es auf Christus und die Kirche« (Eph 5,32). Wir befinden uns hier im Bereich einer weitreichenden Analogie, in der die Ehe als Sakrament einerseits vorausgesetzt und anderseits neu entdeckt wird. Sie wird vorausgesetzt als Sakrament des menschlichen »Anfangs« im Zusammenhang mit dem Geheimnis der Schöpfung. Und sie wird neu entdeckt als Frucht der bräutlichen Liebe Christi und der Kirche, verbunden mit dem Geheimnis der Erlösung.

2. Der Verfasser des Epheserbriefes, der sich direkt an die Eheleute wendet, ermahnt sie, ihre gegenseitige Beziehung nach dem Vorbild des bräutlichen Verhältnisses Christi zur Kirche zu gestalten. Man kann sagen, er trägt ihnen durch die Voraussetzung der Sakramentalität der Ehe in ihrer ursprünglichsten Bedeutung auf, aus dem bräutlichen Verhältnis Christi zur Kirche dieses Sakrament neu verstehen zu lernen: »Ihr Männer, liebt eure Frauen, wie Christus die Kirche geliebt und sich für sie hingegeben hat, um sie im Wasser und durch das Wort rein und heilig zu machen« (Eph 5,25–26). Diese vom Apostel an die christlichen Eheleute gerichtete Aufforderung ist voll begründet, weil sie durch das Ehesakrament an der heilbringenden Liebe Christi teilhaben, die zugleich als seine bräutliche Liebe zur Kirche ihren Ausdruck findet. Im Lichte des Epheserbriefes wird gerade durch die Teilnahme an dieser heilbringenden Liebe Christi die Ehe als Sakrament des menschlichen »Anfangs« erneuert, das heißt als Sakrament, in dem der Mann und die Frau, die aufgerufen sind, »ein Fleisch« zu werden, an der Schöpfungsliebe Gottes selbst teilhaben, bestätigt. Und sie haben deswegen daran teil, weil sie nach dem Ebenbild Gottes geschaffen und

kraft dieser Ebenbildlichkeit zu einer besonderen Einheit (communio personarum) berufen sind, und auch deshalb, weil diese Einheit von Anfang an mit dem Segen der Fruchtbarkeit bedacht war (vgl. Gen 1,28).

3. Dieses ganze ursprüngliche und feste Gefüge der Ehe als Sakrament des Geheimnisses der Schöpfung erneuert sich nach dem klassischen Text des Epheserbriefes (Eph 5,21–33) im Geheimnis der Erlösung, wenn dieses Geheimnis den Inhalt des bräutlichen Beschenktwerdens der Kirche durch Christus annimmt. Dieses ursprüngliche und feste Gefüge der Ehe erneuert sich, wenn die Eheleute sie als Sakrament der Kirche empfangen, in dem sie aus der neuen Tiefe des Beschenktwerdens des Menschen durch Gott schöpfen, die sich mit dem Geheimnis der Erlösung enthüllt und eröffnet hat, da »Christus die Kirche geliebt und sich für sie hingegeben hat, um sie … heilig zu machen« (Eph 5,25–26). Es erneuert sich jenes ursprüngliche und dauerhafte Bild von der Ehe als Sakrament, wenn die christlichen Eheleute im Bewusstsein der wahren Tiefe der »Erlösung des Leibes« sich »in der gemeinsamen Ehrfurcht vor Christus« (Eph 5,21) vereinen.

4. Das paulinische Bild von der Ehe, wie es in dem »tiefen Geheimnis« Christi und der Kirche festgehalten ist, stellt die erlösende Dimension der Liebe der bräutlichen an die Seite. Es verbindet gewissermaßen diese beiden Dimensionen zu einer einzigen. Christus ist zum Bräutigam der Kirche geworden, er hat sich mit der Kirche, seiner Braut, vermählt, weil »er sich für sie hingegeben hat« (Eph 5,25). Mittels der Ehe als Sakrament (als eines der Sakramente der Kirche) durchdringen diese beiden Dimensionen der Liebe, die bräutliche und die erlösende, zusammen mit der Gnade des Sakraments das Leben der Eheleute. Die bräutliche Bedeutung des Leibes in seinem Mannsein und Frausein, die zum ersten Mal im Geheimnis der Schöpfung vor dem Hintergrund der ursprünglichen Unschuld des Menschen offenbar wurde, wird im

Bild des Epheserbriefes mit der erlösenden Bedeutung verbunden und auf diese Weise bestätigt, ja gewissermaßen »neu geschaffen«.

Die Erlösung des Leibes und das »Sakrament des Menschen«

5. Das ist von Bedeutung im Hinblick auf die Ehe, auf die christliche Berufung der Gatten und Gattinnen. Der Text des Epheserbriefes (5,21–33) wendet sich direkt an sie und spricht vor allem zu ihnen. Doch jene Verbindung der bräutlichen Bedeutung des Leibes mit seiner erlösenden Bedeutung ist ebenso wesentlich und gültig für die Sinndeutung des Menschseins überhaupt: für das grundlegende Problem des Verständnisses und Selbstverständnisses seines Seins in der Welt. Wir können aus diesem Problem natürlich nicht die Frage nach dem Sinn des Leibes als Mann- und Frausein ausschließen. Diese Fragen sind zum ersten Mal bei der Analyse des menschlichen »Anfangs« im Rahmen des Buches Genesis gestellt worden. Das verlangte der Zusammenhang selbst; das verlangt auch der »klassische« Text des Epheserbriefes. Und wenn uns das »große Geheimnis« von der Verbundenheit Christi mit der Kirche dazu verpflichtet, die bräutliche Bedeutung des Leibes im Zusammenhang mit seiner erlösenden Bedeutung zu sehen, finden die Eheleute in diesem Zusammenhang die Antwort auf die Frage nach dem Sinn ihres Leibseins, aber nicht nur sie, wenngleich dieser Text aus dem Brief des Apostels vor allem an sie gerichtet ist.

6. Das paulinische Bild vom »tiefen Geheimnis« Christi und der Kirche spricht indirekt auch von der »Ehelosigkeit um des Himmelreiches willen«, wo sich beide Dimensionen der Liebe, die bräutliche und die erlösende, in einer von der Ehe verschiedenen Weise und in einem anderen Verhältnis miteinander verbinden. Ist jene bräutliche Liebe, mit der Christus »die Kirche – seine Braut – geliebt und sich für sie hingegeben hat«, nicht zugleich die vollkommenste Verkörperung des Ideals der »Ehelosigkeit um des Himmelreiches willen« (Mt 19,12)? Finden

nicht in ihr alle jene – Männer und Frauen – Stütze und Rückhalt, die durch ihre Entscheidung für dieses Ideal die bräutliche Dimension der Liebe mit ihrer erlösenden Dimension nach dem Vorbild Christi selber verbinden wollen? Sie wollen mit ihrem Leben bekräftigen, dass die bräutliche Bedeutung des Leibes – in seinem Mann- oder Frausein –, die zutiefst der Wesensstruktur der menschlichen Person eingeschrieben ist, von Christus und durch das Vorbild seines Lebens auf neue Weise für die mit der Erlösung des Leibes verbundene Hoffnung erschlossen wurde. So trägt also die Gnade des Geheimnisses der Erlösung auch – ja in besonderer Weise – in der Berufung zur Ehelosigkeit »um des Himmelreiches willen« ihre Früchte.

7. Der Text des Epheserbriefes (5,22–33) spricht nicht ausdrücklich davon. Er ist an die Eheleute gerichtet und nach dem Bild der Ehe gestaltet, das durch seine Ähnlichkeit den Bund Christi mit der Kirche erklärt: ein Bund erlösender und bräutlicher Liebe zugleich. Ist es nicht gerade diese Liebe, die als lebendiger Ausdruck des Geheimnisses der Erlösung über den begrenzten Kreis der Adressaten des Briefes hinausgeht, wie er aufgrund des Vergleiches mit der Ehe angesprochen war? Schließt sie nicht jeden Menschen, ja gewissermaßen die ganze Schöpfung ein, wie der Paulustext über die »Erlösung des Leibes« im Römerbrief feststellt (vgl. Röm 8,23)? So verstanden ist das »sacramentum magnum« geradezu ein neues Sakrament der Menschen in Christus und in der Kirche: das Sakrament des Menschen und der Welt, so wie die Schöpfung des Menschen als Mann und Frau nach dem Ebenbild Gottes am Anfang das Sakrament des Menschen und der Welt war. In dieses neue Sakrament der Erlösung ist die Ehe organisch einbeschlossen, so wie sie in das ursprünglichste Sakrament der Schöpfung einbeschlossen war.

8. Der Mensch, der seit dem »Anfang« Mann und Frau ist, muss den Sinn seiner Existenz und seines Menschseins suchen, indem er durch

die Wirklichkeit der Erlösung bis zum Geheimnis der Schöpfung vordringt. Dort findet sich auch die wesentliche Antwort auf die Frage nach der Bedeutung des menschlichen Leibes, nach dem Sinn der Männlichkeit und Weiblichkeit des Menschen. Die Verbindung Christi mit der Kirche lässt uns begreifen, in welcher Weise die bräutliche Bedeutung des Leibes durch seine erlösende Bedeutung ergänzt wird, und das im Verlauf der verschiedenen Lebenswege und -Situationen: nicht nur in der Ehe oder in der Ehelosigkeit (d. h. in Jungfräulichkeit oder Zölibat), sondern zum Beispiel auch in den vielfältigen Formen menschlichen Leidens, ja sogar in der Geburt und im Tod des Menschen. Durch das »tiefe Geheimnis«, von dem der Epheserbrief handelt, durch den neuen Bund Christi mit der Kirche wird die Ehe aufs Neue in jenes »Sakrament des Menschen« einbezogen, das das Universum umfasst, in das Sakrament des Menschen und der Welt, das sich kraft der »Erlösung des Leibes« nach dem Vorbild der bräutlichen Liebe Christi zur Kirche bis zur endgültigen Erfüllung im Reich des Vaters verwirklicht. Die Ehe als Sakrament bleibt ein lebendiger Teil dieses Heilsprozesses.

Zweites Kapitel

Die Dimension des Zeichens

1. Die Sprache des Leibes und die Wirklichkeit des Zeichens

Das Ehegelöbnis

103. Katechese, 5. Januar 1983

1. »Ich nehme dich an als meine Frau« … »Ich nehme dich an als meinen Mann.« Diese Worte stehen im Mittelpunkt des Trauritus der Kirche. Diese Worte sprechen die Brautleute und kleiden sie in den folgenden Vermählungsspruch: »… ich … verspreche dir die Treue in guten und bösen Tagen, in Gesundheit und Krankheit. Ich will dich lieben, achten und ehren, solange ich lebe.« Mit diesen Worten schlie-ßen die Brautleute die Ehe, und zugleich empfangen sie sie als Sakra-ment, dessen Spender beide sind. Beide, Mann und Frau, spenden das Sakrament. Sie tun das vor Zeugen. Bevollmächtigter Zeuge ist der Priester, der zugleich die Ehe segnet und bei der gesamten Liturgie des Sakraments den Vorsitz führt. Darüber hinaus sind gewissermaßen alle Teilnehmer am Trauritus Zeugen, einige von ihnen (gewöhnlich zwei) sind eigens

dazu berufene »offizielle« Trauzeugen. Sie müssen bezeu-gen, dass die Ehe vor Gott geschlossen und von der Kirche bestätigt worden ist. Unter normalen Gegebenheiten ist die sakramentale Ehe-schließung ein öffentlicher Akt, durch den zwei Personen, ein Mann und eine Frau, vor der Gemeinschaft der Kirche Ehemann und Ehefrau werden, das heißt wirkliche Träger der ehelichen Berufung und des Ehelebens.

2. Die Ehe als Sakrament wird durch das Wort geschlossen, das aufgrund seines Inhalts sakramentales Zeichen ist: »Ich nehme dich an als meine Frau/meinen Mann und verspreche dir die Treue in guten und bösen Tagen, in Gesundheit und Krankheit. Ich will dich lieben, achten und ehren, solange ich lebe.« Doch dieses sakramentale Wort ist an sich nur das Zeichen der Eheschließung. Und die Eheschließung unterscheidet sich vom Vollzug so sehr, dass ohne diesen Vollzug die Ehe noch nicht voll verwirklicht ist. Die Feststellung, dass eine Ehe rechtlich geschlossen, aber nicht vollzogen wurde (ratum – non consummatum), entspricht der Feststellung, dass sie nicht voll als Ehe verwirklicht wurde. Denn die Worte »Ich nehme dich an als meine Frau/meinen Mann« beziehen sich ja nicht nur auf eine bestimmte Wirklichkeit, sondern werden erst durch die geschlechtliche Vereinigung der Eheleute erfüllt. Diese Wirklichkeit (die geschlechtliche Vereinigung der Eheleute) ist zudem von Anfang an durch die Einsetzung der Ehe vonseiten des Schöpfers festgelegt: »Der Mann verlässt Vater und Mutter und bindet sich an seine Frau, und sie werden ein Fleisch« (Gen 2,24).

3. So gelangen wir also von den Worten, mit denen der Mann und die Frau ihrer Bereitschaft Ausdruck geben, gemäß der immerwährenden, im Geheimnis der Schöpfung festgelegten Wahrheit »ein Fleisch« zu werden, zu der Wirklichkeit, die diesen Worten entspricht. Beide Elemente sind wichtig im Hinblick auf die Struktur des sakramentalen Zeichens, dem heute die folgenden Überlegungen gewidmet sein sollen. Da das Sakrament das Zeichen ist, durch das die Heilswirklichkeit

der Gnade und des Bundes ausgedrückt und verwirklicht wird, muss es nun unter dem Gesichtspunkt des Zeichens betrachtet werden, während die vorausgegangenen Überlegungen der Wirklichkeit der Gnade und des Bundes gewidmet waren. Die Ehe als Sakrament der Kirche wird durch die Worte der Spender dieses Sakraments, also der Brautleute, geschlossen: Worte, die in der intentionalen Ordnung bedeuten und anzeigen, was die beiden von jetzt an füreinander und miteinander zu sein beschlossen haben. Die Worte der Brautleute gehören zur Gesamtstruktur des sakramentalen Zeichens nicht nur durch das, was sie bedeuten, sondern gewissermaßen auch mit dem, was sie bedeuten und bestimmen. Das sakramentale Zeichen besteht in der intentionalen Ordnung, insofern es gleichzeitig in der realen Ordnung besteht.

4. Folglich wird das Zeichen des Ehesakraments durch die Worte der Brautleute gesetzt, insofern ihnen die Wirklichkeit entspricht, die sie selbst darstellen. Beide, Mann und Frau, stellen, da sie im Augenblick der Eheschließung Spender des Sakraments sind, das vollgültige und tatsächliche sichtbare Zeichen eben dieses Sakraments dar. Ihre Worte würden nicht in sich das sakramentale Zeichen der Ehe bilden, entspräche ihnen nicht die menschliche Subjektivität und zugleich das an ihr Mann- und Frausein gebundene Bewusstsein des Leibes von Bräutigam und Braut. Hier darf ich an die lange Reihe der schon vor einiger Zeit abgeschlossenen Betrachtungen zum Buch Genesis erinnern (vgl. Gen 1;2). Die Struktur des sakramentalen Zeichens bleibt nämlich ihrem Wesen nach dieselbe wie »im Anfang«. Sie bestimmt gewissermaßen »die Sprache des Leibes«, weil Mann und Frau, die durch die Ehe ein Fleisch werden sollen, in diesem Zeichen das gegenseitige Schenken der Männlichkeit und Weiblichkeit als Fundament der ehelichen Personengemeinschaft zum Ausdruck bringen.

5. Das Zeichen des Ehesakraments wird dadurch verwirklicht, dass die von den Neuvermählten gesprochenen Worte dieselbe »Sprache des

Leibes« wieder aufnehmen wie am »Anfang« und ihr auf jeden Fall einen konkreten und unwiederholbaren Ausdruck verleihen. Sie geben ihr einen intentionalen Ausdruck auf der Ebene des Bewusstseins und des Willens, des Gewissens und des Herzens. Die Worte »Ich nehme dich an als meine Frau/meinen Mann« weisen eben jene immerwährende und jedes Mal einmalige und unwiederholbare »Sprache des Leibes« auf und stellen sie zugleich in den Zusammenhang der Personengemeinschaft: »Ich verspreche dir die Treue in guten und bösen Tagen, in Gesundheit und Krankheit. Ich will dich lieben, achten und ehren, solange ich lebe.« Die immerwährende und jedes Mal neue »Sprache des Leibes« ist nicht bloß das »Substrat«, sondern gewissermaßen das Sein dieser Personengemeinschaft. Die Personen – Mann und Frau – werden zum gegenseitigen Geschenk füreinander. Sie werden in ihrem Mann- und Frausein zum Geschenk dadurch, dass sie die bräutliche Bedeutung des Leibes entdecken und diese unwiderruflich auf sich anwenden: im ganzen Leben.

6. So schließt das Sakrament der Ehe als Zeichen die Worte der Neuvermählten in sich ein, Worte, die eine neue personale (und interpersonale, communio personarum) Gestalt in ihrem Leben bilden, auf der Grundlage der »Sprache des Leibes«. Die Spendung des Sakraments besteht darin: Im Augenblick der Eheschließung bilden Mann und Frau durch die entsprechenden Worte und das Wiederlesen der immerwährenden »Sprache des Leibes« ein Zeichen, ein unwiederholbares Zeichen, das auch eine perspektivische Bedeutung besitzt: »solange ich lebe«, also bis zum Tod. Das ist das sichtbare und wirksame Zeichen des Bundes mit Gott in Christus, das heißt der Gnade, die in diesem Zeichen als »ihre Gnadengabe« Teil von ihnen werden soll (wie es im ersten Korintherbrief 7,7 heißt).

7. Wenn man die Frage in gesellschaftsrechtlichen Begriffen formuliert, kann man sagen, zwischen den Neuvermählten wird ein Ehevertrag

mit klar festgelegtem Inhalt geschlossen. Außerdem kann man sagen, dass sie infolge dieses Vertrages auf gesellschaftlich gültige Weise zu Eheleuten geworden sind und damit auch die Familie als Grundzelle der Gesellschaft in ihrem Keim gegründet wurde. Diese Betrachtungsweise stimmt offensichtlich mit der menschlichen Wirklichkeit der Ehe überein, ja, sie ist grundlegend auch im religiösen und moralischen Sinn. Doch vom Gesichtspunkt der Theologie des Sakraments her bleibt der Schlüssel zum Verständnis der Ehe die Wirklichkeit des Zeichens, durch das die Ehe auf der Grundlage des Bundes des Menschen mit Gott in Christus und in der Kirche zustande kommt: Sie kommt zustande in der übernatürlichen Ordnung des die Gnade erfordernden heiligen Bandes. In dieser Ordnung ist die Ehe ein sichtbares und wirksames Zeichen. Ursprünglich im Geheimnis der Schöpfung beheimatet, hat es seinen neuen Ursprung im Geheimnis der Erlösung, indem es »der Einheit der Kinder Gottes in Wahrheit und Liebe« dient (Gaudium et spes, Nr. 24). Der Trauritus verleiht jenem Zeichen Gestalt: direkt während des sakramentalen Ritus aufgrund seiner ganzen Beredsamkeit; indirekt in der Dimension des ganzen Lebens. Mann und Frau tragen als Eheleute dieses Zeichen ihr ganzes Leben lang und behalten es bis zum Tod.

»*Die prophetische Rolle des Leibes*«

104. Katechese, 12. Januar 1983

1. Wir untersuchen die Sakramentalität der Ehe unter dem Aspekt des Zeichens. Wenn wir behaupten, dass zur Struktur der Ehe als sakramentalem Zeichen wesentlich auch die Sprache des Leibes gehört, beziehen wir uns damit auf eine lange biblische Überlieferung. Sie hat ihren Ursprung im Buch Genesis (vor allem 2,23–25) und findet ihre endgültige Krönung im Brief an die Epheser (vgl. Eph 5,21–33). Die Propheten des Alten Testaments haben eine entscheidende Rolle bei der Entstehung dieser Überlieferung gespielt. Als wir die Texte von Hosea, Ezechiel, Deuterojesaja und anderer Propheten analysierten, befanden

wir uns in der Linie jener großen Analogie, deren letzter Ausdruck die Verkündigung des Neuen Bundes in Gestalt eines Ehebundes zwischen Christus und der Kirche ist (vgl. ebd.). Aufgrund dieser langen Überlieferung kann man von einer spezifischen »prophetischen Rolle« des Leibes sprechen, weil wir dieser Analogie vor allem bei den Propheten begegnen, aber auch im Hinblick auf ihren Inhalt. Diese »prophetische Rolle« des Leibes drückt sich eben in der »Sprache des Leibes« aus.

2. Die Analogie scheint zweischichtig zu sein. In der ersten und grundlegenden Schicht vergleichen die Propheten den zwischen Gott und Israel geschlossenen Bund mit einer Ehe (was uns wiederum erlauben wird, die Ehe selbst als einen Bund zwischen Mann und Frau zu verstehen). In diesem Fall geht der Bund von der Initiative Gottes, des Herrn Israels, aus. Die Tatsache, dass er als Schöpfer und Herr zuerst mit Abraham und dann mit Mose einen Bund schließt, ist bereits Be-weis für eine besondere Erwählung. Und deshalb gehen die Propheten, während sie den ganzen juridisch-moralischen Inhalt des Bundes voraussetzen, mehr in die Tiefe, indem sie eine unvergleichlich innerlichere Dimension dieses Bundes enthüllen als die eines bloßen Vertrages. Als Gott Israel auserwählte, hat er sich durch Liebe und Gnade mit seinem Volk verbunden. Er hat sich ihm durch besondere, zutiefst persönliche Bande verbunden, und darum wird Israel, obwohl es Volk ist, in der prophetischen Schau des Bundes als »Braut« oder »Gemahlin«, das heißt also gewissermaßen als Person vorgestellt: »... Dein Schöpfer ist dein Gemahl, Herr der Heere wird er genannt. Der heilige Gott Israels ist dein Befreier, Gott der ganzen Erde wird er genannt ... Spricht dein Gott ... Meine Gnade wird nie von dir weichen und der Bund meines Friedens nicht wanken« (Jes 54,5.6.10).

3. Jahwe ist der Herr Israels, aber er wurde auch Israels Bräutigam. Die Bücher des Alten Testaments bezeugen die völlige Originalität der Herrschaft Jahwes über sein Volk. Zu den übrigen Aspekten der Herr-

schaft Jahwes, des Herrn des Bundes und Vaters Israels, tritt ein neuer, von den Propheten enthüllter Aspekt hinzu, nämlich die großartige Dimension dieser Herrschaft, welche die bräutliche Dimension ist. Auf diese Weise stellt sich die absolute Herrschaft als die absolute Liebe heraus. In Beziehung zu dieser absoluten Liebe bedeutet der Bruch des Bundes nicht nur die Verletzung des mit der Autorität des obersten Gesetzgebers verbundenen Vertrages, sondern sie bedeutet Untreue und Verrat: einen Schlag, der geradewegs sein Herz als Vater, als Bräutigam und als Herr durchbohrt.

4. Wenn man in der von den Propheten gebrauchten Analogie von Schichten sprechen kann, so ist das in gewissem Sinne die erste und grundlegende Schicht. Da der Bund Jahwes mit Israel den Charakter einer bräutlichen Bindung hat wie der eheliche Bund, enthüllt die erste Schicht der Analogie die zweite, die eben die Sprache des Leibes ist. Wir denken hier an die Sprache im objektiven Sinn: Wenn die Propheten den Bund mit der Ehe vergleichen, weisen sie auf jenes ursprünglichste Sakrament hin, von dem in Genesis 2,24 die Rede ist, in dem Mann und Frau aus freier Wahl »ein Fleisch« werden. Charakteristisch für die Ausdrucksweise der Propheten ist jedoch die Tatsache, dass sie die Sprache des Leibes im objektiven Sinn voraussetzen, gleichzeitig aber zu ihrer subjektiven Bedeutung übergehen, das heißt, sie erlauben sozusagen dem Leib selbst zu sprechen. In den prophetischen Texten des Alten Bundes ist es aufgrund der Analogie mit der ehelichen Verbindung der Leib selbst, der spricht; er spricht in seiner Männlichkeit oder Weiblichkeit, er spricht in der geheimnisvollen Sprache der personalen Hingabe, er spricht schließlich – und das ist am häufigsten der Fall – in der Sprache der Treue, also der Liebe, wie auch in der Sprache der ehelichen Untreue, also des Ehebruchs.

5. Bekanntlich waren es die verschiedenen Sünden des auserwählten Volkes – und vor allem die häufige Untreue in Bezug auf die Vereh-

rung des einen Gottes, also verschiedene Formen des Götzendienstes –, die den Propheten Anlass zu der oben genannten Redeweise boten. Zum Propheten des »Ehebruchs« Israels ist besonders Hosea geworden, der ihn nicht nur in Worten, sondern gewissermaßen auch in symbolischen Handlungen brandmarkt: »Geh, nimm dir eine Kultdirne zur Frau und zeuge Dirnenkinder! Denn das Land hat den Herrn verlassen und ist zur Dirne geworden« (Hos 1,2). Hosea hebt die ganze Herrlichkeit des Bundes hervor – jenes Ehebundes, in dem sich Jahwe als einfühlsamer, liebevoller, zur Vergebung bereiter und zugleich fordernder und gestrenger Bräutigam und Gemahl erweist. Der »Ehebruch« und die »Prostitution« Israels stellen einen offenkundigen Widerspruch zu der bräutlichen Bindung dar, auf der der Bund beruht.

6. Ezechiel brandmarkt auf ähnliche Weise den Götzendienst und spricht symbolisch vom Ehebruch Jerusalems (vgl. Ez 16) und, an anderer Stelle, vom Ehebruch Jerusalems und Samarias (vgl. Ez 23): »Da kam ich an dir vorüber und sah dich, und ich sah, dass deine Zeit gekommen war, die Zeit der Liebe … Ich leistete dir den Eid und ging mit dir einen Bund ein – Wort Gottes, des Herrn –, und du wurdest mein« (Ez 16,8). »Doch dann hast du dich auf deine Schönheit verlassen, du hast deinen Ruhm missbraucht und dich zur Dirne gemacht. Jedem, der vorbeiging, hast du dich angeboten« (Ez 16,15).

7. In den prophetischen Texten spricht der menschliche Leib eine Sprache, deren »Autor« nicht er ist. Ihr »Autor« ist der Mensch als Mann oder Frau, als Bräutigam oder Braut – der Mensch mit seiner immerwährenden Berufung zu personaler Gemeinschaft. Der Mensch ist jedoch gewissermaßen außerstande, diese einzigartige Sprache seiner personalen Existenz und Berufung ohne den Leib zum Ausdruck zu bringen. Er ist bereits »im Anfang« so angelegt, dass die tiefsten Worte des Geistes – Worte der Liebe, Hingabe und Treue – nach einer entsprechenden »Sprache des Leibes « verlangen. Ohne diese Sprache kön-

nen sie nicht vollständig zum Ausdruck gebracht werden. Wir wissen aus dem Evangelium, dass sich das auf die Ehe wie auf die Ehelosigkeit »um des Himmelreiches willen« bezieht.

8. Als inspirierte Sprecher für den Bund Jahwes mit Israel versuchen die Propheten gerade durch diese Sprache des Leibes die bräutliche Tiefe dieses Bundes wie auch all das, was ihr widerspricht, auszusagen. Sie loben die Treue, prangern hingegen die Untreue als »Ehebruch« an – sie sprechen also in ethischen Kategorien, indem sie das sittlich Gute und Böse gegenüberstellen. Der Gegensatz von Gut und Böse ist für das Ethos wesentlich. Die prophetischen Texte haben hier eine entscheidende Bedeutung, wie wir bereits in unseren vorausgehenden Betrachtungen dargelegt haben. Die Sprache des Leibes scheint jedoch nach den Propheten nicht nur eine Sprache des Ethos, ein Lob der Treue und der Reinheit sowie eine Verurteilung des Ehebruchs und der Prostitution zu sein. In der Tat sind ja für jede Sprache als Erkenntnisausdruck die Kategorien der Wahrheit und der Unwahrheit (oder des Falschen) wesentlich. In den Texten der Propheten, die die Analogie des Bundes Jahwes mit Israel in der Ehe erblicken, sagt der Leib die Wahrheit aus durch Treue und eheliche Liebe, und wenn er Ehebruch begeht, lügt er, begeht Falschheit.

9. Es geht hier nicht darum, die ethischen Unterschiede durch logische zu ersetzen. Wenn die prophetischen Texte die eheliche Treue und Reinheit als »Wahrheit«, den Ehebruch oder die Prostitution hingegen als »Unwahrheit«, als »Falschheit« der Sprache des Leibes bezeichnen, dann deshalb, weil im ersten Fall das Subjekt (d. h. Israel als Braut) im Einklang steht mit der Bedeutung, die dem menschlichen Leib (wegen seiner Männlichkeit und Weiblichkeit) in der Gesamtstruktur der Person zu eigen ist; im zweiten Fall hingegen steht dasselbe Subjekt im Gegensatz und im Widerspruch zu dieser Bedeutung. Wir können also sagen, das Wesentliche für die Ehe als Sakrament ist die in der

Wahrheit wiedergelesene Sprache des Leibes. Gerade darin besteht das sakramentale Zeichen.

»*Die Sprache des Leibes*«*: wiedergelesen in der Wahrheit*

105. Katechese, 19. Januar 1983

1. Die Texte der Propheten haben große Bedeutung für das Verständnis der Ehe als Bund zweier Menschen (nach dem Bild des Bundes Jahwes mit Israel) und insbesondere für das Verständnis des sakramentalen Bundes von Mann und Frau in der Dimension des Zeichens. Die Sprache des Leibes tritt – wie wir schon festgestellt haben – in die Gesamtstruktur des sakramentalen Zeichens ein, deren wesentliches Subjekt der Mensch als Mann und Frau ist. Die Worte des Eheversprechens sind dieses Zeichen. In ihnen drückt sich die bräutliche Bedeutung des Leibes in seiner Männlichkeit und Weiblichkeit aus. Eine solche Bedeutung kommt vor allem in den Worten zum Ausdruck: »Ich … nehme dich … zu meiner Frau … zu meinem Mann.« Außerdem wird mit diesen Worten das wahre Wesen der Sprache des Leibes bestätigt und auch (wenigstens indirekt, implizit) die unwahre, falsche Sprache des Leibes ausgeschlossen. Denn der Leib sagt die Wahrheit durch Liebe, Treue und Ehrbarkeit, so wie die Unwahrheit, also die Falschheit, sich durch all das ausdrückt, was der ehelichen Liebe, Treue und Ehrbarkeit widerspricht. Man kann also sagen, dass sich die Neuvermählten in dem Augenblick, wo sie sich das Eheversprechen geben, auf die Linie der prophetischen Rolle des Leibes stellen, deren Wortführer die alten Propheten waren. Die Sprache des Leibes, die durch den Mund der Spender des Ehesakraments der Kirche zum Ausdruck gebracht wird, stiftet dasselbe sichtbare Zeichen des Bundes und der Gnade, das – in seinem Ursprung auf das Geheimnis der Schöpfung zurückgehend – sich ständig aus der Kraft der der Kirche von Christus geschenkten Erlösung des Leibes nährt.

2. Nach den Texten der Propheten spricht der Leib eine Sprache, deren Autor er nicht ist. Ihr Autor ist der Mensch, der als Mann und Frau, als Bräutigam und Braut die Bedeutung dieser Sprache sinngerecht erlernt. Er liest also die bräutliche Bedeutung des Leibes wieder, wie sie ganzheitlich in die Struktur der Männlichkeit und Weiblichkeit des personalen Subjekts eingeschrieben ist. Ein richtiges Wiederlesen »in der Wahrheit« – das ist die unerlässliche Voraussetzung für die Verkündigung dieser Wahrheit oder die Einsetzung des sichtbaren Zeichens der Ehe als Sakrament. Die Brautleute verkünden eben diese in der Wahrheit wiedergelesene Sprache des Leibes als Inhalt und Prinzip ihres neuen Lebens in Christus und in der Kirche. Auf der Grundlage der prophetischen Rolle des Leibes vollziehen die Spender des Ehesakraments einen Akt prophetischen Charakters. Sie bestätigen so ihre Teilhabe an der von Christus empfangenen prophetischen Sendung der Kirche. Prophet ist derjenige, der mit menschlichen Worten die von Gott kommende Wahrheit ausdrückt, der diese Wahrheit in Vertretung Gottes, in seinem Namen und gewissermaßen mit seiner Vollmacht ausspricht.

3. Das alles bezieht sich auf die Neuvermählten, die als Spender des Ehesakraments mit den Worten des Eheversprechens das sichtbare Zeichen setzen, indem sie die in der Wahrheit wiedergelesene Sprache des Leibes als Inhalt und Prinzip ihres neuen Lebens in Christus und der Kirche verkünden. Diese prophetische Verkündigung hat mannigfaltigen Charakter. Das Eheversprechen ist zugleich Ankündigung und Ursache der Realität, dass die beiden von nun an vor der Kirche und der Gesellschaft Ehemann und Ehefrau sind. (Eine solche Ankündigung verstehen wir als Anzeige – Hochzeitsanzeige – im üblichen Sinne des Wortes.) Doch das Eheversprechen hat vor allem den Charakter eines gegenseitigen Gelübdes der Neuvermählten, das vor Gott abgelegt wird. Man braucht sich nur aufmerksam den Text anzusehen, um sich davon zu überzeugen, dass die in der Wahrheit wiedergelesene pro-

phetische Sprache des Leibes sich unverzüglich und direkt vom Ich dem Du zuwendet: vom Mann zur Frau und von ihr zu ihm. Zentrale Stellung im Eheversprechen haben gerade die Worte, die auf die Person hinweisen, die Pronomina ich und du. Durch die Worte der Brautleute bildet die Sprache des Leibes, wenn sie in der Wahrheit seiner bräutlichen Bedeutung wiedergelesen wird, die gemeinschaftliche Einheit der Personen. Wenn das Eheversprechen prophetischen Charakter besitzt, wenn es die Verkündigung der von Gott kommenden Wahrheit und gewissermaßen die Bekanntgabe dieser Wahrheit im Namen Gottes ist, so erfüllt sich das vor allem in der Dimension der interpersonalen Gemeinschaft und nur indirekt vor den anderen und für die anderen.

4. Vor dem Hintergrund der von den Spendern des Ehesakraments gesprochenen Worte steht die immerwährende Sprache des Leibes, mit der Gott begonnen hat, als er den Menschen als Mann und Frau schuf: eine Sprache, die von Christus erneuert worden ist. Diese immerwährende Sprache des Leibes trägt die ganze Fülle und Tiefe des Geheimnisses in sich: zuerst des Geheimnisses der Schöpfung und dann des Geheimnisses der Erlösung. Indem die Brautleute das sichtbare Zeichen des Sakraments durch die Worte ihres Eheversprechens setzen, drücken sie in diesem Zeichen die Sprache des Leibes mit der ganzen Tiefe des Geheimnisses von Schöpfung und Erlösung aus (in der Liturgie des Ehesakraments finden sich dafür zahlreiche Belege). Indem sie die Sprache des Leibes auf diese Weise wiederlesen, schließen die Brautleute in die Worte des Eheversprechens nicht nur die für die Verwirklichung des Zeichens dieses Sakraments unerlässliche subjektive Fülle des Gelübdes ein, sondern sie gelangen gewissermaßen auch zu den Quellen selbst, aus denen dieses Zeichen jedes Mal seine prophetische Beredsamkeit und sakramentale Kraft schöpft. Man darf nicht vergessen, dass die Sprache des Leibes, ehe sie vom Mund der Brautleute, den Spendern der Ehe als Sakrament der Kirche, gesprochen wird, durch das Wort des lebendigen Gottes gesprochen wurde, vom Buch

Genesis über die Propheten des Alten Bundes bis zum Verfasser des Epheserbriefes.

5. Wir gebrauchen hier, unter Berufung auf die prophetischen Texte, immer wieder den Ausdruck »Sprache des Leibes«. In diesen Texten spricht, wie bereits gesagt, der menschliche Körper eine Sprache, deren Autor im eigentlichen Sinne des Wortes nicht er ist. Der Autor ist der Mensch – Mann und Frau –, der den wahren Sinn jener Sprache wiederliest, indem er die bräutliche Bedeutung des Leibes, die ganzheitlich in die Struktur der Männlichkeit und Weiblichkeit eingeschrieben ist, sichtbar werden lässt. Dieses Wiederlesen der wahren Sprache des Leibes verleiht den Worten des Eheversprechens, durch die Mann und Frau das sichtbare Zeichen der Ehe als Sakrament der Kirche setzen, von selbst einen prophetischen Charakter. Diese Worte drücken jedoch noch mehr aus als ein bloßes Wiederlesen jener Sprache in der Wahrheit, jener Sprache, mit der die Weiblichkeit und Männlichkeit der Neuvermählten in ihrer gegenseitigen Beziehung spricht: »Ich nehme dich zu meiner Frau – zu meinem Mann.« Die Worte des Eheversprechens schließen die Absicht, die Entscheidung und die Wahl ein. Beide, Braut und Bräutigam, beschließen, gemäß der in der Wahrheit wiedergelesenen Sprache des Leibes zu handeln. Wenn der Mensch, als Mann und Frau, der Autor dieser Sprache ist, dann vor allem deshalb, weil er seinem Verhalten und seinem Tun jene Bedeutung schenken will und tatsächlich schenkt, die der in der Wahrheit wiedergelesenen Beredsamkeit der Männlichkeit und Weiblichkeit in den gegenseitigen ehelichen Beziehungen entspricht.

6. In diesem Bereich ist der Mensch Urheber von Handlungen, die in sich eine klare Bedeutung haben. Er ist also Urheber der Handlungen und zugleich Urheber ihrer Bedeutungen. Die Summe jener Bedeutungen stellt gewissermaßen das Ganze der Sprache des Leibes dar, mit der die Brautleute als Spender des Ehesakraments miteinander sprechen

wollen. Das Zeichen, das sie mit den Worten des Eheversprechens verwirklichen, ist nicht ein bloß momentanes, flüchtiges Zeichen, sondern ein zukunftsweisendes Zeichen, das bleibende Gültigkeit hat, das heißt, das eine und unauflösliche Ehebündnis meint, »solange ich lebe«, d. h. bis zum Tod. In dieser Perspektive müssen sie das Zeichen mit dem vielfältigen Inhalt erfüllen, den die Ehe- und Familiengemeinschaft von Personen bietet, auch mit jenem Inhalt, der seinen Ursprung in der Sprache des Leibes hat und ständig in der Wahrheit wiedergelesen wird. So bleibt die Wahrheit, die für das Zeichen wesentlich ist, mit dem Ethos des ehelichen Verhaltens organisch verbunden. In diese Wahrheit des Zeichens und folglich in das Ethos des ehelichen Verhaltens fügt sich die elterliche Bedeutung des Leibes ein, also die Vater- und Mutterschaft, von der wir bereits früher gesprochen haben. Auf die Frage: »Seid ihr bereit, die Kinder, die Gott euch schenken will, anzunehmen und sie im Geiste Christi und seiner Kirche zu erziehen?« antworten Mann und Frau mit Ja.

Bei späteren Begegnungen wollen wir dieses Thema weiter vertiefen.

»*Die Sprache des Leibes*« *und die Begehrlichkeit des Fleisches*

106. Katechese, 26. Januar 1983

1. Das Zeichen der Ehe als Sakrament der Kirche wird jedes Mal nach der ihm vom Anfang an eigenen Dimension gesetzt, und es ruht zugleich auf dem Fundament der Liebe Christi zu seiner Braut, der Kirche, als der einmalige und unwiederholbare Ausdruck des Bundes zwischen diesem Mann und dieser Frau, die Spender der Ehe als Sakrament ihrer Berufung und ihres Lebens sind. Wenn wir sagen, dass das Zeichen der Ehe als Sakrament der Kirche auf der Sprache des Leibes beruht, bedienen wir uns der Analogie (analogia attributionis), die wir bereits früher zu klären versucht haben. Es ist offensichtlich, dass nicht der Leib als solcher spricht, sondern der Mensch, indem er das wiederliest, was eben aufgrund des Leibes, aufgrund des

Mann- oder Frauseins der Person ausgedrückt werden soll, ja aufgrund dessen, was vom Menschen allein durch den Leib ausgedrückt werden kann.

In diesem Sinn spricht der Mensch – als Mann oder Frau – nicht nur in der Sprache des Leibes, sondern erlaubt dem Leib sozusagen für ihn und in seinem Auftrag zu sprechen. Ich würde sagen, in seinem Namen und mit seiner persönlichen Autorität. Auf diese Weise scheint auch die Vorstellung von der »prophetischen« Rolle des Leibes begründet zu sein: »Prophet« ist der, der für und im Auftrag von jemandem spricht: im Namen und mit der Autorität einer Person.

2. Die Neuvermählten sind sich dessen bewusst, wenn sie den Ehebund schließen und dabei das sichtbare Zeichen setzen. In der Perspektive des gemeinsamen Lebens und der ehelichen Berufung wird dieses am Anfang gesetzte Zeichen der Ehe als Sakrament der Kirche immer wieder von der prophetischen Rolle des Leibes erfüllt sein. Der Leib der Eheleute wird für und im Auftrag beider sprechen, er wird im Namen und mit der Autorität beider Personen sprechen und führt so den ehelichen Dialog, der ihrer Berufung eigen ist und sich der Sprache des Leibes bedient, die jeweils zur rechten Zeit in passender Weise wiedergelesen wird – und es ist notwendig, dass sie in der Wahrheit wiedergelesen wird! Die Eheleute sind dazu aufgerufen, ihr Leben und ihr Zusammenleben als Personengemeinschaft in dieser Sprache zu gestalten. Da der Sprache eine Fülle von Bedeutungen innewohnt, sind die Eheleute aufgerufen – durch ihr Verhalten und Betragen, durch ihre Handlungen und Gesten (»Gesten der Liebe«, vgl. Gaudium et spes, Nr. 49) – der Sprache des Leibes solche Inhalte zu geben, aus denen sie dann eheliche Liebe, Treue und Wahrhaftigkeit und den Bund, der unauflöslich bis zum Tod bleibt, aufbauen und ständig vertiefen.

3. Das Zeichen der Ehe als Sakrament der Kirche wird genau von diesen Bedeutungen gestaltet, deren Urheber die Eheleute sind. All diese

Bedeutungen werden im Eheversprechen in umfassender Form begonnen und gewissermaßen programmiert, um anschließend – auf mehr analytische Weise, Tag für Tag – dasselbe Zeichen zu bilden, damit die Eheleute sich mit diesem Zeichen in der Dimension des ganzen Lebens identifizieren können. Es besteht eine organische Verbindung zwischen dem Wiederlesen der integralen Bedeutung der Sprache des Leibes in der Wahrheit und dem anschließenden Gebrauch dieser Sprache im ehelichen Leben. Im Gebrauch dieser Sprache ist der Mensch – als Mann und Frau – Urheber der Bedeutungen der Sprache des Leibes. Das schließt ein, dass diese Sprache, deren Urheber er ist, der wiedergelesenen Wahrheit entspricht. Aufgrund der biblischen Überlieferung sprechen wir hier von der prophetischen Rolle des Leibes. Wenn der Mensch – als Mann und Frau – in der Ehe (und indirekt auch in allen Bereichen des Zusammenlebens) seinem Verhalten eine Bedeutung gibt, die der fundamentalen Wahrheit der Sprache des Leibes entspricht, dann ist auch er selbst »in der Wahrheit«. Im umgekehrten Fall lügt er und verfälscht die Sprache des Leibes.

4. Wenn wir von der Verlängerung des Eheversprechens ausgehen, das – wie wir bereits gesagt haben – den Eheleuten eine besondere Beteiligung an der ihr von Christus selbst übertragenen prophetischen Sendung der Kirche schenkt, kann man sich hier auch der biblischen Unterscheidung zwischen »wahren« und »falschen« Propheten bedienen. Durch die Ehe als Sakrament der Kirche sind Mann und Frau, indem sie in richtiger Weise von der Sprache des Leibes Gebrauch machen, ausdrücklich berufen, von der bräutlichen und elterlichen Liebe Zeugnis zu geben, ein Zeugnis, das »wahrer Propheten« würdig ist. Darin besteht die richtige Bedeutung und Größe des Eheversprechens im Sakrament der Kirche.

5. Die Problematik des sakramentalen Zeichens der Ehe hat in hohem Maße anthropologischen Charakter. Wir stellen sie auf die Grundlage der theologischen Anthropologie, besonders – wie wir von Anfang dieser

Überlegungen an betont haben – auf die Theologie des Leibes. Deshalb müssen wir, wenn wir diese Gedanken weiterführen, stets die vorausgegangenen Analysen der Schlüsselworte Christi vor Augen haben (wir sagen »Schlüsselworte«, weil sie uns wie ein Schlüssel die einzelnen Dimensionen der theologischen Anthropologie, besonders der Theologie des Leibes, öffnen). Wenn wir unsere Gedanken über das sakramentale Zeichen der Ehe, an dem auch nach der ursprünglichen Sünde Mann und Frau als geschichtlicher Mensch teilhaben, auf diese Grundlage stützen, müssen wir ständig an die Tatsache denken, dass der geschichtliche Mensch als Mann und Frau zugleich der Mensch der Begehrlichkeit ist; als solcher tritt jeder Mann und jede Frau in die Heilsgeschichte ein und wird durch das Sakrament als sichtbares Zeichen des Bundes und der Gnade in sie hineingenommen. Deshalb müssen wir im Zusammenhang der gegenwärtigen Überlegungen zur sakramentalen Struktur des Zeichens der Ehe jeweils nicht nur dem Rechnung tragen, was Christus über die Einheit und Unauflöslichkeit der Ehe sagte, indem er sich auf den »Anfang« berief, sondern auch und noch mehr dem, was er in der Bergpredigt darlegte, als er sich auf das »menschliche« Herz berief.

107. Katechese, 9. Februar 1983

1. Wie wir schon festgestellt haben, müssen wir im Rahmen unserer derzeitigen Überlegungen über die Struktur der Ehe als sakramentales Zeichen nicht nur das berücksichtigen, was Christus über die Einheit und Unauflöslichkeit der Ehe im Anfang erklärte, sondern auch (und noch mehr) das, was er in der Bergpredigt gesagt hat, als er sich auf das »menschliche Herz« berief. Unter Berufung auf das Gebot »Du sollst nicht die Ehe brechen« sprach Christus vom »Ehebruch im Herzen«: »Wer eine Frau ansieht, um sie zu begehren, hat in seinem Herzen schon Ehebruch mit ihr begangen« (Mt 5,28).

Wenn wir also feststellen, dass das sakramentale Zeichen der Ehe – Zeichen des ehelichen Bundes zwischen Mann und Frau – durch die jeweils (und immer wieder) in der Wahrheit wiedergelesene Sprache des

Leibes gesetzt wird, sind wir uns bewusst, dass, wer diese Sprache wiederliest und sie dann doch nicht den Forderungen der Ehe gerecht als Vertrag und Sakrament zum Ausdruck bringt, grundlegend der Mensch der Begehrlichkeit ist: Mann und Frau, jeder verstanden als »Mensch der Begehrlichkeit«. Die Propheten des Alten Testaments haben sicherlich diesen Menschen vor Augen, wenn sie analog den »Ehebruch von Israel und Juda« anprangern. Die Analyse der von Christus in der Bergpredigt verkündeten Worte führt uns zu einem tieferen Verständnis des Ehebruchs. Zugleich lässt sie uns erkennen, dass das menschliche Herz von Christus der Begehrlichkeit wegen (concupiscentia carnis, Begehrlichkeit des Fleisches) nicht so sehr »angeklagt und verdammt«, als vielmehr gerufen wird. Hier geht die Anthropologie (bzw. anthropologische Hermeneutik) des Evangeliums entschieden andere Wege als einige einflussreiche Vertreter der modernen Hermeneutik des Menschen (die sogenannten Lehrer des Argwohns).

2. Wenn wir unsere derzeitige Analyse weiterführen, können wir feststellen, dass der Mensch natürlich – trotz des sakramentalen Zeichens der Ehe, des Eheversprechens und dessen Verwirklichung – der »Mensch der Begehrlichkeit« bleibt, jedoch gleichzeitig der Mensch des Rufs ist. Er ist gerufen durch das Geheimnis der Erlösung des Leibes, ein göttliches Geheimnis, das zugleich – in Christus und durch Christus in jedem Menschen – menschliche Wirklichkeit ist. Zu diesem Geheimnis gehört außerdem ein bestimmtes Ethos, das seinem Wesen nach »menschlich« ist und das wir bereits früher »Ethos der Erlösung« genannt haben.

»Die Sprache des Leibes« und die »Hermeneutik des Sakraments«

3. Im Licht der Worte Christi in der Bergpredigt, im Licht des ganzen Evangeliums und des Neuen Bundes zerstört die dreifache Begehrlichkeit (und besonders die Begehrlichkeit des Fleisches) nicht die Fähigkeit zum Wiederlesen der Sprache des Leibes in der Wahrheit, und zwar in immer reiferer und vollkommenerer Weise, wofür das sakramentale Zeichen in

seinem ersten liturgischen Vollzug und dann im ganzen Leben gesetzt wird. In diesem Licht ist festzustellen, dass, auch wenn die Begehrlichkeit an sich vielfache Irrtümer beim Wiederlesen der Sprache des Leibes und in diesem Zusammenhang auch die Sünde, das sittlich Böse, der Tugend der sowohl ehelichen wie außerehelichen Reinheit Widersprechende, hervorbringt, dennoch immer die Möglichkeit besteht, im Bereich des Ethos der Erlösung vom Irrtum zur Wahrheit überzugehen, sowie auch die Möglichkeit der Rückkehr, das heißt der Umkehr, von der Sünde zur Reinheit als Ausdruck eines Lebens nach dem Geist (vgl. Gal 5,16).

4. Vom Evangelium her und christlich gesehen ist also der geschichtliche Mensch (d. h. der Mensch nach dem Sündenfall) aufgrund der in der Wahrheit wiedergelesenen Sprache des Leibes – als Mann und Frau – imstande, das sakramentale Zeichen der ehelichen Liebe, Treue und Wahrhaftigkeit zu setzen, und zwar als bleibendes Zeichen: »Ich ...verspreche dir die Treue in guten und bösen Tagen, in Gesundheit und Krankheit. Ich will dich lieben, achten und ehren, solange ich lebe.« Das heißt, der Mensch ist wirklich Urheber der Bedeutungen, mit denen er nach dem Wiederlesen der Sprache des Leibes in der Wahrheit diese Sprache auch in der ehelichen und familialen Gemeinschaft der Personen in der Wahrheit gestalten kann. Er ist dazu auch als Mensch der Begehrlichkeit in der Lage, weil er gleichzeitig von der Wirklichkeit der Erlösung Christi berufen ist (simul lapsus et redemptus – zugleich gefallen und erlöst).

5. Die Dimension des Zeichens, die der Ehe als Sakrament eigen ist, bestätigt die besondere theologische Anthropologie, die besondere Hermeneutik des Menschen, die man in diesem Fall auch »Hermeneutik des Sakraments« nennen könnte, weil man mit ihr den Menschen vom sakramentalen Zeichen her begreifen kann. Der Mensch, Mann und Frau, als Verwalter des Sakraments Urheber (Mit-Urheber) des sakramentalen Zeichens, ist bewusstes und zur Selbstbestimmung fähiges Subjekt. Nur auf dieser Grundlage kann er die Sprache des Leibes sprechen wie auch

Urheber (Mit-Urheber) der Ehe als Zeichen sein: als göttliches Zeichen der Erschaffung und Erlösung des Leibes. Die Tatsache, dass der Mensch (Mann und Frau) Mensch der Begehrlichkeit ist, ist keine vollständige Zerstörung seiner Fähigkeit, die Sprache des Leibes in der Wahrheit wiederzulesen. Er ist der Mensch der Begehrlichkeit, aber er bleibt zugleich in der Lage, in der Sprache des Leibes wahr von falsch zu unterscheiden, er kann Urheber wahrer (oder falscher) Bedeutungen jener Sprache sein.

6. Er ist der Mensch der Begehrlichkeit, aber er wird nicht vollständig von der Libido bestimmt (in dem Sinn, wie dieser Begriff häufig verwendet wird). Ein solches Bestimmtsein würde bedeuten, dass das ganze Verhalten des Menschen, auch zum Beispiel die Entscheidung für die Ehelosigkeit aus religiösen Motiven, sich nur durch jeweilige Sublimationen der Begehrlichkeit erklären lasse. In diesem Fall wäre der Mensch – im Bereich der Sprache des Leibes – zu wesentlichen Verfälschungen verdammt: Er würde nur ein besonderes Bedingtsein durch die Libido zum Ausdruck bringen, aber nicht die Wahrheit (oder Falschheit) der ehelichen Liebe und der Gemeinschaft von Personen ausdrücken, selbst wenn er meinte, es zu tun. Er wäre infolgedessen dazu verdammt, der Wahrheit der Sprache des Leibes bei sich und anderen zu misstrauen. Wegen der Begehrlichkeit des Fleisches könnte er nur angeklagt, aber nicht wirklich gerufen werden. Die Hermeneutik des Sakraments erlaubt uns den Schluss, dass der Mensch immer wesentlich gerufen und nicht nur angeklagt ist, gerade als Mensch der Begehrlichkeit.

2. Das Hohelied

Wiederaufnahme der Genesis: Staunen

108. Katechese

1. In Beziehung auf das Wiederlesen der »Sprache des Leibes« in der Wahrheit und deshalb auch in Beziehung auf die Wirklichkeit des sakramentalen Zeichens der Ehe sollten wir, auch wenn nur zusammenfassend, dieses ganz einmalige Buch des Alten Testaments analysieren, das Hohelied. Das Thema der ehelichen Liebe, die Mann und Frau vereint, verbindet gewissermaßen diesen Teil der Bibel mit der Gesamtüberlieferung der »großen Analogie«, die durch die Schriften der Propheten in das Neue Testament und insbesondere in den Epheserbrief (vgl. Eph 5,21–33) eingeflossen ist. Man sollte aber gleich hinzufügen, dass das Thema im Hohenlied nicht in der Sphäre der Analogie der Liebe Gottes-Jahwehs für Israel (oder seiner Liebe zur Kirche im Epheserbrief) behandelt wird. Das Thema der bräutlichen Liebe liegt in diesem einmaligen biblischen Gedicht außerhalb dieser großen Analogie.[113] Die

[113] »Das Hohelied muss daher einfach als das genommen werden, was es tatsächlich ist: ein menschliches Liebeslied.« Dieser Satz von J. Winandy OSB bringt die Überzeugung einer immer größeren Zahl von Exegeten zum Ausdruck (J. Winandy, Le Cantique des cantiques. Poème d'amour mué en écrit de Sagesse, Maredsous 1960, S. 26).
M. Dubarle fügt hinzu: »Die katholische Exegese, die sich bisweilen auf den natürlichen Sinn der biblischen Texte für Abschnitte von großer dogmatischer Bedeutung berufen hat, sollte im Falle des Hohenliedes davon nicht leichtsinnig abrücken.« Unter Bezugnahme auf den Satz von G. Gerleman fährt Dubarle fort: »Das Hohelied preist die Liebe des Mannes und der Frau, ohne damit irgendein mythologisches Element zu verbinden, sondern indem sie diese Liebe einfach auf ihrer Ebene und in ihrer Besonderheit betrachtet. Mit eingeschlossen ist dabei – ohne didaktischen Nachdruck – das Äquivalent des jahwistischen Glaubens (denn die Sexualkräfte waren nicht unter den Schutz fremder Gottheiten gestellt und wurden auch nicht Jahwe selbst zugeschrieben, der diesen Bereich zu übersteigen schien). Die Dichtung stand also in stillschweigendem Einklang mit den Grundüberzeugungen des Glaubens Israels. Dieselbe offene, objektive, nicht ausgesprochen religiöse Haltung gegenüber der leiblichen Schönheit und der geschlechtlichen Liebe findet sich beim Jahwisten. Diese verschiedenen Ähnlichkeiten zeigen, dass das kleine Buch in der Gesamtheit der biblischen Bücher nicht so isoliert ist, wie manchmal behauptet wurde«

Liebe des Bräutigams und der Braut im Hohenlied ist ein Thema für sich, und darin liegt die Einmaligkeit und Ursprünglichkeit dieses Buches.[114]

2. Das Hohelied ist zum Gegenstand zahlloser exegetischer Studien, Kommentare und Hypothesen geworden. In Bezug auf seinen anscheinend profanen Inhalt waren die Einstellungen verschieden: Während man es einerseits in der Liste der Bücher aufnahm, die man nicht lesen durfte, war es anderseits eine Quelle, aus der die größten mystischen Schriftsteller schöpften, und die Verse des Hohenliedes sind in die Liturgie der Kirche aufgenommen worden.[115]

(A.-M. Dubarle, »Le Cantique des Cantiques dans l'exégèse récente«, in: Aux grands carrefours de la Revelation et de l'exégèse de l'Ancien Testament, Recherches bibliques VIII, Louvain, 1967, S. 149, 151).

114 Das schließt natürlich nicht die Möglichkeit aus, über eine »vollere Bedeutung« des Hohenliedes zu sprechen.
Vgl. z. B. »Die Liebenden in der Ekstase der Liebe scheinen als einzige handelnde Personen das ganze Buch einzunehmen und zu erfüllen … Deshalb bestreitet Paulus nicht den tatsächlichen und unmittelbaren Sinn der Worte, die sich auf die menschliche Ehe beziehen, wenn er die Worte der Genesis liest: ›Darum wird der Mann Vater und Mutter verlassen und sich an seine Frau binden, und die zwei werden ein Fleisch sein‹ (Eph 5,31); doch er fügt diesem ersten Sinn einen tieferen hinzu mit einer unmittelbaren Bezugnahme: ›Dies ist ein großes Geheimnis; ich beziehe es auf Christus und die Kirche‹ (Eph 5,32) …
Manche Leser des Hohenliedes sind leidenschaftlich darauf bedacht, aus seinen Worten unmittelbar eine körperfremde Liebe herauszulesen. Sie haben die Liebenden vergessen oder haben sie in Fiktionen, in intellektuelle Verschlüsselungen versteinert …, haben die feinen allegorischen Entsprechungen in jedem Satz, Wort oder Bild vervielfältigt … Das ist nicht der richtige Weg. Wer nicht an die menschliche Liebe der Eheleute glaubt, wer um Verzeihung bitten muss für den Leib, hat nicht das Recht, sich zu Wort zu melden … Mit der Bestätigung der menschlichen Liebe hingegen lässt sich in ihr die Offenbarung Gottes entdecken« (L. Alonso-Schökel, »Cantico dei Cantici – Introduzione«, in: La Bibbia, Parola di Dio scritta per noi. Testo ufficiale della CEI, vol. II, Turin 1980, S. 425–427).

115 Um die Aufnahme eines Liebesliedes in den biblischen Kanon zu erklären, haben bereits die jüdischen Exegeten der ersten Jahrhunderte n. Chr. im Hohenlied eine Allegorie der Liebe Jahwes zu Israel gesehen oder eine Allegorie der Geschichte des auser-

wählten Volkes, in dem diese Liebe offenbar wird, und das Mittelalter die Allegorie der göttlichen Weisheit und des Menschen, der sie sucht. Die christliche Exegese dehnte seit den ersten Kirchenvätern diese Allegorie auf Christus und die Kirche aus (vgl. Hippolyth und Origenes) oder auf die Seele des einzelnen Christen (vgl. Gregor von Nyssa) oder auf Maria (vgl. Ambrosius) und auch auf ihre unbefleckte Empfängnis (vgl. Richard von St. Viktor). Der hl. Bernhard hat im Hohelied einen Dialog des Wortes Gottes mit der Seele gesehen, und das führte zum Begriff der mystischen Hochzeit bei Johannes vom Kreuz. Die einzige Ausnahme in dieser langen Tradition war im vierten Jahrhundert Theodor von Mopsuestia, der im Hohenlied ein Gedicht sah, das die menschliche Liebe Salomos zur Tochter des Pharao besingt.

Luther hingegen bezog die Allegorie auf Salomo und sein Königreich. In den letzten Jahrhunderten sind neue Hypothesen aufgetaucht. So hat man z. B. das Hohelied als ein Drama von der Treue einer Braut zu einem Hirten trotz aller Versuchungen gedeutet oder als eine Sammlung von Gesängen, die bei volkstümlichen oder mythisch-rituellen Hochzeitsfeiern vorgetragen wurden und sich auf den Adonis-Tammuz-Kult beziehen. Schließlich hat man im Hohenlied die Beschreibung eines Traumes sehen wollen, wobei man an die alten Vorstellungen von der Bedeutung der Träume wie auch an die Psychoanalyse erinnerte.

Im 20. Jahrhundert kehrte man zu den älteren allegorischen Traditionen zurück (vgl. Bea), indem man im Hohenlied wieder die Geschichte Israels sah (vgl. Jouon, Ricciotti) und einen entwickelten Midrasch (wie es Robert in seinem Kommentar nennt, der eine Summe der Interpretation des Hohenliedes darstellt).

Gleichzeitig jedoch hat man begonnen, das Buch in seiner offenkundigsten Bedeutung als ein Preislied auf die natürliche menschliche Liebe zu lesen (vgl. Rowley, Young, Laurin).

Der Erste, der aufzeigt, auf welche Weise sich diese Bedeutung mit dem biblischen Text des 2. Kapitels der Genesis verbindet, war Karl Barth. Dubarle geht von der Voraussetzung aus, dass eine treue und glückliche menschliche Liebe dem Menschen die Merkmale der göttlichen Liebe offenbart, und Van den Oudenrijn sieht im Hohenlied den Antityp jener typischen Bedeutung, die im Epheserbrief 5,23 auftaucht. Murphy, der jede allegorische und metaphorische Deutung ausschließt, hebt hervor, dass die von Gott geschaffene und gesegnete menschliche Liebe sehr wohl Thema eines inspirierten biblischen Buches sein kann.

D. Lys stellt fest, dass der Inhalt des Hohenliedes zugleich sexuell und sakral ist. Wenn man vom zweiten Merkmal absieht, gelangt man dahin, das Hohelied als ein rein weltliches, erotisches Werk anzusehen, und wenn man das erste Merkmal leugnet, verfällt man in den Allegorismus. Nur wenn man diese beiden Aspekte zusammennimmt, ist es möglich, das Buch richtig zu lesen.

Neben den Werken der oben genannten Autoren und besonders, was einen Entwurf der Geschichte der Exegese des Hohenliedes betrifft, vgl. H. H. Rowley »The interpretation of the Song of Songs«, in: The Servant of the Lord and other Essays an the Old

3. Wohl nötigt uns die Textanalyse dieses Buches, seinen Inhalt außerhalb des Bereiches der großen prophetischen Analogie anzusiedeln; dennoch kann er unmöglich von der Wirklichkeit des ursprünglichsten Sakraments getrennt werden. Man kann ihn nur im Zusammenhang der ersten Kapitel der Genesis als Zeugnis vom Anfang wiederlesen, jenem Anfang, auf den Christus in dem entscheidenden Gespräch mit den Pharisäern Bezug genommen hat (vgl. Mt 19,4).[116] Das Hohelied liegt mit Sicherheit auf der Linie jenes Sakraments, in dem durch die Sprache des Leibes das sichtbare Zeichen der Teilhabe von Mann und Frau am Bund der Gnade und Liebe gesetzt wird, den Gott dem Menschen anbietet. Das Hohelied zeigt den Reichtum dieser Sprache, deren erste Skizze wir bereits in Genesis 2,23–25 haben.

4. Hier sind die ersten Verse des Liedes:

»Mit Küssen seines Mundes bedecke er mich.
Süßer als Wein ist deine Liebe …
Zieh mich her hinter dir! Lass uns eilen! …
jauchzen lasst uns, deiner uns freuen,
deiner zärtlichen Liebkosungen gedenken« (Hld 1,1–2.4).

Testament, London 1952, S. 191–233; A.-M. Dubarle, Le Cantique des Cantiques dans l'exégèse de l'Ancien Testament, Recherches Bibliques VIII, Louvain 1967, S. 139–151; D. Lys, Le plus beau chant de la création – Commentaire du Cantique des Cantiques, Lectio divina 51, Paris 1968, S. 31–35; M. H. Pope, Song of Songs, The Anchor Bible, Garden City, N. Y. 1977, S. 113–234.

[116] K. Barth war wahrscheinlich der Erste in der Geschichte der Exegese, der die sehr enge Verbindung zwischen dem Hohenlied der Liebe und Genesis 2 entdeckte. Er erklärt sie folgendermaßen: »Hier, aber auch nur hier – und diese Ausnahme bestätigt geradezu die Regel – kommt Gen 2 zur Entfaltung, kommt es zum Vorschein, dass das Bild von Gen 2 nun doch nicht einfach zufällig und als ein Fremdkörper in das Alte Testament hereingekommen ist, sondern im Denken Israrels seine bestimmte, aber in der Regel nicht sichtbare Rolle gespielt hat: das Entzücken – nicht des potentiellen Hausvaters und Familienhauptes, sondern schlicht des Mannes als solchen – nicht an der potentiellen Gebärerin seiner Kinder, sondern schlicht an der Frau als solcher, der Eros, für den es, genau nach V. 25 unseres Textes nun eben keine Scham gibt.« In: K. Barth: Kirchliche Dogmatik, Bd. 3, Teil 1, Zollikon und Zürich 1947^{2}, S. 358.

Diese Worte führen uns unmittelbar in die Atmosphäre des ganzen Gedichtes ein, in dem Braut und Bräutigam sich in dem von der inneren Strahlkraft der Liebe gezeichneten Kreis zu bewegen scheinen. Die Worte der Brautleute, ihre Bewegungen, ihre Gesten und ihr ganzes Verhalten entsprechen der inneren Regung ihrer Herzen. Nur im Licht dieser Regung lässt sich die »Sprache des Leibes« begreifen. In dieser Regung, die von einer Person zur anderen drängt, verwirklicht sich (wieder, aber gewiss auf einmalige und unwiederholbare Weise) die Entdeckung, die der erste Mann angesichts derjenigen ausdrückte, die »als eine Hilfe, die ihm entsprach« (vgl. Gen 2,20 u. 23), geschaffen und nach dem biblischen Text einer seiner »Rippen« entnommen worden war. (»Rippe« scheint auch Herz zu bedeuten.)

5. Diese Entdeckung, bereits aufgrund des 2. Kapitels der Genesis analysiert, kleidet sich im Hohenlied in den ganzen Reichtum der Sprache menschlicher Liebe. Was im 2. Kapitel der Genesis (V. 23–25) nur mit wenigen, einfachen und wesentlichen Worten ausgedrückt worden war, wird hier zu einem ausführlichen Dialog oder vielmehr zu einem Duett entwickelt, in dem sich die Worte des Bräutigams mit denen der Braut verflechten und einander ergänzen. Die ersten Worte des Mannes in der Genesis (2,23) beim Anblick der von Gott geschaffenen Frau drücken Staunen und Bewunderung, ja das Gefühl der Bezauberung aus. Und eine ähnliche Bezauberung, die Staunen und Bewunderung ist, durchströmt noch viel reicher die Verse des Hohenliedes vom Anfang bis zum Ende der Dichtung wie eine ruhige, gleichmäßige Woge.

Sie ist eine Stimme und ein Duett; sie ist Reden und Wiederreden. Man kann sagen, dass genau diese gegenseitige »Sprache des Leibes« durch den ganzen Reichtum der Bedeutungen, aus denen sie besteht, bezeugt, wie im Prisma der menschlichen Herzen das Zeichen der bräutlichen Vereinigung gebildet wird und sich entwickelt, der Vereinigung, die ein sakramentales Zeichen in der ewigen Ökonomie des Bundes und der Gnade geworden ist, ein Zeichen der Ehe als Sakrament.

6. Selbst eine summarische Analyse des Textes des Hohenliedes lässt uns in jener gegenseitigen Bezauberung die Sprache des Leibes wahrnehmen. Sowohl Ausgangs- wie Endpunkt dieser Bezauberung – des gegenseitigen Staunens und der Bewunderung – sind nämlich das Frausein der Braut und das Mannsein des Bräutigams in der unmittelbaren Erfahrung ihrer Sichtbarkeit. Die von beiden gesprochenen Liebesworte konzentrieren sich also auf den Leib, nicht nur, weil er an sich Quelle der gegenseitigen Bezauberung ist, sondern vor allem, weil auf ihm direkt und unmittelbar jene Anziehungskraft für die andere Person, für das andere weibliche oder männliche Ich beruht, die in der inneren Regung des Herzens Liebe hervorruft.

Zudem bewirkt die Liebe eine besondere Erfahrung des Schönen, die sich auf das Sichtbare konzentriert, aber zugleich die ganze Person einbezieht. Die Erfahrung des Schönen bringt das Gefallen aneinander hervor.

»Du schönste der Frauen …« (Hld 1,8), sagt der Bräutigam, und darauf wie ein Echo die Worte der Braut: »Braun bin ich, doch schön, ihr Töchter Jerusalems« (Hld 1,5). Die Worte des männlichen Entzückens kehren in allen fünf Gesängen des Gedichtes wieder, und gleichsam ein Widerhall darauf sind die Worte der Braut.

> »Schön sind deine Wangen zwischen den Kettchen,
> dein Hals zwischen den Perlenschnüren« (Hld 1,10).
> »Wie schön bist du, meine Geliebte, ja, du bist schön.
> Zwei Tauben sind deine Augen« (Hld 1,15).

Und sofort hören wir die Antwort:

> »Schön bist du, mein Geliebter, verlockend« (Hld 1,16).

Im zweiten Lied kehren dieselben Worte zurück, mit neuen Themen angereichert:

> »Steh auf, meine Freundin,
> meine Schöne, komm fort!
> Meine Taube …
> Dein Gesicht lass mich sehen,

deine Stimme lass mich hören!
Denn süß ist deine Stimme,
lieblich dein Gesicht« (Hld 2,13–14).

7. Dasselbe Bild, gleichzeitig ein Bild des Erlebens und ein Bild der erlebten Person, taucht wieder und sogar noch voller entwickelt im vierten Lied auf.

»Wie schön bist du, meine Freundin,
ja, du bist schön.
Hinter dem Schleier
deine Augen wie Tauben.
Dein Haar gleicht einer Herde von Ziegen,
die herabzieht von Gileads Bergen.
Deine Zähne sind wie eine Herde frisch geschorener Schafe,
die aus der Schwemme steigen.
Alle kommen in Paaren,
keines unter ihnen ist ohne Gegenstück.
Rote Bänder sind deine Lippen;
lieblich ist dein Mund.
Dem Riss eines Granatapfels gleicht deine Schläfe
hinter dem Schleier.
Wie der Turm Davids ist dein Hals,
gebaut wie eine Festung.

***

Deine zwei Brüste sind wie zwei Kitzlein,
wie die Zwillinge einer Gazelle,
die in den Lilien weiden.

***

Ganz schön bist du, meine Freundin,
kein Makel haftet dir an« (Hld 4,1–4a, 5,7).

8. Die Metaphern des Hohenliedes mögen uns heute überraschen. Viele von ihnen sind dem Leben der Hirten entnommen; andere scheinen auf den königlichen Stand des Bräutigams hinzudeuten.[117] Die Analyse dieser poetischen Sprache sei den Fachleuten überlassen. Schon die Verwendung der Bildsprache zeigt, wie sehr in unserem Fall die Sprache des Leibes in der ganzen sichtbaren Welt Rückhalt und Bestätigung sucht.

Es handelt sich ohne Zweifel um eine Sprache, die zugleich mit dem Herzen und mit den Augen des Bräutigams, und zwar im Augenblick besonderer Hinwendung auf das ganze weibliche Ich der Braut, wiedergelesen werden muss. Dieses Ich spricht zu ihm durch jeden weiblichen Zug und ruft jenen Seelenzustand hervor, den wir als Bezauberung oder Entzücken bezeichnen können. Dieses weibliche Ich drückt sich gleichsam wortlos aus; doch die wortlos ausgedrückte Sprache des Leibes findet reichen Widerhall in den Worten des Bräutigams, in seiner von poetischer Leidenschaft und Bildern erfüllten Sprache, die vom Erleben des Schönen, von einer Liebe des Wohlgefallens zeugen. Wenn die Bilder des Hohenliedes für dieses Schöne eine Analogie in den Dingen der sichtbaren Welt suchen (in dieser Welt, die die eigentliche Welt des Bräutigams ist), so scheinen sie gleichzeitig auf die Unzulänglichkeit jedes einzelnen dieser Bilder hinzuweisen.

»Ganz schön bist du, meine Freundin; kein Makel haftet dir an« (Hld 4,1–4a, 5,7). (Hld 4,7): Mit dieser Wendung beendet der Bräutigam sein Lied, wobei er alle Bilder beiseite lässt, um sich an jene Einzige zu wenden, durch deren Sprache des Leibes das eigentlich Weibliche

[117] Obwohl es eine große Anzahl unterschiedlicher Hypothesen über das literarische Genre gibt (Allegorie, Drama, Sammlung von Hochzeitsliedern oder sogar rituelle und mystische Lieder), besteht kein Zweifel über den künstlersichen Wert des »Liedes der Lieder«. Der Autor bedient sich einer klassischen Sprache von höchster literarischer Qualität, was noch verstärkt wird durch den Reichtum an idyllischen und vornehmen Metaphern. Daher ist es für uns nicht erstaunlich, dass die Bilder, die einer Umwelt entnommen sind, die vom Ende des 2. Jahrtausends bis zum fünften Jahrhundert vor Christus reicht, weit von unseren heutigen Vorstellungen entfernt sind.

und die ganze Persönlichkeit Ausdruck zu finden scheinen. Die Braut spricht ihrerseits eine ähnliche Sprache:

> »Komm zurück, du mein Geliebter,
> der Gazelle gleich, dem jungen Hirsch
> auf den Balsambergen« (Hld 2,17).

Ein andermal hingegen vertraut sie ihren Gefährtinnen an:

> »Seine Gestalt ist wie der Libanon,
> erlesen wie Zedern.
> Sein Gaumen ist voll Süße;
> alles ist Wonne an ihm.
> Das ist mein Geliebter, ja, das ist mein Freund,
> ihr Töchter Jerusalems« (Hld 5,15–16).

109. Katechese

1. Sowohl die Weiblichkeit der Braut als auch die Männlichkeit des Bräutigams sprechen ohne Worte: Die Sprache des Leibes ist eine Sprache ohne Worte. Zugleich wird diese Sprache in ihr, und auch in ihm, zu einer Quelle der Inspiration für die Worte, für diese einmalige Sprache der Liebe, die sich in Metaphern ein Ausdrucksmittel sucht. Für uns heute klingen die Metaphern des Hohenlieds archaisch, dennoch haben das, was sie ausdrücken, und die eigentliche Kraft, mit der sie es ausdrücken, ihren Wert behalten. Die Sprache des Leibes wird von beiden, der Braut und dem Bräutigam, in eine Sprache des Herzens übersetzt. Es mag sein, dass der Bräutigam, der Mann, direkter die Schönheit der Braut und sein eigenes Entzücken über diese Schönheit ausdrückt, die er vor allem mit den Augen des Leibes sieht. Die Braut hingegen schaut vor allem mit den Augen des Herzens, durch ihr Gefühl. Beide jedenfalls, er und sie zusammen, drücken in den Versen des Liedes Staunen und Bewunderung aus, nicht nur für das Ich des anderen in seiner männlichen und weiblichen Offenbarung, sondern auch für die Liebe, durch die diese Offenbarung verwirklicht wird.

2. Deshalb sind die Worte des Bräutigams eine Sprache über die Liebe und zugleich eine Sprache über die Weiblichkeit der Braut, die ihm durch die Liebe als so staunenswert und bewundernswert in Erscheinung tritt. Gleichermaßen drücken auch die Worte der Braut Staunen und Bewunderung aus, da sie eine Sprache über die Liebe und eine Sprache über die Männlichkeit des Bräutigams sind. Was die Worte beider zum Ausdruck bringen, ist also ein besonderes Erleben der Werte, das über alles ausstrahlt, das in Beziehung zur anderen Person steht.

> »Von deinen Lippen, Braut, tropft Honig;
> Milch und Honig ist unter deiner Zunge.
> Der Duft deiner Kleider
> ist wie des Libanon Duft« (Hld 4,11).

Hier finden wir, immer mit einer besonderen Färbung, die Themen, die die gesamte Weltliteratur füllen. Die Gegenwart dieser Elemente in diesem Buch, das zum Kanon der Heiligen Schrift gehört, zeigt, dass sie und die mit ihnen zusammenhängende Sprache des Leibes ein ursprüngliches und wesentliches Zeichen der Heiligkeit enthalten.

»*Meine Schwester, meine Braut*«

3. Um unsere Analyse dieser anscheinend gleichmäßigen Welle des Duetts der Liebe des Bräutigams und der Braut fortzusetzen, zitieren wir Worte, bei denen wir ganz besonders verweilen sollten.

Der Bräutigam sagt:

> »Verzaubert hast du mein Herz, meine Schwester, meine Braut;
> ja verzaubert hast du mein Herz mit einem Blick deiner Augen,
> mit einer Perle deiner Halskette.
> Wie schön ist deine Liebe, meine Schwester, meine Braut«
> (Hld 4,9–10).

Für die Theologie des Leibes – und in diesem Fall für die Theologie des sakramentalen Zeichens der Ehe – ist es von entscheidender Bedeutung zu wissen, wer in diesem Duett-Dialog der Liebe das weibliche Du für das männliche Ich ist und umgekehrt. Der Bräutigam des Hohenliedes ruft aus: »Ganz schön bist du, meine Freundin!« (Hld 4,7) und nennt sie: »meine Schwester, meine Braut« (Hld 4,9). Er nennt sie nicht bei ihrem eigenen Namen (nur zweimal taucht der Name Schulammit auf), sondern gebraucht Ausdrücke, die mehr aussagen als ein Eigenname. Unter einem gewissen Gesichtspunkt scheint im Vergleich zur Anrede »Freundin« das für die Braut gebrauchte »Schwester« vielsagender und stärker im Hohenlied als Ganzem verwurzelt zu sein, das kundtut, wie die Liebe den anderen enthüllt.

4. Das Wort »Freundin« gibt das an, was stets wesentlich ist für die Liebe, die das zweite Ich neben das eigene Ich stellt. Die Freundschaft – die Liebe der Freundschaft (amor amicitiae) – bedeutet im Hohenlied eine besondere Annäherung, die als innerlich einigende Kraft empfunden und erlebt wird.

Die Tatsache, dass bei dieser Annäherung das weibliche Ich sich dem Bräutigam als Schwester enthüllt – und dass sie eben als Schwester Braut ist – hat eine besondere Bedeutung. Der Ausdruck »Schwester« spricht von der Einheit im Menschsein und zugleich von der weiblichen Verschiedenheit und Originalität dieses gleichen Menschseins. Diese Verschiedenheit und Originalität besteht nicht nur im Bezug auf das Geschlecht, sondern auf die Weise des Personseins. Wenn Person sein sowohl Subjektsein als auch Inbeziehungsein bedeutet, scheint das Wort »Schwester« auf einfachste Weise die Subjektivität des weiblichen Ich in seiner personalen Beziehung auszudrücken, also in seiner Offenheit gegenüber anderen, gegenüber dem Nächsten, wobei der besondere Adressat dieser Öffnung der Mann wird, sofern er als Bruder aufgefasst wird. Die »Schwester« hilft gewissermaßen dem Mann, sich zu definieren und zu begreifen; sie wird für ihn gleichsam eine Herausforderung in dieser Richtung.

Man kann sagen, dass der Bräutigam des Hohenlieds diese Herausforderung annimmt und spontan auf sie antwortet.

5. Wenn der Bräutigam im Hohenlied die Braut mit dem Wort »Schwester« anspricht, bezeichnet dieser Ausdruck auch ein spezifisches Wiederlesen der Sprache des Leibes. Dieses Wiederlesen wird ausdrücklich im Duett der Brautleute entfaltet.

»Ach, wärst du doch mein Bruder,
genährt an der Brust meiner Mutter.
Träfe ich dich dann draußen, ich würde dich küssen;
niemand dürfte mich deshalb verachten.
Führen wollte ich dich,
in das Haus meiner Mutter dich bringen« (Hld 8,1–2).

Der Bräutigam antwortet:

»Stört die Geliebte nicht auf, weckt sie nicht,
ehe ihr selbst es gefällt!« (Hld 8,4).

Und ein wenig später:

»Wir haben eine kleine Schwester,
noch ohne Brüste.
Was tun wir mit unsrer Schwester,
wenn jemand um sie wirbt?« (Hld 8,8).

Und dann nochmals die Worte der Braut:

»Ich bin eine Mauer,
und meine Brüste sind Türme.
So bin ich in seinen Augen
wie die, die Frieden gefunden hat« (Hld 8,10).

6. Die eben zitierten Stellen beweisen genügend, dass der Bräutigam des Hohenlieds die Herausforderung, die im Wort »Schwester« in Bezug auf das weibliche Ich enthalten ist, annimmt. Die Stellen zeigen auch, was es bedeutet, dass der Mann sich seiner Schwester als Braut zuwendet, warum die Braut für ihn Schwester bleibt, die Konvergenz (nicht Divergenz) beider Ausdrücke und beider Bezüge. Der im Hohenlied verwendete Terminus »Schwester« gehört ganz gewiss zur Sprache des Leibes (das ist in den oben zitierten Versen offenkundig), zur

in der Wahrheit der gegenseitigen bräutlichen Liebe wiedergelesenen Sprache des Leibes. Zugleich scheint dieser Terminus auf einfache aber bestimmte Weise die ursprüngliche Bestimmung dieser Sprache (und dieser Liebe) durch Libido allein zu überwinden und ihren Inhalt auf ganz ursprüngliche Weise dem Ausdruck »Braut« gegenüber zu öffnen, wenn dieser Ausdruck im Mund des Bräutigams mit dem Wort »Schwester« verbunden wird.

110. Katechese

1. Die Worte des Bräutigams an die Braut als »Schwester« und ihre eigenen Worte in derselben Beziehung sind mit einem bestimmten Inhalt durchdrungen. Die Liebe, wie wir in den oben zitierten Versen sehen, gebietet beiden, nach der gemeinsamen Vergangenheit zu suchen, als wären sie von Kindheit an durch die Erinnerungen an den gemeinsamen Herd verbunden. So fühlen sie sich einander nahe wie Bruder und Schwester, die ihr Leben derselben Mutter verdanken. Daraus ergibt sich ein besonderes Zusammengehörigkeitsgefühl. Die Tatsache, dass sie sich als Bruder und Schwester fühlen, lässt sie die gegenseitige Nähe in Sicherheit leben und offenkundig machen (»ich würde dich küssen«), indem sie darin Stütze finden und nicht das negative Urteil anderer Menschen zu fürchten brauchen (»niemand dürfte mich deshalb verachten«). Aufmerksam auf diesen Aspekt der geschwisterlichen Beziehung macht vor allem die Braut.

2. Die Worte des Bräutigams versuchen, möchte ich sagen, mit Hilfe der Anrede »Schwester« die Geschichte des Frauseins der geliebten Person wiederzugeben, sie sehen sie noch in der Zeit, als sie Kind war (»Wir haben eine kleine Schwester, noch ohne Brüste«), und durch diese auf die Vergangenheit zurückgehende Sicht umfangen sie ihr ganzes Ich, Seele und Leib, mit einer selbstlosen Zärtlichkeit. Daraus erwächst jener Friede, von dem die Braut spricht. Es ist der »Friede des Leibes«, der Ähnlichkeit hat mit dem Schlaf. »Stört die

Geliebte nicht auf, weckt sie nicht, ehe ihr selbst es gefällt!«. Es ist vor allem der Friede der Begegnung im Menschsein als Ebenbild Gottes – und der Begegnung durch gegenseitige, selbstlose Hingabe: »So bin ich in seinen Augen wie die, die Frieden gefunden hat« (Hld 8,10).

3. Hierzu können uns die Sätze von Genesis 2,23–24 in den Sinn kommen, die zum ersten Mal das Erleben des männlichen und weiblichen Ichs offenbaren, das aus dem gemeinsamen Empfinden der Zugehörigkeit zu Gott als ihrem gemeinsamen Vater entspringt. Vor ihm waren sie in der ganzen Wahrheit ihrer Männlichkeit und Weiblichkeit vor allem Bruder und Schwester in der Einheit des gemeinsamen Menschseins (»beide waren nackt, aber sie schämten sich nicht voreinander« Gen 2,25). Und diese gegenseitige »Bruder und Schwester«-Beziehung wurde in ihnen als die erste Grundlage der Gemeinschaft der Personen geschaffen, in gewissem Sinn als die begründende Bedingung ihrer gegenseitigen Bestimmung, also in der Dimension der Berufung, durch die sie »Gatte und Gattin« werden sollten. Dieser prototypische (oder exemplarische) Anfang der Sprache des Leibes in Genesis 2,23–25 wird im Hohenlied wunderbar entfaltet. Es scheint die Dimension des Erlebens der Weiblichkeit zu sein oder vielmehr das gegenseitige Erleben des männlichen und weiblichen Ichs, das seinen wesentlichen Inhalt in jedem Erleben festigen sollte, damit dieses Erleben sich nicht vom Reichtum des ursprünglichen Sakraments entfernt. Wir entfalten ja tatsächlich unsere Reflexion unter dem Aspekt des Zeichens, des Zeichens der Ehe, das auf der Grundlage der in der Wahrheit wiedergelesenen Sprache des Leibes aufgebaut wird.

4. Weitverbreiteter Meinung nach sind die Verse des Hohenliedes weit offen für alles, was im Begriff »Eros« enthalten ist. Weiter oben haben wir schon die verschiedenen Bedeutungen dieses Begriffs be-

sprochen (siehe Katechesen 22,4; 46,4; 47,1–6; 48,1–2). Wenn Eros sich in der subjektiven Bezauberung, gewissermaßen in der gegenseitigen Ekstase durch das Gute und Schöne der Liebe und (durch die Liebe) durch das Gute und Schöne des männlichen und weiblichen Ichs, ausdrückt, dann bezeugt das Duett der Brautleute im Hohenlied genau dies. Es ist ein voll und ganz authentisches und ursprüngliches Zeugnis, authentisch und ursprünglich mit der Authentizität und Ursprünglichkeit der Heiligen Schrift. Die Worte »meine Schwester, meine Braut« scheinen genau aus dieser tiefen Ebene zu entspringen und nur auf der Grundlage dieser Ebene kann man sie adäquat verstehen.

»Doch einzig ist meine Taube, die Makellose,
die Einzige ihrer Mutter,
der Liebling ihrer Gebärerin« (Hld 6,9).

»Ein verschlossener Garten, ein versiegelter Quell«

5. In Bezug zum vorausgehenden Thema, das man als geschwisterliches Thema bezeichnen könnte, taucht in dem Liebesduett des Hohenliedes ein neues Thema auf, sagen wir eine neue Schicht von tiefem Inhalt auf. Wir können ihn untersuchen, indem wir von bestimmten Wendungen ausgehen, denen im Gedicht so etwas wie eine Schlüsselbedeutung zuzukommen scheint. Dieses Thema tritt nie ausdrücklich hervor. Man sollte vielmehr beobachten, wie es sich durch die ganze Dichtung zieht, obwohl es sich nur in einigen wenigen poetischen Kadenzen deutlich ausdrückt.

So spricht der Bräutigam:

»Ein verschlossener Garten bist du, meine Schwester Braut,
ein verschlossener Garten, ein versiegelter Quell« (Hld 4,12).

6. Wir können uns nicht mit einem summarischen Blick auf die poetische Schönheit dieser Bilder zufriedengeben. Die Schönheit ist nicht nur die der Sprache, sondern eine Schönheit der in dieser Sprache

ausgedrückten Wahrheit. Wie der Name »Schwester« in sich die ganze Tiefe enthält, die der Bräutigam und die Braut in das gegenseitige Wiederlesen der Sprache des Leibes legen, so scheint die gerade zitierte Metapher gleichzeitig das im Namen »Schwester« Ausgedrückte zu bekräftigen und zu übertreffen. Im Ausdruck »meine Schwester, Braut« verbindet der Mann die gerade sich bildende bräutliche Liebe mit einem Wiederlesen der Sprache des Leibes, das so beschaffen ist, dass das weibliche Ich mit seinem »geschwisterlichen« Inhalt zu ihm spricht. Die gerade zitierten Metaphern, »ein verschlossener Garten, ein versiegelter Quell«, enthüllen die Gegenwart eines anderen Blicks auf dasselbe weibliche Ich.

7. Von Anfang an bestimmte ja die Weiblichkeit das Geheimnis, über das die Genesis in Bezug auf das Erkennen des Mannes spricht (»Adam erkannte Eva, seine Frau; sie wurde schwanger und gebar«, Gen 4,1). Obwohl das Hohelied in seinem ganzen Inhalt nicht direkt über diese Erkenntnis spricht, bleiben doch die gerade zitierten Metaphern in indirekter, aber gleichzeitig enger Beziehung mit ihr. Die Braut erscheint den Augen des Bräutigams als ein »verschlossener Garten« und »versiegelter Quell« oder sie spricht vielmehr zu ihm mit dem, was zutiefst in der ganzen Struktur ihres weiblichen Ichs verborgen ist, das auch das streng personale Geheimnis der Weiblichkeit begründet. Die Braut zeigt sich den Augen des Mannes als Herrin ihres eigenen Geheimnisses. Man kann sagen, beide Bilder bringen die ganze personale Würde der Frau zum Ausdruck, dieser Weiblichkeit, die zur personalen Struktur des Selbstbesitzes gehört und die deshalb fähig ist, nicht nur über die metaphysische Tiefe, sondern auch über die wesentliche Wahrheit und Authentizität der personalen Selbsthingabe zu entscheiden. Diese Hingabe hat ihre eigene Dimension, wenn im Blick der bräutlichen Liebe sich die »Erkenntnis« zeigen muss, von der das Buch Genesis spricht.

8. Im Hohenlied befinden wir uns jedenfalls im Vorhof dieser »Erkenntnis« und genau aus diesem Grund nehmen die Ausdrücke, die uns die tief personale Dimension erfassen lassen, besondere Bedeutung an. Die Sprache der Bilder, die poetische Sprache, scheint für diesen Bereich besonders passend und genau. Die Schwester Braut ist für den Mann die Herrin ihres eigenen Geheimnisses wie ein »verschlossener Garten« und ein »versiegelter Quell«. Die in der Wahrheit wiedergelesene Sprache des Leibes geht Hand in Hand mit der Entdeckung der inneren Unverletzlichkeit der Person. Gleichzeitig bringt gerade diese Entdeckung die wahre Tiefe der gegenseitigen Zugehörigkeit der Brautleute zum Ausdruck, die sich bewusst sind, dass sie einander gehören, dass sie füreinander bestimmt sind: »Mein Geliebter ist mein, und ich bin sein« (Hld 2,16).
Und dasselbe an anderer Stelle:

> »Ich gehöre meinem Geliebten und mein Geliebter ist mein,
> er weidet seine Herde unter den Lilien« (Hld 6,3).

9. Dieses Bewusstsein, einander zu gehören, spricht vor allem aus dem Munde der Braut. Sie antwortet mit solchen Worten gewissermaßen auf die Worte des Bräutigams, in denen er sie als Herrin ihres eigenen Geheimnisses anerkannt hat. Wenn die Braut sagt: »Mein Geliebter ist mein«, will sie damit zugleich sagen: Er ist es, dem ich mich anvertraue, und darum sagt sie: »und ich bin sein« (Hld 2,16). Die Possessivpronomina mein und meine bestätigen hier die ganze Tiefe jenes Anvertrauens, das der inneren Wahrheit der Person entspricht.

Es entspricht darüber hinaus der bräutlichen Bedeutung des Frauseins in Beziehung zum männlichen Ich, das heißt zur Sprache des Leibes, die in der Wahrheit der personalen Würde wiedergelesen wird. Diese Wahrheit wird vom Bräutigam in den Bildern vom »verschlossenen Garten« und »versiegelten Quell« ausgesprochen. Die Braut antwortet ihm mit den Worten der Hingabe, der vertrauensvollen Hingabe ihrer selbst. Als Herrin ihrer eigenen Entscheidung sagt sie: »Ich gehöre meinem Geliebten« (Hld 6,3). Das Hohelied der Liebe enthüllt sehr fein die innere Wahrheit dieser Antwort. Die Freiheit der Hingabe ist die Antwort auf das tiefe Bewusstsein der Hingabe, das sich in den Worten des Bräutigams ausdrückt. Durch solche Wahrheit und Freiheit wird die Liebe aufgebaut, von der man sagen darf, dass sie echte Liebe ist.

111. Katechese

1. Die Wahrheit der Liebe, wie sie vom Hohenlied verkündet wird, lässt sich nicht von der Sprache des Leibes trennen. Die Wahrheit der Liebe ermöglicht es, diese Sprache des Leibes in der Wahrheit wiederzulesen. Das ist auch die Wahrheit der zunehmenden gegenseitigen Annäherung der Brautleute, die durch die Liebe wächst; und Nähe bedeutet zugleich Eingeweihtwerden in das Geheimnis der Person. Auf keine Weise bedeutet es aber die Verletzung dieses Geheimnisses.

»Mein Geliebter ist für mich ein Myrrhebeutel,
ruhend zwischen meinen Brüsten.
Eine Hennablüte ist mir mein Geliebter
in den Weinbergen von En-Gedi.
Frisches Grün ist unser Lager« (Hld 1,13–14.16)

***

Und an anderer Stelle:

»Ein Apfelbaum unter Waldbäumen
ist mein Geliebter unter den Burschen.
Ich sitze in seinem Schatten, nach dem ich mich sehnte.
Wie süß schmeckt seine Frucht meinem Gaumen!
In das Weinhaus hat er mich geführt.
Sein Zeichen über mir heißt Liebe.
Stärkt mich …
denn ich bin krank vor Liebe.
Seine Linke liegt unter meinem Kopf,
seine Rechte umfängt mich« (Hld 2,3–6).

***

2. Die Wahrheit der wachsenden Vertrautheit der Brautleute durch die Liebe entfaltet sich in der subjektiven Dimension des Herzens, der Zuneigung und des Gefühls. In derselben Dimension ist dies gleichzeitig das Entdecken des Geschenks des anderen im eigenen Inneren, ein »Verkosten« im eigenen Inneren (vgl. Hld 2,3–6). Diese Entdeckung und dieses Verkosten werden durch die oben zitierten Worte der Braut bestätigt, und sie sind auch in den weiteren Worten des Bräutigams bezeugt. Diese Worte erklären gleichzeitig, wie man die Worte »mein Geliebter ist mein« in der subjektiven Dimension des Erlebens verstehen muss. Diese Worte können nicht von der Sprache des Leibes getrennt werden, besonders im Mund der Braut, ihr Inhalt ist nicht mehr ein Wiederlesen derselben Sprache des Leibes. Die gegenseitige Nähe, die durch den Leib ausgedrückt wird (die Worte der Braut sind ein Beweis solcher Nähe), ist vor allem eine Quelle des Wachstums einer intimen Sprache des Herzens. Die vom Mann gesprochenen Verse hingegen haben eine andere Farbschattierung. Man kann sagen, dass sie sich vor allem auf die spezifische Offenbarung der Weiblichkeit konzentrieren, deren sichtbarer Ausdruck die Augen und das Herz des Bräutigams mehr und mehr beherrscht.

3. »Schön wie Tirza bist du, meine Freundin,
lieblich wie Jerusalem,
Furchtbar wie eine Heerschar mit fliegenden Fahnen.
Wende deine Augen von mir,
denn ihr Blick verwirrt mich« (Hld 6,4–5).

***

Was wollt ihr an Schulammit sehen,
im Zweireihentanz?
Wie schön sind deine Schritte in den Sandalen,
du Edelgeborene.
Deiner Schenkel Rund ist wie Geschmeide,
gefertigt von Künstlerhand.

Dein Schoß ist ein rundes Becken,
dem nie der Würzwein mangelt.
Dein Leib ist ein Weizenhügel,
mit Lilien umstellt.
Deine Brüste sind wie zwei Kitzlein,
wie die Zwillinge einer Gazelle.
Dein Hals ist ein Turm aus Elfenbein.
Deine Augen sind wie die Teiche zu Heschbon
beim Tor von Bat-Rabbim.
Deine Nase ist wie der Libanonturm,
der gegen Damaskus Wache hält.
Dein Haupt krönt dich gleich dem Karmel;
wie Purpur sind deine Haare;
ein König liegt in den Ringeln gefangen.
Wie schön bist du und wie reizend,
du Liebe voller Wonnen!
Wie eine Palme ist dein Wuchs;
deine Brüste sind wie Rispen von Datteln« (Hld 7,1–8).

4. Die Metaphern dieser poetischen Sprache erlauben verschiedene Schlussfolgerungen über den Ursprung, den Autor und den Charakter des Gedichts. Obwohl moderne Leser viele dieser Metaphern nicht mit ihnen vertrauten Gegenständen der sichtbaren Welt verbinden, bleibt doch die von Braut und Bräutigam in der Wahrheit wachsender bräutlicher Nähe wiedergelesene Sprache des Leibes voll verständlich. Die zitierten Worte beschwören jenen Kreis der Nähe, in dem der »verschlossene Garten« sich irgendwie vor den Augen der Seele und des Leibes des Bräutigams öffnet. Durch diesen Kreis der Nähe erlebt der Bräutigam tiefer die Erfahrung jenes Geschenkes, die sich vonseiten des weiblichen Ich mit dem bräutlichen Ausdruck und der bräutlichen Bedeutung des Leibes verbindet. Die Worte des Mannes (vgl. Hld 7,1–8) enthalten nicht nur eine poetische Beschreibung der Geliebten,

ihrer weiblichen Schönheit, in der sich die Sinne ergehen, sondern sie sprechen vom Geschenk und von der Hingabe der Person. In ihnen hören wir das Echo der ersten Worte der Genesis (2,23), durch die das ursprünglichste Sakrament begründet wurde. Wenn man das Hohelied liest, scheint es sogar, dass seine Verse mit all ihrem poetischen Reichtum ein schwächerer Ausdruck derselben Sprache des Leibes sind als die einfachen und anscheinend so armen Sätze der Genesis. Deshalb sollte man diese Armut mit Hilfe dieses Reichtums deuten, aber auch umgekehrt diesen Reichtum mit Hilfe dieser Armut und in ihrem Licht. Inzwischen spricht der männliche Eros weiter in den Worten des Bräutigams:

> »Ich sage: Ersteigen will ich die Palme;
> ich greife nach den Rispen von Datteln.
> Trauben am Weinstock seien mir deine Brüste,
> Apfelduft sei der Duft deines Atems,
> dein Mund köstlicher Wein,
> der glatt in mich eingeht,
> der Lippen und Zähne mir netzt« (Hld 7,8–9).

Und sofort die Antwort der Braut:

> »Ich gehöre meinem Geliebten,
> und ihn verlangt nach mir.
> Komm, mein Geliebter,
> wandern wir auf das Land,
> schlafen wir in den Dörfern.
> Früh wollen wir dann zu den Weinbergen gehen
> und sehen, ob der Weinstock schon treibt,
> ob die Rebenblüte sich öffnet,
> ob die Granatbäume blühen.
> Dort schenke ich dir meine Liebe« (Hld 7,11–13).

5. Die Sprache des Leibes spricht zu den Sinnen. Die eben zitierten Worte des Bräutigams bestätigen dies ganz besonders. Die Braut weiß,

dass der Bräutigam nach ihr »verlangt«, und sie geht ihm mit der Bereitschaft entgegen, sich an ihn zu verschenken (vgl. Hld 7,9–10.11–13), weil die Liebe, die beide verbindet, zugleich geistiger und sinnlicher Natur ist. Und aufgrund dieser Liebe vollzieht sich das Wiederlesen der Bedeutung des Leibes in der Wahrheit, denn Mann und Frau müssen gemeinsam jenes Zeichen des gegenseitigen Sich-Schenkens darstellen, das ihrem ganzen Leben sein Siegel aufprägt.
Die Braut sagt:

»Drücke mich wie ein Siegel auf dein Herz,
wie ein Siegel auf deinen Arm!
Stark wie der Tod ist die Liebe,
die Eifersucht ist hart wie die Unterwelt.
Ihre Gluten sind Feuergluten,
eine Flamme des Herrn.
Auch mächtige Wasser können die Liebe nicht löschen;
auch Ströme schwemmen sie nicht weg.
Böte einer den ganzen Reichtum seines Hauses,
im Tausch für Liebe,
nur verachten würde man ihn« (Hld 8,6–7).

6. Hier erreichen wir in gewissem Sinn den Gipfel einer Liebeserklärung. Diese Worte über die Liebe verdienen angemessene Reflexion und zugleich scheinen sie die letzten Akkorde in der Sprache des Leibes zu sein. Im Licht dieser Worte über die Liebe, die »stark ist wie der Tod«, finden wir die Schließung und Krönung all dessen im Hohenlied, was mit der Metapher des »verschlossenen Gartens« und des »versiegelten Quells« beginnt. Im Augenblick, in dem die Braut des Hohenliedes, die Braut-Schwester, unverletzlich im tiefsten Erleben des Mannes-Bräutigams, Herrin des intimen Geheimnisses ihrer eigenen Weiblichkeit, von ihm verlangt, »drücke mich wie ein Siegel auf dein Herz«, schließt sich die ganze subtile Struktur der bräutlichen Liebe gewissermaßen in ihrem eigenen interpersonalen Kreis. In dieser Schließung reift das

sichtbare Zeichen des immerwährenden Sakraments heran, das aus der Sprache des Leibes geboren wird, wenn sie in der Wahrheit der bräutlichen Liebe zwischen Mann und Frau wiedergelesen wird.

Auf außergewöhnliche, den größten Werken des menschlichen Genius würdige Weise skizziert das Hohelied die Struktur, die so äußerst reiche Struktur dieses Zeichens.

Eros oder Agape?

112. Katechese

1. Weitverbreiteter Meinung nach sind die Verse des Hohenliedes weit offen für alles, was wir mit dem Begriff »Eros« zu definieren gewohnt sind. Man kann sagen, dass dieses biblische Gedicht das menschliche Angesicht des Eros, seine subjektive Dynamik wie auch seine Grenzen und sein Ende, mit Authentizität frei von jedem Mangel darstellt. Die Sprache des Leibes ist einbezogen in die einzigartige Entfaltung der gegenseitigen Anziehungskraft der Personen, des Bräutigams und der Braut, die das ganze Hohelied durchzieht und die in den häufigen Kehrreimen Ausdruck findet, die von sehnsuchtsvollem Suchen, von dem gegenseitigen Wiederfinden der Brautleute sprechen (vgl. Hld 5,2). Das bringt ihnen Freude und Ruhe und scheint sie zugleich zu einem neuen Suchen, einem dauernden Suchen anzuhalten. Man hat den Eindruck, dass sie, während sie einander erreichen und ihre gegenseitige Nähe erleben, sie unaufhörlich weiter nach etwas streben: Sie geben dem Ruf von etwas nach, das den Inhalt des Augenblicks und die Grenzen des Eros übersteigt, wie sie in den Worten der gegenseitigen Sprache des Leibes wiederzulesen sind (vgl. Hld 1,7–8; 2,17).

> »Du, den meine Seele liebt, sag mir:
> Wo weidest du die Herde?« (Hld 1,7),

ruft die Braut am Anfang des Liedes und der Bräutigam antwortet:

> »Wenn du das nicht weißt,
> du schönste der Frauen,
> dann folge den Spuren der Schafe« (Hld 1,8).

2. Dennoch ist das nur ein entferntes Vorspiel. Die Entfaltung von Streben und Suchen findet volleren Ausdruck in den folgenden Liedern und Versen:

»Wenn der Tag verweht
und die Schatten wachsen,
komm du, mein Geliebter, der Gazelle gleich,
dem jungen Hirsch auf den Balsambergen.
Des Nachts auf meinem Lager
suchte ich ihn, den meine Seele liebt.
Ich suchte ihn und fand ihn nicht.
Aufstehen will ich, die Stadt durchstreifen,
die Gassen und Plätze,
ihn suchen, den meine Seele liebt.
Ich suchte ihn und fand ihn nicht.
Mich fanden die Wächter
bei ihrer Runde durch die Stadt.
Habt ihr ihn gesehen, den meine Seele liebt?
Kaum war ich an ihnen vorüber,
fand ich ihn, den meine Seele liebt.
Ich packte ihn, ließ ihn nicht mehr los,
bis ich ihn ins Haus meiner Mutter brachte,
in die Kammer derer, die mich geboren hat« (Hld 2,17–3,4).

In den Worten des Bräutigams hingegen, wenn er von großer Entfernung her zu sprechen scheint, findet nicht so sehr die Sehnsucht Ausdruck, sondern zärtliche Sorge:

»Ich beschwöre euch, Jerusalems Töchter
bei den Gazellen und Hirschen auf der Flur:
Stört die Geliebte nicht auf, weckt sie nicht,
ehe ihr selbst es gefällt!« (Hld 2,7; vgl. 8,4).

Und die Brautleute nähern sich einander:

»Ich schlafe, doch mein Herz ist wach.
Horch, mein Geliebter klopft:

Mach auf, meine Schwester und Freundin,
meine Taube, du Makellose!« (Hld 5,2).

3. Dieses Suchen hat seine innere Dimension: »das Herz ist wach«, sogar im Schlaf. Das Wort »du Makellose« auf den Lippen des Bräutigams gehört zu dieser Dimension. Das aus der Liebe und auf der Grundlage der Sprache des Leibes geborene männliche Streben ist ein Suchen nach umfassender Schönheit, nach Reinheit, frei von jedem Makel: Es ist ein Suchen nach einer Vollkommenheit, die sozusagen die Synthese der menschlichen Schönheit, der Schönheit der Seele und des Leibes, umfasst. Und wenn die eben zitierten Worte des Bräutigams ein entferntes Echo des Anfangs enthalten, dieser Suche, dieses Strebens des Mannes nach einem Wesen, das ihm noch unbekannt war, klingen sie im Epheserbrief viel näher, wo Christus danach verlangt, seine Braut ohne »Flecken« zu sehen, sie »heilig und makellos« zu sehen.

4. Im Hohenlied zeigt der menschliche Eros das Antlitz einer Liebe, die immer auf der Suche ist und fast nie befriedigt wird. Der Widerhall dieser Unruhe durchzieht die Strophen des Gedichtes:

»Ich öffnete meinem Geliebten:
Doch der Geliebte war fort, verschwunden.
Mir stockte der Atem: Er war weg.
Ich suchte ihn, ich fand ihn nicht.
Ich rief ihn, er antwortete nicht« (Hld 5,6).

»Ich beschwöre euch, Jerusalems Töchter:
Wenn ihr meinen Geliebten findet,
sagt ihm, ich bin krank vor Liebe« (Hld 5,8).

Der Chor der Frauen antwortet:

»Was hat dein Geliebter den andern voraus,
du schönste der Frauen?

Was hat dein Geliebter den andern voraus,
dass du so uns beschwörst?« (Hld 5,9).

5. Die Sprache des Leibes, die die Verse des Hohenlieds durchzieht, scheint ihre Grenzen zu haben. Die Liebe zeigt, dass sie größer ist, als was der Körper ausdrücken kann. An diesem Punkt wird ihre Schwäche irgendwie zu einer Sprache des Leibes. »Ich bin krank vor Liebe«, sagt die Braut, als ob sie über die Zerbrechlichkeit der Subjekte, die die Liebe beider trägt, Zeugnis ablegen wollte. Wie wir gesehen haben, nimmt Eros die Gestalt des Verlangens an, in dem die Braut wieder einen Beweis der Liebe des Bräutigams findet. »Ich gehöre meinem Geliebten und ihn verlangt nach mir« (Hld 7,11). Die Sprache des Leibes, die ihren Ausdruck im Verlangen findet, führt zur liebenden Einheit der Brautleute, in der sie einander gehören. Aus der Tiefe dieser Einheit kommen die Worte hervor: »Liebe ist stark wie der Tod« (Hld 8,6). Diese Worte sprechen über die Macht der Liebe, die Macht des Eros, die in liebender Einheit erlebt wird, aber sie sagen auch (wenigstens indirekt), dass in der Sphäre der Sprache des Leibes diese Liebe endgültig durch den Tod begrenzt wird.

113. Katechese

1. Der Körper birgt in sich die Erwartung des Todes, dem sich die Liebe nicht unterordnen will. In Wahrheit ist die Liebe, wie wir im Hohenlied lesen, »eine Flamme des Herrn«, die »auch mächtige Wasser nicht löschen können und auch Ströme nicht wegschwemmen« (Hld 8,6–7). Unter allen Worten, die in der Weltliteratur über die Macht der Liebe geschrieben wurden, scheinen diese Worte besonders adäquat und schön. Sie zeigen zugleich, was die Liebe in ihrer subjektiven Dimension, als Band, das Mann und Frau vereint, ist. Diese Verse des Hohenliedes zeigen, dass die Liebe nicht nur »stark ist wie der Tod«; sie ist auch eifersüchtig: »die Eifersucht ist hart wie die Unterwelt« (Hld 8,6). Die Eifersucht bekräftigt in gewissem Sinn die Ausschließlichkeit

und Unteilbarkeit der Liebe; sie zeigt wenigstens indirekt die Unwiderruflichkeit und subjektive Tiefe der bräutlichen Wahl. Trotzdem ist es schwierig zu bestreiten, dass die Eifersucht eine weitere Grenze der Liebe, eine spirituelle Grenze ist. Die Braut sagt immer wieder, »ihn verlangt nach mir« (Hld 7,11) so, dass die gegenseitige Zugehörigkeit der beiden, »mein Geliebter ist mein, und ich bin sein« (Hld 2,16), aus dem Verlangen zu stammen scheint, vor allem aus dem männlichen Verlangen, dem auf der Seite der Braut ihr Verlangen und die Annahme seines Verlangens entspricht. Das Verlangen kann die Schwelle der Eifersucht nicht überschreiten.

2. Die Verse des Hohenlieds stellen also den Eros als jene Form menschlicher Liebe vor, in der die Kräfte des Verlangens wirksam sind. In ihnen wurzelt das Bewusstsein bzw. die subjektive Gewissheit der gegenseitigen Zugehörigkeit. Zugleich jedoch zwingen uns viele andere Strophen des Gedichts, über die Ursache des Suchens und der Unruhe nachzudenken, die das Bewusstsein, einander zu gehören, begleiten. Gehört diese Unruhe auch zum Wesen des Eros? Wäre es so, würde diese Unruhe auf die Notwendigkeit hinweisen, dass der Eros sich selbst überschreitet. Die Wahrheit der Liebe drückt sich im Bewusstsein der gegenseitigen Zugehörigkeit aus, die Frucht der wechselseitigen Sehnsucht und Suche ist, und zugleich findet diese Wahrheit ihren Ausdruck in der Notwendigkeit von Sehnsucht und Suche, die dem Erleben der gegenseitigen Zugehörigkeit entspringt. Die Liebe verlangt von beiden, dass sie die Skala, das Ausmaß solcher Zugehörigkeit überschreiten und immer nach einer neuen und reiferen Form von Zugehörigkeit suchen.

3. In dieser inneren Notwendigkeit, in dieser Dynamik der Liebe zeigt sich indirekt sozusagen die Unmöglichkeit, dass eine Person von der anderen angeeignet und in Besitz genommen werden kann. Die Person übersteigt alle Maße der Aneignung und des Erfassens, des Be-

sessenwerdens und der Befriedigung, die der Sprache des Leibes selbst entspringen. Wenn Braut und Bräutigam diese Sprache in der vollen Wahrheit der Person und der Liebe wiederlesen, gelangen sie zur immer tieferen Überzeugung, dass die Grenze ihrer Zugehörigkeit jenes gegenseitige Sich-Schenken darstellt, in dem sich die Liebe als »stark wie der Tod« offenbart, das heißt, bis an die letzten Grenzen der Sprache des Leibes reicht, um sogar diese Grenzen zu übersteigen. Die innere Wahrheit der Liebe und die Wahrheit des Sich-Schenkens rufen gewissermaßen Braut und Bräutigam – durch die Ausdrucksmittel der gegenseitigen Zugehörigkeit und sogar durch Loslösung von jenen Mitteln – ständig dazu auf, das zu erreichen, was den eigentlichen Kern der Hingabe von Person an Person darstellt.

4. Wenn wir den Spuren der Worte folgen, die von den Strophen des Hohenliedes vorgezeichnet sind, scheinen wir uns der Dimension zu nähern, in der der Eros noch durch eine andere Wahrheit der Liebe zur Fülle zu gelangen sucht. Jahrhunderte später verkündet Paulus von Tarsus im Licht des Todes und der Auferstehung Christi diese Wahrheit mit den Worten des ersten Korintherbriefes: »Die Liebe ist langmütig, die Liebe ist gütig. Sie ereifert sich nicht, sie prahlt nicht, sie bläht sich nicht auf. Sie handelt nicht ungehörig, sucht nicht ihren Vorteil, lässt sich nicht zum Zorn reizen, trägt das Böse nicht nach. Sie freut sich nicht über das Unrecht, sondern freut sich an der Wahrheit. Sie erträgt alles, glaubt alles, hofft alles, hält allem stand. Die Liebe hört niemals auf« (1 Kor 13,4–8).

5. Wird die Wahrheit über die Liebe, wie sie in den Strophen des Hohenliedes zum Ausdruck kommt, durch diese Paulusworte bestätigt? Im Hohenlied lesen wir z. B. von der Liebe, deren »Eifersucht hart ist wie die Unterwelt« (Hld 8,6), und im Paulusbrief lesen wir, dass »die Liebe sich nicht ereifert«. In welcher Beziehung stehen diese beiden Äußerungen über die Liebe zueinander? In welcher Beziehung steht die

Liebe, die nach dem Hohenlied »stark ist wie der Tod«, zu der Liebe, die nach dem Paulusbrief »niemals aufhört«? Wir wollen diese Fragen nicht vermehren und keine vergleichende Analyse anstellen. Es scheint jedoch, dass die Liebe sich uns hier in zwei Perspektiven erschließt: so als würde das, worin der menschliche Eros seinen eigenen Horizont schließt, durch die Worte des Paulus in einem anderen Horizont der Liebe weitergeöffnet, einer Liebe, die eine andere Sprache spricht, einer Liebe, die einer anderen Dimension der Person zu entspringen scheint und zu einer anderen Gemeinschaft der Personen aufruft und einlädt. Diese Liebe wird Agape genannt.

6. Das Hohelied ist ein reicher und ausdruckstarker Text der Wahrheit über die menschliche Liebe. Viele Formen von Kommentaren über dieses besondere und tief ursprüngliche Buch sind möglich. Die hier gebotene Analyse ist nicht ein Kommentar im eigentlichen Sinn. Sie ist nur ein kleines Fragment von Überlegungen über das Ehesakrament, dessen sichtbares Zeichen durch das Wiederlesen der Sprache des Leibes in der Wahrheit gestaltet wird. Für solche Überlegungen hat das Hohelied eine ganz einmalige Bedeutung.

3. Wenn die »Sprache des Leibes« zur Sprache der Liturgie wird (Überlegungen zu Tobit)

Die Hochzeit von Tobias und Sara

114. Katechese

»Sei gepriesen, Gott unserer Väter;
gepriesen sei dein heiliger und ruhmreicher Name in
alle Ewigkeit.
Die Himmel und alle deine Geschöpfe mögen dich preisen.
Du hast Adam erschaffen und hast ihm Eva zur Frau gegeben,
ihm zur Hilfe und Stütze.
Von ihnen stammen alle Menschen ab.
Du sagtest: Es ist nicht gut, dass der Mensch allein ist;
wir wollen für ihn eine Hilfe machen, die ihm ähnlich ist.
Darum, Herr, nehme ich diese meine Schwester auch
nicht aus bloßer Begehrlichkeit zur Frau,
sondern aus wahrer Liebe.
Hab Erbarmen mit ihr und mir und lass mich
gemeinsam mit ihr ein hohes Alter erreichen!
Und Sara sagte zusammen mit ihm: Amen!« (Tob 8,5–8).

2. Das Buch Tobit, das unter den biblischen Büchern des Alten Testaments zu einer besonderen Kategorie gehört (zur sogenannten »lehrhaften Erzählung« der Gattung Midrasch) trägt ganz andere Gesichtszüge als das Hohelied. Wenn wir die Beschreibung der Hochzeit des jungen Tobias mit Sara lesen, finden wir dennoch ein Wort, das unsere Aufmerksamkeit schon in der Analyse des Hohenlieds auf sich lenkte. Tobias nennt seine Braut »Schwester« (Tob 8,7). Er nennt sie so im Gebet, das beide in der ersten Nacht nach der Hochzeit beten, im Gebet, das wir gerade zitiert haben: »ich nehme diese meine Schwester«. »Schwester« hatte sie schon ihr Vater Raguel genannt, als er seine Zustimmung zu ihrer Ehe mit Tobias gab (Tob 7,11). Hier sind seine

Worte: »Sie ist dir gegeben nach dem Gesetz des Mose, und es wurde vom Himmel bestimmt, dass sie dir gegeben werde; von nun an bist du ihr Bruder, und sie ist deine Schwester. Heute ist sie dir für immer gegeben« (Tob 7,12).

3. Diese Worte könnten einfach die Blutsverwandtschaft zwischen den Neuvermählten betonen. Tatsächlich ist Raguel, den der junge Tobias auf seiner Reise trifft, der leibliche Bruder seines Vaters Tobit (siehe Tob 5,9; 7,2), von dem er lange Jahre durch die Babylonische Sklaverei getrennt war. Dennoch sagt Raguel, wenn er dem jungen Tobias Sara zur Frau gibt, nicht nur »nimm deine Schwester«, sondern auch »von nun an bist du ihr Bruder, und sie ist deine Schwester« (Tob 7,12). Das bedeutet, dass zwischen den jungen Menschen durch die Ehe eine gegenseitige Beziehung gestaltet wird, ähnlich der Beziehung, die Bruder und Schwester vereint. Hier kommen uns die Worte »meine Schwester, Braut« in den Sinn, die der Bräutigam im Hohenlied spricht (Hld 4,10). Im poetischen Kontext des Hohenlieds klingen diese Worte anders als in Tobit; dennoch, trotz dieses Unterschieds scheinen sie in beiden Texten eine gewisse Verbindung von Hinweisen auszudrücken. Durch die Ehe werden Mann und Frau tatsächlich auf besondere Weise Bruder und Schwester. Der schwesterliche (und brüderliche) Wesenszug scheint in der bräutlichen Liebe verwurzelt zu sein.

4. In dem Bericht über die Vermählung des Tobias mit Sara findet sich außer dem Ausdruck »Schwester« auch ein anderer Ausdruck, der eine Verbindung mit dem Hohenlied herstellt. Wir erinnern daran, dass im Duett der Brautleute die Liebe, die sie einander erklären, »stark ist wie der Tod« (Hld 8,6). Im Buch Tobit finden wir keine solche Erklärung, wie wir eben keine der typischen Liebeserklärungen finden, die das Hohelied füllen. Es sagt nur, dass der junge Tobias Sara »so sehr liebte, dass er sein Herz nicht mehr von ihr abwenden konnte« (Tob 6,19) – nichts, als diesen Satz. In der Geschichte von Tobias' und Saras

Hochzeit wird allerdings eine Situation vorgestellt, in der die Wahrheit der Worte über die Liebe, die »stark ist wie der Tod«, eindrucksvoll bestätigt wird.

5. Zum besseren Verständnis muss man auf einige Einzelheiten zurückgreifen, deren besonderer Charakter sich auf dem Hintergrund des Buches Tobit erklärt. Wir lesen dort, dass Sara, die Tochter des Raguel, zuvor »mit sieben Männern verheiratet« gewesen war (Tob 6,14), die aber alle noch vor dem Vollzug der Ehe mit ihr gestorben waren. Das war Werk des bösen Geistes Aschmodai, wie er in Tobit genannt wird (Tob 3,7), und auch der junge Tobias hatte Grund, einen ähnlichen Tod zu fürchten. Wenn er um Saras Hand bittet, gibt Raguel seine Zustimmung mit den bedeutsamen Worten: »Möge der Herr des Himmels dir heute Nacht helfen, mein Kind, und dir seinen Frieden geben« (Tob 7,12).

6. So musste sich die Liebe des Tobias vom ersten Augenblick an der Probe auf Leben und Tod stellen. Die Worte von der Liebe, »stark wie der Tod«, welche von den Brautleuten des Hohenliedes im Überschwang des Herzens gesprochen wurden, nehmen hier den Charakter einer tatsächlichen Prüfung an. Wenn sich die Liebe als stark wie der Tod erweist, dann vor allem in dem Sinn, dass Tobias und mit ihm Sara dieser Prüfung, ohne zu zögern, entgegengehen. Deshalb siegt in dieser Prüfung auf Leben und Tod auch das Leben, weil sich während der Prüfung in der Hochzeitsnacht die Liebe stärker als der Tod erweist.

7. Dies geschieht aufgrund des Gebetes, das wir am Anfang dieses Kapitels zitierten, das durch den Ratschlag des Vaters der jungen Braut angeregt wurde, vor allem aber durch die Anweisungen des Erzengels Rafael, der Tobias auf seiner ganzen Reise unter dem Namen Asarja begleitete. (In dieser Tatsache liegt ohne Zweifel der einmalige Charakter des Buches Tobit, der es uns erlaubt, dieses Buch in einer be-sonderen Kategorie zu klassifizieren.) Asarja-Rafael gibt dem jungen Tobias ver-

schiedene Ratschläge, wie er sich von der Tätigkeit des bösen Geistes Aschmodai befreien kann, der sieben Männer gleich nach ihrer Hochzeit mit Sara getötet hatte. Der Engel ergreift schließlich die Initiative (siehe Tob 6,17; 8,3). Vor allem empfiehlt er Tobias und Sara das Gebet: »Bevor du dich mit ihr vereinigst, steht beide erst auf und ruft den barmherzigen Gott an; er wird euch helfen und Erbarmen mit euch haben. Hab also keine Angst; das Mädchen ist schon von Ewigkeit für dich bestimmt gewesen. Du wirst sie aus ihrer Not befreien; sie wird mit dir ziehen und wird dir gewiss Kinder schenken« (Tob 6:18).

8. Der Inhalt der Worte Rafaels ist anders als der Inhalt der Worte Raguels, Saras Vater. Raguels Worte sind ein Ausdruck der Sorge, Raphaels der Verheißung. Mit dieser Verheißung war es leichter für beide, die Prüfung auf Leben und Tod auf sich zu nehmen, die ihnen in der Hochzeitsnacht bevorstand.

Als die Eltern »hinausgegangen waren und die Tür der Hochzeitskammer geschlossen hatten«, stand Tobias vom Bett auf und rief Sara, mit ihm zusammen zu beten, wie Rafael-Asarja geraten hatte. »Steh auf, Schwester«, sagte er, »wir wollen beten, damit der Herr Erbarmen mit uns hat« (Tob 8,4). Das war der Ursprung des Gebets, das wir am Anfang dieses Kapitels zitierten. Man kann sagen, dass dieses Gebet (das wir weiter unten analysieren werden) die dem Sakrament eigene Dimension der Liturgie auf dem Hintergrund der Sprache des Leibes skizziert. (Alles geschieht ja in der Hochzeitsnacht des Paares.)

Die Liebe als Bewährungsprobe

115. Katechese

1. Wir haben weiter oben gesagt, dass das sakramentale Zeichen der Ehe auf der Grundlage der Sprache des Leibes zustande kommt, die Mann und Frau in der ihr eigenen Wahrheit ausdrücken. Unter diesem Aspekt analysieren wir hier Tobit.

Wenn man Tobit mit dem Hohenlied oder den Propheten vergleicht, kann man zu Recht die Frage stellen, ob der Text, den wir analysieren, über diese Sprache spricht. Während uns das Hohelied den ganzen Reichtum der Sprache des Leibes bietet, wiedergelesen mit den Augen und Herzen des Paares, macht das Buch Tobit aus dieser Perspektive einen mangelhaften Eindruck, weil es äußerst karg und nüchtern ist.

Die Tatsache, dass Tobias Sara »so sehr liebte, dass sein Herz mit ihr zusammengeschweißt war« (Tob 6,19), findet ihren Ausdruck hauptsächlich in seiner Bereitschaft, ihr Los »in guten und bösen Tagen« zu teilen, was immer ihr Los sein möge. Nicht Eros charakterisiert die Liebe Tobias für Sara, sondern diese Liebe ist von Anfang an bekräftigt und bestätigt durch Ethos, durch die Entscheidung und Wahl von Werten. Auf der Schwelle der Ehe wird das Kriterium dieser Werte die Prüfung auf Leben und Tod, die beide schon in ihrer ersten Nacht bestehen müssen. Beide – denn wenn auch Tobias allein das Opfer des Dämons werden sollte, ist es doch leicht sich vorzustellen, welches Opfer auch Sara leisten müsste.

2. Diese Prüfung auf Leben und Tod, wie Tobit sie beschreibt, hat noch eine weitere Bedeutung, die uns die Liebe und die Ehe der Neuvermählten begreifen lässt. Denn während sie als Mann und Frau einswerden, befinden sie sich in einer Situation, in der die Kräfte von Gut und Böse miteinander ringen und gegeneinander kämpfen. Das Zwiegespräch von Braut und Bräutigam im Hohenlied scheint diese Dimension der Wirklichkeit gar nicht wahrzunehmen. Die Brautleute des Hohenliedes leben und äußern sich in einer idealen oder »abstrakten« Welt, in der anscheinend der Kampf der objektiven Kräfte zwischen Gut und Böse nicht existiert. Sind es vielleicht gerade die Kraft und die innere Wahrheit der Liebe, welche den Kampf im und um den Menschen mildern?

Ganz im Gegenteil! Die Fülle dieser Wahrheit und Kraft, welche der Liebe eigen ist, scheint anderer Art zu sein und eher in die Richtung zu weisen, in die uns die Erfahrung des Buches Tobit führt. Die Wahrheit und die Kraft der Liebe offenbaren sich in der Fähigkeit, sich zwischen die Kräfte von Gut und Böse zu stellen, die im Menschen und um ihn kämpfen, weil die Liebe auf den Sieg des Guten vertraut und bereit ist, alles zu tun, damit das Gute siegt.

3. Die Wahrheit der Liebe der Brautleute im Buch Tobit wird also nicht von Worten der überschwänglichen Liebe bestätigt, wie im Hohenlied, sondern durch die Entscheidungen und Handlungen, welche das ganze Gewicht der menschlichen Existenz im gegenseitigen Einswerden der beiden auf sich nehmen.

Das Zeichen der Ehe als Sakrament wird auf der Grundlage der in der Wahrheit der Liebe wiedergelesenen Sprache des Leibes gestaltet. Im Hohenlied ist es die Wahrheit der Liebe, die durch den Blick und das Herz aufgenommen wird, die Wahrheit des Erlebens und der liebenden Zuneigung. In Tobit bringt die Härte der Grenzsituation mit der Prüfung auf Leben und Tod den liebenden Dialog des Paares gewissermaßen zum Schweigen. Stattdessen tritt eine andere Dimension der Liebe in Erscheinung: die Sprache des Leibes, gesprochen mit den Worten der freien Wahl und der Taten, die in dieser Dimension geboren werden.

Ist nicht die Prüfung auf Leben und Tod als Prüfstein der Liebe auch Teil der Sprache des Leibes? Ist nicht das Wort »Tod« sozusagen das letzte Wort dieser Sprache, das den zufälligen Charakter des Menschenwesens und die Zerstörbarkeit des Körpers ausdrückt, ein Wort, auf das Tobias und Sara ganz am Anfang ihrer Ehe hinweisen müssen? Aber welche Tiefe erreicht ihre Liebe, ihre liebende, in der Wahrheit solcher Liebe wiedergelesene Sprache des Leibes auf diese Weise! Denn im sakramentalen Zeichen der ehelichen Einheit in ihrer Männlichkeit und Weiblichkeit findet der Körper seinen Ausdruck auch durch das Geheimnis des Lebens und Todes. Er drückt sich durch dieses Geheimnis vielleicht noch beredtsamer aus als je.

4. Von diesem großen und, ich möchte sagen, metaphysichen Hintergrund sollten wir jetzt zur Dimension der Liturgie übergehen, zur eigentlichen und endgültigen Dimension des Zeichens der Ehe als Sakrament.

Die Dimension der Liturgie nimmt die in der Wahrheit der menschlichen Herzen wiedergelesene Sprache des Leibes, wie wir sie aus dem Hohenlied kennen, in sich auf und hinauf. Zugleich sucht sie diese Wahrheit in den Kontext der im Wort des lebendigen Gottes wiedergelesenen Gesamtwahrheit des Menschen zu stellen. Genau das drückt das Gebet der Neuvermählten aus, das wir am Anfang zitierten.

In Tobit gibt es weder einen Dialog noch ein Duett zwischen den Brautleuten. In ihrer Hochzeitsnacht entscheiden sie sich, vor allem mit einer Stimme zu sprechen, nämlich genau mit der Stimme des Gebets. In diesem Gebet sind Mann und Frau nicht nur durch die Gemeinschaft der Herzen vereint, sondern auch durch die Einheit der beiden, wenn sie sich der großen Prüfung, der Prüfung auf Leben und Tod, stellen.

5. Bevor wir den Text des Gebets Tobias und Saras einer genaueren Analyse unterziehen, sagen wir nochmals, dass genau dieses Gebet das eine und einzige Wort bildet, durch das die Neuvermählten sich der Prüfung stellen, die zugleich eine Prüfung auf Gut und Böse, auf ein gutes oder böses Los in der Dimension des Lebens als Ganzes ist. Es ist ihnen bewusst, dass das sie bedrohende Böse, das vom bösen Dämon ausgeht, sie als Leid, als Tod, als Zerstörung des Lebens eines der beiden treffen kann. Um aber das Böse, das den Körper zu zerstören droht, zurückzuwerfen, muss man dem Bösen den Zugang zur Seele verwehren, muss man sich von seinem Einfluss in sich selbst befreien.

6. In diesem dramatischen Moment der Geschichte beider, Tobias und Saras, genau im Moment, in dem es ihr Recht ist, als Neuvermählte gegenseitig mit der Sprache des Leibes zu sprechen, verwandeln sie diese

Sprache in eine einzige Stimme, die Stimme des Gebets. Diese Stimme erlaubt es den beiden, über die Grenzsituation hinauszugehen, über die Situation der Drohung des Bösen und des Todes, sofern sie sich ganz dem lebendigen Gott in der Zweieinheit öffnen.

Das Gebet Tobias' und Saras wird damit irgendwie das tiefste Profil der Liturgie, deren Wort ein Wort von Kraft ist. Es ist ein Wort von Kraft, das aus den Quellen des Bundes und der Gnade geschöpft wird. Es ist die Kraft, die vom Bösen befreit und reinigt. In diesem Wort der Liturgie kommt das sakramentale Zeichen der Ehe, das in der Einheit von Mann und Frau auf der Grundlage der in der integralen Wahrheit des Menschen wiedergelesenen Sprache der Liebe gestaltet wird, zur Vollendung.

Das Gebet der Neuvermählten

116. Katechese

1. Das Gebet von Tobias und Sara, das wir oben als Ganzes zitiert haben, hat vor allem den Charakter des Lobes und Dankes und dann erst wird es allmählich ein Bittgebet. »Hab Erbarmen mit ihr und mir, und lass mich gemeinsam mit ihr ein hohes Alter erreichen!« (Tob 8,7). Wenn sie den Gott des Bundes preisen, den »Gott unserer Väter«, dann sprechen die beiden in gewissem Sinn die Sprache aller sichtbaren und unsichtbaren Geschöpfe: »Die Himmel und alle deine Geschöpfe mögen dich preisen« (Tob 8,5).

Auf diesem unermesslichen, man könnte sagen »kosmischen« Hintergrund rufen beide mit Dankbarkeit die Erschaffung des Menschen in Erinnerung, »als Mann und Frau schuf er sie« (Gen 1,27).

Zwei Themen sind in den Worten des Gebets enthalten, sowohl das priesterliche Thema (Gen 1,27–28), die Erschaffung des Menschen als Mann und Frau und die freie Gabe des Segens der Fruchtbarkeit: »Von ihnen stammen alle Menschen ab« (Tob 8:6) und, vielleicht sogar in noch größerer Fülle, das jahwistische Thema. So spricht das Gebet von der besonderen Erschaffung der Frau mit den Worten: »wir wollen für ihn eine

Hilfe machen, die ihm ähnlich ist« (siehe Gen 2,18). Tobias und Sara betonen diesen Punkt zweimal in ihrem Gebet: »Du sagtest: Es ist nicht gut, dass der Mensch allein ist; wir wollen für ihn eine Hilfe machen, die ihm ähnlich ist« und vor dieser Stelle: »Du hast Adam erschaffen und hast ihm Eva zur Frau gegeben, ihm zur Hilfe und Stütze« (Tob 8,6).

2. Man kann daraus ableiten, dass die in diesen Worten der Genesis enthaltene Wahrheit im Zentrum des religiösen Bewusstseins von Tobias und Sara liegt, als der Kern ihres ehelichen Glaubensbekenntnisses, und dass die in diesen Worten ausgesprochene Wahrheit ihnen besonders naheliegt. Durch diese Wahrheit hindurch wenden sie sich an Gott-Jahweh, nicht nur in den Worten der Bibel, sondern sie gehen weiter im Ausdruck dessen, was ihr Herz erfüllt. Ihr Wunsch ist es, ein neues Glied in der Kette zu werden, die bis an den Anfang des Menschen zurückgeht. In diesem Augenblick, in dem sie eigentlich, da sie ja eben die Ehe geschlossen haben, als Mann und Frau »ein Fleisch« werden sollten, binden sie sich beide, die ihrem Stand entsprechende Sprache des Leibes in ihrer göttlichen Quelle wiederzulesen. So wird die Sprache des Leibes zur Sprache der Liturgie: Sie ist so tief wie möglich verwurzelt, nämlich dadurch, dass sie in das Geheimnis des Anfangs gestellt wird.

3. Die Notwendigkeit einer vollständigen Reinigung hängt eng damit zusammen. Während sie sich der göttlichen Quelle nähern, aus der die Sprache des Leibes fließt, spüren die Neuvermählten dieses Bedürfnis und drücken es aus. Tobias sagt: »Darum, Herr, nehme ich diese meine Schwester auch nicht aus bloßer Begehrlichkeit zur Frau, sondern aus wahrer Liebe« (Tob 8,7). Damit weist er auf die Quelle der Reinigung hin, der sich die Sprache des Leibes unterziehen muss, wenn Mann und Frau sich darauf vorbereiten, das sakramentale Zeichen des Bundes in dieser Sprache auszudrücken. In diesem Zeichen muss die Ehe dazu dienen, die gegenseitige Gemeinschaft der Personen aufzubauen, in-

dem sie die bräutliche Bedeutung des Leibes in ihrer inneren Wahrheit wiedergibt. Die Worte von Tobias, »nicht aus bloßer Begehrlichkeit«, sollten im gesamten Kontext der Bibel und der Tradition wiedergelesen werden. In diesen Überlegungen und in Bezug auf diese Worte des Gebets ist es nützlich, dass wir uns die früheren Überlegungen zu Reinheit und Begehrlichkeit wieder gegenwärtig machen.

4. Das Gebet in Tobit stellt die »Sprache des Leibes« auf den Boden der wesentlichen Begriffe der Theologie des Leibes. Es ist eine »objektivierte« Sprache, die nicht so sehr von der Gefühlskraft des Erlebens wie im Hohenlied und einigen prophetischen Texten, sondern vielmehr von der Tiefe und dem Ernst der Wahrheit der menschlichen Existenz selbst durchdrungen ist.

Die Brautleute bekennen sich zu dieser Wahrheit gemeinsam und einstimmig vor dem Gott des Bundes; dem »Gott unserer Väter«. Man kann sagen, dass unter diesem Aspekt die »Sprache des Leibes« zur Sprache der Liturgie wird. Tobias und Sara sprechen die Sprache der Spender des Sakraments, die wissen, dass im ehelichen Bund von Mann und Frau, genau durch die Sprache des Leibes, jenes Geheimnis Ausdruck findet und sich verwirklicht, das seine Quelle in Gott selbst hat. Ihr ehelicher Bund ist in der Tat das Abbild – und das ursprünglichste Sakrament des Bundes Gottes mit dem Menschen, mit dem Menschengeschlecht – jenes Bundes, der seinen Ursprung in der ewigen Liebe hat.

Tobias und Sara beenden ihr Gebet mit folgenden Worten: »Hab Erbarmen mit ihr und mir und lass uns gemeinsam ein hohes Alter erreichen!« (Tob 8,7).

Man darf annehmen (aufgrund des Zusammenhangs), dass sie vor Augen haben, ihre Lebensgemeinschaft bis ans Ende ihrer Tage aufrechtzuerhalten – eine Aussicht, die sich ihnen mit der Probe auf Leben und Tod bereits in der Hochzeitsnacht eröffnet. Zugleich erkennen sie mit den Augen des Glaubens die Heiligkeit dieser Berufung, in der sie – durch ihr Einswerden, das auf der gegenseitigen Wahrheit der Sprache des Leibes beruht – den im Geheimnis des Anfangs enthaltenen Anruf Gottes erwidern müssen. Und darum ihre Bitte: »Hab Erbarmen mit ihr und mit mir.«

5. Die Brautleute des Hohenliedes erklären sich gegenseitig mit glühenden Worten ihre menschliche Liebe. Die Neuvermählten des Buches Tobit bitten Gott um die Erkenntnis, wie auf die Liebe zu antworten sei. Beide Aspekte haben ihren Platz in dem, was das sakramentale Zeichen der Ehe konstituiert. Beide wirken an der Formung dieses Zeichens mit.

Man kann sagen, dass sowohl durch den einen als auch durch den anderen die »Sprache des Leibes« – wiedergelesen einerseits in der subjektiven Dimension der Wahrheit des menschlichen Herzens und andererseits in der objektiven Dimension der Wahrheit des Lebens in der ehelichen Gemeinschaft – zur Sprache der Liturgie wird.

Das Gebet der Neuvermählten des Buches Tobit scheint das freilich in anderer Weise zu bestätigen als das Hohelied und auch in einer Art, die zweifellos tiefer bewegt.

Wenn die Sprache des Leibes zur Sprache der Liturgie wird

117. Katechese

1. Kehren wir zum klassischen fünften Kapitel des Epheserbriefes zurück. Dieser Text ist übrigens immer in unseren Überlegungen über die Ehe als Sakrament gegenwärtig, zuallererst und vor allem in der Dimension des Bundes und der Gnade. Wir sollten diesen Text noch einmal in der Behandlung der Dimension des sakramentalen Zeichens betrachten.

Wie die Texte der Propheten bezieht sich Tobit natürlich auf das Alte Testament, besonders aber auf den ursprünglichen Bund, auf den »Anfang«, mit dem die Ehe als das ursprünglichste Sakrament verbunden ist. Der Epheserbrief offenbart die ewigen Quellen des Bundes in der Liebe des Vaters und zugleich den neuen und endgültigen Bundesschluss in Jesus Christus.

Diese Verbindung offenbart den Jüngern Christi, die am Neuen Bund teilnehmen (siehe besonders Eph 3,6), die Sakramentalität der Ehe. Sakramentalität bezieht sich natürlich auch auf die Ehe in der Dimension des sakramentalen Zeichens. Auch aus diesem Blickwinkel scheinen die Worte des klassischen Textes des Epheserbriefes (Eph 5,21–33) sehr ausdrucksstark. Wir haben das schon indirekt in den früheren Analysen dieses Textes gezeigt. Doch sollten wir die Sakramentalität unter dem Aspekt des sakramentalen Zeichens der Ehe betrachten.

2. »Ordnet euch einander unter in der Ehrfurcht vor Christus« (Eph 5,21), schreibt der Verfasser des Epheserbriefes. »Darum sind die Männer verpflichtet, ihre Frauen so zu lieben wie ihren eigenen Leib. Wer seine Frau liebt, liebt sich selbst. Keiner hat je seinen eigenen Leib gehasst, sondern er nährt und pflegt ihn, wie auch Christus die Kirche ... Was euch angeht, so liebe jeder von euch seine Frau wie sich selbst, die Frau aber ehre den Mann« (Eph 5,25–29.33).

Wenn das Zeichen der Ehe als Sakrament auf der Grundlage der in der Wahrheit der Liebe wiedergelesenen Sprache des Leibes gestaltet wird, ist der Epheserbrief bestimmt ein überwältigender Ausdruck dafür. Man kann sagen, er ist ein endgültiger Ausdruck. In diesem Brief finden wir (auch in dieser Hinsicht) die Traditionen der Propheten des Alten Bundes und auch ein Echo des Hohenlieds.

Der kurze Abschnitt des Epheserbriefes enthält nicht wie das Hohelied die Sprache des Leibes im ganzen Reichtum ihrer subjektiven Bedeutung. Man kann sagen, er enthält die objektive Bestätigung dieser Sprache als Ganze, eine solide und vollständige Bestätigung.

3. Die Worte des Autors des Epheserbriefes scheinen vor allem ein Kommentar über die ursprünglichsten und grundlegenden biblischen Worte zu sein, in denen das Wesen des sakramentalen Zeichens der Ehe seinen Ausdruck findet. »Die zwei werden ein Fleisch sein« (Gen 2,24).

Dieser Kommentar ist personalistisch im vollen Sinne des Wortes, wie schon weiter oben in der Analyse des Textes gezeigt wurde. Die Sprache der Liturgie ist ebenso personalistisch, sowohl wenn wir Tobit als auch wenn wir die gegenwärtige Liturgie der Kirche betrachten.

Tobias sagt: »Ich nehme diese meine Schwester ... Hab Erbarmen mit ihr und mir« (Tob 8,7). Die gegenwärtige Liturgie der lateinischen Kirche lässt die Brautleute sagen: »Ich nehme dich an als meine Frau/meinen Mann. Ich verspreche dir die Treue ... Ich will dich lieben, achten und ehren alle Tage meines Lebens.«

Es ist auf Grund des Kommentars des Epheserbriefes klar, dass die mit dem Zeichen der Einheit des Fleisches verbundene Sprache der Männlichkeit und Weiblichkeit in einem voll personalistischen Sinn zu verstehen ist.

4. Es genügt, kurz daran zu erinnern, was wir schon über den Epheserbrief ausführten. »Die Männer sind verpflichtet, ihre Frauen so zu lieben wie ihren eigenen Leib« (Eph 5,28). Der Körper der Frau ist nicht der eigene Körper des Mannes, sondern muss so geliebt werden wie der eigene. Die entsprechende Einheit ist nicht ontologisch, sondern moralisch: eine Einheit durch die Liebe. »Wer seine Frau liebt, liebt sich selbst« (Eph 5,28).

Die Liebe macht das andere »Ich« in gewisser Weise zum eigenen »Ich«. Durch die Liebe wird das »Ich« der Frau sozusagen das »Ich« des Mannes. Der Körper ist der Ausdruck dieses »Ichs«; er ist die Grundlage seiner Identität. Die Einheit von Mann und Frau drückt sich in der gegenseitigen Beziehung auch durch den Körper aus. Die Liebe vereinigt nicht nur die beiden Subjekte, sondern sie erlaubt es ihnen, sich so gegenseitig zu durchdringen, dass der Autor des Epheserbriefes sagen kann: »Wer seine Frau liebt, liebt sich selbst« (Eph 5,28). Das »Ich« wird in gewissem Sinn zum »Du« und das »Du« wird zum »Ich«.

5. Auf diese Weise wird die Sprache des Leibes (genau mit diesem personalistischen Kommentar des Epheserbriefes) zur Sprache der Liturgie, wenn auf ihrer Grundlage das sakramentale Zeichen der Ehe gestaltet wird.

Die Liturgie zeigt vor allem, wie in diesem Zeichen die Dimension des Bundes und der Gnade verwirklicht wird. Im Gebet Tobias' und Saras wird dies natürlich in der Sprache des Alten Bundes augenscheinlich. Es wird auch im Ritus des Sakraments der Ehe in dem für die Liturgie der Kirche typischen vielfältigen und differenzierten Reichtum evident.

Diese Liturgie wird weitgehend aufgrund des Epheserbriefes gestaltet, der ihr endgültiges biblisches Modell ist. Im Prisma dieses Modells kann man deutlich und mit besonderer Klarheit sehen, dass durch die Sprache des Leibes (die in der Wahrheit der Liebe wiedergelesen wird, der Wahrheit, die zugleich die umfassende Wahrheit der Personen oder Subjekte ist) das sakramentale Zeichen der Ehe in der Sprache und der ganzen Form der Liturgie gestaltet wird.

6. Im Licht desselben Texts sieht man auch, wie die Sprache und Form der Liturgie geformt sind entsprechend der Sprache des Leibes, als der »Text«, der authentisch dem Eheleben von Mann und Frau auf der Ebene der Gemeinschaft der Personen (communio personarum) eingeschrieben ist. Sie formen sie durch den Bund und die Gnade, die die Liturgie verkündet und im Sakrament verwirklicht. Wird das nicht in den Worten klar, in denen der Autor des Epheserbriefes erklärt, wie Männer ihre Frauen lieben sollen (wie ihren eigenen Leib) und was der christliche »Stil« der gegenseitigen Beziehung und des gemeinsamen Lebens der Ehegatten sein soll? Offenbaren die Worte des Briefes nicht (im Zusammenhang des personalistischen Kommentars zu Genesis 2,23–25) den sozusagen »absoluten« Sinn dieser Sprache des Leibes, die der Leib nur in der Analogie der bräutlichen Liebe Christi zur Kirche erreichen kann?

Das sakramentale Zeichen: »Geheimnis« und »Ethos«

117b Katechese, 4. Juli 1984

1. Heute wollen wir zum klassischen Text des 5. Kapitels des Epheserbriefes zurückkehren, der uns die ewigen Quellen des Bundes in der Liebe des Vaters und zugleich seine neue und endgültige Einsetzung in Jesus Christus offenbart.

Dieser Text führt uns zu einer Dimension der Sprache des Leibes, die wir als »mystisch« bezeichnen könnten. Denn er spricht von der Ehe als einem »großen Geheimnis« (»Dies ist ein großes Geheimnis«, Eph 5,32). Und obwohl sich dieses Geheimnis in der Vereinigung Christi, des Erlösers, mit seiner Braut, der Kirche, und der Kirche mit Christus vollzieht (»ich beziehe es auf Christus und die Kirche«, Eph 5,32) und in den eschatologischen Dimensionen endgültig erfüllt, zögert der Verfasser des Briefes an die Epheser dennoch nicht, den Vergleich der Verbindung Christi mit seiner Kirche mit der Liebe der Eheleute, die auf so absolute und eschatologische Weise beschrieben wird, auf das sakramentale Zeichen des bräutlichen Bundes von Mann und Frau auszuweiten, die »einer dem anderen untergeordnet sind in der gemeinsamen Ehrfurcht vor Christus« (Eph 5,21). Er zögert nicht, diese mystische Analogie auf die Sprache des Leibes auszudehnen, die in der Wahrheit der bräutlichen Liebe und der ehelichen Vereinigung der beiden zum Ausdruck kommt.

2. Man muss die gesamte Logik dieses wunderbaren Textes erkennen, der unsere Art zu denken radikal von manichäischen Elementen oder einer nicht-personalistischen Betrachtung des Leibes befreit und gleichzeitig die im sakramentalen Zeichen der Ehe enthaltene Sprache des Leibes der Dimension der wirklichen Heiligkeit näherbringt.

Die Sakramente flößen die Heiligkeit dem Gelände der Menschlichkeit des Menschen ein: Sie durchdringen die Seele und den Leib, die Weiblichkeit und Männlichkeit des personalen Subjekts mit der Kraft der Heiligkeit. Das alles kommt in der Sprache der Liturgie zum

Ausdruck: Hier drückt es sich aus und verwirklicht sich. Die Liturgie, die liturgische Sprache erhebt den ehelichen Bund von Mann und Frau, der auf der in der Wahrheit wiedergelesenen Sprache des Leibes gründet, in die Dimensionen des Geheimnisses und ermöglicht zugleich, dass sich dieser Bund in den genannten Dimensionen durch die Sprache des Leibes verwirklicht.

Davon eben spricht das Zeichen des Ehesakraments, das in der Sprache der Liturgie ein interpersonales Geschehen zum Ausdruck bringt, voll intensivem personalem Gehalt, und dieses Geschehen durch seinen Gehalt den beiden zugleich als Aufgabe »bis zum Tod« anvertraut. Das sakramentale Zeichen bedeutet nicht nur das Werden, also das Zustandekommen der Ehe, sondern schafft ihr ganzes esse, ihr Sein, ihre Dauer: das eine wie das andere als heilige und sakramentale Wirklichkeit, die in der Dimension des Bundes und der Gnade, in der Dimension der Schöpfung und der Erlösung verwurzelt ist. Auf diese Weise vertraut die liturgische Sprache beiden, Mann und Frau, die eheliche Liebe, Treue und Ehrbarkeit durch die Sprache des Leibes an. Sie vertraut ihnen die Einheit und Unauflöslichkeit der Ehe in der Sprache des Leibes an. Sie vertraut ihnen das ganze »sacrum« der Person und der Gemeinschaft der Personen und ebenso ihre Männlichkeit und Weiblichkeit eben in dieser Sprache als Auftrag an.

3. In diesem Sinn können wir sagen, dass die liturgische Sprache zur Sprache des Leibes wird. Das bedeutet eine Reihe von Tatsachen und Aufgaben, die die Spiritualität der Ehe, ihr Ethos, bilden. Im täglichen Leben der Eheleute werden diese Tatsachen zu Aufgaben und die Aufgaben zu Tatsachen. Diese Tatsachen – wie auch die Aufgaben – sind geistlicher Natur, werden jedoch zu gegebener Zeit mit der Sprache des Leibes zum Ausdruck gebracht. Der Verfasser des Briefes an die Epheser schreibt in diesem Zusammenhang: »... die Männer sind verpflichtet, ihre Frauen so zu lieben wie ihren eigenen Leib ...« (Eph 5,28), »wie sich selbst« (Eph 5,33), »die Frau aber habe Ehrfurcht vor dem Mann«

(ebd.). Im Übrigen »ordne sich einer dem anderen unter in der gemeinsamen Ehrfurcht vor Christus« (Eph 5,21). Die Sprache des Leibes als ununterbrochene Weiterführung der liturgischen Sprache drückt sich nicht nur als die wechselseitige Faszination und als Wohlgefallen wie im Hohenlied aus, sondern auch als tiefe Erfahrung des »sacrum«, das durch die Dimension des Geheimnisses in die Männlichkeit und Fraulichkeit eingegossen zu sein scheint: das »große Geheimnis« des Epheserbriefes, dessen Wurzeln bis in den Anfang zurückreichen, das heißt in das Geheimnis der Erschaffung des Menschen: Mann und Frau als Ebenbild Gottes, als »von Anfang an« berufen, das sichtbare Zeichen der schöpferischen Liebe Gottes zu sein.

4. So sind also jene »Ehrfurcht vor Christus« und die »Erfurcht« voreinander, von denen der Verfasser des Epheserbriefes spricht, nichts anderes als eine geistlich reife Form jener wechselseitiger Faszination: das heißt des Mannes durch die Fraulichkeit und der Frau durch die Männlichkeit, die uns zum ersten Mal im Buch Genesis enthüllt wird (vgl. Gen 2,23–25). Dann scheint diese Anziehung wie ein breiter Strom durch die Verse des Hohenliedes zu fließen, um unter ganz anderen Umständen im Buch Tobit ihren präzisen und konzentrierten Ausdruck zu finden.

Die geistliche Reife dieser Faszination ist nichts anderes als das Fruchtbringen der Gabe der Ehrfurcht – einer der sieben Gaben des Heiligen Geistes, von denen der hl. Paulus im ersten Brief an die Thessalonicher spricht (1 Thess 4,4–7).

Im Übrigen erlaubt uns die Lehre des Paulus über die Reinheit als »Leben nach dem Geist« (vgl. Röm 8,5) – besonders aufgrund des 6. Kapitels des ersten Korintherbriefes – jene »Ehrfurcht« im charismatischen Sinn, das heißt, als Gabe des Heiligen Geistes, auszulegen.

5. Der Brief an die Epheser scheint – in der Aufforderung an die Eheleute, sich einer dem anderen »in der Ehrfurcht vor Christus« unterzu-

ordnen (Eph 5,21), und dann in der Aufforderung zur »Ehrfurcht« in der ehelichen Beziehung – in Übereinstimmung mit der paulinischen Überlieferung, die Reinheit als Tugend und als Gabe zu enthüllen. Auf diese Weise gelangt durch die Tugend und noch mehr durch die Gabe (»das Leben, das dem Geist entspricht«) die wechselseitige Anziehung der Männlichkeit und Fraulichkeit zu geistlicher Reife. Beide, Mann und Frau, finden, indem sie sich von der Begehrlichkeit abwenden, die richtige Dimension der Freiheit des Geschenks, die mit der Weiblichkeit und Männlichkeit aufgrund der bräutlichen Bedeutung des Leibes verbunden ist.

So wird die liturgische Sprache, d. h. die Sprache des Sakraments und des Geheimnisses, in ihrem Leben und Zusammenleben zur Sprache des Leibes in einer bisher unbekannten Tiefe, Einfachheit und Schönheit.

6. Das scheint der volle Sinn des sakramentalen Zeichens der Ehe zu sein. In diesem Zeichen begegnen Mann und Frau durch die Sprache des Leibes dem »tiefen Geheimnis«, um das Licht dieses Geheimnisses – das Licht der Wahrheit und Schönheit, das in der liturgischen Sprache seinen Ausdruck findet – in die Sprache des Leibes zu übertragen, also in die Sprache der Praxis der ehelichen Liebe, Treue und Integrität, das aber heißt in das Ethos der Hoffnung, das seine Wurzeln in der »Erlösung des Leibes« hat (vgl. Röm 8, 23). Auf diesem Weg wird das eheliche Leben in gewissem Sinn Liturgie.

Drittes Kapitel

Er gab ihnen das Gesetz des Lebens zum Erbe

1. Das ethische Problem

Die ethische Norm und die Wahrheit der »Sprache des Leibes«

118. Katechese, 11. Juli 1984

1. Unsere bisherigen Gedanken über die menschliche Liebe im Schöpfungsplan Gottes würden irgendwie unvollständig bleiben, wenn wir nicht versuchten, ihre konkrete Anwendung im Bereich der Ehe- und Familienmoral zu sehen. Wir wollen diesen weiteren Schritt, der uns an den Schluss unseres nun schon langen Weges bringen soll, anhand eines bedeutenden lehramtlichen Dokuments der letzten Jahre vornehmen: der Enzyklika Humanae vitae, die Papst Paul VI. im Juli 1968 veröffentlicht hat. Wir wollen dieses bedeutende Dokument im Lichte der Ergebnisse lesen, zu denen wir bei der Analyse des ursprünglichen Schöpfungs- und Heilsplanes Gottes und der darauf Bezug nehmenden Worte Christi gelangt sind.

2. »Die Kirche lehrt, dass jeder eheliche Akt offen bleiben muss für die Weitergabe des Lebens … [Ecclesia … docet necessarium esse, ut *quilibet matrimonii usus* ad vitam humanam procreandam per se destinatus permaneat.]« (Humanae vitae, im Folgenden 11). »Diese Lehre, die vom Lehramt mehrmals dargelegt wurde, gründet sich auf die untrennbare Verbindung der zweifachen Bedeutung des ehelichen Aktes, die von Gott gewollt ist und die der Mensch nicht eigenmächtig aufheben kann, nämlich die vereinigende und die elterliche Bedeutung« (12).

3. Die Überlegungen, die ich jetzt vorstellen will, nehmen insbesondere auf den Abschnitt der Enzyklika Humanae vitae Bezug, der von der »zweifachen Bedeutung des ehelichen Aktes« und von ihrer »untrennbaren Verbindung« handelt. Ich habe nicht die Absicht, einen Kommentar zur ganzen Enzyklika vorzulegen, sondern will vielmehr einen Abschnitt daraus erläutern und vertiefen. Vom Gesichtspunkt der in dem genannten Dokument enthaltenen Morallehre her kommt diesem Abschnitt eine zentrale Bedeutung zu. Zugleich ist es ein Abschnitt, der mit unseren vorausgegangenen Überlegungen über die Ehe in der Dimension des sakramentalen Zeichens in engstem Zusammenhang steht.

Da es sich – wie gesagt – um einen zentralen Abschnitt der Enzyklika handelt, ist es klar, dass er sich tief in ihre ganze Struktur einfügt: Seine Analyse muss uns daher auf die verschiedenen Komponenten dieser Struktur hinweisen, selbst wenn es nicht unsere Absicht sein kann, den ganzen Text zu kommentieren.

4. Bei den Betrachtungen über das sakramentale Zeichen wurde bereits wiederholt gesagt, dass es sich auf die in der Wahrheit wiedergelesene »Sprache des Leibes« stützt. Es handelt sich um eine Wahrheit, die zu Beginn der Ehe ein erstes Mal gesprochen wird, wenn die Neuvermählten, indem sie sich gegenseitig versprechen, »immer treu zu sein … und sich zu lieben und zu achten bis an ihr Lebensende«, zu Spendern

der Ehe als Sakrament der Kirche werden. Sodann handelt es sich um eine Wahrheit, die sozusagen immer wieder neu bestätigt wird. Denn der Mann und die Frau, die »bis zum Tod« in der Ehe leben, setzen gewissermaßen ständig aufs Neue das Zeichen, das sie – durch die Liturgie des Sakraments – am Tag ihrer Trauung gesetzt haben. Die oben angeführten Worte aus der Enzyklika Papst Pauls VI. betreffen jenen Augenblick im gemeinsamen Leben der Eheleute, in dem die beiden durch ihre Vereinigung im ehelichen Akt nach den Worten der Bibel »ein Fleisch« werden (Gen 2,24). Gerade in einem so bedeutungsreichen Augenblick kommt es ganz besonders darauf an, dass man die »Sprache des Leibes« in der Wahrheit wiederliest. Dieses Lesen wird zur unerlässlichen Voraussetzung für das Handeln in der Wahrheit, d. h. für das Verhalten entsprechend dem Wert und der sittlichen Norm.

5. Die Enzyklika erinnert aber nicht nur an diese Norm, sondern versucht auch, die adäquate Begründung dafür zu geben. Um die »untrennbare Verbindung der zweifachen Bedeutung des ehelichen Aktes, die von Gott gewollt ist ...«, gründlicher klarzustellen, schreibt Paul VI. im anschließenden Satz: »gemäß seiner innersten Struktur befähigt der eheliche Akt die Ehegatten, während er sie zutiefst miteinander vereinigt, zur Zeugung neuen Lebens entsprechend den Gesetzen, die in die Natur selbst des Mannes und der Frau eingeschrieben sind« (12).

Wir stellen fest, dass im ersten Satz der soeben zitierte Text vor allem von der »Bedeutung« und im darauffolgenden Satz von der »innersten Struktur« (also der Natur) der ehelichen Beziehung handelt. Bei der Erläuterung dieser »innersten Struktur« bezieht sich der Text auf »die Gesetze, die in die Natur selbst des Mannes und der Frau eingeschrieben sind«. Der Übergang von dem Satz, der die sittliche Norm zum Ausdruck bringt, zu dem Satz, der diese sittliche Norm erläutert und begründet, ist besonders bedeutungsvoll. Die Enzyklika veranlasst uns, den Grund, das Fundament der Norm, die die Sittlichkeit des Verhaltens von Mann und Frau im ehelichen Akt bestimmt, in der Natur des ehelichen Aktes selbst und, noch tiefer, in der Natur der handelnden Subjekte, also der Eheleute, zu suchen.

6. Somit bildet also das »Wesen« (oder die Natur) des ehelichen Aktes die notwendige Grundlage für ein entsprechendes Wiederlesen der Bedeutungen, die dem ehelichen Akt im Bewusstsein und in den Entscheidungen der handelnden Personen entsprechen müssen, und auch die notwendige Grundlage für die Festlegung der adäquaten Beziehung zwischen diesen Bedeutungen, d. h. ihrer Untrennbarkeit. Denn einerseits bedeutet »der eheliche Akt … die liebende Vereinigung der Ehegatten« und zugleich »befähigt er sie zur Zeugung neuen Lebens«, und das eine wie das andere erfolgt »aus seinem innersten Wesen«; daraus folgt, dass die menschliche Person (mit Vernunftnotwendigkeit, mit logischer Notwendigkeit) die »zweifache Bedeutung des ehelichen Aktes« und auch die »untrennbare Verbindung der zweifachen Bedeutung des ehelichen Aktes« gleichzeitig wiederlesen »muss«.

Es handelt sich hier um nichts anderes, als die »Sprache des Leibes« in der Wahrheit wiederzulesen, wie bei den vorausgegangenen Analysen von Bibelstellen mehrfach gesagt wurde. Die sittliche Norm, die von der Kirche in diesem Bereich seit eh und je gelehrt wurde und die von Paul VI. in seiner Enzyklika in Erinnerung gebracht wurde, entspringt dem »Wiederlesen der Sprache des Leibes« in der Wahrheit. Dabei handelt es sich um die Wahrheit zunächst in der ontologischen Dimension (Natur) und dann, demzufolge, in der subjektiven und psychologischen Dimension (Bedeutung). Der Text der Enzyklika unterstreicht, dass es sich in diesem Fall um eine Norm des Naturrechts handelt.

119. Katechese, 18. Juli 1984

1. In der Enzyklika Humanae vitae lesen wir: »Indem die Kirche die Menschen zur Beobachtung des von ihr in beständiger Lehre ausgelegten natürlichen Sittengesetzes anhält, lehrt sie nun, dass ›jeder eheliche

Akt‹ von sich aus auf das zu erzeugende menschliche Leben hingeordnet bleiben muss« (Nr. 11). Derselbe Text berücksichtigt zugleich die subjektive und psychologische Dimension und hebt sie sogar hervor, wenn er von der »Bedeutung«, genau der »zweifachen Bedeutung des ehelichen Aktes« spricht. Die »Bedeutung« wird im Bewusstsein beim Wiederlesen der ontologischen Wahrheit des Objekts geboren. Durch dieses Wiederlesen tritt die (ontologische) Wahrheit sozusagen in die Dimension der Erkenntnis ein: in die subjektive und psychologische Dimension.

Humanae vitae scheint unsere Aufmerksamkeit besonders auf den letztgenannten Punkt zu lenken. Das wird u. a. indirekt auch vom folgenden Satz bestätigt: »Unserer Meinung nach sind die Menschen unserer Zeit besonders fähig, die Vernunftgemäßheit dieser Lehre zu erfassen« (Nr. 12).

2. Diese »Vernunftgemäßheit« betrifft nicht nur die Wahrheit in ihrer ontologischen Dimension, also das, was der tatsächlichen Struktur des ehelichen Aktes entspricht. Sie betrifft auch die gleiche objektive Wahrheit in ihrer subjektiven und psychologischen Dimension, das heißt das richtige Verständnis der innersten Struktur des ehelichen Aktes, also das adäquate Wiederlesen der dieser Struktur entsprechenden Bedeutungen und ihrer untrennbaren Verbindung, um dann ihrerseits den menschlichen Handlungen eine solche Bedeutung zu geben. Darin bestehen eben die sittliche Norm und das entsprechende Ordnen der menschlichen Akte im Sexualbereich. In diesem Sinne sagen wir, dass die Norm mit dem Wiederlesen der »Sprache des Leibes« in der Wahrheit identisch ist.

Die Gültigkeit der Norm und die Möglichkeit, sie zu erfüllen

3. Die Enzyklika Humanae vitae enthält also die sittliche Norm und ihre Begründung oder zumindest ein tieferes Verständnis dessen, was die Begründung der Norm ausmacht. Da übrigens in der Norm auf verbindliche Weise der sittliche Wert zum Ausdruck kommt, folgt da-

raus, dass Handlungen, die der Norm entsprechen, sittlich gut sind, Handlungen hingegen, die ihr widersprechen, in sich selbst unerlaubt sind. Der Verfasser der Enzyklika unterstreicht, dass diese Norm Teil des »Naturrechts« ist, d. h. der (unvoreingenommenen) Vernunft als solcher entspricht. Die Kirche lehrt diese Norm, obwohl sie nicht formell (d. h. buchstäblich) in der Heiligen Schrift enthalten ist; und sie tut das in der Überzeugung, dass die Auslegung der Gebote des natürlichen Sittengesetzes in die Zuständigkeit des Lehramtes fällt.

Wir können aber noch mehr sagen. Auch wenn die in der Enzyklika Humanae vitae so formulierte sittliche Norm nicht wörtlich in der Heiligen Schrift enthalten ist, folgt sie dennoch aus der Tatsache, dass sie in der Überlieferung enthalten ist und dass sie – nach Papst Paul VI. – den Gläubigen »vom Lehramt oft dargelegt« wurde (12), dass sie im Einklang steht mit der Gesamtheit der geoffenbarten Lehre, die in den biblischen Quellen enthalten ist (vgl. ebd., Nr. 4).

4. Es handelt sich hier nicht nur um die Gesamtheit der in der Heiligen Schrift enthaltenen Sittenlehre, um ihre wesentlichen Voraussetzungen und den allgemeinen Charakter ihres Inhalts, sondern um jene vollere Ganzheit, die wir schon in zahlreichen Analysen zur »Theologie des Leibes« behandelt haben. Gerade auf dem Hintergrund einer solchen volleren Ganzheit wird offenkundig, dass die genannte sittliche Norm nicht nur Teil des Naturrechts ist, sondern ebenfalls Teil der von Gott geoffenbarten sittlichen Ordnung. Auch von diesem Gesichtspunkt aus könnte sie nicht anders sein, sondern nur so, wie die Überlieferung und das Lehramt und in diesen Tagen die Enzyklika Humanae vitae als zeitgenössisches Dokument dieses Lehramtes sie vorlegen. Paul VI. schreibt: »Unserer Meinung nach sind die Menschen unserer Zeit besonders fähig, die Vernunftgemäßheit dieser Lehre zu erfassen« (12). Man kann hinzufügen: Sie sind imstande, auch ihre tiefe Übereinstimmung mit alldem zu erfassen, was von der aus den biblischen Quellen herrührenden Tradition überliefert wird. Die Grundlagen für

diese Übereinstimmung sind vor allem in der biblischen Anthropologie zu suchen. Im Übrigen ist die Bedeutung der Anthropologie für die Ethik und damit gleichzeitig für die Sittenlehre bekannt. Es scheint ganz vernünftig, eben in der »Theologie des Leibes« das Fundament der Wahrheit der Normen zu suchen, die die so grundlegende Problematik des Menschen in seiner Körperlichkeit betreffen: »die beiden werden ein Fleisch sein« (Gen 2,24).

5. Die Norm der Enzyklika Humanae vitae betrifft alle Menschen, insofern sie Norm des Naturrechts ist und sich auf die Übereinstimmung mit der menschlichen Vernunft gründet (vorausgesetzt, dass diese die Wahrheit sucht). Mit umso größerem Recht betrifft sie alle gläubigen Glieder der Kirche, weil der Vernunftcharakter dieser Norm in der Gesamtheit der »Theologie des Leibes« eine indirekte Bestätigung und einen soliden Halt findet. Von diesem Gesichtspunkt aus haben wir in unseren früheren Analysen vom Ethos der Erlösung des Leibes gesprochen.

Die auf dieses Ethos gegründete Norm des natürlichen Sittengesetzes findet nicht nur neuen Ausdruck, sondern auch ein volleres anthropologisches und ethisches Fundament im Wort des Evangeliums wie im läuternden und stärkenden Wirken des Heiligen Geistes (in der sakramentalen Gnade, in den Gaben des Heiligen Geistes).

Es gibt gute Gründe, warum jeder Gläubige und insbesondere jeder Theologe die Morallehre der Enzyklika in diesem Gesamtzusammenhang wiederlesen und immer tiefer erfassen soll.

Die Überlegungen, die wir hier schon seit langer Zeit anstellen, bilden eben einen Versuch zu diesem Wiederlesen.

120. Katechese, 25. Juli 1984

1. Wir nehmen die Überlegungen wieder auf, die zum Ziel haben, die Enzyklika Humanae vitae mit der gesamten Theologie des Leibes zu verbinden. Diese Enzyklika beschränkt sich nämlich nicht darauf, die

sittliche Norm des ehelichen Zusammenlebens ins Gedächtnis zu rufen, indem sie diese angesichts der neuen Umstände und Gegebenheiten wiederum bekräftigt. Als Paul VI. sich kraft des authentischen Lehramtes durch die Enzyklika (1968) äußerte, hatte er die maßgebende Aussage des Zweiten Vatikanischen Konzils vor Augen, die in der Konstitution Gaudium et spes (1965) enthalten ist. Diese Enzyklika befindet sich nicht nur auf der Linie der Konzilslehre, sondern stellt auch die Entwicklung und Ergänzung der dort enthaltenen Probleme dar; das gilt besonders im Hinblick auf das Problem des »Einklangs von menschlicher Liebe und Achtung vor dem Leben«. Zu diesem Punkt lesen wir in Gaudium et spes Folgendes: »Die Kirche erinnert daran, dass es keinen wahren Widerspruch geben kann zwischen den göttlichen Gesetzen hinsichtlich der Übermittlung des Lebens und dem, was echter ehelicher Liebe dient« (Gaudium et spes, im Folgenden 51).

2. Die Pastoralkonstitution des Zweiten Vatikanums schließt jeden »wahren Widerspruch« in der maßgebenden Ordnung aus, was Paul VI. seinerseits bestätigt, wobei er gleichzeitig versucht, jenen »Nicht-Widerspruch« zu klären und auf diese Weise die betreffende sittliche Norm dadurch zu motivieren, dass er ihre Übereinstimmung mit der Vernunft aufzeigt.

Humanae vitae spricht jedoch nicht so sehr vom »Nicht-Widerspruch« in der maßgebenden Ordnung als von der »unlösbaren Verknüpfung« zwischen der Weitergabe des Lebens und der echten ehelichen Liebe vom Standpunkt der »beiden wesentlichen Gesichtspunkte ... der liebenden Vereinigung und der Fortpflanzung« (HV 12), worüber wir bereits gesprochen haben.

3. Man könnte sich lange bei der Analyse der Norm selbst aufhalten; aber der Charakter sowohl des einen wie des anderen Dokuments führt vielmehr zu – wenn auch nur indirekten – pastoralen Überlegungen. Denn Gaudium et spes ist eine Pastoralkonstitution, und die Enzyklika

Pauls VI. – mit all ihrer Lehrbedeutung – geht in dieselbe Richtung. Denn sie will aus verschiedenen Perspektiven Antwort auf die Fragen des modernen Menschen sein. Das sind Fragen bevölkerungsstatistischen und folglich sozialökonomischen und politischen Charakters in Bezug auf die Bevölkerungszunahme auf der Erde. Es gibt Fragen, die vom Gebiet der Einzelwissenschaften ausgehen, und es gibt ebenso Fragen der zeitgenössischen Moraltheologen. Vor allem sind es die Fragen der Eheleute, die bereits im Mittelpunkt der Aufmerksamkeit der Konzilskonstitution stehen und die die Enzyklika mit aller nur wünschenswerter Genauigkeit wieder aufgreift. Denn wir lesen dort: »Wäre es nicht angebracht, angesichts der gegenwärtigen Lebensverhältnisse und der Bedeutung, die der eheliche Verkehr für die Harmonie und gegenseitige Treue der Gatten hat, die heute geltenden sittlichen Normen zu überprüfen? Zumal, wenn man erwägt, dass diese unter Umständen nur unter heroischen Opfern befolgt werden können?« (HV 3).

4. Aus der obigen Formulierung wird deutlich, mit wie viel Sorge der Verfasser der Enzyklika sich den Fragen des heutigen Menschen in ihrer ganzen radikalen Schärfe zu stellen sucht. Die Bedeutung dieser Fragen lässt eine entsprechend abgewogene und tiefgreifende Antwort vermuten. Wenn es also einerseits berechtigt ist, eine scharfsinnige Behandlung der Norm zu erwarten, so darf man anderseits auch erwarten, dass den pastoralen Argumenten, die das Leben der konkreten Menschen, eben derjenigen, die die anfangs erwähnten Fragen stellen, unmittelbarer betreffen, keine geringere Bedeutung beigemessen wird. Diese Menschen hat Paul VI. immer vor Augen gehabt. Dem gibt unter anderem der folgende Abschnitt aus Humanae vitae Ausdruck: »Die Verwirklichung der Lehre über die rechte Regelung der Empfängnis, die die Kirche als Gottes Gebot selbst verkündet, erscheint zweifellos vielen schwer, ja sogar ganz unmöglich. Aber wie jedes besonders hohe und wertvolle Gut verlangt dieses Gesetz vom einzelnen Menschen, von der Familie und von der menschlichen Gesellschaft feste Entschlüsse und

viele Anstrengungen. Ja, seine Befolgung ist nicht möglich ohne die helfende Gnade Gottes, die den guten Willen des Menschen stützt und stärkt. Wer aber tiefer nachdenkt, wird erkennen, dass diese Anstrengungen die Würde des Menschen erhöhen und beitragen zum Wohl der menschlichen Gesellschaft« (HV 20).

5. Hier ist nicht mehr die Rede vom normativen »Nicht-Widerspruch«, sondern vielmehr von der möglichen Befolgung des göttlichen Gesetzes, das heißt von einem zumindest indirekten pastoralen Argument. Die Tatsache, dass das Gesetz zu befolgen »möglich« sein muss, gehört indirekt zum eigentlichen Wesen des Gesetzes und ist daher im Rahmen der »normativen Nicht-Widersprüchlichkeit« enthalten. Doch die als Befolgung der Norm verstandene Möglichkeit gehört auch zum praktischen und pastoralen Bereich. In der zitierten Textstelle spricht mein Vorgänger genau von diesem Gesichtspunkt aus.

6. Man kann hier noch eine Erwägung hinzufügen: Die Tatsache, dass der ganze als »Theologie des Leibes « bezeichnete biblische Hintergrund uns, wenn auch indirekt, die Bestätigung der Wahrheit der in Humanae vitae enthaltenen moralischen Norm bietet, bereitet uns auf eine tiefere Betrachtung der praktischen und pastoralen Aspekte des Problems in seiner Gesamtheit vor. Waren etwa die allgemeinen Prinzipien und Voraussetzungen nicht alle den Antworten entnommen, die Christus auf die Fragen seiner konkreten Gesprächspartner gab? Und sind nicht die Texte des Paulus – wie z. B. jene aus dem Korintherbrief – gleichsam ein kleines Handbuch über die Probleme des sittlichen Lebens der ersten Jünger Christi? Und in diesen Texten finden wir mit Sicherheit jene »Regel für das Verständnis«, die angesichts der Probleme, von denen Humanae vitae handelt, so unerlässlich zu sein scheint und die in dieser Enzyklika vorhanden ist. Wer glaubt, das Konzil und die Enzyklika trügen den im konkreten Leben vorhandenen Schwierigkeiten nicht genügend Rechnung, erfasst nicht die pastorale Sorge, die diesen

Dokumenten zugrunde lag. Pastorale Sorge bedeutet Suche nach dem wahren Wohl des Menschen, Förderung der Werte, die seiner Person von Gott eingeprägt wurden; das heißt, sie bedeutet Verwirklichung jener »Regel für das Verständnis«, die auf die immer klarere Enthüllung des Planes Gottes bezüglich der menschlichen Liebe zielt, in der Gewissheit, dass das einzige und wahre Wohl der menschlichen Person in der Verwirklichung dieses göttlichen Planes besteht.

Verantwortliche Elternschaft[118]

Man könnte sagen, das Konzil hat im Namen der genannten »Regel für das Verständnis« die Frage nach dem »Einklang von menschlicher Liebe und Achtung vor dem Leben« (GS 51) gestellt, und die Enzyklika Humanae vitae hat dann nicht nur an die in diesem Zusammenhang verpflichtenden sittlichen Normen erinnert, sondern beschäftigt sich zudem ausführlich mit dem Problem, dass es »möglich ist, das göttliche Gesetz zu befolgen«. Die gegenwärtigen Überlegungen zum Charakter des Dokuments Humanae vitae bereiten uns auf die spätere Behandlung des Themas der »verantwortlichen Elternschaft« vor.

121. Katechese, 1. August 1984

1. Für heute haben wir das Thema gewählt: »Verantwortliche Elternschaft« im Licht der Konstitution Gaudium et spes und der Enzyklika Humanae vitae. Die Konzilskonstitution begnügt sich beim Aufgreifen des Themas damit, an die grundlegenden Voraussetzungen zu erinnern, während das päpstliche Dokument über diese Voraussetzungen hinaus den konkreten Gehalt aufweist.

Der Konzilstext lautet: »... Wo es sich um den Ausgleich zwischen

[118] Anmerkung der Herausgeber:
Man gebraucht heute eher den Begriff »Verantwortete Elternschaft« (siehe Einleitung zu diesem Buch). Da aber die offizielle Übersetzung von Humanae vitae den Terminus »verantwortliche Elternschaft« gebraucht, wird er in diesem Teil des Textes belassen. Beide Termini und auch der ebenfalls gebrauchte Ausdruck »verantwortungsbewusste Elternschaft« sind als Synonyme zu betrachten.

ehelicher Liebe und verantwortlicher Weitergabe des Lebens handelt, hängt die sittliche Qualität der Handlungsweise nicht allein von der guten Absicht und Bewertung der Motive ab, sondern auch von objektiven Kriterien, die sich aus dem Wesen der menschlichen Person und ihrer Akte ergeben und die sowohl den vollen Sinn gegenseitiger Hingabe als auch den einer wirklich humanen Zeugung in wirklicher Liebe wahren. Das ist nicht möglich ohne aufrichtigen Willen zur Übung der Tugend ehelicher Reinheit« (GS 51). Und das Konzil fährt fort: »Von diesen Prinzipien her ist es den Kindern der Kirche nicht erlaubt, in der Regelung der Empfängnis Wege zu beschreiten, die das Lehramt in Auslegung des göttlichen Gesetzes verwirft« (GS 51).

2. Im Abschnitt, der dem eben angeführten vorausgeht (vgl. GS 51), lehrt das Konzil, dass die Eheleute »in menschlicher und christlicher Verantwortlichkeit« und »in einer auf Gott hinhörenden Ehrfurcht« ihre Aufgabe erfüllen müssen (GS 50). Das heißt, sie müssen »durch gemeinsame Überlegung versuchen, sich ein sachgerechtes Urteil zu bilden. Hierbei müssen sie auf ihr eigenes Wohl wie auf das ihrer Kinder – der schon geborenen oder zu erwartenden – achten; sie müssen die materiellen und geistigen Verhältnisse der Zeit und ihres Lebens zu erkennen suchen und schließlich auch das Wohl der Gesamtfamilie, der weltlichen Gesellschaft und der Kirche berücksichtigen« (GS 50).

An diesem Punkt folgen dann besonders bedeutsame Worte, um den sittlichen Charakter der verantwortlichen Elternschaft noch genauer zu bestimmen. Wir lesen dann nämlich weiter: »Dieses Urteil müssen im Angesicht Gottes die Eheleute letztlich selbst fällen« (GS 50). Und ferner: »In ihrem ganzen Verhalten seien sich die christlichen Gatten bewusst, dass sie nicht nach eigener Willkür vorgehen können; sie müssen auf das Lehramt der Kirche hören, das dieses göttliche Gesetz im Licht des Evangeliums authentisch auslegt. Dieses göttliche Gesetz zeigt die ganze Bedeutung der ehelichen Liebe, schützt sie und drängt zu ihrer wahrhaft menschlichen Vollendung« (GS 50).

3. Wenn die Konzilskonstitution sich auch darauf beschränkt, nur die notwendigen Voraussetzungen für eine verantwortliche Elternschaft aufzuzeigen, so hat sie diese doch in durchaus eindeutiger Weise dargestellt, indem sie die Elemente näher erklärt, die eine so beschaffene Vaterschaft und Mutterschaft grundlegend bestimmen, nämlich das reife Urteil des persönlichen Gewissens in seiner Beziehung zu dem vom Lehramt der Kirche authentisch ausgelegten göttlichen Gesetz.

4. Die Enzyklika Humanae vitae, die auf eben diesen Voraussetzungen aufbaut, geht über dieselben hinaus, indem sie konkrete Hinweise gibt. Das wird sogleich ersichtlich aus der Art, wie sie die »verantwortliche Elternschaft« definiert (HV 10). Paul VI. sucht diesen Begriff zu erklären, indem er auf seine verschiedenen Aspekte zurückgeht und zunächst einmal ausschließt, dass er auf etwas verkürzt wird, was nur einen Teilaspekt darstellt, wie es jene tun, die ausschließlich von Geburtenkontrolle sprechen. Paul VI. lässt sich in der Tat vom Beginn seiner Argumentation an von einer integralen Sicht des Menschen (vgl. HV 7: »den ganzen Menschen im Auge behalten«) und der ehelichen Liebe (vgl. HV 8; 9) leiten.

5. Von Verantwortlichkeit in der Ausübung der väterlichen und mütterlichen Aufgabe kann man unter verschiedenen Aspekten sprechen. So schreibt der Papst in der Enzyklika: »Was die biologischen Vorgänge angeht, bedeutet verantwortungsbewusste Elternschaft die Kenntnis und die Beachtung der mit ihnen zusammenhängenden Funktionen. So vermag der Mensch in seinen Fortpflanzungskräften die biologischen Gesetze zu entdecken, die zur menschlichen Person gehören« (HV 10). Und wo es sich um die psychologische Dimension handelt, heißt es: »Was dann psychologisch Trieb und Leidenschaft betrifft, so meint verantwortungsbewusste Elternschaft ihre erforderliche Beherrschung durch Vernunft und Willen« (HV 10). Wenn man zu diesen Aspekte in der Person auch die »wirtschaftliche und soziale Situation«

hinzunimmt, so ist zu sagen, dass verantwortungsbewusste Elternschaft dann ausgeübt wird, wenn »man entweder nach klug abwägender Überlegung sich hochherzig zu einem größeren Kinderreichtum entschließt oder bei ernsten Gründen und unter Beobachtung des Sittengesetzes zur Entscheidung kommt, zeitweise oder dauernd auf weitere Kinder zu verzichten« (HV 10).

Folglich liegt in dem Begriff »verantwortliche Elternschaft« nicht lediglich das Bereitsein, »auf weitere Kinder zu verzichten«, sondern auch die Bereitschaft, die Familie – nach Kriterien der Klugheit – größer werden zu lassen. In diesem Licht, in dem die Frage der verantwortlichen Elternschaft geprüft und entschieden werden muss, bleibt der Mittelpunkt immer die »objektive sittliche Ordnung, die auf Gott zurückzuführen ist und deren Deuterin das rechte Gewissen ist« (HV 10).

6. In diesem Bereich erfüllen die Gatten »in Wahrung der rechten Güter- und Wertordnung ihre Pflichten gegenüber Gott, sich selbst, gegenüber ihrer Familie und der menschlichen Gesellschaft« (HV 10). Man kann also hier nicht von einem »Vorgehen nach eigener Willkür« sprechen. Vielmehr sind die Gatten verpflichtet, »ihr Verhalten auf den göttlichen Schöpfungsplan auszurichten« (HV 10). Von diesem Prinzip her begründet die Enzyklika ihre Argumentation über die »innerste Struktur des ehelichen Aktes« und über die »unauflösliche Verknüpfung der beiden Bedeutungen (Sinngehalte) des ehelichen Aktes« (vgl. HV 12), wie im Vorausgehenden dargelegt wurde. Das die eheliche Moral betreffende Prinzip ist also deshalb die Treue zum göttlichen Plan, der sich kundtut in der »innersten Struktur des ehelichen Aktes« und in der »unauflöslichen Verknüpfung der beiden Bedeutungen (Sinngehalte) des ehelichen Aktes«.

122. Katechese, 8. August 1984

1. Bei unserer Begegnung in der vorigen Woche sagten wir: Nach der Lehre der Kirche besteht das Prinzip der Ehemoral im Kriterium der

Treue gegenüber dem Plan Gottes (Zweites Vatikanisches Konzil, Paul VI). In Übereinstimmung mit diesem Prinzip unterscheidet die Enzyklika Humanae vitae streng zwischen der moralisch unerlaubten Weise, die Zahl der Kinder zu beschränken, und der sittlich gerechtfertigten. An erster Stelle ist moralisch unerlaubt »der direkte Abbruch einer begonnenen Zeugung« (Abtreibung) (HV 14), die »direkte Sterilisierung« und »jede Handlung, die entweder in Voraussicht oder während des Vollzugs des ehelichen Aktes oder im Anschluss an ihn beim Ablauf seiner natürlichen Auswirkungen darauf abstellt, die Fortpflanzung zu verhindern, sei es als Ziel, sei es als Mittel zum Ziel« (HV 14). Moralisch erlaubt ist hingegen die Wahl der empfängnisfreien Zeiten (HV 16): »Wenn also gerechte Gründe dafür sprechen, Abstände einzuhalten in der Reihenfolge der Geburten – Gründe, die sich aus der körperlichen oder seelischen Situation der Gatten oder aus äußeren Verhältnissen ergeben –, ist es nach kirchlicher Lehre den Gatten erlaubt, dem natürlichen Zyklus der Zeugungsfunktionen zu folgen, dabei den ehelichen Verkehr auf die empfängnisfreien Zeiten zu beschränken und die Kinderzahl so zu planen, dass die … sittlichen Grundsätze nicht verletzt werden« (HV 16).

2. Die Enzyklika unterstreicht besonders, dass es sich um »zwei ganz unterschiedliche Verhaltensweisen« handelt (HV 16), und zwar um einen Unterschied ethischer Natur: Bei der einen »machen die Eheleute von einer naturgegebenen Möglichkeit rechtmäßig Gebrauch; bei der anderen dagegen hindern sie den Zeugungsvorgang bei seinem natürlichen Ablauf« (HV 16). Daraus ergeben sich zwei sittlich verschiedene, ja direkt entgegengesetzte Verhaltensweisen: Die natürliche Regelung der Empfängnis ist sittlich gerechtfertigt, die Empfängnisverhütung ist sittlich nicht gerechtfertigt. Dieser wesentliche Unterschied zwischen den beiden Verhaltens- bzw. Handlungsweisen betrifft die ihnen innewohnende ethische Beschaffenheit. Wenngleich also mein Vorgänger Paul VI. bestätigt: »Zweifellos sind in beiden Fällen die Gatten sich

einig, dass sie aus guten Gründen Kinder vermeiden wollen«, und er sogar schreibt: »und dabei möchten sie auch sicher sein« (HV 16), so räumt das Dokument mit diesen Worten nur ein, dass zwar auch jene, die von empfängnisverhütenden Praktiken Gebrauch machen, durch »gute Gründe« dazu veranlasst sein können; dies jedoch ändert nicht die moralische Eigenschaft, die sich auf die Struktur des ehelichen Aktes selbst gründet.

3. Hier könnte man nun einwenden, dass Eheleute, die von der natürlichen Regelung der Empfängnis Gebrauch machen, vielleicht nicht die eben erwähnten rechtmäßigen Gründe dazu haben. Das aber ist wieder eine ethische Frage für sich, wenn es sich um den moralischen Begriff »verantwortliche Elternschaft« handelt. Vorausgesetzt, die Gründe für den Entschluss, Fruchtbarkeit zu vermeiden, sind sittlich gerechtfertigt, dann bleibt jedoch die Frage noch bestehen, wie in diesem Fall zu handeln ist; das aber zeigt sich in der Art des Vorgehens, die – nach der von der Enzyklika übermittelten Lehre der Kirche – moralisch positiven oder negativen Charakter hat. Positiv in diesem ersteren Sinn ist die natürliche Regelung der Empfängnis; negativ hingegen das andere, die künstliche Empfängnisverhütung.

Die Wahrheit der »Sprache des Leibes« und das Übel der Empfängnisverhütung

4. Die Schlussfolgerung ergibt sich aus der in Humanae vitae dargestellten Lehre, wenn man ihren normativen und gleichzeitig pastoralen Charakter herausstellt. In der normativen Dimension geht es darum, die sittlichen Grundsätze des Handelns genau zu bestimmen und klarzumachen; in der pastoralen Dimension muss vor allem die Möglichkeit aufgezeigt werden, wie nach diesen Prinzipien gehandelt werden kann (die Möglichkeit der Beobachtung des göttlichen Gebotes, vgl. HV 20). Wir müssen noch etwas länger dabei verweilen, den Inhalt der Enzyklika darzulegen. Zu diesem Zweck müssen wir diesen In-

halt, diesen ganzen normativ-pastoralen Zusammenhang im Licht der Theologie des Leibes sehen, die sich aus der Analyse der biblischen Texte ergibt.

5. Die Theologie des Leibes ist nicht nur eine Theorie, sondern enthält eine ganz bestimmte, dem Evangelium gemäße christliche Pädagogik des Leibes. Das leitet sich ab aus der Eigenart der Bibel, vor allem des Evangeliums. Als Heilsbotschaft offenbart sie das, was das wahre Wohl des Menschen ist, mit dem Ziel, das Leben auf Erden – nach der Maßgabe dieses Wohles – unter dem Gesichtspunkt der Hoffnung auf die zukünftige Welt auszuformen. Wenn die Enzyklika Humanae vitae diese Linie verfolgt, so antwortet sie damit auf die Frage nach dem wahren Wohl des Menschen als Person, als Mann und Frau; auf die Frage, was der Würde des Mannes und der Frau entsprechend ist, wenn es sich um die bedeutungsvolle Frage der Weitergabe des Lebens im ehelichen Zusammenleben handelt. Dieser Frage werden wir noch weitere Überlegungen widmen.

123. Katechese, 22. August 1984

1. Welches ist das Wesen der Lehre der Kirche über die Weitergabe des Lebens in der ehelichen Gemeinschaft, jener Lehre, die uns die Pastoralkonstitution des Konzils Gaudium et spes und die Enzyklika Humanae vitae Papst Pauls VI. in Erinnerung bringt? Das Problem liegt im Erhalten des Gleichgewichts zwischen dem, was als »Beherrschung … der Kräfte der Natur« (HV 2) bezeichnet wird, und der »Selbstbeherrschung« (HV 21), die für die menschliche Person unerlässlich ist. Der Mensch von heute neigt dazu, die dem ersten Bereich eigenen Methoden auf den zweiten zu übertragen. »Schließlich ist vor allem der staunenswerte Fortschritt des Menschen in der Beherrschung der Naturkräfte und deren rationaler Auswertung in Betracht zu ziehen. Diese Herrschaft sucht nun der Mensch auf sein ganzes Leben auszudehnen: auf seinen Leib, seine seelischen Kräfte, auf das soziale Leben und selbst

auf die Gesetze, die die Weitergabe des Lebens regeln« (HV 2). Diese Ausdehnung des Bereiches der Mittel zur »Beherrschung der Kräfte der Natur« bedroht die menschliche Person, der die Methode der »Selbstbeherrschung« eigen ist und bleibt. Diese Selbstbeherrschung entspricht tatsächlich der grundlegenden Konstitution der Person: Sie ist eine »natürliche« Methode. Die Ausdehnung der »künstlichen Mittel« hingegen tut der konstitutiven Dimension der Person Gewalt an, bringt den Menschen um die ihm eigene Subjektivität der Tat und macht ihn zum Gegenstand der Manipulation.

2. Der menschliche Leib ist nicht nur das somatische Feld sexueller Regungen, sondern gleichzeitig das Ausdrucksmittel des Menschen als integrales Ganzes, der Person, die sich selbst durch die »Sprache des Leibes« offenbart. Diese »Sprache« hat eine wichtige zwischenpersönliche Bedeutung, besonders wenn es sich um die gegenseitigen Beziehungen von Mann und Frau handelt. Darüber hinaus zeigen unsere früheren Analysen, dass die »Sprache des Leibes« in diesem Fall auf einer bestimmten Ebene die Wahrheit des Sakramentes ausdrücken muss. Am ewigen Liebesplan Gottes teilnehmend, wird die »Sprache des Leibes« tatsächlich fast zu einer »Prophetie des Leibes«. Man kann sagen, dass die Enzyklika Humanae vitae diese Wahrheit über den Leib des Menschen in seiner Männlichkeit und Weiblichkeit bis zu den äußersten Konsequenzen nicht nur der Logik und der Moral, sondern auch der Praxis und Pastoral führt.

3. Die Einheit der beiden Aspekte des Problems – der sakramentalen (oder theologischen) und der personalen Dimension – entspricht der ganzheitlichen »Offenbarung des Lebens«. Daraus ergibt sich auch die Verbindung des eigentlich theologischen mit dem ethischen Standpunkt, der sich auch auf das Naturrecht bezieht.

Subjekt des Naturrechts ist der Mensch nämlich nicht nur im natürlichen Aspekt seiner Existenz, sondern auch in der ganzheitlichen

Wahrheit seiner persönlichen Subjektivität. In der göttlichen Offenbarung zeigt er sich uns als Mann und Frau, in seiner vollen Berufung für Zeit und Ewigkeit. Daraus gewinnen wir nicht nur die Überzeugung, dass der Mensch in Bezug auf die Männlichkeit und Weiblichkeit seiner subjektiven Struktur nicht der Reaktivität des Körpers unterworfen ist, sondern dass er von Anfang an von Gott dazu berufen ist, Zeuge und Deuter des ewigen Liebesplanes Gottes zu sein, indem er Verwalter des Sakramentes wird, das von Anfang an im Zeichen der Einheit des Fleisches eingesetzt ist.

4. Als Verwalter eines Sakramentes, das durch den Konsens zustande kommt und sich durch die eheliche Vereinigung vollendet, sind Mann und Frau dazu berufen, jene geheimnisvolle Sprache ihrer Leiber in der ganzen ihr eigenen Wahrheit auszudrücken. Durch Gesten und Reaktionen, durch die gesamte wechselseitig sich bedingende Dynamik der Spannung und der Lust – deren direkte Quelle und Subjekt der Leib in seiner Männlichkeit und Weiblichkeit ist, der Leib in seinem eigenen und wechselseitigen Handeln –, durch all das »spricht« der Mensch, die Person. Mann und Frau vollziehen in der »Sprache des Leibes« jenen Dialog, der nach Gen 2,24–25 am Schöpfungstag seinen Anfang nahm. Gerade im Bereich dieser »Sprache des Leibes«, die mehr ist als bloß sexuelle Reaktivität und die, als echte Sprache der Personen Erfordernissen der Wahrheit, d. h. objektiven moralischen Normen unterliegt, sprechen Mann und Frau sich gegenseitig aus, und zwar auf die vollere und tiefere Weise, die ihnen von der körperlichen Dimension ihrer Männlichkeit und Weiblichkeit ermöglicht wird: Mann und Frau drücken sich im Maß der ganzen Wahrheit der Person aus.

5. Der Mensch ist eben deshalb Person, weil er sich selbst besitzt und Herr über sich selbst ist. Sofern er sich selbst besitzt, kann er sich dem anderen schenken. Diese Dimension der Freiheit des Geschenks wird für jene »Sprache des Leibes« wesentlich und entscheidend, in

der Mann und Frau sich gegenseitig in der ehelichen Vereinigung ausdrücken.

Da es sich um eine Gemeinschaft von Personen handelt, muss die Sprache des Leibes nach den Grundsätzen der Wahrheit beurteilt werden. Gerade an dieses Kriterium erinnert die Enzyklika Humanae vitae, wie die eben zitierten Stellen beweisen.

6. Nach dem Kriterium dieser Wahrheit, die in der »Sprache des Leibes« zum Ausdruck kommen muss, bedeutet der eheliche Akt (d.h. er ist ein Zeichen) nicht nur die Liebe, sondern auch die potenzielle Fruchtbarkeit (d.h. Fortpflanzung) und darf daher nicht durch künstliche Eingriffe um seine volle ihm eigene Bedeutung gebracht werden. Beim ehelichen Akt ist es unzulässig, die vereinigende Bedeutung (Liebe) von der Bedeutung (d.h. Zeichen) der potenziellen Elternschaft künstlich zu trennen, da beide der inneren Wahrheit des ehelichen Aktes zugehören: Die eine wird zusammen mit der anderen verwirklicht und in gewissem Sinn sogar die eine durch die andere. Das ist es, was die Enzyklika lehrt (vgl. HV 12). Wenn der eheliche Akt seiner inneren Wahrheit beraubt wird, weil er künstlich der potenziellen Elternschaft beraubt wird, hört er auch auf, ein Akt der Liebe zu sein. Die Liebesbedeutung des Akts – »Bedeutung der Einheit«, wie wir in Humanae vitae 12 lesen – eignet ihm in »unauflöslicher Verknüpfung« (ebd.) mit der anderen Bedeutung, nämlich potenzieller Elternschaft.

7. Man kann sagen, dass im Fall einer künstlichen Trennung dieser beiden Funktionen sich im ehelichen Akt zwar eine echte körperliche Vereinigung vollzieht, dass diese jedoch nicht der inneren Wahrheit und Würde der Gemeinschaft von Personen entspricht. Diese Gemeinschaft erfordert nämlich, dass die »Sprache des Leibes« auf beiden Seiten in der vollen Wahrheit ihrer Bedeutung vollzogen wird. Wenn diese Wahrheit fehlt, kann man weder von der Wahrheit des Selbstbesitzes noch von der Wahrheit der gegenseitigen Selbsthingabe

und Annahme der Personen sprechen. Diese Verletzung der inneren Ordnung der ehelichen Vereinigung, deren Wurzeln in die Ordnung der Person hinabreichen, ist das eigentliche Übel des empfängnisverhütenden Aktes.

8. Diese Interpretation der Morallehre der Enzyklika Humanae vitae ist auf dem umfassenden Hintergrund der zur Theologie des Leibes gehörenden Gedanken zu interpretieren. Besonders wichtig für diese Interpretation sind die Gedanken über das »Zeichen« im Zusammenhang mit der als Sakrament verstandenen Ehe. Das Wesen der Verletzung des ehelichen Aktes und seiner inneren Ordnung kann ohne ein Überdenken der »Begehrlichkeit des Fleisches« theologisch nicht richtig verstanden werden.

Die sittlich geordnete Regelung der Empfängnis: Primat der Tugend

124. Katechese, 29. August 1984

1. Wenn die Enzyklika Humanae vitae das sittliche Übel der Empfängnisverhütung aufzeigt, so billigt sie zu gleicher Zeit vollkommen die natürliche Regelung der Empfängnis und dementsprechend die verantwortliche Elternschaft. Hier muss man ein Verständnis der verantwortlichen Elternschaft, in dem die Empfängnisverhütung als erlaubte Methode ihrer Verwirklichung angenommen wird, als ethisch irrtümlich ausschließen. Der echte Begriff »verantwortliche Elternschaft« ist vielmehr an die vom ethischen Standpunkt aus einwandfreie Regelung der Empfängnis gebunden.

2. Dazu lesen wir: »Sittlich geordnete Regelung der Empfängnis verlangt von den Gatten vor allem eine volle Anerkennung und Wertschätzung der wahren Güter des Lebens und der Familie, ferner eine ständige Bemühung um allseitige Beherrschung ihrer selbst und ihres Trieblebens. Ganz sicher ist diese geistige Herrschaft über den Naturtrieb ohne Askese nicht möglich. Nur so vermag man die dem eheli-

chen Leben eigentümlichen Ausdrucksformen der Liebe in Einklang zu bringen mit der rechten Ordnung. Das gilt besonders für jene Zeiten, in denen man Enthaltsamkeit üben muss. Solche Selbstzucht, Ausdruck ehelicher Reinheit, braucht keineswegs der Gattenliebe zu schaden; sie erfüllt sie vielmehr mit einem höheren Sinn für Menschlichkeit. Solche Selbstzucht verlangt zwar beständiges Sich-Mühen; ihre heilsame Kraft aber führt die Gatten zu einer volleren Entfaltung ihrer selbst und macht sie reich an geistlichen Gütern …« (HV 21).

3. Die Enzyklika wirft sodann Licht auf die Folgen eines solchen Verhaltens nicht nur hinsichtlich der Eheleute selbst, sondern im Hinblick auf die ganze Familie als Gemeinschaft von Personen. Diesen Gedanken müssen wir noch einmal in Betracht ziehen. Er unterstreicht, dass die sittlich einwandfreie Regelung der Empfängnis von den Gatten eine ganz bestimmte Einstellung hinsichtlich der Familie und der Fortpflanzung fordert, nämlich »eine volle Anerkennung und Wertschätzung der wahren Güter des Lebens und der Familie« (HV 21). Von dieser Voraussetzung aus muss man an die Betrachtung der ganzen Frage herangehen, wie es die Bischofssynode 1980 (»Über die Aufgabe der christlichen Familie«) getan hat. Im Anschluss an diese Synode hat die Lehre über die Frage der Ehe- und Familienmoral, von der die Enzyklika Humanae vitae handelt, den richtigen Platz und die entsprechende Betrachtungsweise im gesamten Zusammenhang des Apostolischen Schreibens Familiaris consortio gefunden. Die Theologie des Leibes, vor allem als Pädagogik des Leibes, wurzelt in gewissem Sinn in der Theologie der Familie und führt gleichzeitig zu ihr hin. Die Pädagogik des Leibes, zu der heute die Enzyklika Humanae vitae den Schlüssel bildet, kann nur aus dem vollen Zusammenhang einer richtigen Sicht der Werte des Lebens und der Familie erklärt werden.

4. In den oben angeführten Worten Papst Pauls VI. wird die eheliche Reinheit angesprochen, wenn es heißt, dass die periodische Beobach-

tung der Enthaltsamkeit jene Form der Selbstbeherrschung ist, in der »die eheliche Reinheit« zum Ausdruck kommt (HV 21).

Wenn wir jetzt diese Frage näher untersuchen wollen, müssen wir uns die gesamte Lehre von der Reinheit als Leben des Geistes vor Augen halten (vgl. Gal 5,25), wie wir sie schon früher betrachtet haben, um die Hinweise der Enzyklika über das Thema der periodischen Enthaltsamkeit verstehen zu können. Diese Lehre ist in der Tat die eigentliche Begründung, von der aus die Unterweisung Pauls VI. den Begriff der sittlich einwandfreien Regelung der Empfängnis und der verantwortlichen Elternschaft entwickelt. Wenn auch in diesem Fall der Begriff »periodische Enthaltsamkeit« sich auf den sogenannten »natürlichen Zyklus« (HV 16) bezieht, so ist doch die Enthaltsamkeit an sich eine bestimmte und bleibende sittliche Haltung, sie ist eine Tugend, und daher erhält die von ihr geleitete Verhaltensweise den Charakter einer Tugend. Die Enzyklika unterstreicht sehr klar, dass es sich hier nicht bloß um eine gewisse »Technik« handelt, sondern um Ethik im eigentlichen Sinn des Wortes als Sittlichkeit einer Verhaltensweise. Dementsprechend hebt die Enzyklika die Notwendigkeit hervor, in dem Verhalten, von dem wir sprachen, einerseits die vom Schöpfer festgesetzte Ordnung zu beachten und anderseits den unmittelbar ethischen Charakter der Motivierung.

5. Hinsichtlich des ersteren lesen wir: »Wer das Geschenk ehelicher Liebe genießt und dabei die Gesetze der Zeugung bewahrt, der verhält sich nicht, als wäre er Herr über die Quellen des Lebens, sondern er stellt sich vielmehr in den Dienst des auf den Schöpfer zurückgehenden Planes« (HV 13). »Das menschliche Leben ist heilig«, hat unser Vorgänger ehrwürdigen Andenkens, Johannes XXIII., in der Enzyklika Mater et magistra gesagt, »denn es verlangt von seinem ersten Aufkeimen an das schöpferische Eingreifen Gottes« (AAS 53,1961; vgl. HV 13). Hinsichtlich der unmittelbaren Motivierung fordert die Enzyklika Humanae vitae, dass »gerechte Gründe« vorhanden sein müssen, wenn

»Abstände in der Reihenfolge der Geburten« eingehalten werden sollen, »Gründe, die sich aus der körperlichen oder seelischen Situation der Gatten oder aus äußeren Verhältnissen ergeben ...« (HV 16).

6. Im Fall einer moralisch gerechtfertigten Regelung der Empfängnis durch periodische Enthaltsamkeit handelt es sich ganz klar darum, eheliche Reinheit zu üben, d. h. eine bestimmte ethische Haltung zu verwirklichen. Nach biblischem Sprachgebrauch würden wir sagen, es handelt sich darum, aus dem Geist zu leben (vgl. Gal 5,25). Die moralisch verantwortbare Regelung wird auch »natürliche Regelung der Empfängnis« genannt, und man kann das aus der Übereinstimmung mit dem Naturrecht erklären. Unter Naturrecht verstehen wir hier die Ordnung der Natur auf dem Gebiet der Fortpflanzung, sofern diese Ordnung richtig, nämlich als Ausdruck des göttlichen Schöpfungsplans für die menschliche Person in der Natur, verstanden wird. Gerade das ist es, was die Enzyklika wie auch die gesamte Überlieferung der christlichen Lehre und des christlichen Lebens besonders unterstreicht: Der Tugendcharakter, der in der »natürlichen« Regelung der Empfängnis zum Ausdruck kommt, wird nicht so sehr bestimmt durch die Treue gegenüber einem unpersönlichen Naturrecht, sondern durch die Treue gegenüber der Person des Schöpfers; er ist die Quelle und der Herr jener Ordnung, die in diesem Gesetz offenbar wird.

Von diesem Gesichtspunkt aus ist es eine Entstellung des wahren Gedankens der Enzyklika Humanae vitae (vgl. HV 14), wenn man lediglich die biologische Gesetzmäßigkeit, losgelöst von der Ordnung der Natur, d. h. vom Plan des Schöpfers, im Blick hat (eine solche Reduktion wird von einigen Gegnern der Lehre verwendet). Sicher, das Dokument setzt diese biologische Gesetzmäßigkeit voraus, ja es ermahnt die dafür Zuständigen, sie noch weiterhin zu studieren und in vertiefter Kenntnis zur Anwendung zu bringen, aber es will diese Gesetzmäßigkeit immer gesehen wissen als Ausdruck der Ordnung der

Natur, d. h. des vom Schöpfer vorgesehenen Planes, in dessen treuer Befolgung das wahre Wohl des Menschen besteht.

Die sittlich geordnete Regelung der Empfängnis: Person, Natur und Methode

125. Katechese, 5. September1984

Maleachi 2,14–15: »Weil der Herr Zeuge (des Bundes) ist zwischen dir und der Frau deiner Jugend … Hat er nicht eine Einheit geschaffen, ein lebendiges Wesen? Was ist das Ziel dieser Einheit? Nachkommen von Gott. Nehmt euch also um eures Lebens willen in Acht! Handle nicht treulos an der Frau deiner Jugend!«

1. Bei der vorigen Audienz haben wir über die verantwortliche Regelung der Empfängnis gesprochen, wie sie der Lehre der Enzyklika Humanae vitae (Nr. 19) und des Apostolischen Schreibens Familiaris consortio entspricht. Die Bezeichnung »natürlich« für die moralisch einwandfreie (d. h. den natürlichen Rhythmen folgende, vgl. HV 16) Regelung der Empfängnis erklärt sich auch aus der Tatsache, dass das entsprechende Verhalten mit der Wahrheit der Person und somit ihrer Würde übereinstimmt: einer Würde, die dem Menschen als vernunftbegabtes und freies Wesen »von Natur« aus zukommt. Als vernunftbegabtes und freies Wesen kann und muss der Mensch mit Einsicht jene biologische Gesetzmäßigkeit wiederlesen, die zur natürlichen Ordnung gehört. Er kann und muss sich mit ihr in Einklang bringen, um jene »verantwortliche Elternschaft« auszuüben, die nach dem Plan des Schöpfers in die natürliche Ordnung der menschlichen Fruchtbarkeit eingeschrieben ist. Der Begriff der sittlich richtigen Regelung der Empfängnis ist nichts anderes als das Wiederlesen der »Sprache des Leibes« in ihrer Wahrheit. Es sind dieselben »den Geschlechtsfunktionen innewohnenden natürlichen Rhythmen«, die auch zur objektiven Wahrheit jener Sprache gehören, die die betroffenen Personen in ihrem vollen sachlichen Gehalt erfassen sollten. Man muss sich vor Augen halten,

dass der »Leib spricht«, und das nicht nur mit der ganzen äußeren Ausdruckskraft des Mann- bzw. Frauseins, sondern auch mit den inneren Strukturen des Organismus, des somatischen und psychosomatischen Reaktionsvermögens. Das alles muss jenen Platz finden, der ihm in dieser Sprache zukommt, in der die Eheleute als Personen miteinander sprechen, da sie zur Gemeinschaft in der »Einheit des Fleisches« berufen sind.

2. Alle Bemühungen, die eine immer genauere Kenntnis dieser »biologischen Gesetzmäßigkeiten« anstreben, die bei der menschlichen Fortpflanzung sichtbar werden, sodann alle Bemühungen der Familienberater und nicht zuletzt der betroffenen Ehepartner selbst haben keine »Biologisierung« der Sprache des Leibes zum Ziel (eine »Biologisierung der Ethik«, wie manche irrtümlich meinen), sondern bezwecken ausschließlich die Sicherstellung der integraleren Wahrheit für jene »Sprache des Leibes«, mit der sich die Ehepartner angesichts der Forderungen einer verantwortlichen Elternschaft in reifer Weise ausdrücken sollen. Die Enzyklika Humanae vitae unterstreicht wiederholt, dass die »verantwortliche Elternschaft« mit ständiger Anstrengung und Mühe verbunden ist und dass sie nur um den Preis einer bestimmten Askese verwirklicht werden kann (vgl. Nr. 21). Solche und ähnliche Formulierungen beweisen, dass es sich im Fall der »verantwortlichen Elternschaft«, also der sittlich richtigen Regelung der Empfängnis, um das wahrhaft Gute der menschlichen Gewissen handelt, das zugleich der wahren Würde der Person entspricht.

3. Die Ausnützung der »unfruchtbaren Perioden« im Eheleben kann zu einer Quelle des Missbrauches werden, wenn die Ehepartner auf diese Weise ohne berechtigte Gründe die Fortpflanzung zu umgehen versuchen oder sie niedriger halten als die in ihrer Familie sittlich gerechtfertigte Geburtenzahl. Diese richtige Geburtenzahl muss sorgfältig überlegt werden, wobei nicht nur das Wohl der eigenen Familie so-

wie der Gesundheitszustand und die Möglichkeiten der Eheleute selbst zu berücksichtigen sind, sondern auch das Wohl der Gesellschaft, zu der sie gehören, der Kirche und schließlich der ganzen Menschheit. Die Enzyklika Humanae vitae stellt die »verantwortliche Elternschaft« als Ausdruck eines hohen ethischen Wertes dar. Sie ist auf keinen Fall einseitig auf die Beschränkung und noch weniger auf die Ausschließung von Nachkommenschaft ausgerichtet; sie bedeutet auch die Bereitschaft zur Annahme einer größeren Kinderzahl. Vor allem hat nach der Enzyklika Humanae vitae die »verantwortliche Elternschaft einen inneren Bezug zur sogenannten objektiven sittlichen Ordnung, die auf Gott zurückzuführen ist und deren Deuterin das rechte Gewissen ist« (Nr. 10).

4. Die Wahrheit der verantwortlichen Elternschaft und ihre praktische Verwirklichung ist mit der sittlichen Reife der Person verbunden, und eben hier wird sehr oft das Auseinanderklaffen zwischen dem offenkundig, was die Enzyklika ausdrücklich in den Vordergrund stellt, und dem, was die allgemein herrschende Auffassung für das Wichtigste hält. In der Enzyklika wird die ethische Dimension des Problems in den Vordergrund gestellt, wobei die Rolle der richtig verstandenen Tugend der Selbstbeherrschung hervorgehoben wird. Im Rahmen dieser Dimension gibt es auch eine entsprechende »Methode«, nach der man sich richten soll. In der allgemein üblichen Auffassung geschieht es häufig, dass die von ihrer ethischen Dimension getrennte »Methode« in rein funktioneller, ja sogar utilitaristischer Weise angewandt wird. Wenn man die »natürliche Methode« von der ethischen Dimension trennt, vermag man nicht mehr den Unterschied wahrzunehmen, der zwischen ihr und anderen »Methoden« (künstlichen Mitteln der Regelung der Empfängnis) liegt, und spricht schließlich von ihr so, als handelte es sich lediglich um eine weitere Form der Empfängnisverhütung.

5. Vom Gesichtspunkt der in der Enzyklika Humanae vitae formulierten authentischen Lehre her ist es daher wichtig, die Methode richtig darzustellen (sie in der Sprache der Biologie und Medizin darzustellen), worauf das Dokument auch hinweist (vgl. Nr. 16); es ist vor allem wichtig, die ethische Dimension zu vertiefen, in deren Rahmen die Methode als »natürliche« die Bedeutung einer »sittlich einwandfreien, richtigen« Methode annimmt. Und darum wollen wir bei unserer jetzigen Analyse die Aufmerksamkeit vor allem darauf lenken, was die Enzyklika zum Thema Selbstbeherrschung und Enthaltsamkeit ausführt. Ohne eingehende Erläuterung dieses Themas werden wir weder zum Kern der sittlichen Wahrheit noch zum Kern der anthropologischen Wahrheit des Problems gelangen. Wir haben bereits früher darauf hingewiesen, dass die Wurzeln des Problems in der Theologie des Leibes liegen: Diese stellt (wenn sie, wie es sein sollte, zur Pädagogik des Leibes wird) tatsächlich die in ihrem tiefsten und vollsten Sinn verstandene sittlich einwandfreie »Methode« der Regelung der Empfängnis dar.

6. Bei der weiteren Charakterisierung der eigentlich sittlichen Werte der »natürlichen« (d. h. der sittlich richtigen) Regelung der Empfängnis führt der Verfasser von Humanae vitae aus: »Solche Selbstbeherrschung … macht die Familie reich an geistlichen Gütern und schenkt ihr wahren Frieden. Sie hilft, auch sonstige Schwierigkeiten zu meistern. Sie fördert bei den Gatten gegenseitige Ehrfurcht und Besorgtsein füreinander; sie hilft den Eheleuten, Selbstsucht, die der wahren Liebe widerspricht, zu überwinden, sie hebt bei ihnen das Verantwortungsbewusstsein für die Erfüllung ihrer Aufgaben. Sie verleiht den Eltern bei der Erziehung der Kinder eine innerlich begründete, wirkungsvollere Autorität: Dementsprechend werden dann Kinder und junge Menschen mit fortschreitendem Alter zu den wahren menschlichen Werten die rechte Einstellung bekommen und die Kräfte ihres Geistes und ihrer Sinne in glücklicher Harmonie entfalten« (HV 21).

7. Die zitierten Sätze vervollständigen das Bild von dem, was die Enzyklika Humanae vitae unter »sittlich geordneter Regelung der Empfängnis« (Nr. 21) versteht. Diese ist, wie man sieht, nicht bloß eine »Verhaltensweise« auf einem bestimmten Gebiet, sondern eine Haltung, die die volle sittliche Reife der Personen voraussetzt und sie zugleich vervollkommnet.

2. Skizze der Spiritualität der Ehe

Die Kräfte, die aus der sakramentalen »Weihe« fließen

126. Katechese, 3. Oktober 1984

1. In Bezug auf die Lehre der Enzyklika Humanae vitae wollen wir versuchen, das geistliche Leben der Eheleute näher zu beschreiben.

Die großartigen Worte der Enzyklika lauten dazu: »Indem die Kirche die unumstößlichen Forderungen des göttlichen Gesetzes weitergibt, verkündet sie das Heil und schließt in den Sakramenten Wege der Gnade auf: Dadurch wird der Mensch eine neue Schöpfung, die in Liebe und echter Freiheit dem erhabenen Plan seines Schöpfers und Erlösers entspricht und Sinn hat für die leichte Last Christi. Indem sie in Demut seiner Stimme folgen, sollen die christlichen Eheleute daran denken, dass ihre Berufung zum christlichen Leben, die in der Taufe gründet, im Sakrament der Ehe entfaltet und gefestigt wurde. So werden sie gestärkt und gleichsam geweiht, um ihre Aufgaben treu erfüllen, ihre Berufung zur Vollendung führen und vor der Welt das ihnen aufgetragene christliche Zeugnis geben zu können. Diese Aufgabe hat der Herr ihnen anvertraut, damit sie den Menschen jenes heilige und doch milde Gesetz offenbar machen, das ihre gegenseitige Liebe und ihr Zusammenwirken mit der Liebe Gottes, des Urhebers menschlichen Lebens, innig vereint« (HV 25).

2. Dadurch, dass sie das sittliche Übel der Empfängnisverhütung aufzeigt und zugleich ein möglichst vollständiges Bild der sittlich erlaubten Regelung der Empfängnis, also der verantwortlichen Elternschaft, zeichnet, schafft die Enzyklika Humanae vitae die Voraussetzungen, die es erlauben, in großen Linien die christliche Spiritualität der Berufung und des Lebens der Eheleute und ebenso die Spiritualität der Berufung und des Lebens der Eltern und der Familie zu umreißen.

Man kann sogar sagen, dass die Enzyklika die ganze Tradition dieser Spiritualität voraussetzt, die in den von uns bereits früher analysierten biblischen Texten wurzelt und uns Gelegenheit gibt, erneut über sie nachzudenken und eine geeignete Synthese zu entwerfen. Hier sei an das erinnert, was über die organische Beziehung zwischen der Theologie des Leibes und der Pädagogik des Leibes gesagt worden ist. Eine solche Theologie und zugleich Pädagogik stellt in der Tat schon an und für sich den Kern einer Spiritualität der Ehe dar. Darauf deuten auch die oben zitierten Sätze der Enzyklika hin.

3. Gewiss würde der die Enzyklika Humanae vitae in irriger Weise wiederlesen und auslegen, der in ihr eine Reduzierung der verantwortlichen Elternschaft auf den biologischen Rhythmus der menschlichen Fruchtbarkeit allein sähe. Der Verfasser der Enzyklika missbilligt und widerspricht energisch jeder Form von reduzierender (und in diesem Sinne einseitiger) Auffassung und betont mit Nachdruck das ganzheitliche Verständnis. Die unverkürzt verstandene verantwortliche Elternschaft ist nichts anderes als ein wichtiger Bestandteil der ganzen Spiritualität von Ehe und Familie, jener Berufung also, von welcher der zitierte Text aus Humanae vitae spricht, wenn er sagt, dass die Eheleute »ihre eigene Berufung bis hin zur Vollkommenheit« verwirklichen sollen (Nr. 25). Es ist das Sakrament der Ehe, das sie stärkt und gleichsam dazu weiht, diese Vollkommenheit zu erlangen (vgl. ebd.).

Im Licht der in der Enzyklika ausgeführten Lehre müssen wir uns in höherem Maße jene »stärkende Kraft« bewusst machen, die mit der »besonderen Weihe« durch das Ehesakrament verbunden ist. Da die Analyse der ethischen Problematik im Dokument Pauls VI. vor allem auf die Richtigkeit der entsprechenden Norm hingeordnet war, trachtet die darin enthaltene Skizze einer Spiritualität der Ehe danach, eben jene Kräfte hervorzuheben, die ein authentisches christliches Zeugnis ehelichen Lebens ermöglichen.

4. »Dass für das Leben christlicher Eheleute bisweilen ernste Schwierigkeiten auftreten, leugnen wir keineswegs, denn wie für jeden von

uns ist auch für sie ›die Pforte eng und schmal der Weg, der zum Leben führt‹ (vgl. Mt 7,14). Dennoch wird die Hoffnung auf dieses Leben wie ein hellstrahlendes Licht ihren Weg erleuchten, wenn sie tapferen Sinnes bemüht sind, ›nüchtern, gerecht und gottesfürchtig in dieser Welt zu leben‹ (vgl. Tit 2,12), wohl wissend, dass ›die Gestalt dieser Welt vergeht‹ (vgl. Röm 5,5)« (HV 25).

In der Enzyklika ist die Auffassung des Ehelebens auf Schritt und Tritt vom christlichen Realismus gekennzeichnet, und eben dieser hilft in stärkerem Maß, jene Kräfte zu erlangen, die die Gestaltung einer Spiritualität der Eheleute und Eltern im Geist einer echten Pädagogik des Herzens und des Leibes erlauben. Auch das Wissen um das »künftige Leben« eröffnet sozusagen einen weiten Horizont jener Kräfte, die die Eheleute auf dem schmalen Weg und durch die enge Pforte (vgl. ebd.) ihrer Berufung im Sinn des Evangeliums führen sollen.

In der Enzyklika heißt es: »Deshalb sollen die Eheleute die ihnen auferlegten Opfer bereitwillig auf sich nehmen, gestärkt durch den Glauben und die Hoffnung, die ›nicht zuschanden werden lässt, denn die Liebe Gottes ist ausgegossen in unsere Herzen durch den Heiligen Geist, der uns gegeben ward‹« (HV 25).

5. Das ist also die wesentliche und grundlegende Kraft: die Liebe, die durch den Heiligen Geist in das Herz eingepflanzt (»ausgegossen«) wird. In der Folge zeigt die Enzyklika, wie die Eheleute im Gebet diese entscheidende Kraft und jede andere göttliche Hilfe erflehen sollen; wie sie aus der immer lebendigen Quelle der Eucharistie Gnade und Liebe schöpfen sollen; wie sie demütig und beharrlich ihre Mängel und Sünden im Bußsakrament überwinden sollen. Das sind die unfehlbaren und unerlässlichen Mittel zur Gestaltung einer christlichen Spiritualität des Ehe- und Familienlebens. Mit ihrer Hilfe erreicht die wesentliche und geistig schöpferische Kraft der Liebe das Herz und gleichzeitig den Leib des Menschen in seiner subjektiven Männlichkeit und Weiblichkeit. Denn diese Kraft erlaubt es, das ganze Zusammenleben der Ehe-

gatten entsprechend jener »Wahrheit des Zeichens« zu gestalten, durch die die Ehe in ihrer sakramentalen Würde aufgebaut wird, wie es die Enzyklika in ihrem Kernpunkt aussagt (vgl. HV 12).

127. Katechese, 10. Oktober 1984

1. Wir wollen unsere Skizze der Spiritualität der Ehe im Lichte der Enzyklika Humanae vitae fortsetzen.

Nach der darin enthaltenen Lehre ist in Übereinstimmung mit den biblischen Quellen und mit der gesamten Überlieferung die Liebe – vom subjektiven Gesichtspunkt her – eine Kraft, d. h. eine Fähigkeit des menschlichen Geistes von theologalem Charakter. Sie ist also die Kraft, die dem Menschen gegeben ist, damit er an jener Liebe teilhabe, mit der Gott selbst im Mysterium der Schöpfung und der Erlösung liebt. Es ist jene Liebe, die »sich an der Wahrheit freut« (1 Kor 13,6), in der die geistliche Freude – das augustinische »frui« (verkosten) – über jeden echten Wert zum Ausdruck kommt: eine Freude ähnlich der des Schöpfers, der am Anfang sah, dass »alles sehr gut war« (Gen 1,31).

Wenn die Kräfte der Begehrlichkeit die menschliche Sprache des Leibes von der Wahrheit zu trennen, sie also zu verfälschen suchen, bestärkt dagegen die Kraft der Liebe sie immer aufs Neue in jener Wahrheit, damit das Geheimnis der Erlösung des Leibes in ihr Frucht bringen kann.

2. Dieselbe Liebe, die es ermöglicht und bewirkt, dass der eheliche Dialog sich entsprechend der innerlich integralen »Wahrheit des Zeichens« vollzieht, ist zugleich eine Kraft oder Fähigkeit sittlichen Charakters, aktiv ausgerichtet auf die Fülle des Guten und eben darum auf jedes wahre Gut. Darum besteht ihre Aufgabe darin, die unauflösliche Verknüpfung der »beiden Bedeutungen des ehelichen Aktes«, von denen die Enzyklika handelt (vgl. HV 12), zu wahren, d. h. sowohl den Wert des wahren Einswerdens der Ehegatten (also der persönlichen Gemeinschaft) als auch den der verantworteten Elternschaft (in ihrer reifen und menschenwürdigen Form) zu schützen.

3. Nach der herkömmlichen Sprache koordiniert die Liebe als höhere Kraft die Handlungen der Personen, des Ehemannes und der Ehefrau, im Bereich der Ehezwecke. Obwohl sich weder die Konzilskonstitution noch die Enzyklika bei der Behandlung des Themas der traditionellen Sprache bedienen (die die Rangordnung der Ziele bestimmt: procreatio [Zeugung], mutuum adiutorium [gegenseitige Hilfe] und remedium concupiscentiae [Heilmittel gegen die Begehrlichkeit]), handeln sie dennoch von dem, worauf sich die traditionellen Ausdrücke beziehen. Die Liebe als höhere Kraft, die Mann und Frau zugleich mit der besonderen »Weihe« des Ehesakraments von Gott empfangen, schließt eine korrekte Zuordnung der Ziele ein, nach denen sich gemäß der traditionellen Lehre der Kirche die sittliche – oder vielmehr theologale und moralische – Ordnung des Lebens der Eheleute gestaltet.

Die Lehre der Konstitution Gaudium et spes sowie jene der Enzyklika Humanae vitae erhellen dieselbe sittliche Ordnung bezüglich der Liebe, die, als höhere Kraft verstanden, den ehelichen Akten angemessenen Gehalt und Wert verleiht, entsprechend der Wahrheit der beiden Bedeutungen – der vereinigenden und der elterlichen – in Achtung ihrer Unauflöslichkeit. In diesem erneuerten Ansatz wird die traditionelle Lehre über die Ehezwecke (und über ihre Rangordnung) bestätigt und zugleich vom Standpunkt des geistlichen Lebens der Eheleute bzw. der ehelichen und elterlichen Spiritualität vertieft.

Analyse der Tugend der Selbstbeherrschung

4. Die Aufgabe der Liebe, die »ausgegossen ist in die Herzen« (Röm 5,5) der Ehegatten als die fundamentale geistige Kraft ihres Ehebundes, besteht, wie gesagt, darin, sowohl den Wert der echten Vereinigung der Eheleute wie den der wahrhaft verantworteten Elternschaft zu schützen. Die Kraft der im theologischen und ethischen Sinn echten Liebe kommt darin zum Ausdruck, dass sie »die beiden Bedeutungen des ehelichen Aktes« korrekt verbindet, indem sie nicht nur in der Theorie, sondern vor allem in der Praxis den Widerspruch ausschließt, der sich

auf diesem Gebiet einstellen könnte. Dieser »Widerspruch« ist der häufigste Grund für Einwände gegen die Enzyklika Humanae vitae und die Lehre der Kirche. Es bedarf einer wirklich gründlichen, nicht nur theologischen, sondern auch anthropologischen Analyse (diese zu bieten, haben wir uns in dieser ganzen Reihe von Überlegungen bemüht), um aufzuzeigen, dass man hier nicht von Widerspruch, sondern nur von Schwierigkeit sprechen soll. Nun, die Enzyklika selbst hebt ja diese Schwierigkeit an verschiedenen Stellen hervor.

Die Schwierigkeit rührt daher, dass die Kraft der Liebe im Menschen der Begehrlichkeit eingepflanzt ist: Im Menschen stößt die Liebe auf die dreifache Begehrlichkeit (vgl. 1 Joh 2,16), besonders auf die Begehrlichkeit des Fleisches, die die Wahrheit der Sprache des Leibes entstellt. Und darum ist die Liebe auch nicht imstande, sich in der Wahrheit der Sprache des Leibes zu verwirklichen, es sei denn durch Beherrschung der Begehrlichkeit.

5. Wenn das Schlüsselelement für die Spiritualität der Ehegatten und Eltern – jene entscheidende Kraft, die die Eheleute fortwährend aus der sakramentalen »Weihe« schöpfen – die Liebe ist, so ist diese, wie aus dem Text der Enzyklika hervorgeht (vgl. HV 20), ihrem Wesen nach an die Reinheit gebunden, die sich in Selbstbeherrschung oder auch in Enthaltsamkeit äußert, insbesondere in der periodischen Enthaltsamkeit. In der biblischen Sprache scheint darauf der Verfasser des Epheserbriefes anzuspielen, wenn er in seinem klassischen Text die Eheleute ermahnt, dass sich »der eine dem anderen unterordne in der gemeinsamen Ehrfurcht vor Christus« (Eph 5,21).

Man kann sagen, dass die Enzyklika Humanae vitae gerade die Entfaltung dieser biblischen Wahrheit über die christliche Spiritualität von Ehe und Familie darstellt. Um diese Entfaltung noch deutlicher zu machen, bedarf es jedoch einer tiefer greifenden Analyse der Tugend der Enthaltsamkeit und ihrer besonderen Bedeutung für die Wahrheit der gegenseitigen Sprache des Leibes im ehelichen Zusammenleben und indirekt im weiteren Bereich der wechselseitigen Beziehungen zwischen Mann und Frau. Wir werden diese Analyse bei den Überlegungen in den kommenden Mittwochsaudienzen beginnen.

128. Katechese, 24. Oktober 1984

1. Entsprechend unserer Ankündigung nehmen wir heute die Analyse der Tugend der Enthaltsamkeit wieder auf.

Die Enthaltsamkeit, die zur umfassenden Tugend der Mäßigkeit gehört, besteht in der Fähigkeit, die sexuellen Triebe und ihre Folgen in der psychosomatischen Subjektivität des Menschen zu beherrschen, zu kontrollieren und zu lenken. Eine solche Fähigkeit als ständige Disposition des Willens verdient Tugend genannt zu werden.

Wir wissen aus den vorausgegangenen Analysen, dass die Begehrlichkeit des Fleisches und das von ihr geweckte sexuelle Verlangen sich mit einem bestimmten Trieb im Bereich der körperlichen Reaktionsfähigkeit und darüber hinaus mit einer psychisch-emotionalen Erregung der sinnlichen Leidenschaft äußert. Die menschliche Person muss sich, um zur Beherrschung dieses Triebes und dieser Erregung zu gelangen, um eine fortschreitende Erziehung zur Selbstkontrolle des Willens, der Empfindungen und Gefühle bemühen; diese muss bei den einfachsten Gesten beginnen, in denen sich verhältnismäßig leicht die innere Entscheidung in die Tat umsetzen lässt. Das setzt natürlich die klare Erfassung der Werte, die in der Norm zum Ausdruck kommen, sowie die Reifung fester Überzeugungen voraus, die die entsprechende Tugend hervorbringen, wenn sie von der diesbezüglichen Disposition des Willens begleitet sind. Eine solche Tugend ist eben die Enthaltsamkeit (Selbstbeherrschung), die sich als Grundbedingung sowohl dafür erweist, dass die Sprache des Leibes in der Wahrheit bleibt, als auch dafür, dass die Eheleute »sich einer dem anderen unterordnen in der gemeinsamen Ehrfurcht vor Christus« gemäß den Worten der Bibel (vgl. Eph 5,21). Diese gegenseitige Unterordnung bedeutet die gemeinsame Sorge um die Wahrheit der Sprache des Leibes; die Unterordnung »in der Ehrfurcht vor Christus« hingegen weist auf die Gabe der Gottesfurcht (Gabe des Heiligen Geistes) hin, die die Tugend der Enthaltsamkeit, d. h. der Maßhaltung, begleitet.

2. Das ist sehr wichtig für ein richtiges Verständnis der Tugend der Enthaltsamkeit und besonders der sogenannten »periodischen Enthaltsamkeit«, von der die Enzyklika Humanae vitae handelt. Die Überzeugung, dass die Tugend der Enthaltsamkeit sich der Begehrlichkeit des Fleisches widersetzt, ist richtig, aber nicht ganz vollständig. Sie ist besonders dann nicht vollständig, wenn wir die Tatsache berücksichtigen, dass diese Tugend ja nicht abstrakt und damit isoliert auftritt und wirkt, sondern immer in Verbindung mit der Klugheit, der Gerechtigkeit, dem Starkmut und vor allem mit der Liebe.

Im Licht dieser Überlegungen lässt sich leicht begreifen, dass sich die Enthaltsamkeit, d. h. die Maßhaltung, nicht darauf beschränkt, der Begehrlichkeit des Fleisches zu widerstehen, sondern sich durch diesen Widerstand in gleicher Weise jenen tieferen und reiferen Werten, die der bräutlichen Bedeutung des Leibes in seiner Weiblichkeit und Männlichkeit innewohnen, wie auch der echten Freiheit des Geschenks in der gegenseitigen Beziehung der Personen öffnet. Die Begehrlichkeit des Fleisches selbst macht, insofern sie vor allem den fleischlich-sinnlichen Genuss sucht, den Menschen gewissermaßen blind und unempfänglich für die tieferen Werte, die aus der Liebe hervorgehen und zugleich die Liebe in der ihr eigenen inneren Wahrheit begründen.

3. Auf diese Weise wird auch das Wesen der ehelichen Reinheit in ihrer tiefen Verbindung mit der Kraft der Liebe offenbar, die zusammen mit der »Weihe« im Sakrament der Ehe in die Herzen der Brautleute eingegossen wird. Es wird außerdem einsichtig, dass die direkte Aufforderung an die Eheleute, »sich einer dem anderen unterzuordnen in der Ehrfurcht vor Christus« (Eph 5,21), anscheinend jenen inneren Raum

öffnet, in dem beide immer empfänglicher für die tieferen und reiferen Werte werden, die mit der bräutlichen Bedeutung des Leibes und der wahren Freiheit des Geschenks zusammenhängen.

Wenn sich die eheliche Reinheit (und die Reinheit überhaupt) zunächst als Fähigkeit, der Begehrlichkeit des Fleisches zu widerstehen, äußert, so offenbart sie sich in der Folge schrittweise als einzigartige Fähigkeit dazu, jene Bedeutungen der Sprache des Leibes zu begreifen, zu lieben und zu verwirklichen, die der Begehrlichkeit völlig unbekannt bleiben und den bräutlichen Dialog der Eheleute nach und nach bereichern, indem sie ihn läutern, vertiefen und zugleich vereinfachen. Jene Askese der Enthaltsamkeit, von der die Enzyklika spricht (HV 21), bringt also nicht die Verarmung der Ausdrucksformen der Liebe mit sich, sondern macht sie geistlich intensiver und bereichert sie.

4. Wenn wir die Enthaltsamkeit, d. h. die Maßhaltung, in der ihr eigenen (anthropologischen, ethischen und theologischen) Dynamik analysieren, bemerken wir, dass der angebliche Widerspruch, der häufig gegen die Enzyklika Humanae vitae und gegen die Lehre der Kirche über die Ehe- und Elternmoral angeführt wird, verschwindet. Es würde also nach denen, die diesen Einwand vorbringen, ein Widerspruch zwischen den beiden Bedeutungen des ehelichen Aktes, der vereinigenden Bedeutung und der elterlichen Bedeutung bestehen (vgl. HV 12), sodass die Eheleute, wenn es nicht erlaubt wäre, sie zu trennen, des Rechtes auf eheliches Einswerden beraubt würden, wenn sie verantwortlicherweise keine Kinder in die Welt setzen können.

Auf diesen angeblichen Widerspruch antwortet die Enzyklika Humanae vitae, wenn man sie gründlich studiert, denn Papst Paul VI. bekräftigt, dass es keinen solchen Widerspruch gibt, sondern nur eine Schwierigkeit im Zusammenhang mit der inneren Gesamtsituation des Menschen der Begehrlichkeit. Aufgrund eben dieser Schwierigkeit wird hingegen dem inneren asketischen Bemühen der Eheleute die wahre Ordnung des ehelichen Zusammenlebens anvertraut, um dessentwillen sie im Ehesakrament »gestärkt und gleichsam geweiht« werden (HV 25).

5. Diese Ordnung des ehelichen Zusammenlebens bedeutet zugleich die subjektive Harmonie zwischen der (verantworteten) Elternschaft und der personalen Vereinigung, eine Harmonie, die durch die eheliche Reinheit geschaffen wird. In der Reinheit reifen tatsächlich die inneren Früchte der Enthaltsamkeit. Durch diese innere Reife gewinnt der eheliche Akt selbst jene Wichtigkeit und Würde, die ihm in seiner potentiell elterlichen Bedeutung innewohnt; gleichzeitig gewinnen sämtliche »Ausdrucksformen der Liebe« ihre adäquate Bedeutung (HV 21), die dazu dienen, die personale Gemeinschaft der Ehegatten je nach dem subjektiven Reichtum der Weiblichkeit und Männlichkeit auszudrücken.

6. In Übereinstimmung mit der Erfahrung und der Tradition betont die Enzyklika, dass der eheliche Akt auch ein »Ausdruck der gegenseitigen Liebe« ist (HV 16), aber ein »Ausdruck der Liebe« besonderer Art, weil er zugleich eine potentiell elterliche Bedeutung hat. Folglich ist er darauf ausgerichtet, die personale Vereinigung auszudrücken – aber nicht nur diese Vereinigung auszudrücken. Gleichzeitig weist die Enzyklika, wenn auch indirekt, auf vielfältige »Ausdrucksformen der Liebe« hin, die ausschließlich ein Ausdruck der personalen Vereinigung der Ehepartner sind.

Die Aufgabe der ehelichen Reinheit und noch deutlicher die der Enthaltsamkeit besteht nicht nur darin, die Wichtigkeit und Würde des ehelichen Aktes im Hinblick auf seine potentiell elterliche Bedeutung, sondern auch als Ausdruck der interpersonalen Vereinigung zu wahren, indem es dem Bewusstsein und der Erfahrung der Ehepartner alle anderen möglichen »Ausdrucksformen der Liebe« erschließt, die ihre tiefe Gemeinschaft darstellen.

Es geht in der Tat darum, dass die Vereinigung der Ehepartner keinen Schaden erleidet, falls sie sich aus rechten Gründen des ehelichen Aktes enthalten müssen. Noch mehr geht es darum, dass diese Vereinigung, die fortwährend Tag für Tag durch entsprechende »Ausdrucksformen der Liebe« aufgebaut wird, sozusagen ein weites Terrain bietet, die Entscheidungen zu einem ehelichen Akt in seiner authentischen, d. h. potenziell elterlichen Bedeutung, heranreifen zu lassen.

129. Katechese, 31. Oktober 1984

1. Wir fahren fort in der Analyse der Selbstbeherrschung im Licht der in der Enzyklika Humanae vitae enthaltenen Lehre.

Man trifft oft die Meinung an, die Selbstbeherrschung löse innere Spannungen aus, von denen sich der Mensch befreien müsse. Im Licht der von uns angestellten Analysen ist die ganzheitlich verstandene Enthaltsamkeit hingegen der einzige Weg, um den Menschen von solchen Spannungen zu befreien. Sie bedeutet nichts anderes als die geistige Anstrengung, die darauf abzielt, die Sprache des Leibes nicht nur in der Wahrheit, sondern auch im echten Reichtum der Ausdrucksformen der Liebe zum Ausdruck zu bringen.

Selbstbeherrschung zwischen »Erregung« und »Emotion«

2. Ist diese Anstrengung möglich? In anderen Worten (und unter anderem Aspekt) taucht hier wieder die Frage nach der Realisierbarkeit der sittlichen Norm auf, die von Humanae vitae angeführt und bestätigt wird. Sie stellt eine der wesentlichsten (und gegenwärtig auch dringendsten) Fragen im Bereich der Spiritualität der Ehe dar.

Die Kirche ist voll von der Richtigkeit des Prinzips der verantwortlichen Elternschaft – in dem bei den vorangegangenen Katechesen erläuterten Sinn – überzeugt, und das nicht nur aus bevölkerungsstatistischen, sondern aus viel wesentlicheren Gründen. Verantwortlich nennen wir die Elternschaft, die der personalen Würde der Ehegatten als Eltern, der Wahrheit ihrer Person und des ehelichen Aktes entspricht. Daher rührt die enge und unmittelbare Beziehung, die diese

Dimension mit der gesamten Spiritualität der Ehe verbindet. Papst Paul VI. hat in Humanae vitae zum Ausdruck gebracht, was übrigens viele angesehene Moraltheologen und auch nichtkatholische Wissenschaftler[119] bestätigt haben und immer noch bestätigen, nämlich, dass es in diesem zutiefst und wesenhaft menschlichen und persönlichen Bereich vor allem notwendig ist, auf den Menschen als Person Bezug zu nehmen, auf das Subjekt, das über sich selbst entscheidet, und nicht auf die Mittel, die ihn zum Objekt (von Manipulationen) machen und ihn entpersönlichen. Es handelt sich hier also um einen wahrhaft »humanistischen« Sinn der Entwicklung und des Fortschritts der menschlichen Zivilisation.

3. Ist diese Anstrengung möglich? Die Gesamtproblematik der Enzyklika Humanae vitae beschränkt sich nicht bloß auf die biologische Dimension der menschlichen Fruchtbarkeit (also auf die Frage der natürlichen Perioden der Fruchtbarkeit), sondern geht zurück auf die Subjektivität des Menschen, auf jenes personale Ich, aufgrund dessen er Mann oder Frau ist. Bereits während der Diskussion beim Zweiten Vatikanischen Konzil zum Kapitel der Pastoralkonstitution Gaudium et spes über »Die Förderung der Würde der Ehe und der Familie« wurde von der Notwendigkeit einer vertieften Analyse der Reaktionen (und auch der Emotionen) gesprochen, die mit dem jeweiligen Einfluss der Männlichkeit und Weiblichkeit[120] auf die menschliche Person verbunden sind. Dieses Problem gehört nicht so sehr zur Biologie als vielmehr zur Psychologie: Von der Biologie und Psychologie geht es dann in den Bereich der ehelichen und elterlichen Spiritualität über.

[119] Vgl. die Erklärungen des Bundes für evangelisch-katholische Wiedervereinigung (O. R. vom 19. 9. 68, S. 3), des Anglikaners Dr. F. King (O. R. vom 5. 10. 68, S. 3) und des Herrn Mohammed Cherif Zeghoudo (in der gleichen Nummer). Besonders bezeichnend ist der Brief Karl Barths an Kardinal Cicognani vom 28. 11. 68, in dem dieser den großen Mut Pauls VI. lobt.

[120] Vgl. Stellungnahme von Kardinal Leo Suenens in der 138. Generalversammlung am 29. 9. 65 (Acta Synodalia S. Concilii Oecumenici Vaticani II, vol. 4, pars 3, p. 30).

Hier steht dieses Problem in der Tat in engem Zusammenhang damit, wie die Tugend der Enthaltsamkeit oder der Selbstbeherrschung und besonders der periodischen Enthaltsamkeit verstanden wird.

4. Eine aufmerksame Analyse der menschlichen Psychologie (die gleichzeitig eine subjektive Selbstanalyse ist und dann zur Analyse eines der menschlichen Wissenschaft zugänglichen Objekts wird) erlaubt, zu einigen wesentlichen Feststellungen zu gelangen. Tatsächlich wird in den zwischenmenschlichen Beziehungen, in denen sich der gegenseitige Einfluss der Männlichkeit und der Weiblichkeit ausdrückt, im psycho-emotionalen Subjekt, im menschlichen Ich, nicht nur eine als »Erregung« qualifizierbare Reaktion, sondern auch eine andere Reaktion freigesetzt, die als »Emotion« bezeichnet werden kann und muss. Obwohl diese beiden Arten von Reaktionen verbunden zu sein scheinen, lassen sie sich erfahrungsgemäß unterscheiden, und zwar in Bezug auf den Inhalt oder ihr Objekt[121].

Der objektive Unterschied zwischen der einen und der anderen Reaktionsform besteht darin, dass die Erregung vor allem körperlich und in diesem Sinn sexuell ist; die Emotion dagegen bezieht sich – auch wenn sie von der jeweiligen Reaktion des Mann- und Frauseins hervorgerufen wird – vor allem auf die in ihrer Ganzheit verstandene Person des anderen. Man kann sagen, es ist eine von der Person verursachte Emotion in Bezug auf ihre Männlichkeit und Weiblichkeit.

5. Was wir hier in Bezug auf die Psychologie der gegenseitigen Reaktionen der Männlichkeit und Weiblichkeit sagen, hilft uns, die Funktion der Tugend der Selbstbeherrschung zu begreifen, von der vorhin die Rede war. Sie ist nicht nur – und nicht einmal in der Hauptsache – die Fähigkeit, sich zu enthalten, das heißt die Beherrschung der vielfältigen Reaktionen, die sich verflechten im gegenseitigen Einfluss der Männ-

[121] Hierzu ließe sich vergleichen, was der hl. Thomas über die »menschliche Liebe« im Verhältnis zur Konkupiszenz und zum Willen sagt (S. Th. I–IIae, q. 26, art. 2).

lichkeit und Weiblichkeit; eine solche Funktion kann als »negativ« bezeichnet werden. Es gibt noch eine andere Funktion der Selbstbeherrschung (die wir »positiv« nennen können) und das ist die Fähigkeit, die jeweiligen Reaktionen in Bezug auf ihren Inhalt wie auch auf ihren Charakter zu steuern.

Es wurde bereits gesagt, dass im Bereich der gegenseitigen Reaktionen der Männlichkeit und Weiblichkeit die Erregung und die Emotion nicht nur als zwei unterschiedene und unterschiedliche Erfahrungen des menschlichen Ich erscheinen, sondern sehr oft im Rahmen desselben Erlebens als zwei verschiedene Komponenten miteinander verbunden erscheinen. Von verschiedenen Umständen innerer und äußerer Natur hängt das wechselseitige Verhältnis ab, in dem diese beiden Komponenten in einem bestimmten Erlebnis erscheinen. Manchmal überwiegt ganz klar eine der beiden Komponenten, in anderen Fällen herrscht mehr oder weniger Ausgewogenheit zwischen ihnen.

6. Die Enthaltsamkeit als Fähigkeit, die Erregung und die Emotion im Bereich des gegenseitigen Einflusses der Männlichkeit und Weiblichkeit zu steuern, hat die wesentliche Aufgabe, die Schlüsselaufgabe, das Gleichgewicht zu bewahren zwischen der Vereinigung, in der die Ehegatten einander nur ihre Nähe und Einheit zum Ausdruck bringen wollen, und jener, in der sie (zumindest implizit) die verantwortliche Elternschaft annehmen. Denn die Erregung und die Emotion können vonseiten des Individuums Ausrichtung und Wesen der gegenseitigen Sprache des Leibes bestimmen. Die Erregung sucht sich vor allem in Form der sinnlichen und körperlichen Lust auszudrücken, das heißt, sie strebt den ehelichen Akt an, der (abhängig von den natürlichen Fruchtbarkeitsperioden) die Möglichkeit der Zeugung einschließt. Die von einem anderen menschlichen Wesen als Person hervorgerufene Emotion hingegen strebt, auch wenn sie in ihrem emotionalen Inhalt durch die Männlichkeit und Weiblichkeit des anderen bedingt wird, nicht an sich den ehelichen Akt an, sondern beschränkt sich auf andere

Ausdrucksformen der Liebe, in denen die bräutliche Bedeutung des Leibes zum Ausdruck kommt und die trotzdem nicht seine potenziell elterliche Bedeutung in sich schließen. Es ist leicht einzusehen, welche Konsequenzen sich daraus für das Problem der verantwortlichen Elternschaft ergeben. Es sind Konsequenzen sittlicher Natur.

130. Katechese, 7. November 1984

1. Wir setzen die Analyse der Tugend der Enthaltsamkeit im Lichte der in der Enzyklika Humanae vitae enthaltenen Lehre fort. Es sei daran erinnert, dass die großen vorchristlichen (z.B. Aristoteles) wie christlichen (z.B. Thomas von Aquin) Klassiker des ethischen (und anthropologischen) Denkens in der Tugend der Enthaltsamkeit nicht nur die Fähigkeit sehen, die körperlichen und sinnlichen Reaktionen zurückzuhalten, sondern mehr noch die Fähigkeit, die gesamte sinnlich-emotionale Sphäre des Menschen zu kontrollieren und zu leiten. In unserem Fall handelt es sich um die Fähigkeit, sowohl die Erregung auf ihre richtige Entwicklung hinzulenken als auch die Emotion selbst zu steuern und ihren »reinen« und gewissermaßen »uneigennützigen« Charakter zu vertiefen und innerlich zu bereichern.

2. Diese Unterscheidung zwischen Erregung und Emotion ist kein Widerspruch. Sie besagt nicht, dass der eheliche Akt als Folge der Erregung nicht notwendigerweise auch gleichzeitig eine durch die andere Person hervorgerufene Emotion mit sich bringt. Das ist sicher so oder sollte auf jeden Fall nicht anders sein. Beim ehelichen Akt müsste die Vereinigung mit einer besonderen Vertiefung der Emotion, ja mit der Sorge für die andere Person verbunden sein. Das ist auch im Epheserbrief in Form einer an die Eheleute gerichteten Ermahnung gesagt: »Einer ordne sich dem anderen unter in der gemeinsamen Ehrfurcht vor Christus« (Eph 5,21).

Die in dieser Analyse festgestellte Unterscheidung zwischen »Erregung« und »Emotion« beweist nur den subjektiven reaktiv-emotiven

Reichtum des menschlichen Ich; dieser Reichtum schließt jede einseitige Beschränkung aus und ermöglicht es, dass die Tugend der Enthaltsamkeit als Fähigkeit verwirklicht werden kann, die Äußerung sowohl der Erregung wie der Emotion, die vom gegenseitigen Reaktionsvermögen der Männlichkeit und Weiblichkeit geweckt werden, zu lenken.

3. So verstanden spielt die Tugend der Enthaltsamkeit eine entscheidende Rolle für die Aufrechterhaltung des inneren Gleichgewichts zwischen den beiden Bedeutungen des ehelichen Aktes – der vereinigenden Bedeutung und der elterlichen Bedeutung – (vgl. HV 12) im Hinblick auf die vollständig verstandene Ausübung der verantwortlichen Elternschaft.

Die Enzyklika Humanae vitae widmet dem biologischen Aspekt des Problems, das heißt dem zyklischen Charakter der menschlichen Fruchtbarkeit, gebührende Aufmerksamkeit. Auch wenn dieser zyklische Charakter im Lichte der Enzyklika ein providentielles Zeichen für eine verantwortliche Elternschaft genannt werden kann, so lässt sich doch ein Problem wie dieses angesichts seiner so tief personalen und sakramentalen, theologischen Bedeutung nicht allein auf dieser Ebene lösen.

Die Enzyklika lehrt die verantwortliche Elternschaft als die Verifizierung einer reifen ehelichen Liebe und gibt darum nicht nur Antwort auf die konkrete Frage, die sich im Rahmen der Ethik des Ehelebens stellt, sondern entwirft, wie bereits gesagt wurde, darüber hinaus eine Skizze der ehelichen Spiritualität, die wir wenigstens kurz umreißen wollen.

4. Die richtige Art und Weise, die periodische Enthaltsamkeit als Tugend (das heißt nach HV 21 als Selbstbeherrschung) zu verstehen und zu üben, bestimmt auch ganz wesentlich die Natürlichkeit der Methode, die auch als »natürliche Methode« bezeichnet wird: Das ist Na-

türlichkeit auf der Ebene der Person. Man darf also nicht an eine mechanische Anwendung biologischer Gesetze denken. Das Wissen um die Rhythmen der Fruchtbarkeit – so unerlässlich es ist – schafft noch nicht jene innere Freiheit des Geschenks, die ausdrücklich geistiger Natur ist und von der Reife des inneren Menschen abhängt. Diese Freiheit setzt die Fähigkeit voraus, die sinnlichen und emotionalen Reaktionen zu steuern, sodass sie die Selbsthingabe an das andere Ich aufgrund des reifen Besitzes des eigenen Ich in seiner körperlichen und emotionalen Subjektivität ermöglicht.

5. Wie sich aus unseren vorangegangenen biblischen und theologischen Analysen ergeben hat, ist der menschliche Leib in seiner Männlichkeit und Weiblichkeit aus sich heraus auf die Vereinigung der Personen (communio personarum) hingeordnet. Darin besteht seine bräutliche Bedeutung.

Gerade diese bräutliche Bedeutung des Leibes ist gewissermaßen an ihrer Wurzel von der Begehrlichkeit (besonders von der Begehrlichkeit des Fleisches im Rahmen der dreifachen Begehrlichkeit) entstellt worden. Die Tugend der Enthaltsamkeit bringt in ihrer reifen Form allmählich die bräutliche Bedeutung des Leibes rein zur Darstellung. Auf diese Weise fördert die Enthaltsamkeit die personale Vereinigung von Mann und Frau, die sich im Bereich der Begehrlichkeit allein nicht gemäß der vollen Wahrheit ihrer Möglichkeiten zu bilden und zu entfalten vermag. Das eben bekräftigt die Enzyklika Humanae vitae. Diese Wahrheit hat zwei Aspekte: den personalen und den theologischen.

Die Gabe der Ehrfurcht

131. Katechese, 14. November 1984

1. Im Licht der Enzyklika Humanae vitae ist das grundlegende Element der ehelichen und elterlichen Spiritualität die Liebe, die als Geschenk des Heiligen Geistes in die Herzen der Eheleute eingegossen ist

(vgl. Röm 5,5). Die Ehepartner empfangen im Sakrament diese Gabe zugleich mit einer besonderen Weihe. Die Liebe ist mit der ehelichen Reinheit verbunden, die sich als Selbstbeherrschung zeigt und auf diese Weise die innere Ordnung des ehelichen Zusammenlebens verwirklicht. Reinheit heißt leben in der Ordnung des Herzens. Diese Ordnung erlaubt die Entfaltung der Ausdrucksformen der Liebe in dem Umfang und der Bedeutung, die ihnen eigen sind. So wird die eheliche Reinheit nach einem Ausdruck des hl. Paulus als »Leben aus dem Geist« bestätigt (vgl. Gal 5,25). Der Apostel hatte dabei nicht nur die dem menschlichen Geist innewohnenden Kräfte im Sinn, sondern vor allem den heiligenden Einfluss des Heiligen Geistes und seine besonderen Gaben.

2. Im Mittelpunkt der ehelichen Spiritualität steht also die Reinheit nicht nur als (von der Liebe geformte) sittliche Tugend, sondern ebenso als Tugend, die mit den Gaben des Heiligen Geistes verbunden ist – vor allem mit der Gabe der Ehrfurcht vor allem, was von Gott kommt (Gabe der Frömmigkeit). Diese Gabe hat der Verfasser des Epheserbriefes vor Augen, wenn er die Eheleute ermahnt, »einer ordne sich dem anderen unter in der gemeinsamen Ehrfurcht vor Christus« (Eph 5,21). So ist also die innere Ordnung des ehelichen Zusammenlebens, die es den Liebesäußerungen gestattet, sich in ihrem richtigen Ausmaß und in ihrer Bedeutung zu entfalten, nicht nur Frucht der Tugend, in der sich die Eheleute üben, sondern auch der Gaben des Heiligen Geistes, mit dem sie zusammenwirken.

Die Enzyklika Humanae vitae spricht in einigen Abschnitten (besonders Nr. 21 und 26), die von der besonderen ehelichen Askese bzw. dem Bemühen handeln, die Tugend der Liebe, der Reinheit und der Enthaltsamkeit zu üben, indirekt von den Gaben des Heiligen Geistes, für die die Eheleute in dem Maß ihres Reifens in der Tugend empfänglich werden.

3. Das entspricht der immerwährenden Berufung des Menschen zur Ehe. Jene »beiden«, die – nach der ältesten Aussage der Bibel – »ein Fleisch sein werden« (Gen 2,24), können diese Einheit auf der Ebene der Person (communio personarum) nur mit Hilfe der Kräfte vollziehen, die vom Geist, und zwar vom Heiligen Geist, herrühren, der die Kräfte des menschlichen Geistes läutert, belebt, stärkt und vervollkommnet. »Der Geist ist es, der lebendig macht; das Fleisch nützt nichts« (Joh 6,63).

Daraus ergibt sich, dass die Skizze der Spiritualität der Ehe »von Anfang an« in der biblischen Wahrheit über die Ehe enthalten ist. Diese Spiritualität ist zugleich »von Anfang an« offen für die Gaben des Heiligen Geistes. Wenn die Enzyklika Humanae vitae die Eheleute zu »inständigem Gebet« und zum sakramentalen Leben auffordert und sagt: »sie sollen ... vor allem aus der immer strömenden Quelle der Eucharistie Gnade und Liebe schöpfen«; sie sollen »demütig und beharrlich zur Barmherzigkeit Gottes ihre Zuflucht nehmen, die ihnen im Bußsakrament in reichem Maße geschenkt wird« (HV 25), so tut sie das im Gedanken daran, dass der Geist »lebendig macht« (2 Kor 3,6).

4. Die Gaben des Heiligen Geistes und insbesondere die Gabe der Ehrfurcht vor dem Heiligen (donum pietatis) haben hier anscheinend eine grundlegende Bedeutung. Denn diese Gabe stärkt und entwickelt in den Eheleuten eine einzigartige Sensibilität für alles, was in ihrer Berufung und ihrem Zusammenleben das Zeichen des Geheimnisses von Schöpfung und Erlösung trägt: für all das, was ein geschaffener Abglanz der Weisheit und Liebe Gottes ist. Diese Gabe scheint also den Mann und die Frau in besonders tiefer Weise zur Achtung vor den beiden unauflöslichen Bedeutungen des ehelichen Aktes hinzuführen, von denen die Enzyklika (Nr. 12) im Zusammenhang mit dem Ehesakrament spricht. Die Achtung vor den beiden Bedeutungen des ehelichen Aktes kann sich nur dann voll entwickeln, wenn das, was im Menschen dem Mann- und Frausein eigen ist, zutiefst auf die Personwürde des

Paares und untrennbar hiervon auf die Personwürde des neuen Lebens bezogen wird, das der ehelichen Vereinigung von Mann und Frau entspringen kann. Die Gabe der Ehrfurcht vor allem, was Gott geschaffen hat, drückt sich eben in dieser Bezugnahme aus.

5. Die Achtung der zweifachen Bedeutung des ehelichen Aktes, die aus der Gabe der Ehrfurcht vor Gottes Schöpfung wächst, tut sich auch als heilbringende Furcht kund: als Furcht, das, was das Zeichen des göttlichen Geheimnisses von Schöpfung und Erlösung an sich trägt, zu zerstören oder zu entwürdigen. Genau von dieser Furcht spricht der Verfasser des Epheserbriefes: »Einer ordne sich dem anderen unter in der gemeinsamen Ehrfurcht vor Christus« (Eph 5,21). Wenn diese heilbringende Furcht unmittelbar mit der negativen Funktion der Enthaltsamkeit (d. h. dem Widerstand gegen die Begehrlichkeit des Fleisches) verknüpft ist, erweist sie sich auch in zunehmendem Maße, der allmählichen Reifung dieser Tugend entsprechend, als Sensibilität, die von Ehrfurcht vor den wesentlichen Werten der ehelichen Vereinigung erfüllt ist: für die beiden Bedeutungen des ehelichen Aktes (oder in der Sprache der vorhergehenden Analysen: für die innere Wahrheit der gegenseitigen Sprache des Leibes). Aufgrund einer tiefen Bezugnahme auf diese beiden wesentlichen Werte wird im Menschen die Bedeutung der Einheit der Ehepartner subjektiv mit der Bedeutung der verantworteten Elternschaft in Einklang gebracht. Die Gabe der Ehrfurcht vor dem von Gott Geschaffenen bewirkt, dass der scheinbare Widerspruch in diesem Bereich schwindet und die aus der Begehrlichkeit herrührende Schwierigkeit schrittweise überwunden wird dank der gereiften Tugend und der Kraft dieser Gabe des Heiligen Geistes.

6. Wenn es sich um die Problematik der sogenannten periodischen Enthaltsamkeit handelt, d. h. die Anwendung der natürlichen Methoden, hilft die Gabe der Ehrfurcht vor Gottes Werk im Allgemeinen, die Menschenwürde mit den natürlichen Fruchtbarkeitszyklen, also mit

der biologischen Dimension der Weiblichkeit und Männlichkeit der Eheleute, in Einklang zu bringen, einer Dimension, die auch eine eigene Bedeutung für die Wahrheit der gegenseitigen Sprache des Leibes im ehelichen Zusammenleben besitzt.

Auf diese Weise findet auch das, was sich nicht so sehr im biblischen als vielmehr im biologischen Sinn auf die eheliche Einheit im Fleisch bezieht, dank des Lebens aus dem Geist seine menschlich reife Form.

Die ganze Praxis der ehrbaren Regelung der Empfängnis, die so eng mit der verantworteten Elternschaft verbunden ist, gehört zur christlichen Spiritualität von Ehe und Familie, und nur durch das Leben aus dem Geist gewinnt sie innerlich Wahrheit und Echtheit.

132. Katechese, 21. November 1984

1. Vor dem Hintergrund der in der Enzyklika Humanae vitae enthaltenen Lehre wollen wir eine Skizze der Spiritualität der Ehe umreißen. Im geistlichen Leben der Eheleute sind auch die Gaben des Heiligen Geistes wirksam, insbesondere das »donum pietatis«, das heißt die Gabe der Ehrfurcht vor dem, was Gottes Werk ist.

2. Diese Gabe der Ehrfurcht, verbunden mit Liebe und Reinheit, hilft, im Ganzen des ehelichen Zusammenlebens jenen Akt tief zu identifizieren, in dem sich, zumindest als Möglichkeit, die bräutliche Bedeutung des Leibes mit der elterlichen Bedeutung erfüllt ist. Sie leitet dazu an, unter den möglichen Ausdrucksformen der Liebe die einzigartige, ja außerordentliche Bedeutung jenes Aktes zu verstehen: seine Würde und die große Verantwortung, die sich daraus ergibt und die mit diesem Akt verbunden ist. Daher besteht der Gegensatz zur Spiritualität der Ehe gewissermaßen in dem subjektiven Mangel einer solchen Identifizierung, der von der Praxis und Mentalität der Empfängnisverhütung herrührt. Zudem bedeutet dieser Mangel einen enormen Schaden vom Blickpunkt der inneren Kultur des Menschen aus. Die Tugend der

ehelichen Reinheit und noch mehr die Gabe der Ehrfurcht vor dem, was von Gott kommt, prägen die Spiritualität der Eheleute, um die besondere Würde dieses Aktes, dieser Liebesbezeugung, zu schützen, in dem die Wahrheit der Sprache des Leibes nur zum Ausdruck kommt, wenn die Möglichkeit der Zeugung neuen Lebens gewahrt ist. Verantwortete Elternschaft bedeutet vor allem die geistliche Identifizierung des ehelichen Aktes im Bewusstsein und Willen der beiden Ehepartner, die in dieser Liebesbezeugung, nachdem sie die inneren, äußeren und besonders die biologischen Umstände bedacht haben, ihrer so gereiften Bereitschaft zur Vaterschaft und Mutterschaft Ausdruck geben.

3. Die Gabe der Ehrfurcht vor dem Werk Gottes trägt dazu bei, dass der eheliche Akt nicht herabgesetzt und seiner Innerlichkeit im Ganzen des ehelichen Zusammenlebens beraubt, dass er nicht gewöhnlich wird und dass in ihm eine angemessene Fülle persönlicher und sittlicher, aber auch religiöser Gehalte zum Ausdruck kommt: die Ehrfurcht vor der Majestät des Schöpfers, des einzigen und letzten Herrn und Hüters der Lebensquelle, sowie vor der bräutlichen Liebe des Erlösers. Das alles schafft und erweitert sozusagen den inneren Raum für die gegenseitige Freiheit des Geschenks, in der die bräutliche Bedeutung der Männlichkeit und Weiblichkeit voll und ganz offenbar wird. Das Hindernis für diese Freiheit ist im inneren Zwang der Begehrlichkeit gegeben, die auf das andere Ich als einfaches Objekt des Gebrauchs gerichtet ist. Die Ehrfurcht vor dem, was von Gott geschaffen wurde, befreit von diesem Zwang; sie befreit von allem, was das andere Ich zum bloßen Objekt des Gebrauchs reduziert; sie stärkt andererseits die innere Freiheit des Geschenks.

4. Das lässt sich nur durch eine tiefe Identifizierung der Personenwürde des weiblichen wie des männlichen Ich in ihrem Zusammenleben verwirklichen. Diese spirituelle Identifizierung ist die grundlegende Frucht der Gabe des Geistes, der den Einzelnen zur Ehrfurcht vor dem

Werk Gottes anspornt. Von dieser Identifizierung und somit indirekt aus jener Gabe gewinnen alle Ausdrucksformen der Liebe, die das Gewebe der Beständigkeit der ehelichen Einheit bilden, die authentische bräutliche Bedeutung. Diese Einheit drückt sich nur unter bestimmten Umständen durch den ehelichen Akt aus, sie kann und muss aber immer wieder, Tag für Tag, durch verschiedene Ausdrucksformen der Liebe bekundet werden, die von der Fähigkeit zu einer selbstlosen Emotion des Ich in Bezug auf ihre Weiblichkeit und umgekehrt auf sei-ne Männlichkeit bestimmt ist.

Die Gabe der Ehrfurcht vor Gottes Werk, die der Geist in den Eheleuten weckt, ist für jene Ausdrucksformen der Liebe von höchster Bedeutung, weil Hand in Hand mit ihr die Fähigkeit zu tiefem Wohlgefallen, Bewunderung und selbstloser Aufmerksamkeit für die sichtbare und zugleich unsichtbare Schönheit der Weiblichkeit und Männlichkeit einhergeht und schließlich eine lebendige Hochschätzung der selbstlosen Hingabe des anderen.

5. Das alles entscheidet die geistliche Identifizierung dessen, was männlich oder weiblich, körperlich und zugleich personal ist. Dieser geistlichen Identifizierung entspringt das Wissen um die Vereinigung durch den Leib bei Bewahrung der inneren Freiheit des Geschenks. Durch die Liebesbezeugungen helfen die Eheleute einander, in ihrem Bund zu verharren; gleichzeitig schützen diese Ausdrucksformen der Liebe in beiden jenen tiefen Frieden, der gewissermaßen der innere Widerhall der Reinheit ist, die von der Gabe der Ehrfurcht vor dem von Gott Geschaffenen geleitet wird.

Diese Gabe der Ehrfurcht bringt eine tiefe und allumfassende Achtung der Person in ihrem Mann- und Frausein mit sich und schafft das innere Klima der personalen Vereinigung. Nur in diesem Klima der personalen Vereinigung der Eheleute kommt es auf richtige Weise zu jener Fortpflanzung, die wir als verantwortlich bezeichnen.

6. Die Enzyklika Humanae vitae erlaubt uns, einen Umriss der Spiritualität der Ehe zu entwerfen. Diese ist das menschliche und übernatürliche Klima, in dem sich unter Berücksichtigung der biologischen Ordnung und zugleich auf der Grundlage der vom »donum pietatis« getragenen Reinheit die innere Harmonie der Ehe bildet unter Beachtung dessen, was die Enzyklika als die »beiden Bedeutungen (Sinngehalte)« des ehelichen Aktes bezeichnet (vgl. HV 12). Diese Harmonie bedeutet, dass die Eheleute in der inneren Wahrheit der Sprache des Leibes zusammenleben. Die Enzyklika Humanae vitae erklärt die Verknüpfung zwischen dieser Wahrheit und der Liebe als unauflöslich.

Schluss

133. Katechese, 28. November 1984

1. Die Reihe der Katechesen, die ich vor mehr als vier Jahren begonnen habe und heute abschließe, kann man unter dem Titel »Die menschliche Liebe im göttlichen Heilsplan« oder genauer: »Die Erlösung des Leibes und die Sakramentalität der Ehe« zusammenfassen. Sie gliedern sich in zwei Teile.

Der erste Teil gilt der Analyse der Worte Christi, die sich gleichsam als Schlüssel für das Öffnen des vorliegenden Themas herausstellen. Diese Worte wurden im Gesamtzusammenhang der Frohbotschaft ausführlich analysiert, und im Laufe der Überlegungen über mehrere Jahre hin haben wir die drei Texte herausgestellt, die im ersten Teil der Katechesen besprochen wurden.

Da ist vor allem der Text, in dem Christus im Gespräch mit den Pharisäern über die Einheit und Unauflöslichkeit der Ehe auf den »Anfang« Bezug nimmt (vgl. Mt 19,8; Mk 10,6–9). Sodann die Worte, die Christus in der Bergpredigt über die Begehrlichkeit als »im Herzen begangenen Ehebruch« gesprochen hat (vgl. Mt 5,28). Schließlich die von allen Synoptikern überlieferten Worte, in denen Christus die Auferstehung der Toten im Jenseits anspricht (vgl. Mt 22,30; Mk 12,25; Lk 20,35–36).

Der zweite Teil der Katechesen galt der Analyse des Ehesakraments auf der Grundlage des Epheserbriefes (Eph 5,22–33), der auf den biblischen »Anfang« der Ehe Bezug nimmt, wie das Buch Genesis ihn schildert: »… der Mann verlässt Vater und Mutter und bindet sich an seine Frau, und sie werden ein Fleisch« (Gen 2,24).

Die Katechesen des ersten und zweiten Teiles verwenden wiederholt den Ausdruck »Theologie des Leibes«. Dabei handelt es sich gewissermaßen um einen »Arbeitsbegriff«. Die Einführung von Begriff und Gehalt der »Theologie des Leibes« war für die umfassendere Grundlegung des Themas »Die Erlösung des Leibes und die Sakramentalität der Ehe« notwendig. Denn man muss sogleich feststellen, dass der Begriff »Theologie des Leibes« weit über den Inhalt der von uns angestellten Überlegungen hinausreicht. Diese Überlegungen gehen auf viele Probleme nicht ein, die inhaltlich zur Theologie des Leibes gehören (wie z. B. das in der biblischen Botschaft so bedeutsame Problem von Leiden und Tod). Das sei klar gesagt. Trotzdem muss auch ausdrücklich anerkannt werden, dass der Gang der Überlegungen zum Thema »Die Erlösung des Leibes und die Sakramentalität der Ehe« korrekterweise dort ansetzen kann, wo das Licht der Offenbarung auf die Wirklichkeit des menschlichen Leibes fällt, also bei der »Theologie des Leibes«. Das wird unter anderem von den Worten des Buches Genesis bestätigt: »die beiden werden ein Fleisch sein«, Worte, die vom Ursprung her und thematisch unserem Thema zugrunde liegen.

2. Die Überlegungen zum Sakrament der Ehe wurden unter Berücksichtigung der beiden für dieses (wie für jedes andere) Sakrament wesentlichen Dimensionen – der Dimension des Bundes und der Gnade sowie der Dimension des Zeichens – angestellt. Anhand dieser beiden Dimensionen sind wir in Verbindung mit den Schlüsselworten Christi immer wieder auf die Überlegungen zur Theologie des Leibes zurückgekommen, auch als wir am Ende dieses Katechesenzyklus die Enzyklika Humanae vitae behandelt haben.

Die in diesem kirchlichen Dokument unserer Zeit enthaltene Lehre steht in lebendiger Beziehung sowohl zur Sakramentalität der Ehe als auch zur biblischen Problematik der Theologie des Leibes und hat ihren Mittelpunkt in den Schlüsselworten Christi. In einem gewissen Sinn kann man sogar sagen, dass sämtliche Überlegungen, die wir »Als Mann und Frau schuf er sie« nannten und die von der Erlösung des Leibes und der Sakramentalität der Ehe handeln, einen umfassenden Kommentar zu der in der Enzyklika Humanae vitae enthaltenen Lehre darstellen. Ein solcher Kommentar erscheint sehr notwendig. Denn indem die Enzyklika auf manche heutige Fragen im Bereich der Ehe- und Familienmoral Antwort gibt, hat sie, wie wir wissen, gleichzeitig auch andere Fragen biologisch-medizinischer Art aufgeworfen. Aber auch (und vor allem) diese Fragen haben theologischen Charakter; sie gehören zu jenem Bereich der Anthropologie und Theologie, den wir »Theologie des Leibes« genannt haben.

Die in den beiden Teilen angestellten Überlegungen wollten sich den zur Enzyklika Humanae vitae aufgeworfenen Fragen stellen. Die Reaktion auf die Enzyklika bestätigt die Bedeutung und Schwierigkeit dieser Fragen. Dies wurde auch in weiteren Lehräußerungen Pauls VI. bestätigt, in denen er die Möglichkeit hervorhob, die Darlegung der christlichen Wahrheit in diesem Bereich zu vertiefen.

Das wurde zudem vom Apostolischen Schreiben Familiaris consortio bekräftigt, Frucht der Bischofssynode von 1980: De muneribus familiae christianae. Das Dokument enthält einen besonders an die Theologen gerichteten Aufruf, die biblischen und personalistischen Gesichtspunkte der in Humanae vitae enthaltenen Lehre vollständiger herauszuarbeiten.

Auf die Fragen, die die Enzyklika aufwirft, eingehen heißt, sie formulieren und gleichzeitig eine Antwort auf sie suchen. Die Lehre von Familiaris consortio fordert, dass sich sowohl die Formulierung der Fragen als auch die Suche nach entsprechender Antwort auf die biblischen und personalistischen Gesichtspunkte konzentriere. Diese

Lehre gibt auch die Richtung für die Entwicklung der Theologie des Leibes an und mithin die Richtung ihrer allmählichen Ergänzung und Vertiefung.

3. Die Analyse der biblischen Gesichtspunkte zeigt die Art der Verwurzelung der von der Kirche unserer Tage verkündeten Lehre in der Offenbarung auf. Das ist wichtig für die Entwicklung der Theologie. Die Entwicklung, das heißt der Fortschritt in der Theologie, verwirklicht sich ja dadurch, dass das Studium des Offenbarungsschatzes immer wieder aufgenommen wird.

Die Verwurzelung der von der Kirche verkündeten Lehre in der gesamten Überlieferung und in der göttlichen Offenbarung selbst ist immer für die vom Menschen gestellten Fragen offen und bedient sich auch der Mittel, die der modernen Wissenschaft und der heutigen Kultur am besten entsprechen. Es scheint, dass auf diesem Gebiet die intensive Entwicklung der philosophischen Anthropologie (besonders der Anthropologie, die der Ethik zugrunde liegt) sich sehr eng mit den Fragen berührt, die von der Enzyklika Humanae vitae im Hinblick auf die Theologie und insbesonders die theologische Ethik aufgeworfen wurden.

Die Analyse der personalistischen Gesichtspunkte der in diesem Dokument enthaltenen Lehre ist von entscheidender Bedeutung, um festzustellen, worin der wahre Fortschritt, also die Entwicklung des Mensehen, besteht. Denn in der gesamten modernen Zivilisation – besonders in der »atlantischen« westlichen – gibt es eine unterschwellige und zugleich ziemlich offene Tendenz, diesen Fortschritt mit dem Maß der Sachen, das heißt der materiellen Güter, zu messen.

Die Analyse der personalistischen Gesichtspunkte der Lehre der Kirche, die in der Enzyklika Pauls VI. enthalten ist, lässt den entschlossenen Aufruf laut werden, den Fortschritt des Menschen mit dem Maß der Person, das heißt nach dem, was ein Gut des Menschen als Mensch ist – was der Würde seines Wesens entspricht –, zu beurteilen.

Die Analyse der personalistischen Aspekte führt zur Überzeugung, dass die Enzyklika als wesentliches Problem den Gesichtspunkt der authentischen Entwicklung des Menschen vorlegt; diese Entwicklung misst man in der Tat grundsätzlich nach der Ethik und nicht bloß nach der Technik.

4. Die der Enzyklika Humanae vitae gewidmeten Katechesen bilden nur einen – und zwar den abschließenden – Teil jener Katechesen, die die Erlösung des Leibes und die Sakramentalität der Ehe behandelten. Wenn ich die Aufmerksamkeit besonders auf diese letzten Katechesen lenke, so nicht nur deshalb, weil das in ihnen behandelte Thema aufs Engste mit der zeitgenössischen Welt verbunden ist, sondern vor allem, weil in ihm jene Fragen ihren Ursprung haben, die gewissermaßen die Gesamtheit unserer Reflexionen durchziehen. Daraus folgt, dass dieser abschließende Teil nicht künstlich an diese Gesamtheit angehängt, sondern mit ihm auf organische und homogene Weise verbunden ist. Jener Teil, der sich in der Gesamtordnung am Ende befindet, steht gewissermaßen gleichzeitig am Anfang des Ganzen. Das ist vom Gesichtspunkt der Struktur und der Methode her wichtig. Auch der geschichtliche Zeitpunkt hat anscheinend seine Bedeutung: Die vorliegenden Katechesen begannen in der Tat während der Vorbereitung zur Bischofssynode 1980, die dem Thema Ehe und Familie galt (De muneribus familiae christianae), und enden nach der Veröffentlichung des Apostolischen Schreibens Familiaris consortio, das Frucht der Arbeiten dieser Synode ist. Es ist allen bekannt, dass die Synode von 1980 auch auf die Enzyklika Humanae vitae Bezug genommen und deren Lehre voll und ganz bestätigt hat.

Das bedeutungsvollste Moment scheint jedoch jenes wesentliche zu sein, das man in der Gesamtheit der vorgenommenen Reflexionen auf folgende Weise genau erklären kann: Um sich den Fragen zu stellen, die die Enzyklika Humanae vitae vor allem in der Theologie aufwirft, um diese Fragen zu formulieren und eine Antwort auf sie zu suchen, gilt es, jenen biblisch-theologischen Bereich zu finden, auf den wir anspielen, wenn wir von der Erlösung des Leibes und der Sakramentalität der Ehe sprechen. In diesem Bereich finden sich die Antworten auf die fortdauernden Gewissensfragen von Männern und Frauen und auch die Antworten auf die schwierigen Fragen der zeitgenössischen Welt hinsichtlich Ehe und Elternschaft.

ANHANG

DIE VIER GEHALTENEN KATECHESEN ZWISCHEN DEM 23. MAI UND DEM 27. JUNI 1984

Audienz vom 23. Mai 1984

1. Während des Heiligen Jahres habe ich die Behandlung des Themas »Die menschliche Liebe im göttlichen Heilsplan« unterbrochen. Ich möchte dieses Thema nun mit mehreren Überlegungen, vor allem zur Lehre von Humanae vitae, abschließen, wobei ich einige Betrachtungen über das Hohelied der Liebe und das Buch Tobit vorausschicke. Mir scheint nämlich, dass meine Darlegungen in den kommenden Wochen gleichsam die Krönung dessen sind, was ich bereits ausgeführt habe.

Das Thema der ehelichen Liebe, die Mann und Frau vereint, verbindet gewissermaßen diesen Teil der Bibel mit der Gesamtüberlieferung der »großen Analogie«, die durch die Schriften der Propheten in das Neue Testament und insbesondere in den Epheserbrief (vgl. Eph 5, 21–33) eingeflossen ist, dessen Erklärung ich zu Beginn des Heiligen Jahres unterbrochen habe.

Das Hohelied ist zum Gegenstand zahlloser exegetischer Studien, Kommentare und Hypothesen geworden. In Bezug auf seinen anscheinend profanen Inhalt waren die Einstellungen verschieden: Während man einerseits häufig von seiner Lektüre abriet, war es anderseits eine Quelle, aus der die größten mystischen Schriftsteller schöpften, und die Verse des Hohenliedes sind in die Liturgie der Kirche aufgenommen worden.[1]

Wohl nötigt uns die Textanalyse dieses Buches, seinen Inhalt außerhalb des Bereiches der großen prophetischen Analogie anzusiedeln; dennoch kann er unmöglich von der Wirklichkeit des ursprünglichsten Sakraments getrennt werden. Man kann ihn nur im Zusammenhang der ersten Kapitel der Genesis als Zeugnis vom Anfang wiederlesen, jenem Anfang, auf den Christus in dem entscheidenden Gespräch mit den Pharisäern Bezug genommen hat (vgl. Mt 19,4).[2] Das Hohelied

---

1 »Das Hohelied muss daher einfach als das genommen werden, was es tatsächlich ist: ein menschliches Liebeslied.« Dieser Satz von J. Winandy OSB bringt die Überzeugung einer immer größeren Zahl von Exegeten zum Ausdruck (J. Winandy, Le Cantique des cantiques. Poème d'amour mué en écrit de Sagesse, Maredsous 1960, S. 26). M. Dubarle fügt hinzu: »Die katholische Exegese, die sich bisweilen auf den natürlichen Sinn der biblischen Texte für Abschnitte von großer dogmatischer Bedeutung berufen hat, sollte im Falle des Hohenliedes davon nicht leichtsinnig abrücken.« Unter Bezugnahme auf den Satz von G. Gerleman fährt Dubarle fort: »Das Hohelied preist die Liebe des Mannes und der Frau, ohne damit irgendein mythologisches Element zu verbinden, sondern indem sie diese Liebe einfach auf ihrer Ebene und in ihrer Besonderheit betrachtet. Mit eingeschlossen ist dabei – ohne didaktischen Nachdruck – das Äquivalent des jahwistischen Glaubens (denn die Sexualkräfte waren nicht unter den Schutz fremder Gottheiten gestellt und wurden auch nicht Jahwe selbst zugeschrieben, der diesen Bereich zu übersteigen schien). Die Dichtung stand also in stillschweigendem Einklang mit den Grundüberzeugungen des Glaubens Israels.
Dieselbe offene, objektive, nicht ausgesprochen religiöse Haltung gegenüber der leiblichen Schönheit und der geschlechtlichen Liebe findet sich beim Jahwisten. Diese verschiedenen Ähnlichkeiten zeigen, dass das kleine Buch in der Gesamtheit der biblichen Bücher nicht so isoliert ist, wie manchmal behauptet wurde« (A.-M. Dubarle, »Le Cantique des Cantiques dans l'exégèse récente«, in: Aux grands carrefours de la Révélation et de l'exégèse de l'AncienTestament, Recherches bibliques VIII, Louvain 1967, S. 149, 151).

2 Das schließt natürlich nicht die Möglichkeit aus, über eine »vollere Bedeutung« des Hohenliedes zu sprechen.
Vgl. z. B. »Die Liebenden in der Ekstase der Liebe scheinen als einzige handelnde Per-

liegt mit Sicherheit auf der Linie jenes Sakraments, in dem durch die Sprache des Leibes das sichtbare Zeichen der Teilhabe von Mann und Frau am Bund der Gnade und Liebe gesetzt wird, den Gott dem Menschen anbietet. Das Hohelied zeigt den Reichtum dieser Sprache, deren ersten Ausdruck wir bereits in Genesis 2,23–25 haben.

2. Bereits die ersten Verse des Hohenliedes führen uns unmittelbar in die Atmosphäre des ganzen Gedichtes ein, in dem Braut und Bräutigam sich in dem von der Strahlkraft der Liebe gezeichneten Kreis zu bewegen scheinen. Die Worte der Brautleute, ihre Bewegungen und Gesten entsprechen den inneren Regungen der Herzen. Nur im Licht dieser Regungen lässt sich die Sprache des Leibes begreifen, in der die Entdeckung des ersten Mannes jener Frau gegenüber sich verwirklicht, die »als eine Hilfe, die ihm entsprach« (vgl. Gen 2,20 u. 23), geschaffen und nach dem biblischen Text einer seiner »Rippen« entnommen worden war. (»Rippe« scheint auch Herz zu bedeuten.)

Diese Entdeckung, bereits aufgrund des 2. Kapitels der Genesis analysiert, kleidet sich im Hohenlied in den ganzen Reichtum der Sprache

sonen das ganze Buch einzunehmen und zu erfüllen ... Deshalb bestreitet Paulus nicht den tatsächlichen und unmittelbaren Sinn der Worte, die sich auf die menschliche Ehe beziehen, wenn er die Worte der Genesis liest. ›Darum wird der Mann Vater und Mutter verlassen und sich an seine Frau binden, und die zwei werden ein Fleisch sein‹ (Eph 5,31); doch er fügt diesem ersten Sinn einen tieferen hinzu mit einer unmittelbaren Bezugnahme: ›Dies ist ein großes Geheimnis; ich beziehe es auf Christus und die Kirche‹ (Eph 5,32) ...
Manche Leser des Hohenliedes sind leidenschaftlich darauf bedacht, aus seinen Worten unmittelbar eine körperfremde Liebe herauszulesen. Sie haben die Liebenden vergessen oder haben sie in Fiktionen, in intellektuelle Verschlüsselungen versteinert ..., haben die feinen allegorischen Entsprechungen in jedem Satz, Wort oder Bild vervielfältigt ... Das ist nicht der richtige Weg. Wer nicht an die menschliche Liebe der Eheleute glaubt, wer um Verzeihung bitten muss für den Leib, hat nicht das Recht, sich zu Wort zu melden ... Mit der Bestätigung der menschlichen Liebe hingegen lässt sich in ihr die Offenbarung Gottes entdecken« (L. Alonso-Schökel, »Cantico dei Cantici – Introduzione«, in: La Bibbia, Parola di Dio scritta per noi. Testo ufficiale della CEI, vol. II, Turin 1980, S. 425–427).

menschlicher Liebe. Was im 2. Kapitel der Genesis (V. 23–25) nur mit wenigen, einfachen und wesentlichen Worten ausgedrückt worden war, wird hier zu einem ausführlichen Dialog oder vielmehr zu einem Duett entwickelt, in dem sich die Worte des Bräutigams mit denen der Braut verflechten und einander ergänzen. Die ersten Worte des Mannes in der Genesis (2,23) beim Anblick der von Gott geschaffenen Frau drücken Staunen und Bewunderung, ja das Gefühl der Bezauberung aus. Und eine ähnliche Bezauberung, die Staunen und Bewunderung ist, durchströmt noch viel reicher die Verse des Hohenliedes vom Anfang bis zum Ende der Dichtung wie eine ruhige gleichmäßige Woge.

3. Selbst eine summarische Analyse des Textes des Hohenliedes lässt uns in jener gegenseitigen Bezauberung die Sprache des Leibes wahrnehmen. Sowohl Ausgangs, wie Endpunkt dieser Bezauberung – des gegenseitigen Staunens und der Bewunderung – sind nämlich das Frausein der Braut und das Mannsein des Bräutigams in der unmittelbaren Erfahrung ihrer Sichtbarkeit. Die von beiden gesprochenen Liebesworte konzentrieren sich also auf den Leib, nicht nur, weil er an sich Quelle der gegenseitigen Bezauberung ist, sondern vor allem, weil auf ihm direkt und unmittelbar jene Anziehungskraft für die andere Person, für das andere weibliche oder männliche Ich beruht, die in der inneren Regung des Herzens Liebe hervorruft.

Zudem bewirkt die Liebe eine besondere Erfahrung des Schönen, die sich auf das Sichtbare konzentriert, aber zugleich die ganze Person einbezieht. Die Erfahrung des Schönen bringt das Gefallen aneinander hervor.

»Du schönste der Frauen …« (Hld 1,8), sagt der Bräutigam, und darauf wie ein Echo die Worte der Braut: »Braun bin ich, doch schön, ihr Töchter Jerusalems« (Hld 1,5). Die Worte des männlichen Entzückens kehren in allen fünf Gesängen des Gedichtes wieder, und gleichsam ein Widerhall darauf sind die Worte der Braut.

4. Die gewählten Metaphern mögen uns heute überraschen. Viele von ihnen sind dem Leben der Hirten entnommen; andere scheinen auf den königlichen Stand des Bräutigams hinzudeuten.[3] Die Analyse dieser

[3] Um die Aufnahme eines Liebesliedes in den biblischen Kanon zu erklären, haben bereits die jüdischen Exegeten der ersten Jahrhunderte n. Chr. im Hohenlied eine Allegorie der Liebe Jahwes zu Israel gesehen oder eine Allegorie der Geschichte des auserwählten Volkes, in dem diese Liebe offenbar wird, und das Mittelalter die Allegorie der göttlichen Weisheit und des Menschen, der sie sucht.
Die christliche Exegese dehnte seit den ersten Kirchenvätern diese Allegorie auf Christus und die Kirche aus (vgl. Hippolyth und Origenes) oder auf die Seele des einzelnen Christen (vgl. Gregor von Nyssa) oder auf Maria (vgl. Ambrosius) und auch auf ihre unbefleckte Empfängnis (vgl. Richard von St. Viktor). Der hl. Bernhard hat im Hohenlied einen Dialog des Wortes Gottes mit der Seele gesehen, und das führte zum Begriff der mystischen Hochzeit bei Johannes vom Kreuz. Die einzige Ausnahme in dieser langen Tradition war im vierten Jahrhundert Theodor von Mopsuestia, der im Hohenlied ein Gedicht sah, das die menschliche Liebe Salomos zur Tochter des Pharao besingt.
Luther hingegen bezog die Allegorie auf Salomo und sein Königreich. In den letzten Jahrhunderten sind neue Hypothesen aufgetaucht. So hat man z. B. das Hohelied als ein Drama von der Treue einer Braut zu einem Hirten trotz aller Versuchungen gedeutet oder als eine Sammlung von Gesängen, die bei volkstümlichen oder mythisch-rituellen Hochzeitsfeiern vorgetragen wurden und sich auf den Adonis-Tammuz-Kult beziehen. Schließlich hat man im Hohenlied die Beschreibung eines Traumes sehen wollen, wobei man an die alten Vorstellungen von der Bedeutung der Träume wie auch an die Psychoanalyse erinnerte.
Im 20. Jahrhundert kehrte man zu den älteren allegorischen Traditionen zurück (vgl. Bea), indem man im Hohenlied wieder die Geschichte Israels sah (vgl. Jouon, Ricciotti) und einen entwickelten Midrasch (wie es Robert in seinem Kommentar nennt, der eine Summe der Interpretationen des Hohenliedes darstellt).
Gleichzeitig jedoch hat man begonnen, das Buch in seiner offenkundigsten Bedeutung als ein Preislied auf die natürliche menschliche Liebe zu lesen (vgl. Rowley, Young, Laurin). Der Erste, der aufzeigt, auf welche Weise sich diese Bedeutung mit dem biblischen Text des 2. Kapitels der Genesis verbindet, war Karl Barth. Dubarle geht von der Voraussetzung aus, dass eine treue und glückliche menschliche Liebe dem Menschen die Merkmale der göttlichen Liebe offenbart, und Van den Oudenrijn sieht im Hohenlied den Antityp jener typischen Bedeutung, die im Epheserbrief 5,23 auftaucht. Murphy, der jede allegorische und metaphorische Deutung ausschließt, hebt hervor, dass die von Gott geschaffene und gesegnete menschliche Liebe sehr wohl Thema eines inspirierten biblischen Buches sein kann.
D. Lys stellt fest, dass der Inhalt des Hohenliedes zugleich sexuell und sakral ist. Wenn

poetischen Sprache sei den Fachleuten überlassen. Schon die Verwendung der Bildsprache zeigt, wie sehr in unserem Fall die Sprache des Leibes in der ganzen sichtbaren Welt Rückhalt und Bestätigung sucht.

Es handelt sich ohne Zweifel um eine Sprache, die zugleich mit dem Herzen und mit den Augen des Bräutigams, und zwar im Augenblick besonderer Hinwendung auf das ganze weibliche Ich der Braut, wiedergelesen werden muss. Dieses Ich spricht zu ihm durch jeden weiblichen Zug und ruft jenen Seelenzustand hervor, den wir als Bezauberung oder Entzücken bezeichnen können. Dieses weibliche Ich drückt sich gleichsam wortlos aus; doch die wortlos ausgedrückte Sprache des Leibes findet reichen Widerhall in den Worten des Bräutigams, in seiner von poetischer Leidenschaft und Bildern erfüllten Sprache, die vom Erleben des Schönen, von einer Liebe des Wohlgefallens zeugen. Wenn die Bilder des Hohenliedes für dieses Schöne eine Analogie in den Dingen der sichtbaren Welt suchen (in dieser Welt, die die eigentliche Welt des Bräutigams ist), so scheinen sie gleichzeitig auf die Unzulänglichkeit jedes einzelnen dieser Bilder hinzuweisen.

»Ganz schön bist du, meine Freundin; kein Makel haftet dir an« (Hld 4,7): mit dieser Wendung beendet der Bräutigam sein Lied, wobei er alle Bilder beiseite lässt, um sich an jene Einzige zu wenden, durch deren Sprache des Leibes das eigentlich Weibliche und die gan-

man vom zweiten Merkmal absieht, gelangt man dahin, das Hohelied als ein rein weltliches, erotisches Werk anzusehen, und wenn man das erste Merkmal leugnet, verfällt man in den Allegorismus. Nur wenn man diese beiden Aspekte zusammennimmt, ist es möglich, das Buch richtig zu lesen.

Neben den Werken der oben genannten Autoren und besonders, was einen Entwurf der Geschichte der Exegese des Hohenliedes betrifft, vgl. H. H. Rowley »The interpretation of the Song of Songs«, in: The Servant of the Lord and other Essays and the Old Testament, London 1952, S. 191–233; A.-M. Dubarle, Le Cantique des Cantiques dans l'exégèse de l'Ancien Testament, Recherches Bibliques VIII, Louvain 1967, S. 139–151; D. Lys, Le plus beau chant de la création – Commentaire du Cantique des Cantiques, Lectio divina 51, Paris 1968, S. 31–35; M. H. Pope, Song of Songs, The Anchor Bible, Garden City, N. Y. 1977, S. 113–234.

ze Persönlichkeit Ausdruck zu finden scheinen. Wir wollen die Analyse des Hohenliedes bei der nächsten Generalaudienz fortsetzen.

Audienz vom 30. Mai 1984

1. Wir führen unsere Analyse des Hohenliedes der Liebe fort, um zu einem besseren und erschöpfenderen Verständnis des sakramentalen Zeichens der Ehe zu gelangen, wie es die Sprache des Leibes zum Ausdruck bringt, die eine einzigartige Sprache der Liebe ist, die aus dem Herzen kommt.

An einer Stelle sagt der Bräutigam, indem er eine außerordentliche Werterfahrung zum Ausdruck bringt, die alles beleuchtet, was auf die geliebte Person Bezug hat:

»Verzaubert hast du mich, meine Schwester, meine Braut; ja verzaubert hast du mein Herz mit einem Blick deiner Augen, mit einer Perle deiner Halskette. Wie schön ist deine Liebe, meine Schwester, meine Braut ...« (Hld 4,9–10).

Aus diesen Worten ergibt sich, dass es für die Theologie des Leibes – und in diesem Fall für die Theologie des sakramentalen Zeichens der Ehe – von entscheidender Bedeutung ist zu wissen, wer das weibliche Du für das männliche Ich ist und umgekehrt. Der Bräutigam des Hohenliedes ruft aus: »Ganz schön bist du, meine Freundin!« (Hld 4,7) und nennt sie: »meine Schwester, meine Braut« (Hld 4,9). Er nennt sie nicht bei ihrem eigenen Namen, sondern gebraucht Ausdrücke, die mehr aussagen. Unter einem gewissen Gesichtspunkt scheint im Vergleich zur Anrede »Freundin« das für die Braut gebrauchte »Schwester« vielsagender und stärker im Hohenlied als Ganzem verwurzelt zu sein, das kundtut, wie die Liebe den anderen enthüllt.

2. Das Wort »Freundin« gibt das an, was stets wesentlich ist für die Liebe, die das zweite Ich neben das eigene Ich stellt. Die Freundschaft – die Liebe der Freundschaft (amor amicitiae) – bedeutet im Hohenlied eine besondere Annäherung, die als innerlich einigende Kraft empfunden und erlebt wird.

Die Tatsache, dass bei dieser Annäherung das weibliche Ich sich dem Bräutigam als Schwester enthüllt – und dass sie eben als Schwester Braut ist – hat eine besondere Bedeutung. Der Ausdruck »Schwester« spricht von der Einheit im Menschsein und zugleich von der weiblichen Verschiedenheit und Originalität dieses gleichen Menschseins nicht nur im Bezug auf das Geschlecht, sondern auf die Weise des Personseins, das ein zweifaches bedeutet: das Subjekt-Sein und das In-Beziehung-Sein. Das Wort »Schwester« scheint auf einfachste Weise die Subjektivität des weiblichen Ich in seiner personalen Beziehung zum Mann auszudrücken, also in ihrer Offenheit gegenüber anderen, die als Brüder verstanden und wahrgenommen werden. Die »Schwester « hilft gewissermaßen dem Mann, sich zu definieren und zu begreifen; sie wird für ihn gleichsam eine Herausforderung in dieser Richtung.

3. Der Bräutigam des Hohenliedes nimmt die Herausforderung an und sucht nach der gemeinsamen Vergangenheit, als wären er und seine Braut aus dem Kreis derselben Familie hervorgegangen, als wären sie von Kindheit an durch die Erinnerungen an das gemeinsame Elternhaus verbunden. So fühlen sie sich einander nahe wie Bruder und Schwester, die ihr Leben derselben Mutter verdanken. Daraus ergibt sich ein besonderes Zusammengehörigkeitsgefühl. Die Tatsache, dass sie sich als Bruder und Schwester fühlen, lässt sie die gegenseitige Nähe in Sicherheit leben und offenkundig machen, indem sie darin Stütze finden und nicht das negative Urteil anderer Menschen zu fürchten brauchen.

Die Worte des Bräutigams versuchen, möchte ich sagen, mit Hilfe der Anrede »Schwester« die Geschichte des Frauseins der geliebten Person wiederzugeben, sie sehen sie noch in der Zeit, als sie Kind war, und umfangen ihr ganzes Ich, Seele und Leib, mit einer selbstlosen Zärtlichkeit. Daraus erwächst jener Friede, von dem die Braut spricht. Es ist der »Friede des Leibes«, der Ähnlichkeit hat mit dem Schlaf. »Stört die Geliebte nicht auf, weckt sie nicht, ehe ihr selbst es gefällt!« (Hld 2,7).

Es ist vor allem der Friede der Begegnung im Menschsein als Ebenbild Gottes – und der Begegnung durch gegenseitige, selbstlose Hingabe: »Da habe ich in seinen Augen Gefallen gefunden« (Hld 8,10).

4. In Bezug zum vorausgehenden Thema, die man als geschwisterliches Thema bezeichnen könnte, taucht in dem Liebesduett des Hohenliedes ein neues Thema auf, sagen wir, eine neue Schicht von tiefem Inhalt. Wir können ihn untersuchen, indem wir von bestimmten Wendungen ausgehen, denen im Gedicht so etwas wie eine Schlüsselbedeutung zuzukommen scheint. Dieses Thema tritt nie ausdrücklich hervor, sondern zieht sich durch die ganze Komposition hin und drückt sich nur an einigen Stellen deutlich aus. So spricht der Bräutigam:

»Ein verschlossener Garten ist meine Schwester Braut,
ein verschlossener Garten, ein versiegelter Quell« (Hld 4,12).

Diese Bilder – »verschlossener Garten, versiegelter Quell« – lassen das Vorhandensein einer anderen Vorstellung vom weiblichen Ich als Herrin ihres Geheimnisses erkennen. Man kann sagen, beide Bilder bringen die personale Würde der Frau zum Ausdruck, die als geistiges Wesen Herrin über sich ist und nicht nur über die metaphysische Tiefe, sondern auch über die Seinswahrheit und Authentizität der Selbsthingabe entscheiden kann, die jene Vereinigung anstrebt, von der das Buch Genesis spricht.

Die Sprache der Bilder – die poetische Sprache – scheint gerade für diesen Bereich besonders passend und genau. Die »Schwester Braut« ist für den Mann die Herrin ihres eigenen Geheimnisses wie ein »verschlossener Garten« und ein »versiegelter Quell«. Die in der Wahrheit wiedergelesene Sprache des Leibes geht Hand in Hand mit der Entdeckung der inneren Unverletzlichkeit der Person. Gleichzeitig bringt gerade diese Entdeckung die wahre Tiefe der gegenseitigen Zugehörigkeit der Brautleute zum Ausdruck, die sich bewusst sind, dass sie einander gehören, dass sie füreinander bestimmt sind: »Mein Geliebter ist mein, und ich bin sein« (Hld 2,16; vgl. 6,3).

5. Dieses Bewusstsein, einander zu gehören, spricht vor allem aus dem Munde der Braut. Sie antwortet mit solchen Worten gewissermaßen auf die Worte des Bräutigams, in denen er sie als Herrin ihres eigenen Geheimnisses anerkannt hat. Wenn die Braut sagt: »Mein Geliebter ist mein«, will sie damit zugleich sagen: Er ist es, dem ich mich anvertraue, und darum sagt sie: »und ich bin sein« (Hld 2,16). Die Possessivpronomina mein und meine bestätigen hier die ganze Tiefe jenes Anvertrauens, das der inneren Wahrheit der Person entspricht.

Es entspricht darüber hinaus der bräutlichen Bedeutung des Frauseins in Beziehung zum männlichen Ich, das heißt zur Sprache des Leibes, in der die Wahrheit der personalen Würde wiedergelesen wird. Diese Wahrheit wird vom Bräutigam in den Bildern vom »verschlossenen Garten« und »versiegelten Quell« ausgesprochen. Die Braut antwortet ihm mit den Worten der Hingabe, der vertrauensvollen Hingabe ihrer selbst. Als Herrin ihrer Entscheidung sagt sie: »Ich gehöre meinem Geliebten« (Hld 6,3). Das Hohelied der Liebe enthüllt sehr fein die innere Wahrheit dieser Antwort. Die Freiheit der Hingabe ist die Antwort auf das tiefe Bewusstsein der Hingabe, das sich in den Worten des Bräutigams ausdrückt. Durch solche Wahrheit und Freiheit wird die Liebe aufgebaut, von der man sagen darf, dass sie echte Liebe ist.

Audienz vom 6. Juni 1984

1. Heute wollen wir erneut nachdenken über das Hohelied der Liebe mit dem Ziel, das sakramentale Zeichen der Ehe besser zu verstehen.

Die Wahrheit der Liebe, wie sie vom Hohenlied verkündet wird, lässt sich nicht von der Sprache des Leibes trennen. Die Wahrheit der Liebe ermöglicht, diese Sprache des Leibes in der Wahrheit wiederzulesen. Das ist auch die Wahrheit der zunehmenden gegenseitigen Annäherung der Brautleute, die durch die Liebe wächst; und Nähe bedeutet zugleich Eingeweihtwerden in das Geheimnis der Person, jedoch ohne es zu verletzen (vgl. Hld 1,13–14.16).

Die Wahrheit der wachsenden Vertrautheit der Brautleute durch die Liebe entfaltet sich in der subjektiven Dimension des Herzens, der Zuneigung und des Gefühls, die den anderen im eigenen Innern als Geschenk entdecken und ihn dort gewissermaßen »verkosten« lässt.

Durch diese Nähe erlebt der Bräutigam tiefer die Erfahrung jenes Geschenkes, die sich vonseiten des weiblichen Ich mit dem bräutlichen Ausdruck und der bräutlichen Bedeutung des Leibes verbindet. Die Worte des Mannes (vgl. Hld 7,1–8) enthalten nicht nur eine poetische Beschreibung der Geliebten, ihrer weiblichen Schönheit, in der sich die Sinne ergehen, sondern sie sprechen vom Geschenk und von der Hingabe der Person.

Die Braut weiß, dass der Bräutigam nach ihr »verlangt«, und sie geht ihm mit der Bereitschaft entgegen, sich an ihn zu verschenken (vgl. Hld 7,9–10.11–13), weil die Liebe, die beide verbindet, zugleich geistiger und sinnlicher Natur ist. Und aufgrund dieser Liebe vollzieht sich das Wiederlesen der Bedeutung des Leibes in der Wahrheit, denn Mann und Frau müssen gemeinsam jenes Zeichen des gegenseitigen Sich-Schenkens darstellen, das ihrem ganzen Leben sein Siegel aufprägt.

2. Im Hohenlied der Liebe wird die Sprache des Leibes einbezogen in die einzigartige Entfaltung der gegenseitigen Anziehungskraft, die Mann und Frau aufeinander ausüben und die in den häufigen Kehrreimen Ausdruck findet, welche von sehnsuchtsvollem Suchen, von zärtlicher Sorge (vgl. Hld 2,7) und dem Wiederfinden der Brautleute sprechen (vgl. Hld 5,2). Das bringt ihnen Freude und Ruhe und scheint sie zu einem dauernden Suchen anzuhalten. Man hat den Eindruck, dass sie, während sie einander begegnen, sich finden und ihre gegenseitige Nähe erleben, sie unaufhörlich weiter nach etwas streben: Sie geben dem Ruf von etwas nach, das den Inhalt des Augenblicks und die Grenzen des Eros übersteigt, wie sie in den Worten der Sprache des Leibes wiederzulesen sind (vgl. Hld 1,7–8; 2,17).

Dieses Suchen hat seine innere Dimension: »das Herz ist wach«, sogar im Schlaf. Diese aus der Liebe geborene Sehnsucht, die in der Sprache des Leibes gründet, ist ein Suchen nach dem umfassend Schönen, nach der Reinheit, die frei von jedem Makel ist: Es ist ein Suchen nach einer Vollkommenheit, die sozusagen die Synthese der menschlichen Schönheit, der Schönheit der Seele und des Leibes, umfasst.

Im Hohenlied zeigt der menschliche Eros das Antlitz einer Liebe, die immer auf der Suche ist und fast nie befriedigt wird. Der Widerhall dieser Unruhe durchzieht die Strophen des Gedichtes: »Ich öffnete meinem Geliebten, doch der Geliebte war fort, verschwunden. Mir stockte der Atem: Er war weg. Ich suchte ihn, ich fand ihn nicht. Ich rief ihn, er antwortete nicht« (Hld 5,6) …

»Ich beschwöre euch, Jerusalems Töchter, wenn ihr meinen Geliebten findet, sagt ihm, ich bin krank vor Liebe!« (Hld 5,8).

3. Einige Strophen des Hohenliedes stellen also den Eros als jene Form menschlicher Liebe vor, in der die Kräfte des Verlangens wirksam sind. In ihnen wurzelt das Bewusstsein bzw. die subjektive Gewissheit, dass Braut und Bräutigam in Treue und Ausschließlichkeit einander gehören. Zugleich jedoch zwingen uns viele andere Strophen des Gedichts, über die Ursache des Suchens und der Unruhe nachzudenken, die das Bewusstsein, einander zu gehören, begleiten. Gehört diese Unruhe auch zum Wesen des Eros? Wäre es so, würde diese Unruhe auf die Notwendigkeit hinweisen, dass der Eros sich selbst überschreitet. Die Wahrheit der Liebe drückt sich im Bewusstsein der gegenseitigen Zugehörigkeit aus, die Frucht der wechselseitigen Sehnsucht und Suche ist, und in der Notwendigkeit von Sehnsucht und Suche – Ergebnis der gegenseitigen Zugehörigkeit.

In dieser inneren Notwendigkeit, in dieser Dynamik der Liebe zeigt sich indirekt sozusagen die Unmöglichkeit, dass eine Person von der anderen angeeignet und in Besitz genommen werden kann. Die Person übersteigt alle Maße der Aneignung und des Erfassens, des Besessenwerdens und der Befriedigung, die der Sprache des Leibes selbst entspringen. Wenn Braut und Bräutigam diese Sprache in der vollen Wahrheit der Person und der Liebe wiederlesen, gelangen sie zur immer tieferen Überzeugung, dass die Grenze ihrer Zugehörigkeit jenes gegenseitige Sich-Schenken darstellt, in dem sich die Liebe als »stark wie der Tod« offenbart, das heißt, bis an die letzten Grenzen der Sprache des Leibes reicht, um sie zu übersteigen. Die innere Wahrheit der Liebe und die Wahrheit des Sich-Schenkens rufen gewissermaßen Braut und Bräutigam – durch die Ausdrucksmittel der gegenseitigen Zugehörigkeit und sogar durch Loslösung von jenen Mitteln – ständig dazu auf, das zu erreichen, was den eigentlichen Kern der gegenseitigen Hingabe von Person an Person darstellt.

4. Wenn wir den Spuren der Worte folgen, die von den Strophen des Hohenliedes vorgezeichnet sind, scheinen wir uns der Dimension zu nähern, in der der Eros noch durch eine andere Wahrheit der Liebe zur Fülle zu gelangen sucht. Jahrhunderte später verkündet Paulus von Tarsus im Licht des Todes und der Auferstehung Christi diese Wahrheit mit den Worten des ersten Korintherbriefes: »Die Liebe ist langmütig, die Liebe ist gütig. Sie ereifert sich nicht, sie prahlt nicht, sie bläht sich nicht auf. Sie handelt nicht ungehörig, sucht nicht ihren Vorteil, lässt sich nicht zum Zorn reizen, trägt das Böse nicht nach. Sie freut sich nicht über das Unrecht, sondern freut sich an der Wahrheit. Sie erträgt alles, glaubt alles, hofft alles, hält allem stand. Die Liebe hört niemals auf« (1 Kor 13,4–8).

5. Wird die Wahrheit über die Liebe, wie sie in den Strophen des Hohenliedes zum Ausdruck kommt, durch diese Paulusworte bestätigt? Im Hohenlied lesen wir z. B. von der Liebe, deren »Leidenschaft hart ist wie die Unterwelt« (Hld 8,6), und im Paulusbrief lesen wir, dass »die Liebe sich nicht ereifert«. In welcher Beziehung stehen diese beiden Äußerungen über die Liebe zueinander? In welcher Beziehung steht die Liebe, die nach dem Hohenlied »stark ist wie der Tod«, zu der Liebe,

die nach dem Paulusbrief »niemals aufhört«? Wir wollen diese Fragen nicht vermehren und keine vergleichende Analyse anstellen. Es scheint jedoch, dass die Liebe sich uns hier in zwei Perspektiven erschließt: so als würde das, worin der menschliche Eros seinen eigenen Horizont schließt, durch die Worte des Paulus in einen anderer Horizont der Liebe weiter geöffnet, einer Liebe, die eine andere Sprache spricht, einer Liebe, die einer anderen Dimension der Person zu entspringen scheint und zu einer anderen Gemeinschaft der Personen aufruft und einlädt. Diese Liebe wird »agape« genannt; die Agape führt den Eros zur Erfüllung, indem sie ihn läutert. Damit haben wir diese kurzen Betrachtungen über das Hohelied der Liebe abgeschlossen, die das Thema der Sprache des Leibes weiter vertiefen sollten. Hier hat das Hohelied eine ganz einmalige Bedeutung.

Audienz vom 27. Juni 1984

1. Als ich in den vergangenen Wochen das Hohelied der Liebe erläuterte, habe ich hervorgehoben, wie das sakramentale Zeichen der Ehe zustande kommt aufgrund der »Sprache des Leibes«, die Mann und Frau in der ihnen eigenen Wahrheit zum Ausdruck bringen. Unter diesem Aspekt möchte ich heute einige Abschnitte aus dem Buch Tobit analysieren.

In dem Bericht über die Vermählung des Tobias mit Sara findet sich außer dem Ausdruck »Schwester« – der auf eine bräutliche Liebe mit geschwisterlichen Wesenszügen hinweist – auch ein anderer Ausdruck, der auf das erwähnte Hohelied anspielt. Wie ihr euch erinnern werdet, ist im Zwiegespräch der Brautleute die Liebe, die sie einander erklären, »stark wie der Tod« (Hld 8,6). Im Buch Tobit finden wir die Feststellung, dass er Sara „so sehr liebte, dass er sein Herz nicht mehr von ihr abwenden konnte“ (Tob 6,19); damit wird eine Situation vorgestellt, welche die Wahrheit der Worte über die Liebe, die »stark ist wie der Tod«, bestätigt.

2. Zum besseren Verständnis muss man auf einige Einzelheiten zurückgreifen, deren besonderer Charakter sich auf dem Hintergrund des Buches Tobit erklärt. Wir lesen dort, dass Sara, die Tochter des Raguel, zuvor »mit sieben Männern verheiratet« gewesen war (Tob 6,14), die aber alle noch vor dem Vollzug der Ehe mit ihr gestorben waren. Das war Werk des bösen Geistes, und auch der junge Tobias hatte Grund, einen ähnlichen Tod zu fürchten.

So musste sich die Liebe des Tobias vom ersten Augenblick an der Probe auf Leben und Tod stellen. Die Worte von der Liebe, »stark wie der Tod«, welche von den Brautleuten des Hohenliedes im Überschwang des Herzens gesprochen wurden, nehmen hier den Charakter einer tatsächlichen Prüfung an. Wenn sich die Liebe als stark wie der Tod erweist, dann vor allem in dem Sinn, dass Tobias und mit ihm Sara dieser Prüfung, ohne zu zögern, entgegengehen. Doch in dieser Prüfung auf Leben und Tod siegt das Leben, weil sich während der Prüfung in der Hochzeitsnacht die Liebe, durch das Gebet gestützt, stärker als der Tod erweist.

3. Diese Prüfung auf Leben und Tod hat noch eine weitere Bedeutung, die uns die Liebe und die Ehe der Neuvermählten begreifen lässt. Denn während sie als Mann und Frau einswerden, befinden sie sich in einer Situation, in der die Kräfte von Gut und Böse miteinander ringen und gegeneinander kämpfen. Das Zwiegespräch von Braut und Bräutigam im Hohenlied scheint diese Dimension der Wirklichkeit gar nicht wahrzunehmen. Die Brautleute des Hohenliedes leben und äußern sich in einer idealen oder „abstrakten“ Welt, in der anscheinend der Kampf der objektiven Kräfte zwischen Gut und Böse nicht existiert. Sind es vielleicht gerade die Kraft und die innere Wahrheit der Liebe, welche den Kampf im und um den Menschen mildern?

Die Fülle dieser Wahrheit und Kraft, welche der Liebe eigen ist, scheint jedoch anderer Art zu sein und eher in die Richtung zu weisen, in die uns die Erfahrung des Buches Tobit führt. Die Wahrheit und die Kraft der Liebe offenbaren sich in der Fähigkeit, sich zwischen die Kräfte von Gut und Böse zu stellen, die im Menschen und um ihn kämpfen, weil die Liebe auf den Sieg des Guten vertraut und bereit ist, alles zu tun, damit das Gute siegt.

Die Wahrhaftigkeit der Liebe der Brautleute im Buch Tobit wird also nicht von Worten der überschwänglichen Liebe bestätigt, wie im Hohenlied, sondern durch die Entscheidungen und Handlungen, welche das ganze Gewicht der menschlichen Existenz im gegenseitigen Einswerden der beiden auf sich nehmen. Die Sprache des Leibes scheint hier die Worte der Entscheidung und Handlungen zu gebrauchen, die der Liebe entspringen, und diese siegt, weil sie betet.

4. Das Gebet des Tobias (Tob 8,5–8), das vor allem ein Lob- und Dankgebet und dann erst ein Bittgebet ist, stellt die »Sprache des Leibes« auf den Boden der wesentlichen Begriffe der Theologie des Leibes. Es ist eine »objektivierte« Sprache, die nicht so sehr von der Gefühlskraft des Erlebens, sondern vielmehr von der Tiefe und dem Ernst der Wahrheit der menschlichen Existenz selbst durchdrungen ist.

Die Brautleute bekennen sich zu dieser Wahrheit gemeinsam und einstimmig vor dem Gott des Bundes; dem »Gott unserer Väter«. Man kann sagen, dass unter diesem Aspekt die »Sprache des Leibes« zur Sprache der Verwalter des Sakraments wird, die wissen, dass im ehelichen Bund jenes Geheimnis Ausdruck findet und sich verwirklicht, das seine Quelle in Gott selbst hat. Ihr ehelicher Bund ist in der Tat das Abbild – und das ursprünglichste Sakrament des Bundes Gottes mit dem Menschen, mit dem Menschengeschlecht – jenes Bundes, der seinen Ursprung in der ewigen Liebe hat.

Tobias und Sara beenden ihr Gebet mit folgenden Worten: »Hab Erbarmen mit ihr und mit mir und lass uns ein hohes Alter erreichen!« (Tob 8,7).

Man darf annehmen (aufgrund des Zusammenhangs), dass sie vor Augen haben, ihre Lebensgemeinschaft bis ans Ende ihrer Tage aufrechtzuerhalten – eine Aussicht, die sich ihnen mit der Probe auf Leben und Tod bereits in der Hochzeitsnacht eröffnet. Zugleich erkennen sie mit den Augen des Glaubens die Heiligkeit dieser Berufung, in der sie – durch ihr Einswerden, das auf der gegenseitigen Wahrheit der »Sprache des Leibes« beruht – den im Geheimnis des Anfangs enthaltenen Anruf Gottes erwidern müssen. Und darum ihre Bitte: »Hab Erbarmen mit ihr und mit mir.«

5. Die Brautleute des Hohenliedes erklären sich gegenseitig mit glühenden Worten ihre menschliche Liebe. Die Neuvermählten des Buches Tobit bitten Gott um die Erkenntnis, wie auf die Liebe zu antworten sei. Beide Aspekte haben ihren Platz in dem, was das sakramentale Zeichen der Ehe konstituiert. Beide wirken an der Formung dieses Zeichens mit. Man kann sagen, dass sowohl durch den einen als auch durch den anderen die »Sprache des Leibes« – wiedergelesen einerseits in der subjektiven Dimension der Wahrheit der menschlichen Herzen und andererseits in der objektiven Dimension der Wahrheit des Lebens in der ehelichen Gemeinschaft – zur Sprache der Liturgie wird.

Das Gebet der Neuvermählten des Buches Tobit scheint das freilich in anderer Weise zu bestätigen als das Hohelied und auch in einer Art, die zweifellos tiefer bewegt.

Deutschsprachige Literatur zu den Mittwochskatechesen über die Theologie des Leibes

Da die Katechesen auch nach über 20 Jahren im deutschen Sprachraum noch wenig Beachtung gefunden haben, ist die Literaturliste kurz. Wer sich mit der internationalen Literatur zu diesem Thema und seinem weiteren Umkreis befassen will, nimmt am besten Einblick in die reichhaltige Literaturliste der englischsprachigen Ausgabe, in der auch die Einleitung des Herausgebers Michael Waldstein beachtenswert ist (Man and Woman He Created Them. A Theology of the Body, Boston 2006, Hrsg. Michael Waldstein).

Accatoli, Luigi: Johannes Paul II. Die Biografie, Graz–Wien–Köln 2000, S. 166–174.

Fuchs, Michael: Die Leiblichkeit des Menschen in der neueren Ehemoralverkündigung der Kirche. Diplomarbeit an der Katholisch-Theologischen Fakultät der Universität Regensburg, Ms. Regensburg 1989.

Jan Roß: Papst Johannes Paul II. Drama und Geheimnis, Berlin 2000, S.48–57.

Schulz, Christian: Die Enzyklika „Humanae vitae" im Lichte von „Veritatis splendor" – Verantwortete Elternschaft als Anwendungsfall der Grundlagen der Katholischen Morallehre, St. Ottilien 2008.

Schwaderlapp, Dominik: Erfüllung durch Hingabe: Die Ehe in ihrer personalistischen, sakramentalen und ethischen Dimension nach Lehre und Verkündigung Karol Wojtylas/Johannes Pauls II., St. Ottilien 2002.

Walch, Roland: Die körpersprachliche Botschaft der Sexualität als Ausgangspunkt für eine Theologie der Geschlechtlichkeit, Wien 1989.

Waldstein, Michael: Als Mann und Frau schuf er sie, in: Lexikon Familie, hrsg. vom Päpstlichen Rat für die Familie, Paderborn 2007, S. 514–525.

Weigel, George: Zeuge der Hoffnung. Johannes Paul II. Eine Biographie, Paderborn 2002, S. 347–358.

West, Christopher: Theologie des Leibes für Anfänger. Einführung in die sexuelle Revolution nach Papst Johannes Paul II., Kisslegg 2006.

Stichwortverzeichnis

(Einige Stichwörter durchziehen mit einer sehr hohen Zahl von Nennungen das gesamte Werk. Sie alle aufzuführen, würde dieses Verzeichnis unnötig aufblähen. Dazu gehören z.B. Ehe (allgemein), Geheimnis, Geist, Mensch, Person, Wahrheit, Welt, Zeichen. Für manche davon sind wichtige, bzw. zentrale Stellen aufgeführt, andere tauchen in der Gliederung des Werkes auf und können von dort aus nachgeschlagen werden. Auch von vielen der aufgeführten Stichwörter werden nur die wichtigsten Fundstellen genannt.)